2005 中国政府采购年鉴

中国政府采购年鉴编委会　编

中国财政经济出版社

图书在版编目（CIP）数据

中国政府采购年鉴．2005 /《中国政府采购年鉴》编委会编．—北京：中国财政经济出版社，2006.7

ISBN 7－5005－9092－X

Ⅰ．中…　Ⅱ．中…　Ⅲ．政府采购－中国－2005－年鉴　Ⅳ．F812.45－54

中国版本图书馆 CIP 数据核字（2006）第 061395 号

中国财政经济出版社出版

URL：http：//www.cfeph.cn

E－mail：cfeph@cfeph.cn

社址：北京市海淀区阜成路甲 28 号　邮政编码：100036

发行处电话：88190406　财经书店电话：64033436

北京外文印刷厂印刷　各地新华书店经销

787×1092 毫米　16 开　30.75 印张　686 000 字

2006 年 8 月第 1 版　2006 年 8 月北京第 1 次印刷

定价：160.00 元

ISBN 7－5005－9092－X/F·7911

（图书出现印装问题，本社负责调换）

中国政府采购年鉴

编辑委员会

《中国政府采购年鉴2005》
编辑出版工作人员

责任编辑： 陈　吟　唐　秀

彩页编辑设计： 定立新

英文目录翻译： 李巧平　钟方娟

封面设计： 郁　佳

版式设计： 董升平

责任校对： 刘　颖

印制监督： 刘春年

发行： 定立新　高　波

广告代理公司： 北京东方锐恒广告有限公司

编 辑 说 明

一、本书记录了2004年1月1日至12月31日期间全国政府采购工作运行、发展的主要情况，收入了全年政府采购工作的重要文献和资料。

二、因新疆生产建设兵团作为中央单位，不列入全国省级行政区划的排序，因此今后“地方政府采购工作概况”栏目中不再收入新疆生产建设兵团的稿件。

三、本书“法规选编”栏目中“全国性法规、文件”按国务院办公厅发文、财政部发文排序；财政部发文按“财办库”、“财库”排序，二者各自再按发文时间排序。

“地方、部门性法规目录”一项中，凡向本书提供了有关资料的均已一一列出。

“地方2004年政府集中采购目录”一项中，北京、辽宁、湖北、广西、青海五个地区执行上一年的政府集中采购目录，大连市执行辽宁省的采购目录，本书中不再刊出，相关资料请查阅《中国政府采购年鉴2004》。本书所收入的采购目录均为各地政府采购管理机构提供，均以政府文件形式拟制，因此虽各地采购目录的格式、科目各不相同，但不宜改动，均原文照登。

四、“统计资料”栏目中的各项统计数字由财政部国库司提供。为便于读者更好地了解政府采购的各项统计数据和把握全年全国政府采购工作的总体情况，本书“政府采购统计资料”栏目中增加了由财政部国库司提供的《2004年全国政府采购信息统计分析》一文，而由于文中设专门的部分列示了小汽车、计算机的采购情况，因此在本栏目中未再单独刊登该项统计图表。

五、为更方便读者使用，本书将政府采购相关机构与政府采购信息发布媒体编入同一个栏目内。由于各地省级以下政府采购管理与执行机构或与往年相比变动不大，或尚未组建到位，因此本书只收入省级机构的名录(其中大连、宁波、山东三个地区因未提供此部分资料而缺项)。省级以下政府采购相关机构的资料请参阅《中国政府采购年鉴2004》。

六、为使本书的编排体例更趋合理，与往年相比，本书各栏目的编排顺序有一些调整，由此给读者造成的不便敬请谅解。

许多中央单位和各地财政部门对本书的编纂工作给予了一贯的支持，提供了大量的稿件与资料。限于篇幅，本书未能对来稿全部采用，谨向供稿单位表示衷心感谢并请见谅。此外，本书撰写、搜集资料和编辑的工作还得到了来自财政系统外的经济界有关人士与部门的支持与帮助，在此一并表示诚挚的谢意。

中国财政经济出版社财会年鉴出版中心

二〇〇六年四月

2004年12月2日，全国政府采购工作会议在河南郑州召开，这是《中华人民共和国政府采购法》实施以来的第一次全国会议。会议明确了今后一个时期政府采购工作的原则、目标和任务。

2004年4月15日至16日，国务院机关事务管理局组织召开中央国家机关政府集中采购工作会议，总结近年来中央国家机关政府集中采购工作的情况，部署2004年的工作任务。国务委员兼国务院秘书长华建敏出席会议并作了重要讲话，国务院副秘书长兼国管局局长焦焕成主持会议，国管局副局长吕世光作工作报告。

2004年12月，财政部国库司詹静涛司长、林燕副司长到河南开封考察河南省农村中小学危房改造工程政府采购项目。

（上图）2004年12月30日，中直机关召开了采购中心成立暨政府集中采购工作座谈会。

（右上图）2004年2月6日重庆招标采购（集团）有限公司成立，重庆市副市长黄奇帆（左一）出席授牌仪式。

（右图）宁夏回族自治区主席马启智到自治区政府采购中心视察指导。

2004年6月29日至7月1日，由安徽省财政厅主办的“第二届安徽省政府采购产品展示交易会”在合肥隆重举行。省委副书记、省纪委书记杨多良（右三），省委常委、常务副省长任海深（左三），省人大副主任苏平凡（右二），省政协副主席俞祖彭（左二），在省财政厅厅长朱玉明（左一）、副厅长毕小彬（右一）的陪同下，兴致勃勃地参观交易会。

（上图）2004年北京市人民政府政府采购工作领导小组办公室联席会议。

（左上）内蒙古自治区财政厅副厅长云宗元在全区政府采购工作会议上讲话。

（左图）2004年12月3日，浙江省财政厅副厅长沈继宁在浙江省政府采购管理人员业务培训班上作动员讲话。

2004年，云南省人大召开《中华人民共和国政府采购法》执法检查座谈会。

2004年3月11日至12日，北京市政府采购办公室举办了政府采购代理机构培训班，这是《中华人民共和国政府采购法》颁布实施后北京市首次举办的对采购代理机构的培训，标志着政府采购业务的培训对象已由政府采购监督管理部门扩展到政府采购当事人。

2004年10日，海南省举办政府采购有关管理办法培训班。

2004年，湖北省举办全省政府采购业务培训班。

云南省2004年秋季中小学教科书出版、发行政府采购开标会。

2004年，重庆市为全市消防官兵、公安干警购买因公身故致残团体保险举行竞争性谈判。

江苏省召开2004年国家优质专用小麦良种推广项目政府采购合同签订会议。

湖南省举行农村党员干部现代远程教育终端接收站点系统政府采购项目竞争性谈判。

威武之师的崭新装备——政府集中采购的重要项目

2004年10月，湖南省人民政府大院整体搬迁完毕。此项工程的土建、安装、装修、绿化、家具、办公用品、物业管理等全部实行了政府采购，采购品目涵盖货物、工程、服务三大类，为拓宽政府采购领域提供了新思路。图为湖南省人民政府新办公大楼。

滹沱河生态开发整治工程是河北省石家庄市政府采购的重大工程项目。截至2004年底，一期工程已累计投资6.7亿元，通过实行政府采购节约资金1.34亿元，资金节约率达到20%。

Zonda
中大汽车
因爱，志在四方
东之旭、南之溟、西之颠、北之辰，合纵连横；
因爱之极、人格结构、互为表里、驰骋千里，四方平安……
最新推出A9系列
YCK6139HG(W)
• WD618.42Q 420PS
• 最大乘员数:座位:61+1+1(卧铺42+1+1)
• 22000kg承载能力
• 非独立顶置式空调
• 8气囊、缓速器、盘式制动
• ABS、行车记录仪、液晶显示器
• 特大型高二级（座位：51+1+1，卧铺38+1+1）
• 可选装WD615.46/360PS, DE12TIS/360PS ISME33530/335PS, P11CUJ/352PS, DE2866LOH26/350PS等发动机
YCK6129HG(W)
• YC6L330-20 330PS
• 最大乘员数：53+1+1(卧铺 36+1+1)
• 17200Kg承载能力
• 非独立顶置式空调、水暖
• ABS、行车记录仪、液晶显示器
• 电涡流缓速器
• 大型高二级（座位：43+1+1，卧铺28+1+1）
• 可选装WD618.42Q/40PS, DE12TIS/360PS发动机
開元寶
Bus VIP
Zonda
2006
A9
8008288688
另有：德国曼、日野、大宇等发动机可选
从降低风阻的角度出发，借鉴了747飞机前身造型以及欧洲同行的先进的设计元素，以独创的视角理念，匠心独运的外观设计，优化组合上下两块挡风，使上前挡风成30度的大倾角大大的降低了风阻系数。由于低风阻的造型设计以及匹配合理的底盘传动系统，使得时速在110km/h左右处于经济油耗区；辅之以缓速器、精磨桥、省油轮胎的运用，使车辆行驶平顺性提高，噪音和震动得到有效控制，节省油耗达15%-20%。同时特别解决了客运车辆既要超大行李仓又要节省油耗的难题，使得两者得到了完美结合。
中国500最具价值品牌
质量保证确认
节油18%
8大系列180多个车型
中大博士后科研工作站
中国1000强大企业集团
拥有服务网点350多家
首条大型客车整车阴极电泳涂装生产线
中国市场产品质量用户满意第一品牌
亚洲规模最大的商用车制造基地
国内首家研发承载桁架式客车
YCK6126HG(W)
• YC6G300-20 300PS
• 最大乘员数:51+1+1(卧铺 36+1+1)
• 17200Kg承载能力
• 非独立顶置式空调、水暖
• ABS、行车记录仪、VCD
• 电涡流缓速器
• 大型高二级
（座位：43+1+1，卧铺30+1+1）
YCK6116HGL(W)
• YC6G270-20 270PS
• 座位：49+1+1(卧铺 30+1+1)
• 15300Kg承载能力
• 非独立顶置式空调
• ABS、行车记录仪
• 可达大型高一级
（座位：43+1+1，卧铺26+1+1）
YCK6107HG
• YC6J210-20 210PS
• 最大乘员数：45+1+1
• 13200Kg承载能力
• 非独立顶置式空调
• ABS、行车记录仪
• 大型中级
YCK6997HG
• YC6J210-20 210PS
• 最大乘员数：43+1+1
• 13200Kg承载能力
• 非独立顶置式空调
• 大型中级
YCK6799H
• YC4G180-20 180PS
• 最大乘员数：33+1+1
• 10000 Kg承载能力
• 非独立顶置式空调
• 中型高一级
（座位：29+1+1）
YCK6899H
• YC6J210-20 210PS
• 座位：37+1+1
• 12000Kg承载能力
• 非独立顶置式空调
• 中型高一级
（座位：33+1+1）
江苏中大汽车销售有限公司 [A] 江苏省盐城市开放大道100号 [T] 0515-8333888 [F] 0515-8333777 www.zonda.com

PASSAT 领驭 志•在掌握

三屏独享式DVD娱乐系统

5档手自动一体式变速箱

高效自动恒温空调

前座中央扶手冷藏储物盒

有志，就是坚定信念，迎峰勇进。风云纷扰，依然处变不惊。

■镀铬U型盾面立体格栅 ■2.8L V6汽油机 / 1.8T涡轮增压汽油机 ■Tiptronic 5档手自动一体式变速箱 ■德国SACHS气液双筒式避震系统

飞航式背投光仪表板 / 三屏独享式DVD娱乐系统 / 记忆型电动调节可加热座椅 / 智慧型蓝牙通讯系统 / 内部油箱盖及行李箱盖开启 / 5000多焊点超精细激光焊接安全车身 / 燃爆式紧急收缩型安全带 / 可溃式转向管柱 / 四轮大尺寸刹车碟盘 / 贯通式双膜片真空刹车助力器 / 自动侦测停车导引系统PDC / 卫星导航系统GPS / 车身动态电子稳定系统ESP / HID氙气放电式头灯

上海大众

上海大众汽车有限公司 免费销售咨询热线：800-820-1111 售后服务热线：10106789 www.csvw.com

多舒适
多眼界
多灵感
多功能轿车

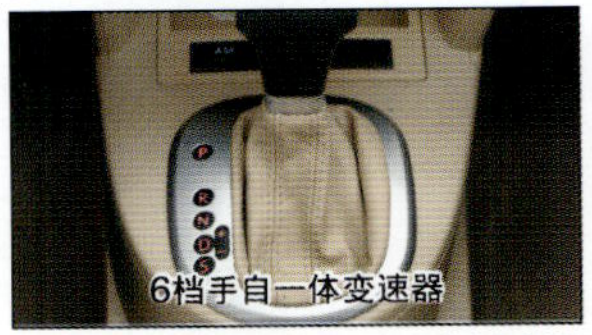
6档手自一体变速器

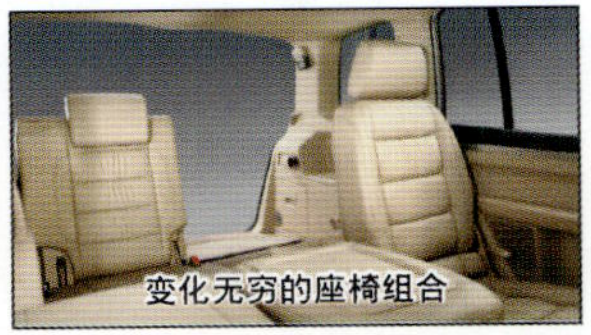
变化无穷的座椅组合

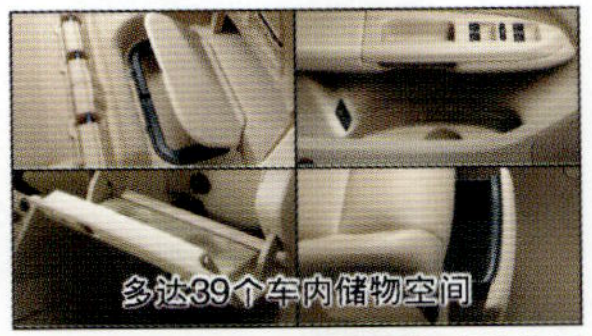
多达39个车内储物空间

极至1900升魔幻空间(五座)

墨 麒 麟
宝剑识英雄，东风标致307以创新科技，打造您的尊荣座驾
307
www.peugeot.com.cn
欧洲最畅销车型、欧洲年度最佳车型、欧洲年度风云车……，自诞生之时，标致307就已在欧洲广受赞誉。作为中、法两大汽车集团的合作品牌，东风标致秉持创新、活力、美感、可靠的标致精神，将闻名世界的标致307引入中国，创造了属于中国的车市奇迹——东风标致307，延续了标致百余年的成就与辉煌，在中国赢得了无数喝彩。东风标致307，以高感科技的安全性、无可挑剔的动力性及操控性，成为了中国车坛的耀眼之星、成功者的尊荣座驾。人生征途上，何不与东风标致307一起，品味成功，品味生活。
标 新 · 致 远
■ ABS+EBD+EVA
■ 高强度钢性车身
■ 两个双防护安全气囊
307
PEUGEOT
东风标致

DFAC
诚信天下 用户为先
东风皮卡
东风小霸王
东风之星
东风金霸
多利卡康霸
东风金刚
东风汽车股份有限公司
DONGFENG AUTOMOBILE CO., LTD.
全国统一免费服务热线：800-880-0899 服务电话：027-84287199 http://www.dfac.com

CARNIVAL嘉华
商务·生活 何不两全
起亚嘉华06款 全新上市
CARNIVAL

Optima远舰
无比的选择
FIFA WORLD CUP GERMANY 2006
令世界倾倒 以价值当道
06款Optima远舰 驾到
Optima
全新水箱格栅 / 多反射投影式大灯
宽大空间 / 精致桃木内饰
时尚DVD配置
先进倒车雷达
世界平台的价值之选
OPTIMA 远舰，以前瞻的思维缔造不断延展的世界，以内敛的气质营造不断完善的内涵；06款OPTIMA远舰，辅以全新水箱格栅、精致桃木内饰、先进倒车雷达以及时尚DVD配置，成就世界平台的价值之选！
东风悦达起亚汽车有限公司销售本部 地址：上海市仙霞路319号远东国际广场A幢13楼 邮编：200051 呼叫中心电话：800-8285985 销售热线：021-64400880转668 网站：www.dyk.com.cn
KIA
东风悦达·起亚
The Power to Surprise™
激情超越梦想

目　录

Content

一、重要文献

开创中央国家机关政府采购工作的新局面

——国务委员兼国务院秘书长华建敏在中央国家机关政府集中采购工作会议上的讲话

华 建 敏

（2004 年 4 月 15 日）

同志们：

国管局召开中央国家机关政府集中采购工作会议，回顾总结实施《政府采购法》的情况以及中央国家机关政府采购中心成立以来的工作，我认为这是很有必要的。刚才，肖捷、玉赋、大胜同志都发表了讲话，讲得很好；上午，世光同志向大家汇报了中央国家机关政府采购中心成立一年多来的工作情况，也讲得很好。

推行政府采购制度是一项新的改革。我国从 1996 年开始，在部分地区试行政府采购制度。在各级政府和有关部门的共同努力下，初步建立了较为完备的法规体系、管理机构和执行机构，基本上形成了财政部门、纪检监察部门和审计部门分工协作、各司其职、共同监督的监督管理机制。采购规模呈现快速增长势头，由试行初期的每年 10 多亿元，发展到 2001 年的 653 亿元、2002 年的 1 009 亿元，去年全国政府采购规模达到 1 659 亿元，成效是显著的。可以说，政府采购的范围正在逐步拓宽，监督管理和执行的力度正在逐步加大，制度的推行正在逐步深入。同时，这项制度的建立，在推动政府运行方式和职能转变方面起到了积极作用，塑造了市场经济条件下新型的政府采购交易规则。在推行过程中所采取的先易后难、先大后小、突出集中、分步实施、循序渐进的思路，符合我国国情，并推动了其他一些领域的改革。

近年来，中央国家机关认真按照《政府

采购法》和国务院有关文件要求，积极推行政府采购制度，取得了比较明显的进展。中央国家机关政府采购中心成立一年多来，在国管局党组的领导和财政部的监督指导下，坚持“高起点、严要求”的工作方针，理顺关系，开拓创新，建章立制，规范采购，较好地完成了各项采购任务，取得了一定成绩。

今年是我国改革和发展十分关键的一年，也是全面建设小康社会、促进经济社会全面协调发展的重要之年。各级政府和各部门担负着繁重和艰巨的任务。新的形势、新的任务，对我们的各项工作提出了更高的要求。家宝总理在十届全国人大二次会议上所做的《政府工作报告》中突出强调：要加强政府自身建设。其中，推进政府职能转变，贯彻实施行政许可法，全面推进依法行政，建设法治政府，是今年政府工作的重要任务，也是中央国家机关各部门的重要任务。全面实行政府采购制度，就是各级政府和各部门推行依法行政，规范行政行为，加强行政监督和廉政建设的一项重要举措。去年召开的党的十六届三中全会通过的《决定》中也提出：要推进财政管理体制改革，健全公共财政体制，深化部门预算、国库集中收付、政府采购和收支两条线管理改革。根据以上精神，我们提出今年中央国家机关政府集中采购工作的总体要求是：坚持以邓小平理论和“三个代表”重要思想为指导，深入贯彻十六大和十六届三中全会精神，发扬求真务实的精神，牢固树立科学的发展观，认真执行《政府采购法》，规范程序，提高效率，扩大规模，完善机制，协调一致，不断开创中央国家机关政府集中采购工作的新局面。

各部门要在全面、深刻领会中央对今年党和国家工作总体部署的基础上，坚持从实际出发，充分发挥政府集中采购的重要作用，推动政府采购工作的深入开展。下面，我就进一步做好这项工作讲几点意见。

一、充分认识实行政府集中采购制度的重大意义

政府采购制度是市场经济条件下政府加强财政支出管理的一项基本制度。《政府采购法》的颁布实施，标志着我国政府采购全面进入法制化的轨道。近年来，国务院多次下发文件，对推进这项改革提出明确要求。2002 年国务院办公厅印发了《关于中央国家机关全面推行政府采购制度实施方案的通知》。2003 年转发了《财政部关于全面推进政府采购制度改革意见的通知》，提出了政府采购制度改革的总体目标、原则、集中采购工作程序、监督检查、实施步骤和配套措施等。从去年开始，国务院每年公布当年中央国家机关政府集中采购目录及标准，2004 年的目录及标准于日前印发。中央国家机关各部门一定要从实践“三个代表”重要思想和立党为公、执政为民的高度，从加强政府自身建设、维护最广大人民群众的根本利益出发，充分认识政府采购工作的重大意义。

（一）实行政府采购制度是建立公共财政体制的内在要求

推行政府采购制度是财政支出管理改革的三项主要内容之一，政府采购制度已成为我国公共财政体制的有机组成部分。实行政府采购制度，有利于强化预算执行的严肃性、提高预算编制的科学性和合理性、推动实施国库集中支付制度、提高财政资金使用效益，对于建立符合社会主义市场经济体制要求的公共财政管理制度具有十分重要的意义。

（二）实行政府采购制度是从源头上、机制上预防和治理腐败的重要措施

在传统的一对一的自行采购方式下，由于缺乏制度约束和监督机制，利用财政资金

进行采购活动极易产生腐败行为，这是世界各国普遍存在的现象。政府采购制度的核心内容之一就是充分引入竞争机制，按照公开、公平、公正的原则，通过公开招标方式进行“阳光下的交易”，使政府采购活动在透明的环境中进行，防止“暗箱操作”和“权力寻租”。建立在财政、监察、审计等部门以及社会各方面监督之下的政府采购，是从源头上治理腐败的一项治本之策。

（三）政府采购制度是国家宏观经济调控的一项重要手段

目前世界上许多国家政府采购的资金，约占GDP的10%或财政支出的30%。去年，我国国内生产总值超过11万亿元，如按此比例推算，政府采购的资金规模应在1.1万亿元以上，这是非常可观的。规模如此巨大的政府采购必然会对社会经济运行和发展产生直接影响。实行政府采购制度，充分运用其政策功能，可以发挥它在宏观经济调控中的重要作用，促进经济社会的协调发展，对经济运行和社会发展产生更大的影响。此外，在当前形势下，政府采购制度还可以在引导市场经济秩序、规范企业竞争行为等方面发挥重要作用。

二、明确工作重点，抓住关键环节，进一步扩大政府采购规模

当前，我国政府采购的规模与国家经济社会发展的要求相比还有差距，采购工作中还存在一些不容忽视的问题。一些地方和单位对政府采购工作的认识还不一致，有的甚至存在抵触情绪；政府采购项目范围还不够大，采购规模比较小，其中工程采购所占比例更低；一些地方和部门规避集中采购和公开招标；采购行为不够规范，采购活动的效率和质量不够高；对采购活动的监督需要进一步加强。这些问题在中央国家机关也不同程度地存在，需要深入分析和研究，进一步采取有效措施认真加以解决。

（一）充分发挥集中采购机构作用，进一步扩大集中采购规模

集中采购是政府采购的主要组织形式，有利于充分实现采购规模效益，降低采购成本，规范采购行为，并且便于进行监督。2002年设立的中央国家机关政府采购中心，主要任务就是组织实施中央国家机关统一集中采购工作。2003年，国务院办公厅转发的财政部《关于全面推进政府采购制度改革的意见》中要求，重点抓好集中采购机构的设置，充分发挥集中采购机构在全面推进政府采购制度改革中的重要作用。各部门一定要充分认识集中采购的地位和作用，将能够纳入统一集中采购的项目都纳入统一集中采购。要认真编报政府采购预算和政府集中采购实施计划，严格执行国务院发布的集中采购目录及标准。中央国家机关凡使用财政性资金采购纳入政府集中采购目录中的项目，都要依法委托中央国家机关政府采购中心统一采购，不允许以项目特殊或实行部门集中采购为名，自行采购或委托社会中介机构代理采购，规避、逃避政府集中采购，切实维护法律和政策的严肃性。

需要指出的是，政府集中采购是对传统采购方式的重大改变，与传统采购方式相比，它可能会给采购者带来一些“不便”。比如，需要执行提前编制政府采购预算和采购计划、采购活动需要经过签订代理采购合同以及招投标等一系列程序。对此，各部门要积极转变观念，主动调整工作思路，尽快适应新的采购方式。

（二）强化管理，规范行为，不断提高政府采购活动的质量和水平

中央国家机关的政府采购活动对地方具有很强的示范效应，各部门、各单位必须以更高的标准和更严格的要求，认真做好各项工作，不断提高政府采购水平，切实发挥示

范和表率作用。

要不断加强政府采购活动的管理。财政部作为中央单位政府采购的监督管理部门，要切实承担政策制定和工作指导职责。要按照权责统一、运转协调的原则，研究制订政府集中采购管理实施办法和工作规程，科学合理地界定监管机构、集中采购机构和采购人三者的职责和相互关系。日常工作中要加强管理，切实做好预算编制、资金支付、信息管理、聘用专家管理、供应商投诉处理、集中采购机构业绩考核和政府采购管理人员培训等工作。要结合深化部门预算改革和国库集中收付管理改革，全面编制政府采购预算，通过细化财政资金采购项目和编制年度政府集中采购计划，加强政府集中采购工作的计划性。要积极推行政府采购资金集中支付。要提高政府集中采购目录的科学性，增强目录执行的严肃性，不断扩大集中采购范围和规模。

要严格规范集中采购行为。政府集中采购机构是政府采购的重要当事人，要按照法律和国务院有关文件的要求，抓紧完善集中采购活动中的各项规章制度、内部操作规程和工作标准，保证政府集中采购活动严格按照法律和有关政策规定进行，并做到规范有序运作。应该实行公开招标方式采购的，必须严格实行公开招标，并规范招投标行为。

要进一步提高采购质量和采购效率。集中采购机构要牢固树立服务意识，精心组织实施采购活动。要认真研究解决执行过程中的难点问题，充分利用现代信息技术手段，积极创新采购方式和方法。要加强与各部门的联系和沟通，主动征求各部门的意见和建议，不断改进工作。在采购活动中，要严格程序，执行有关政策，积极主动地接受监督管理部门的监督和指导。要加强调查研究，学习借鉴国内外先进、成功的经验。中央国家机关政府采购中心一定要提高工作效率，要变“不便”为“方便”，质量要提高，服务要到位，采购的货物、服务和工程要价廉物美。

（三）加强监督，确保政府采购活动公开、公平、公正

建立科学有效的监督机制是防止政府采购活动发生腐败的关键环节，是政府采购制度顺利实施的必要条件，必须摆到突出位置来抓。监察机关要切实履行职责，围绕《政府采购法》和各项政策的贯彻落实，重点抓好采购范围、采购方式、采购程序和集中采购目录执行情况的监督检查。要制定明确具体的监督方式、监督办法和违反政府采购规定的处罚办法，真正将监督责任落实到位。审计机关要在中央部门预算执行审计和其他财务收支审计工作中，把政府采购列为一项重要内容，加强对政府采购预算、计划编制、招投标等采购程序执行和采购合同履行全过程的跟踪审计。

要充分发挥财政监督的职能作用，围绕重点环节，把监督寓于管理工作的全过程，突出抓好事前和事中监督。要完善采购活动内部监督制约机制，实行项目责任制度、人员轮岗和工作回避制度，明确采购活动的决策和执行程序，并相互制约。在组织实施集中采购活动中，要坚持公开招标为主，广泛、全面地接受社会各方面的监督，认真处理供应商的询问和质疑，保证集中采购活动健康开展，不断使集中采购工作走上规范化、程序化和制度化的轨道。

要建立健全社会监督机制，采取切实有效的措施，充分公开政府采购信息，增强采购过程的透明度。要创造条件，鼓励和支持新闻媒体、社会公众监督政府采购活动，确保政府采购活动公开、公平、公正。

三、切实加强组织领导，狠抓队伍建设

全面实行政府采购制度涉及面广，政策

性强，工作难度大，要以认真负责的态度把这项工作做好。国务院各部门一定要从实践“三个代表”重要思想、促进国家经济和社会发展的大局出发，树立高度的政治责任感，充分认识推进政府采购工作的重大意义，把这项工作列入重要议事日程。各部门负责同志都要认真学习掌握政府采购方面的法律和政策，并明确一名负责同志分管这项工作。要切实加强组织领导，明确政府采购的具体工作机构和人员，经常听取有关工作汇报，检查并及时解决工作中出现的问题，真正做到组织领导到位、政策落实到位、监督检查到位。

我国于2003年实施《政府采购法》，如何规范地做好政府采购工作还是一项新任务。要抓好宣传教育，提高全社会对这项工作的认识，以获得全社会的理解和支持。有关部门要结合“四五”普法教育，采取多种形式，加强对《政府采购法》的教育和宣传，使全社会真正了解政府采购的性质、意义和作用，让广大企业了解政府采购，支持和参与政府采购。

政府采购工作政策性强，专业要求高，是一项复杂的系统工程。做好这项工作，必须建立一支专业化的工作人员队伍。目前，政府采购工作人员素质与这项工作的要求相比还有差距。要通过不断培训和交流，充实和培养一大批熟悉相关法律、政策，掌握有关专门知识，了解市场情况的专业人才，建设一支专业化人才队伍。

同志们，做好政府集中采购工作不是一件小事。政府采购工作关系到财政管理新体制的建设，关系到国家经济发展的大局，关系到政府机关自身的形象和建设，我们一定要把它作为一件大事来抓。政府采购用的是财政性资金，应当精打细算，千万不能浪费。今年是政府工作的“落实年”，各项任务和制度都明确了，关键是认认真真地抓落实。同时，今年还应是“节约年”。目前，我国能源普遍紧张，除资金十分紧张外，水、电、煤等也都比较紧缺。中央国家机关要带头发扬艰苦奋斗精神，注意节约每一张纸、每一度电、每一滴水、每一分钱，克服浮躁之风、浮华之风。做好政府集中采购工作，直接的效果就是能节约大量资金。因此，实行政府采购制度意义重大、任务艰巨。我们要不断研究新情况，总结新经验，解决新问题，以奋发有为的精神和求真务实的作风，扎扎实实做好中央国家机关政府集中采购工作。

求真务实　奋力进取
推动政府采购制度改革深入发展
——财政部副部长肖捷在全国政府采购工作会议上的讲话

（2004 年 12 月 2 日）

同志们：

这次会议是政府采购法实施以来召开的第一次全国政府采购工作会。会议的主要任务是：认真学习党的十六届三中全会和四中全会精神，以“三个代表”重要思想为指导，从提高党的执政能力和树立科学发展观的要求出发，通过总结政府采购法实施两年来政府采购改革工作实践，研究进一步加大贯彻落实政府采购法工作力度的具体措施。下面，我先讲几点意见，供同志们参考。

一、政府采购法贯彻实施工作取得阶段性成果

我国从 1996 年开始政府采购工作试点。2003 年 1 月 1 日政府采购法正式实施，标志着政府采购制度改革工作进入了新的历史发展时期，依法行政、依法采购、规范管理对政府采购工作提出了更高标准和新的要求。两年来，各级财政部门和集中采购机构在各级党委和政府的重视和支持下，以政府采购法实施为契机，开拓进取，扎实工作，政府采购制度改革工作取得了新成效。

（一）政府采购法规制度体系建设取得新进展

2003 年政府采购法正式实施以后，财政部为贯彻落实政府采购法，推进改革工作，在废止与法律规定不一致的有关管理办法的同时，着力进行了配套制度建设工作。组织研究起草了《政府采购法实施条例（草案）》，送审稿将于近期上报国务院。以部长令的形式颁布了《政府采购货物和服务招标投标管理办法》、《政府采购信息公告管理办法》和《政府采购供应商投诉处理办法》。会同监察部联合制定并颁布了《政府采购评审专家管理办法》、《集中采购机构监督考核管理办法》。各地区也非常重视制度建设工作，将其摆到改革的突出位置。到目前为止，大部分地区都根据政府采购法的规定制定了本地区政府采购管理实施办法，有些地区还制定了一些专项内容的管理办法。与此同时，集中采购机构也都按照法律要求制定了内部操作规程和工作人员守则等内部管理制度。上述这些工作，为深化政府采购制度改革提供了制度保障，也为加强规范化管理奠定了一定的基础。

（二）政府采购范围、规模进一步扩大

两年来，各地区围绕“上规模”的要求，积极采取措施，使政府采购范围和规模不断扩大。一些地区通过制定政府集中采购目录和采购限额标准，明确纳入政府采购管理的采购项目，拓宽了采购范围。内蒙古自治区将国家储备粮，广东、云南、大连等一些地方将国债资金采购项目纳入了政府采购范围。安徽、河南、吉林、上海等省（市）在工程实行政府采购方面加强了与有关部门的协调配合，制定了工程采购管理办法，政府采购工程项目明显增多，工程采购占整个采购规模的比重达到了50%左右。河北、河南等省份还制定了政府采购预算管理办法，通过加强对采购项目的预算管理，努力将政府采购预算做实、做细，提高了采购的计划性和监督的有效性，确保了采购项目的顺利实施。还有一些地方在加强政府集中采购的同时，适度实施了部门集中采购。青海省为此专门制定了部门集中采购实施办法，安徽省通过教育主管部门将全省大中专学校游离在政府采购范围之外的项目都有效地统管起来。2003年，各地区主管部门组织实施的部门集中采购规模达到283亿元。许多地方还积极探索扩大政府采购规模的有效途径。江苏省扩大并完善了协议供货采购和定点采购实施范围，上海市实行招标结果由区县共享的办法，深圳等地还积极探索通过网络报价采购等新的采购方式。在各方面的共同努力下，政府采购规模和采购速度都增长很快。1998年全国政府采购规模只有30多亿元，2003年已经达到了1 660亿元，比上年同比增长64.4%。据初步统计，2004年1—9月份全国政府采购规模已经达到了1 300多亿元，许多地区的增幅都超过了去年同期水平。预计今年政府采购规模可以完成2 000亿元。

（三）管理职能与操作职能分离工作取得较大进展

管理职能与操作职能分离，形成既相互制约又相互协调的监管工作机制，是政府采购法的规定，国务院和财政部都对此提出了明确要求。两年来，各地区积极推进政府采购管理机构与操作机构分离工作，并取得较大进展。到目前为止，全国36个省份和计划单列市中已有26个完成了集中采购机构与政府采购管理机构分离工作。其他地区也都按照规定的要求研究制定了分离方案，其中有的方案已经报当地政府等待批准。省以下地、县两级分离工作也在陆续进行，许多地区的市、县两级已实现了管、采分离。与此同时，管理机构与采购人以及集中采购机构三者之间的工作职责日趋合理，初步实现了职能划分清楚，运转协调的工作目标。

在理顺职能和机构的过程中，政府采购队伍继续得到加强，从事政府采购的人员进一步充实，专业素质和知识结构等有所改善和调整，业务水平不断提高。目前全国各地专职从事政府采购工作的人员已经有上万人，成为推动政府采购事业发展的中坚力量。

（四）规范化管理工作取得新的成效

规范化管理是政府采购制度建设的一个十分重要的内容，在近两年贯彻政府采购法工作中，我们始终把它作为制度建设、监督管理的非常重要的环节，给予了高度重视。

1. 采购工作更加公开透明。2003年，在1 660亿元政府采购金额中，通过公开招标实现的采购金额为950亿元，占采购总规模的57%。预计今年通过公开招标方式实现的采购金额可能会达到采购总规模的

60%以上，基本确立了公开招标方式的主导地位。两年来，在财政部指定媒体上发布政府采购信息公告的数量成倍增加，这些指定宣传媒体对我们采购事业的发展也给予了大力支持。信息公告的数量从 2002 年的 5 000 多条增加到 2003 年的 10 238 条，今年到目前为止已达到 2.7 万多条。

2. 集中采购更加完善。近两年，各地区都根据法律要求，制定并颁布了本地区政府集中采购目录和政府采购限额标准，并且做到了提前制定发布，使各采购单位在编制部门预算前就知道下一年的采购范围及项目，也使集中采购机构了解和掌握了年度工作任务，有效地指导和推动了政府采购工作的开展。同时，集中采购机构也注意加强自身建设，在更好地实施集中采购、提高采购技巧和效率等方面采取了各种措施并开发了相关操作系统，运行机制逐步完善，服务意识有所增强，采购质量和效率得到提高，集中采购效果更加显著。2003 年全国集中采购规模占采购总规模的 60%以上，其中地方约有 690 亿元，占到了地方采购总规模的近 70%。这种格局基本确立了集中采购在现阶段作为政府采购主要形式的地位。

3. 采购管理工作更加规范。突出表现在采购人依法采购的意识和执行政府采购的主动性、自觉性不断提高。政府采购预算编制办法不断完善，随意采购、盲目采购等无序采购现象明显减少。采购方式、组织实施、招标采购、资金支付、合同审核等方面的管理程序、审批环节更加严谨透明。集中采购的运行规程和实施办法更加合理有效。北京、江苏、辽宁、浙江等地区对采购程序和方式进行了整合，使采购效率进一步提高。财政部门加强了供应商投诉处理工作，做到了依法定程序履行职责。湖北、安徽、河北等省份在这方面摸索了一些行之有效的做法。集中采购机构也加强了对中标供应商履约行为的检查，及时将问题反映给财政部门处理。这些工作促进了政府采购活动的公平公正，也增强了采购人员依法办事的自觉性。

4. 专家管理更加科学。按照“统一条件、分级管理、随机抽取、管用分离”的原则，财政部建立了中央政府采购专家库，许多地方也建立和完善了政府采购专家库，加强了对采购评审活动的管理，评审专家执业行为进一步得到规范，跨地区抽取专家的人次明显增加，提高了政府采购评审工作质量。甘肃、天津等省市还建立了对专家考核评议制度。

上述几个方面的工作成效和进展，展现出政府采购工作的新面貌，也显示出政府采购制度的社会影响力正在日益增强。应当指出的是，近年来各地区在实施政府采购制度改革和开展采购活动过程中，还注意为政府中心工作服务，认真做好社会关注、群众关心的采购项目，扩大了政府采购的影响力。如西部地区农村中小学现代远程教育工程设备实行了政府采购，有力地支持了西部大开发战略。在落实中央有关“三农”政策方面，将有关项目纳入政府采购，如河南农村中小学危房改造工程、江苏七大财政支农项目等，得到农民群众的热烈欢迎。重庆市通过政府采购解决了公安消防人员伤残保险问题，四川、湖南、福建等省的中小学课本和学生被褥等实行政府采购，广东春节联欢晚会连续两年实行政府采购招标确定承办人等，都取得了较好效果。

随着政府采购工作的深入开展，改革成效逐步扩大，政府采购制度的积极作用进一步得到体现。一是节约了资金，提高了资金使用效益。通过政府采购制度的实施，根据各地的经验，每年采购资金节约率都在 10%以上，据测算，2003 年全国通过实施政府采购共节约资金近 200 亿元。2001 年到

2003年，通过政府采购节约的资金至少在400亿元以上。这对我们这个目前还比较落后的发展中国家而言，是一个非常值得总结的成绩。二是规范了采购行为，促进了廉政建设。在贯彻落实政府采购法的过程中，依法行政、依法管采的思想观念和工作作风正在形成。具体操作日益规范，随意干预政府采购活动的行为逐步减少。政府采购规范化运作机制在一定程度上遏制了违规违纪行为的发生，促进了廉政建设。三是维护国家利益和社会公共利益的作用开始体现。财政部会同有关部门研究起草的《软件政府采购管理办法》、《节能产品政府采购实施意见》等措施的出台，将有效地促进政府采购制度政策功能的发挥。一些地方也开始注意利用政府采购制度的实施来实现相关政策功能，近几年来，一些地方在这方面进行了积极的探索。江苏省南京市通过政策调控，政府采购的中标企业80%以上都是中小企业；北京市在采购办法中规定不得指定品牌，要使厂家都有公平竞争的机会。许多地区在采购的具体活动中，有关支持国内企业和购买国货的条款越来越多，国货意识、政策目标意识在采购活动中越来越强。这也是我们认识不断升华，借鉴国际经验，充分发挥政府采购制度功能的必然结果。

在总结政府采购改革工作取得成绩的同时，我们也必须清醒地看到目前政府采购工作中存在的问题和不足，推进政府采购工作还面临着不少难题，建立科学的政府采购管理制度的任务仍然十分艰巨。一是依法采购认识仍需进一步提高。一些部门认为政府采购制度改革是权宜之计，临时措施，仍然处于观望等待状态，导致措施不力、工作滞后，在某些方面拖了整个政府采购工作的后腿。二是政府采购范围和规模仍不理想，各地工作进展不平衡，在一定程度上制约了政府采购制度功效的发挥。三是政府采购程序和办法不够完善，工作环节多，操作不够简便快捷，效率和质量有待提高。四是财政部门的监管职能和集中采购机构的操作职能没有完全落实到位，还需进一步完善。五是违规处罚较弱，缺乏正常有效的监督检查制度。对这些问题，各级财政部门和采购机构要予以高度重视，认真研究分析，通过深化改革，加大工作力度，采取积极有效的措施，尽快加以解决。

二、深化政府采购制度改革的基本目标和主要任务

当前，政府采购制度的建立正处于由初创阶段向全面发展阶段转变的时期。我国经济和社会形势与政府采购制度刚建立时相比发生了很大变化，对政府采购工作提出了新的要求，改革和制度创新的任务更加艰巨。特别是我国加入WTO后，加快推行和完善政府采购制度的任务更加紧迫。面对新的形势，我们必须抓住加快发展的有利时机，进一步理清工作思路，明确改革方向，确定改革任务，抓好深化改革工作，实现向全面发展阶段的根本转变。

参考国际通行做法，结合我国具体情况，按照政府采购法的要求，今后一段时间我国政府采购制度的改革和发展，概括起来应实现以下五个方面的基本目标：一是完善规则程序，提高采购效率；二是公开公正透明，实现公平交易；三是采购结果最佳，确保物有所值；四是发挥政策功能，促进经济发展；五是形成制约机制，防范抑制腐败。

根据上述目标，我国政府采购制度的建立和发展应遵循以下原则：

一是统一政策、分级管理。所谓统一政策，就是在政府采购管理政策及原则、采购交易规则、采购方式和采购程序等方面，实行全国统一。所谓分级管理，就是在统一政策的前提下，实行中央政府和地方政府分级

管理，分别开展政府采购工作。

二是集中采购与分散采购相结合。既要推进集中采购，实现规模效益，也要搞好分散采购，做到简便易行。

三是公开招标采购为主、其他采购方式为辅。在政府采购方式上，必须形成以公开招标为主要形式的采购机制。同时，也要针对不同采购需求，发挥其他采购方式的效用，包括反向拍卖、电子采购、采购卡等采购方式。

四是“管采分离、职能分设、政事分开”。政府采购管理涉及财政部门、采购单位和集中采购机构，为实现政府采购公开透明和规范运作，必须建立相互制衡的工作机制，核心是管理职能与操作职能相分离。这种分离是从我国现阶段国情出发所做出的一种必然的抉择，也是根据几年改革实践做出的法律规定，在这个问题上大家一定要统一认识。

为了实现改革基本目标，根据上述原则，今后一个时期政府采购制度改革要着重做好以下几个方面工作：

（一）加快政府采购制度体系建设，规范政府采购行为

建立以政府采购法为核心的规章制度体系，是实施政府采购的基础，也是实现依法行政、依法采购的需要。虽然我们的制度建设工作取得了一定成绩，但还远远不能满足全面推进政府采购制度改革和规范化管理的需要，必须依据法律规定尽快建立一整套法律法规完善的制度体系。制度体系建设的快慢和功能的发挥，直接影响着政府采购制度改革的发展与成效。因此，财政部一方面要按照行政许可法的要求，起草《政府采购代理机构资格认定办法》、《政府采购非招标采购方式管理办法》等6个办法，以及为落实政府采购法有关政策规定，会同国务院有关部门研究起草《软件政府采购管理办法》和《节能产品政府采购实施意见》，并争取尽快出台；另一方面要根据深化改革、全面提高采购管理水平的需要，抓紧其他管理办法的研究制定工作。这两方面的工作都摆在了我们的议事日程上。各地区也要一如继往重视制度建设工作，并注意结合本地实际，体现可操作性，使各项采购活动有法可依，有章可循。

（二）继续扩大政府采购范围，确保政府采购规模较快增长

政府采购范围和规模是衡量一个国家政府采购制度是否完善和健全的重要标志，直接反映了政府采购制度发展的广度和深度。规模是实现效率的基础，有规模才能发挥更大效益，节约更多资金。规模还是落实政策功能的前提，只有规模上去了，调控才有更大的选择空间。目前，我国政府采购范围和规模与国际相比还有很大差距，因此，要把扩大范围和规模作为当前政府采购工作的第一要务，通过完善政府采购预算编制管理和科学制定集中采购目录及限额标准，扩大政府采购项目实施范围和采购品种。要重点增加工程采购项目，体现节能、环保等政策要求的项目，以及关系到群众利益的公共项目。要强化部门集中采购和分散采购的管理与监督。

为了促进政府采购上规模、上水平，要充分利用现代信息技术和产品，积极探索和发展以信息技术为支撑的政府采购新方式，实现政府采购管理和操作电子化。一方面要充分利用信息网络技术为采购信息透明化、扩大采购规模、实现规范化管理等提供技术支持；另一方面要逐步建立全国统一的政府采购信息系统，为今后全面建立电子化政府采购制度服务。所谓电子化政府采购，是政府利用信息技术，确立公共部门采购货物、工程和服务的一种采购形式，其核心内容是打破了传统采购方式的时间和空间障碍，增

强采购信息透明度，为政府采购活动提供便利。这种采购方式将是今后政府采购发展的方向。从发达国家和一些发展中国家推行电子化政府采购的实践来看，这种方式将使得政府采购无论是效率还是效益都会有较大提高。我们应该把这项工作作为一个重点进行认真研究和探索。

（三）做好机构分离和职能定位工作，尽快形成相互制衡的工作机制

管理职能与操作职能分离，设立专门的集中采购机构履行操作职责，是建立科学的政府采购运行机制的客观要求。管理机构主要负责政府采购的监管事务，不干预具体采购交易活动。集中采购机构主要是接受委托，负责集中采购目录的具体执行，不承担管理职能。目前尚未完成“管采分离”工作的省要抓紧机构分离工作。同时，从面上来讲，下一步要重点抓好地、市和县级管理职能与操作职能分离工作，争取用两年或者更短一点的时间完成地、县两级机构分离工作。在实现“管采分离”的基础上，进一步明确各自职责。财政部门要研究在不干预具体采购活动的情况下履行好监督管理职能的有效形式，完善财政部门与集中采购机构的工作协调机制，形成规范的管理职能与操作职能相分离的监管体制。同时，要明确采购人和集中采购机构之间的职责，规范委托代理关系，保证各项工作顺利运行。

（四）继续抓好集中采购工作，推进政府采购工作规范管理

要继续抓好集中采购工作，规范集中采购行为，发挥规模采购效益。凡是列入政府集中采购目录的通用商品采购项目都要实行政府集中采购。要完善集中采购程序和采购方式，扩大协议供货和定点采购项目范围，切实提高集中采购效率。各级集中采购机构要认真落实集中采购目录所安排的各个采购项目，规范操作。各级财政部门要在积极支持和指导集中采购机构工作的同时，建立对集中采购机构的监管与考核制度。

要进一步完善采购运行规程，减少不必要的管理审批环节和操作程序。进一步加大公开招标实施力度，巩固以公开招标采购方式为主的采购机制。进一步完善政府采购评审专家库，提高政府采购评审工作质量。要重视研究县一级政府采购管理模式，可以实行市县联合、县县联合、仓储式管理、区域统一市场等模式，切实推动县级政府采购工作更好地开展。要规范供应商质疑和投诉处理行为，维护供应商合法权益。要加强合同备案管理，逐步实施标准合同范本。

（五）积极研究落实国家产业政策，注重发挥政府采购制度的政策功能

政府采购是社会总需求的一部分，作为政府行为，带有熨平经济周期的功能，是政府调控经济运行的一种工具。所以，通过政府采购制度发挥政府调控经济的政策功能作用，探索实现政策目标的途径、方式，是法律赋予政府采购制度的任务之一，也是构建社会主义市场经济条件下公共财政管理制度的必然要求。要按照先易后难、逐步扩大的原则，选择一些条件成熟的政策项目加以实施。财政部即将颁布《软件政府采购管理办法》和《节能产品政府采购实施意见》，要以此为突破口，探索实现政府采购政策功能的方式和方法。要抓紧研究制定国货认定标准、促进环境保护、支持中小企业发展等一系列政策规定，有效地发挥政府采购促进经济和社会发展目标的重要作用。地方可结合实际情况和当地条件，制定具体操作办法，并在采购工作中进行大胆的探索和实践。我希望这一点能够作为今后一段时间各级财政部门、各级集中采购机构充分重视并有效开展的一项重点工作。

（六）加大监督检查力度，形成有效的监督管理制度

政府采购活动涉及预算管理、采购方式管理、信息管理、合同管理、支付管理和投诉处理等多方面，财政部门要依法对整个政府采购活动过程进行综合性监督管理。同时，上述活动中又涉及财务、人员、招标、产品质量等内容，又需要相应部门实施专业性监督管理。因此，科学有效的政府采购监督制度应该是上述两个方面的结合，相互补充，形成合力。审计和监察部门是政府采购的专业监督管理部门。审计部门依据政府采购法、国务院和财政部颁布的有关政府采购的法规和规章，对各部门和各单位政府采购政策执行情况和采购资金使用情况进行审计。监察部门主要是对政府采购的相关人员实施监察。对各个环节发现的违规违纪行为要严肃处理。

此外，我国政府采购制度改革还面临一项重要工作，就是参加签署 WTO《政府采购协议》谈判工作。我国在入世时曾承诺，将尽快启动加入《政府采购协议》谈判工作，开放我国政府采购市场。现在入世已经 3 年，尤其是今年以来，美国、欧盟及世界贸易组织多次要求中国启动加入 WTO《政府采购协议》谈判工作。因此，加快改革步伐，完善我国政府采购制度，利用国际通行的政府采购非贸易壁垒作用，保护国内企业和促进国内经济发展、提高我国企业管理水平和国际竞争能力、维护国家利益的要求越来越迫切。财政部作为政府采购监督管理部门要积极参与谈判工作，抓紧研究有关工作预案，认真分析签署协议对我国经济和社会发展的影响，提出相应政策措施。我们希望地方财政部门和集中采购机构也要了解国际规则和深化政府采购制度改革的紧迫性，积极做好本职工作，共同支持和配合我国开展协议谈判工作。

三、进一步做好政府采购工作的几点要求

（一）进一步提高认识，切实加强对政府采购工作的领导

政府采购制度是市场经济条件下公共财政管理的一项基本制度。随着社会主义市场经济体制不断发展和完善，公共财政体制的逐步形成，实行政府采购制度是必然趋势。特别是面临签署 WTO《政府采购协议》的新形势，进一步深化政府采购制度改革，发挥政府采购制度在财政支出管理中的积极作用，更是时不我待。这就要求我们从全局和战略高度进一步提高对深化政府采购制度改革重要意义的认识，增强责任感、使命感和紧迫感。财政部门作为政府采购的监督管理部门，要加大宣传工作力度，向社会各界广泛宣传政府采购制度改革的必要性、紧迫性，同时要牢固树立与时俱进、开拓创新的精神，努力解决好改革中遇到的困难和问题，巩固和发展已经取得的改革成果，逐步实现政府采购制度改革和发展所要达到的目标。财政部门要通过各种形式主动向政府领导汇报改革进展，为政府采购工作的发展献计献策。我们希望各地区、各单位切实加强对政府采购工作的领导，完善组织机构，充实队伍力量，协调各方面关系，采取有效措施，推动政府采购工作不断开创新局面。

（二）切实做好管理与操作职能分离工作，加强集中采购机构建设

当前要从以下三个方面积极认识并努力做好管理职能与操作职能分离工作：

1. 管理职能与操作职能应边分离边协调。管、采分离是法律根据改革实践做出的规定，是从我国现阶段国情出发、有利于改革发展和实施规范化管理的正确选择。此项工作要求财政部门和集中采购机构都要转变职能，正确认识自己的位置。如果财政部门以为不参与直接操作就无法实行监管，采购中心以为不搞管理就无法进行操作，这样一种认识就又回到改革初期的老路上去了。管理与操作是政府采购工作的两个方面，不存

在谁高谁低之分，只是职责分工不同。在这个问题上，政府采购法和国务院的有关文件都已做出了明确规定，职责是清楚的。财政部门要做到监管有规，集中采购机构要做到操作有方，既不能失职不作为，也不能越权乱作为。分离不等于分家，财政部门负责管理，采购中心负责采购交易，两者既要合理分工，又要加强协调。

2. 财政部门要支持集中采购机构工作。集中采购机构是集中采购目录的主要执行者。财政部门作为政府采购监督管理部门，有义务、也有责任积极支持集中采购机构的工作，关心集中采购机构的建设，加强政策和业务指导，包括要加大对集中采购机构的培训力度，使集中采购机构的每一位工作人员都能够充分掌握有关政策要求和制度规定，真正做到依法采购。同时，要及时了解和帮助集中采购机构解决有关困难，切实履行好法律赋予的管理职责。

3. 加强集中采购机构建设。集中采购机构在采购工作中的法律地位是代理机构，但与社会其他采购业务代理机构有明显不同。集中采购机构是政府设立的，受委托强制履行集中采购目录内的政府采购职能，是非营利性机构。其他采购业务代理机构则是以营利为目的的自负盈亏企业，要通过市场竞争揽取业务。同时也要看到，由于集中采购机构组建时间较短，在专业化管理和业务技能等方面比社会其他采购业务代理机构要相对弱一些，因此，集中采购机构首先应集中力量认真履行好法律规定的职责，完成好集中采购目录规定的采购任务。集中采购机构能否发展壮大主要取决于是否有过得硬的工作作风和高水平的优质服务，这就需要花大力气建设一支高素质的专业人才队伍，最终打造出比社会其他采购业务代理机构高出一筹的服务品牌。

（三）树立法制观念，强化服务意识，提高采购效率

1. 要树立法制观念。依法行政、依法理财、依法采购既是贯彻依法治国方略的基本要求，也是对财政部门和集中采购机构的工作要求。各地在实施政府采购工作中一定要牢固树立这个意识。不论制定政策还是实施采购，都要做到依法行事。比如说，在供应商管理问题上，法律明确规定供应商的资格是由采购人负责审核，但有的地方财政部门和集中采购机构借着建立供应商库变相地搞行政审批或者是设置门槛，对所谓不符合条件或没交定金的就不允许进库，这些供应商实际上就失去了参与政府采购的机会。这种做法是违反法律规定的。诸如此类的问题，希望财政部门和集中采购机构尽快清理一下，行政许可法已经实施，千万不能再知法犯法，不能去当这个被告。因此，凡是与法律不相符的做法，一定要立即纠正过来。财政部门要学会使用法律手段和制度手段对政府采购实施监管，减少不必要的行政审批，今后哪些可以行政许可都有规定，都不能乱来。还要简化审批程序，做到依法管“采”，依法治“采”。集中采购机构要增强法律意识，养成自觉按法律规则操作的习惯，做到依法采购。

2. 要强化服务意识。政府采购法明确了财政部门是政府采购监督管理部门，从某种意义上讲，管理就是服务。财政部门要将管理寓于服务之中，要为政府采购当事人做好服务工作，也要为集中采购机构做好服务工作。集中采购机构作为政府设立的单位，不以营利为目的，从工作性质上讲，实质上就是为采购人提供良好的服务，要通过服务把集中采购目录执行好，把集中采购的制度优势充分发挥出来。凡是符合法律规定、现实中能够做到的，都要尽量快办、办好；不符合规定或一时办不到的，要主动向采购人耐心解释，以良好的服务态度赢得采购人的

理解和信任。

3. 要提高采购效率。规范和效率既矛盾，又统一，寻求二者的最佳组合，关键是要掌握一个合理的“度”。当今在国际上，采购效率问题得到了普遍关注，各国都非常重视提高采购效率，并且从组织形式、采购模式、采购方式和采购程序上都尽可能体现效率要求，如推行协议供货采购形式和电子采购等。从我国现有的情况看，目前政府采购工作的效率还不尽理想。在今后的工作中，财政管理部门要注意整合采购程序，改进管理方式和方法。集中采购机构要从提高专业水平和熟练程度入手，尽可能采取像协议供货这种既规范又高效、采购人又满意的“一举三得”的办法。要加快研究电子化政府采购的相关事项，切实从管理和操作两个层面上提高采购效率，实现规范与效率同步提高。

（四）继续做好培训和调研工作

1. 要大力抓好培训工作。近年来法规制度建设的步伐较快，新的规定办法相继出台，如果培训工作跟不上，也会影响改革和发展的进程。因此，各级财政部门要加大培训力度，让采购当事人尽快全面掌握政府采购政策的制度规定，保证各项制度顺利实施。

2. 要加强调研工作。政府采购是创新工作，没有现成的管理模式，面对不断深化而又艰巨的改革任务，我们必须把调查研究作为政府采购工作的基础环节。各级财政部门要围绕政府采购中的一些重大问题，在调查和研究两个环节上实现“双深入”，用宽阔的眼界观察问题，分析形势，发现规律，不断增强做好政府采购工作的主动性、预见性和科学性。

（五）进一步加强队伍建设，大力提高采购人员业务素质

当前我们正处于深化改革的关键时期，建设新机制，提高政府采购工作质量，关键在于提高采购从业人员的素质。我在上次全国会议上就讲了这个问题，前面也提到这一点，这里我再强调几点要求：一是要加强思想建设。政府采购工作性质和特点决定了从事政府采购的人员应当具备较高思想道德和品质修养。经常在市场经济环境中与供应商打交道，如果没有正确的价值观念，就很可能在工作中出现问题。二是要加强工作作风建设。政府采购工作是一项新的事业，工作领域宽，困难大，需要协调和解决的问题多，没有刻苦钻研、吃苦耐劳的工作精神和工作作风是无法胜任和完成好本职工作的。三是要加强业务能力的建设。光有好的思想和作风还不够，还必须同时具备良好的业务素质和工作技能。要善于在工作中学习、掌握各种知识，能自如地应对各种复杂的业务工作。

同志们，政府采购既是一项具有开拓性的挑战工作，又是一项具有战略性的伟大事业。我们所从事的工作任重道远，前景广阔。各级财政部门和集中采购机构要立足现实，着眼长远，抓住重点，奋力拼搏，开拓进取；要注意及时研究新情况，解决新问题，总结新经验，探索新思路，创建新机制，通过我们的实际行动，为我国政府采购制度改革和发展做出新的更大的贡献。

中央国家机关政府采购工作面临的形势与主要任务

——财政部副部长肖捷在中央国家机关政府集中采购工作会议上的讲话

（2004年4月15日）

各位领导，同志们：

这次中央国家机关政府集中采购工作会议，是政府采购法实施以来国管局召开的第一次工作会议。财政部对中央国家机关政府集中采购工作非常重视，在2004年政府采购工作要点中，明确要加强政府集中采购的管理和执行工作。我也多次就此项工作与国管局领导同志研究问题，交换意见。我们在重大原则上意见是一致的，都在努力推进政府集中采购工作。这次会议很重要，也很及时。下面我讲几点意见，供大家参考。

一、政府采购法的贯彻实施初显成效

2003年政府采购法正式实施，政府采购工作进入依法采购时期，这对政府采购工作提出了更高标准和新的要求。各部门、各地区深入实践“三个代表”重要思想，全面贯彻党的十六大和十六届三中全会精神，开拓前进，扎实工作，开创了政府采购工作新局面。

首先，政府采购范围继续扩大，规模持续增长。从实施情况看，工程项目明显增多，2003年工程采购比重达到了39.3%，比2002年增长了115%。随着范围的扩大，2003年全国政府采购规模超过了预定目标，实施采购的预算为1 856亿元，实际支付（采购规模）1 659亿元，节约预算资金197亿元，资金节约率为10.6%；采购规模比上年增加650亿元，增长64.4%。

其次，管理体制改革取得了突破性进展。按照政府采购管理与执行分离、职责分清的原则，2003年中央单位完成了管理与执行职能的分离，11个省（市）的政府集中采购机构脱离了财政部门，其他省（市）都制定了改制方案。与此同时，管理机构与

集中采购机构的职能也作了调整，各自工作职责趋于合理。

第三，政府采购透明度明显增强。2003年全国公开招标的采购金额为950亿元，占总规模的57.23%，基本确立了公开招标方式的主导地位。2003年在指定媒体上发布的政府采购公告数量成倍增加，由2002年的5 000条增加到10 238条。财政部在制定制度办法过程中，改变了单纯在行政机关内部征求意见和讨论的方式，根据需要还通过新闻媒体向社会公开征求意见。

第四，中央单位政府采购工作进展顺利。中央单位率先完成了采购和执行职能分离工作，初步形成了政府集中采购、部门集中采购和单位分散采购相结合的格局。各部门、各单位政府采购的自觉性提高，全年完成采购规模263亿元（不含军队、武警系统）。

此外，在过去一年里，为贯彻实施政府采购法，全国开展了“制度建设年”活动。财政部与监察部联合制定并颁布了《政府采购评审专家管理办法》、《集中采购机构监督考核管理办法》。财政部还组织起草了《政府采购法实施条例》（以下简称《条例》）、《政府采购货物和服务招标投标管理办法》等十几个政府采购法的配套法规和制度办法。《条例》将择机上报国务院，其他办法在2004年陆续颁布。

在看到政府采购工作取得较好成绩的同时，也必须清醒地看到，政府采购法实施过程中还存在不少问题，有些问题在中央国家机关表现比较突出。主要是采购规模未完成预期的400亿元目标，政府集中采购目录执行力度不够，一些部门和单位的管理工作跟不上，政府采购效率不高。这些问题反映了中央国家机关依法采购的意识和力度都还偏弱，应在今后工作中坚持用改革和发展的办法，努力加以解决。

二、2004的政府采购工作要注重实效

2004年政府采购工作要继续认真贯彻实施政府采购法，按照“突出重点、循序渐进、协调发展”的思路，巩固和发展已取得的改革成果，全面推进政府采购制度改革工作。

首先，要把上规模作为今年的首要任务。政府采购规模是检验政府采购法实施力度的标准，直接反映依法采购的广度和深度。政府采购规模是实现经济效率的基础，有规模才能发挥效益，才能节约更多的采购资金。政府采购规模还是落实政策功能的前提，只有规模上去了，调控才有力度。因此，要把上规模作为当前以及今后几年政府采购工作的第一要务。

政府采购上规模的空间很大。2004年我国GDP将突破12万亿元，按国际上政府采购规模一般占GDP10%计算，我国政府采购规模应在1.2万亿元以上。2004年全国财政支出计划为26 566亿元，按照财政支出的30%—40%计算，政府采购规模也应有8 000亿元至11 000亿元。

财政部确定2004年的采购目标为2 000亿元，仅为潜在政府采购规模的四分之一至五分之一，比上年实际采购额增长20%，远远低于往年的至少50%的增幅。虽然2004年的目标定得较低，但实际工作中要努力向增长50%奋进，中央单位的增幅还要更高一些。为实现采购规模的较大幅度增长，要扩大工程政府采购的范围；要在做好政府集中采购工作的同时，鼓励部门实行部门集中采购和单位分散采购；要把政府集中采购目录的项目做全做深。

第二，要特别注重发挥政府采购的政策功能。政府采购的政策功能，关系国家利益和社会公共利益，我们要充分利用WTO的规则，运用好这个功能。政府采购法规定，政策目标要优先考虑，除特殊情况外，必须采

购本国货物、工程和服务，同时要兼顾其他经济和社会政策目标。这才是“物有所值”的真正含义。政府采购工作要在落实政策目标的前提下，通过公开和公平竞争，提高采购资金的使用效益，促进廉政建设。为此，财政部即将颁布《软件政府采购管理办法》，要以采购本国软件为突破口，探索实现政府采购政策目标的方式和方法。同时，要按国务院要求，会同有关部门制定并颁布国货认定标准，指导工作实践。在国货认定标准和有关政策措施出台之前，各部门、各单位要尽可能采购有国内知识产权或者在国内生产、组装的产品；工程和服务政府采购合同要优先授予本国供应商；要优先采购环保产品、来自经济不发达地区和少数民族地区的产品。还要灵活运用政府采购手段，实现政府有关经济和社会目标，如禁止有拖欠农民工工资行为的企业参加政府采购活动等。

第三，要把建机制、抓规范作为日常工作的重点。政府采购工作不能单纯追求数量，还要重视质量。在日常管理工作中，要投入更多精力抓规范化建设，逐步建立和健全政府采购的管理体制、运行程序和监督机制。一是要建章立制。2004年在《条例》颁布的同时，要制定《中央单位政府采购运行规程》等办法，以制度规范采购行为。二是要开展经常性的监督检查工作。财政部将会同纪检、监察、审计部门对政府采购法的贯彻实施情况开展专项检查。三是要加大处罚力度。对有法不依、有章不循的政府采购当事人，要依法严肃处理。对严重违法乱纪的供应商，要列入“不良纪录供应商”名单，禁止参加政府采购活动。要通过处罚制度，维护法律和制度的严肃性，增强依法采购的自觉性。

三、2004年中央国家机关政府集中采购工作的主要任务

政府集中采购是政府采购的一种重要组织形式。一年来，中央国家机关政府集中采购工作初步打开局面。组建了中央国家机关政府采购中心，基本建立起政府集中采购的工作框架，政府集中采购工作逐步展开，2003年政府集中采购规模达到7.2亿元。这些成绩是采购中心努力工作、各部门大力配合的结果。总的来看，中央国家机关的政府集中采购工作还处于起步阶段，建立和完善中央国家机关政府集中采购制度，任务依然十分艰巨。

2004年中央国家机关政府集中采购工作的主要任务是，进一步加大贯彻实施政府采购法的力度，围绕政府采购工作要点，夯实工作基础，解决突出问题。

（一）明确责任，建立机制

按照现行法律及国务院有关规定，政府采购监督管理部门、采购单位和采购中心之间关系清晰，职责基本明确。要按照权责统一、运转协调的原则，建立和完善集中采购的工作机制。财政部负责监督管理，指导工作，不参与、不干预具体商务活动。采购单位与采购中心要签订委托代理协议，将政府集中采购目录中的项目委托采购中心实施采购。采购中心按照委托的事项和权限，开展采购活动。纪检、监察和审计部门依据各自职责进行监督管理。各方面要不缺位，不越位，相互配合，互相监督，建立健康有序的运行机制。

（二）创新方法，扩大规模

2003年政府集中采购目录基本适度，2004年又增加了一些项目，并且实施范围扩大到二级预算单位，这就为扩大规模创造了条件。要上规模、提高效率，关键是还要解决采购方法问题。对服务项目，要广泛实行招标定点；对通用商品，要全面推行协议供货制度。要积极探索让采购单位感到快捷和便利的有效方法。

（三）各负其责，提高效率

效率是政府采购的生命。提高效率需要各方面的共同努力。财政部要订好制度，加强指导，规定招标定点和协议供货的执行要求。采购中心要提高专业水平，要把工作集中在组织招标、确定中标供应商上，从繁琐的合同执行事务中解脱出来。各部门、各单位要增强采购的计划性，并在确定中标结果后，依据招标文件与供应商订立并履行采购合同。

（四）从严要求，规范操作

中央国家机关的政府集中采购，有专门机构和队伍，应当比采购单位自行采购做得更好。在现阶段，要在做大政府采购规模的同时，更加注意工作规范。一定要坚持原则，依法采购，树立政府采购的工作的良好形象，为全国政府采购工作发挥示范和促进作用。

2004年中央国家机关政府集中采购工作要求高，任务重，各项工作的落实，需要各有关方面大力协作，加强配合。财政部要努力创造良好工作环境。从制度上确立政府集中采购的工作机制，协调采购单位与采购中心的工作关系。加强指导，及时解决工作中出现的问题。要编制好政府采购预算，并利用国库集中支付手段，推动政府集中采购工作。继续采取有效措施，建立考核制度，支持采购中心工作。配合纪检、监察和审计部门，共同促进政府集中采购工作进一步开展。

各部门要积极配合，支持集中采购工作，希望各级领导对此予以高度重视。一方面要积极做好部门集中采购和单位分散采购工作；另一方面要大力支持政府集中采购工作，将政府集中采购目录中的项目，全部委托采购中心采购。部门资金管理机构要承担起责任，按照财政部要求编制好部门政府采购预算和政府集中采购计划。要提前认真做好采购活动前的各项准备工作，加强与采购中心的沟通，缩短采购周期，提高工作效率。

采购中心要加强自身建设，做好集中采购工作。采购中心是新的机构，新的人员，从事新的工作，任务重，责任大。希望采购中心牢固树立为采购单位服务的意识，提高专业素质，改进工作作风，增强服务能力。采购中心工作人员要有法制观念、奉献精神、廉政意识和创新能力，当好政府的“采购员”。采购中心在工作上要做依法采购的楷模，成为展示政府集中采购优势的窗口。

同志们，政府采购制度改革不可逆转。我国政府采购市场面临开放的压力正在逐渐加大，利用政府采购手段支持国内企业发展、加强财政支出管理、促进廉政建设的紧迫性不断增强，因此，政府采购制度改革必须加大力度，加快步伐。希望各方面齐心协力，克服困难，使2004年中央国家机关的政府集中采购工作百尺竿头更进一步，带动全国政府采购工作上一个新台阶。

认真履行监察职能
努力取得政府采购工作的新成效

——监察部副部长李玉赋在中央国家机关政府集中采购工作会议上的讲话

（2004年4月15日）

各位领导，同志们：

今天，国务院机关事务管理局在这里召开中央国家机关政府集中采购工作会议，总结交流近年来中央国家机关政府采购工作的经验，研究部署2004年集中采购工作任务，这对推动中央国家机关政府采购工作深入发展具有积极作用。国务委员兼国务院秘书长华建敏同志亲临会议并将作重要讲话，我们一定要认真贯彻落实。下面，我就监察机关贯彻执行政府采购制度讲几点意见。

一、充分认识政府采购制度的重大意义，不断完善并落实政府采购制度

推行政府采购制度是加强财政资金监控的重要内容，是从源头上预防和治理腐败的重要举措。前些年查处的一些案件表明，政府采购行为不规范、暗箱操作，不仅导致财政性资金的大量流失和浪费，而且容易引发腐败现象，给一些领导干部以权谋私、贪污受贿提供机会。从某种程度上说，不规范的采购行为，已经成为滋生腐败的一个重要源头问题。我们从实践中认识到，推行政府采购制度，有利于保证政府采购的质量，增强宏观调控能力；有利于促进平等竞争，支持企业的改革和发展；有利于提高公共资金使用效率，最大限度地节约支出；有利于强化监督，遏制采购活动中的腐败行为。做好这项工作，有着重要的政治、经济和社会意义。

中央纪委、监察部对推进政府采购制度工作十分重视，多次进行部署，提出明确要求。早在这项工作开展之初，我们就会同财政部、审计署进行了调查研究，提出在认真总结试点工作的基础上，按照先易后难、逐步推开的原则，首先在中央一级、省一级、副省级城市和省会城市的市一级稳步推进政府采购制度。在取得经验的基础上，2000年1月，中央纪委第四次全会对积极推行政府采购制度提出了具体要求。以后每年的中央纪委全会和国务院廉政工作会议都对政府采购工作作出了部署。监察部会同财政部、审计署，连续两年下发了推进政府采购制度工作的意见。去年，根据《中华人民共和国政府采购法》和国务院办公厅转发的《关于全面推进政府采购制度改革意见》，我们又会同财政部制定下发了《政府采购评审专家管理办法》和《集中采购机构监督考核管理办法》，对有关问题进行了规范，完善了政府采购的相关制度。按照统一部署和要求，各级纪检监察机关积极配合财政等部门，建立健全工作机构，研究制定规章制度，加强对政府采购工作的政策指导，引导各地区、各部门进一步扩大采购范围和规模，健全管理体制，规范采购程序。各级纪检监察机关加强对参与政府采购活动的国家机关、国家公务员和国家行政机关任命的其他人员的监督监察，针对政府采购活动中发现的问题，及时提出整改意见；对严重的违纪行为，坚决按照有关规定追究相关人员的责任，尤其是对领导干部违反规定干预和插手政府采购活动的行为严肃查处，以强有力的纪律手段，保证政府采购制度的落实。

监察部还加强了与国管局以及中央国家机关政府采购中心的联系和合作，积极支持中心开展工作。中央国家机关政府采购中心作为中央国家机关政府集中采购活动的实施机构，承担着重要的职责。我们派员观摩了中心组织的政府采购活动，就有关问题与中心进行探讨，在人员培训、规范程序、建立监督制约机制等方面加强协调配合。目前，我们已与财政、审计等部门形成了分工协作、各司其职、共同监督的监督管理机制，促进了政府采购工作的深入开展。总体上看，在各方面的共同努力下，推行政府采购制度的工作进展很快，采购范围不断扩大，采购行为逐步规范，采购资金的使用效率明显提高，采购领域的腐败案件有所减少。

政府采购工作虽然取得了显著成绩，但是也要看到，这项工作起步的时间还不长，存在的问题还不少。有的地区和部门对这项工作的意义认识不足，工作缺乏主动性，规避政府采购的行为时有发生；政府采购的规模还比较小，范围比较窄；管理机制不健全，运作尚不够规范，等等。不久前，华建敏同志在监察部报送的有关反映《当前政府采购中存在的问题及建议》的信息专报上批示："这则消息应予重视。要重申严格依照政府采购法规范政府采购行为，克服某些地方政府随意采购、违规采购的行为。这样做不仅有利于推进廉政建设，也可提高政府资金的使用效益，把节省下来的财政资金，运用到今年急需开支的地方。"建敏同志的批示针对性很强，抓住了问题的要害，也对我们的工作提出了明确要求。我们一定要认真领会，抓好落实。

二、努力适应改革发展和依法行政的需要，进一步推进政府采购工作

政府采购法的颁布实施，从法律制度上确立了我国在社会主义市场经济条件下新的公共资金管理使用制度，对规范政府采购行为、促进依法行政目标的实现、维护社会公共利益，都有着重要作用。这也标志着我国政府采购活动迈上了法制化、规范轨道，政府采购工作进入了新的阶段。今年召开的中央纪委第三次全会和国务院第二次廉政工作会议又对这项工作提出了新的更高的要求。深入贯彻会议精神，全面执行政府采购法，我们要重点做好以下几个方面的工作：

（一）扩大政府采购的范围和规模

目前我国政府采购的总额占政府财政支出和GDP的比例还较小，同一些发达国家相比还有较大差距，政府采购工作还有很大的发展空间。要努力扩大政府采购的范围和规模，将政府工程项目以及政府或部门安排的专项资金、国债资金的采购项目一并纳入政府采购的范围，争取政府采购总额有一个新的提高，充分发挥规模效应。要细化政府采购预算编制，加大采购资金实行财政直接支付的力度。

（二）提高招投标率尤其是公开招投标率

推行招标投标尤其是公开招标投标，实现面向社会的开放性竞争，是实现政府采购的核心问题。我们在查办违纪违法案件的过程中发现，目前还存在不少违反招投标规定的行为，如把大项目拆分成小项目，规避招标；提前定好中标对象，搞假投标；几家投标单位合谋，垄断招标等。有些地方即使进行了招标，但出于各种原因，也倾向于采用邀请招标等方式，导致公开招投标率比较低等。据有关部门统计，政府采购 2002 年公开招标的数额只占采购总额的 48%，比上一年还下降 5 个百分点。去年这个比例有了较大的提高，达到了 57.23%，但仍然不是很高。这些问题影响了市场机制作用的充分发挥，也不利于采购行为的公开透明，容易诱发腐败行为。对此，要制定相应的政策，强化对招投标工作的硬性要求，不断提高公开招投标率，真正做到公开、公正和公平。同时要重申和强调领导干部不准利用职权违反规定干预和插手政府采购行为，为个人和亲友谋取私利。

（三）健全管理和监督体系

到去年年底，还有相当一部分地（市）一级政府采购的管理部门与执行机构没有实现彻底的分离。从实践经验看，明确监管部门和执行机构各自的职责，尽快实现采购执行机构与监管部门人员分离、机构分设、资金脱钩，形成相互制约的格局，对保证采购工作的公平廉洁十分重要。今年要尽快实现管理部门与执行机构的分离，科学合理地界定监督管理机构、集中采购机构和采购人员三者之间的职责，建立定位明确、程序严密、监控有力、协调有效的管理和运行机制。新设立的集中采购机构要建立健全工作程序，完善工作制度，形成完善有效的内部制约和外部监督机制，切实加强对采购工作人员和评审专家的培训与管理。要拓宽社会监督渠道，如公布投诉、举报电话等，发挥新闻媒体和社会公众的监督作用。

三、认真履行监察职能，努力取得政府采购工作的新成效

行使监督检查职能，推进政府采购工作，这是监察机关责无旁贷的一项重要任务。政府采购法规定：“监察机关应当加强对参与政府采购活动的国家机关、国家公务员和国家行政机关任命的其他人员实施监察。”同时，《国务院办公厅关于印发中央国家机关全面推行政府采购制度实施方案的通知》也明确规定：“监察部负责对政府采购监督管理和具体操作活动以及政府采购工作人员在采购活动中出现的违反有关法律法规和徇私舞弊的行为进行查处。”各级监察机关要按照法律法规和有关规定的要求，在加强学习、提高业务素质的基础上，充分发挥职能作用，把推行政府采购制度作为从源头上预防和治理腐败的一项日常工作，继续抓实抓好。

（一）做好本部门的政府采购工作

监察部要认真贯彻执行国务院关于中央国家机关全面推行政府采购制度的各项规定，对使用财政性资金购买货物、服务和工程的活动，一律实行政府采购制度。要按照财政部、中央国家机关政府采购中心的要求，申请采购计划要及时合理，上报采购数据要准确无误，遇到问题要主动请示汇报。

对列入部门采购的项目，要精心组织，加强监督，做到公开透明，规范运作。

（二）加强与有关部门的协调配合

政府采购工作涉及面广，有不少需要深入研究的问题。监察机关要保持与有关部门经常性的联系和沟通，建立良好的合作关系和有效的协调机制，形成工作的整体合力。要督促有关部门做好与政府采购法的衔接工作，及时清理与政府采购法相抵触的法规、规章和规范性文件，尽快完善相关的实施办法和配套政策，保证政府采购法的全面执行。要配合有关部门继续对政府采购工作实施政策指导，根据政府采购工作的特点和进展情况，明确工作目标和方法步骤，增强工作的前瞻性、针对性和有效性。要注意通过开展调查研究，及时总结推广成功经验和好的典型，研究解决工作中遇到的政策问题，推动政府采购工作的顺利开展。

（三）强化监督检查

监督检查是法律赋予监察机关的基本职能，也是促进工作落实、保证工作质量的重要措施。监察机关要按照政府采购法的规定，加强对政府采购活动的监督。既要加强对采购执行机构及其人员的监督，又要注意对监督管理活动进行监督。要重点检查是否制定了政府采购预算、管理机构和执行机构是否分设、有无违反规定规避政府采购的行为、是否实行公开招投标、在采购活动中有无弄虚作假等问题。要通过日常监督和专项检查，了解和掌握工作的落实情况和薄弱环节，以及存在问题的症结和原因，有针对性地提出改进措施，推动工作的落实。

（四）严肃执行纪律

徒法不足以自行。制定并严格执行纪律，是贯彻落实政府采购制度的重要保证。随着改革的深化和社会主义市场经济的发展，加强经济工作纪律特别是财政金融纪律越来越重要。新修订的《中国共产党纪律处分条例》明确规定："党和国家机关、国有企业（公司）、事业单位、人民团体，违反政府采购和招投标法律、法规的，追究主要责任者和其他直接责任人员的责任，情节较轻的，给予警告或者严重警告处分；情节较重的，给予撤销党内职务或者留党察看处分；情节严重的，给予开除党籍处分。"我们要按照纪律处分条例的规定及相关的政策规定，加大对违反政府采购制度行为的查处力度，严肃追究相关人员的责任。尤其对领导干部违反规定干预和插手政府采购活动的行为，要发现一起，查处一起。对一些典型案例，要公开曝光，以起到警示和教育作用。

中央国家机关在推行政府采购制度方面担负着重要责任，做好这项工作能对全国的政府采购工作起到示范和表率作用。近些年来政府采购工作取得了明显进展，但继续推行和完善政府采购制度的任务还很繁重。监察部和各级监察机关全面贯彻政府采购法和行政许可法，要在认真做好本部门政府采购工作的同时，充分履行法律法规赋予的职责，积极配合有关部门加大工作力度，狠抓工作落实，努力取得政府采购工作新的更加明显的成效。

充分发挥审计在政府采购工作中的重要作用

——审计署副审计长董大胜在中央国家机关政府集中采购工作会议上的讲话

（2004年4月15日）

各位领导，同志们：

推行政府采购是建立社会主义公共财政制度的一项重要改革措施，对于加强财政支出管理、提高财政资金使用效益、促进廉政建设有着十分重要的意义。党中央、全国人大和国务院对政府采购工作十分重视，2002年颁布的《政府采购法》对我国政府采购制度作了全面规定，建立了包括审计监督在内的政府采购监督体系。国务院多次发出通知，全面推行政府采购制度，要求审计机关加强对这项工作的审计监督。下面，我向大家简要汇报政府采购审计工作情况。

一、认真贯彻《政府采购法》，努力推动政府采购审计工作的开展

近年来，审计机关按照《政府采购法》的规定和中央、国务院的要求，努力开展政府采购审计工作，积累了审计经验，取得了初步成效，对推动政府采购工作发展发挥了一定作用。

（一）大力加强对《政府采购法》的学习宣传，提高贯彻落实的自觉性

《政府采购法》对我国政府采购的基本原则、法律制度和监督体系作了全面规定，是各级国家机关、事业单位和团体组织开展政府采购活动的基本法律依据。为了加强对政府采购工作的监督，《政府采购法》第六十八条规定："审计机关应当对政府采购进行审计监督。政府采购监督管理部门、政府采购各当事人有关政府采购活动，应当接受审计机关的审计监督。"这些规定赋予了审计机关开展政府采购审计的法定职责，政府采购各方当事人都有接受审计监督的义务。《政府采购法》颁布后，各级审计机关大力

组织学习宣传，加强审计干部培训，认真领会《政府采购法》的精神实质，掌握每项具体规定，学习政府采购及其审计业务知识，并通过新闻媒体宣传政府采购制度和加强审计监督的意义，增强贯彻落实《政府采购法》、接受审计监督的自觉性。

（二）认真开展调查研究，不断建立和完善政府采购审计监督制度

政府采购是财政支出管理改革的一项新举措，也是审计机关的一项新任务。我们针对政府采购的特点，在深入调查研究、借鉴国外政府采购审计经验的基础上，逐步探索建立适合我国特色的政府采购审计监督制度。审计署专门下发了对中央国家机关政府采购进行跟踪审计的通知，要求审计机关在预算执行审计和其他财政财务收支审计工作中，对政府采购预算、计划编制、招投标等采购程序的执行和采购合同的履行等进行全过程跟踪审计，并对政府采购审计的内容、方式方法和要求作了具体规定。同时，审计署和监察部、财政部多次印发了推行政府采购制度工作的通知，要求各级审计机关不断加强对政府采购的审计监督。一些地方审计机关也结合本地政府采购开展情况，制定了政府采购审计的具体制度和办法。

（三）认真组织开展审计监督工作，规范政府采购行为

近几年，审计署一方面结合中央预算执行审计和其他财政财务收支审计工作，把各部门、单位执行政府采购制度情况作为一项重要审计内容，加强对政府采购管理部门、采购中心和采购单位的审计监督；另一方面，审计署还专门组织地方审计机关对部分省（区、市）政府采购进行了专项审计和调查。从审计情况看，政府采购迅速发展，取得了很大成绩，但在管理和执行方面也还存在一些问题，主要是：政府采购预算不完整、不细化，虽然制度要求各部门在编制部门预算时要单独编报政府采购预算，但一些部门没有认真对待，按规定应当编制采购预算的项目没有编入预算，特别是许多专项资金中的采购事项没有列入政府采购预算；有的部门对政府采购重视不够，执行不够严格，纳入政府集中采购目录的项目没有进行集中采购，规避集中采购现象比较普遍；一些项目的采购方式和程序不合规，公开招标采购比例低，指定供应商和品牌，评标管理不规范，不按采购结果签订合同，在合同执行过程中通过与供应商签订补充合同等方式变更采购结果，同类物品采购批次多、批量少，难以达到规模效益，有的集中采购时间长，采购时效性差等问题比较突出。各部门和地方针对审计发现的问题，采取措施认真整改，不断规范政府采购行为，取得了一定成效。

（四）积极提出审计建议，促进建立科学的政府采购管理体制和运行机制

通过审计发现，政府采购的管理机构和执行机构未完全分开，政府采购的政策制定、预算编制、组织实施、资金支付等职能，由一个部门兼任，没有形成相互制约的机制；一些地方设有多个综合性采购中心，人为地将同类采购业务划分成几个部分，造成重复采购，加大了采购成本；在地方机构改革中，一些经济欠发达的县也普遍设立了政府集中采购中心，年度集中采购规模很小，采购市场发育很不完善，集中采购效果不明显。政府采购管理体制和机制上存在的这些问题，严重影响了政府采购的健康发展。审计机关向国务院和地方政府提出了进一步完善政府采购管理体制的建议。在相关法律法规制定过程中，也多次提出意见，促进建立和完善了政府采购制度。

二、依法履行职责，进一步加强对政府采购的审计监督

党的十六大和十六届三中全会对审计工

作提出了新的更高的要求。开展政府采购审计监督，是法律赋予审计机关的一项重要职责，也是发挥审计制约权力、完善社会主义公共财政体制的必然要求。今后，各级审计机关要按照《审计法》和《政府采购法》的规定，依法全面履行职责，加强审计监督，把政府采购审计工作提高到一个新的水平。

首先，要进一步提高对政府采购审计工作重要性的认识。审计监督是政府采购监督体系的重要组成部分。党中央、国务院对全面推行政府采购制度十分重视，这项工作也受到社会各界广泛关注。随着政府采购制度的全面深入推行，采购规模不断扩大，政府采购支出占整个财政支出的比重日益提高。根据国际经验，发达国家的政府采购一般占GDP的10%或财政支出的30%左右。因此，加强对政府采购的审计监督，对搞好整个审计工作特别是加强对国家财政支出的监督，有着十分重要的意义。同时，政府采购作为从源头上防范腐败的一项重要措施，是促进党风廉政建设的有效手段。今年，审计署按照国务院和中央纪委的要求，已就如何加强政府采购审计工作提出了明确的贯彻落实意见。今后，各级审计机关要从贯彻“三个代表”重要思想、推动财政改革、加强廉政建设的高度，重视这项工作，将其列入审计工作议事日程，依法加强审计监督，推动政府采购工作全面健康发展。

其次，要全面履行政政府采购审计监督职责，促进各部门、单位依法行政、依法采购。政府采购主要约束国家机关、事业单位和团体组织用财政性资金开展的采购活动，是财政支出管理的重要内容。审计机关按照《政府采购法》，对政府采购管理部门和各当事人的采购活动进行全面审计监督。一是要加强对政府采购管理部门的审计，监督编制、下达政府采购预算及集中支付采购资金等情况，促进政府采购管理部门履行好管理职责，不断完善政府采购管理体制和法规制度。二是要加强对集中采购中心的监督，主要审计集中采购的组织实施、采购方式和采购程序的执行、采购后续管理以及其财务收支情况等，促进采购行为的规范，制约采购执行权力，保障政府采购公开、公平、公正，完善集中采购制度。三是要加强对采购单位的监督，主要审计采购项目立项、执行政府采购法规和集中采购制度的情况，以及采购资金来源、支出和采购预算执行的真实性、合法性等，为将各部门采购依法纳入政府采购范畴提供保障，促进依法理财和依法采购，规范政府采购活动。

第三，要逐步开展对重点采购项目的跟踪审计监督，提高政府采购管理水平和财政资金使用效益。政府采购是一项系统工程，涉及到采购中心、采购管理部门、采购单位、招标代理机构、供应商等多个方面和多个环节。审计机关要逐步选择重点采购项目，从立项、预算、计划，到采购的组织实施，再到采购合同签订、履行，进行全过程审计，跟踪监督采购项目准备、采购方式选择、招标、投标、评标、定标以及采购各环节内部控制制度和管理情况等。在检查政府采购遵守法律法规情况的基础上，注入管理审计和效益审计的内容，提高效益审计的比重，通过检查项目采购活动及其采购结果，分析项目采购成本，评价采购绩效，促进加强政府采购管理，堵塞管理上的漏洞，提高财政资金使用效益。

第四，要进一步完善政府采购审计制度，大力加强审计组织实施工作。各级审计机关要结合实际，研究制定措施，逐步做到政府采购审计监督的经常化，特别是对各部门和政府集中采购中心要加强经常性监督。一方面，要结合每年开展的预算执行审计和其他财政财务收支审计工作，把政府采购作为其中一项重要内容，纳入经常性审计工作之中，加强对各部门、各单位政府采购立项、采购预算执行、采购组织实施及采购结果的监督。对中央国家机关的政府采购，今后主要采取这种方式，结合中央部门预算执行审计，突出审计工作重点，依法查处违法违规问题，加强审计监督。另一方面，审计机关可根据情况，选择政府关注、社会反映强烈的问题和重大采购项目，适当组织开展专项审计和审计调查，弄清全面情况，揭露突出问题，从体制和机制上分析原因，提出改进和加强政府采购工作的建议，为政府宏观决策服务。

第五，加强与有关部门的协调配合，共同搞好审计工作。政府采购审计专业性强，涉及的范围广、环节多。加强政府采购审计监督，除审计机关要努力提高自身干部队伍素质、改进审计方式方法外，也离不开各部门的支持和配合。希望各部门、各单位树立自觉接受审计监督的观念，积极提供资料，如实反映情况，支持审计机关开展工作。同时，审计机关要不断加强与财政、监察等政府采购监督部门的协调配合，及时沟通情况，加强信息交流，共同搞好政府采购监督工作，推动政府采购依法健康发展。

同志们，近几年，政府采购审计虽然做了一些工作，取得了一定成效，但还处于刚刚起步的阶段。我们将按照“三个代表”重要思想、党的十六大和十六届三中全会的要求，认真贯彻落实《政府采购法》和本次会议精神，全面履行审计职责，进一步做好政府采购审计和其他各项审计工作，更好地为国民经济建设和社会事业发展服务。

二、综合概述

突出重点　循序渐进　协调发展

——2004年政府采购工作

2004年，我国的政府采购制度建设正处于由初创阶段向全面发展阶段转变的时期，这是政府采购工作上台阶的关键时期。财政部以十六大精神和“三个代表”重要思想为指针，认真贯彻政府采购法的各项规定，按照年初确定的“突出重点、循序渐进、协调发展”的工作思路，着重做好“上规模、建机制、抓规范”，取得了一定的成效。

一、认真做好规章制度建设工作

政府采购法正式实施后，为贯彻落实政府采购法，推进改革工作，财政部发布了一系列规章制度和办法。2004年，财政部根据政府采购改革工作的需要，把规章制度建设放在工作首位抓紧抓好，并取得了积极进展。当年组织研究起草了《政府采购法实施条例（草案）》，颁布了《中央单位政府采购管理办法》、《政府采购货物和服务招标投标管理办法》、《政府采购信息公告管理办法》和《政府采购供应商投诉处理办法》等4个办法，对政府采购货物和服务招标投标等事项进一步做出规定。各地区也非常重视制度建设工作，并将其摆到改革的突出位置。规章制度建设工作为深化政府采购制度改革提供了制度保障，也为加强规范化管理奠定了一定的基础。

二、采取措施，促进采购规模持续增长

2004年，全国政府采购工作围绕“上规模”的要求，积极采取措施，使政府采购范围和规模不断扩大。在制定2004年中央单位政府集中采购目录时，增加了政府集中采购项目和部门集中采购项目，拓宽集中采购目录范围，降低限额标准，促进了政府采购规模不断扩大。财政部就工程和服务项目纳入政府采购问题提出指导性意见，推动地方工作的开展。各地进行了积极实践，有的地方将国债资金采购项目纳入政府采购范围，有的地方在工程采购方面有所突破，有的地方对大中专学校游离在政府采购范围外的项目加以统管等，许多地区政府采购规模的增幅都超过了2003年同期水平。2004年全国政府采购规模达到2 135.7亿元。

三、加强管理，规范行为

2004年，全国在政府采购工作中进一步明确了政府采购的运行规程，从制度上规定财政部门、采购单位、集中采购机构各自的职责，基本建立了职责清晰、协调配合的政府采购工作机制。管、采分离工作继续推进，全国共有26个省、自治区、直辖市和

计划单列市完成了管理机构和集中采购机构的分离工作。

政府采购预算和政府采购计划管理进一步完善，增强了采购活动的计划性，提高了采购效率。初步建立了政府采购评审专家库，颁布了《政府采购评审专家管理办法》，为建立科学的政府采购评审专家管理机制创造了条件。严格了政府采购方式的运用，基本确立了公开招标的主导地位。

媒体管理方面，在加强对原有三家指定媒体的管理的同时，增加了《经济日报》和《政府采购信息报》两个协作媒体。规范了政府采购信息披露机制，政府采购透明度进一步提高。同时增加了信息公告内容，在媒体上发布的政府采购信息公告数量成倍增加，2003 年信息公告数量为 10 238 条，2004 年达到 27 000 多条。

政府采购供应商投诉处理工作得到进一步完善和推进。财政部门根据政府采购法和《政府采购供应商投诉处理办法》开展投诉处理工作，初步实现了政府采购供应商投诉处理的制度化、程序化。

四、加大中央单位政府采购工作力度

一是认真贯彻落实国务院颁布的中央单位政府集中采购目录和采购限额标准。财政部下发了《财政部关于〈中央预算单位 2004 年政府集中采购目录及标准〉的通知》，指导各单位认真贯彻落实集中采购目录及标准，科学有效地推动了中央单位的政府采购工作。二是颁布了《中央单位政府采购管理办法》，规范中央单位政府采购工作，促进了政府采购工作积极开展。三是积极推动集中采购工作，参加中央单位集中采购工作会议，并与国务院机关事务管理局联合下发了《关于做好中央国家机关 2004 年政府集中采购工作有关问题的通知》。四是建立了政府采购方式审批机制，加强对政府采购项目非公开招标采购方式的管理，还进行了大量的采购方式和采购合同备案工作。五是实现了政府采购资金的财政直接支付。

通过制定法律法规、有效的监督引导和大力宣传，中央单位采购人依法采购的意识不断提高，主动性、自觉性和积极性不断增强，政府集中采购、部门集中采购和单位分散采购工作都有了较大的进展。2004 年，中央单位政府采购规模比 2003 年的 262 亿元增长 11%。

五、召开全国会议提出改革思路初步方案

2004 年 12 月 2 日至 4 日，全国政府采购工作会议在河南郑州举行，这是政府采购法实施以后召开的第一次全国政府采购工作会议。财政部副部长肖捷出席会议并作重要讲话。会议确定了今后一段时间深化政府采购制度改革的目标、原则和任务，结合肖副部长讲话研究讨论了进一步深化和完善政府采购制度改革涉及的几个方面的问题。大家一致认为这次会议开得非常成功，为今后的改革指明了方向。

六、政策功能研究有所突破

为了发挥政府采购购买国货支持国内企业发展，以及利用政府采购手段实现政府有关经济和社会政策目标的作用，财政部会同发改委、信息产业部、科技部研究制定了《软件政府采购管理办法》和《软件政府采购实施办法》，与发改委联合起草了《节能产品政府采购实施意见》，还与有关部门就政府采购支持中小企业发展和促进环境保护等问题进行了专题研究和调研，提出了初步的实施意见。

七、加强了对重大问题的研究

首先，财政部组织科研院所对政府采购范围、政府采购国际化、加入 WTO 政府采

购协议对我国的影响、政府采购与产业政策协调机制、政府采购政策功能等问题进行专题研究。其次，2004年加大了对WTO规则的研究力度，积极参与国际交流，研究国际规则，为加入GPA做准备。此外，还多次与美国、欧盟等国家和国际组织就相关问题举行会谈。

2004年的政府采购改革工作在取得成绩的同时，也存在许多问题和不足。一是依法采购认识仍需进一步提高。二是政府采购范围和规模还有很大的扩展空间，有待进一步扩大。三是政府采购的程序和办法还不够完善，效率和质量有待提高。四是财政部门的监管职能和集中采购机构的操作职能还没有完全落实到位。五是对违规行为的处罚方面较弱。对这些问题，要根据财政部肖捷副部长在全国政府采购工作会议上提出的五个目标、四项原则和六大任务，结合政府采购改革工作实际，通过深化改革、加大工作力度尽快予以解决。

（财政部国库司供稿）

履行监察职能
推进政府采购制度的实施

2004 年，国务院各部门和各地区深入贯彻党的十六大和十六届三中、四中全会精神，按照中央纪委第三次全会、国务院廉政工作会议的要求，认真贯彻实施《中华人民共和国政府采购法》，以转变政府职能、推进依法行政、建设法治政府为目标，继续推进政府采购制度的实施，取得了新的成效。2004 年政府采购改革在拓宽范围、扩大规模、规范操作、信息化建设等方面取得显著成绩，全国实施政府采购实际支付 2 100 多亿元，采购规模比上年增长 29%。

一、认真落实中央纪委全会和国务院廉政工作会议的要求

中央纪律检查委员会第三次全体会议部署 2004 年的任务时指出，要认真贯彻“为民、务实、清廉”的要求，坚持标本兼治、综合治理的方针，惩防并举，注重预防，大力弘扬求真务实的精神，通过扎实有效的工作，推进党风廉政建设和反腐败斗争；要完善建设工程招标投标、经营性土地使用权出让、产权交易和政府采购等四项制度。国务院召开第二次廉政工作会议时，温家宝总理在讲话中强调，要继续推进体制创新和制度建设，从源头上预防和治理腐败，为维护改革发展稳定大局和完善社会主义市场经济体制提供保证；要加大推行政府采购等方面工作的力度。

二、按照建设法治政府的要求积极履行监督检查职能

2004 年 6 月 28 日，温家宝总理在全国依法行政工作电视电话会议上的讲话指出，建设法治政府，是适应改革开放新形势，完善社会主义市场经济体制的迫切需要。建设法治政府，依法界定政府与企业、政府与市场、政府与社会的关系，更多地运用法律手段管理经济社会事务，才能充分发挥市场在资源配置中的基础性作用，从而进一步解放和发展社会生产力。推进依法行政、建设法治政府，最重要的是坚持做到职权法定、依法行政、有效监督、高效便民。也就是说，行政机关的权力来自法律，行政行为应当遵守法律，行政违法必须承担责任，行政管理要提供优质服务。各级审计、监察部门要切实履行职责，敢于坚持原则，严格执法执纪，提高监督实效。监察部门要加强廉政监察、执法监察和效能监察，督促政府工作人

员廉洁从政，保证政令畅通，防止官僚主义和形式主义。各级行政机关要积极配合审计、监察等专门监督机关的工作，自觉接受他们依法作出的监督决定，并切实改进工作。按照中央的总体要求，各级检察机关坚持“有法必依、执法必严、违法必究”的原则，从体制、机制和队伍建设等方面入手，进一步加强和改善了在推行政府采购制度中的行政执法工作，做到严格执法、文明执法、公正执法。

三、从创新体制机制入手提高监督效率

各级监察机关从对管事、管钱、管人等环节的改革创新入手，关口前移，防范于未然，通过推行各种改革措施，狠抓政府采购这一防止腐败的源头性工作，收到了比较好的效果。监察机关在制度建设方面主要采取了四项措施。一是健全政府采购监管机制，实行政府采购监管和执行机构分开，强化职能部门对政府采购活动的监督，引入公证机制。二是健全政府采购信息公开机制，建立政府采购信息发布网络，使社会各界及时畅通地了解政府采购信息。三是完善制度约束机制。不少地方制定了关于对政府采购进行监督检查的暂行规定，与财政部门联合制定了本级政府采购工作运行流程、政府采购合同履约和验收管理暂行规定等有关规章制度，进一步规范了政府采购的运行程序。四是建立政府采购质量保证机制，通过把好事前项目论证关、事中项目评审关和事后项目验收关，确保政府采购项目在保证质量的前提下实现价格最低。

四、结合学习贯彻两个条例推动政府采购工作

《中国共产党党内监督条例（试行）》和《中国共产党纪律处分条例》（以下简称“两个条例”）颁布实施以来，各级监察机关迅速掀起了学习宣传贯彻两个条例的高潮。在学习贯彻两个条例活动中，各级监察机关紧密结合服务经济发展这一中心，自觉深入市场经济领域，及时排除和解决党风廉政方面存在的妨碍经济发展的问题；积极发挥职能作用，防范权力侵入市场而危害市场体系、市场秩序，努力营造有利于发展的良好氛围；通过完善建设工程招投标、经营性土地使用性出让、产权交易和政府采购等制度，发挥制度的从源头上防治腐败的作用，形成用制度规范从政行为、按制度办事、靠制度管人的科学机制，不断提高反腐倡廉的法制化、制度化水平。

从宏观上看，2004年全国政府采购工作还存在一些问题。在中央单位方面，主要是中央单位政府采购规模增长速度低于地方，具体问题有中央级政府采购活动没有和政府采购预算编制、政府采购资金支付衔接，监督检查不到位，部分政府采购机构、人员不到位，统计中少报漏报等。在地方上，主要问题是地区间存在一定的市场封锁现象，影响了充分公平竞争；县级政府采购工作开展存在诸多难点，需进一步探索，等等。这些，都需要下一步采取有效的措施加以解决。

（监察部办公厅供稿，何平执笔）

加强政府采购审计
规范政府采购行为

2004 年，政府采购制度改革进一步深化，各地政府采购机构设置逐步健全，政府采购的范围和规模不断扩大，政府采购制度的积极作用逐步显现出来。在这一年中，各级审计机关认真履行审计监督职责，加强与有关部门的政策研究和协调配合，共同推进了政府采购制度改革和政府采购工作的深化发展。

一、2004 年政府采购审计的主要工作

2004 年各级审计机关根据法律赋予的职责和审计署的总体部署与要求，积极开展对政府采购项目的审计和审计调查，取得了一些成绩。

一是继续促进政府采购制度的逐步完善。各级审计机关通过审计和审计调查，发现政府采购过程中的突出问题，从制度机制建设和管理规范等方面提出可操作性的意见，并向相关部门单位提出审计建议，为各部门单位加强制度建设提供参考。同时，在各地财政监管部门、集中采购机构以及采购单位出台政府采购规章制度和管理实施办法的过程中，审计机关结合开展政府采购审计情况，积极参与，认真研究，提出建设性的参考意见和修改建议，促进政府采购制度的不断完善。

二是积极督促有关部门和单位加强整改，逐步规范政府采购行为。针对以前年度审计查出的问题，各级审计机关要求有关部门和单位严格内部管理，加强对薄弱环节的内部控制，研究制定明确有效的管理措施，认真进行整改。审计机关结合预算执行审计、专项审计或组织专门检查小组，对部门和单位的整改情况进行跟踪检查，并将落实情况纳入下一年度审计报告或专题予以反映，促进政府采购行为的逐步规范。

三是继续组织开展政府采购审计和审计调查，发挥审计监督作用。近年来，各级审计机关将政府采购审计作为审计工作的一项重要内容，结合部门预算执行审计或组织专项审计和审计调查，对政府采购情况进行审计监督。2004 年审计署开展政府采购审计的主要内容是：检查采购单位、集中采购部门和监管部门执行《中华人民共和国政府采购法》和相关制度的情况，包括采购单位编制、执行政府采购预算的情况，揭露对纳入政府采购目录的货物、工程和服务项目未按规定的范围和程序进行政府采购的问题；检查集中采购部门按照法定程序和方式实施政府采购的情况，揭露采购中不公开、不透

明、不规范等问题；以及检查财政监管部门依法履行职责情况等。

二、2004年政府采购审计的基本情况

通过审计，发现一些部门和地方存在执行法律法规规定不严格、内控制度不健全、管理不规范等问题。

中央部门政府采购审计中发现的主要问题：一是预算管理不严格，主要表现在个别部门未按要求编制政府采购预算；一些部门虽然编制了政府采购预算，但预算编制不完整、不细化，一些政府采购项目未编入政府采购预算，或未细化到具体品目；少数单位不顾政府采购预算的约束，超预算进行采购。二是采购程序和方式不规范，主要表现在对达到公开招标数额标准的项目未实行公开招标，未履行审批手续自行改变采购方式；公开招标文件不完全，个别采购单位违规指定供应商或品牌，甚至个别单位将部分纳入政府采购的项目交由下属单位或所办公司承担。

地方政府采购审计中发现的主要问题：一是个别地方仍未建立采购和监管分离的体制。二是一些单位计划管理意识不强，未严格按规定编制和报送政府采购实施计划。三是一些地方政府采购中心未按照政府采购法的规定与采购人签订委托代理协议，未能通过签订协议的方式依法确认双方权利义务关系。四是仍然存在规避政府集中采购的行为，一些采购单位自行采购应纳入政府集中采购目录的物品。另外，部分地区还未全面推开对工程及服务类的集中采购。

产生上述问题的主要原因：一是我国政府采购制度尚处于全面推行的初期，体制、制度还有待完善，二是少数部门政府采购预算、计划管理不到位，执行不规范。对于管理不到位、内控不健全、执行不规范所产生的问题，审计机关及时下达了审计决定书，要求认真整改；对于体制、制度不完善的问题，审计机关有针对性地提出修改建议，促进政府采购制度的完善。

对审计发现的问题，中央各部门和地方政府高度重视，及时采取措施，改进政府采购工作。如加强预算管理和计划管理，按照政府采购法和预算法要求，及时完整地编报政府采购预算，认真编制和报送政府采购计划，及时提供采购需求；推进地方政府采购管理机构与执行机构分离工作，明确监督管理机构、集中采购机构和采购人之间的职责；将签订委托代理协议环节作为政府采购工作的重要环节加以监管；制定工程和服务类政府采购管理办法，全面推开工程及服务类集中采购等。

三、进一步加大审计力度，促进政府采购的真实、合法和高效益

按照“揭露问题、规范管理、促进改革、提高效益”的工作思路，审计机关围绕部门政府采购预算编报执行、政府采购法规制度贯彻执行两条主线开展审计，主要检查参与政府采购监管和执行部门、单位依法行政、依法采购和依法理财的情况，揭露和查处因管理不善造成的严重违法违规和重大损失浪费问题。在真实合法性审计的基础上，积极开展对政府采购效率、效果和效益的评价，为政府决策提供参考，促进政府采购制度改革，提高财政资金使用效益。

在预算编报和执行方面，审计机关主要审计政府采购预算的真实性、完整性和细化情况，检查预算执行过程中政府采购收支的真实性和合法性。审计的目的是促进采购单位根据政府采购目录确定的采购范围和项目，按照部门预算的编报要求，准确、完整编报年度政府采购预算；严格执行财政批复的政府采购预算，加强支出管理，避免随意增加支出、突破预算，或挤占挪用政府采购

预算资金问题；在财政资金支付环节，严格履行申拨手续。

在政府采购法规制度贯彻执行方面，审计机关主要审计在组织管理和执行政府采购中的真实性和合法性。审计的目的是督促采购单位将政府集中采购目录规定的项目委托集中采购机构实施采购，避免自行采购或逃避政府集中采购的行为；督促采购单位和集中采购机构按规定签订集中采购委托代理协议，明确各自的职责；要求采购单位坚持以公开招标为主要的采购方式，凡是达到公开招标数额的项目都要进行公开招标，采购单位和集中采购机构不得擅自改变采购方式；督促集中采购机构认真履行代理采购的职责，加强规范化管理，遵循必要的工作流程，完善具体操作程序，严格按法定程序进行采购，保证采购信息和资料的完整、真实以及采购过程和采购结果的透明、公正。

在真实合法性审计的基础上，审计机关将开展专项政府采购效益审计或在常规政府采购审计中增加效益评价的内容，加强对政府采购的效率、效果和效益的反映和分析。主要分析采购单位对采购结果价格、质量和服务的满意程度；采购项目立项时所确定目标的实现情况及程度；政府采购产生的规模效益和实现财政资金节约的状况，通过采购结果与财政预算的对比，反映预算采购资金节约率；通过采购价格与市场平均价格相比较，反映政府采购市价节约率；通过集中采购与分散采购结果相比较，反映集中采购的规模效益等。分析采购单位和供应商对政府采购管理执行全过程的反馈情况，对采购程序、管理方式和方法中的公正透明效率进行评价。

政府采购制度改革是一项复杂的系统工程，随着改革的深化，还将出现一些新情况、新问题需要加以解决。今后审计机关将继续加强政府采购审计，不断深化审计内容，及时发现和反映政府采购工作中存在的倾向性、普遍性问题，继续加强与有关部门的沟通、协调和配合，促进政府采购监督体系的不断完善，推动政府采购沿着法制化的轨道健康发展。

（审计署行政事业审计司供稿，
朱彦红、王延军执笔）

三、大 事 记

2004 年

全国政府采购工作会议成功召开

全国政府采购工作会议于 2004 年 12 月 2 日至 4 日在河南郑州召开，全国 36 个省份和计划单列市财政部门和政府集中采购机构的 110 名代表参加了会议。这是政府采购法实施以来第一次全国政府采购工作会议，财政部副部长肖捷出席会议并作重要讲话。会议总结了政府采购法实施两年来取得的成绩，布置了近期改革工作。肖副部长在这次会议上提出了政府采购制度改革的五个目标、四项原则和六大任务，为今后改革指明了方向，对深入开展政府采购制度改革具有十分重大的意义。

财政部以部长令形式颁布政府采购有关规章

8 月 11 日，财政部以部长令的形式颁布了《政府采购货物和服务招标投标管理办法》（第 18 号部长令）、《政府采购信息公告管理办法》（第 19 号部长令）和《政府采购供应商投诉处理办法》（第 20 号部长令）。这是财政部首次以部长令的形式颁布政府采购规章，表明了政府采购制度体系建设取得了新进展。

国务院明确政府采购中行政审批事项

国务院行政审批制度改革领导小组批准保留政府采购中的行政许可事项，明确了财政部门履行政府采购业务代理机构资质认定职能，为加强政府采购代理机构管理起到了积极的促进作用。

政府采购范围、规模进一步扩大

2004 年，各地在工程和服务采购方面进行了积极的探索，拓宽了采购范围，许多地区增幅都超过了去年同期水平。中央单位政府集中采购目录中的政府集中采购项目和部门集中采购项目都有所增加，扩大了政府采购实施范围，降低了限额标准。2004 年政府采购规模达到 2 135.7 亿元。

政府集中采购更加完善

2004 年，财政部发布了《集中采购机构监督考核管理办法》；全国有 26 个省、自治区、直辖市和计划单列市完成了集中采购机构与政府采购管理机构分离工作，管理机构、采购人和集中采购机构三者之间的工作职责日趋合理；各地区都制定并颁布了本地区政府集中采购目录和政府采购限额标准；集中采购机构运行机制逐步完善，采购质量和效率得到提高。4 月，首次中央国家机关政府集中采购工作会议召开，国务委员兼国务院秘书长华建敏出席会议并提出了中央国家机关政府集中采购工作的总体要求。2003

年全国集中采购规模占采购总规模的60%以上，基本确立了集中采购在现阶段作为政府采购主要形式的地位。

中央单位政府采购机构建设得到加强

继国务院系统成立中央国家机关政府采购中心之后，经中编办批准，中直系统也成立了中共中央直属机关采购中心；继海关总署成立政府采购中心后，中编办又批准中国人民银行和国家税务总局成立集中采购中心。这表明，中央系统的集中采购机构建设日趋完善，中央单位已初步形成了政府集中采购机构采购、部门集中采购和部门分散采购相结合的格局。

地方政府采购工作全面展开并逐步深化

各地在加强政府采购项目预算管理、扩大政府采购范围和规模、创新采购方式、管理职能与操作职能分离等方面取得了新的进展。有的地方制定办法加强政府采购预算管理，一些地方将国债资金采购项目纳入政府采购范围，有的地方在工程采购方面有所突破，有的地方适度实施了部门集中采购和分散采购，有的地方利用政府采购服务于"三农"等政府中心工作，有的地方还积极探索网络报价采购等新的采购方式。这些探索和措施有效地促进了各地政府采购工作的开展。

政府采购政策功能有所实施和体现

根据《中华人民共和国政府采购法》的规定，财政部要求各地区、各部门在国货认定办法出台之前，尽可能在同等条件下采购有国内知识产权或者在国内生产、组装的产品，工程和服务政府采购合同要优先授予本国供应商。财政部会同发改委联合颁布了《节能产品政府采购实施意见》，对推行节能产品政府采购提出了意见。软件政府采购管理办法和实施办法也完成了征求意见稿。政府采购政策的政策功能、作用引起了国内外广泛关注。

对重大问题的研究取得阶段性进展

为进一步深化政府采购制度改革，财政部组织有关高等院校和科研单位对政府采购范围、政府采购国际化、加入WTO政府采购协议对我国的影响、政府采购与产业政策的协调机制、政府采购政策功能等问题进行专题研究，目前均已形成初步研究成果。财政部还对加入WTO《政府采购协议》谈判提出了初步应对方案，对我国建立电子化政府采购方式、逐步开发电子化政府采购系统开始进行研究。

政府采购投诉处理机制初步形成

财政部制定了《政府采购供应商投诉处理办法》，对政府采购供应商投诉的受理和处理机构、投诉条件、受理程序和要求、处理方式以及当事人的法律责任等作出了规定，为投诉受理和处理提供了法律依据。2004年中央和地方通过受理和处理政府采购供应商投诉的工作，维护了政府采购的公平、公正，并且使投诉处理工作更加规范。

政府采购评审专家管理初见成效

按照《政府采购评审专家管理办法》规定的"统一条件、分级管理、随机抽取、管用分离"的原则，财政部建立了中央政府采购专家库，许多地方也建立和完善了政府采购专家库，加强了对采购评审活动的管理，评审专家执业行为进一步得到规范，跨地区抽取专家的人次明显增加，提高了政府采购评审工作质量。

政府采购工作信息更加公开透明

财政部在加强对原有三家指定政府采购信息发布媒体管理的同时，增加了《经济日报》和《政府采购信息报》两个政府采购宣传协作媒体，加强了政府采购宣传力度，对于宣传政府采购知识、介绍政府采购政策和实践、为政府采购制度改革创造更好的社会环境等将发挥更大作用。

政府采购列入司法考试范围

根据司法部公布的《2004年国家司法考试大纲》，《政府采购法》成为2004年司法考试的一项内容。这一举措体现了国家对推动政府采购制度的重视，将促使更多司法界人员对政府采购领域的法规有更为深刻的了解，对于推动政府采购法的贯彻执行有积极作用。

（财政部国库司供稿）

四、中央单位政府采购工作概况

外 交 部

1999年，作为国务院系统首批试点单位，外交部开始推行政府采购改革。随着改革的不断深化，在财政部、国管局等主管部门的关心和支持下，外交部政府采购工作稳步推进，依法理财的意识进一步加强，财政资金节约效果明显，采购行为更加规范。

一、政府采购工作回顾

（一）建立健全政府采购管理制度和组织体系

外交部政府采购办公室（以下简称“采购办”）于1999年设立，由部财务司归口管理，负责管理和指导部内部属单位政府采购工作；同年制定了《外交部政府采购管理暂行办法》，按照“管采分离、职能分设”原则，规定由部办公厅、行政司、服务中心等职能部门分工负责货物、工程和服务项目的采购，组织和参与有关采购事宜，对外签订并履行合同；要求部内各单位的预算联络员根据年度工作计划编报本单位采购需求；规定部机关服务中心为部门集中采购执行机构。

（二）规范政府采购流程

外交部按照“分工清晰、衔接紧密、制衡有力”的原则，建立了规范的政府采购流程：部内各单位预算联络员根据年度工作计划或部门预算制定详细的采购需求，报归口管理部门汇总后，报财务司审批或会签，重要采购计划呈部领导签批，获准后由部采购办统一办理。部属单位的采购计划报本单位行政领导审批并经财务部门审核汇总后，报部采购办统一办理。部采购办汇总部内部属单位采购计划后，严格按规定确定每个项目的采购组织形式。列入政府集中采购的项目，提交中央国家机关政府采购中心统一办理，履行公开招标和询价采购等政府采购程序；属于部门集中采购范围的项目，原则上委托部机关服务中心按照政府采购运行规程办理。

（三）加强政府采购监管

一是强化预算约束，采购办将采购计划与部门预算批复中的政府采购预算部分逐项进行核对，无预算项目不予办理，杜绝无预算支出。二是把好决策关，对于重要的基建工程、信息化建设等项目，其评标结果需经招投标小组审核通过后方可签订合同。三是将政府采购与国有资产管理有机结合，部机关每次采购设备验收后，需经国有资产管理部门审核、登记后才能办理支付手续。四是加强政府采购支付管理，国库管理制度改革后，列入政府采购预算的项目必须在预算额度内采用集中支付方式。五是与纪检监察部门密切配合，强化政府采购中的廉政工作。2003年、2004年部纪监局分别对部机关和下属单位的采购业务和工程招投标活动进行了执法监察。

（四）深入开展政府采购教育和培训

2002年，《中华人民共和国政府采购法》（以下简称《政府采购法》）颁布后，外交部及时召开了由吕新华部长助理主持的外交部政府采购工作会议，明确要求各单位、各部门要结合依法行政贯彻落实《政府采购法》。会上还邀请财政部国库司司领导作了专题报告。此外，外交部还多次举办政府采购业务培训班，利用多种方式，深入开展普法宣传。

（五）政府采购规模不断扩大

外交部按照《政府采购法》的有关规定，将应纳入政府采购的单位和资金全部纳入政府采购范围，做到“应采尽采”。从资金范围看，外交部已将财政预算资金、预算外资金全部纳入政府采购范围。从采购对象看，外交部的政府采购范围已涵盖了大多数的货物采购和部分工程类、服务类采购。几年来，外交部政府采购规模逐年增长，从1999年、2000年每年政府采购总额仅有300万—400万元，发展到2001—2003年每年政府采购总额超过3 000万元，2004年政府采购金额更是达到9 136.26万元。

（六）为外交工作提供有力保障

外交部政府采购工作注重事前调研和管理，充分考虑外交工作需要，科学编制政府采购预算，积极组织实施。在实际工作中，对具有外交工作特点、突发性、紧急性和保密要求较高的采购项目，也严格按规定程序办理，保障了外交工作的需要。

二、2004年政府采购概况

外交部2004年政府采购预算总额为9 864.77万元，实际采购金额9 136.26万元。其中：政府集中采购1 326万元，部门集中采购7 808.65万元，分散采购1.61万元。主要采购项目如下：

货物类采购3 411件，金额3 626.52万元，其中公开招标采购金额967.84万元，询价采购金额2 658.68万元。

工程类采购51件，金额4 802万元（含2003年支付的部分进度款993万元）。

服务类采购28件，金额707.74万元（含2003年支付的部分进度款214万元），主要包括“外交文献系统”、“外交公文运转系统”以及部内各单位网站建设。

三、2004年政府采购工作主要措施

2004年，外交部按照国务院统一部署，进一步扩大政府采购实施范围，规范政府采购行为，强化宏观管理和监督检查，提高了政府采购资金效益，促进了党风廉政建设。

（一）召开外交部政府采购工作会议，深入宣传，统一思想，提高认识，交流经验

2004年4月下旬召开外交部政府采购工作会议，外交部财务司屈生武司长传达了国务委员兼国务院秘书长华建敏等同志在中央国家机关政府采购工作会议上的讲话精神，部署了外交部2004年政府采购工作；部机关纪委佟明涛书记就完善外交部政府采购规章制度作了讲话；国管局政府采购中心的同志介绍了政府采购中心的主要情况，并对2004年集中采购目录作了详细讲解；部服务中心同志介绍了服务中心承办外交部部门集中采购的情况；部采购办负责同志介绍了部总体采购工作的程序和规范要求。与会人员还就政府采购工作中的具体问题进行了讨论和交流，并请主管同志作了答疑。

（二）细化和强化二级政府采购预算管理

按照《国务院办公厅关于印发中央预算单位2004年政府集中采购目录及标准的通知》要求，2004年政府采购实施范围扩大到中央国家机关所有二级预算单位。外交部采购办及早着手，布置部内部属各单位上报政府采购明细预算，并进行了认真细致的审核，确保将应纳入政府集中采购的项目上报中央国家机关政府采购中心办理。通过上述措施，政府采购规模较上年实现了较大增长，取得了良好的规模采购效益，其中政府集中采购较上年增长54.45%，货物类采购资金节约率达到10.76%。

（三）进一步建立健全政府采购和招投标组织机构

外交部馆舍建设招标领导小组和招标办公室于2004年8月1日成立。馆舍建设招标领导小组由行政司、财务司和部监察局的司领导组成，由主管部领导任组长，采取例会方式讨论决定工程中标公司。招标办公室由行政司和财务司职能处的工作人员组成，负责有关政府采购招标方面的日常工作。

（四）大力推动工程类和服务类项目采购规范化建设

2004年，外交部针对工程类和服务类项目采购金额大、程序复杂、技术含量高、管理办法相对滞后等问题，陆续修订和推出了《驻外外交机构馆舍建设项目施工招投标工作细则》、《外交部信息化建设项目招标投标实施细则》、《外交部基本建设项目招投标管理办法》、《外交部国内基本建设项目管理办法》、《外交部国内基本建设项目招标投标管理办法》等一系列规章制度，有效地规范了工程和服务两类项目的采购行为。

（五）积极推进服务类项目招投标试点工作

外交部于2004年开始开发“财务信息管理系统（境外）”项目，其中系统软件是整个项目的核心部分。该项采购严格按照政府采购招投标程序进行，邀请了能力强、信誉好的公司参与投标，请部纪委监察局进行监督。为保证项目评审工作“公平、公开、公正”，还邀请部内技术、纪监部门派代表参加评审小组，全程参与项目评审工作。通过精心组织招投标，节约了大量资金，同时获得了较为先进的设计方案，使系统具有良好的扩展性，也为进一步规范信息化项目采购作了一次有益尝试。

近年来，外交部政府采购工作从无到有，逐步推进，取得了一定的成绩。今后，外交部将继续坚持依法理财，强化法制意识、服务意识和大局意识，更加规范、高效地做好政府采购工作，为外交全局工作服务。

（外交部政府采购办公室供稿，
曹珂执笔）

国防科学技术工业委员会

2004年，国防科学技术工业委员会（以下简称“国防科工委”）认真贯彻执行《中华人民共和国政府采购法》，不断推进政府采购改革工作。根据国务院办公厅《关于印发中央预算单位2004年政府集中采购目录及标准的通知》（国办发［2004］29号）及财政部相关文件精神，委机关和委属各单位扎实地开展政府采购工作，全年政府采购规模在中央单位中名列第五名，取得了一定的成绩。

一、政府采购执行的基本情况

2004年国防科工委政府采购预算213 569.45万元，采购金额完成182 749.91万元，采购合同金额比采购预算节约资金30 819.54万元，资金节约率为14.43%，资金使用效益显著。

从资金构成看，国防科工委政府采购的

预算内资金为 101 261.7 万元，占采购金额的 58%；预算外资金 9 073.31 万元，占采购金额的 14%；自筹资金 72 414.86 万元，占采购金额的 28%。

从项目构成看，国防科工委政府采购项目主要是货物类采购和工程类采购，二者在国防科工委政府采购中所占的比重分别为 29.67%和 69.42%。服务类项目所占比例不到 1%。

从组织形式看，国防科工委实行分散采购的资金达到 180 372.3 万元，占到总采购金额的 98.7%；政府集中采购的资金为 2 377.61 万元，占总采购金额的比重为 1.3%；部门集中采购资金为零。

从采购方式看，国防科工委实行公开招标方式的采购资金达到 90 552.78 万元，占总金额的 49.55%，主要是工程类项目；实行邀请招标方式的采购资金 38 354.1 万元，占总金额的 20.99%，其中的货物类采购占 41.26%；实行竞争性谈判方式的采购资金 26 859.66 万元，占总金额的 14.7%；实行询价方式的采购资金 5 129.83 万元，占总金额的 2.81%；实行单一来源方式的采购资金 21 853.24 万元，占总金额的 11.96%。公开招标和邀请招标构成为国防科工委政府采购的主要方式。

从采购的品目上看，货物类采购金额 54 229.54 万元，主要采购的是一般设备、专用设备及系统集成、网络设备，其中采购的计算机达到 8 449 台，采购金额达到 5 609.15万元；工程类采购金额 126 868.72 万元，主要是建筑物和修缮、修饰工程采购。

二、2004 年开展的主要工作

2004 年中央国家机关政府集中采购工作会议后，国防科工委立刻组织对会议精神进行了传达和学习，并明确财务司是国防科工委政府采购的主管机构，负责委属单位政府采购预算和计划编制、内部协调、组织部门集中采购、指导和监督政府采购活动、开展人员培训、采购资金支付管理等工作。根据会议精神，国防科工委财务司逐步开展了以下各项管理工作：

一是建立健全委属单位政府采购组织机构体系。以文件形式要求委属各单位明确政府采购牵头部门或归口管理部门，具体负责政府采购预算和计划编制、制定有关实施办法、采购资金管理、统一组织、协调、监督或者实施本单位的政府采购工作，并报国防科工委备案，理顺了工作机制，为政府采购工作的顺利开展奠定了基础。

二是强化政府采购法律和制度约束机制。相继转发了《中央预算单位 2004 年政府集中采购目录及标准》（国办发［2004］29 号）、《财政部关于认真贯彻落实〈中央预算单位 2004 年政府集中采购目录及标准〉的通知》（财库［2004］34 号）、《中央单位政府采购管理实施办法》（财库［2004］104 号）、《政府采购货物和服务招标投标管理办法》（财政部第 18 号令）、《政府采购信息公告管理办法》（财政部第 19 号令）、《政府采购供应商投诉处理办法》（财政部第 20 号令）等文件，并提出明确的实施要求，从制度上规范了委属各单位的采购活动。同时组织委属各单位学习《政府采购法》，并对《政府采购法实施条例（征求意见稿）》、《政府采购非招标采购方式管理办法（征求意见稿）》等 7 个文件进行了讨论，并形成书面文件上报财政部。

三是规范委属各单位的政府集中采购工作。认真执行《关于做好中央国家机关 2004 年政府集中采购工作有关问题的通知》，组织委属各单位上报政府集中采购计划。政府集中采购项目委属各单位按照要求逐步实行协议供货、定点采购，没有实行协议供货、定点采购的项目也按照要求委托中央国家机关政府采购中心采购。

四是开展政府采购政策专题调研工作。为促进委属各单位政府采购工作的实施，认真开展了专题调研工作。在传阅政府采购相关文件的基础上，又专门组织了集中讨论学习，基本把握了政府采购政策的各项具体要求。针对集中学习中发现的典型问题，先后赴财政部、国务院机关事务管理局、水利部、国家税务总局等部委调研学习，并召集在京高校政府采购负责人进行座谈，为开展政府采购工作取得了宝贵的经验。

五是组织政府采购业务培训和研讨。为提高委属单位政府采购工作人员的业务素质，规范政府采购工作操作程序，先后组织委属单位负责政府采购的相关工作人员100余人参加中央国家机关政府采购中心的政府采购工作培训，并召集在京高校政府采购负责人及政府采购代理机构进行了交流研讨。

（国防科学技术工业委员会财务司供稿，葛小春、杜会杰执笔）

公 安 部

2004年，在公安部党委和部装备财务局的领导下，在部机关纪委、监察、审计等部门的监督指导下，公安部机关政府采购部门严格遵守《中华人民共和国政府采购法》(以下简称《政府采购法》)、《中华人民共和国招标投标法》，认真贯彻执行国务院办公厅、财政部及中央国家机关政府采购中心的各种规范性文件，坚持“公开、公正、公平”的基本原则，积极组织、参与、协调公安部机关各单位的政府采购活动，督促、指导公安部各直属单位的政府采购工作，取得了明显的社会和经济效益。除此之外，在全国公安系统特殊警用装备等项目的集中采购方面，公安部机关也作了积极的探索，取得了一定的经验。现将2004年公安部机关具有代表性的两件政府采购大事综述如下。

一、海地维和警察防暴队装备物资采购

2004年6月，经党中央、国务院批准，应联合国要求，我国承诺向联合国海地维和任务区派遣一支125人的维和警察分队。这是我国首次向海外派遣成建制维和警察，又部署在非建交国，同时，此项任务时间紧迫，三个月内须组建完毕，在人员选拔、业务培训、装备配备、派遣运输等各方面也都无任何经验可循。根据我国与联合国签订的谅解备忘录，防暴队所有的装备物资由本国提供，在任务区应做到自我维持。联合国要求，维和警察防暴队必须配备至少四类装备：一是枪支弹药类装备，二是车辆和警务保障类装备，三是通讯类装备，四是服装类装备。上述装备物资所需经费须由我国政府财政垫支，待联合国评估确认后再以租金形式逐年予以补偿，但补偿金远远少于我国需垫支的经费。

从2004年6月份起，历经130多天，公安部采购并运输了14大类近2 500个品种共计800多吨的物资。后勤保障工作大致分

为四个阶段。第一阶段（筹备阶段）从6月初至6月28日，主要是研讨装备需求、确定训练和任务区装备清单。第二阶段（采购阶段）从7月初至7月31日。采购清单确定之后，要求一个月之内全部到货，并且因为采购清单涉及国家秘密，具有不适用《政府采购法》的法定理由，所以按照《政府采购法》第八十五条之规定，进行紧急采购。在经费未到位的情况下，特事特办，按时完成了14大类近2 500个品种共计800多吨物资的采购工作。第三阶段（整理阶段）从8月初至8月31日，主要工作是清点物资，补充装备，接受联合国评估小组的装备核查，接受领导检阅及筹备运输。第四阶段（运输阶段）从9月初至10月18日。人员和物资运输共分四次：大部队物资自天津新港海运至海地太子港（联合国包船）；先遣队物资自北京首都机场空运至太子港（联合国租用专机）；先遣队队员自北京首都机场乘机至太子港（联合国定票商业航班）；大部队队员和部分补充物资自北京首都机场乘机至太子港（联合国租用专机）。

此次后勤保障任务，是公安部承办的涉及维和任务的历次后勤保障工作中时间最长、工作量最重、工作难度最大的一次。至10月18日，防暴队所有物资和人员全部顺利运抵海地太子港，任务圆满完成。总结此项工作的经验，主要有以下几点。

（一）领导高度重视，精心组织

公安部、装备财务局领导对此次任务非常关心，多次明确指示要认真组织、保障有力、确保安全，并建立了维和警察防暴队派遣工作机制，组建了装备采购配备小组（以下简称“采购小组”）。为顺利完成这一艰巨任务，装备财务局专门召集会议，指定一名局领导专门负责此项工作，并形成了由政府采购部门牵头负责、某进出口公司具体承办、相关处室配合的装备采购配备工作机制。局领导亲自审核装备清单，逐项明确到货时间。为确保训练如期开始，一周内从各地直属物资仓库紧急调运、采购了1 126万多元的训练装备送至训练地；主管局领导召集相关处室先后十余次召开会议，研究采购的分工、采购的原则、采购的程序。关于特种车辆选型，主管领导更是重视，利用2004年国际警用装备博览会召开的机会，邀请各特种警用车辆厂家和有关专家磋商、论证此事，并在时间非常紧的情况下，专门赴特种警用车辆厂考察防弹运兵车和防弹指挥车。

（二）采购部门认真负责，严格把关

考虑到此次维和装备配置任务直接关乎我大国形象，且与我维和民警生命安全息息相关，政府采购部门从始至终小心谨慎，严格把关，确定了此次维和装备采购的四项原则：急事急办，手续从简；立足国内，面向世界；按需购置，训用一致；专家参与，确保质量。

例如个人防弹用品的采购。鉴于海地自然环境恶劣，治安形势严峻，突发事件不断，为切实保护我队员人身安全，有效履行职责，展现中国警察风采，领导指示关于个人防护和后勤保障类装备要配置齐全，保证性能优良。此次采购共有防弹衣、防弹头盔和防弹盾牌等6个品种，每个品种数量多的不过130件，少的只有18件，但从7月20日至8月17日，政府采购办会同相关部门，先后四次到特种警用装备质量监督检验中心，现场实弹抽检供货厂家的产品，并且，所有防弹用品均按高于或等于目前国内警用防弹产品最高防弹等级的标准进行实弹检测。

又如重要装备的采购，采购小组不仅派专人赴厂家考察，甚至派员驻厂督促生产进度，现场监督装配过程。如，为保证二汽公司能按时供货，采购小组派出两人驻十堰十多天；为确保发电设备安装质量，采购小组协调维和培训中心，派维和技术人员赴郑州接受培训并监督装配。

在严把质量关的同时，政府采购办加大合同谈判力度，确保物有所值、节约资金，并对各采购单位拟定的合同反复审核，杜绝发生价高质次等不透明问题。例如，经艰苦谈判，按出厂价购买某公司汽车配件，仅此一项节约预算资金近百万元。又如，经反复谈判，最后以军队批量订购价采购到野战救护车等军用装备。

（三）运输部门精心组织、确保安全

此次维和装备运输是装备财务局乃至公安部近几十年来规模最大的一次运输任务。装备财务局与相关单位共同策划、组织了两架联合国专机、一艘大型远洋运输船的出入境和装载工作，并协调、沟通海关总署、民航总局、国家质检总局、国家食品药品监督管理局、天津港等相关单位，得到了它们的大力支持。

9月2日，大部队装备物资由河北廊坊武警学院启运至天津新港。公安部装备财务部门负责指挥协调，外事、治安、交通管理、人事训练等单位紧密配合，某进出口公司具体承办运输事务，廊坊市公安局和天津市公安交通管理局出动警力近200名，车辆30余部，两次沿途警卫。在公安部方面的精心组织和各有关方面的密切配合下，运送任务从9月2日晨7时持续至晚12时，顺利完成。

万里奔波不辞辛苦，呕心沥血保障供给。经过有关各方长达四个多月的辛勤工作，此次维和后勤保障工作得以圆满完成。

二、2004年中央补助中西部地区公安机关警用车辆集中采购

为深入贯彻落实《中共中央关于进一步加强和改进公安工作的决定》（中发［2003］13号，以下简称“中央《决定》”），2004年中央财政部门加大了对中西部地区公安机关的补助力度。根据地方公安机关改善落后警用装备的强烈要求，公安部决定将中央补助中西部地区公安机关的部分经费用于集中购买基层急需的警用车辆。为使专款专用，提高资金使用效益，并使经费补助切实落实到基层一线实战单位，经商财政部、审计署同意，公安部决定局部打破现行财政补助体制，由公安部集中采购警用车辆，根据既定的分配原则和方案，制作分配清单，直接将车辆分配到基层。

2004年4月，中央补助中西部地区公安机关警用车辆集中采购工作正式启动，之后经历了六个阶段：成立采购领导小组、车型选择调研、采购谈判、征询各地意见、签订采购合同、车辆发运。

（一）成立采购领导小组

2004年中央补助中西部地区的公安机关警用车辆采购经费为3.8亿元。公安部为保证此次采购任务顺利完成，成立了由公安部装备财务局局长任组长、主管副局长任副组长，由政府采购办、物资部门、计划部门、公安部政府采购办公室警用装备采购中心（又称012单位驻沪办事处）、纪委监察部门、审计部门、中央国家机关政府采购中心组成的“公安部2004年警用车辆集中采购领导小组”（以下简称“领导小组”），并对此次采购工作确定了领导负责、多方参与、民主决策、加强监督的指导思想。

（二）车型选择调研

为保证此次集中采购所选择的车型适合基层公安部门的实际需要，领导小组多次调研考察。根据先期市场调研，领导小组分别赴北京吉普汽车有限公司、长春一汽大众公司、郑州日产汽车有限公司、上海通用汽车公司、上汽大众汽车公司等汽车生产厂家，了解了7款车型的具体情况，并请厂家对这几款车型按照公安部颁布的新警车标识进行

喷涂，送到公安部请主管领导现场观摩。

（三）采购谈判

集中采购谈判工作由政府采购办主持，物资部门、012 单位驻沪办事处、纪委监察部门参加。经过多轮谈判，确定 7 款车的集中采购价格。

（四）征询各地意见

公安部于 2004 年 6 月 24 日在北京举办了 2004 年警用车辆选型会，中西部地区公安厅（局）代表参加了会议。会上对上述 7 款车型做了展示和介绍。在综合 25 个中西部地区公安厅（局）代表的意见和公安工作的实际情况后，根据计划部门提供的各省、区、市经费分配情况，最终确定采购2 000 辆上汽大众桑塔纳 3000 型轿车和 800 辆郑州日产帕拉丁越野车。

（五）签订采购合同

公安部于 2004 年 8 月 2 日分别与上汽大众汽车销售有限责任公司、郑州日产汽车有限公司及浙江星际实业股份有限公司（警灯警报器生产厂家）在亚洲大酒店签订了采购合同。公安部刘德部长助理、装备财务局、机关服务局、纪委监察局、宣传局、中央国家机关政府采购中心等领导出席了签字仪式。

（六）车辆发运

车辆发运工作从 2004 年 8 月 10 日起至 9 月 20 日结束，共历时 42 天。为保证车辆的质量，012 单位驻沪办事处派专人赴生产厂家检查车辆质量、警徽贴膜和监督发运进度，确保按时保质完成任务。

为深入贯彻落实中央《决定》和第二十次全国公安会议精神，公安部于 9 月 2 日至 13 日举行了“开展大练兵、送车万里行”活动。由装备财务局和机关服务局 64 名干部（其中处级干部 24 人）组成的车队行程 5 000 多公里，途经京、冀、晋、蒙、宁、甘、青、新等省、自治区、直辖市，将 50 辆喷涂“2004 式”警用车辆外观标识的警车安全送达内蒙古、宁夏、甘肃、青海和新疆 5 省、自治区的公安机关。此次活动，不仅宣传了中央《决定》和第二十次全国公安会议精神，为西部地区基层公安机关送去了中央领导的关怀和慰问，而且用鲜明的事实宣传了政府采购，使基层对政府集中采购的种种好处有了强烈的感受。

通过公安部 2004 年海地维和警察防暴队装备物资采购和中央补助中西部地区公安机关警用车辆集中采购两件大事，可以看出，公安机关与其他组织的政府采购活动相比有很大的区别，主要体现出保密性、应急性、系统性等特点，这是由公安机关自身的特性和它所承担的国家、社会责任所决定的。公安机关政府采购的专职机构将在严格遵守国家法律法规、认真执行国家政府采购有关政策的前提下，紧密结合公安工作的实际情况，以公安业务工作为中心，注重社会效益，兼顾经济效益，积极探索公安机关政府采购的新思路新方法，建立适合公安工作的政府采购机制，完善相应的政府采购制度，切实做到保障有力、效益明显。

（公安部装备财务局政府采购办公室供稿，赵化宇执笔）

国土资源部

2004年，国土资源部按照《中华人民共和国政府采购法》（以下简称《政府采购法》）的规定和国务院及财政部的有关要求，突出重点，狠抓落实，完成采购金额近2亿元，全面完成了政府采购工作任务。

一、2004年政府采购开展情况

（一）加强普法学习，规范政府采购行为

国土资源部党组对《政府采购法》的贯彻实施高度重视，这为国土资源部全面、正确地贯彻执行《政府采购法》提供了有力保证。国土资源部在2003年组织开展了《政府采购法》学习和培训工作的基础上，2004年又多次组织各单位领导和财务人员参加有关培训，帮助各单位领导、财务人员、专业业务人员等进一步从思想上确立了依法采购的观念，使政府采购成为依法行政、依法理财的重要方面。

同时，及时转发了国务院办公厅、财政部、监察部等关于政府采购工作的一系列文件，并根据文件精神，结合本部实际情况，提出了做好2004年政府采购工作的具体要求，对2004年政府采购工作进行了认真、细致的部署，规范了政府采购行为。

（二）积极采取措施，逐步扩大政府采购的规模

1. 严格执行国务院办公厅制定下发的政府集中采购目录及标准。一是切实维护政府集中采购的权威性。实行政府集中采购是《政府采购法》的基本要求。国土资源部非常注重维护集中采购的权威性，凡是纳入政府集中采购目录的，一律实行政府集中采购，交由中央国家机关政府采购中心办理。由于严格执行规定，政府集中采购金额不断增大，2003年政府集中采购额占采购金额的比重为29%，2004年达到59%。二是适度实施部门集中采购。在国务院办公厅发布政府集中采购目录及标准后，国土资源部即转发加以贯彻落实，并规定部门集中采购限额的标准，连同规定的部门集中采购项目统一由部门组织采购。三是加强对各单位分散采购的管理。一些小型、分散的项目，实行集中采购确实有困难的，经过批准后由各单位按照规定的程序进行分散采购，并严格执行政府采购合同备案制度。

2. 坚持以公开招标为主的政府采购方式。国土资源部在推行政府采购过程中，始终坚持以公开招标为主的政府采购方式，无论是部门集中采购还是分散采购，只要是达到公开招标限额的，就必须实行公开招标。2003年国土资源部公开招标金额占采购总金额的比重为48%，2004年达到56.4%。对一些虽然没有达到公开招标限额但具备公开招标条件的采购项目也实行了公开招标。对于一些具有行业特殊性的货物，如海洋地质调查船及船用调查设备、地质调查野外专用设备、地质队伍“野战军”技术装备、地质雷达、航空遥感设备、地质灾害监测设备等，只要能够进行公开招标的，就采用公开招标方式。如果因为一些特殊原因，比如投标商不足三家、只有个别生产厂家等而确实

需要采取其他采购方式时，必须报经财政部批准后才能执行。

3. 工程政府采购进展顺利。截至 2004 年，国土资源部所属各单位的各类建筑工程项目已经全部纳入了政府采购。2003 年国土资源部工程政府采购占采购总金额的 23%，2004 年达到 31.8%。但是工程采购具有不同于货物采购的特点，除了要执行《政府采购法》和相关程序以外，还必须按照《中华人民共和国招标投标法》和配套法规的要求开展工作。因此做好两个法规的衔接工作十分重要，特别是工程项目必须进入项目所在地的建筑市场规范招标，既不能以实行政府采购为名而规避建筑市场的监督与管理，也不能由于进了市场而省略了政府采购的程序。实施工程项目的政府采购时要做到：在招标之前，按照政府采购制度的有关规定编制政府采购预算，委托具有财政部认定资质的中介机构代理招标，签定委托招标协议；进入招标阶段后，按照招投标法的规定，进入项目所在地的建筑市场进行招标；招标完成后按照政府采购和国库集中支付制度的要求拨付资金。

（三）加强规范管理，完善政府采购管理体系

国土资源部将政府采购扩大到了所属各预算单位，且从一开始，就将二级预算单位纳入了集中采购的范围。2001 年对二级单位的重要项目实行部门集中采购，到 2002 年将政府采购协议供货范围扩大到了包括京外单位在内的所有二级预算单位。2003 年以后，政府采购范围已经覆盖到所有的二级预算单位，包含了国务院规定的所有品目。在推进此项工作时，主要采取了以下措施：一是从 2000 年开始，就将实行政府采购制度的任务布置到所有的单位，通过宣传、培训使各单位逐步对这项制度有了正确的认识和理解；二是从编制 2001 年部门预算开始，就将政府采购的预算纳入部门预算，从源头上解决预算单位纳入政府采购难的问题；三是尽量满足二级预算单位的多样性需求，更好地为二级预算单位做好服务工作；四是努力提高政府采购的效率和经济效益，充分发挥和体现政府采购制度的优越性。通过几年的努力，各预算单位对于执行政府采购制度、实行政府集中采购和部门集中采购有了共同的认识，逐步使政府采购制度成为各单位的自觉行为。

二、做好政府采购工作的体会和建议

（一）领导重视是不可缺少的重要条件

国土资源部党组十分重视政府采购工作。从实行政府采购制度之初，就把政府采购工作作为加强廉政建设、强化管理、转变工作作风的重要内容，将政府采购与预算管理、财务管理的制度建设一并作为国土资源部的五项基本制度之一，将政府采购工作与财务和预算管理一并交由财务司统一负责，明确了职责分工。政府采购工作中，没有出现因职责不清而发生的扯皮现象。在每次重要的相关会议上，部领导都要强调政府采购工作的重要性。这些做法为全面实施政府采购制度创造了很好的条件。

（二）必须加强各方面的协调和配合

首先，部门政府采购工作离不开财政部门的支持，国土资源部非常注重与财政部门的沟通和交流。同时，在政府采购工作中，国土资源部还注意了加强与政府集中采购机构和政府采购社会中介机构的沟通和协调。

（三）必须加强对政府采购工作的指导和监督

国土资源部把政府采购制度的执行情况作为财务监督检查的一项重要内容，在对各单位进行预算执行情况的内部审计和检查时，都要检查政府采购制度的贯彻执行情

况。对于检查中发现的未编预算便实施自行采购、应实行集中采购而没有集中采购、应公开招标而没有公开招标、分解项目规避招标等问题，给予了批评并予以纠正。

（国土资源部财务司供稿，王玉翠执笔）

卫 生 部

一、卫生部政府采购工作回顾

早在1991年，卫生部就先后对加强部属单位危重医学、临床检验、外科技术、急诊医学、临床学科重点建设等9个项目的技术装备实施了政府集中采购工作。

1996年，卫生部积极参加了中央预算部门政府采购改革试点工作。

1999年以来，卫生部逐步对本系统的医疗设备实行政府采购，在吸收传统的医疗设备集中采购经验的基础上，进一步规范了操作流程，使采购活动在公平、公正和公开的环境中运行，形成了财政、监察、项目单位、供应商和社会公众等多方参与监督的机制。

2003年，特别是非典之后，中央财政不断加大卫生投入。卫生部为了做好政府采购工作，使用好资金，发挥好效益，购置好货物，主要做了以下工作：

第一，为了全面贯彻和实施《中华人民共和国政府采购法》，卫生部结合卫生工作特点，在未能专门成立政府采购机构的情况下，积极探索研究，建立并逐步完善了政府采购工作机制，成立了由部规划财务司、相关业务司局和驻部监察局等有关单位参加的“中央财政卫生项目政府采购领导协调小组”（以下简称“领导协调小组”）。

第二，2003年4月，卫生部召开了有部属（管）医院院长和设备处长参加的医院装备管理工作专题会议，决定部属（管）单位使用财政性资金的采购项目都要通过制定政府采购预算向卫生部上报计划，逐步实行部门集中招标采购。

第三，为给医用仪器、设备厂商、用户提供一个公开、公平、公正的交易平台，卫生部决定将卫生部主办、卫生部国际交流与合作中心等单位共同承办的中国国际医用仪器设备展览会暨技术交流会作为卫生部医用仪器设备阶梯配置选型的国内指定展会，并作为设备选型工作和政府采购工作平台。该展会已举办十一届，其行业特色和学术特色已经得到大家的公认。展会正朝着规模化、行业化的方向发展。

二、卫生部2004年政府采购工作

在总结以前年度的经验的基础上，2004年，卫生部进一步扩大了政府采购的范围，加大了集中采购的力度。全年实行政府采购的资金约22亿元，采购的品目多达上千种，使用单位涉及全国31个省（区、市）和新疆生产建设兵团的上万个医疗卫生机构。在实施政府采购过程中，卫生部做到规范政府采购行为，明确采购工作流程和职责分工，强化监督管理，提高了采购物品的质量，节约了大量资金，取得了较好成绩。

（一）建立、完善政府采购工作机制

在成立领导协调小组的基础上，为了加强政府采购过程中的相互沟通与联系，领导协调小组又下设了由部相关业务司局项目负责人员参加的协调办公室。领导协调小组领导和监督政府采购工作。协调办公室具体负责政府采购日常工作，对领导协调小组负责，重大事项提交领导协调小组集体讨论决定。

（二）明确部门职责，加强监督管理

按照《中华人民共和国政府采购法》和卫生部对政府采购工作的具体要求，在领导协调小组的监督和管理下，首先研究制定了《领导协调小组及组成部门职责分工》，明确业务司局、财务主管部门和驻部监察部门等各方的职责，以明晰职责，形成相互制约、相互监督、相互督促的工作机制。明确的职责分工可以使参与政府采购工作的各方清楚地知道各自应该完成的工作和承担的责任，避免推诿扯皮，及时区分、及时研究、及时分析、及时解决采购过程中遇到的困难和问题，保障政府采购按照既定的工作程序和要求进行，努力做到既严格执行政府采购法有关规定，又不断提高政府采购的工作效率。

（三）研究建立政府采购工作流程

为保证按时完成政府采购工作计划，卫生部在明确各部门职责的同时，研究制定了具备可操作性的政府采购工作流程，将政府采购工作明确划分为几个重点阶段，并明确其间的主要工作任务、工作环节及具体要求。简洁、明晰、极具操作性的政府采购工作流程使参与此项工作的部内业务司局、财务主管部门、驻部监察部门及招标代理机构均能清楚了解政府采购的相关规定，掌握政府采购的具体程序，明确各自的职责，随时把握工作进度。各部门按照既定的招标流程操作，既保证了工作进度，又便于质量控制与监督。

（四）抓好几个关键环节，重点突出一个“严”字

为确保政府采购工作公开、公正、公平，切实满足采购方的需要，保证投标商的权利，确保招标代理公司依法履行应尽职责，卫生部在组织业务司局、相关部门和机构进行政府采购法律法规知识专题培训的基础上，紧紧抓住政府采购过程中的几个关键环节，“严”字当头，严格管理。

1. 严格选择招标代理机构。选择法制观念强、资质优异、服务质量好、经验丰富的招标代理机构是做好采购工作的重要保障。在政府采购项目启动之前，随机抽取具备三甲资质、业绩优良、全国性的招标代理机构参加投标，由协调办公室人员对参加投标的招标代理机构进行审评。为做好审评工作，还研究制定了详细的评分办法，在保证公平、公正和择优的基础上，以服务质量和服务规范为基本准绳，选择服务质量好、服务规范、人员搭配合理、工作业绩突出且收费合理的招标代理机构承担招标代理工作。

2. 严格审查招标文件。对于按照规定程序编制完成的招标文件，卫生部增加了招标文件审查环节，组织专家对招标文件进行专门审查，以保证招标文件指标既要满足项目工作必需的功能要求，又要满足公开招标的要求，避免排他性、倾向性，确保更多的厂商参加投标，保证政府采购的公平性。为确保招标文件审查的公正、公平，卫生部还明确规定随机抽取参加招标文件审查的专家，同时规定参加编制招标文件的专家不能作为招标文件的审查专家，也不能参加以后的评标工作。

3. 严格市场调查。在对招标文件进行审查并进行必要的修改后，还特别增加了市场调查环节。根据修改后的招标文件进行的专门的市场调查，为保证招标文件的各项指标满足公开招标的要求，切实保证招标文件公正、公平提供了保障。

4. 严格制定评标工作方案。为保证评标工作质量，确保评标工作顺利进行，卫生

部制定了包括评标委员会确定、评标纪律要求、评标程序和方法、评标细则制定在内的评标工作方案。在执行具体的采购项目时，严格按照财政部的有关规定，严肃认真筛选和确认评标委员会组成，并根据项目特点和需要，尽可能使评标委员会专业构成合理、人员数量恰当，以保证评标工作的公正、公平。在评标工作开始前，严格按照有关规定、程序和要求审定评标细则，尽最大可能使评标细则细致、明确、科学、公正、公平，既方便评标专家评分，又尽量减少专家评分的随意性。

5. 严格监督管理。为使监察部门主动监控采购工作的关键环节，卫生部及时向监察部门提供政府采购的工作计划、工作流程等，以便监管部门抓住重点环节，严格监管。在充分发挥监察部门监管作用的同时，还充分发挥财务主管部门的财务监管作用，形成多方监督、相互监管的工作机制，切实保证政府采购工作在有效的监督之下严格按程序执行。此外，在研究分析以前年度政府采购工作经验和有效方式之后，还充分利用现代化技术手段，对开标、评标的全过程进行录音、录像，以加大对评标专家和有关人员的监督力度，杜绝个别专家或有关人员引导专家评议等问题的出现，最大限度地保证政府采购工作中专家评标的公正、公平。

（卫生部供稿，王辉、刘成执笔）

海关总署

2004年，海关政府采购工作在海关总署党组的高度重视和总署各部门及海关系统各单位的支持配合下，以“三个代表”重要思想和党的十六大精神为指导，认真贯彻落实《中华人民共和国政府采购法》（以下简称《政府采购法》）及配套办法，以建立“科学、规范、合法的政府采购监督管理体制和运行机制”为中心，以规范政府采购行为为重点，围绕海关队伍建设要“政治坚强，业务过硬，值得信赖”的要求，依据年初工作安排，积极开展工作，较好地完成了年度各项任务。

一、2004年海关系统政府采购情况

2004年海关政府采购以《政府采购法》的实施为契机，不断加大宣传力度，规范采购行为，拓宽采购领域。全年先后对网络设备、PC服务器、打印机、UPS、程控交换机、电梯等进行了公开招标采购，采购总金额69 000万元；共节约资金7 490万元，资金节约率9.8%，比上年的6.5%提高了3.3个百分点。在采购总额中：货物类采购金额为58 617万元，占总额的85%，资金节约率为11.3%；服务类采购金额10 399万元，占总额的15%。截至目前，已有30艘缉私艇、2艘监管艇、10艘内河缉私艇、42艘摩托艇、48套集装箱检查设备、4 570辆汽车及一大批计算机网络设备、检查设备、家具等物资装备投入使用。

二、强化风险意识，大力加强廉政建设

2004年，海关总署组织全系统开展“五年回顾教育”和贯彻执行“海关人员六

项禁令”专题教育月活动。针对政府采购工作中的廉政隐患，在上述两项活动中，一是加强组织领导，成立了“五年回顾教育”和贯彻执行“海关人员六项禁令”主题宣传月工作领导小组，把加强廉政建设作为开展两项活动的切入点，采取多种形式开展研讨教育，不走过场，务求取得实效。二是采取多种形式，认真学习有关文件及“海关人员六项禁令”，进一步提高思想认识。围绕落实海关工作16字方针和海关队伍12字要求及本单位业务工作实际撰写心得体会，组织了多次交流研讨，使大家进一步认识开展此项活动的重要意义，切实增强执法为民、廉洁自律意识，始终保持“如履薄冰”、“如临深渊”的警觉，倍加珍惜和爱护已经取得的良好局面。三是坚持以正面教育为主，组织传达学习有关廉政建设的文件，采取多种形式，运用正反两个方面的典型事例，总结正面经验，剖析职务犯罪案例，以案为鉴，提高大家的思想认识，促进内部整改，树立行业新风，建设廉洁的海关政府采购队伍。四是加强保障措施。除严格执行“海关人员六项禁令”外，还进一步规范了采购工作，要求从事政府采购工作的人员遵守制度，禁止利用工作之便向业务单位借钱物和报销个人开支费用，不准向业务单位暗示或提出特殊要求，不准私自接受各种回扣和佣金，不准向投标方泄露评委会名单、评标方案及标底，不准利用职权为亲友经商办企业等。通过开展“五年回顾教育”和贯彻执行“六项禁令”专题教育月活动，增强了海关政府采购人员的政治责任感，促进了在工作作风和工作态度上的转变，焕发了新的精神风貌。

三、抓好建章立制，完善管理机制

为规范内部管理，根据形势的发展变化和工作中遇到的新情况，认真对照《政府采购法》和“海关人员六项禁令”，结合本单位特点，对历年来出台的规章制度和办法进行了全面的梳理，修改和完善了《廉政建设措施》、《采购人员守则》、《财务管理办法》、《会计核算办法》、《财务开支管理规定》、《车辆管理规定》及《反腐败抓源头实施细则》等文件，保证在业务工作和廉政建设方面不出问题。

四、以优质服务为天职，着力塑造了政府采购的良好形象

采购就是服务，服务必须付出。物资装备供应中心作为海关政府采购的执行部门，始终把为机关服务、为供应商服务作为自己的天职，真心实意提供优质服务，努力塑造了政府采购的良好形象。一是始终把提供优质服务作为政府采购工作的天职，耐心宣传政府采购政策，热情指导系统各单位的政府采购工作，精心编制招标文件，尽可能杜绝差错和纰漏的出现。二是克服“门难进、脸难看、事难办”的“衙门作风”，规范政府采购执行人员的言行，培养文明用语、以礼待人、热情办事、行为规范、雷厉风行的工作作风。三是加强与机关有关部门的合作。政府采购制度改革是一项系统工程，涉及的部门多，因此，同机关有关部门的关系既是互相制约、互相监督的，又是互相支持、互相配合的。负责海关政府采购工作的物资装备供应中心在实践中认真把握好这种关系，遇到困难、问题及时商量，重点谈判主动请有关同志参加，订货合同主动会签有关部门，由于得到机关有关部门的支持与配合，使海关总署的政府采购工作任务得以顺利完成。

（海关总署物资装备供应中心供稿，
李慧执笔）

国家税务总局

2004年，是我国全面实施《中华人民共和国政府采购法》（以下简称《政府采购法》）的第二年，也是全国国家税务局系统（以下简称国税系统）进一步深入学习贯彻《政府采购法》，以改革的思路积极推进、加强和规范国税系统政府采购工作的重要一年。全国国税系统紧紧围绕税收中心工作，全面实施《政府采购法》，按照“依法采购，规范程序，科学管理，提高效率”的要求，进一步规范采购行为，严格采购程序，创新采购方式，加大国税系统政府采购培训和宣传力度，全面推进国税系统政府采购工作深入开展。

一、加强领导，初步建立了规范的政府采购运行机制

（一）成立了总局集中采购中心

在国家税务总局党组的高度重视下，在有关部门的大力支持下，报经中央编委批准，中编办于2004年12月9日批复同意成立国家税务总局集中采购中心，负责指导、管理和承担国税系统政府采购工作。这标志着国税系统政府采购工作迈上了一个新的台阶，进入了一个新的发展阶段。

（二）初步建立了政府采购工作运行机制

针对国税系统垂直管理、预算级次多、点多面广等特点，积极探索适合国税系统部门集中采购的各种有效的政府采购实现形式。首先，总局积极探索集中采购中心—政府采购工作组—政府采购领导小组“三位一体”的工作决策机制，对有关政府采购的重大事项、重大项目、重要环节，政府采购工作组、政府采购领导小组共同研究；对有重大分歧的采购项目采取局长办公会审议制度。第二，逐步建立了采购、财务、监察、业务、技术等相关部门分工明确、协调运转的工作运行机制。第三，全国国税系统大部分省局都成立了政府采购工作领导小组，明确了政府采购工作的主管部门，从组织机构和管理体制上保证了国税系统政府采购工作的正常开展。

（三）健全监督制约机制

在按照财政部的要求确立和规范对总局及全系统政府采购监督管理职能的基础上，重点发挥总局和系统内财务、审计、监察等部门的专业性监督管理，并积极探索采购部门内部招标、评标、合同起草、合同审核和执行等环节之间科学有效的监督制约机制。

二、进一步深入贯彻落实《政府采购法》取得了初步成效

（一）大力宣传政府采购法律法规

2004年以来，总局先后在北京、湖北、江苏、福建等地召开座谈会，加强对国税系统政府采购工作开展情况、存在问题的调研，并就学习、宣传和贯彻落实《政府采购法》、《政府采购货物和服务招标投标管理办法》等有关法律法规以及如何做好国税系统政府采购工作开展了专题研究探讨。

（二）加大国税系统政府采购业务知识培训力度

针对国税系统的现状和工作急需，2004年5月和10月，总局先后在长沙、扬州举办了两期全国国税系统政府采购知识培训班，全系统约260人次参加了培训。培训班邀请财政部主管部门领导和有关法律专家进行了专题讲解，初步交流了各省政府采购工作开展情况，提高了全系统政府采购从业人员的思想认识、业务素质和基本操作技能。内蒙古、广东等地国税局也相继举办各种政府采购业务培训班。北京市国税局还举办了一期各区局主管政府采购工作的局长及部门负责人参加的政府采购知识培训班，取得了较好的效果，进一步加大了各级国税局领导对政府采购工作的认知度和支持力度。

（三）逐步规范了采购行为

各省级国税局严格执行《政府采购法》及有关法律法规，依法采购的意识不断提高，逐步规范了政府采购项目立项、政府采购预算编制、政府采购实施计划的制定等工作，从采购方式到采购程序的组织和执行更加规范，手续更加严谨。按照《政府采购法》和“公开、公平、公正”的原则，国税系统依法采购、规范采购的工作已经初见成效。

三、完成了各项采购任务，取得了显著的经济效益和社会效益

2004年国税系统组织采购活动共15 542次，完成采购金额41.56亿元，其中总局机关完成采购项目约32个，完成采购资金约4.5亿元；节约资金约4亿元，节约率为9.6%，较好地提高了财政资金的使用效益。

在2004年的政府采购项目中，公开招标项目金额约占采购总金额的46.2%，邀请招标约占14.2%，两种招标方式约占60.4%。这说明招标方式已成为国税系统政府采购的主要方式，有效地体现了政府采购公开、透明和竞争的原则，初步树立了国税系统政府采购的良好形象，取得了较好的社会效益。

四、规范了政府采购行为，有力地促进了廉政建设

各省级国税局领导高度重视廉政建设，加大对政府采购工作的领导，明确职责，规范程序，初步建立了部门间相互监督、相互制约的政府采购工作机制，强化了系统内部审计制度，使国税系统政府采购制度改革工作得到有效开展。

各级国税局认真贯彻《中共中央关于建立健全教育、制度、监督并重的惩治和预防腐败体系实施纲要》，不断加强政府采购工作人员的思想道德建设和业务素质培训，进一步提高了政府采购人员对依法行政、依法采购的认识，规范了采购行为。

由于认真贯彻执行《政府采购法》和相关法律法规，国税系统依法采购、规范采购行为、严格采购程序的良好工作局面正在形成。各级国税局领导、相关部门直接干预影响政府采购活动的行为大为减少，“公平竞争、公开透明、公正诚信”的采购原则深得人心，全系统多层面、多环节地抑制了违规违纪行为的发生，有力地促进了国税系统廉政建设。

（国家税务总局集中采购中心供稿，
王庆成、张峰执笔）

国家统计局

2003年1月1日《中华人民共和国政府采购法》正式实施，标志着政府采购制度改革工作进入了新的历史发展时期，也对政府采购工作提出了依法行政、依法采购、规范管理的更高标准和要求。国家统计局党组对此高度重视，并以此为契机，要求政府采购的组织部门应开拓进取，扎实工作，使政府采购的规模和范围不断扩大。按照这一要求，全国统计系统的政府集中采购工作从最初的国家统计局本级逐步延伸到国家统计局直属的二级预算单位，据统计，2004年参加政府集中采购的中央预算采购支出15 778万元，比2003年增加了近9倍；节约资金1 171万元。政府采购工作取得了可喜的成效。

一、加强学习，促进思想认识到位

2004年，国家统计局党组将政府集中采购工作列入党组议事日程。在局党组的高度重视和直接领导下，国家统计局以各种不同的形式，组织学习政府采购的有关文件精神，严格要求负责政府采购工作组织实施的部门、工作人员从政治和战略高度提高对深化政府采购制度改革重要意义的认识，增强责任感、使命感和紧迫感。同时加大宣传工作力度，向统计部门的广大干部职工广泛宣传政府采购制度改革的必要性、紧迫性，牢固树立与时俱进、开拓创新的精神，努力解决好实施政府集中采购改革中遇到的困难和问题，巩固和发展已经取得的改革成果，逐步实现政府采购制度改革和发展所要达到的目标。实践证明，思想认识到位是推动国家统计局政府采购工作的根本保证。

二、认真研究，保证组织领导到位

全国政府统计部门有各类基层预算单位5 000多个，资金来源复杂，给政府集中采购工作的组织实施增加了很大的难度。为把这项工作做好，国家统计局在局党组的正确领导下，切实加强组织领导，明确政府采购的具体工作机构和人员，经常听取有关工作汇报，检查并及时解决工作中出现的问题，真正做到组织领导到位。在工作中，组织实施人员克服了经费由中央和地方两级财政构成的多元性、三级财务管理体制的复杂性、人员组成复杂带来的管理难度大等诸多困难，严格按照政府采购的有关法律、法规和制度，积极实施政府采购。各预算单位也通过各种形式主动向主管单位汇报改革进展，为政府采购工作的发展献计献策。

三、完善管理，实现制度建设到位

《中华人民共和国政府采购法》和《中华人民共和国招标投标法》的颁布实施，标志着我国政府采购全面进入法制化轨道。近年来，国务院多次下发文件，对推进政府采购制度改革提出了明确的要求。国家统计局在局党组的领导下，积极争取财政部国库司和中央国家机关政府采购中心的具体指导，结合国家统计局的实际工作情况，建章立制。一是明确规定所有招标采购项目必须执行《中华人民共和国政府采购法》和《中华人民共和国招标投标法》，实行政府采购的项目必须按照政府采购的范围、程序和有关规定办理。二是着力进行配套制度建设。一方面组织研究起草了政府采购的有关文件、政府采购管理实施办法等；另一方面加强内部管理制度的建设，使负责组织实施政府采购工作的单位能够按照规范的操作规程开展工作，相关的工作人员有严格的工作守则加以管理。与此同时，还不断完善政府采购信息统计报表制度。由于统计部门管理体制的特殊性，造成了基层统计部门的采购项目经费来源比较复杂，很多是中央财政和地方财政共同负担，在统计分析上存在一定困难。为了做好此项工作，国家统计局按照政府采购信息统计报表制度的要求，明确政府采购统计口径，做到了不重不漏，确保信息统计工作的完成。上述这些工作，为深化政府采购制度改革提供了制度保障，也为规范化管理奠定了基础。

四、加强建设，保证采购实施到位

为了保证政府采购工作规范、健康地发展，国家统计局认真贯彻落实政府采购的各项规定，规范政府采购管理，树立依法采购的观念，建立了一套内部政府采购的审批、管理和监督机制，对采购预算、采购执行、支付程序、合同归档和采购信息统计等工作环节都做出了严格的规定。一是坚持先有预算后有支出的原则，保证政府采购严格按照批准的预算执行。二是积极推进国库集中支付制度。从 2004 年 9 月起国家统计局实施了国库集中支付制度，财政拨款方式从拨付实有资金改为下达用款额度，凡列入政府采购预算的项目，在额度内实行了财政直接支付或财政授权支付。2004 年经济普查采购设备 8 070 万元，全部委托中央国家机关政府采购中心采购，设备款全部由国库集中支付。三是对于一些零星的办公设备和办公用品，严格按照《中华人民共和国政府采购法》的要求，采取了竞争性谈判和协议供货的方式进行采购。四是根据不同的采购需求组织采购小组，采购小组成员由财务、技术、用户、纪检、监察等部门的工作人员组成，使政府采购真正成为“阳光下的交易”，保证了政府采购工作公开、公正、公平、透明。

政府采购工作涉及面广，政策性强，在采购活动的执行过程中应特别强调操作的规范性，加强集中采购管理，切实做到按程序办理各类采购手续。国家统计局采购事项的审批由主管领导批准，报财务基建司组织实施。采购的执行、合同的归档和信息统计由采购主管部门负责落实。对大型采购项目专门成立了专家组，对项目进行严格把关，对相关的技术指标和要求进行审定。成立商务组，在正式发标前，召开专家论证会、厂商参与的研讨会等。实践证明这种方式是非常有效的，它可以有效地避免一些技术指标的随意性和模糊性，使采购行为更加规范，采购过程更加公正、透明。例如 2004 年的经济普查设备采购，国家统计局委托政府采购中心通过公开招标方式进行采购，局内部也相应成立了采购小组，配合采购中心开展工作。为了保证此项目的顺利开展，国家统计局前后召开了两次专家咨询会，对所采购设备的技术指标进行论证，并特邀了部分厂商参加，取得了很好的效果。

经过几年的努力，国家统计局积极采取措施，使政府采购范围和规模不断扩大，采购工作更加公开透明，集中采购的制度与运作实践更加完善，采购管理工作更加规范，国家统计局政府采购工作的良好的经济效益和社会效益正不断显现出来。

（国家统计局财务基建司供稿，
李莉执笔）

中国气象局

一、总体工作情况

根据财政部的统一部署，全国气象部门积极贯彻实施《中华人民共和国政府采购法》，在各级气象机构全面推行政府采购工作。首先，制定气象部门政府采购实施规章，把政府采购工作纳入各级气象单位的目标管理考核范围，对基层管理人员进行多次政府采购业务培训，规范各级气象单位政府采购行为。同时，为强化政府采购管理，中国气象局在2004年实施园区机构改革时，专门成立了气象部门政府采购执行机构，配备专职人员，保障政府采购工作的实施。根据财政部《中央单位政府采购管理实施办法》，中国气象局还重新制订了《气象部门政府采购管理实施办法》，在2005年气象部门政府采购工作要点中着重强化部门集中采购项目和工程项目的规范管理。

2004年气象部门实际采购金额为56 036.67万元，比2002年的6 987.21万元、2003年的35 441.38万元分别增长了700%以上和58%以上。如图：

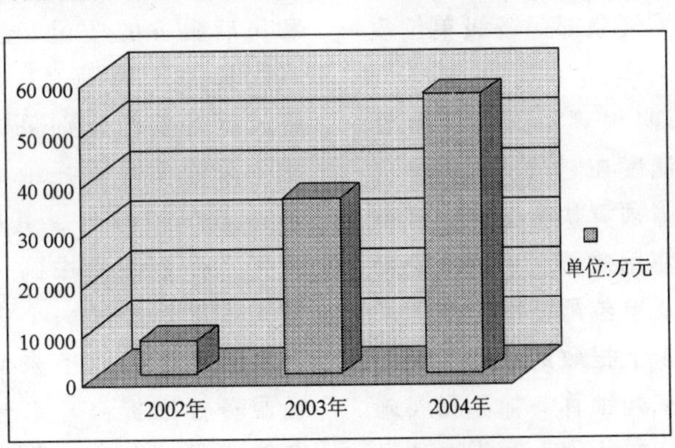

二、主要工作措施

一是健全机构，落实职责。为改变以前政府采购工作管理与执行职能交叉的状况，更有效地推进部门集中采购的规范化和扩大采购规模，2004年4月成立了气象部门政府采购执行机构——行政管理局政府采购中心，配置政府采购执行工作专职人员，实现政府采购监督管理与执行职能相分离，明确了职责分工，理顺了工作关系。

二是加强宣传指导和培训，增强各级单位政府采购法制意识。根据财政部制定的政府采购工作要点，结合部门上年情况，每年初向全部门下达政府采购工作指导性意见。通过各种渠道和方式宣传政府采购法规，促进各级单位依法实施采购，严格执行国务院发布的集中采购目录、标准和财政部制定的协议供货范围，加强部门集中采购，规范分散采购的采购方式，及时补编政府采购预算等。多次组织各省（区、市）气象局和局直属单位，进行政府采购法规和业务培训，增强政府采购法规意识，提高政府采购人员素质。通过采取上述种种措施，中国气象局政府采购规模呈现逐年上升趋势，取得了很好的效益。

三是抓好制度建设，实施综合性监督检查。根据国家政府采购法律和工作规章，结合部门实际，制定本部门配套管理办法。2004年，根据《中央单位政府采购管理实施办法》，拟订了新的《气象部门政府采购管理实施办法》，进一步规范和指导气象部门的政府采购活动。在对政府采购的监督检查方面，综合各方面监督职能，2003年、2004年已将工程建设项目的政府采购情况列为主要的检查内容并在全部门实施监督检查。同时将政府采购工作纳入各单位年度工作目标的考核范围，纪检、监察、审计机构介入对重大项目政府采购的监督工作。这些监督措施有效地促进了气象部门各级单位政府采购的管理和执行工作。

四是严格政府采购预算，加强资金管理。为增强政府采购制度在财政支出管理改革中的重要作用，保障预算执行工作，规范采购支出，提高资金使用效益，中国气象局从源头抓起，督促各级单位严格编制政府采购预算，因特殊原因未上报政府采购预算的要及时补报，无政府采购预算一律不得实施采购；结合国库集中支付管理，对重要项目的采购在资金拨付上实行国库直接支付，强化政府采购工作的计划、程序管理。

三、采购实例

一是高性能计算机系统采购。此项采购是经国务院批准的国家大中型建设项目“短期气候预测业务系统工程”建设的一项重要内容。作为现代气象预报的重大基础设施，该系统的建设将使国家级气象业务系统的计算能力大幅提升，从而为显著提高气象预报模式的分辨率、预报时效和计算精度提供必需的计算环境。该项目从2002年进行需求调查分析、技术交流和跟踪调研，2003年8月开始目标系统的测试工作。先后参加高性能计算机应用程序性能测试的共有9家国内外计算机厂商。2004年4月26日，中国气象局召开邀标发布会，邀请上述9家计算机厂商参加投标。根据评分结果和候选厂商排名情况及其投标规模、性能，确定了中标厂商。2004年7月17日中国气象局与中标厂商签署了采购合同，目前设备已到货，并已在业务和科研工作中投入运行。

二是2005年自动气象站建设项目采购。此项目为国务院颁布的部门集中采购“气象专用仪器设备”类，气象部门将其细化为部门集中采购品目。自动气象站建设是气象部门提高地基探测水平的重要建设项目，为提高资金的使用效益，保证产品和售后服务的质量，采购中将自动站和与其配套的计算机、打印机、UPS电源、风杆、百叶箱作分别采购。除计算机属政府集中采购项目委托中央国家机关政府采购中心组织招标外，其他设备的采购招标、谈判工作全部由中国气象局政府采购中心组织实施。经过两个多月的招标、谈判等一系列工作，设备采购价格大幅下降，售后服务标准提高。新建自动气象站成套设备除满足《自动气象站技术规范》的要求、进行了技术提升、提高了产品性能和自动观测水平外，价格也都有不同程度的降低，共节约资金23.13万元。

此外，本次建设自动气象站267个，所需的267台计算机、UPS电源和268台打印机，改变了以往由自动气象站生产厂商“捆绑”供应，而是在与生产供应厂商沟通后，将每套自动气象站设备原价中所含的计算机、UPS电源、打印机等设备价1.7万元剔除，由中国气象局另行采购。此一做法进一步提高了资金使用效益及产品和售后服务的质量。其中的计算机采购选定 IBM、HP、DELL、联想四家供应商，并委托给中央国家机关政府采购中心进行二次竞价和组织专家评审，最终联想公司中标。本项采购共计节约资金 49 万元。

（中国气象局供稿，马春莉执笔）

国务院新闻办公室

2004 年，国务院新闻办公室（以下简称国新办）的政府采购工作扎实稳健地进行。按照财政部政府采购制度改革的有关要求，国新办对政府采购工作高度重视，将其作为机关建设改革的重点工作，本着“公平、公正、公开”和“保证质量、注重效益、节约成本”的原则，全面实行政府采购，严格规范采购行为，建立完善的规章制度，注重采购实效，取得了较好效果。

一、积极稳步推进政府采购工作

国新办政府采购工作起步于 2001 年，主要分为两个部分。一部分是由国新办具体组织实施的国际互联网络新闻宣传系统工程建设，范围包括人民网（人民日报社）、新华网（新华社）、中国网（中国互联网新闻中心）、国际在线（中国国际广播电台）、中国日报网站（中国日报社）和中国经济网（经济日报）等六家中央重点新闻网站。工程内容包括采、编、制系统，网络基础设施公共发布服务平台，备份中心等建设项目，总投资 57 356 万元。2001 年该项目被财政部列为政府采购的试点项目，确定 2001 年 7 月 2 日以后启动的项目均实行政府采购，并于当年进行了第一批次的政府采购。目前该项目已全面实行政府采购。截至 2004 年底，累计采购预算规模为 14 891 万元，累计实际采购金额 12 451 万元，预算节约资金 2 440万元，资金节约率为 16.39%。

另一部分是国新办机关采购。为对此项工作加强领导，国新办机关专门成立了政府采购工作领导小组，分管办领导任组长，负责财务工作的副局长任副组长，财务、行政、技术保障等方面业务人员为小组成员。重大采购计划必须经过小组集体讨论制定，超过 100 万元的大型项目，一律进行招（议）标，并实施全过程跟踪审计；大批量设备采购一律经中直管理局政府采购中心集中采购；政府采购明确规定的设备和办公用品一律严格按规定办理。对国新办每年批量更换计算机等大量采购工作，有关部门按照国新办制定的政府采购工作流程，分工合作，从预算计划、设备选型到固定资产管理，通过政府采购平台环环相扣，以比市场价格低 10%左右的优惠条件，拿到了性能有保障的计算机等办公设备，既节约了经费，又保证了办公设备质量，实实在在地得到了政府集中采购的实惠。

二、加强监督管理，规范政府采购行为

国际互联网络新闻宣传系统工程是国新办政府采购工作的重点。为保证该工程政府采购工作的全面展开，并使其符合国家有关

法律法规的规定，针对中央重点新闻网站建设的特殊性和复杂性，国新办着重抓了几个方面的工作。一是所有的货物、工程和服务项目均纳入政府采购范围，除个别突发性的应急项目和上级交办限时完成的重大任务采取竞争性谈判方式采购外，绝大部分项目采取公开招标方式采购。二是严格按照政府采购程序办事，使招标的全过程严谨、公开、透明。凡符合公开招标条件的，一律采取公开招标方式进行采购；确因特殊情况需采取其他方式采购的，必须经项目办公室、中直管理局和财政部等主管部门批准。三是遵循公开、公平、公正、效益、效率和维护公共利益的原则，委托招标公司招标采购。采购项目网上公开招标，评标专家由专家库随机抽取的专家组成评标小组进行评标，并在采购方式、采购原则、采购程序、采购结果等每一个环节上进行严格把关和指导。四是评标方法、评标标准事先确定，避免评标过程中的随意性和各种干扰。

三、不断完善政府采购制度

为了保证政府采购工作有章可循、有法可依，结合中央重点新闻网站建设的实际情况，国新办制定了《国际互联网络新闻宣传系统工程资金使用管理程序》和《国际互联网络新闻宣传系统工程政府采购管理暂行规定》，从网站建设规划与项目申报，政府采购的组织管理，政府采购方式，采购合同与货物验收，资金使用范围、程序、拨付与资产管理，项目监督和惩处制度等方面规范政府采购行为。同时结合国新办的实际情况制定了一系列规章制度和管理办法，如《中央外宣办财务文件流转程序》、《固定资产的管理办法》和《计算机及其他电子设备管理暂行办法》等，较好地保证了国新办政府采购工作的有效进行。

四、政府采购工作实践的体会

（一）领导重视是政府采购工作得以迅速、顺利推进的关键

自 2001 年开展政府采购工作以来，国新办领导高度重视，办领导认真研究政府采购管理工作，明确指示“要通过建设中央重点新闻网站工程，为国新办全面实行经常项目下的政府采购工作积累经验”；“加大政府采购力度，争做政府采购之典范”；在政府采购过程中做到“制度严谨、程序公正、过程透明”。办领导多次召开项目建设单位主管领导座谈会，研究解决政府采购工作中的问题，指出推行政府采购工作是提高财政资金使用效益的需要，是维护政府形象、推进廉政建设的需要，是加快中央重点新闻网站建设的需要。领导的重视极大地促进了国新办政府采购工作的开展。

（二）健全有效的工作与运行机制是做好政府采购工作的基础

国新办作为“国际互联网络新闻宣传系统工程”建设的主管单位，组织成立了有中直管理局、国新办和各重点新闻网站建设单位人员参加的项目办公室。项目办公室和建设单位技术部门为政府采购主办部门，中直管理局、国新办秘书局和建设单位财务部门为监督单位，按照财务隶属关系，实行统一领导、分级管理。同时，建立健全以技术、财务部门为主体，相关部门（物资、行政、审计、监察等）密切配合的政府采购运行机制。

（三）不断完善管理制度是做好政府采购工作的重要保证

在认真贯彻落实政府采购法的同时，国新办结合中央重点新闻网站项目建设和国新办机关采购的实际，相继制定印发了《国际互联网络新闻宣传系统工程资金使用管理程序》、《国际互联网络新闻宣传系统工程政府

采购管理暂行规定》、《关于加强网络新闻宣传系统工程资金管理的通知》、《关于做好互联网新闻宣传工程基建财务管理工作的通知》、《中央外宣办财务文件流转程序》、《固定资产的管理办法》和《计算机及其他电子设备管理暂行办法》等规章制度，为推进和规范政府采购管理工作提供了重要保证。

（国务院新闻办公室供稿，刘明霞执笔）

中共中央文献研究室

中共中央文献研究室支出规模不大，每年采购量非常有限，但并没有因为规模小而放松这项改革。文献研究室对推行政府采购制度改革非常重视，要求本单位要从依法行政、依法采购的高度，以“三个代表”重要思想为指针，以勇于开拓创新的精神，牢牢把握规范采购行为这个重点，全面贯彻落实好政府采购法的各项规定，用好有限的资金，树立廉洁高效的形象。近几年来，中共中央文献室为全面推行政府采购制度，学习法律，不断探索，取得了明显成效。

一、实践出效果

中央文献研究室是 1980 年经中央政治局常委会批准，作为中共中央文献编辑委员会的办事机构建立的。其主要任务是：编辑党和国家主要领导人的著作，研究他们的生平和思想，出版他们的著作、传记、年谱、画册及摄制大型文献电视片；编辑研究党和国家及军队重要的当代文献和历史文献。根据中央的要求，他们还协助中央有关部门审核准备公开发表的党和国家主要领导人的文稿，以及反映领导人的思想、业绩、作风及工作、生活情况的大量图书。同时还承担中央交办的其他重要任务。多年来，中央文献研究室高质量地完成了一大批重要编研项目，在社会上产生了广泛的影响，为加强党的思想理论建设，推动全党深入学习党的基本理论、宣传党的优良传统和作风发挥了不可替代的作用。

为完成上述中央交办的任务，文献研究室每年需要采购必备的办公用品、仪器设备。在政府采购改革初期，大家对实行政府采购顾虑很多，认为采购品种少、规模小，没必要搞政府采购。一些人认为，实行政府采购手续繁杂，还不容易操作，未必比原来的采购方法快捷和省钱。通过政府采购实践，他们真正体会到，实行政府采购确实十分必要。一是进一步规范了采购运行规程，说情找关系没用了，采购人员超脱了。二是有效地节约了资金，采购质量同样有了保证。三是采购活动公平、公正、公开，消除了个人风险。四是简便易行。文献研究室的采购基本上都是通用商品，实行协议供货后，省去了原来因对市场行情和商品价格不够了解，要花很多时间和精力去货比三家、讨价还价的苦恼。

二、基本经验

（一）领导重视，健全组织，是做好政府采购工作的关键

中央文献研究室的领导对政府采购工作

高度重视，并严格要求，切实加强对政府采购工作的领导和协调，认真落实政府采购的相关法律、法规和各项规定，保证了政府采购工作的顺利实施。在具体操作中，由办公厅主管领导牵头，由行政、财务及信息中心等部门的有关同志组成政府采购小组，全面负责政府采购活动的全过程。采购方案由政府采购小组集体讨论决定后，再报领导审批。层层把关，严格审核，并落实到专人负责，使整个政府采购工作认真按照规范的操作程序实施，同时建立健全了业务部门、行政部门、财务部门、审计部门密切配合的政府采购运行机制。

（二）提高认识，广泛宣传政府采购法

政府采购法是我国规范政府采购工作的第一部法律，它对政府采购的工作程序、方法以及法律责任等内容作出的规定，都将对我国的政府采购工作产生深远的影响。为了使全室各部门和各级领导干部了解政府采购运作机制，提高对政府采购法的认同和支持度，增强政府采购的意识，中央文献研究室开展了多种形式的宣传活动，在全室形成了较好的贯彻、执行政府采购法的氛围。

（三）重视政府采购的基础工作，规范行为

1. 按照规定和要求，编制政府采购预算。政府采购预算的编制与实施是规范政府采购制度的基础，是确保政府采购工作有计划、按程序进行的关键，更是部门预算管理水平与规范的具体体现。为此，中央文献研究室及时传达财政部、中直管理局有关文件并通报情况，根据保证重点、量入为出的原则，以勤俭节约、精打细算为准绳，在年初拟订出全年需要政府采购的计划。然后，经过几上几下反复推敲、研究，各级领导层层筛选，最后由分管室领导审定，确定全年政府采购的经费预算，按照编制要求填写预算报表，并将预算报表按规定的时间上报中直管理局，为政府采购的实施奠定了基础。通过政府采购预算的编制，进一步规范了对政府采购的管理，最大限度地提高了财政资金的使用效益。

2. 严格按照政府采购规定办事，重视做好基础工作。在政府采购实施过程中，中央文献研究室严格按照政府采购的规定程序办事。首先根据中国政府采购网上的协议供货清单，选定需要的物品、型号；其次与厂家联系、谈判，力争使采购达到价廉物美；然后与厂家签订政府采购合同，对合同的条款逐字逐句地推敲，防止因疏漏造成经济损失。每份合同都被认真办理备案并保存。对重大项目还聘请专家论证。严格按照政府采购运作各个环节的要求办事，确保了政府采购的公开、公平、公正。在完成政府采购任务的同时，中央文献研究室还注意了及时做好政府采购信息的统计工作。

（四）加强学习，推动政府采购工作的开展

为了贯彻落实政府采购的各项规定，规范政府采购的管理工作，树立依法采购的观念，中央文献研究室认真抓好对政府采购法规的学习。一是组织全室有关领导干部和相关人员认真学习政府采购法，对政府采购法配套办法进行逐条逐字的学习讨论，认真研究在实施过程中出现的问题和解决的方法，为做好依法行政，依法监管，依法采购奠定良好的基础。二是走出去，向做得好的先进单位学习，借鉴政府采购工作的经验。通过组织学习，全室各部门和相关人员对政府采购知识有了比较系统的了解，服务意识明显加强，进一步增强了每位同志执行政府采购制度的责任感、使命感和紧迫感。

三、今后工作设想

今后，中央文献研究室将继续围绕“规范、发展、创新、服务、效率”这个目标，在规范行为、加强管理、创优方法等方面下功夫，促进政府采购工作上一个新台阶。

一是要加强培训，努力提高政府采购人员的素质。初步计划将分期分批组织各部门领导干部和有关人员集中学习、培训政府采购法的相关知识，增强全体人员遵法、守法的意识，树立良好的道德风范，严格依法办事，转变工作作风、工作态度，使政府采购的各项规定更加深入人心。

二是要规范管理，完善政府采购制度建设。政府采购制度的改革是一项复杂的系统工程，涉及制度创新和观念转变，因此，要紧密结合本单位的实际情况，建章立制，规范和完善政府采购的制度体系，加强部门内控自律机制，提高政府采购效率，加大监督管理的力度。中央文献研究室正在研究制订本部门政府采购管理办法及相关配套细则，旨在促进政府采购工作逐步实现制度化、规范化。

三是要加强调研，为改进和提高政府采购管理工作提供可靠依据。根据中央文献研究室的实际状况，将有针对性地开展调研工作，对政府采购的资金支付和结算程序及政府采购各步骤的细节衔接等问题进行深入调研，汲取经验。对现有做法将不断加以改进和完善，为科学、合理地规范采购行为和加强管理提供依据。

中央文献研究室的政府采购工作经过努力取得了明显进展，但总的看还处于探索、试行阶段，需要进一步改进和完善。中央文献研究室将继续扎扎实实地做好基础工作，稳步推进政府采购的各项工作。

（本文转载自《中国政府采购》2005 年第 10 期。作者：中共中央文献研究室办公厅　李志荣）

国务院机关事务管理局
中央国家机关政府采购中心

2004 年，中央国家机关政府采购中心（以下简称“采购中心”）在国务院机关事务管理局（以下简称“国管局”）的正确领导下，在财政部和各部门的大力支持下，认真贯彻落实华建敏秘书长在中央国家机关政府集中采购工作会议上的讲话精神，进一步规范采购行为和采购程序，努力探索高效快捷的采购方式，着力加强党风廉政建设，不断提高职工队伍整体素质，积极为中央国家机关各部门提供优质服务，较好地完成了全年中央国家机关政府集中采购工作任务。

一、召开中央国家机关政府集中采购工作会议，进一步推动政府集中采购工作的开展

2004 年 4 月，国管局组织召开了中央国家机关政府集中采购工作会议。国务院副秘书长兼国管局局长焦焕成主持会议，国管局副局长吕世光作工作报告，国务委员兼国务院秘书长华建敏出席会议并作了重要讲话。华建敏秘书长强调：集中采购是政府采购的主要组织形式，集中采购机构的主要任务就是组织实施集中采购工作，要充分发挥集中采购机构的作用，扩大集中采购规模。

财政部副部长肖捷、监察部副部长李玉赋、审计署副审计长董大胜分别就加强政府集中采购工作的管理、监督和审计工作发表了意见。中央国家机关26个部门的主管领导、96个部门负责政府采购工作的司、处级领导干部参加了会议。这次会议达到了统一思想、提高认识、促进工作的目的。会后，国管局和财政部联合向中央国家机关各部门印发了《关于做好中央国家机关2004年政府集中采购工作有关问题的通知》，对全年任务和重点工作进一步提出了明确要求。

二、政府集中采购项目完成情况

2004年，采购中心全年完成的政府集中采购金额达到30.8亿元，比2003年的7.1亿元增长334%，占当年中央单位采购资金总额的1/10，占全国采购资金总额的1/70；节约资金近4亿元，资金平均节约率11.5%，部分项目高达30%—40%；公开招标金额19.7亿元，占全年采购资金总额的63.9%，高于全国平均水平。

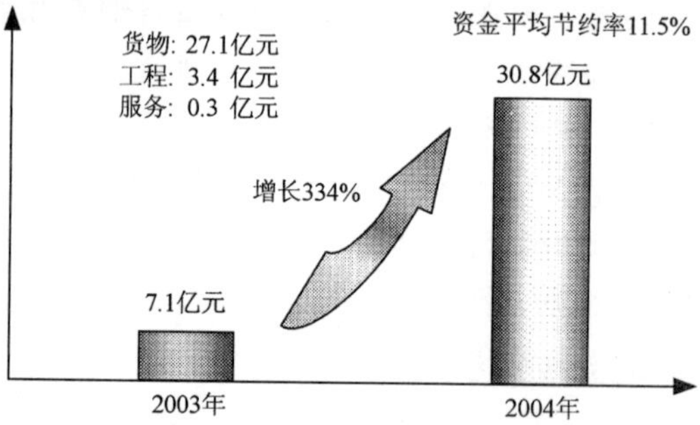

全年政府集中采购活动主要呈现出以下几个特点：

（一）货物类采购大幅增长

进一步完善协议供货采购方式并不断扩大实施范围，组织了三期计算机类产品协议供货公开招标，采购金额10.9亿元，占全年采购资金总额的35.4%。认真贯彻执行国务院领导同志指示精神，积极推行使用正版和国产软件，全年采购正版和国产软件0.5亿元。积极推行定点采购，完成了空调、办公用品定点采购招标并收到了较好效果，同时还研究制定了办公家具定点采购方案。在汽车采购中，严格执行价格和排气量双重标准，与主要汽车厂家进行了谈判，获得10%左右的价格优惠，服务承诺也进一步增加。

（二）服务类采购稳步推进

在对汽车维修和印刷项目加强跟踪管理的同时，完成了中央国家机关机动车辆保险、加油定点采购工作。中标的中国人民财产保险股份有限公司和中国太平洋财产保险股份有限公司作出的服务承诺远远高出标准服务水准，价格折扣分别达到43%和70.3%；中国石油化工股份有限公司北京石油分公司承诺的汽油价格为北京地区的最低价，服务承诺最优惠，充分体现出集中采购的优势。

（三）工程类采购起步良好

2004年3月采购中心成立采购三处，专门负责工程项目采购的组织实施工作。采购三处主动做好与北京市建委等相应建设主管部门的沟通协调工作，当年共完成28个工程采购项目，采购金额3.4亿元，占全年采购资金总额的11.1%。

在做好目录内项目采购的同时，采购中心还积极探索并完成了视频会议系统、医疗器械、舞美器材、防汛物资、工程设计、新建工程等目录外项目的采购，采购品目达

20余种，全年采购金额4.4亿元。

三、主要工作措施

一年来，为了完成政府集中采购工作任务，采购中心围绕扩大规模、提高效率、保障质量、改进服务等目标，着力开展了以下主要工作：

（一）继续做好规章制度建设，规范采购行为

2004年，采购中心进一步建立健全各项规章制度，印发了《中央国家机关机动车辆保险管理暂行办法》、《中央国家机关机动车辆加油管理暂行办法》、《关于邀请招标、竞争性谈判和询价采购项目实行供应商随机抽取有关问题的规定》、《关于加强委托代理采购资金支付管理的通知》等文件以及货物类招标文件、竞争性谈判文件范本，并汇总编印了《二〇〇三年中央国家机关政府集中采购文件选编》。

（二）坚持“三公”原则，严格依法采购

在政府集中采购活动中，采购中心一直十分重视《中华人民共和国政府采购法》和相关法律法规的贯彻落实，严格按照规定的采购方式和操作流程组织实施采购。所有招标公告和中标结果都在财政部指定的媒体公开发布，确保采购信息透明。注意发挥专家的作用，重大采购项目实施前坚持专家咨询论证，保证采购结果公平、公正。重视加强对供应商的合同履行、产品质量及售后服务的管理，发挥好集中采购机构对市场行为的规范和引导作用。认真对待供应商的询问和质疑，及时作出答复。

（三）加快信息化建设步伐，提高政府集中采购工作效率

采购中心在充分借鉴地方采购网络开发及运行经验的基础上，积极进行中央国家机关政府采购网络系统建设，开通了“中央国家机关政府采购网”，除实现了信息发布、政策咨询、下载标书等功能外，还对纳入协议供货范围内的采购项目实现了网上直接采购、信息统计、自动生成合同文本和货物验收单等功能，大大方便了各部门特别是京外单位采购。同时建立了供应商信息库，为邀请招标、竞争性谈判和询价采购活动中的供应商随机抽取工作提供了保证。

（四）积极开展政府集中采购工作人员培训，为全面推进政府集中采购工作创造条件

为提高中央国家机关政府集中采购工作人员法律、政策和业务工作水平，推动中央国家机关政府集中采购工作，采购中心先后举办了七期中央国家机关二级预算单位政府集中采购培训班，1 215个二级预算单位的负责政府集中采购工作的人员共1 500多人参加了培训。

（五）强化服务意识，加强自身建设

采购中心认真贯彻落实华建敏秘书长“深化改革、加强管理，服从大局、凝聚队伍，改进服务、提高效率”的重要指示精神，牢固树立全心全意为各部门服好务的意识，转变思想观念和工作作风，不断提高工作水平。重视加强自身廉政建设，研究制定了《中央国家机关政府采购中心党风廉政建设责任制实施办法》和《中央国家机关政府采购中心廉洁自律“六不准”规定》，组织全体工作人员签订了《廉洁自律承诺书》，并对采购各环节进行了严格的规定，细化责任，明确惩处措施，进一步树立了采购中心的良好形象。

回顾一年来的工作，采购中心全体工作人员深刻认识到：国务院领导和国管局党组的高度重视是做好政府集中采购工作的关键；财政部的大力支持是做好政府集中采购工作的保证；各部门的密切配合是做好政府集中采购工作的基础；正确处理好规模与规

范的辩证关系是政府集中采购工作的立足之本；开拓创新是政府集中采购工作的生命之源。2005 年，采购中心将针对工作中存在的规避政府集中采购现象时有发生、政府集中采购的计划性尚需增强、有关政府集中采购的制度办法需进一步建立和完善、采购中心工作人员整体素质有待于提高等突出问题，提出切实可行的改进措施，努力做好中央国家机关政府集中采购工作。

（国务院机关事务管理局中央国家机关政府采购中心供稿，陆疆执笔）

五、地方政府采购工作概况

北 京 市

2004年，北京市政府采购工作坚持“三个代表”重要思想，认真贯彻党的十六届三中、四中全会精神，以科学的发展观为指导，求真务实，全面夯实基础工作，在上规模、抓规范、提高效率和队伍建设等方面都取得了突出的成绩。

一、以加强将工程纳入政府采购管理为重点，不断扩大政府采购规模

2004年，上规模仍然是政府采购的第一要务。根据全国政府采购工作会议和年初北京市政府采购领导小组联席会议精神，2004年全市政府采购预算为69亿元。为完成上述目标，一是年初印发了《关于我市非财政国库管理制度改革试点单位政府采购项目内部管理操作规程的通知》，在执行中狠抓落实，2004年计划内的政府采购项目当年全部完成，对账工作也非常顺利。二是印发了《工程项目政府采购内部管理操作规程》和《关于北京市政府采购工程项目招投标中有关问题的通知》，重点加强将工程纳入政府采购管理的力度。三是加大对区县政府采购预算执行的监督力度。通过上述措施，政府采购预算的执行进度明显加快，政府采购规模再创新高，工程政府采购比重获得提高。2004年，全市提前一个月完成年初得制定的采购预算69亿元，全年共完成政府采购预算79.51亿元，超额完成年初预算的15.2%；政府采购合同金额76.31亿元，节约资金3.2亿元，节约率为4.04%。财政直接支付比例为44.2%；公开招标比例为73%；工程采购金额为40.94亿元，工程采购比例为53.65%。

二、加强制度建设，进一步规范政府采购行为

（一）加强制度建设

在这方面做的主要工作，一是加强内部制度建设，制定了《采购办工作人员行为规范》等内部制度，提出了采购工作人员要“树立八种意识”和“实行八不准”。《中国财经报》评论此举：“‘双八’可成业内准绳”。二是加强外部制度建设，先后出台了《关于印发北京市2005年政府采购集中采购目录及标准的通知》、《关于规范北京市政府采购信息公告有关事项的通知》、《北京市政府采购中标、成交结果确定有关问题的通知》、《北京市财政局政府采购供应商投诉处理工作规程》等12个文件，对信息公告、采购结果公示、供应投诉处理等做出了规定，进一步增强了政府采购活动的透明度，规范了政府采购行为。

（二）进一步理顺管理体制

继2003年市本级管采分离工作取得实质性进展后，2004年在工作中进一步强化了政府采购管理机构的监督管理职能。加大了依法行政的力度，根据《中华人民共和国政府采购法》和《中华人民共和国行政许可法》的有关规定，清理了有关的行政审批事项，取消了财政部门审核信息公告和审批采购结果事项；在处理投诉等事项中建立联动机制，紧紧依靠法制处和律师事务所等部

门；在工作中严格做到依法、依程序开展政府采购工作。同时，将工作重点放在了指导区县理顺管理体制上。截至12月底，已有10个区县（含亦庄开发区）完成了区县级管采机构分离工作。其他10个区县中，有6个区县管采分离方案已经区政府批准，4个区县（含燕山）的管采分离工作尚在进行中。

（三）完善监督体系，继续发挥社会监督作用

北京市自2002年在全国率先实行政府采购社会监督员制度，两年来社会监督员在政府采购监督工作中发挥了积极的作用。在第一届社会监督员任期届满时，从现任市政府特约监督员中聘请了三位成为新一届北京市政府采购社会监督员，在政府采购领域继续发挥社会监督作用，不断完善政府采购监督机制。

（四）规范采购文件，在全市推行标书范本

北京市2003年在全国率先推行政府采购（货物）招标文件范本，已在西城区、丰台区和北京市政府采购中心试行一年。2004年及时总结运行中的问题，结合财政部新出台的第18号令进一步完善标书范本，并在全市范围内推广，进一步规范了政府采购招投标行为。

三、以高效便民为原则，提高政府采购效率，创新政府采购方式

2004年，北京市政府采购工作始终坚持立党为公、执政为民的原则，适应建立服务型政府的要求，把增强服务意识、方便采购人、提高采购效率放在工作的首位，主要做了以下工作：

实行网上办公，编制党政机关汽车核编系统，将全市党政机关购置汽车的审批工作改为网上审批，将单位多次往返改为一次往返，办事时间也缩短了3至5个工作日。

根据财政部出台的18号令《政府采购货物和服务招标投标管理办法》，进一步简化办事程序，减少审批环节，取消审核信息公告的环节，并将采购中标、成交结果由审批制改为备案制，将采购周期缩短了至少7个工作日。

对于定点采购的政府采购项目，如部门预算资金已经足额安排，则取消由部门预算处室签署资金意见的环节，以简化办事程序，提高办事效率。

创新政府采购方式，筹建北京市政府采购××车专库和北京市政府采购中心的“一站式”服务大厅。由市财政局通过预付款的方式先行购置各种型号的××系列车100辆，建成北京市政府采购××车专库，由北京市政府采购中心作为车库的管理部门，并设立“一站式”服务大厅，保证采购人在2个小时有效工作时间内提车，大大提高了采购效率。这一做法也有效地降低了采购成本，从生产厂家直接进货，使政府采购价格从在市场销售价格基础上享受4%的折扣降至7%的折扣。在与生产厂商签订的协议中还明确各区县也可以到北京市政府采购中心的车库中购车，享受同等的价格和服务，从而形成了市区两级联动，发挥了规模效益。

四、贯彻市领导要求，进一步加强基础工作

（一）加大培训力度

2004年进一步加大了政府采购工作的培训力度，培训范围也由政府采购监督管理人员扩大到政府采购当事人。一是配合市财政局预算处，对市级预算单位进行政府采购知识的培训；二是举办区县政府采购培训班，对监管人员进行培训；三是举办两期政府采购代理机构培训班，对代理机构人员进行培训；四是在第七届科博会政府采购专场

做题为《供应商与政府采购》的演讲，为广大供应商参与北京市政府采购活动搭建了良好的平台。

（二）细化2005年政府采购预算

为使2005年政府采购预算编制更加科学合理，在预算编制中对包括计算机、打印机、复印机等在内的16种通用商品进行了进一步的细化，规定无论在基本支出或项目支出中安排的，都必须单独列示，不允许包含在其他项目中。

（三）加强车辆管理工作

市财政局与市监察局联合印发了《关于加强党政机关公务用车管理的通知》，要求各单位提高思想认识，严禁超编制、超标准购车，严格执行党政机关购买公务用车的审批程序。2004年，共审批购车3 454辆，更新黄标车413辆。其中购置现代轿车1 940辆，涉及资金4.35亿元，有力地促进了首都汽车工业的发展。

（北京市政府采购办公室供稿，潘磊执笔）

天 津 市

2004年，在财政部的指导下，在天津市委、市人民政府的领导下，在全市有关部门的配合下，天津市各级财政部门认真实践“三个代表”重要思想，深入贯彻《中华人民共和国政府采购法》及其相关配套办法，紧紧围绕财政中心工作，按照“突出重点、循序渐进、协调发展”的思路，依法行政，依法管理，依法采购，不断推进政府采购工作。继2003年全市政府采购规模突破20亿元后，2004年政府采购规模再创历史新高，全年完成政府采购预算36.6亿元，实际采购突破30亿元大关，切实做到了上规模、见成效。

一、认真贯彻法律法规，着力健全管理体制

《国务院办公厅转发财政部关于全面推进政府采购制度改革意见的通知》下发后，天津市委、市人民政府高度重视政府采购制度改革工作，及时研究天津市的政府采购管理体制问题。2003年底，由主管副市长任主任，市财政局、市监察局、市审计局主要领导为副主任，十个委、办、局主管领导为成员的天津市政府采购管理委员会正式组建，负责领导、监督和协调全市政府采购工作。委员会下设的天津市政府采购办公室设在市财政局，从2004年8月份开始对外承担市政府采购管理委员会的日常工作，履行政府采购监督管理职能。天津市政府采购管理新体制的建立，标志着市级“管采分离、职能分设、政事分开”的政府采购监管新模式已经建立，天津市政府采购工作已步入依法管理、依法采购的轨道。

二、积极采取有效措施，扩大政府采购规模

首先，天津市各级财政部门紧紧围绕扩大政府采购规模这个目标，运用法律法规强化监管职能、监管机制、监管程序，规范采购人的采购活动，取得了明显效果。2004

年第四季度完成采购预算16.8亿元，实际采购13.9亿元，分别占全市采购预算的45.9%和实际采购的45.1%，为扩大政府采购规模起到了关键作用。其次，区县财政部门加强宣传协调工作，努力扩大政府采购范围，依法规范采购行为，采购规模大幅度提升，共完成政府采购预算21.2亿元，与上年同比增长138%；实际采购18.3亿元，占实际采购总额的59.4%。区县政府采购成为扩大政府采购规模的重要途径。再次，把财政性资金投资工程支出纳入政府采购管理，为扩大政府采购规模创造了条件。新的政府采购管理体制建立后，天津市政府采购管理部门积极与市建委就财政性资金投资工程支出纳入政府采购管理的法律法规进行充分沟通，对将工程采购纳入政府采购管理形成了共识，为依法对工程实施政府采购铺平了道路。2004年仅工程类实际采购就比上年同比增加近8.4亿元，同比增长115%，在上年工程类采购规模翻一番的基础上再次翻番，首次出现工程类采购预算及实际采购额双双超过货物类的情况。

三、健全各项规章制度，着力抓规范促发展

各级财政部门坚持依法管理、强化监管和规范运作，以推进依法采购进程为目的，认真学习贯彻政府采购法及其配套办法，将工作重点放在编制采购目录、审批采购方式、规范采购行为、管理评审专家、处理供应商投诉、统计政府采购信息等方面，由被动型管理向主动型监督管理转变，切实履行好政府采购监督管理职责。一是在印发《天津市政府采购评审专家抽取办法》基础上，又下发了《关于开展政府采购评审专家推荐工作的通知》，并在中央和本市的报刊和网络上发布公告，面向社会公开征集政府采购评审专家，进一步充实天津市政府采购评审专家库，为实现政府采购评审专家网络化、电子化管理奠定了基础。二是本着依法行政、适度集中、逐步扩大和与相关法律法规相衔接的原则，在多方征求意见的基础上，进一步调整规范天津市政府采购集中采购目录和采购限额标准，为依法监管、依法采购提供了充分依据。三是印发了《关于市财政局业务处室监督政府采购预算执行有关问题的通知》，进一步明确市级预算单位使用财政性资金的政府采购项目委托代理方法，以及财政部门监督政府采购预算执行的要求。四是为进一步规范政府采购当事人的行为，草拟了《天津市政府采购管理暂行办法》、《天津市政府采购特邀监督员管理暂行办法》、《天津市政府采购评审专家考核暂行规定》和《天津市政府采购协议供货管理办法》等相关规定，争取在充分征求有关方面意见后尽早出台。

区县政府采购规章制度建设也取得一定成效。部分区县财政局结合各自的实际情况，制定了相应的政府采购管理办法，加强对区县政府采购活动的监督管理，为促进区县政府采购发展提供了制度保障。

四、面向社会公开征集，着力整合专家资源

按照“统一条件，分级管理、随机抽取、管用分离”的原则，天津市面向社会公开征集评审专家。一是向200多个委、办、局及有关高校、行业协会、科研院所征集政府采购评审专家。二是按照评审专家的条件，对评审专家进行资格审查，整理登记专家档案资料。目前已通过资格审核、建立档案管理资料且具备发证上岗条件的评审专家约1 200人。三是整合市和区县评审专家资源，实现市与区县评审专家资源共享，缓解区县政府采购评审专家紧缺的矛盾。四是建立专家执业行为考核办法等相关制度，规范

评审专家的评审行为，保证评审活动的客观、公正。全市资源统一的政府采购评审专家库建立后，拥有评审专家近2000人，评审专家涉及的专业领域更为广泛，文化水平和专业技术能力得到提高，本科以上学历并具有专业技术职称的占80%，年龄结构趋于年轻化，35岁至60岁者占主体。评审专家按照规定持证上岗，履行政府采购评审职责，评审行为不断规范，政府采购评审工作水平得到进一步提高。

五、坚持公开、透明，着力建设监管机制

天津市按照《中华人民共和国政府采购法》的要求，加强公开透明机制的建设，基本实现了法规制度、采购信息、采购方式、采购程序、采购结果以及投诉处理情况的公开，有效地保证了政府采购活动依法开展。一方面，从源头上公开政府采购信息。自2004年以来，不仅将招标公告、中标公告，而且将采用竞争性谈判和询价方式的采购信息、采购结果，以及政府采购的相关法律、制度规定等均在天津市政府采购网上公开。据统计，2004年公开政府采购信息近3 000条，平均每个工作日发布十余条。这样做，不但保证采购信息的公开透明，而且有效地宣传了政府采购，使包括政府采购当事人在内的社会各界对政府采购活动的行为规范有了更深的了解，进一步促使采购人增强依法采购的意识，达到自觉接受社会各界监督检查和为政府采购当事人提供对称的采购信息的目的。同时，这样充分的信息公开也为供应商创造了全面了解政府采购政策、政府采购信息的平等机会。另一方面，从严审批政府采购方式，达到规范采购人的采购行为和促进政府采购依法运行的目的。天津市规定工程在100万元以上、货物在50万元以上、服务在30万元以上的项目采用公开招标方式，如对上述项目采用非公开招标方式的，必须事先报同级政府采购管理部门审批。同时，建立规范的采购方式审批程序，对采用非公开招标方式的项目，采购人必须提出书面的理由，并组织有关专家进行论证后，由同级政府采购管理部门批准执行。2004年全市采用公开招标方式实施采购的占70%，与上年同比提高了20个百分点。政府采购透明度的进一步增强，为构建政府采购监督管理机制创造了条件。

（天津市财政局供稿，任建宇执笔）

河 北 省

2004年，河北省政府采购工作以“三个代表”重要思想为指导，深入贯彻落实党的十六届三中、四中全会精神，紧紧围绕“讲科学、求规范、重创新、兴财政、促发展、为人民”的工作方针，认真执行《中华人民共和国政府采购法》（以下简称《政府采购法》），在扩大规模、规范管理、提高效率、加强监管等方面下功夫，取得了明显的成效。2004年河北省共组织政府采购21 906批（次），采购金额达到72.45亿元，比2003年增加34.24亿元，增长了89.61%；比预算节约资金10.28亿元，资金节约率为

12.43%。

一、重创新，深化、完善政府采购预算编制改革

政府采购预算是政府采购工作的源头，政府采购预算管理理应成为政府采购工作的中心。河北省紧紧把握政府采购预算管理这一源头，将政府采购预算管理作为政府采购工作的中心，从预算编制到预算执行各个环节加大管理力度，积极探索，开拓创新，在省级初步形成了一套完整的管理体系，处处体现出“实”、“细”、“深”的特点。省级部门政府采购预算与部门预算编制实行“五统一”，即“统一布置、统一编制、统一汇总、统一审查、统一批复”。一是让省采购办参与政府采购预算编制全过程，将政府采购预算编实；严把审核关，保证政府采购预算编制与部门预算编制成为有机的整体。二是对政府采购预算的内容、格式进行规范，将政府采购预算编细；对政府采购项目细化提出要求，使其能与采购目录及采购限额标准相对应。三是对政府采购预算进行细分，编制政府采购计划，将预算管理深入到预算执行环节。这样，一方面强化了预算约束，保证了政府采购规模的扩大。另一方面增强了政府采购工作的计划性和可操作性，提高了采购的效率和效益。

为配合政府采购预算编制工作的深入开展，河北省财政厅编写了政府采购预算及采购计划编制培训教材，举办专门的培训班，督促市、县两级认真编制政府采购预算及政府采购计划和招标计划；制发《河北省财政厅关于认真做好政府采购预算编制工作的通知》，建立市、县两级政府采购预算编制备案制度。

在 2004 年 12 月召开的全国政府采购工作会议上，河北省就政府采购预算管理的做法进行了经验介绍，财政部肖捷副部长在讲话中也多次提到河北省政府采购预算管理的经验，引起了其他省市的广泛关注。

二、抓落实，扩大采购范围和规模

河北省 2004 年确定的目标是全省政府采购规模达到 40 亿元。为实现这一目标，河北省政府采购工作主要从以下几个方面入手：

（一）编制采购目录

在广泛征求意见的基础上，河北省财政厅起草了《河北省 2004—2005 年政府采购目录和采购限额标准》，报经省政府批准后印发执行。《河北省 2004—2005 年政府采购目录和采购限额标准》将适合政府采购的项目纳入政府采购范围，为扩大采购范围和规模奠定了基础。

（二）积极扩大工程政府采购的范围

一是对全省符合条件的 29 家政府采购业务代理机构进行了登记备案，为扩大工程政府采购范围奠定了基础。二是加强与工程管理部门的协调配合，明确财政部门与工程管理部门各自应当履行的职责。三是抓重点项目，重点管理对中小学危房改造等项目实行的政府采购。

（三）几项具体措施

一是完善统计范围和标准，将分散采购和定点采购统计进来，加强对工程采购的统计监管。二是将采购规模纳入对下级的考核目标，推动市、县级政府采购扩大规模。三是抓好重点单位如垂直管理部门和采购预算较大的系统的采购计划落实。四是对数额较大的采购项目，从采购项目的计划编制、招标过程到签订政府采购合同，对各个环节建立跟踪制度，并抓好落实。

2004 年河北省实际采购金额为 72.45 亿元，是年初制定的采购规模目标的 1.81 倍。其中，工程项目政府采购规模为 38 亿元，比 2003 年增长了 2.27 倍，在政府采购总规

模中所占的比例达到52.45%。

2004年省本级政府采购金额8亿元，与2003年相比同比增加4亿元，同比增长100%；比预算节约资金1.64亿元，资金节约率为17.03%。其中，通过省级集中采购机构采购的金额为4.86亿元，与2003年相比同比增加0.97亿元，增长20%；比预算节约资金0.5亿元，资金节约率为10.39%。

三、求规范，实现依法采购

在规范化建设中，河北省财政厅按照《政府采购法》和财政部相关制度办法的要求，建立、健全河北省政府采购管理体制、运行程序和监督机制。

（一）贯彻《政府采购法》，加强制度建设

一是河北省人民政府办公厅印发了《河北省人民政府办公厅转发省财政厅关于全面推进政府采购制度改革意见的通知》，作为2004年全省政府采购工作的指导性文件。二是制发《河北省省级行政事业单位部门集中采购管理办法》，对省级部门实行部门集中采购的范围、职责、程序、处罚等内容作了详细的规定，为依法推行部门集中采购提供制度保证。三是根据《政府采购法》和财政部相关制度办法的要求，制定、修改河北省政府采购相关办法。截至2004年底，《河北省政府采购评审专家管理办法》、《河北省集中采购机构监督考核管理实施办法（试行）》、《河北省政府采购供应商质疑投诉处理实施办法》、《河北省财政厅关于贯彻落实〈政府采购货物和服务招标投标管理办法〉有关事项的通知》已经印发执行。

（二）抓重点环节，规范招投标管理

一是制定政府采购委托协议书范本，规范采购人和采购代理机构的权利和义务，避免出现由于委托协议事项不明而引起争议的情况发生。二是按照河北省财政厅、河北省人事厅、河北省监察厅《关于公开聘请政府采购评审专家、统一筹建各级政府采购评审专家库的通知》要求，征集全省政府采购专家并做好评审专家资格审查、培训、颁发证书等项工作，建立全省共享的政府采购专家库。为了扩大政府采购评审专家库的库容，满足政府采购项目对评审专家的需求，与河北省监察厅联合制发了《关于公开聘请政府采购评审专家的通知》，进一步征集评审专家。同时，政府采购评审专家远程抽取办法也正在谋划之中。

四、细研究，提高采购效率

河北省在进一步规范政府采购的同时，还注意研究采购规律，创新采购程序，提高采购效率。

（一）实施部门集中采购

为推行部门集中采购，河北省财政厅先后制发了《河北省2004—2005年政府采购目录和采购限额标准》和《河北省省级行政事业单位部门集中采购管理办法》。随着《河北省省级行政事业单位部门集中采购管理办法》从2004年8月1日起正式实施，省级部门集中采购工作健康开展。如河北省教育厅的河北省农村中小学现代远程教育工程试点项目，涉及资金1.6亿元。河北省财政厅从该项目的前期论证开始，通过多方协调，跟踪项目进程，促使该项政府采购招投标工作顺利进行，为推进和落实部门集中采购工作积累了经验。

（二）推广协议供货制度

2004年河北省省级协议供货制度继续推开，进行了办公自动化设备协议供货第二、三、四期和小汽车协议供货第一至四期的招标工作。这一制度的推行，降低了采购成本，并将采购周期由原来的平均20天缩短为 1 天，较好地解决了公平与效率的问题，受到了广大采购人和供应商的欢迎。2004 年省本级政府采购协议供货采购金额为 1.05 亿元，比预算节约资金 1 690.29 万元，资金节约率为 13.88%。

（三）采取的具体措施

一是对采购中心提出编制招标计划要求，减少招标次数，提高招标金额，降低招标成本，提高招标效率。二是依法科学地界定采购方式，减少不必要的环节。三是科学地界定公开招标数额标准和政府采购限额标准。四是制定合理的采购流程，缩短采购周期。五是实行政务公开，公开政府采购的办理程序、办事依据、办理时限，明确政府采购当事人的职责。六是加强对采购中心及中介机构采购效率方面的监管。

五、紧安排，加大培训和调研力度

河北省财政厅将培训、调研工作作为政府采购工作中的重要一环，加大工作力度。

（一）加大培训力度

一是省财政厅对各市采购办工作人员进行了一次政府采购知识系统培训。通过这次培训，大家纠正了错误认识，提高了工作的目的性，明确了应当把握的重点环节，开阔了工作思路。二是多次对省直部门财务人员进行《政府采购法》和河北省政府采购相关制度培训。通过培训，使政府采购的相关人员对政府采购工作更加理解和支持，对制度规定的了解更加明确，有力地促进了政府采购工作的顺利开展。

（二）加强对市级采购办的工作指导

河北省政府采购规模中有 70% 以上的采购金额分散在 11 个市，加强对市级采购办的工作指导意义重大。2004 年以来，河北省财政厅分别对沧州、秦皇岛等市政府采购工作进行了调研和工作指导，对发现的问题提出相应的解决办法，使其工作有较大改进，采购规模有了较大增长。

（三）加强调查研究

2004 年 6 月，在高志立副厅长的带领下，河北省政府采购工作考察团对英国、法国等欧洲国家的政府采购监督管理情况进行了考察学习。通过深入了解发达国家政府采购法律体系、管理模式、机构设置、操作程序等内容，撰写了《英、法政府采购监督管理体制考察报告》，提出了创新政府采购监督管理的建议，明确了河北省下一步政府采购改革的方向。

（河北省政府采购办公室供稿，
吕强执笔）

山 西 省

2004 年，山西省政府采购工作以邓小平理论和“三个代表”重要思想为指导，全面贯彻落实《中华人民共和国政府采购法》（以下简称《政府采购法》），各级财政立足依法采购、依法监管，坚持规范与规模并重的方针，采取有效措施，锐意改革，促进全省政府采购工作逐步迈上法制化轨道。全年主要完成了以下工作：

一是认真贯彻《政府采购法》，促进依法行政与依法采购意识的提高。全省各级财政部门继续利用多种形式积极宣传《政府采购法》，普及法律知识，促进预算单位依法采购意识的不断提高。省财政根据采购主体多元化的实际情况，重点做好政府采购从业单位及从业人员的统一培训工作。2004年省级财政监督管理部门组织专门力量，对全省集中采购机构及社会中介机构的业务骨干进行了政府采购法规及业务知识培训，使参训人员基本熟悉了政府采购的相关法律法规制度及业务流程，从而有力提升了政府采购从业人员的整体素质，为依法采购、规范运行创造了良好条件。

二是有法必依，着力理顺政府采购管理体制。根据《政府采购法》财政部门不得设立政府集中采购机构的要求，省财政多次协调有关部门提出改革方案，向省政府上报了《关于规范省级政府集中采购机构的请示》，请求省政府重新组建省级集中采购机构，并与省财政脱钩；成立政府采购委员会，作为领导机构，决定涉及政府采购事宜的大政方针；省财政厅内设立政府采购管理处，专司监管职能。12月，根据省领导的批示，省编委已召开会议通过了有关方案，标志着山西省在理顺政府采购管理体制工作方面迈出了实质性的一步。

三是逐步培育政府采购中介代理机构，发挥中介机构的积极作用。政府采购中介代理机构是政府采购管理体制中的一支重要力量，随着政府采购改革的不断深入和政府采购领域的不断拓宽，政府采购需要的服务更为专业化，中介机构的作用将更为突出。为此，2004年，山西省积极促进社会中介机构参与政府采购中介服务业务，通过审查、培训等环节，通过法定程序，对首批获准从事政府采购招标代理业务代理的11家社会中介机构的基本情况进行了公布，为采购人自主选择采购代理机构拓宽了渠道。

四是积极改革，兼顾公平与效率，努力为采购人提高更为便捷的服务。为解决预算单位采购需求不同步、采购计划申报迟缓、延误采购的问题，省级在总结经验的基础上，积极征求采购人意见，改革了现行采购计划的编制与审批程序，将政府集中采购计划汇总审批改为按月分散审批，使政府采购计划的审批更为及时，执行的效率与效果进一步增强，受到采购人的普遍欢迎。此外，为满足单位零星采购需求，降低招标成本，克服重复招标不经济行为，提高工作效率，省财政厅厅长办公会议专门研究通过，从9月下旬开始，在省直单位实行了通用办公设备协议供货制度，即通过公开招标事先确定协议供应商及通用办公设备的品目、价格，在一定周期内由用户定点采购，可有效减少招标频次，提高采购效率，满足用户需求。该办法实行近四个月以来，通过协议供货采购102次，合同采购金额达到786.2万元，有效解决了招标采购周期长、效率低的问题，受到省直单位的普遍欢迎。

五是各级财政继续加大政府采购预算执行的监督力度，通过细化预算编制、强化拨款项目审查以及国库集中支付的监督审核等关键环节的有机配合，政府采购预算的执行率进一步提高，政府采购规模有了大幅度的提高。

据统计，2004年全省政府采购合同采购总额达24亿元，比预算资金节约2.23亿元，同上年相比绝对额增加5.44亿元，增幅近30%，综合节约率为8.5%，取得了较好的社会效益和经济效益。

（山西省财政厅政府采购处供稿，
徐继忠执笔）

内蒙古自治区

2004 年，内蒙古自治区各级政府采购监管部门和集中采购机构，在各级党委、政府的正确领导和高度重视下，以“三个代表”重要思想为指导，按照“扩大规模为目标，规范化管理为基础，政策功能为手段，队伍管理为保障”的政府采购工作思路，认真贯彻落实《中华人民共和国政府采购法》，积极探索，开拓进取，扎实工作，政府采购工作进入了一个新的阶段，在加强财政支出管理、深化财政体制改革、提高财政资金使用效益、发挥宏观调控作用、促进廉政建设等方面发挥了积极作用，取得了良好的经济效益和社会效益。

一、政府采购范围不断扩大，采购规模继续保持良好的增长势头

2004 年，各地区把扩大范围和规模作为政府采购工作的第一要务，通过完善政府采购预算编制管理和科学制定集中采购目录及限额标准，扩大政府采购项目实施范围和采购品种。内蒙古自治区本级和锡盟等地首次对国家储备粮实行政府集中采购；赤峰市和乌兰察布市等地将国债资金采购项目纳入了政府采购范围；呼伦贝尔市、满洲里市等地在工程实行政府采购方面加强了与有关部门的协调配合，对市政工程项目实施了政府集中采购；通辽市还对工程项目决算审价单位的选定实行了政府采购；自治区对全区各级国家机关、事业单位和团体组织的非批量采购公务用车，通过集中公开招标，推行了协议供货制度，等等。2004 年，全区执行政府采购预算 38.17 亿元，实际采购规模 33.82 亿元，节约资金 4.35 亿元，资金节约率为 11.4%。实际采购规模比 2003 年同期增加 11.62 亿元，增长 52.36%，分别占自治区当年财政总支出和 GDP 的 5.66% 和 1.27%，比 2003 年同期分别提高 0.96 个百分点和 0.21 个百分点，完成年初计划采购规模 30 亿元的 112.74%。其中货物、工程和服务采购分别占采购规模的 52.8%、39.76%和 7.44%；集中采购和分散采购的比重分别为 95.16%和 4.84%；公开招标比重为 59.9%，财政直接支付比重为 58.93%。

二、政府采购管理体制进一步完善

全区各地按照政府采购法的要求，进一步建立与完善了监管职能和执行职能相互分离、相互制约的运行机制。在全区 14 个盟市中，呼和浩特市、包头市等 8 个盟市在财政部门单独设置了政府采购管理科，呼伦贝尔市、通辽市和满洲里市等 3 个盟市设置了与其他科室合署办公的政府采购管理办公室；巴彦淖尔市、锡盟、二连浩特市 3 个盟市虽设置了政府采购监管机构，但与集中采购机构合署办公。所有盟市都成立了政府集中采购机构，其中呼和浩特市、赤峰市、锡盟、阿盟和兴安盟设置了准处级建制的集中采购机构，截至 2004 年底，呼和浩特市、赤峰市和阿盟的集中采购机构划归当地政府或行署管理，与财政部门脱离。政府采购管理体制的进一步规范，监管和执行机构各司

其职、各负其责，为依法推进政府采购制度的改革奠定了基础。

在理顺职能和机构的过程中，政府采购队伍继续得到加强，从事政府采购的人员进一步充实，专业素质和知识结构等有所改善和调整，业务水平不断提高。2004年底全区各地专职从事政府采购工作的人员已经达到400余人，成为推动政府采购事业发展的中坚力量。

三、政府采购制度建设得到加强，依法行政和依法采购意识普遍提高

为规范政府采购工作，使政府采购做到有章可循，自治区陆续制定和出台了相关的政府采购管理制度和办法。为规范全区的政府采购工作程序，自治区财政厅印发了《内蒙古自治区政府采购工作程序》；为全面实施服务类政府采购，内蒙古自治区党委办公厅、自治区政府办公厅印发了《关于自治区本级会议实行政府采购的通知》、《关于自治区本级加油、保险实行政府采购的通知》，制定了《会议政府采购管理暂行办法》、《公务车辆保险政府采购管理暂行办法》、《公务车辆加油政府采购管理暂行办法》、《车辆维修政府采购管理暂行办法》、《印刷政府采购管理暂行办法》等五个服务类管理办法；为规范全区政府采购行为，提高采购效率，自治区财政厅印发了《关于2004年度公务用车政府采购实行协议供货有关事项的通知》；为加强工程政府采购的管理工作，拟定了《内蒙古自治区政府采购工程管理办法》等等。各地区也非常重视制度建设工作，将其摆到改革的突出位置。截至2004年底，大部分地区都根据《中华人民共和国政府采购法》的规定制定了本地区政府采购管理实施办法，有些地区还制定了一些针对专项内容的管理办法。与此同时，集中采购机构也都按照法律要求制定了内部操作规程和工作人员守则等内部管理制度。上述工作，为深化政府采购制度改革提供了制度保障，也为加强政府采购的规范化管理奠定了一定的基础。

四、加强对基础性工作的管理，进一步提高规范化管理水平

规范化管理是政府采购制度建设的一项十分重要的内容，内蒙古自治区在政府采购工作中始终对其给予了高度重视。

一是进一步增加采购工作公开性和透明度。2004年，在33.82亿政府采购金额中，通过公开招标实现的采购金额为20.26亿元，占采购总规模的59.9%，超过2003年全国公开招标方式平均数2个百分点，基本确立了内蒙古自治区政府采购中公开招标方式的主导地位。同时，自治区在财政部指定媒体上发布政府采购信息公告数量也成倍增加，政府采购透明度得到加强。

二是继续完善政府集中采购管理。2004年，自治区本级和盟市都根据法律要求，制定并颁布了政府集中采购目录和政府采购限额标准，并且做到了提前制定发布，使各采购单位在编制部门预算前就知道下一年的采购范围及项目，也使集中采购机构了解和掌握了年度工作任务，有效地指导和推动了政府采购工作的开展。同时，集中采购机构也注意加强自身建设，为更好地实施集中采购、提高采购技巧和效率采取了各种措施，运行机制逐步完善，服务意识有所增强，采购质量和效率得到提高，集中采购效果更加显著。2004年全区集中采购规模占实际采购总规模的95.16%，超过2003年全国集中采购平均比例30个百分点。这种格局基本确立了内蒙古自治区集中采购在现阶段作为政府采购主要模式的地位。

三是全面规范采购管理工作。突出表现在采购人依法采购的意识和执行政府采购的

主动性、自觉性不断提高；政府采购预算编制办法不断完善，随意采购、盲目采购等无序采购现象明显减少；采购方式、组织实施、招标采购、资金支付、合同审核等方面的管理程序、审批环节更加严谨透明；集中采购的运行规程和实施办法更加合理有效；政府采购活动现场监督和供应商投诉处理机制进一步完善；集中采购机构加强了对中标供应商履约行为的检查，及时将问题反映给财政部门处理，等等。这些工作促进了政府采购活动做到公平公正，也增强了采购人员依法办事的自觉性。

四是发挥专家作用，提高采购评审工作质量。按照"统一条件、分级管理、随机抽取、管用分离"的原则，自治区本级进一步完善了政府采购专家库建设，通过新闻媒体广泛征集政府采购评审专家，进一步扩大政府采购评审专家队伍。目前，专家库中共有 21 个专业近 500 名专家。许多地区也建立和完善了政府采购专家库，加强了对采购评审活动的管理，评审专家的执业行为进一步得到规范，政府采购评审工作质量进一步提高。

五是政府采购信息统计分析水平进一步提高。一年来，全区进一步完善了政府采购的月报、季报和年报制度。各地区克服人手少、工作量大、统计手段相对落后、基础管理薄弱等不利因素，保证了信息统计报表及时上报，报表质量和分析水平进一步提高。如兴安盟、通辽市等地区的信息统计工作不仅上报及时，而且报表的分析质量较高。2003 年度全区的政府采购信息统计工作因成效显著，被财政部评为全国政府采购信息统计工作先进单位，并受到财政部的通报表扬。

五、进一步完善政府采购监督体系

在这方面所采取的措施，一是从采购预算的编制到采购资金的支付，都建立了比较完善的操作规程和监督手段；二是加强了对政府采购活动的现场监督管理，逐步规范了政府采购行为；三是加强了对部门集中采购和单位分散采购的监督管理；四是政府采购重大问题提交自治区政府采购领导小组例会研究；五是建立了以财政部门为主，纪检监察、审计等部门共同配合的有效监督机制，重大政府采购活动邀请纪检监察部门进行现场监督。

六、在服务类采购和货物类采购形式方面实现了新的突破

一是自治区本级服务类政府采购工作实现了零的突破。自治区本级在稳步推进货物政府采购的同时，全面开展了服务类政府采购工作。对公务车辆保险、加油、批量印刷、会议等实行政府采购制度后，收到良好的经济效益和社会效益。2004 年自治区本级服务类采购规模达 0.83 亿元，占本级采购总规模的 11.61%；节约资金 0.22 亿元，节约资金率达 27.33%，服务类政府采购节约资金效果明显。

二是对零星采购的公务用车和办公自动化设备实行了协议供货制度。内蒙古自治区对全区各级国家机关、事业单位和团体组织的非批量公务用车采购，通过集中公开招标，确定协议供应商，实行了政府采购协议供货制度。这种在全区范围推行公务用车协议供货制度的做法，在全国尚属首家。另外，自治区本级政府采购计算机、打印机等办公自动化设备的协议供货招标工作已经完成，近日将正式实施。这一制度的实施，能够降低采购成本，大大提高政府采购工作效率。

七、积极开展政府采购调研活动，加大学习、宣传、培训力度

今年内蒙古自治区把调研工作的重点放

在了旗、县级政府采购管理体制建设上，通过对一些旗、县政府采购制度执行情况的调研，为下一步规范自治区旗、县政府采购行为和扩大政府采购规模提供了第一手资料。与此同时，全区继续加强政府采购法的学习、宣传与培训工作。巴彦淖尔市和兴安盟等地先后举办不同层次的政府采购培训班；为加强政府采购的宣传，让有关部门和领导及时了解和掌握政府采购工作情况，各地区编制了政府采购工作简报等宣传资料；为给大家的学习和工作提供服务，自治区编发了《政府采购简报》、《内蒙古自治区政府采购工作手册》和《内蒙古自治区政府采购文件汇编》等。

八、妥善处理供应商投诉，建立了供应商投诉处理机制

2004年自治区财政厅共受理了两起投诉事件。一件经认真调查、核实、取证，被依法驳回投诉；一件经协调，被投诉人主动赔偿投诉人，投诉人撤回投诉。两起投诉事件得到妥善处理，同时也为政府采购工作提供了启示：一方面要切实加强对政府采购活动的规范化管理，避免类似事件的发生；另一方面要建立投诉处理机制，按照有关法律法规的规定和程序对投诉进行妥善处理。因此财政厅及时成立了由厅法律顾问、条法处、政府采购处等有关人员组成的“财政厅受理政府采购投诉事件工作小组”，负责受理供应商投诉的有关事宜。

在总结政府采购改革工作取得成绩的同时，也必须清醒地看到政府采购工作中存在的问题，如宣传工作不到位，政府采购的范围比较窄、采购规模小，货物、工程和服务类采购发展不平衡，政府采购行为不够规范等。对这些问题，各级财政部门和采购机构要予以高度重视，认真研究分析，通过深化改革，加大工作力度，采取积极有效的措施，尽快加以解决。

（内蒙古自治区财政厅政府采购管理处供稿，李耘田执笔）

辽　宁　省

2004年，辽宁省各级财政部门认真贯彻落实党的十六大和十六届三中、四中全会精神，大力推进政府采购制度改革，强化和完善规章制度建设，进一步规范政府采购行为，不断扩大政府采购范围，保持政府采购规模持续增长，提高财政性资金使用效益，政府采购工作取得了新的成绩。据统计，2004年全省实施政府采购预算总金额81.32亿元，实际支出71.89亿元，比上年同期增长16.5%；节约资金9.43亿元，节支率为11.6%。其中，省本级实施政府采购预算总金额6.66亿元，实际支出6.27亿元，比上年同期增长14.6%；节约资金0.39亿元，节支率为5.9%。政府采购规模保持了持续快速增长的态势。

一、强化政府采购制度建设

2004年，辽宁省按照依法行政和依法理财的原则，不断总结实践经验，健全和完善政府采购规章制度。年内，发布实施了2004年集中采购目录和限额标准、省级政府采购评审专家管理暂行办法等规范性文件，起草了行政事业单位政府采购小汽车协议供货管理暂行办法、行政事业单位政府采购计算机协议供货管理暂行办法、行政事业单位印刷项目实行定点管理暂行办法等，并在辽宁政府采购论坛暨全省政府采购工作会议期间向省直有关部门及各市广泛征求了意见，即将发布实施。

二、依法完善政府采购组织管理体系

按照《中华人民共和国政府采购法》的规定和国务院及财政部的有关要求，辽宁省起草了政府采购管理机构和集中采购机构调整设置方案，确立了监管与执行分开、采购与使用分离的政府采购管理体制和运行模式。为更好地落实这一机构调整举措，省财政厅与省编委多次协商，并派人赴四川、安徽和内蒙古等地区进行实地考察，形成了集中采购机构职能设定和内设机构设置的具体意见，为依法确定辽宁省政府采购管理体制和调整集中采购机构设置提供了决策依据。2004 年 12 月，省编委会批准了省直集中采购机构调整设置方案。

三、召开全省政府采购工作会议部署政府采购工作重点

3 月份在沈阳召开了辽宁政府采购论坛暨 2004 年全省政府采购工作会议。会议深入分析了当前全省政府采购工作形势，总结 2003 年政府采购工作，表彰 2003 年政府采购信息统计工作先进单位，研究今后一个时期工作思路并部署了 2004 年政府采购工作重点。与会议同时召开的辽宁政府采购论坛，邀请有关专家和学者就国际政府采购最新动态和发展趋势作了专题报告；部分汽车生产企业、信息技术和体育健身产品行业龙头企业的代表在会议上就各自企业的经营理念、产品和技术发展趋势、参与并服务政府采购的强烈意愿等作了精彩的发言，使与会代表对政府采购市场状况、重点产业发展趋势等有了较为深刻的理解。这次会议为采购单位、供应商和招标代理机构等政府采购当事人提供了沟通信息、增进了解和信任的平台。

四、对采购项目和采购资金实施分类管理

为有效扩大政府采购规模，辽宁省对采购项目和采购资金实施分类管理，集中力量抓好对重点采购项目和重点采购资金的管理，取得了良好的效果。2004 年，辽宁省进一步强化政府采购项目监管力度，会同有关部门组织了多项大型采购项目的采购活动，对项目的实施过程进行了全程监管。其中，教育系统 18 所学校塑胶田径场地项目是辽宁省实施政府采购以来涉及单位最多、采购规模最大的一个项目。为确保这一项目的招标工作顺利完成，组织了 3 次专家咨询论证会，对塑胶田径场地的设计标准和设计方案、施工图、技术规格、投标商资格条件、评标方法和评标标准、业绩考察、项目监理、验收标准进行充分咨询、论证。为确保运作规范，采取随机抽取方式由项目单位确定 6 家招标公司组织招标，在中国政府采购网、《中国政府采购》杂志等 6 家媒体上发布招标公告。在有关部门的监督下，以随机方式抽取了评审专家。对评标过程实行封闭管理，纪检监察部门对开标、评标过程实施全程监督。项目中标总金额 8396.35 万元，经济效益和社会效益都十分显著。

五、不断完善招标代理机构服务评价制度和专家评标制度

2004 年，辽宁省加强了政府采购评审专家库的建设和管理，严格执行评审专家资格条件，约定评审专家的权利义务，规范评审专家的评审行为，并对评审专家发表评审意见和招标代理机构履行约定义务情况进行

评价，从而进一步提高了政府采购评审工作质量。目前，委托专业软件公司开发设计的政府采购评审专家管理系统和招标代理机构抽取系统已投入使用，其中，专家库已核准录入各类专家1700多名，实现了专家信息共享和网上随机抽取。按照规定要求对招标代理机构的资质进行考核、确认，确定了30家具备相应资格和能力的中介机构代理政府采购招标活动；招标代理机构抽取系统也实现了采购单位网上随机抽取招标代理机构，减少各种人为因素的影响，为进一步规范政府采购招标评标行为奠定了坚实的基础。2004年，还举办了由招标代理机构和评审专家约200人参加的政府采购法律知识培训班，提高了政府采购相关工作人员依法实施政府采购的业务技能。

六、实施政府采购协议供货制度

积极探索既有利于扩大政府采购规模又能有效提高采购效率的规范方式，借鉴中央国家机关政府采购协议供货制度和操作方法，辽宁省在省直推行办公自动化设备和各类汽车的协议招标采购。从2004年9月份开始，委托政府采购招标代理机构分别对办公自动化设备和各类汽车进行了公开招标。采用公开招标的形式，通过专家评审，择优选出产品品牌、协议供货代理商，定品牌、定厂家、定价格、定优惠率、定代理商、定服务承诺，签订供货协议，并将中标的品牌、厂家、价格、优惠率、代理商的情况印制成目录，通过文件、报刊、网络、媒体等多渠道向社会公布。各单位以此作为采购的参考依据，实施采购活动。经评审，由参与办公自动化设备类投标的供应商中确定入围72家，推荐代理商202家；由参与汽车类投标的供应商中确定入围35家，其中生产厂家12家，销售代理商23家，投标品牌32个。

七、进一步健全和完善政府采购监督体系

按照财政部和省政府有关文件的要求，省财政厅会同省监察厅和省审计厅联合开展了全省范围的政府采购法实施情况专项检查。2004年4月，三部门联合下发了《关于开展全省政府采购法执行情况检查的通知》，明确了检查范围、检查方法、检查步骤、检查要求和政策界限，对检查工作进行了部署。此次检查工作历时5个月，全省有2600多个应检单位进行了自查；省财政厅、省监察厅和省审计厅组织5个会计师事务所的40名注册会计师共同组成15个检查组，对各市开展检查的情况进行指导监督，并对省直126个一级预算单位进行了重点检查。从总的情况看，辽宁省贯彻实施政府采购法的基本情况是好的，没有发现较为严重的违法违纪问题。

（辽宁省财政厅政府采购管理办公室供稿，田贵伟执笔）

大 连 市

2004年，大连市的政府采购工作以规范、务实、高效为目标，进一步加强制度建

设，不断拓展采购范围，规范政府采购行为，尤其是强化了对重点环节的监管工作，取得了良好的经济和社会效益。全市全年完成了2947项（次）政府采购；政府采购预算27.5亿元，实际采购金额22.7亿元，节约资金4.8亿元，节支率为17.5%。全市政府采购预算和实际采购金额分别比上年增长了11.4和8.9个百分点。

一、加强制度建设，规范政府采购行为

为保证大连市政府采购工作健康发展，2004年大连市政府采购管理办公室从加强制度建设着手，研究起草了一系列政府采购管理办法，主要包括《大连市政府采购评审专家管理办法》、《大连市政府采购代理机构考核暂行办法》、《大连市政府采购评标工作纪律规范》、《大连市政府采购工作程序》、《大连市政府采购供应商资格设定和审查管理办法》等。这些办法出台后，进一步完善了大连市的政府采购规章制度，提高了政府采购代理机构的执业质量，进一步规范了政府采购评审专家的执业行为，为充分维护采购当事人的合法权益和全市政府采购工作的健康发展打下了坚实的基础。

二、加强监督检查，纠正违法违规行为

政府采购工作是一项系统工程，涉及社会的方方面面。大连市财政部门在政府采购工作中重视与有关方面的合作与配合，特别是加强与审计部门、监察部门以及财政部门内部各单位的合作与配合。在政府采购项目实施过程中，坚持做到开标、评标有财政部门和监察部门人员到场。在日常工作中，审计部门也把对采购人的政府采购情况作为重点审计内容之一，进一步督促了采购人依法进行政府采购。各有关方面经常沟通情况，进行信息交流，产生了非常好的效果。

2004年上半年，由财政部门、监察部门和审计部门联合开展了全市2003年政府采购法贯彻实施情况大检查。通过检查，纠正了违法违规采购行为，进一步宣传了政府采购的法律法规，采购人普遍提高了依法采购的意识，对贯彻执行政府采购法起到了积极的促进作用。

三、加强监管力度，做好重点项目监管工作

在做好日常采购监管工作的同时，大连市财政部门加大了对重点项目的监管力度。2004年大连市政府采购管理办公室对大连市快轨交通3号线及延伸工程设备采购、大连市属北三市新建高中及社会捐赠农村中小学教学设备采购等重点项目进行了全程跟踪服务。例如，为加强大连市教育基础设施建设，大连市财政局、大连市监察局、大连市教育局及学校所在地政府共同组织实施了大连北三市新建高中教学设备及社会捐赠农村中小学教学设备政府采购。为保质保量及时完成采购任务，各有关部门明确分工：学校所在地政府组织提出各项设备的基础需求并负责设备验收工作；大连市教育局负责细化项目的技术需求并提供设备的技术参数；大连市财政局负责组织项目采购的前期市场调查、研究采购的具体方案等具体采购工作；大连市监察局对整个采购过程进行现场监察；政府采购代理机构负责采购具体事务的操作。由于前期准备工作充分，各部门配合默契，措施得当，使所有项目招标和谈判工作均非常顺利，为设备按期投入使用赢得了宝贵的时间。从教学设备实际使用的情况看，效果良好。实际采购金额2 216万元，比采购预算3 031万元节约资金815万元，节支率达27%。

通过做好这些具有社会影响力的采购项

目的监管工作，保证其采购质量，进一步树立了政府采购的良好形象。

四、强调换位思考，不断提高服务意识

政府采购制度是财政支出管理改革的重要内容，必然触动原有的利益格局，因此，大连市财政局党组要求每一位工作人员必须进行换位思考，多从采购人的工作角度、专业角度考虑问题，提高服务意识，提高采购工作效率。在政府采购的具体实施过程中，政府采购的管理和执行机构积极发挥职能作用，形成了以公开招标为主、其他招标方式为辅的多种形式的采购方式，大大方便了采购人。大连市财政局各业务处室也积极配合政府采购工作，较好地控制了政府采购专项资金的支出，提高了政府采购资金的时效性，提高了财政资金的使用效益。各方面的通力合作共同提升了对政府采购工作的社会认同度。

经过几年的努力，大连市的政府采购范围和规模逐年扩大。2004 年大连市政府采购范围已涵盖货物、服务和部分工程，完成了车辆定点保险和办公设备协议供货等新增采购项目的各项准备工作。采购资金的规模逐年上升，由 2000 年的 2.9 亿元上升到 2004 年的 22.7 亿元；政府采购支出占当年财政支出比重也逐年提高，由 2000 年的 3.1%提高到 2004 年的 13.3%。

五、加强对代理机构执业质量管理，提高政府采购工作质量

政府采购代理机构代理采购业务的质量在很大程度上决定了政府采购工作的质量，因此，大连市财政局非常重视其执业质量，并采取了一系列措施加强管理。一是通过总结、交流工作经验和教训，对工作中发现的问题及采购执行中产生的困难进行了深入的了解，在充分听取政府采购代理机构意见的基础上，对今年政府采购代理工作提出了明确的要求，以帮助各代理机构取长补短，不断提高工作水平；二是通过规章制度明确规定政府采购代理机构的工作质量标准，并以此做为考核代理机构工作业绩的标准；三是严格进行采购文件的审查，把隐患消灭在招标之前。由于做好了对政府采购代理机构执业质量的监管工作，采购人对采购结果普遍满意，而且未发生一例因政府采购代理机构执业水平所导致的供应商质疑投诉事项。

（大连市政府采购管理办公室供稿）

吉 林 省

2004 年，吉林省政府采购工作在省委、省政府的正确领导下，在财政部的正确指导和支持下，认真贯彻落实国家和省委、省政府有关发展经济、节约支出和抑制腐败等一系列方针政策，积极宣传实施《中华人民共和国政府采购法》，从改革、发展和稳定的大局出发，充分发挥政府采购工作在宏观经济工作中的调控作用，取得了一定的成效。全年全省完成政府采购额 35.54 亿元，比 2003 年增加 13.35 亿元，增长 60.2%，超额完成年度目标任务 10.2%；按预算价格节约资金 4.1 亿元，

节支率10.32%。全省政府采购工作实现了年初预定的目标。

一、进一步加强了政府采购制度建设

在这方面所做的主要工作，一是对吉林省过去发布的政府采购规范性文件进行了全面清理、修订和完善，使之与《中华人民共和国政府采购法》的规定相符合。二是制定下发了《吉林省省级政府采购部门集中采购管理暂行办法》、《吉林省省级政府采购文件的检查和备案暂行办法》、《吉林省省级政府采购评标会场监督管理暂行办法》、《吉林省政府采购信息公告管理暂行办法》等制度办法。三是转发了财政部《政府采购货物和服务招标投标管理办法》（财政部令第18号）、《政府采购信息公告管理办法》（财政部令第19号）、《政府采购供应商投诉处理办法》（财政部令第20号）和《集中采购机构监督考核管理办法》等4个文件，对全省相关工作提出了意见和要求，进一步加强了吉林省政府采购制度建设。

二、完善了各项基础工作

这些基础工作主要包括：第一，从吉林省省级政府采购工作的实际出发，制定下发了《关于编制2004年度吉林省省级政府采购计划的通知》，对编制年度政府采购计划提出了明确要求。同时，制定下发了《关于编制2004年度吉林省省级采暖用煤政府采购计划的通知》。在2004年煤炭价格一路攀升至每吨280元的情况下，吉林省政府采购管理工作办公室积极应对，提出了落实解决好2004年煤炭政府采购的工作意见，调整了评标办法，以较为合理的每吨238元的价位，保证了吉林省省直预算单位的采暖用煤，节约了财政资金。第二，对政府集中采购、定点采购及控购业务受理等项业务实行了办公日制度，提高了工作效率，方便了采购人。第三，为进一步做好政府采购信息公告工作，确定了《吉林日报》和吉林省政府门户网站作为吉林省政府采购信息公告的主流媒体。第四，进一步细化了政府采购资金国库集中支付的范围。除实行集中采购的项目外，对实行部门采购和部分自行采购的项目也实行了国库集中支付采购资金，加强了对政府采购资金国库集中支付工作的管理。第五，制定了《关于进一步规范省级政府采购预算执行程序的通知》，并在省级政府采购资金结算工作中，建立了“专人结算、专人审核、领导签批”制度，实行了任务下达、资金归集、账簿处理与资金拨付相配套的管理办法，确保了国库集中支付政府采购资金的安全运行。第六，为加强对吉林省政府采购工作的考核和管理，制定并实施了《吉林省政府采购控购管理工作先进单位评比暂行办法》，对全省政府采购监督管理机构工作开展情况进行了考核评比。第七，分析、汇总并向财政部报送了《吉林省政府采购信息统计报表》。第八，向吉林省政府报送了关于《2005年吉林省政府采购目录及政府采购限额标准》的请示，拟通过吉林省政府办公厅下发文件执行。

三、拓宽了定点采购工作范围

2004年，吉林省政府采购管理工作办公室修改、完善了《吉林省省级政府采购定点采购办公自动化设备及通用软件管理暂行办法》、《吉林省省级政府采购定点采购汽车维修、汽车加油、公务印刷、办公用纸、国内公务机票及会议管理暂行办法》，制定下发了《关于在省直单位全面实行办公自动化设备及通用软件政府采购定点采购管理办法的通知》，通过组织招标和谈判，确定了22类309个项目的定点采购供应商，并在省直单位全面铺开；采取竞争性谈判的采购方式，对上一轮运行到期的汽车保险和公务出国国际机票项目重新确定了定点采购供应商，并发文通知省直单位；制定并下发了《关于在省直单位实行公务汽车维修定点采购管理体制的通知》，通过邀请招标方式，确定了省直单位公务汽车定点维修商。同时，下发了采购任务通知书，委托吉林省政府采购中心组织竞争性谈判，确定了19家公务印刷定点采购供应商和9家办公用纸定点采购供应商，从2004年12月1日起开展省直单位公务印刷和办公用纸定点采购工作。

四、进一步强化了政府采购监督管理工作

这方面主要做了以下工作：一是按照《中华人民共和国政府采购法》和国家有关文件规定，与吉林省监察厅联合下发了《关于印发吉林省省级政府集中采购机构考核方案的通知》，制定了具体实施办法，下发了考核通知，并抽调专人组成检查考核小组，对吉林省政府采购中心2001年—2004年上半年的政府采购执行工作进行了全面考核。二是按照吉林省纪检委的统一部署，与吉林省监察厅联合下发了《关于印发推行政府采购制度协调组2004年度工作方案的通知》，组成了由吉林省财政厅牵头、各有关部门参加的推行政府采购制度协调组，并深入到相关市（州）、县（市），对全省政府采购监督管理机构与集中采购机构分离工作进行了调研和检查，向吉林省政府呈报了书面报告，进一步落实了吉林省推行政府采购制度的各项工作方案。三是受理了长春科文理光办公设备有限公司、吉林省阳光天地科贸有限公司等政府采购供应商的投诉，并依法进行了调查和仲裁，维护了采购人和供应商的合法权益。

五、举办了吉林省政府采购信息统计及信息公告业务培训班

为了提高对政府采购信息统计及信息公告工作重要性的认识，使全省政府采购监督管理机构及其工作人员熟练掌握该项业务，2004年6月，吉林省财政厅政府采购管理工作办公室举办了吉林省政府采购信息统计及信息公告业务培训班，对这两项业务进行了系统培训，并进行了上机操作。通过培训，更新了知识，进一步规范了工作程序和操作手续。

六、召开了吉林省省属高校政府采购工作情况通报会

为加强省属高校的政府采购工作，进一步落实2004年省属高校政府采购计划，全面规范省属高校政府采购行为，经省财政厅领导同意，2004年3月9日，省财政厅政府采购管理工作办公室组织召开了吉林省省属高校政府采购工作情况通报会。省属各高校负责政府采购工作的处室（财务处、资产处或设备处）负责人及部分工作人员参加了会议。省监察厅监察综合室副主任徐中林同志参加会议，并就吉林省推行政府采购制度、搞好党风廉政建设提出了意见和要求。会议通报了2003年吉林省政府采购工作情况，同时针对几年来省属高校政府采购规模偏小、采购计划不完善、管理不够规范等问题，提出了解决意见，进一步落实了各项工作任务。

七、召开全省政府采购工作会议

2004年8月，吉林省财政厅组织召开了全省政府采购工作会议，对两年来全省政府采购工作开展情况进行了系统总结，表彰了先进单位，分析了当前政府采购工作面临的新形势、新问题，部署了今后一个时期全省政府采购工作的任务。

（吉林省财政厅政府采购管理工作办公室供稿，胡青山执笔）

黑龙江省

2004年，黑龙江省政府采购工作在财政部的指导下，深入贯彻实施《中华人民共和国政府采购法》（以下简称《政府采购法》），按照《国务院办公厅转发财政部关于全面推进政府采购制度改革意见的通知》的要求，紧紧围绕“上规模、建机制、抓规范”的工作思路，不断加大推进政府采购制度改革的工作力度，在扩大采购规模和范围、加强制度建设和监督管理、开展法制学习和宣传等方面取得了明显成效。

一、政府采购范围和规模不断扩大

2004年，黑龙江省把扩大采购范围和规模作为当前政府采购工作的第一要务。全省各级财政部门根据《黑龙江省人民政府关于授权确定并公布集中采购目录和限额标准的批复》，按照财政部印发的《政府采购品目分类表》，结合本地实际，制定并公布了本级政府集中采购目录和资金限额标准，将财政性资金安排的项目支出纳入政府采购范围，采购项目由小到大，采购范围由货物类拓展到工程类和服务类，使采购规模不断扩大。2004年全省政府采购规模实现36.3亿元，同比增加7.5亿元，增长26%，超额完成了年初确定的35亿元的目标。其中，省本级实现采购金额9.6亿元，占全省采购金额的26.3%；市（地）级实现采购金额18.7亿元，占全省采购金额的51.6%；县（市）级实现采购金额8亿元，占全省采购金额的22.1%。从采购项目构成情况看，全省货物类采购金额为22.6亿元，占全部采购金额的62.3%；工程类采购金额为12.6亿元，占全部采购金额的34.8%；服务类采购金额为1.1亿元，占全部采购金额的2.9%。特别是工程类采购所占比重增长较快，工程类采购金额同比增加4.9亿元，增长62.9%。

二、政府采购法规制度不断完善

2004年，根据《政府采购法》和财政部颁布的管理办法，全省各级财政部门在法律规定的权限内，制定了一些具体管理办法，指导和规范政府采购活动，主要有《关于对2004年省直行政事业单位煤炭采购暂实行部门集中采购办法的通知》、《省财政厅关于政府采购省直单位公务车辆保险有关问题的补充通知》、《关于推荐政府采购项目评审专家的通知》、《关于进一步规范政府采购资金管理和核算的通知》、《省财政厅关于使用自筹资金采用国际招标方式采购进口货物和使用银行贷款采购货物（工程）资金结算办法的通知》、《省财政厅关于驻庆高校及省直单位实施政府采购属地化管理问题的批复》。这些制度和办法对采购程序和行为起到了积极的约束作用，基本保证了政府采购操作有法可依、有章可循。

三、政府采购管理和操作职能逐步明确

截至2004年底，全省政府采购管理机构设立79个，集中采购机构设立52个。其中，13个市（地）都设立了管理机构和集中采购机构。对县级管、采机构的设置《政

府采购法》没有明确规定，全省现有65个县（市）设立了管理机构，有38个县（市）设立了集中采购机构，合署办公的有10个。经过理顺机构职能的工作，基本建立了职能划分清楚、运转协调、相互制约的工作机制。全省现有从事政府采购工作的人员604人。在机构建设中，采购人员的业务素质、工作水平和综合能力不断提高。

四、政府采购监督检查不断强化

在贯彻实施《政府采购法》的工作中，全省各级财政、纪检监察和审计部门紧密配合、通力协作，把政府采购监督管理作为一项重要工作来抓。一是加强了对采购单位执行政府采购制度的监督检查，规范采购行为，增强依法采购的自觉性。2004年1—3月份，全省各级财政、监察、审计部门按照省里的统一部署和要求，紧密配合，通力协作，在各部门和单位自查自纠的基础上，组成联合检查组，进行了全面检查或重点抽查，共查出应集中采购而擅自自行采购的违规金额1.7亿元，其中，省级0.8亿元，市县0.9亿元。对11个省直单位下发了整改通知书。通过检查，各部门和单位从领导到具体采购人员对政府采购工作都有了新的认识，依法采购的意识进一步增强。二是加强了对集中采购机构的监督检查，规范操作运行规程，提高采购活动透明度。印发了《省财政厅关于对省级政府集中采购机构进行监督考核的通知》，省财政厅、省监察厅组成联合监督考核小组对省政府采购中心2004年度工作情况进行了考核，并提出了考核整改意见，促进其完善采购运行机制，提高采购质量和工作效率。对采用公开招标方式的采购项目，要求在财政部指定媒体上发布政府采购信息，提高采购活动的透明度。2004年，在全省政府采购规模36.3亿元中，通过公开招标实现采购金额15.7亿元，占采购规模的43.2%，采购活动基本确立了公开招标方式的主导地位。三是认真受理政府采购投诉，实行社会公众监督。重视发挥媒介和社会公众的监督作用，畅通了供应商投诉渠道，对供应商的投诉能及时受理，认真调查处理，有效提高了政府采购的社会信誉。

五、政府采购法制宣传不断深化

《政府采购法》正式实施后，全省各级财政部门抓住这一契机，广泛开展了普法学习和社会宣传活动。各地利用多种新闻媒体，如举办政府采购知识讲座、政府采购知识电视大赛、答记者问等方式解答、宣传政府采购制度，有的市（地）还在繁华地段树立政府采购宣传板，印发政府采购宣传单，创办政府采购情况简报，在报刊和杂志发表政府采购文章，使政府采购这一新生事物在社会上引起了广泛的关注，取得了较好的效果。同时，各级财政部门为政府采购从业人员、采购单位办事人员以及供应商举办政府采购知识培训班，提高这些人员的政府采购工作水平。通过多种形式的宣传和政府采购知识的培训，采购单位的依法采购意识不断增强，执行政府采购制度的主动性、自觉性不断提高。

六、政府采购制度的积极作用得到明显体现

一是政府集中采购强化了预算约束，加大了财政监督力度，控制住了财政资金的用途和流向，避免了财政资金被挤占、挪用现象的发生。二是政府集中采购节支效果明显，提高了财政资金使用效益。2004年全省政府采购预算41.3亿元，实际支出36.3亿元，节约资金5亿元，节支率为12.1%。三是维护国家利益和采购国货的意识越来越强。积极利用政府采购手段保护国内产业、民族产品，支持国内企业发展。在政府采购

活动中，采购项目中国内产品能够满足需求的，都采购了国内产品。同时，还注意发挥政府采购的政策功能，优先采购节能和环保型产品。作为政府宏观经济调控手段之一，政府采购活动已经开始发挥积极作用。

（黑龙江省财政厅政府采购办公室供稿，李锡军执笔）

上　海　市

2004年，按照市政府采购委员会提出的工作目标和工作思路，上海市政府采购重点围绕扩大采购规模、提高服务质量和采购效率、健全和完善管理制度三个方面开展各项工作。

一、扩大采购规模

采购金额。2004年，上海市和区、县两级共完成政府采购项目39 108批次，采购金额117.39亿元，比上年同期增加26.83亿元，增幅为29.63%；节约资金12.01亿元，同比增加3.68亿元，增幅为44.24%，节资率为9.28%，与上年同期相比上升0.86个百分点。

采购分类。在全市117.39亿元采购金额中，市本级29.92亿元，占25.49%；区、县级87.47亿元，占74.51%。货物采购48.99亿元，占41.73%；工程采购64.3亿元，占54.77%；服务采购4.1亿元，占3.5%。

区、县采购。从各区、县完成的采购金额看，超过3亿元的有11个区、县，分别是浦东22.99亿元、闵行8.1亿元、徐汇6.01亿元、虹口5.8亿元、黄浦4.84亿元、普陀4.5亿元、长宁4亿元、青浦3.45亿元、杨浦3.21亿元、金山3.17亿元和松江3.11亿元。以上11个区、县的采购总金额69.18亿元，占全市政府采购总金额的58.93%。其他区、县的采购金额均超过2亿元。

二、提高服务质量和采购效率

为进一步提高服务质量和采购效率，2004年，市和区、县两级政府采购部门重点开展强化服务意识、改进技术手段、简化采购环节、公开采购信息、加强队伍建设等五个方面的工作。

（一）树立服务意识，改进服务措施

2004年上半年，市政府采购管理办公室（以下简称“市采管办”）和采购中心在政府采购预算下达前走访了部分预算单位和供应商，交流和沟通政府采购情况，认真听取意见和建议，并对2004年政府采购工作中需改进和配合的方面取得共识。下半年，市采管办、采购中心领导又多次走访预算单位和供应商，进一步听取意见，改进工作。各区、县在服务意识、服务方式上也采取了各种行之有效的办法。一些区、县政府采购监管部门根据年度采购计划，主动走访用户，提供上门服务，并在采购活动中加强协调和沟通，积极取得用户单位的理解和支持，尽量满足用户单位的采购需求。同时，政府采购部门还注意加强采购后服务工作，建立采购后的随访制度，听取用户单位意见；对用户提出的售后服务问题，及时与供应商联系，加强对售后服务的协调。

（二）设立办事窗口，集中受理需求

市财政局《关于批复2004年财政支出预算的通知》明确规定，对经批准列入政府采购计划的集中采购项目，市级预算单位直接到市政府采购中心办理有关采购手续。为了方便预算单位，市政府采购中心对统一受理预算单位采购需求的办法作了改进，使预算单位在办理采购手续的同时可以自己直接在采购中心的电脑信息中操作，查询有关采购情况。区、县政府采购部门在这方面也采取了相应的措施，通过明确政府采购责任人、设立预算单位政府采购联络员、主动走访用户单位等办法，为预算单位落实采购需求提供服务。

（三）推进上下联动，提高采购效率

为进一步简化采购环节，推进市和区、县上下联动采购，2004年，市政府采购中心调整了“集中采购，分批供货”的内容，按季度通过公开招标确定计算机、打印机、复印机、投影机等通用产品的中标供应商，并与区、县共享招标结果。同时，市政府采购中心对2004年全市预算单位办公用复印纸和胶版印刷纸进行了集中招标采购，确定8家供应商为全市预算单位2004年度办公用纸定点供应商，为市和区、县两级办公用纸的政府采购提供了方便。为进一步推动市和区、县的上下联动采购，上海政府采购网竞价平台完成了更新升级，并从2004年9月份起，每月10、20、30日定期开展网上竞价采购，不但缩短了采购周期，还简化了操作程序。各区、县政府采购部门在提高效率方面，也从采购方式、信息技术等方面采取积极有效的措施。浦东新区、政府采购中心为了更好地适应街镇政府采购工作的需要，从服务各街镇预算单位出发，委托建行浦东分行开发了街镇定点采购卡系统。街镇定点采购项目由采购管理部门直接签发“定点采购通知单”，预算单位持卡实施采购，精简了采购环节，提高了采购效率。

（四）完善信息系统，提高服务水平

2004年，市政府采购中心开始实施升级改造政府采购信息平台的计划，重点拓展网上办事功能，并再次调整网页栏目，突出采购公告，方便用户使用和查阅，上海政府采购网首页点击数比上年明显提高。为了进一步提高政府采购工作效率和信息管理水平，市政府采购中心和软件开发公司合作，实施了信息管理系统升级改造方案。改版后的信息管理系统将分步实现采购程序的电子化，在提高效率、加强制约、完善管理的同时，更加方便用户单位网上办事和查询。2004年，全市19个区、县的政府采购基本实施了信息化管理。黄浦区、财政部门会同软件开发公司开发了计算机远程查询系统，全区、31个一级预算单位全部纳入远程查询网络。通过该系统，财政管理人员可以实时查询各单位年度政府采购计划完成情况，掌握和分析各单位政府采购预算支出进度，及时发现和纠正在采购计划执行中的问题，进一步强化政府采购计划管理。

（五）开展业务学习，提高专业素质

2004年，全市各级政府采购部门采用专题讲座、上课辅导、模拟操作等形式，对政府采购业务人员进行了一系列业务培训。市采管办、采购中心先后举办了“智能建筑弱电系统技术”、“电梯、自动扶梯结构、标准以及招标文件制作”、“《合同法》与政府采购合同的法律适用”、“全球采购与供应链管理”、“政府采购IT产品技术”、“企业财务会计报表”等专题讲座。此外，为实现市和区、县信息共享，推进市和区、县联动采购，市采管办对全市各区、县负责政府采购专家库管理系统的操作人员进行了培训，并上机进行了模拟操作。有的区、县还在行政事业单位财会人员继续教育中安排了政府采购的课程，安排政府采购人员重点讲解政府采购的基本知识和政府采购法，同时对政府采购的具体操作程序进行宣传辅导。通过学习培训，各行政事业单位的财会人员对政府采购的相关知识有了进一步的了解，促进了政府采购工作的开展。

三、完善制度建设

在制度建设方面，2004 年重点开展了供应商诚信档案管理工作，充实和加强对政府采购咨询专家库的管理，受理社会对政府采购信息的查询，为全市政府采购健康有序发展提供制度保障，并使上海市政府采购形成比较完整的管理制度和管理办法。

（一）建立供应商询问和质疑制度

为了全面贯彻实施《中华人民共和国政府采购法》，保护供应商的合法权益，市采管办、采购中心与市政府法制办公室、市高级法院等有关部门专题研讨政府采购的询问、质疑、投诉、行政复议以及诉讼的法律救济制度的实施操作规范，更好地维护政府采购当事人的合法权益。2004 年 4 月，市政府采购中心制定了《上海市政府采购中心供应商询问和质疑暂行办法》，就供应商询问和质疑的内容、受理、答复、处理等作了具体规定。该办法已从 2004 年 5 月 1 日起试行。

（二）建立供应商诚信档案管理制度

为了促进政府采购供应商依法诚信经营和公平竞争，2004 年 4 月份，市采管办制订了《关于印发〈上海市政府采购供应商信息库及诚信档案管理暂行办法〉的通知》，就全市政府采购供应商信息库的登记、管理和供应商诚信档案记录以及有关处罚程序作了具体规定，从 2004 年 7 月 1 日起试行。

（三）建设市和区、县统一的政府采购供应商信息库

按照市领导关于政府采购一定要纳入全市诚信体系建设的指示精神，2004 年 5 月份，市采管办、采购中心领导专门同市信息委领导就此问题进行了研究。其后，市采管办和采购中心先后召开由区、县政府采购部门领导和信息管理人员参加的落实政府采购纳入全市诚信体系建设会议，提出了建立全市统一的供应商信息库的方案，并得到了各区、县政府采购机构的支持和配合。8 月份，本市统一的政府采购供应商信息管理系统正式运行，凡是愿意进入上海政府采购市场的供应商，无论是通过市级还是区、县的政府采购网登记，进入的将是同一个数据库。这不仅使供应商“一次登记，全市有效”，也有利于抓住信用信息的记录、信用产品的使用和失信行为的惩戒这三个重要环节，以此推动覆盖社会经济生活各个方面的社会诚信体系的建立，营造诚实守信的社会经济环境。

（四）设立政府采购信息公开查阅点

根据《上海市政府信息公开规定》，政府集中采购目录、政府采购限额标准、采购结果及其监督情况列入应当主动公开的政府信息范围内容。从 2004 年 5 月 1 日起，市采管办设在肇嘉浜路 800 号底楼政务公开大厅的政府信息公开查阅点开始受理公民、法人和其他组织对有关政府采购信息的查询。同时，市采管办还通过上海政府采购网设立“上海市政府采购管理办公室政府信息公开专页”，公布了《上海市政府采购管理办公室政府信息公开指南》和《上海市政府采购管理办公室政府信息主动公开目录》，单位和个人可以通过登录上海政府采购网查询。

（五）完善政府采购咨询专家库管理

为了适应上海市政府采购工作的发展，2004 年，市采管办通过向社会公开选聘，聘任了上海市第三批 267 位政府采购咨询专家，使全市正式颁证的政府采购咨询专家人数达到 711 人，后备专家 300 人，专业结构已从原来的 5 个大类 30 个专业增加到 11 个

大类50多个专业。2004年6月，市采管办提出了政府采购专家库对区、县全面正式开放的方案，并通过建立网上操作平台、统一培训和具体指导，2004年7月1日使上海市政府采购咨询专家库实现了向区、县开放，区、县政府采购机构采购项目评审专家的确定和联系工作得以平稳过渡。同时，市采管办根据对专家库“全面开放，加强管理”的要求和各区、县使用专家的反馈信息，先后多次约请有关专家谈话和核实情况，进一步加强对评审项目的监管力度。

（六）区、县监管政府采购监管工作得到加强

2004年以来，区、县政府采购监督管理工作进一步加强。各区、县结合自己的实际情况，建立了供应商诚信档案制度、公共项目财务跟踪制度、供应商信用报告制度，并积极发挥政府采购特邀监察员的作用，组织开展政府采购专项检查工作，对采购计划执行情况、定点采购执行情况、实行分散采购后的统计工作以及有否规避政府采购行为等违反政府采购法的行为进行检查，有的区、县还对重点采购项目实行财务跟踪。

此外，2004年，市审计局连续第四年对市级政府采购进行年度专项审计，抽查了30多个采购项目，对8个有关单位作了延伸审计。审计组对2003年度市级政府采购在采购规模、操作程序、制度建设等方面给予了肯定，对如何加强政府采购预算的执行和监督、提高预算编制的准确性和执行的可控性提出了改进意见。

（上海市财政局供稿，姚宏　赵漪文　曹设执笔）

江　苏　省

2004年，江苏省政府采购工作以“扩大规模，提高质量，优质服务”为目标，紧紧围绕“理顺体制、完善制度、规范管理、强化监督”为主线，解放思想、与时俱进、求真务实，在拓展政府采购监管领域、完善政府采购制度建设、规范政府采购行为等方面做了大量的工作。

一、抓协调发展，拓展政府采购规模和范围

2004年，全省共实施政府采购预算205.2亿元，实际支付资金181.6亿元，节约预算资金23.6亿元，资金节约率为11.5%，采购规模比2003年度增长49.3%。其中：省级政府采购在2003年基础上实现了规模翻番，增长了109%；苏州、南京和无锡名列全省前3位，其中南京和无锡与2003年同比增长90%以上。采购规模在10亿元以上的市还有南通、扬州、泰州等三市。全省采购规模保持了高位增长，主要得益于注重抓政府集中采购、部门集中采购、分散采购多种组织形式的协调发展，在政府集中采购的范围内攻坚，在部门集中采购方面积极探索和尝试，在分散采购的组织上求规范。

一是进一步扩大政府集中采购范围。在这方面主要做了以下工作：

第一，稳步推进工程类政府采购。省财政厅会同省发展与改革委员会、省建设厅联合印

发了《江苏省省级工程类政府采购项目管理暂行办法》，将省级政府采购工程纳入政府采购监管范围，强化了财政性资金工程项目的管理。常州、泰州两市率先将工程采购纳入了政府采购监管范围，部分县（市）也已将工程项目纳入了政府采购监管范围。南京、苏州、常熟等地正开始与有关部门沟通，积极推动把工程项目纳入政府采购监督管理范围。

第二，积极推广苏州药品采购的经验。苏州市在全国率先将药品纳入政府采购范围，取得了良好的经济效益和社会效益。省级政府采购管理机构已多次与省卫生厅等部门沟通，加强调研，积极参与对药品招标的监督管理。

第三，指导各级政府采购管理机构合理制定集中采购目录和扩大采购范围。南京市进一步完善了对会议采购的管理，在会议管理的范围、方式、程序和监督检查方面取得了突破。南通市在 2004 年集中采购目录中增加了计算机软件、国内机票等项目；徐州市将救灾棉被、公务员体检纳入了政府采购管理。省级将财政性资金安排的各项补贴、支农物资、节能产品等列入了政府集中采购目录。

二是积极探索部门集中采购试点工作。省级在省消防局、教育厅、公安厅、卫生厅等部门进行了部门集中采购试点工作，2004 年省级实施部门集中采购达 3.82 亿元，全省各级实施部门集中采购达 38.16 亿元。适度开展部门集中采购对调动各部门参与政府采购的积极性、兼顾部门项目特殊性、减少操作环节、提高工作效率起到一举多得的作用，也拓展了政府采购的范围和规模。同时，2004 年还注意了规范省级政府分散采购行为。全年全省分散采购规模为 25.77 亿元，分散采购占采购额的比重从 2003 年的 5%提高到 2004 年的 16%，上升了 11 个百分点。

三是拓展政府采购的政策功能。江苏省重视重点项目的政府采购。2004 年，省政府采购中心在全国率先对享受财政补贴的全省水稻、小麦良种、插秧机和农村基层卫生机构医疗装备、禽流感疫苗等实行了政府采购，强化对财政补贴项目的监督管理，拓展了政府采购的服务功能。此外还有以下几项重要举措：为支持国产软件产业的发展，召开无锡永忠办公软件演示会，扶持国产软件的发展与应用；参加苏州市举办的世界电子博览会，支持国内电子产业参与政府采购；策划召开盐城悦达汽车系列产品推介会，支持苏北经济发展和国产汽车产业。

二、抓制度建设，强化政府采购监督管理

按照《中华人民共和国政府采购法》，结合本省政府采购实际，江苏省进一步完善政府采购制度，科学设定政府采购程序，加强政府采购监管。

一是制定印发了《江苏省政府采购货物和服务公开招标监督管理规范》和《江苏省政府采购货物和服务公开招标操作规程》，促进了江苏省政府采购货物和服务公开招标操作的进一步规范。

二是转发了《财政部、监察部关于印发〈政府采购评审专家管理办法〉的通知》，并就江苏省政府采购评审专家的征集、选聘、登记等专家库建设的具体问题作了进一步的明确规定，加强了对江苏省政府采购评审活动这一关键环节的管理。

三是会同省监察厅转发了《财政部、监察部关于印发〈集中采购机构监督考核管理办法〉的通知》，对江苏省开展集中采购机构考核工作提出“四个统一”的具体要求，并将考核内容量化打分，增强了此项工作的可操作性。

四是制定下发了《江苏省省级政府分散采购管理规定》，对省级采购人实施政府分散采购的十个环节进行监督管理，扩大了政府采购的监管范围，规范了分散采购行为。

五是在学习财政部第18号令《政府采购货物和服务招标投标管理办法》、第19号令《政府采购信息公告管理办法》和第20号令《政府采购供应商投诉处理办法》的基础上，反复研究，认真推敲，制定下发了江苏省关于贯彻落实财政部三个部长令的实施意见，对全省各级统一公开招标行为、统一信息公告要求、统一规范接受投诉处理等方面工作提出了具体实施意见。对于江苏省这一易于操作、便于监管贯彻落实的实施意见，《政府采购信息报》以整版篇幅，多角度全方位地作了报导。

六是会同省发改委、省建设厅联合制定下发了《江苏省省级工程类政府采购项目管理暂行办法》，较好地解决了政府采购法与招标投标法在政府采购工程中的职能交叉问题，在现行招标操作职能不变的情况下增加了对招标规模以下工程的集中采购，同时将省级政府采购工程纳入了政府采购监管范围，强化了对财政性资金的管理。

七是指导、帮助部门制定政府采购管理制度。省级确定省公安厅、卫生厅、教育厅、省消防总队为部门集中采购单位，目前，省消防总队、省教育厅、省卫生厅的政府采购管理制度已经下发全省执行，省公安厅的政府采购管理制度即将出台。

八是各市在制度建设方面不断创新。扬州市印发了《扬州市政府采购管理实施办法》；苏州市出台了《苏州市2004年药品政府采购（集中招标采购）工作指导意见》；淮安市印发了《关于做好2004年度市本级政府采购预算组织实施工作的通知》，就政府采购组织实施中的一些具体问题提出明确要求，与部门预算一同下发各预算单位，方便了采购人操作；常熟市起草了《常熟市政府采购管理暂行办法》，促进了政府采购行为的进一步规范。

三、抓总结宣传，促进政府采购工作水平的整体提高

一是利用与新华日报联合创办的《江苏政府采购导刊》以及江苏政府采购网、《江苏政府采购指南》，及时宣传江苏省政府采购的重大政策法规，总结推广政府采购先进经验，探讨采购实务，研究政府采购的前瞻性问题，发布政府采购信息，形成了“三位一体”的政府采购宣传网络，增强了政府采购信息发布的公开性、及时性、权威性。

二是组织编制政府采购文件汇编和经验介绍，及时发送省直各单位、各市县政府采购监管机构和操作单位及省政协委员等，扩大宣传面。

三是召开全省政府采购工作会议，总结推广苏州市药品采购、常州市工程采购、南京市运用电子技术开展网上公开招标、省政府采购中心支农物资采购等先进经验。有关经验材料已收入全国政府采购会议经验材料汇编，印发全国。

四是以召开座谈会、上门走访调查、参加重大招投标活动、答复政策咨询等各种方式，为政府采购法在江苏省的正常施行创造了良好的环境。据不完全统计，《中国财经报》共刊登报导江苏省政府采购工作的各类稿件60多篇，《中国政府采购》杂志刊登24篇，在全国名列前茅。在2004年6月份《中国政府采购》杂志社举办的纪念《中华人民共和国政府采购法》颁布两周年暨《中国政府采购》杂志全国通讯员工作会议上，江苏省的政府采购宣传工作是受表彰的三家单位之一。

五是全省各地开展了各县特色的政府采购

宣传工作。南京市组织编撰了《南京市政府采购的改革与创新》一书，在全市免费印发5 000多册；苏州市启动了《苏州城市商报》和苏州政府采购网“一报一网”信息平台，将政府采购政策、法规、制度等全部向全社会公布，社会反响相当好；镇江市在《镇江日报》上开办了“政府采购专刊”，每季一刊，开设了领导论坛、信息园等栏目，全方位、多角度地宣传政府采购工作；连云港市在《连云港日报》上创办“政府采购专版”，及时介绍政府采购制度规定，宣传政府采购政策；无锡市编制了《无锡政府采购》，介绍政府采购信息，方便了采购当事人。

四、抓分类指导，确保政府采购工作质量

一是主动帮助、指导定点供应商提高服务水平，例如组织省级行政事业单位公务用车政府采购定点维修现场观摩会，观摩学习定点供应商规范和高效的定点采购服务经验，尝试将年终对定点维修厂履约情况的检查改为合同履约时的示范引路，将采购监督管理部门的单独管理改为采购当事人共同参与管理，实现政府采购管理关口前移。

二是组织召开南京市计算机协议供货网上公开招标现场观摩会，指导全省各级采购执行机构推进信息化进程。

三是组织对集中采购机构的考核，指导、帮助集中采购机构规范采购行为，完善内部管理制度。

四是开展对定点供应商履约情况的检查，促进定点供应商的诚信建设。省财政厅会同省监察厅组织省级集中采购机构、采购人及专家对2004年度汽车维修、保险、加油、定点印刷、办公用纸采购、计算机及外设采购、空调等7大类92家省级定点供应商政府采购合同的履约情况进行了检查，并根据检查情况分类做出了处理。通过对省级定点供应商履约情况的检查，较好地促进了省级定点供应商的履约诚信建设，提高了省级定点供应商服务水平。

各地区在加强对供应商的管理和提高服务质量方面进行了不断的创新和尝试。常州市召开政府采购诚信供应商表彰会议，给十佳供应商授牌表彰，促进了供应商参与政府采购的积极性。南京市建立供应商诚信档案，建立公平竞争机制。苏州市建立服务质量信息跟踪反馈体系等，强化政府采购代理机构和供应商的服务意识、法制意识。

五、抓信息化建设，提高政府采购效率和公信力

一是公开征集、登记、选聘、建立了拥有4 000多名专家学者的政府采购评审专家库，在全省实行统一选聘标准、专家使用远程抽取、电子化管理评审专家资料的方法，为规范政府采购评审专家管理工作奠定了基础。

二是与省政府门户网站合作开发省级政府采购信息化系统，在实施政府采购专家库管理的基础上，拓展对计划、信息、项目、采购操作、数据等方面工作的在线管理功能。

三是召开全省计算机协议供货网上公开招标现场观摩会，推广南京市远程网上公开招标的先进经验，积极探索和发展以信息技术为支撑的政府采购新方式，提高政府采购效率。

各市在政府采购信息化方面做了大量探索，成绩显著。南京市尝试采购过程网络化管理，实现了采购人网上报送计划和网上委托采购、财政部门网上审批和电脑自动催办、集中采购机构网上执行操作等全过程运行功能，提高了采购效率和采购公信力。省级行政机关政府采购中心实施内部电子化管理，提高了效率。泰州、徐州、无锡、省政府采购中心等对部分标配通用项目实行了网上采购。

六、抓依法行政，落实作风建设的各项措施

2004年，是省级机关作风建设年，也是依法行政年，全省各级政府人员认真学习《中华人民共和国行政许可法》，在依法行政、加强作风建设方面，主要做了以下几项工作。

一是公开办事程序。省级将政府集中采购计划申报程序上网公布，将小汽车控购手续办理程序汇编成册印发给所有购车人。全省各级政府采购监管部门采用各种形式和手段，及时公布政府采购制度规定、采购动态、工作流程和采购信息。

二是认真进行行政审批清理，坚持依法行政。全省各级政府采购机构主动与各级纪委、公安部门联系，研究取消小汽车控购审批制度事宜。省财政厅与省公安厅联合下发了《关于取消小汽车审批手续的通知》，减少审批环节，放权于企业。各市还积极做好了取消小汽车控购制度的后续管理工作。

三是改进工作方式方法。对政府采购的热点难点问题，如工程政府采购试点、部门集中采购、分散采购等，主动调查研究，亲自出面与有关部门联系协调，制定了工程政府采购、部门集中采购、分散采购等方面的规定。

四是加强政府采购队伍建设。全省各级政府采购管理部门和集中采购机构都制定了内部管理制度和廉政建设规定，主动接受社会的评议和监督，主动接受人大、政协和纪委的监督，同时注重抓好机构自身的教育、培训和考核工作，整体素质不断提高。

（江苏省财政厅政府采购管理处供稿）

浙 江 省

2004年，在浙江省政府采购工作领导小组和浙江省财政厅党组的正确领导及有关部门的大力支持、配合下，浙江省各级财政部门认真贯彻落实《中华人民共和国政府采购法》（以下简称《政府采购法》）精神，扎实工作，开拓创新，全省政府采购工作取得了新的成绩，呈现了良好的发展态势。

一、政府集中采购范围继续扩大，采购规模持续增长

根据浙江省政府采购工作的实际情况，浙江省政府采购办公室依法提出了2004年浙江省政府集中采购目录和采购标准，报省政府采购工作领导小组办公室审议后公布。其中省本级的集中采购目录由原先的26项增加到28项（另外消防技术设备1项实行了部门集中采购），同时对集中采购目录之外、单项金额在20万元以上的货物类、服务类项目和50万元以上的工程类项目，也依法纳入政府采购。据统计，全年全省政府采购预算145.94亿元，实际采购金额126.61亿元，比预算节约资金19.33亿元，资金节约率为13.25%。与上年同期相比，采购预算总价增加53.38亿元，增长57.67%；实际采购资金增加46.4亿元，增长 57.85%，采购规模在全国名列前茅。

二、建立和完善政府采购制度，规范政府采购行为

2004 年，浙江省财政厅政府采购办公室在贯彻落实《政府采购法》、推进政府采购改革工作的同时，着力进行了配套制度建设工作。一是为加强省级政府采购管理，提高政府采购效率，根据《政府采购法》及有关规定，会同省监察厅制定了《浙江省省级政府采购工作规程（试行）》，规范了省级单位政府采购办事程序。二是针对个别地方和单位在行政中心或机关大楼建设、改造过程中擅自采购外国原装进口产品的现象，会同省监察厅制订了《关于认真贯彻〈政府采购法〉依法采购本国货物工程和服务的通知》，重申政府采购应当购买国产货物、工程和服务，确保购买国货这一政策目标在浙江省的顺利贯彻。三是为进一步深化政府采购制度改革，明确工作职责，省本级及不少市县建立了政府采购协管员制度。这一举措，对强化主管部门在本部门、本系统政府采购工作中的监管力度，增进政府采购监督管理部门与各采购单位的联系与沟通，提高政府采购工作效能，起到了积极的作用。

三、全面推行政府采购协议供货和定点采购管理制度，提高政府采购工作效率

为解决各地政府采购工作中普遍存在的同一项目多次采购、重复采购和效率低下的问题，从 2004 年开始，浙江省财政厅政府采购办公室按照“高起点、全方位，科学合理，简便易行”的原则，重点抓好了政府采购协议供货的制度建设，通过依法制定《浙江省政府采购协议供货制实施办法（试行）》，在全省范围内大力推行了政府采购协议和定点采购制度，对一些规格或标准相对统一、品牌较多且市场货源充足的通用类产品及部分服务类项目实行了协议供货或定点采购。到目前为止，浙江省政府采购协议供货和定点采购的项目已达到 20 多项，其中，省本级协议供货和定点采购项目包括了全省联动的计算机、打印机、空调、公务车辆保险、办公用纸等 5 个项目。一年多来，协议供货和定点采购实施所取得的社会效益和经济效益日益明显，有效解决了政府采购规范和效率的问题，受到了包括采购人在内的社会各界的一致好评。

四、公开招标采购方式的主导地位基本确立，公开、公平、公正程度显著提高

2004 年，浙江省政府采购透明度显著提高，政府采购全年采用公开招标采购方式的金额达到 87.24 亿元，占采购资金总额的 68.9%，同比增长 9.05 个百分点，表明公开招标采购方式已经成为浙江省政府采购的主要采购方式。这对于保证充分竞争，实现公平交易，维护采购当事人的利益，促进廉政建设起到了积极的作用。

五、做好浙江政府采购网站建设工作，初步完成“金财工程”政府采购子系统的采购

为贯彻落实《政府采购法》和机关效能建设，切实提高政府采购效率和服务水平，根据政府采购制度改革的总体思路，在 2004 年下半年工作的基础上，浙江省政府采购办公室着手建设浙江政府采购信息管理系统。该系统包括浙江政府采购门户网站和政府采购管理应用系统两部分。根据浙江省政府采购工作的实际情况，在调查研究和学习兄弟省市先进经验的基础上，浙江省政府采购办公室提出了具体的业务需求，并按照《政府采购法》的规定初步完成了采购工作。

六、认真做好各项基础工作，确保政府采购规范化运作

一是做好政府采购预算编制和审核工作，强化政府采购预算执行确认，提高政府采购预算的严肃性和执行的刚性。

二是依法加强对政府采购协议供货、定点采购等社会影响较广的集中采购项目和单项预算金额较大的分散采购项目的现场监管。全年受理和查处政府采购投诉事项6起，维护了采购当事人的合法权益。

三是配合并接受省审计厅对政府采购的专项审计，并根据审计要求改进工作方式，促进了浙江省省级政府采购工作的规范和完善。

四是做好了浙江省政府采购工作领导小组会议的前期准备工作，回顾和总结了2003年政府采购工作开展情况，并将2004年工作安排建议以书面形式报浙江省政府采购工作领导小组会议审议。

五是认定第二批20家政府采购代理机构，为政府采购机构的职业化和市场化改革创造了条件。

六是加强业务培训工作，全年共对政府采购代理机构（包括申请政府采购代理资质的社会中介机构）的从业人员、省级政府采购协管员和全省政府采购管理人员进行业务培训，受训人数达到500人左右。通过培训，提高了政府采购队伍的整体素质。

七是按照财政部的统一要求，按时、准确、完整地汇总、编报全省政府采购信息统计并做好统计分析。

八是加强政府采购信息交流和信息公开工作，做好浙江政府采购网站维护和《浙江政府采购》简报的编印工作。简报全年按月出报12期，提高了政府采购信息的透明度。

（浙江省政府采购办公室供稿）

宁波市

2004年，宁波市政府采购继续围绕“扩面增量、理顺关系、规范管理、增强服务、提高效率”的工作方针，积极采取有效措施，进一步推进政府采购制度建设。2004年，全市政府采购预算达31.09亿元，实际完成采购金额为27.05亿元，较上年14.13亿元增长了91.43%，占本年财政支出215.9亿元的12.53%，增加4.7个百分点（上年7.84%）；节约资金4.04亿元，节约率为13%。其中市本级实际完成采购金额3.79亿元，节约资金0.78亿元，节约率17.06%。

一、加大宣传工作力度，营造政府采购工作良好氛围

2004年3月10日，宁波市政府召开全市政府采购工作会议，邀请各县（市、区）政府、市级各部门领导和负责政府采购工作的人员参加，对深入开展政府采购工作进行再动员、再部署，营造齐抓共管新局面。

在认真分析研究的基础上，宁波市财政局拟定《宁波市政府采购改革情况汇报》，总结工作成效，分析存在问题，拟订工作措施，并将意见向市政府作了专题报告。市政府主要领导充分肯定了政府采购工作的成绩，并对今后工作提出了更高要求。

抓住政府采购中的热点、难点问题，反映政府采购工作开展情况，宁波市财政局坚持按月编辑《宁波市政府采购工作简报》，向市政府领导及各部门发送，宣传政府采购工作。

为扩大政府采购工作的社会影响，提高政府采购工作透明度，宁波市财政局开展了多种形式的宣传工作。在电视、报纸、网络上宣传政府采购工作。如：制作宣传政府采购工作的电视专题片，在宁波电视台播放；以“开拓创新求真务实”和“政府采购工作阳光很灿烂”为题，在报纸上作专版宣传；制作宣传画册《阳光下的交易——宁波市政府采购》等。

二、加快政府采购体制改革，完善政府采购制度

首先，政府采购机构管采分设工作进展顺利，15个县、市、区中，已有12个完成了政府采购管理机构和执行机构分设工作。据统计，全市政府采购管理机构16个，其中独立设置的有8个。集中采购机构独立设置的有13个；机构分设尚未完成，集中采购机构仍在财政部门的还有3个。

其次，制度建设工作进一步推进。宁波市政府颁发了《关于深化政府采购制度改革工作的通知》和2004年政府采购目录。宁波市财政局转发了财政部《政府采购评审专家管理办法》，并统一采购信息公告、采购文件编制等范本。

第三，开展了行政许可清理工作。根据行政许可清理的统一布置，对可能涉及行政许可的供应商管理、评审专家审核登记和社会中介招标机构从事政府采购资格认定的工作进行了认真清理。

三、探索政府采购新领域，扩大政府采购范围

以扩大政府采购范围为工作目标，制定了2004年政府采购目录。同时制定了新的采购限额标准，规定对单项5万元以上、批量10万元以上的项目，全部实行政府采购。新增了服务类采购项目，将汽车保险、信息化工程维护等项目纳入采购目录。

为探索政府公共服务采购工作，拓展政府采购新领域，2004年在文体、科研、教育、城市管理等政府公共服务领域开展政府采购试点工作，对市游泳中心、鄞州区文化中心、城市绿化等项目管理维护进行了招标采购。2004年，全市对服务类采购项目实施政府采购的金额为9300万元，比上年增长106.67%。

四、改进工作方法，提高政府采购工作效率

为了提高政府采购工作效率，2004年宁波市扩大了协议采购管理范围，在印刷、办公用纸、电脑、打印机已实行协议（定点）采购的基础上，通过公开招标，从3月1日起新增空调协议采购管理，确定8个国内品牌的系列空调为供货范围，供货最高限价较出厂价平均下浮23%；7月1日起新增复印机、小型服务器等7种办公自动化设备协议采购管理，办公室自动化设备协议采购由原来的3种扩大到了10种，供货最高限价较市场媒体价格平均下浮22%；8月1日起新增汽车保险定点采购管理，保险费优惠50%。

为推进市级和县（市、区）级政府采购资源共享，探索市级和县（市、区）级政府采购联动，2004年召开了研讨会议，拟订管理方案，市级信息平台、专家库、协议采购结果等已实现资源共享。

五、加强监督管理力度，完善监管体系

宁波市在2004年开展了政府采购专项检查工作。为做好这项工作，市财政局印发了《关于开展市级行政事业单位政府采购工作专项检查的通知》，组织检查了市级309户单位的政府采购制度执行情况，并对检查情况和处理结果进行通报。奉化市也会同监察局对43个局级单位，8个镇、街道及30多家所属事业单位进行了检查，并将检查结果报告了奉化市政府。

为规范政府采购活动，宁波市注意严格监管政府采购供应商行为，主要实施了以下措施：适时监控协议采购价格，对索尼摄像机等产品供货价格虚高的供应商暂停3个月供货资格，并予以公开通报；按月分析协议采购实施情况，对不及时上报协议采购统计情况的4个供应商予以公开通报，并记不良行为一次；监督合同履行，对2个未按招标承诺兑现的中标商取消中标资格，履约保证金赔偿损失，公开通报并记不良行为一次。同时，注意及时处理反映、投诉事项，维护当事人权益，2004年市本级受理反映、投诉事项6项。

（宁波市财政局供稿，林永喜执笔）

安　徽　省

2004年，安徽省政府采购工作在各级党委、政府的重视和支持下，在各有关部门的密切配合下，取得了较好的成绩，圆满完成了年初制定的各项目标任务。

一、政府采购的范围和规模不断扩大

据统计，2004年全省共完成政府采购项目预算金额52.37亿元，实现采购合同金额45.06亿元，节约资金7.31亿元，平均资金节约率为13.96%。实现合同金额比上年增加19.74亿元，增长69.7%。完成了年初制定的全省政府采购规模超过40亿元、增长30%的目标。其中，省级完成政府采购预算11.19亿元，实现合同金额9.53亿元，节约资金1.66亿元，平均资金节约率为14.83%。实现合同金额比上年增加3.3亿元，增长73.3%。全省政府采购范围不断拓宽。合肥、芜湖、巢湖等市继续实施和扩大对工程项目的采购；省级首次将中央补助农民购置的农机具、畜禽疫苗、病虫测报防治设备等支农项目纳入了政府采购范围，取得了良好的效果。

二、政府采购制度建设进一步完善

一是完成了财政部委托安徽省起草的《政府采购供应商违规处罚管理办法》。二是为进一步加强高校政府采购工作，与省教育厅联合制定了《安徽省省属院校政府采购管理暂行办法》，对省属院校政府采购程序和采购行为作出了规定。并在此基础上制定了相关的配套办法，规范省属院校政府采购工作。三是为加强省级预算执行力度，提高省级政府采购预算执行率，出台了《关于进一步加强省级政府采购预算执行工作的通知》等规定，进一步完善和规范了省级政府采购的预算执行。

三、加强省级政府采购预算执行工作

一是要求省直各部门、单位在编制部门政府采购预算的基础上，严格按照要求，合理、均衡地执行全年预算，并对报送分月政府采购清单的截止时间作出了原则性规定。二是严格合同管理，要求各单位按照政府采购法规定的时间确认评标报告和签订政府采购合同，否则，将由省财政厅提请监察机关给予责任人行政处分。三是禁止在采购小汽车时指定品牌，规定在采购同一档次的车辆中至少选择3种以上的品牌，以增强竞争，降低价格，提高服务水平。四是实行政府采购预算执行情况定期通报制度。要求对省级各部门、单位执行政府采购预算中存在的突出问题每季度通报一次；对政府采购预算执行缓慢，特别是年底还有大量政府采购预算仍未执行的，或者有其他严重问题的部门、单位，进行通报批评。通过这些措施，使省级政府采购预算执行率大幅度提高。2004年，省级政府采购预算执行率达到93%，比2004年提高了14.4个百分点。

四、突出抓好省属院校的政府采购工作

2003年以前，安徽省省属院校政府采购工作几乎为零。为做好省属院校政府采购工作，2004年初，省财政厅与省教育厅进行了多次协商沟通，适时开展了省属高等院校的政府采购工作。省教育厅党组对此项工作高度重视，分别在教育系统召开的省属院校书记院长工作会议、财务工作会议、国有资产装备会议等3次会议上，把政府采购作为一项主要工作任务进行了部署。为配合做好省属院校政府采购工作，省财政厅在省教育厅召开的相关会议上进一步宣传了政府采购的法律法规，并对省属院校政府采购工作提出了明确的要求。与此同时，省教育厅在《安徽省省属院校政府采购管理暂行办法》的基础上，制定出台了《安徽省省属院校政府采购工作操作规程》、《关于做好2004年政府采购工作的通知》等制度、办法，对省属院校开展政府采购工作的各个环节都作了详细的规定，使省属院校的政府采购工作有条不紊地开展。2004年底，省财政厅又联合省教育厅、监察厅，对省属院校的政府采购工作开展了专项检查，通报表扬了政府采购工作开展得好的院校，同时通报批评了工作开展得差的院校，有效地促进了院校政府采购工作健康规范发展。2004年省属院校实行政府采购的资金近3亿元，比上年同期增长1倍多。

五、成功举办第二届政府采购产品展交会

2004年6月29日至7月1日，安徽省财政厅在合肥成功举办"第二届安徽省政府采购产品展示交易会"。展交会共设标准展位450个，汇聚了国内外150多家跨国公司、知名企业前来参展，展出商品达到12000余种。展交会期间，除了产品展示之外，还举办了安徽省政府采购成果展、政府采购高层论坛、采购人与供应商供需座谈会、政府采购相关政策咨询和现场开标会等一系列配套活动。通过举办展交会，进一步宣传了政府采购法和安徽省的政府采购工作，提高了安徽政府采购工作的影响力，推动了全省政府采购工作的进一步开展。

六、认真抓好政府采购的规范管理工作

一是规范政府采购评审专家管理工作。按照财政部、监察部制定的《政府采购评审专家管理办法》的规定，2004年，省财政厅在省级政府采购代理机构以及合肥市原有专家库的基础上，进行了资源整合，建立了综合性的政府采购评审专家库，并且重新开发了政府采购评审专家库管理软件。同时，

向社会各界公开征集省级政府采购评审专家，充实专家库资源，目前省级政府采购评审专家库的各类专家已达到1200多人。评审专家库的建立，不仅满足了省级评标工作的需要，而且为各市、县提供各类专家33人次，为外省、市提供专家5人次。二是促进集中采购机构规范化建设。2004年，省级集中采购机构加大内部管理力度，规范完善内部管理制度，先后制定了《采购项目登记制度》、《采购合同送达制度》等多项制度，实行了采购项目执行情况月报制，监督合同验收等督查工作。通过认真执行省财政厅《关于进一步加强省级政府采购预算执行工作的通知》，及时办结供应商的投标保证金和履约保证金，提高了项目办结效率。与此同时，不断加强政府采购管理与执行机构的自身建设，在执行中，对金额或影响较大的采购项目主动邀请省级政府采购特邀监察员或公证处人员进行现场监督，使政府采购项目能够公正、客观地进行。不仅如此，还将特邀监察员的监督职能延伸到对采购项目的考查等环节，使特邀监察员能够全过程行使监督职责。三是认真做好合同审核和资金支付工作。为加强管理，省级做到了不论是千万元以上的大项目，还是只有几百元的小项目，都能够对每一项政府采购合同进行认真审核，对每一笔政府采购资金进行认真把关。对未按照政府采购制度执行或资料不全的项目，坚决拒付资金；对按照政府采购规定程序执行和按要求所提供的资料齐全的项目，及时支付资金，保护中标供应商的合法权益。由于合同审核工作认真细致，2004年做到了全年拨付政府采购资金无差错。四是改进工作方法，促进监督管理。为加强和完善政府采购特邀监察员制度，2004年，省财政厅根据政府采购工作发展的需要，将省级特邀监察员由原来的5位增加到8位，并颁发了聘书。通过召开座谈会，向他们汇报全省政府采购管理和执行工作，听取了他们对政府采购工作的意见和建议。五是做好投诉案件的受理与处理工作。为做好政府采购投诉案件处理工作，省级在认真处理好上海今世贸易公司的行政复议案件的同时，还调查核实了反映霍邱县救灾大米采购项目、明光市医疗器械采购项目的有关情况，使政府采购投诉案件得到妥善处理。六是广泛听取意见，改进工作方法。省级不定期召开部分采购人或供应商座谈会，听取他们对提高政府采购工作管理质量和工作效率、改进服务水平等方面的意见和建议，收到了很好的效果。

七、做好政府部门使用正版软件的政府采购工作

2004年，国务院办公厅下发了《关于地方人民政府使用正版软件的通知》，安徽省人民政府办公厅转发了国务院办公厅的这一通知，省政府软件正版化工作领导小组会议及时召开会议，要求各级政府部门要带头使用正版软件。省财政厅的主要工作是落实更换盗版软件的经费，做好正版软件的政府采购工作。省级统计了47个部门需要采购正版软件的数量，省财政厅适时组织了集中采购，确定了软件供应商，落实了经费来源，规定了具体的工作程序，最终圆满完成工作任务。对市、县级政府部门使用正版软件的集中采购工作也同时进行了部署，并对有关人员进行了业务培训。

八、认真做好政府采购信息统计工作

按照财政部要求，政府采购信息统计报表按季度、年度上报。安徽省在市、县级特别是县级机构不全和人员紧张的情况下，做了大量艰苦细致的工作，认真对全省的政府采购信息统计报表审核、汇总，并按时上报财政部。2004年，省财政厅还对省教育装备中心和省属院校的有关人员进行了填报政府采购信息统计

报表的培训，为全面准确编制统计报表奠定了基础。全省 2003 年度政府采购信息统计报表获财政部通报表彰，省财政厅并被授予全国政府采购信息统计工作先进单位的奖牌，这也是安徽省连续第三年获此殊荣。

（安徽省财政厅政府采购处供稿，胥慰庆执笔）

福　建　省

2004 年，福建省政府采购工作紧紧围绕财政中心工作，认真贯彻《中华人民共和国政府采购法》（以下简称《政府采购法》），进一步完善政府采购制度，加强了调研和培训，不断探讨和改进工作，努力解决政府采购效率低、采购人行为不规范和监督不到位等问题，取得明显成效。

一、政府采购监管工作迈上新台阶

（一）不断改进政府采购工作的方式方法

根据 2003 年贯彻《政府采购法》过程中社会各界反映较突出的问题，经与相关部门多次研究解决方案，向省政府采购工作领导小组提出了改进省级政府采购工作的意见和建议。经领导小组研究后，省政府办公厅下发了《关于改进省级政府采购工作的若干意见》，确定了改善政府采购工作的具体措施，主要有：减少以往政府采购计划逐级申报、审批的环节，缩短采购计划运行时间；省政府采购中心直接接受“政府采购计划批复书”，取消办理委托采购的手续，提高采购时效；省属高校、科研单位的特殊专用设备下放到各采购单位，由其按照政府采购的有关规定自行组织采购，解决设备专业性强、需求时间紧与政府采购运行时间相对较长的矛盾；试行同类货物跟单采购办法，对已实施招标采购的项目，在三个月时限内、经询价市场价格未发生变化的前提下，可由采购人向政府采购监管部门申请采用跟单的形式进行直接采购，不再重新招标。以上措施落实情况良好，提高了政府采购效率。

（二）扩大公开招标确定协议定点供应采购项目范围

通用项目加快实施了以公开招标确定“协议供货”的范围，以适应各单位零星采购、品牌选择、时间紧迫的实际情况。通过多次召开座谈会，征求各方面意见，完善定点采购的方案，上半年顺利实施了打印机、一体机、复印机、传真机、刻录机、扫描仪、照相机、摄像机、投影仪等九个通用项目定点采购的公开招标工作。同时把公开招标确定的定点品牌的价格作为最高限价，单位采购从入围的定点品牌中选定后，再在网上公示三天进行再次询价，有效地避免定点商的垄断行为，调控了价格，提高了政府采购效益和效率。

（三）政府采购规模进一步扩大

根据《政府采购法》规定和省政府授权，各级政府进一步拓展了本级政府采购目录，同时把部分工程和药品采购纳入统计范围，加上各单位对贯彻实施政府采购制度认识的显著提高，政府采购行为的进一步规范，使全省政府采购工作取得较好成效。

2004年，全省完成政府采购预算110.96亿元，比上年增加5.72亿元，增长5.43%；实际支付采购款95.42亿元，节约资金15.54亿元，节约率14.01%，较上年提高1.42个百分点。

集中采购和公开招标已成为政府采购的主要组织方式。在实际支付的95.42亿元采购资金中，集中采购金额为93.72亿元，占采购资金总额的98.11%。公开招标采购金额为71.89亿元，占采购资金总额的75.26%。全省政府采购更加规范、公开、透明，政府采购工作正朝规范化方向迈进。

（四）加强培训工作，努力提高政府采购队伍的素质

近年来政府采购方面的法规制度建设步伐较快，促使各级政府采购监管部门进一步加大培训工作力度，开展面向采购代理机构、采购人、供应商、评审专家等政府采购当事人的各种形式的培训，使他们全面、准确地掌握政府采购的制度规定，保证各项制度顺利实施，规范操作，提高效率，抵御腐败，改进服务。同时，各级政府采购监管部门也加强了自身的政策和业务学习与培训。3月在福州举办了省政府采购中心和省级政府采购中介代理机构的人员业务培训班。5月举办了全省政府采购管理人员业务培训班，聘请专家授课，全面讲解了《政府采购法》，学习了财政部、省政府及部门制定的有关政府采购的规范性文件，交流了政府采购招标业务流程，布置了2004年本省政府采购的具体工作，研讨了采购中的问题和对策。通过培训，全面提升了招标机构的业务技能和管理机构的管理水平，进一步提高了全省政府采购工作的规范化程度。

（五）加强调研，探讨解决政府采购存在问题的新办法

针对政府采购工作中采购人反映强烈的部分采购项目价格偏高、售后服务不到位、采购货物以次充好等侵害采购人权益的问题，以及采购人不熟悉政府采购法规定的运作程序、采购行为不规范等问题，6月先后召开了六场调研座谈会，在广泛听取采购人、中介代理机构、供应商意见的基础上，形成两个调研报告，一是向财政部提交的题为《政府采购存在问题和对策》的报告，二是向省政府提交的《福建省省级政府采购工作调研报告》。同时会同省监察厅、省政府采购中心进行专项调研，理清了思路，提出了建立采购人投诉制度和采购人运作行为规范的初步意见，对采购人的权益和义务做出规定。

二、集中采购机构操作更加规范

2004年，省政府采购中心共接受委托的采购计划预算金额为3.78亿元，完成采购计划3.56亿元，实际采购金额为3.21亿元，节约资金0.35亿元。全年共组织了近350场公开招标、邀请招标、询价采购、谈判等采购活动。

（一）健全规章制度，完善采购中心操作流程

根据采购中心的工作定位，2004年对各部门进一步明确权责，建立制衡机制，进一步修订完善了中心操作流程。着手对招投标过程中的招标文件、政府采购合同等文本进行修订，确保文本的规范。加大公文和档案管理力度，指定专人做好档案整理和归档工作，保证档案的规范有序，便于采购工作档案的管理和使用。不断完善网上办公信息化平台功能，针对各岗位设置权限，进行明确分工，确保网络办公顺畅进行。

（二）加大业务创新力度，积极稳妥拓展采购业务

在严格遵守有关法律法规的基础上，不断加大业务创新力度，做好传统政府采购业务的同时，积极探索诸如办公自动化设备协

议定点采购、网上询价等新的政府采购办法。6月在全国范围内率先推行以公开招标方式选定协议定点采购品牌及供应商，并对采购人选定的品牌、型号公示三天，再进行二次竞价，这种采购办法在提高采购效率和效益的同时，克服了协议定点采购完全垄断的缺点，保护了有效的竞争。这一做法通过《中国财经报》等媒体的宣传，在全国引起较好的反响并得以推广。

（三）增强服务意识，提高工作质量

采购中心各部门根据各自的职责，对省采购办下达或采购人委托的采购计划，做到尽快与用户联系，主动了解用户对采购项目的详细要求，并向采购人提供所需物品的相关资讯，在采购全过程中为采购人提供良好的全方位的服务。在服务好采购人的同时，采购中心主动为供应商服务，对供应商的咨询和合理要求，都认真解答，在可能的情况下帮助供应商协调和处理参加政府采购活动中碰到的问题。通过完善采购中心网站的功能，利用现代化的信息手段为采购人和供应商建立了互动体系，充分发挥了政府采购操作部门的桥梁作用。在做好为省直单位服务的同时，采购中心还根据自己的实际情况，接受相关市、县的委托，热情地为市、县政府采购服务，以良好的服务态度和规范的运作赢得了他们的信任和赞誉。

（福建省人民政府采购工作领导小组办公室供稿，李穗华执笔）

厦 门 市

2004年，厦门市在总结上一年政府采购工作的基础上，狠抓政府采购法的贯彻落实，坚持依法采购与防腐倡廉并举，规范与效率并重，强化监督，使采购工作上了一个新台阶。全年全市共完成项目采购金额9.47亿元，节约资金1.42亿元，资金节约率为13.02%。

一、制度建设与制度落实并重

（一）建章立制与革故鼎新相结合

1. 根据法律法规和财政部有关规定，结合厦门市政府采购实践，研究制定新办法、新制度，厦门市财政局陆续出台《厦门市政府采购评审专家管理办法》、《厦门市政府采购代理机构监督考核管理办法》、《关于进一步加强政府采购操作工作的紧急通知》、《关于财政部三个令实施后我市现行政府采购有关制度规定如何适用问题的通知》、《关于2005年度厦门集中采购目录及政府采购限额标准的通知》、《关于印发厦门市政府采购投诉处理有关文书格式的通知》等规范性文件，进一步完善采购制度的框架和内容，提高法规制度的可操作性。

2. 开展规范性文件清理工作。为维护采购规章制度的统一，健全政府采购规章制度体系，厦门市财政局对2004年10月1日以前以该局名义单独制发和作为主办机关与其他机关联合制发的政府采购规范性文件进行了清理。经过清理，废止规范性文件27件，保留13件，修改1件，彻底解决了旧文件过期未废及新旧文件矛盾的问题。清理结果通过《关于公布政府采购规范性文件清理结果的通知》予以公布。

（二）宣传培训与贯彻落实相结合

1. 通过报纸、网络、宣传栏、培训会、座谈会等多种渠道，采取知识问答、案例分析、观看录像等多种形式，宣传普及《中华人民共和国政府采购法》、财政部三个部长令及财政部、厦门市有关采购制度规定，取得了良好的效果。

2. 分别于2004年4月和9月举办两期政府采购管理及从业人员的法制培训班，邀请有关专家授课，重点讲解财政部采购规章制度和政府采购职业道德纪律，促进了采购管理和从业人员对相关规章制度的理解和把握，强化了相关人员的职业道德观念和服务意识。

3. 加大规章制度、政策规定的贯彻落实力度，提高制度落实的成效。一是监管部门从自身做起，严格依法行政、依法履行采购监管职责；二是着力提高采购当事人的依法采购意识，不搞特殊化，不做“关系标”；三是强化制度落实责任，如将制度落实工作纳入代理机构年度监督考核范围等。

二、规范与效率兼顾

（一）突出规范运作，强化规范管理

1. 坚持以公开招标为主，依法审批非招标采购方式。加强信息公告管理，严格依照规定在指定媒体上公布采购信息。

2. 规范跟单采购的代理服务费收取标准、成交单价的计算方式，降低跟单采购成本，让利于采购人。完善协议供货价格竞争机制，规范协议供货品牌询价竞争的代理机构选择、代理服务费收取行为。

3. 规范评标办法和标准。一是提出评标因素、标准细化的具体要求，二是明确综合评分法商务、技术、价格占百分制权重分值，三是确定了综合评分法价格分值的计算方式。

4. 督促采购代理机构严格依法操作、透明操作，依法编制采购文件、组织采购活动，不断提高采购运作的规范水平和效率。

5. 加强政府采购评审专家管理。组织选聘新一批政府采购评审专家，增加了一百多名评审专家；开发了评审专家网上抽选软件，规范抽选行为；督促代理机构做好评审专家日常表现考核记录，及时反馈专家信息。

（二）做好效率文章，力促高效采购

1. 试行同类货物跟单采购办法。采购人在一定期限内采购与已招标采购的项目相同的货物，在市场价格未发生变化的前提下，可申请采用跟单形式进行采购，不再重新招标。

2. 完善定点采购、协议供货制度。继续研究改进定点采购、协议供货的具体做法，将协议供货招标时间由半年一招改为一年一招，保持协议供货一定的稳定性，减少重复招标工作量；督促供应商严格按协议供货承诺提供服务，尽快满足采购人的实际需要。

3. 压缩办事时限，简化采购环节。落实各项工作时限要求，严格按对外承诺、办事指南办事，杜绝推诿扯皮、推脱不办现象，尽可能加快办理进度。

4. 督促采购单位、代理机构抓紧开展采购活动，提高采购操作效率，压缩采购操作周期，尽量减少久报不招、久招不决现象的发生。

三、监督检查与防腐倡廉并举

（一）加强监督检查，提高监督成效。一是开展日常采购监督活动，通过现场监督、书面监督、投诉处理监督等方式，及时发现和处理违法违规操作问题。二是2004年底至2005年初开展2004年度政府采购代理机构监督考核工作，共抽查采购项目67

个，总计采购金额 17542.78 万元，抽查面达市本级项目的 20% 以上。三是完善投诉处理制度，制定内部采购投诉处理流程，制作投诉处理相关文书，提高投诉处理规范性。四是重点开展协议供货、服务情况跟踪监督检查工作，主动了解供应商履约情况和采购人的意见建议，对两家违规供应商实施了处罚。

（二）构筑反腐防线，实施廉洁采购。一是继续开展政府采购系统预防职务犯罪工作，以业务培训为契机，开展系统内预防职务犯罪集中教育活动，组织人员接受警示教育。二是认真落实党风廉政建设责任制，坚决贯彻政府采购管理人员勤政行为“十不准”规定，加强对各级管理人员的廉政勤政教育，长鸣警钟。三是坚持和完善采购公开制度，保证采购透明化操作，防范暗箱操作。四是健全招标、评标制度和工作纪律，督促代理机构严格依法操作，加强内部人员管理，杜绝违规操作和不正当竞争行为。

（厦门市财政局供稿，陈世龙执笔）

江 西 省

2004 年江西政府采购工作围绕着扩大规模、规范管理的工作重点，依法全面推进政府采购制度改革，致力于营造公开、公正、公平的政府采购环境。

全年全省共完成采购规模 40.5 亿元，比上年同期的 25.27 亿元增加了 15.29 亿元，增加 53.85%；节约财政资金 4.6 亿元。政府采购工作取得了良好的经济效益与社会效益。

一、加强体制建设、进一步完善政府采购制度

至 2004 年底，江西省共有 10 个设区市在财政部门设立了政府采购管理机构。其中独立设置的 9 个。共有 71 个县（市、区）设立了政府采购管理机构。政府采购队伍建设进一步完善，提高了政府采购工作的管理力度。

2004 年江西省财政厅与江西省监察厅联合制定了《江西省省直单位政府采购管理实施办法》，为政府采购管理提供了制度保障。在日常的政府采购工作中，江西省依法严格管理采购行为，对于公开招标限额以上的采购项目，除特殊情况外，一律要求采取公开招标的方式；同时认真受理供应商的投诉，纠正不规范的采购行为。

二、规范政府采购行为，提高政府采购效益

在这方面主要做了如下工作：第一，规范部门集中采购。2004 年，江西省财政厅发布了《江西省财政厅关于公布江西省政府采购代理机构（第 1 批）名单的通知》，江西省有五家业务代理机构在省级财政部门登记备案。在部门集中采购过程中引入了制约机制，有效地规范了部门采购行为，节约了财政资金，在机制上保证了政府采购工作的公平、公正、公开，提高了政府采购效益。

第二，建立和完善专家库，规范政府采

购评审行为。2004年，江西省政府采购专家库共有专家600余人，基本能满足省直单位政府采购评标工作需要。同时还出台了《江西省政府采购评审专家管理实施办法》，规范了专家的管理、使用程序。

第三，提高了公开招标在采购中所占的比重。对于限额以上的采购，除特殊情况外，一律按公开招标方式组织进行。2004年公开招标规模达23.73亿元，占全部采购规模的58.49%。

三、扩大政府采购规模，提高效率

首先，提高政府集中采购工作效率。主要是强化预算的约束力，增强了政府采购的计划性，严格按照预算实施采购，提高了集中采购的规模效益。

其次，对计算机、打印机、复印机、公务用车实施了协议采购，下发了《关于省直单位计算机、打印机政府采购协议供货有关事宜的通知》、《江西省财政厅关于省直单位复印机政府采购实行协议供货的通知》《江西省财政厅关于省直单位2004年度公务用车政府采购第一期协议供货有关事宜的通知》等文件。推行协议采购后，有效地提高了政府采购的时效性，及时满足了采购人的需求，极大地提高了政府采购的效率。

四、加强信息化建设进程，营造公开、公平、公正的政府采购环境

2004年，江西省积极做好政府采购信息发布工作，为此构建了江西省政府采购网（www.jxzfcg.gov.cn），及进在网上发布采购信息，做好网站的信息加载工作，使其成为不断提高政府采购信息透明度和时效性的有效手段。通过省政府采购网，供应商、采购人能及时获取公开、透明的采购信息，确保了政府采购的公开、公平、公正进行。

（江西省财政厅政府采购办公室
供稿，欧阳青波执笔）

山 东 省

2004年，山东省政府采购工作严格执行《中华人民共和国政府采购法》（以下简称《政府采购法》）的各项规定，不断改进工作方法，创新采购方式，规范采购行为，进一步扩大了政府采购范围，各方面都取得了很大的进步。

一、政府采购执行的基本情况分析

（一）采购规模进一步扩大

2004年全省共组织政府采购23506次，采购规模达130.03亿元，比上年增长47.26亿元，同比增长57.1%；与采购预算相比，节约资金22.97亿元，节支率为15.01%。全年的采购任务圆满完成，采购规模得到进一步扩大。

全省17个市（含青岛市）全年共完成政府采购金额119.64亿元。其中，仅采购额超过10亿元的市就有5个，占全省采购总额的56.31%，排在第一名的潍坊市采购金额超过22亿元。济南、东营两个市采购

规模的增长幅度都在一倍以上，威海、济宁、潍坊、莱芜、临沂、德州、青岛7个市的增长幅度也都超过了50%。这是各市认真贯彻《政府采购法》，努力加强监管，积极扩大政府采购范围的结果。

（二）工程类采购增幅下降

2004年，全省共完成工程类采购项目总额68.79亿元，增幅61.97%，比上年下降了41.19个百分点。主要原因是2003年各市加大城市基础建设力度，把大型重点工程和市政公共工程建设全部纳入政府采购范围，致使采购金额较大，而2004年随着重点工程的收尾，全省工程类采购规模增幅减慢。

（三）东营市率先实行通用办公设备协议供货定点采购

在政府采购过程中，通用办公设备虽然总量不大，但涉及面广，难以实行定期和规模采购，只能频繁进行询价采购，不但影响工作效率，而且增加了采购成本。对此，东营市积极探索，进行采购方式改革。该市于2004年2月份之前起草完成了《选择确定通用办公设备定点供应商谈判文件》，根据该办法，通过竞争性谈判确定成交供应商，确定供货范围和让利率，约定售后服务保障措施，部门单位根据需要自主选择。该项工作自2004年5月1日起正式运行，基本上做到了当天受理、当天运作、当天供货，大大提高了工作效率，受到了各方面的普遍好评。

（四）初步形成了多种采购组织形式相结合的局面

2004年政府集中采购、部门集中采购和分散采购分别为116.03亿元、8.9亿元和5.09亿元，占全省政府采购规模的比重依次为89.23%、6.84%和3.91%。政府集中采购占采购总规模的比重比2003年下降了3.53个百分点，主要是因为有一部分集中采购转为了部门集中采购。

（五）基本确立了公开招标采购方式的主导地位

2004年全省采用公开招标方式的采购规模为68.2亿元，占全省政府采购规模的52.45%，比上年提高了2个百分点。采用邀请招标、竞争型谈判、询价和单一来源方式的采购规模分别为20.49亿元、23.44亿元、14.91亿元和2.97亿元，分别占全省政府采购规模的15.76%、18.03%、11.47%和2.28%。

二、存在的主要问题

（一）政府采购预算编制不规范

有的预算单位没有按规定编制政府采购预算，有的单位在编制政府采购预算中存在一定的随意性，有的编入政府采购预算的项目也以种种理由逃避集中采购。年初编制的政府采购预算数额比较小，而年中追加预算中应纳入集中采购范围的大多数没有相应调整政府采购预算和计划，没有实行集中采购，从而弱化了预算的约束力。

（二）政府采购规模偏小

山东省政府采购规模虽然连年大幅度增长，但占财政支出比例仍然偏小，按照国际上政府采购一般占财政支出30%的口径计算，2004年山东省政府采购规模应该在542.85亿元，但实际只有130.03亿元，只占应有规模的23.95%。从目前情况看，许多该纳入政府集中采购范围的项目仍然由单位自行采购，尤其是工程作为政府采购的一个大项，省级和一部分市地尚未将其纳入政府采购范围，这在很大程度上制约了政府采购规模的增长。

（山东省财政厅供稿）

青 岛 市

2004年，青岛市紧紧围绕年初确定的重点工作目标，认真贯彻实施政府采购法，坚持以规范管理为核心，以机制创新为动力，以扩大采购规模为重点，全面深化政府采购制度改革，取得了明显成效。

一、政府采购范围和规模进一步扩大

2004年，青岛市财政局在原有采购范围的基础上，重点探索了对工程类和服务类项目的采购，已经把工程物资、工程代建、房屋维修、物业管理等项目纳入了采购范围。2004年全市实施采购的预算为13.41亿元，实际支付（采购规模）11.32亿元，比上年同期增长57%；节约预算资金2.09亿元，资金节约率为15.64%。采购规模分别占当年财政支出和GDP的7.76%和0.6%，比上年同期分别增长2.86个百分点和0.1个百分点。其中：货物、工程和服务项目采购规模明显扩大，分别为7.58亿元、3.06亿元和0.67亿元，占全市政府采购规模的比重分别为67%、27%和6%，分别比上年增长30%、171%和162 %。

二、政府采购透明度进一步提高

为提高政府采购工作的透明度，创造公开、公平、公正的政府采购环境，确保公众的知情权和监督权，在原有的政府采购信息发布媒体以外，2004年1月份又在《青岛财经日报》上开辟了政府采购专栏，固定时间集中发布采购信息和采购公告以及中标结果，以便于采购当事人接收和查阅相关信息，实现了信息发布的集中、公开、多层次、全方位。

三、政府采购制度体系进一步健全

根据《中华人民共和国政府采购法》等法律法规和政策，结合青岛市实际情况，2004年出台了《政府采购评审专家管理办法》、《政府集中采购机构监督考核管理办法》等六个制度规定，进一步规范了青岛市的政府采购行为，健全了制度管理体系。另外，针对采购当事人存在的违反政府采购法律法规的行为，青岛市财政局会同市纪委、市监察局印发了《关于违反政府采购法律法规行为的处理暂行规定》，进一步严肃政府采购制度，促进党风廉政建设。

四、政府采购监督措施进一步强化

在规范政府采购行为，加强制度建设的同时，注重对政府采购工作的监督检查，初步建立了一套全方位、多层次的监督制约体系。一是财政、监察、审计等各职能部门密切配合，互为联动，对政府采购的日常工作进行监督。二是聘请公证部门对政府采购活动的全过程进行现场公证。三是主动接受社会各界的监督，聘请特邀义务监督员，同时面向社会设立了投诉举报电话，对采购活动进行监督。四是贯彻落实政府采购监督检查。2004年6月，青岛市财政局和青岛市监察局联合成立专项检查工作组，对市直20个单位和6个区、市政府采购执行情况进行了专项检查，纠正了某些部门和单位规避政府采购的行为，并从 2004 年 9 月开始，将市直公检法司等政法系统的车辆、制服及维修工程等全部纳入了政府采购程序。

五、政府采购效率进一步提高

青岛市积极创新政府采购方式，及时满足各单位的采购需求，不断提高采购工作效率和服务质量，降低采购成本。2004 年 9 月，通过公开招标确定了市级 2004 —2005 年度办公设备和耗材定点采购供应商，38 家公司的 20 大类产品中标，与去年相比，产品种类增加了 12 大类，供应商增加了 17 家。

六、政府采购环境进一步优化

为规范政府采购招标市场交易行为，建立公开、公平、公正的竞争环境和高效、有序的运行机制，为采购人和供应商提供必要的交易场所，青岛市财政局党委决定设立政府采购市场，实行“集约化管理，一站式服务”。青岛市政府采购项目的招标全部在市场内进行，实现采购程序标准化，采购管理信息化，采购过程透明化。通过电子业务查询系统，可以查阅政府采购的有关制度规定、采购信息等。同时，邀请监察、公证等部门的监督人员入驻，进行现场集中监督。

七、政府采购网络信息化管理水平进一步提高

借鉴先进城市的管理经验，利用网络管理技术，2004 年，青岛市为进一步整合业务流程，固化采购程序，通过招标确定了政府采购网络管理系统开发商。该系统运行后，可以使政府采购从项目申报、登记备案、信息发布、招标采购（或网上竞标）到项目履约以及后续的资产管理，全部实现网络化管理、全过程实时监控和信息资源共享。

八、“阳光采购”服务品牌创建活动进一步推进

2004 年，青岛市通过开辟政府采购专栏、聘请法律顾问和组织服务品牌推介活动，推进“阳光采购”服务品牌活动，进一步提高政府采购透明度，搭建公平竞争平台，确保依法采购。通过引入品牌管理，加大了宣传力度，激发了干部队伍的工作积极性，采购行为更加规范，依法采购意识明显提高。“阳光采购”荣获青岛市财贸系统服务名牌称号和青岛市市级机关优秀工作成果奖，在全国同行业中开创了先例。

（青岛市财政局政府采购办公室供稿，于全发　乔红花执笔）

河　南　省

2004 年河南省认真贯彻落实《中华人民共和国政府采购法》，围绕“扩大规模、拓宽范围、规范运作、简化便利、探索创新”的工作方针，政府采购工作在各方面都取得了较大进展。

一、政府采购规模再创新高

2004 年河南省政府采购规模目标是比

上年增长30%，即在2003年52亿元的基础上达到67亿元。为了完成这一任务，河南采取了一些措施。一是通过制定政府采购目录和采购限额标准，明确纳入政府采购管理的采购项目，拓宽了采购范围。二是省财政厅、监察厅、审计厅联合制发了《关于财政投资工程实行政府采购有关问题的通知》，政府采购工程项目明显增多，工程采购占整个采购规模的比重达到了36%。三是加强对采购项目的预算管理，努力将政府采购预算做实、做细，提高了采购的计划性和监督的有效性，确保了采购项目的顺利实施。2004年，河南省政府采购执行预算金额82.7亿元（其中预算内55.8亿元，预算外15.3亿元，自筹11.6亿元），实现采购金额72.8亿元（其中预算内49亿元，预算外13.5亿元，自筹10.3亿元），节约资金9 .9亿元（其中预算内6 .8亿元，预算外1.8亿元，自筹1.3 亿元），资金节约率为11.95%。

二、工程政府采购迈出关键一步

从2003年7月开始，河南省对开封等7市抗震危改工程项目试行政府采购，在此项工作取得良好效果后，省政府于2004年5月决定将全省农村中小学危改工程全部纳入政府采购范围。以此为契机，河南省财政厅于2004年7月又就财政投资工程实行政府采购问题，联合省监察厅和审计厅共同制发《关于财政投资工程实行政府采购有关事项的通知》。财政部门从加强对工程建设资金管理入手，主要履行依法编制工程政府采购预算、信息发布、合同备案和工程资金国库集中支付等职责。对违反政府采购有关规定的，财政部门可以缓拨或停拨工程建设资金，监察部门按规定追究相关人责任。审计部门结合每年开展的预算执行及其他财政收支情况审计，把工程政府采购作为其中一项重要内容，纳入经常性审计之中。《关于财政投资工程实行政府采购有关事项的通知》下发后，省本级和各市都加快了工程实行政府采购的力度，工程政府采购规模迅速增长，工程政府采购占到全省采购规模的45%。其中，新乡、南阳、鹤壁、洛阳、商丘、开封、许昌和三门峡等8个省辖市的工程政府采购规模占当地政府采购规模50%以上，全省工程政府采购取得了突破性进展。

三、政府采购业务管理全面融入国库集中支付系统

河南在推行政府采购工作中，加强与部门预算和国库集中支付改革的衔接，将政府采购管理业务与国库集中支付系统有机结合起来，基本实现了预算管理、方式审批、合同备案、资金支付和信息统计查询的网络化和无纸化办公，简化了程序，减少了环节，提高了工作效率，方便了政府采购当事人。同时，还较好处理了政府采购项目资金的跨年度结转使用问题。2004年12月2日至4日，全国政府采购工作现场会在郑州召开。与会代表现场观摩了国库集中支付系统政府采购管理业务流程演示，财政部国库司领导和与会代表都对这一管理业务流程给予了充分肯定。

四、促使政府采购简化便利、规范运作和公开透明的工作取得新进展

一是简化工作程序，将涉及政府采购业务的表格整合为3张，便利了政府采购各当事人。二是增强政府采购工作透明度，实行政府采购计划网上申报审批，采购任务网上发布，还制定了政府采购申请、招投标和供应商投诉等5个流程图，流程图上墙（挂在办公室墙壁上）入册（编入服务手册），以便当事人随时了解和查询。据统计，2004年，在72.8亿元政府采购金额中，通过公开招标实现的采购金额为42.5元，占采购总规模的58.4%，基本确立了公开招标方

式的主导地位。政府采购信息公告数量也迅速增加，2002 年 240 条，2003 年 500 条，2004 年已达到 800 多条。三是采购管理工作更加规范。突出表现在采购人依法采购的意识和执行政府采购的主动性、自觉性不断提高，政府采购预算编制办法不断完善，随意采购、盲目采购等无序采购现象明显减少。采购方式、组织实施、招标采购、资金支付、合同审核等方面的管理程序、审批环节更加严谨规范。四是对评审专家的管理更加科学。按照“统一条件、分级管理、随机抽取、管用分离”的原则，建立和完善政府采购专家库，制发《关于征集政府采购评审专家的通知》。文件以信函或直接送达等不同方式发送达 500 份，同时在《河南日报》、《大河报》、政府采购网、商都信息港等媒体上发布。通过广泛征集，使省级政府采购专家库人员在现有数量基础上翻一番，力争达到 3000 人以上。同时加强对采购评审活动管理，评审专家执业行为进一步得到规范，提高了政府采购评审工作质量。

五、政府采购业务培训工作全面展开

结合对《政府采购货物和服务招标投标管理办法》、《政府采购信息公告管理办法》和《政府采购供应商投诉处理办法》等 3 个财政部发布的部长令的宣传，全面展开政府采购业务培训工作，先后举办了三期政府采购培训班。一是举办了两期全省市、县政府采购监管人员培训班，请财政部国库司负责政府采购管理工作的同志授课，培训人员 300 多人次。二是邀请《中华人民共和国政府采购法》起草小组的专家授课，培训省直单位财务处长和主办人员以及代理机构人员累计 200 多人次。通过普及政府采购法知识，为提高监督管理人员的执法水平、采购单位人员的政策水平和执业人员的工作质量奠定了坚实基础。

（河南省财政厅政府采购处供稿，
宋熙文执笔）

湖 北 省

2004 年，湖北省各级财政部门围绕落实《中华人民共和国政府采购法》和党的十六届三中、四中全会精神，紧紧围绕“规模、规范、效率”开展工作，以“上规模、抓质量、促发展”为中心，以发挥政府采购政策功能为导向，进一步完善政府采购管理体制，开拓进取，圆满地完成了工作任务。

一、政府采购规模逐步扩大

2004 年，全省财政部门认真抓好财政四项改革的配套衔接，整体推进政府采购管理工作。省级政府采购预算编制面达到 100%，市、州达到 50% 以上，县（市）达到 30% 以上。全省政府采购资金财政直接支付率达到 63.8%，其中省级达到 82.5%，市、县达到 60%。同时，全省各级财政部门在扩大政府采购规模的深度和广度上积极探索，在做好货物类政府采购预算编制、计划下达、项目规范的基础上，努力扩大工程类和服务类政府采购试点范围。有的地方积

极将农业开发资金、扶贫资金等专项资金纳入政府采购的范围，效果明显。

2004年，全省政府采购预算金额62.1亿元，实际采购金额55.5亿元，为年初40亿元目标的139%，超过15.5亿元；比上年增加近20亿元，增长54%；资金节约额6.6亿元，资金节约率为10.6%；政府采购规模占GDP的比重达到8.8‰，比上年提高1.9个百分点；占地方财政支出的比重达到8.6%，比上年提高1.9个百分点；工程类政府采购金额22.9亿元，占总规模的比重达到41.2%，比上年提高7.5个百分点。省本级政府采购规模达到7.6亿元，比上年增加4.4亿元，增长138%。

二、政府采购行为逐步规范

第一，加强政府采购监督管理。在这方面主要做了以下工作：抓日常项目监管，探索和完善政府采购项目监管的方式、方法、手段和内容。省级对计划生育设备、农村三项卫生建设项目、法官制服等项目实行了密封评标。抓政府采购代理机构业绩考核。根据《中华人民共和国政府采购法》和财政部、监察部关于《集中采购机构监督考核管理办法》的规定，省财政厅与省监察厅联合制定了对省政府采购中心上半年业绩量化考核办法，并于年底对其全年的工作业绩实行了定性与定量考核相结合的办法。抓全省政府采购代理机构的资格认定。根据《中华人民共和国行政许可法》的规定，对25家政府采购代理机构进行了资格认定工作。

第二，加强政府采购监督。将政府采购监督检查工作经常化、制度化。3月份，省财政厅联合省审计厅、省监察厅下发了《关于加强政府采购监督检查工作的通知》。根据年初全省政府采购工作会议的要求和《全省财政改革与管理工作量化考核办法》的规定，市、县两级对行政事业单位进行了重点检查，检查面达到了30%以上。同时，进一步规范了协议供应商的经营行为。

第三，加强业务培训，宣传政府采购政策。为进一步规范政府采购行为，提高采购单位对政府采购制度改革的认识，了解和掌握政府采购操作程序，全省各地都因地制宜地举办了不同形式、不同对象的政府采购业务培训。省级于2004年5月31日、8月5日和12月30日分别培训预算单位财务处长和经办人员700人次。通过培训，宣传了政策，使省直单位的政府采购意识大大增强，省级政府采购行为逐步规范。

第四，加强政府采购信息公开工作。在2004年的55.5亿元政府采购规模中，通过公开招标实现的采购金额为32.1亿元，占58%，基本确立了公开招标方式的主导地位。一年来，全省在政府采购指定媒体发布政府采购信息公告近千条。

第五，加强政府采购评审专家库建设。2004年，全省各级都注重了专家库的建设工作，采取多种办法广泛征集专家，按专业类型进行科学分类，并实行全省资源共享。至2004年底，省级政府采购专家库人数为640名，比上年增加200名。

三、政府采购制度逐步健全

一是加强政府采购制度建设，规范政府采购程序。2004年2月以省政府办公厅名义印发了《关于加快推进政府采购制度改革的通知》。上报省政府同意颁布了《湖北省2005年政府集中采购目录及标准》。经过全省的共同努力，省财政厅先后出台了《政府采购预算执行程序暂行规定》、《关于加强政府采购履约验收监督管理工作的通知》等一系列制度规定。

二是全省政府采购机构建设实现了管采分离。按照政府采购法的规定和财政部的要求，全省各级财政部门认真抓了政府采购机构的管采分离工作。截至 2004 年底，全省 17 个市、州和 72 个县（市）已全部独立设立了政府采购监管机构，全部实现了管采分离。省政府采购中心于 3 月 15 日正式成立并开始工作；市、州政府采购中心由政府直属的 1 个，在财政部门之外成立中心的有 2 个，单独成立中心的有 7 个，正在组建的有 3 个；县（市）级在财政部门之外成立中心的有 4 个，单独成立的有 36 个。

四、政府采购效率逐步提高

一是加大政府采购网络管理系统建设力度。省级已正式运行“湖北省政府采购网络管理系统”的计划管理、专家库管理、合同管理模块，实现了网上申报计划和下达合同确认函。预算管理、项目档案管理、数据管理、信息管理、供应商管理等模块正在完善之中。计划管理、专家库管理、合同管理模块还在部分市、县实行了试运行。

二是强化服务观念，提高工作质量和工作效率。2004 年，湖北省大多数财政部门都建立了信息反馈机制，采购人与供应商都能将自己的意见及时反馈到政府采购监管部门，促进了政府采购各方在工作中及时改进服务质量和服务方式。通过探索新的服务方式，不断改进工作水平，提高了工作效率。同时，完善协议供货制度，扩大协议供货范围；积极维护政府采购信息网，加快了政府采购信息传递速度。2004 年，全省政府集中采购率达到 94.5%。

五、政府采购功能逐步体现

2004 年，全省各级财政部门都逐步认识到政府采购在支持经济社会发展方面的积极作用。省级在政府采购项目中，积极运用政府采购法律和制度规定，支持国内、省内企业发展。5 月份，组织召开了湖北省政府采购供需交流会，为供需双方搭建平台，使双方达到了相互了解、相互沟通、提高认识、促进发展的目的。

六、政府采购队伍建设逐步加强

2004 年，全省各级财政部门进一步加强了对政府采购工作的领导，加强了对政府采购工作人员的管理和教育。在人员配备、经费安排等方面做了一些工作。在政府采购监管机构建设方面，全省 72 个县（市）中，已有 63 个县（市）的编制、机构、人员、经费“四到位”。县级政府采购监管机构人员共 327 人，共安排政府采购监管机构工作经费 764 万元。全省各级政府采购人员坚持学习理论的自觉性，坚持高尚的职业道德观，坚持执行廉洁自律的纪律，人员素质不断提高，工作作风不断改进，廉政、勤政、优政工作不断增强。

（湖北省财政厅政府采购管理处
供稿，赵绪克执笔）

湖　南　省

2004 年，湖南省财政厅围绕政府采购监管的各项中心工作，深入贯彻实施《中华人民共和国政府采购法》（以下简称《政府采购法》），加快政府采购制度创新，进一步扩大政府采购范围和规模，为深化财政支出管理体制改革、提高财政资金使用效益、促进廉政建设，进行了积极有益的探索，取得了明显成效。2004年，湖南省政府采购预算金额为73.76亿元，实际合同金额为64.12亿元，比采购预算节约资金9.64亿元，资金节约率为13.07%。政府采购规模比2003年的41.78亿元增加22.34亿元，增长53.47%，超额完成了2004年年初制定的50亿元的奋斗目标。其中：省本级政府采购预算金额为12.78亿元，实际合同金额为11.1亿元，比2003年的6.09亿元增加5.01亿元，增长82.34%；与市场价相比，节约资金1.68亿元，节支率为13.12%。

2004年湖南省政府采购规模情况表（单位：万元）

类型	采购预算总计	实际采购金额	节约资金	节约率（%）	集中采购比例（%）	公开招标比例（%）
总计	737 648.39	641 233.75	96 414.66	13.07	80.85	48.65
货物类	350 421.67	308.069.30	42 352.38	12.09	77.93	28.12
工程类	303 070.63	262 188.82	40 881.81	13.49	82.80	72.57
服务类	84 156.09	70 975.63	13 180.47	15.66	86.29	49.35

一、围绕采购目标抓规模

一是不断拓宽采购领域，着力在重大采购项目和增长潜力较大的工程及服务类项目上下功夫。湖南省财政厅下发了《湖南省财政厅关于省直机关2004—2005年度办公设备协议供货有关事宜的通知》，明确省本级协议供货的范围从单一的计算机扩大到计算机、服务器、打印机、传真机、扫描仪、碎纸机、复印机、速印机、多功能一体机、投影仪等办公自动化设备。同时，对省级储备粮代储点实行招标定点，将全省财政补贴农民购置农机具纳入政府采购试点，将煤矿安全“一通三防”工程国债资金项目纳入政府采购等，这些措施实施后都收到明显成效。二是继续实行目标责任制，加强对市、州政府采购工作的考核和评比。2004年，省直和各市、州全部实现预定采购目标，部分市、县继续保持采购规模翻番的良好态势。长沙、株洲、郴州、岳阳四市采购规模突破5亿元，其中长沙市以超20亿元的采购规模名列第一。邵阳、张家界、益阳、娄底等地规模增速较快。继2003年全省首个亿元县浏阳市之后，2004年长沙、望城、宁乡、石门四县政府采购规模超过亿元。三是加大监督检查力度，开展对《政府采购法》执行情况的监督检查。针对部分单位执行政府采购制度力度不够、存在规避政府采购行为等问题，2004年4月—5月，湖南省财政厅首次对4家省直单位进行了政府采购专项检查，发现违规采购金额共计1 029万元；同时，还发现了各单位不同程度地存在未按规定编制政府采购预算，以及对政府采购认识不到位等问题。对此，湖南省财政厅向有关单位发出了财政检查意见书，要求各单位对照《政府采购法》及相关制度认真整改。这次执法检查，在省直行政事业单位中引起了强烈反响，提高了各部门、单位对政府采购的认识，增强了执行政府采购制度的自觉性。不少单位还主动邀请湖南省财政厅就政府采购法律、法规及有关制度举办培训。

二、完善采购制度抓规范

为了在扩大规模的同时抓好工作规范，2004年湖南省财政厅出台了一系列办法和措施，主要有：及时贯彻实施财政部、监察部《关于集中采购机构监督考核管理办法》,制定了《湖南省集中采购机构监督考核管理实施办法》;针对政府采购合同执行中出现的新情况、新问题,及时下发了《关于加强政府采购合同监管的通知》;配合部门预算编制,制发了《湖南省2005年集中采购目录及政府采购限额标准和公开招标数额标准》;为了加快湖南省软件正版化进程,为省直各单位采购正版软件提供便利,湖南省财政厅联合湖南省版权局、湖南省信息产业厅印发了《关于湖南省省级政府部门正版软件政府采购有关事项的通知》,等。按照《政府采购法》的规定,政府采购应以公开招标为主,其他招标方式为辅,但实际操作中不少单位规避公开招标,非公开方式多,不规范现象多。为了规范非公开招标采购方式,财政部拟制定《非公开招标采购方式管理办法》,委托湖南代起草此项办法。湖南省财政厅反复讨论修改,形成代拟稿,较好地完成了财政部交办的起草任务。

三、围绕工作重点抓管理

一是抓政府采购专家库的建设。为了规范评审专家的管理工作,财政部制定了《政府采购评审专家管理办法》。湖南省财政厅及时转发了财政部文件,并改进原有专家库软件,充实专家库,同时组织了政府采购专家座谈会,认真听取对政府采购工作的意见和建议。二是抓管理与采购分离。按照《政府采购法》有关规定和国务院的要求,以及湖南省人民政府办公厅《关于进一步规范管理政府采购的通知》精神,政府采购管理机构和执行机构必须实行分离。湖南省各市、州为此做了大量卓有成效的工作,2004年全省除长沙市外,基本做到了管理与采购分离。三是认真对待和及时查处供应商投诉。对于供应商符合法定程序的投诉,湖南省财政厅坚持按法律规定进行认真的调查,并及进做出答复。2004年共受理各类投诉十多起,均及时作出答复,对个别供应商在政府采购活动中的违法行为进行了处理,使政府采购当事人的行为更加规范。四是抓信息统计工作。2004年湖南省财政厅再次被财政部评为全国政府采购信息统计工作先进单位。

四、围绕执法抓培训

2004年是《政府采购法》实施的第二年,为了提高政府采购当事人执行《政府采购法》的自觉性,湖南省财政厅先后举办了三期专题培训班。2004年5月举办了第五期政府采购中介代理机构从业人员业务培训班,2004年8月举办了首届政府采购供应商培训班,2004年11月湖南省在全国率先举办了《政府采购法》配套办法培训班,累计培训超过600人次,较好地完成了《政府采购法》及配套办法的宣传普及工作。

(湖南省财政厅政府采购管理办公室供稿,曹长阳执笔)

广　东　省

2004年,广东省政府采购工作在财政厅党组的正确领导和监察、审计等部门的支持配合下，认真贯彻执行《中华人民共和国政府采购法》（以下简称《政府采购法》），进一步规范政府采购行为，全省政府采购工作实现了新发展。

一、政府采购规模

2004年全省政府采购项目预算251.7亿元，比上年增加107.05亿元。实际完成采购金额226.04亿元，在采购预算资金增长74%的推动下，采购规模实现了77.24%的增长。其中：货物类采购100.96亿元，增长15.63%，占总规模的44.67%；工程类采购106.75亿元，增长298.4%，占总规模的47.23%；服务类采购18.33亿元，增长36.55%，占总规模的8.11%。全省政府采购节约资金25.66亿元，资金节约率10.2%。省级实际采购37.73亿元，节约资金4.28亿元，节约率10.19%；采购规模比上年增加17.82亿元，增长89.48%。地方实际完成采购188.31亿元，比上年增加80.69亿元，增长74.98%；节约资金21.38亿元，节约率10.2%。全省执行采购情况见图1。政府采购规模分别占当年全省GDP 16 039.48亿元和地方财政一般预算支出1852.58亿元的1.4%和12.2%（2003年分别是0.95%和7.52%）。

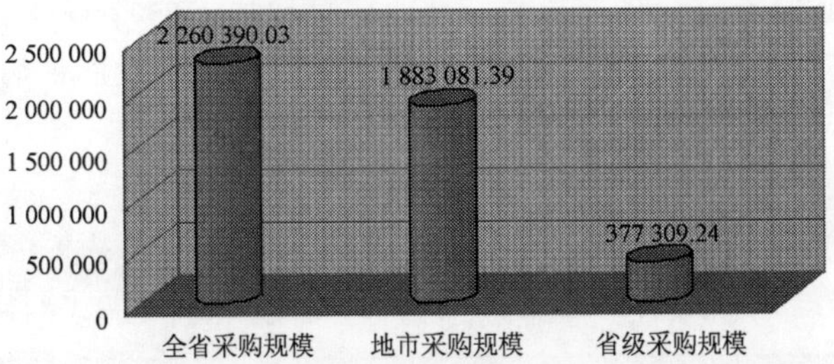

图1　2004年广东省政府采购执行情况（单位：万元）

2004年的全省政府采购呈现以下特点：

（一）采购规模快速发展，增长提速

2004年，广东省政府采购规模的发展趋势出现拐点，呈现由平稳向下回落转为突破向上提升的态势。采购规模比上年127.5亿元增加98.51亿元，巨幅增长77.24%，比上年52.79%的增长速度提速近一半（见图2）。

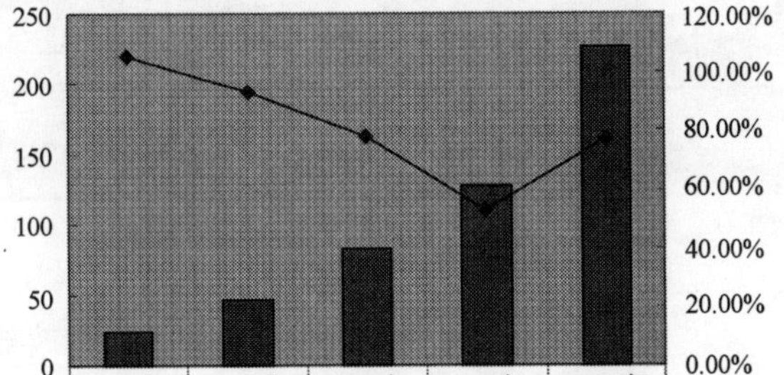

	2000年规模	2001年规模	2002年规模	2003年规模	2004年规模
规模	24.28	46.88	83.47	127.53	226.04
趋势	105.76%	93.08%	78.04%	52.78%	77.24%

图2　广东省历年政府采购规模趋势分析图（单位：亿元）

（二）工程类采购规模大幅增长是全省政府采购增长的主要推动力

2004年，全省工程类采购达到106.75亿元，占总规模的47.23%，比去年的26.8亿元增长298.4%（翻了3.98倍）。把数额超过70亿元的符合政府采购管理范围的招投标建设工程纳入统计，是形成高增长的直接因素。

（三）政府采购集中在珠江三角洲经济发达地区，粤东和粤西两翼欠发达地区采购规模偏小

据统计，珠江三角洲（含省级）采购规模为177.77亿元，占总规模的79%。粤东和粤西两翼等欠发达地区规模有所增加，达到48.27亿元，占总规模的21%（去年是13.2%）。规模超过1亿元以上的地区由2003年的17个增加到19个（含省直单位），它们是：省直、广州、江门、深圳、肇庆、东莞、佛山、中山、珠海、韶关、云浮、河源、惠州、湛江、茂名、清远、梅州、阳江、汕尾。汕头、潮州、揭阳规模均在9 200万元以下。

（四）集中采购和公开招标是主要采购形式和方式，政府采购工作得到进一步规范

全省集中采购203.32亿元，比重达到90%。集中采购是广东省政府采购的主要组织方式。

公开招标采购154.22亿元，邀请招标采购13.52亿元，竞争性谈判采购20.93亿元，询价采购21.74亿元，单一来源采购15.62亿元。公开招标比例达到68.23%，比上年大增11.67个百分点（2003年比2002年只增加4.85个百分点），体现出公开招标仍然是广东省政府采购的主要方式，政府采购规范化得到进一步增强（见图3）。

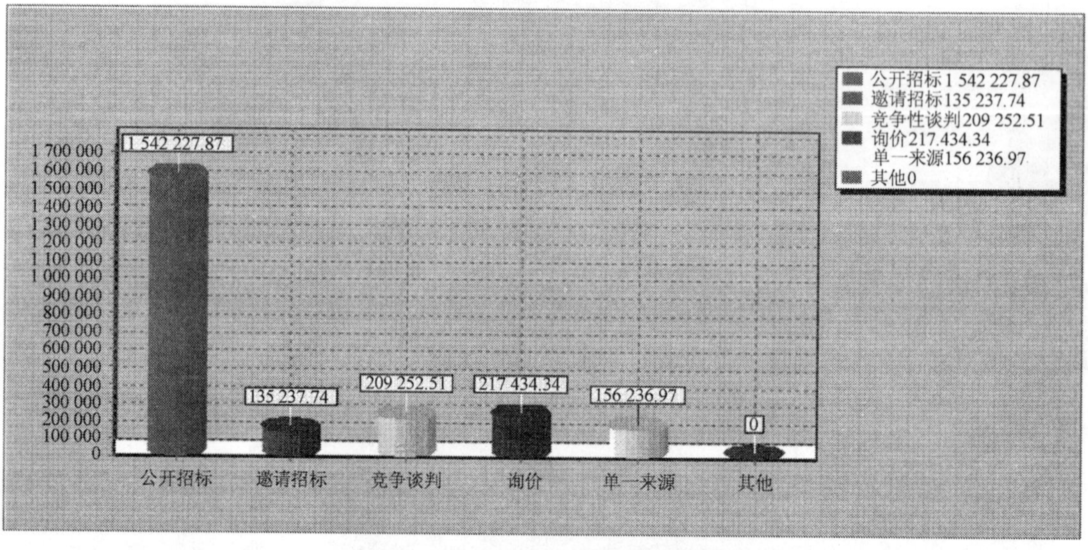

图3 广东省采购方式分析图（单位：万元）

二、主要工作概况

（一）全省机构建设全部依法规范到位

根据《政府采购法》的有关规定，广东省在2003年理顺了省级机构建设的基础上，各市财政部门加大地市机构建设力度，采取措施分别设立政府采购管理机构，充实人员，明确职责，将原隶属财政部门的政府采购中心从财政部门分离，改变了过去政府采购管理职能缺位、执行职能越位的现象。截至2004年9月，通过各级财政部门的努力，广东省21个地级以上市财政局都成立了政府采购管理机构，机构建设全部依法规范到位，实现了全省政府采购机构设置规范化、合法化。

（二）制度建设取得新成效

广东省将2003年定为全省政府采购“机构建设年”，将2004年定为全省政府采购“制度建设年”。省采购办把政府采购制度化作为规范政府采购活动的重要工作来抓，成立了“制度建设工作小组”，制定了《广东省政府采购公开招标采购方式实施暂行规程》、《广东省政府采购非公开招标采购方式实施暂行规程》等10个政府采购制度办法。

地方各级政府采购机构也把制度建设放在2004年工作的首位。各地市从建立和完善制度上着力规范政府采购管理体制，特别是深圳、珠海、佛山、江门、东莞、中山、湛江、茂名、广州等市在政府采购制度创新过程中，始终坚持法制先行，坚持依法抓改革，依法促规范，依法求发展，使政府采购有法可依、有章可循。同时，填补制度空白，修订了与《政府采购法》相配套、具体化、操作性强的制度、办法。这些措施既保证了采购工作公平、公正、公开和规范运作，又提升了广东省政府采购管理水平，提高了采购效率和采购质量。

（三）切实加强政府采购基础工作

目前广东省政府采购预算编制、政府采购计划、国库集中支付、专家库建设等基础工作还比较滞后，甚至成了制约扩大规模、加强监督、提高效率的瓶颈。为此，全省将加强四项基础工作作为2004年的重要任务之一，做了以下工作：

1. 全面推行编制政府采购预算，要求凡使用财政性资金采购的项目都应编制政府采购预算。

2. 要求各部门、各单位在年度政府采购预算基础上编制年度政府采购计划，加强政府采购的计划性。

3. 实行国库集中支付。在大力推进细化部门政府采购预算编制、加强政府采购的计划管理的同时，通过实行国库集中支付，完善政府采购资金国库集中支付制度。东莞、韶关、江门、中山、肇庆、湖州等市已经基本建立了政府采购国库集中支付制度，切实加强了对资金使用情况的监督，提高了政府采购应有的效能。

4. 完善专家库制度建设。第一，制订《广东省政府采购评审专家管理暂行办法》，进一步完善了广东省政府采购专家库。第二，制定政府采购评审专家随机抽取程序，严格评审委员会的组建工作。抽取专家时，由采购办派专人，在采购人、代理机构纪检监察人员的监督下，通过随机抽取，电话语音系统自动通知，产生采购项目的专家评委。这些措施有效地加强了评审环节的监管，维护了政府采购的“三公”原则。

（四）网络信息化建设取得新突破

2004年，广东省全面打造“阳光大采购”工程，采取了以下措施加快政府采购网络系统的建设：

1. 在完善“广东省政府采购网”信息发布、专家抽取、协议采购等系统的基础上正式启动政府采购其他管理系统的开发工作，并协助省政府采购中心开发广东省政府采购执行平台的建设，逐步实现网上采购功能，推行网上采购，使采购人可通过“网上申报、下订单、网上审批、签合同”等形式实现实时采购，缩短采购时间，提高效率。

2. 地方各市也把信息网络化建设作为推进政府采购工作的重要措施。深圳市实行了网上招标采购。珠海市把加强信息化建设放在十分突出的位置，全面实行信息化带动策略，全面升级“珠海政府采购网站”，优化“政府采购银行卡管理系统”并扩大网上采购范围，尝试开展网上询价采购和网上投标。广州市启用了“政府采购语音咨询”、“专家随机抽取自动通知”、“网上申报采购计划”等网络功能。佛山、江门、东莞、中山等市通过政府采购信息网络化建设，提升了政府采购的质量和效率。

（五）采取措施提高服务和效率

1. 简化程序和手续，提高采购效率。广东省结合贯彻执行《行政许可法》，印发了《关于政府采购业务委托代理实施意见的通知》，对集中采购和部门集中采购分别进行规范分类，规定凡是通用类项目由省政府采购中心实施，专业性较强项目由部门依法实施部门集中采购。举进一步简化了程序和手续，缩短了采购所需时间，方便了工作，提高了采购效率。

2. 依法选择采购方式和明确工作时限。根据具体采购项目情况，依法审批采购方式，并明确审批采购方式原则上在 4 个工作日内办理完毕。其中属省采购办职权范围内的事项，应当在 2 个工作日内办理完毕。

3. 规范政府采购工作程序和操作规程，制订印发《广东省政府采购公开招标采购方式实施暂行规程》、《广东省政府采购非公开招标采购方式实施规程》，明确、细化了政府采购规程。

4. 承诺公布采购程序和采购时间。修订编制了《广东省省级政府采购指南》，明晰了政府采购的运作流程，明确了政府采购项目的申报、受理、组织实施的步骤和时间要求，方便政府采购当事人按照规范性指引来提高政府采购效率。同时，明确向社会承诺公布采购程序和采购时间。

5. 扩大协议供货范围。为了扩大协议供货范围，广东省印发了《关于 2004 年度省直单位采购计算机等日常办公用品实行协议供货办法的通知》和《关于增加部分品牌车辆实行协议供货的通知》，使办公自动化协议供货范围由 17 个品种扩大到 34 个品种，由硬件扩大到软件；车辆协议供货由 5 个品牌扩大到 11 个品牌，实行车辆协议供货采购方式的范围扩大到全省。

（六）积极推进建立“两个竞争机制”和“一个制约机制”

一是培育和扩大社会招标代理机构，制订科学合理的政府集中采购目录，规范采购人自行选择政府采购代理机构代理采购业务的权力，推进政府采购代理机构竞争机制。二是推进建立供应商竞争机制。三是推进建立采购人、供应商、政府采购代理机构的制约机制。为此，制定了《广东省政府采购招标业务操作规范》，对政府采购招标业务流程和操作环节进行规范，对招标采购的品牌竞争、流程中各环节的时间计划、招标和预中标公告、质疑、投诉途径及处理、评标委员会组建等作出规定，逐步建立起采购人、供应商、政府采购代理机构的制约机制。

（七）加强培训和宣传工作

一是加强队伍建设，加大培训力度，将提高政府采购管理人员、评审专家和当事人的法规、政策和业务素质作为工作重点。2004 年 12 月举办了“政府采购制度办法和统计信息软件培训班”，培训各地级以上市政府采购管理办公室和采购中心负责人、省直单位主管政府采购工作的处级领导、经办人员和全省信息统计人员共 363 人。二是采取多种形式加强宣传。在《人民日报》、《南方日报》、《政府采购信息报》等报刊组织刊登了一批文章。通过一系列培训和宣传，政府采购队伍工作作风、思想作风明显转变，整体素质有较大提高，增强了宗旨意识和服务观念，树立起了依法行政、依法管理的思想，同时也使社会各界加深了对政府采购的认识，有力地支持和推动了全省政府采购的发展。

（八）加强监管，规范运作

为了切实依法履行对政府采购活动的监督管理职责，广东省首先是加强了与《政府采购法》相配套的制度的建设，用制度规范政府采购行为。其次，切实加强对政府采购工作人员和所聘专家的监督管理，为进一步完善健全内部管理制度，建立了内部的政治业务学习制度，修订完善了《广东省政府采购管理办公室廉政建设规定》等14个针对性强、操作性强的内部规章制度；为严格对评审专家的监督管理工作，制定了《广东省政府采购组建评审委员会暂行办法》、《广东省政府采购评审专家评审纪律》。第三，加强对政府采购制度执行情况的监督检查，通过“走出去”，“请进来”，深入基层，调查研究，认真征求各单位的意见和建议。这些措施，对督促采购当事人依法采购、按规章参加政府采购活动发挥了重要作用，规范了政府采购运作。

（广东省政府采购管理办公室
供稿，梁杰贤执笔）

深 圳 市

2004年，深圳市政府采购工作在市委、市政府的正确领导下，认真执行《中华人民共和国政府采购法》和《深圳经济特区政府采购条例》，坚持以“加快制度建设、加强计划管理、加大监督力度”为手段，以规范、高效、优质为目标，狠抓“提速”和操作规范，政府采购的工作质量和效率有了显著改善，全年完成预算金额突破32亿元。

一、采购额继续稳步增长，资金节约效果明显

2004年全市实施政府采购项目预算金额为32.33亿元，比上年的28.38亿元增长13.9%；实际采购金额28.29亿元，比上年的24.77亿元增长14.2%；节约资金4.04亿元，比上年的3.61亿元增长11.9%，资金节约率为12.5%。政府采购额占本年财政支出的7.5%，比上年同期增长了0.6个百分点。市本级和六个区政府采购完成预算金额分别为18.06亿元和14.27亿元，分别占全市政府采购额的55.9%和44.1%。

几年来，深圳市政府采购规模逐年稳步增长，1998年至2004年，采购规模年平均增长比率为30.2%。政府采购规模不断扩大的主要原因，一是随着深圳市政府采购经验的积累和管理、执行能力的增强，相应地逐年调整政府集中采购目录，逐步扩大了集中采购范围；二是市、区监督管理和执行机构认真研究和改善采购计划管理和监督，创新采购手段，推行网上采购，重服务、重规范、重效率，不断提高工作效率和采购质量。

二、进一步加强制度建设，以制度促进管理规范

2004年，市财政局草拟并经市法制办审核发布了《深圳市政府采购评标委员会专家库管理暂行办法》、《深圳市政府采购信息公告管理办法》，代市政府草拟并由市政府办公厅发布了《转发省政府办公厅关于全面推进政府采购制度改革意见的通知》，结合深圳市实际，提出具体贯彻意见；针对采购实施过程中存在的问题，研究制定了《关于规范确认申报金额是否包括设计费及监理费的通知》、《关于重申政府投资项目所需的设备应当实行政府集中

采购的通知》，解决具体操作中的制度真空问题，进一步完善了全市政府采购制度体系；同时各区也结合本区实际，制定有关规章制度，如福田区颁布了《福田区政府采购实施办法（试行）》。

三、狠抓采购“提速” 着力提高采购效率

深圳市将提高采购效率作为2004年的一大工作重点，在政府采购“提速”上狠下功夫。一是精简采购环节，减少了主管部门审核采购申报、财政局业务处核对确认采购计划等环节；简化协议采购流程，采购单位从网上直接向协议供应商下单采购，不再由采购中心审核后再向供应商下单。二是注重实现规模采购，以整合采购计划为突破口，采取系统申报、统一打包、举行专场采购等方法，扩大了单次采购规模，提高了效率。三是大力拓展协议采购，在完善原有协议采购项目的基础上，开辟了汽车、空调、办公设备等新项目，较好解决了标准化商品设备直接采购的问题。四是变被动采购为主动采购，采取走出去、请进来的积极措施，通过有计划地主动走访采购单位、召开政府采购座谈会等方式，多方听取采购单位的意见和建议，不断改进工作，提高服务水平。

四、加强规范化建设 规范政府采购操作

一是完善政府采购计划编制方法，规范审核环节，监督政府采购计划认真执行。二是严格规范对非公开招标采购方式的审批。市本级对不宜公开招标的项目由市政府采购中心收集必要的书面材料，提出理由报财政局审批。三是全面使用标书范本，依据货物、装修工程、绿化工程等标书范本编制采购文件，预防了采购文件编制过程的随意现象。四是统一开、评标程序，对于从开、评标前的准备到实际开评标工作再到项目结束后续工作等一系列环节进行统一规范。五是规范供应商投标行为，制定并公示《供应商投标注意事项》和《供应商谈判注意事项》，印发了《供应商操作指南》，明确供应商参加政府采购活动的有关事宜。通过大力加强规范化建设，目前深圳市本级初步实现了“采购文件格式化、采购程序制度化、项目管理规范化”的目标。

五、加强系统建设 实现政府采购全程上网

2004年，深圳市继续着力实施网上政府采购系统建设，改进政府采购计划管理系统并加强了政府采购计划管理，统一政府采购计划运行及指标管理系统的需求与功能，将中农网与深圳市政府采购网合并，实现了采购计划的追加调整和申报执行在同一个系统上运行。同时开发推出了网上招投标系统和辅助评标系统，基本做到所有政府采购项目实施全程上网采购，真正实现了政府采购涉及的各种角色——采购单位、政府采购监管部门、采购中心、供应商以及专家评委的工作全部在网上实施，网上申报、网上投标、网上开标和网上评标等使深圳的政府采购全面实现了无纸化运作。深圳网上政府采购系统的应用，使政府采购搭上了信息高速公路的快车。

六、创新监管手段 加大对政府采购各环节的监督力度

一是2004年依照财政部、监察部《关于集中采购机构监督考核管理办法》的要求，首次对政府集中采购机构进行了年度考核，并形成考核报告上报市政府，市领导对此项工作高度重视并作了重要批示。二是对汽车消费三项服务、协议采购、市民中心餐饮及停车场管理、民防系统等重大项目、敏感项目进行全程重点跟踪。三

是创新对公务车服务的履约监管手段，2004年开发并投入使用公务车信息收集与管理系统。采用该系统后，市属公务车所发生的每一笔保险、加油、维修信息都将即时记入系统数据库，各车主单位可以对公务车支出的各类费用信息进行便利的查询和监管，为加强公务车服务履约监管提供了技术支持和保障，有助于实现公务车费用支出的全面透明管理，这是深圳市财政支出管理手段的又一创新。四是加强履约监管。通过主动走访采购单位、电话回访等形式了解项目履约情况；采取没收投标保证金、在网上予以曝光等措施，加大对中标后不履约供应商的处罚力度。此外，2004年还狠下苦功规范协议供货商的履约行为，如建立供应商履约档案制度、做好协议商品市场行情调查以核对协议采购报价等。五是认真对待政府采购投诉，2004年受理并处理投诉14件，对严重违规的供应商分别给予一到三年禁止参加深圳市政府采购活动的处罚，并在网上公示。

七、加强政府采购基础工作　稳步推进政府采购改革

随着政府采购的规模与品种不断扩大，处理好各方面的关系，加强基础性规范建设成为一项必要的工作。为此，深圳市主要做了如下工作：一是进一步理顺政府采购监管机构、执行机构内部及外部相关单位的关系，包括协调政府物业管理招标事宜、国际采购招标事宜、基建项目中设备采购纳入规范申报程序事宜等，明确规范了操作模式。二是市财政局与采购中心联手做好全市政府采购信息的统计分析工作，2004年深圳市财政局被财政部评为政府采购信息统计先进单位。三是强化“两库”建设。一方面加大供应商库扩容力度，采取“走出去、请进来”的办法，联合行业协会动员供应商注册入库；同时细化供应商分类，对目前库内数量较少的类别加大征集力度，做到有重点、有突破。另一方面加强专家库管理，做好专家库日常维护，及时补充更新库内信息；推行专家持卡上岗评标的办法，规范专家评标行为；建立独立的专家抽取室和评标室，规范专家抽取和评标的操作程序；强化评标专家考核管理，取消不合格专家的评标资格。四是扩大政府采购信息的辐射范围。2004年深圳市每周三次在《深圳商报》头版发布“深圳政府采购信息”，拓展了政府采购信息公告的渠道，扩大了政府采购信息的辐射范围。五是关注、指导各区政府采购监管工作的开展，如召开全市政府采购工作总结交流会，到各区调研政府采购监管工作，针对各区政府采购中的共性问题提出了市区专家共享的方案并抓好落实，等。

（深圳市财政局供稿，邓广执笔）

广西壮族自治区

2004年，广西壮族自治区政府采购工作在全区各级党委、人民政府的重视和支持下，认真贯彻实施《中华人民共和国政府采购法》，按照中央有关政府采购工作的部署和要求，紧紧围绕政府采购职能分离、机构分设这一中心任务，努力扩大政府采购的规模和范围，使全区政府采购工作又跃上一个新的台阶。

一、政府采购规模不断扩大，成绩显著

2004年，全区完成政府采购预算47.81亿元，实际完成政府采购金额42.47亿元，同比增加13.61亿元，增长47.15%；完成政府采购金额占全区国内生产总值的1.27%，占全区当年财政支出的8.4%，比上年增长1.9个百分点；与政府采购预算相比，节约政府采购预算资金5.34亿元，节约率为11.17%。

第一，从资金总体构成情况看，政府采购资金呈多元化格局。2004年，我区完成政府采购金额中预算外资金超过预算内资金，成为政府采购资金的主要来源。具体为：预算外资金17.11亿元，占采购资金总额的40.29%；预算内资金16亿元，占采购资金总额的37.67%；单位自筹资金9.36亿元，占采购资金总额的22.01%。

第二，从政府采购组织形式看，政府集中采购为主要组织形式。2004年，全区实际完成政府采购资金42.47亿元，其中：集中采购41.36亿元，占政府采购总额的97.39%；分散采购1.11亿元，占政府采购总额的2.61%。

第三，从政府采购方式看，坚持以公开招标为主要采购方式，并兼顾了效率原则。2004年，采购资金中实行公开招标方式采购的金额为22.78亿元，占采购资金总额的53.64%；实行邀请招标方式采购的金额为2.43亿元，占采购资金总额的5.72%；实行竞争性谈判方式采购的金额为6.81亿元，占采购资金总额的16.03%；实行询价方式采购的金额为8.17亿元，占采购资金总额的19.24%；实行单一来源方式采购的金额为2.28亿元，占采购资金总额的5.37%。为了缩短采购周期和提高采购效率，实行竞争性谈判与询价方式的采购资金占采购总金额的比例增长较快。

第四，从政府采购合同授予情况看，体现了支持“国货”的原则。2004年，广西壮族自治区支付给国内供应商的采购资金为42.29亿元，占采购总金额的99.58%；支付给省内供应商的采购资金为31.73亿元，占采购总金额的74.71%，通过政府采购促进了经济欠发达地区及中小企业的发展。

第五，从政府采购品目看，工程类上升幅度较大。2004年，货物、工程和服务三大类实际完成采购金额分别为21.56亿元、18.55亿元、2.36亿元。其中工程类采购项目受中国—东盟国际博览会和南宁市“136工程”影响增长较快，同比增加9.99亿元，增长了116.71%。全区交通工具及交通运输工程采购共9.51亿元，专用设备、系统集成及网络设备采购共8.66亿元，上述两项采购金额合计18.17亿元，占采购总金额的42.78%。

第六，从政府采购主体看，政府采购支持重点支出、法定支出的采购金额稳步增长。2004年，各级国家机关采购资金为14.79亿元，占采购总金额的34.82%；事业单位采购资金为27.31亿元，占采购总金额的64.3%；社会团体组织采购资金为0.37亿元，占采购总金额的0.87%。在资金使用上，行政管理部门安排了10.22亿元，公检法司部门3.31亿元，农林水气象部门2.26亿元，工业交通部门1.02亿元，教育部门6.65亿元，卫生部门2.68亿元，确保了农业、科技、教育等法定支出和自治区确定的重点支出需要。

二、政府采购监督管理工作得到进一步加强

在全区125个行政区划中，已经设立

政府采购管理机构的有93个市、县（区），其中独立设置政府采购管理机构的有31个市、县（区）。各级政府采购监督管理机构认真履行对政府采购活动的监督管理职责，政府采购监督管理工作得到了进一步加强。

（一）进一步规范政府采购的方式管理

一是修改完善竞争性谈判采购方式的有关程序。根据《中华人民共和国政府采购法》规定的程序并结合广西的实际，对竞争性谈判采购方式的程序进行补充和完善，竞争性谈判采购的项目也同时公告，不限制供应商的数量，让符合条件的供应商都有机会来参加竞争性谈判，要求采购代理机构对竞争性谈判的条件书范本进行修改完善。二是采用单一来源采购方式实施的项目，按照政府采购公开、公平和公正的原则，一律实行单一来源采购信息网上公告制度，在供应商对实行单一来源采购项目无异议后方可实施。这些创新获得了广大供应商的好评。

（二）积极做好自治区本级政府采购机构分设、职能分离工作

从2003年10月份起，根据自治区人民政府关于同意依托自治区机械设备成套局设立广西壮族自治区政府采购中心的批复和有关会议精神，自治区财政厅与机械设备成套局反复酝酿、多方论证、几易其稿，历时半年多完成了《广西壮族自治区政府采购中心组建方案》，并报自治区人民政府同意。自治区财政厅根据新机构成立后职能转换需要，制定了新的工作程序和业务流程，使之适应政府采购管理制度改革的需要。在管、采分离过程中，积极做好政府采购制度改革的宣传工作，认真做好的移交工作。对过渡期的采购业务，自治区财政厅仍按时受理采购单位委托业务，按时审核中价机构的采购文件，按时清退供应商履约金，按照规定的各项要求办理移交工作。自治区财政厅制定了《关于印发〈自治区本级实施政府集中采购意见〉的通知》，就自治区本级管、采分离后的集中采购业务工作流程作了具体规定。

（三）依法制定集中采购目录及采购限额标准，进一步扩大政府采购规模和范围

根据政府采购法有关规定，结合2003年以来执行集中采购目录及采购限额标准的实际效果，自治区财政厅对2002年制定的集中采购目录及采购限额标准进行了调整和完善，由自治区人民政府以《广西壮族自治区人民政府关于公布2005年广西壮族自治区政府采购集中采购目录及采购限额标准的通知》颁布，在2005年实施。

（四）配合自治区人大开展《中华人民共和国政府采购法》及政府采购制度执行情况的专项检查

2004年4月12日至19日，自治区财政厅配合自治区人大常委会组织了两个执法检查小组深入南宁市、桂林市、贺州市、来宾市开展检查，听取了南宁市等4市、资源县等7县（市）关于政府采购法实施情况的汇报，并召开各种座谈会，与所到市、县的政府采购监督管理部门、部分采购人、供应商、采购代理机构进行座谈。自治区人大常委会执法检查组于2004年6月1日在广西壮族自治区第十届人民代表大会常务委员会第八次会议上就此次检查的情况作了报告。通过开展政府采购执法专项检查，一方面借助人大对政府工作的监督力量改善了全区实施政府采购制度的社会环境，另一方面也促使各级政府加强了对财政部门政府采购制度改革的支持力度。

（广西壮族自治区财政厅政府采购监督管理处供稿，陈日成执笔）

海　南　省

《中华人民共和国政府采购法》（以下简称《政府采购法》）的实施对政府采购工作提出了更高标准和新的要求。2004 年，海南省各级财政部门认真贯彻落实《政府采购法》，紧紧围绕“规模、规范、效率”开展工作，开拓进取，较好地完成了采购工作任务，取得了一定的成效。

一、政府采购规模和范围进一步扩大

2004 年，海南省政府采购预算金额 4.98 亿元，实际签订合同金额 4.73 亿元，比上年增加 0.98 亿元，增长 26.07%；节约资金 0.25 亿元，资金平均节约率为 5.09%；政府采购规模占全省 GDP 的 0.6%，占全省财政总支出的 3.35%。货物类采购 3.81 亿元，工程类采购 0.51 亿元，服务类采购 0.41 亿元，三类采购金额在政府采购总规模中所占的比例分别为 80.56%、10.7%、8.73%。省本级政府采购规模 3.21 亿元，比上年增加 0.8 亿元，增长 33.16%。政府采购规模在千万元以上的有海口市 6 189 万元、三亚市 4 200 万元、东方市 1 200 万元等 3 个市、县。全省各级财政部门在扩大政府采购规模的深度和广度上积极探索，在做好货物类政府采购预算编制、计划下达、项目规范的基础上，努力扩大工程类和服务类试点范围。海口市成功地对垃圾处理系统工程进行了政府采购，三亚市对交警综合楼工程、一环路延伸段工程、丰兴隆大桥工程、胜利路新风路改造工程及第九小学综合楼工程等五项政府投资工程进行了公开招标采购，琼海市对车辆维修实行了政府集中采购，省级实行了车辆定点保险。这些项目都取得了较好效果，得到普遍好评。

二、规范化管理工作取得新的成效

一是集中采购更加完善。集中采购目录的制定更加合理，省财政厅对省本级重大集中项目的采购都进行了全程监管。同时，抓政府采购业务代理机构业绩考核，根据《政府采购法》和财政部、监察部关于《集中采购机构监督考核管理办法》的规定，省财政厅对政府采购中心的工作实行了定性与定量考核相结合的办法，并提出了整改意见，进一步规范了采购运作。

二是采购工作更加公开透明。在 2004 年的 4.73 亿元政府采购规模中，通过公开招标实现的采购金额为 2.75 亿元，占 58%，基本确立了公开招标方式的主导地位。一年来，全省在政府采购指定媒体发布政府采购信息公告 300 多条。

三是采购管理工作更加规范。突出表现在采购人依法采购的意识和执行政府采购制度的主动性、自觉性不断提高。政府采购预算编制办法不断完善，随意采购、盲目采购等无序采购现象明显减少。采购组织形式、采购方式、采购程序、合同审核、资金支付等方面的管理程序、审批环节更加严谨透明。

三、政府采购机构和队伍建设得到了加强

按照《政府采购法》的规定和财政部的

要求，海南省各级财政部门认真抓了政府采购机构的管、采分离工作。截至2004年底，全省各市、县基本都已设立政府采购管理机构，全省现有管理机构17个；集中采购机构7个，其中独立设置3个，设在财政部门4个。

按照管、采分离和建立健全集中采购机构的要求，2004年4月省机构编制委员会下发了《关于印发海南政府采购中心机构编制方案的通知》，撤消原省机电设备招标中心，组建海南政府采购中心，主要任务是承担海南省省直机关各部门、各单位委托的政府集中采购的具体组织实施工作和提供政府采购的技术咨询服务。这些政府采购机构的建立健全，为海南省全面推行政府采购制度提供了组织保证。

在理顺职能和机构的过程中，加强对政府采购工作人员的业务学习培训。2004年1月召开了全省政府采购信息统计工作会议，布置2003年海南省政府采购信息统计工作，学习财政部下发的2003版政府采购信息管理系统软件操作。2004年10月，针对财政部依据《政府采购法》制定的5个配套管理办法，组织了对相关人员的培训。同时，组织采购代理机构对广东省和广州市政府采购工作进行了学习考察。全省各级政府采购人员坚持自觉地学习理论，坚持高尚的职业道德观，坚持廉洁自律，人员素质不断提高，工作作风不断改进，廉政、勤政、优政作风不断增强。

四、政府采购工作质量和效率得到了提高

海南省政府采购机构不断强化服务观念，改进工作作风，工作质量和工作效率得到了提高。对一些重大采购项目如地税局的发票管理系统、公安厅的身份证“二代证”项目、信息产业局的正版软件项目等，政府采购管理部门和集中采购机构都积极协助预算单位做好采购前期准备工作，协调采购中遇到的问题，使以上项目都达到了预定目标，取得了较好效果。此外，加强了对履约情况的检查，促使采购质量得到提高；提前发布集中采购目录和限额标准，使各预算单位能及时掌握有关要求；对复印机、电脑和空调等通用设备采购试行了协议供货制度，提高了工作效率，节约了采购支出。

五、政府采购政策功能逐步体现

全省各级财政部门都逐步认识到政府采购在支持经济社会发展方面的积极作用。2004年省财政预算安排400万元用于省直单位的软件正版化工作，通过政府采购，国产软件占了90%以上，落实了国家产业政策，支持了国内企业的发展。

六、政府采购规章制度体系建设进一步加强

海南省财政厅及时转发财政部第18、19、20号令，与省监察厅联合行文转发了财政部、监察部《关于印发政府采购评审专家管理办法的通知》、《关于集中采购机构监督考核管理办法的通知》，上报省政府同意后颁布了《海南省2005年政府集中采购目录及标准》，印发了《关于省直行政事业单位公务用车实行定点保险的通知》、《关于省直单位2004年第二期政府采购协议供货工作有关事宜的通知》、《关于2005年省直单位政府采购工作有关事项的通知》及补充通知等一系列文件，进一步明确了政府采购范围，优化了政府采购管理程序。

（海南省财政厅政府采购管理处供稿，王雅林执笔）

重　庆　市

一、基本情况

2004年重庆市政府采购规模26.82亿元，比2003年增长14%；节约资金2.19亿元，节约率7.55%。其中，货物采购12.94亿元，工程采购9.97亿元，服务采购3.9亿元，分别占采购规模的48%、37%和15%。政府采购类别以货物类采购为主，服务、工程类采购呈稳步增长趋势。

按采购资金来源划分，预算资金为17.02亿元，占采购规模的63%；预算外资金3.4亿元，占采购规模的13%；自筹资金6.36亿元，占采购规模的24%。采购资金仍以预算资金为主，部分区县采购资金来源主要为自筹资金。

按采购组织形式划分，集中采购金额为19.2亿元，占采购规模的72%；部门集中采购金额为6.44亿元，占采购规模的24%；分散采购金额为1.18亿元，占采购规模的4%。集中采购为政府采购的主要组织形式。

按采购方式划分，采用公开招标方式的采购金额为12.63亿元，占采购规模的47%；采用邀请招标、竞争性谈判、询价和单一来源方式的政府采购规模分别为5.89亿元、3.98亿元、2.99亿元和1.33亿元，分别占采购规模的22%、15%、11%和5%。公开招标是政府采购的主要采购方式，但占政府采购规模的比例还待提高。

二、工作概况

2004年重庆市政府采购工作在市委、市政府的关心、支持下，在市财政局党组的领导下，全面贯彻《中华人民共和国政府采购法》（以下简称《政府采购法》），按照“一个重点、两轮驱动、三个转变，四个加强”的工作思路，紧紧围绕年初制定的工作目标，夯实基础，狠抓落实，深化改革，取得了良好的经济效益和社会效益。

（一）突出“一个重点”——加强对政府采购工作的监督与管理

为进一步规范政府采购行为，推进政府采购的法制化建设，重庆市把加强对政府采购的监督和管理作为工作重点。一是按照《政府采购法》的规定，严格实施管采分离，市财政局全面履行政府采购的监督管理职责，具体采购事宜交由市政府采购中心、重庆成套设备招标局、重庆机电设备招标局联合组建成立的重庆招标（采购）集团执行。同时，针对市政府采购中心机构设置的变化，市财政局印发了《关于市政府采购中心收取招标代理服务费有关问题的通知》，明确按三年过渡的方式取消对市政府采购中心的财政拨款，并提出了采购中心收费后加强管理的具体措施。二是针对部分区县（自治县、市）政府采购中心还设在财政部门尚未实行管采分离的情况，市财政局与市监察局组成联合检查小组赴铜梁、涪陵、綦江等区、县进行了监督检查，督促其按规定实行管采分离，并完善相关工作职责。截至2004年底，全市42个区、县中只有2个区、县未实行管采分设。三是按照相应的职责分工，建立了采购管理与执行操作的协调机制，各级财政部门负责对本级采购执行机构的业务管理，并会同监督、审计等部门加强对招投标工作的监督检查，以确保政府采购工作在公开、公平、公正的环境下健康发展。四是针对医疗设备、办公家具等政府采购项目投诉较多的问题，市财政局专题召开了供应商座谈会，听取相关意见，并按规定程序积极处理供应商投诉；对在市卫生系统医疗设备采购中提供虚假资料骗取中标的某供应商，在调查核实的基础上，进行了严厉处罚，并将其列入了不良记录名单。

（二）实施“双轮驱动”——抓规范，上规模

为建立规范有序的政府采购运行机制，按照财政部提出的加强政府采购制度建设的工作要求，并结合重庆实际，市财政局出台了《市级机关事业单位实行政府集中采购会计处理的有关问题的通知》、《重庆市政府采购评审专家管理办法》、《重庆市集中采购机构监督考核管理办法》等规章办法。为规范市级部门集中采购行为，制定了《重庆市市级部门集中采购运行规程（暂行）》，与市监察局联合印发了《重庆市财政局　重庆市监察局关于进一步规范政府采购工作的通知》等规范性文件。各区县也结合本地实际，制定了一系列相关制度，如铜梁县制定了《关于重新明确政府采购公开办事程序的通知》和《关于加强中小学校政府采购工作的通知》，忠县制定了《关于政府采购集中采购程序及商品分类招标时间办法》，彭水县制定了《彭水县政府采购管理人员岗位职责》、《政府采购工作人员行为准则》等规章制度。这些规定和办法的出台为规范重庆市政府采购工作奠定了坚实基础。

为实现政府采购上规模的目标，重庆市按照市级2004年部门预算中的有关设备经费和预算追加情况，编制了政府采购计划，按照采购计划集中安排采购任务，变零星小额采购为大量集中采购，既达到规模效应，又实现了资金节约效益最大化。2004年全市政府采购规模达26.8亿元，节约资金0.7亿元。其中市级政府采购规模9.1亿元，比上年增加28%，节约资金0.22亿元。完成了市奥体中心设施设备、机关综合楼办公家具、市委党校信息网络、中央政法专款等项目的采购政府采购项目441个，同时对零星印刷、办公耗材、文具、纸张及空调、计算机、打印机等项目实施了定点采购。区、县共完成政府采购规模17.7亿元，比上年增加22%，节约资金0.48亿元。黔江区的交通安全标志制作安装及新华中学塑胶跑道和人造草坪建设、南岸区的环保设备和灯饰工程、江津市的弱电系统工程及农业综合开发土地治理、南川市的多媒体远程监控系统等项目均成为了当地政府采购工作的亮点。

（三）实现“三个转变”——从单一的货物类采购向货物、服务、工程多元化采购转变，从单一的节约财政资金向为公共财政服务方面转变，从单纯的讲求经济效益向讲求与人民群众利益息息相关的社会效益方面转变

为进一步拓展政府采购的领域，重庆市打开思路，更新观念，按照“三个转变”的要求，积极探索政府采购的新途径、新领域，将涉及公共财政和人民群众利益的一些重大项目纳入了政府采购范围，使政府采购工作向广度和深度发展。一是落实“从优待警”政策，服务公共财政，完成了全市公安干警、消防官兵因公身故致残团体保险项目的政府采购，解除了广大公安干警、消防官兵的后顾之忧。二是服务“三农”，维护广大农民利益。完成了财政资金直接补贴农民发放机构、农村中小学远程教育设备、农村种粮优良品种供种企业、农民负担监督卡等涉农项目的政府采购。三是为人民群众办实事，完成了城镇职工大额医疗保险、市民政

救灾物质、区县艾滋病初筛设备、重庆城市形象设计等项目的政府采购，把党和政府对广大人民群众切身利益的关怀落实到了实处。

（四）确保“四个加强”——加强基础管理，加强业务培训，加强质量监督，加强透明度建设

在加强基础管理方面，一是市财政局牵头对市级机关共计 4067 辆公务车进行了全面清理，清除超编车辆 126 台；对纳入公务车辆编制的车辆按政府采购方式实施统一保险，规范了市级机关公务车统一保险政策。二是建立了政府采购申报、审批、采购、转账等规范的操作程序，明确采购资金由市财政局依据合同及采购人验收报告直接拨付供应商。三是按时统计上报了“重庆市政府采购信息统计年报”，2004 年被财政部评为政府采购信息统计年报先进单位。四是完成了政府采购管理系统软件的修订和升级改版，规范了政府采购的合同管理、登记台账、拨款转账等程序。

在加强业务培训方面，一是召开了全市政府采购业务工作培训会，市财政局的同志重点介绍了政府采购管理软件的业务功能和操作程序，讲解了政府采购招投标工作要点并剖析了典型采购案例。二是加强了市级与区、县政府采购工作的业务交流，市财政局专门组织部分区、县采购人员参观了铜梁县政府采购显示屏及政府采购活动标书文本现场记录。三是市财政局组织政府采购专家进行了业务培训，学习了《政府采购法》和《重庆市政府采购评审专家管理办法》，讲解了政府采购专家的权利和义务。

在加强质量监督方面，一是切实履行监督职能，重点加强了对供应商投标货物样品质量的检查和货物（如办公家具）生产过程的质量监督。二是针对部分采购项目售后服务较差的情况，分别组织召开了市级单位与保险公司、石油公司、格力空调等定点供应商见面会，听取了市级单位的有关意见，并督促供应商要提高售后服务质量，切实解决用户单位的后顾之忧。

在加强透明度建设方面，一是公开采购信息，2004 年在中国政府采购网和重庆政府采购网等媒体共计发布采购预告（公告）和中标（成交）信息 300 多条。二是完成了世行赠款项目“重庆市政府采购网上招投标系统”的信息发布工作，及时通报全市政府采购重大活动和采购任务的完成情况。三是加大了政府采购宣传力度，通过各种途径宣传重庆的政府采购工作。其中《英雄流血哪能再流泪——重庆率先为市公安干警、消防和警卫官兵因公身故致残团体保险》、《验收专家连叹三个没想到——重庆市农村中小学远程教育设备采购顺利通过国家验收》、《又一场紧急采购仗——重庆市区县艾滋病初筛设备采购》等文章在《中国财经报》头版刊登，提升了重庆的政府采购形象。

（重庆市财政局政府采购处供稿，
张浪执笔）

四　川　省

2004 年是《中华人民共和国政府采购法》（以下简称《政府采购法》）实施的第二年，四

川省政府采购工作以贯彻落实《政府采购法》为宗旨，按照财政部的统一部署，紧紧围绕省政府采购领导小组确定的“多、快、好、省”和“抓好省级、带动全省”的工作方针，全省上下齐抓共管，以完善制度建设、扩大范围和规模、加强监督管理工作为重点，在规范管理、规范操作、增量扩面上下功夫，全面推动了四川省政府采购工作的开展。2004年全省完成政府采购预算82.01亿元，实际采购金额73.4亿元，比去年同期增长61%；节约财政资金8.68亿元，资金节约率为10.58%，取得了良好的经济效益和社会效益，得到省领导和社会各界的肯定和赞扬。

一、政府采购执行情况

2004年，全省各级政府高度重视政府采购工作，政府采购监管部门、集中采购执行机构和采购单位全面贯彻落实《政府采购法》，各司其职，齐抓共管，协调配合，采购范围不断拓宽，采购规模进一步扩大，使四川省的政府采购工作上了一个新的台阶。从统计报表中分析，四川省的政府采购工作呈现如下的特点：

（一）政府采购改革总体推进的速度与监督管理的力度密切相关

2004年四川省全年采购金额占本年财政支出的6.66%，比上年提高0.45个百分点；占本年GDP的1.12%，比上年提高0.29个百分点。全省21个市、州实际采购金额上亿元的地区（含省级本级）有14个，较上年增加3个地区；5 000万元以上的有6个，5 000万元以下的仅有2个。经济较发达、财力较雄厚以及管理水平较好的成都市采购金额达27.34亿元，较上年增长86%，占全省采购金额的37.25%；经济基础较差的广元、达州、巴中、雅安等市、州，由于领导重视，管理有效，采购金额也实现了上亿元。但由于四川省政府采购工作的基础薄弱，管理手段滞后，尚有一些地区特别是县级政府采购和部分行业系统的政府采购扩面增量仍有较大的增长空间。

（二）工程和服务项目纳入政府采购的管理是增长的主要原因

从采购项目构成看，2004年货物、工程和服务采购额分别同比增长19%、137%和81%。全省各地认真贯彻落实政府采购法，扩大采购范围，加强与部门之间的协调配合，积极介入市政建设、公共设施改造以及预算单位办公楼新建、装饰等工程采购项目，使四川省的工程采购异军突起，第一次超过传统的政府采购货物类项目。由于协议采购和定点采购的推广，以前难以操作的汽车加油、维修和保险以及会议都纳入了政府采购管理，服务类采购量也增幅较大。

采购项目构成见下图：

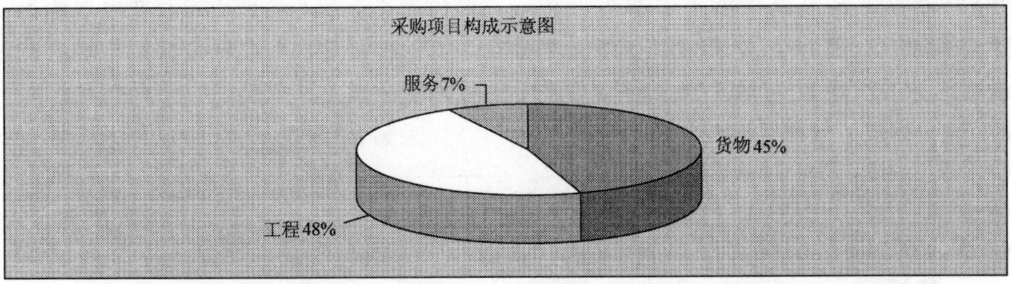

（三）集中采购仍是政府采购的主要方式，分散采购呈现较快的增长势头

从采购组织形式看，全省集中采购金额36.81亿元，占实际采购金额的50.15%，同比增长45.73%；分散采购金额36.6亿元，占实际采购金额的49.85%，同比增长80.49%。

2004年四川省在加强机构建设的同时理顺了工作职能，集中采购机构加强了自身建设，提高了采购技巧和效率，服务意识有所增强，采购质量和效率得到提高，集中采购规模增加显著，体现出规模效益。分散采购规模的增长原因，一是加强了对分散采购的管理和统计，二是部分工程类采购项目纳入了分散采购管理的范畴。但分散采购中自行采购的比例较大，占91.56%，说明四川省对分散采购项目的管理任务艰巨，政府采购代理机构发展不足也是自行采购比例较大的主要原因。

采购组织形式构成见下图：

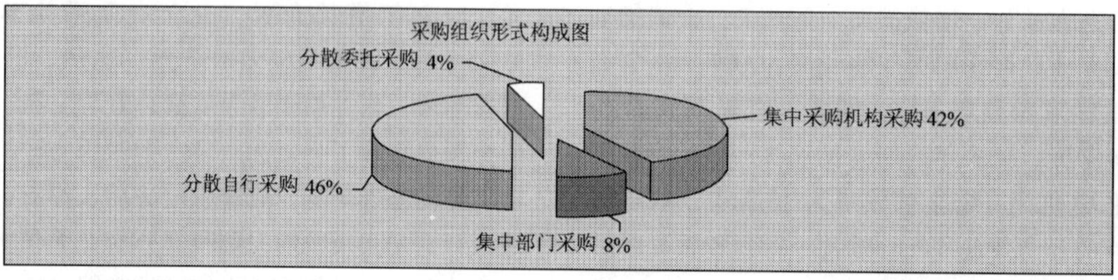

（四）公开招标仍是政府采购的主要方式，但比例比上年有所下降

从采购方式看，通过公开招标实现的采购金额占采购总规模的45.58%，比例高于其他采购方式，基本确立了公开招标方式的主导地位。但这一比例比上年降低了4.34个百分点，说明四川省的政府采购工作在增量扩面的基础上，还应加大政府采购信息公开的管理力度，特别是要加大对分散采购项目公开招标的管理力度，使四川省的政府采购工作更加公开透明。

采购方式构成见下图：

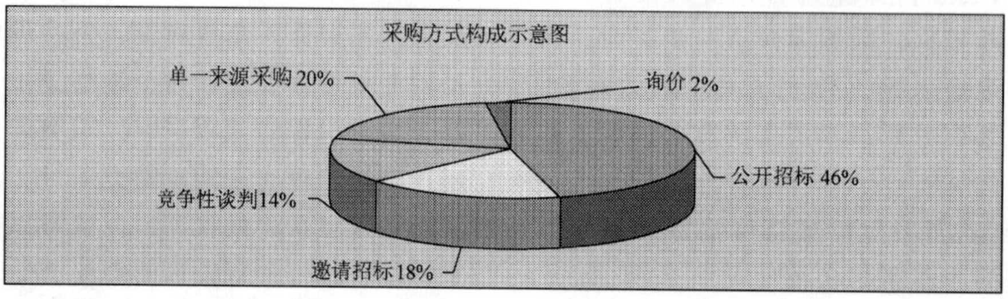

（五）国货政策得到充分体现，但市场开放度仍然不足

从合同授予情况看，2004年全省政府采购合同授予国内供应商的比例达到97.87%，进口产品也主要通过国内供应商提供，充分体现了政府采购保护国内企业的政策目标。合同中有88.71%授予了省内供应商，一是说明规范的政府采购制度提高了四川省企业的竞争能力和自我发展能力，另一方面也表明四川省政府采购市场的开放程度和竞争程度还有待进一步的提高。

采购合同授予情况构成见下图：

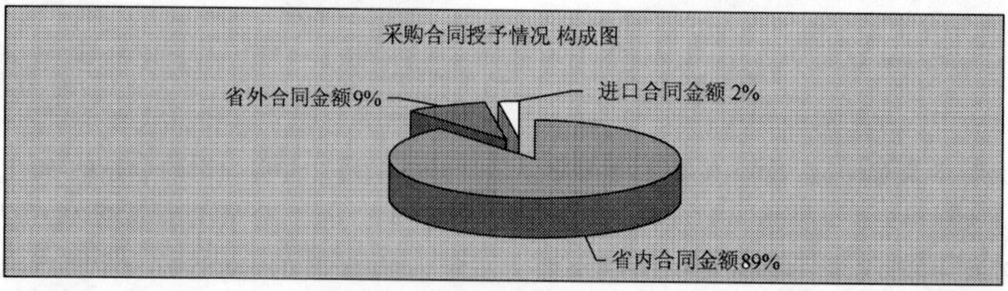

（六）政府采购与财政投入的比重呈正比关系，与财政政策的目标紧密相关

从采购行业部门分类看，排在前四位的仍是行政管理、公检法司、教育和卫生等部门，占采购额的55.22%，较上年均有较大的增长。2004年四川省财政在保障国家机构正常运转以及教育和公共卫生体系建设方面投入较大。但事业单位特别是教育部门的政府采购项目与财政和社会投入的比例仍存在较大的差异。行政机关由于监督管理到位，政府采购额占经费支出的比重达到15%，而事业单位中教育部门全年采购量只有7.43亿元，占全年教育经费的6.06%，大大低于其他部门的比重，说明加强对事业单位特别是教育部门的政府采购管理是今后政府采购监督管理工作的重点。

（七）政府采购与财政其他改革紧密配合的力度加大

一是在部门预算编制中加大了政府采购预算的编制力度，基本实现了以预算控制政府采购的工作目标。二是政府采购特别是集中采购项目与国库改革密切配合，实现了财政直接支付到供应商和劳务提供者。2004年政府采购资金实行财政直接支付25.35亿元，同比增长22%，省本级的全部集中采购项目和部分分散采购项目实现了直接支付。政府采购资金实行财政直接支付数量增加的主要原因是，2004年省级扩大了国库集中支付改革范围，新增了80个二级预算单位；市、州积极推进国库集中支付改革，截至年底有16个市、州本级进行了财政国库管理制度改革试点工作。但政府采购资金实行财政直接支付占采购总额的比重仍较低，仅为34.53%，主要原因是占采购额比重较大的分散采购未实行财政直接支付，另外由于部分市、州还在改革准备阶段，其集中采购项目也未实行直接支付。随着全省财政国库管理制度改革的推广，政府采购资金实行财政直接支付比例会逐步提高。

从以上分析中可以看出，虽然四川省2004年政府采购工作取得了较大的成绩，但在监督管理方面仍然存在薄弱环节，加强监督管理队伍的建设和提高监督管理水平仍然是今后工作的重点。

二、政府采购监督管理工作情况

（一）加强宣传培训，提高管、采人员的业务素质

按照省领导的指示，3月组织各市、州政府采购中心主任和部分工作人员学习了中央国家机关政府集中采购工作会议的精神。6月，在全省国库管理制度改革工作会议上，省财政厅对来自全省21个市、州和34个县的200多名财政部门的同志进行了政府采购管理工作的培训。11月，对全省各市、州和部分县、区财政部门的政府采购监督管理机构和采购中心的100多位同志进行了业务培训。与四川日报合办的《四川日报——政府采购专刊》于5月30日创刊，已出版了六期。全省各级财政部门利用多种形式开展《政府采购法》的宣传和培训，提高了管、采人员的业务素质，为政府采购制度改革的深化打下了良好的基础。

（二）强化财政职能，提高监督管理水平

省级财政加强部门预算和国库管理制度改革，对省级采购单位的政府采购活动从源头上加强管理。一是加大了政府采购预算的编制力度，部门编制的政府采购预算数比上年有较大增大，2004年批复的年初政府采购预算数达7.5亿元。二是从国库支付环节对省级部门的用款计划加强审核和监控，及时纠正和处理不按照政府采购规定进行的采购行为。三是按照政府集中采购与分散采购相结合的原则，对应该纳入政府集中采购的项目严格把关，对有特殊要求的专用项目认真审批，保证了政府采购工作的顺利开展。

(三) 继续完善制度建设，规范政府采购行为

在财政部、监察部制定的《集中采购机构监督考核管理办法》和《政府采购评审专家管理办法》的基础上，省财政厅与省监察厅联合出台了《四川省政府采购评审专家管理实施细则》。为了建立政府采购中介市场，省财政厅制定了《四川省政府采购代理机构管理办法》，并对省内13家符合规定的代理机构进行了审核备案。为了做好2005年部门预算的编制工作，省政府办公厅转发了省财政厅代拟的《2005年政府集中采购目录和采购限额标准》。在省政府领导的关心和支持下，四川省依托四川大学计算机网络与安全实验室建立的具有自有知识产权的全省政府采购统一的工作平台——中国政府采购网四川分网已完成第一阶段的建设工作，并于2005年1月开始正式运行，为建立全省统一的政府采购大市场和公开透明的采购机制搭建了统一的工作平台。

(四) 依法督促机构分设，建立职责分明的运转机制

按照《政府采购法》的规定，财政部和省政府明确要求市、州级政府采购监管部门和执行机构务必在2004年底之前完成分设工作。2004年11月中旬，省财政厅与省监察厅成立联合小组，对当时还未实现管、采分设的4个市、州进行了检查和督促。截至年底全省21个市、州已有16个完成了集中采购机构独立设置工作，2个实现了管、采分设，还有3个管、采一家。在机构分设的过程中，也理顺了职能，从事政府采购的人员进一步充实，专业素质和知识结构等有所改善和调整，业务水平不断提高，形成了良好的运行机制。

(五) 协调配合，狠抓落实

省委、省政府领导今年多次就四川省的政府采购工作做出具体的指示，省政府采购领导小组召开了四次工作会议研究布置政府采购工作，并不定期地对一些专题问题进行研究和检查落实。按照领导小组会议纪要精神，领导小组成员单位认真落实。审计部门在2004年的审计工作中，把政府采购作为重点，查处了部分单位违规采购的问题。纪委、监察部门把政府采购监督作为工作重点，加强对政府采购工作的监督管理力度。省政府机关事务管理局认真把关，加强对车辆采购和使用的管理。省政府采购领导小组各成员单位密切配合，推动了四川省政府采购工作的进一步深入开展，使四川省的政府采购工作进一步规范。

(四川省财政厅供稿)

贵 州 省

2004年，贵州省政府采购工作在各级党委、政府的领导下，坚持以公开、透明、规范、高效为宗旨，加强制度建设，扩大采购规模和范围，强化监督管理，取得了较好成绩。

一、政府采购执行情况

2004年，全省共组织政府采购活动

3 990次，执行采购预算20.65亿元，比上年增加5.69亿元，增长38%；实现采购金额18.32亿元，节约资金2.33亿元，资金节约率11.29%。其中：省本级组织政府采购活动239次，执行采购预算7.16亿元，比上年增长1.93亿元，增长36.81%；采购金额6.33亿元，节约资金0.83亿元，资金节约率11.59%。市（州、地）、县（市、区）级组织政府采购活动3 751次，执行采购预算13.49亿元，比上年增加3.76亿元；采购金额11.99亿元，节约资金1.5亿元，资金节约率11.12%。

从采购资金构成情况看：预算内资金13.3亿元，占采购预算的64.53%；预算外资金2.77亿元，占采购预算的13.38%；自筹资金4.56亿元，占采购预算的22.09%。其中：省级预算内资金4.63亿元，占采购预算的64.74%；预算外资金0.77亿元，占采购预算的10.78%；自筹资金1.75亿元，占采购预算的24.48%。地级预算内资金8.69亿元，占采购预算的64.41%；预算外资金1.99亿元，占采购预算的14.76%；自筹资金2.81亿元，占采购预算的20.83%。

从采购项目构成看：货物类采购13.6亿元，占采购总规模的74.25%，节约资金1.82亿元，节约率11.78%；工程类采购4.29亿元，占采购总规模的23.42%，节约资金0.36亿元，节约率7.84%；服务类采购0.43亿元，占采购总规模的2.33%，节约资金0.15亿元，节约率25.8%。

从行业部门构成看：行政管理部门5.57亿元，占采购资金的30.4%；公检法司部门1.6亿元，占采购资金的8.7%；农林水气象部门3.76亿元，占采购资金的20.52%；工业交通等部门0.65亿元，占采购资金的3.65%；文体广播部门0.82亿元，占采购资金的4.45%；教育部门2.8亿元，占采购资金的15.27%；卫生部门0.82亿元，占采购资金的4.49%；科学部门0.13亿元，占采购资金的0.69%；抚恤社保部门0.29亿元，占采购资金的1.57%；其他部门1.9亿元，占采购资金的10.35%。

二、主要做法

（一）进一步深化政府采购制度改革，努力扩大政府采购范围和规模

一是年初及时召开全省政府采购工作会议，布置2004年政府采购工作，提出全省政府采购规模要在上年实际执行的基础上增长30%的工作目标。至2004年底，全省政府采购规模实际比上年增长38%，高出目标8个百分点。二是结合全省政府采购工作的实际情况，制定和发布了《贵州省2004年政府采购集中采购目录及限额标准》，使全省的政府采购项目从上年的一般设备、专用设备、交通工具和少量的工程项目扩大到建筑物、办公消耗用品、建筑装饰材料、水利防洪工程、其他各类工程、会议、其他服务等。三是制定印发了《贵州省省级政府采购资金财政直接拨付管理办法（试行）》、《贵州省省级政府采购运行规程（试行）》、《贵州省财政厅政府采购内部运行规程》，为2005年在省级单位全面实行政府采购资金财政直接拨付奠定了基础。四是加强对省级各部门实施政府采购工作情况的检查和对地、县两级政府采购工作的指导与督促。2004年6月，为了解政府采购法的实施情况，督促各单位依法开展政府采购工作，省纪委、省监察厅、省财政厅联合下文并组成调研督查组，对省发改委、省交通厅、省建设厅、省水利厅、省法院、省计生委、省商务厅，贵阳医学院、贵州大学、贵州财经学院等高校，以及铜仁地区、安顺市、石阡县、思南县、西秀区等部分地、县进行了调研督查。通过调研督查，促进了各地、单位政府采购

工作的开展。

（二）规范政府采购行为，努力做到公开、公平、公正

一是省级及大部分地级实现了管理与操作职能彻底分离。二是定期召开联席会议，共同研究和解决政府采购工作有关问题，初步建立了财政、监察、审计相互协调的监管理机制。三是严格审批政府采购方式，突出以公开招标为主要方式。四是严格执行政府采购程序，使政府采购工作做到高效、透明。五是进一步充实“政府采购供应商库”和“政府采购评审专家库”。2004 年新增供应商 600 多家，新增评审专家 200 多人。六是认真督促各个政府采购代理机构严格按照政府采购有关法律和政策规定开展政府采购业务。

（三）严肃政府采购纪律

一是及时查处政府采购方面的违法违纪案件，并按有关规定进行了严肃认真处理。2004 年全省处理政府采购违法违纪问题 18 起，其中省级 6 起。二是认真受理政府采购投诉事项，维护政府采购当事人的合法权益。2004 年全省共受理政府采购方面的投诉 22 起，其中省级 7 起。通过加大对违法违纪案件处理，维护了政府采购当事人的合法权益，净化了政府采购市场。

（四）强化政府采购管理的基础工作

一是按时完成了 2004 年政府采购执行情况的汇总、分析、上报等工作。二是对政府采购信息，按规定及时在中国政府采购网、《中国财经报》、《贵州商报》等指定媒体上予以公布，自觉接受各方面的监督，提高了政府采购的透明度。三是按照规范化的要求，认真审查采购文件，确保了采购文件科学、规范、完整。全年省级共审查采购文件 240 多份。四是认真做好监督工作，在人少事多的情况下，安排人员对开标、评标活动进行现场监督，确保了开标、评标活动规范、公平和公正。六是保质保量完成了财政部和本厅领导交办的其他工作任务，完成了财政部《政府采购非招标方式管理办法》等六个征求意见稿的修改意见。

（贵州省财政厅供稿，蒲秀坤执笔）

云 南 省

2004 年，云南省政府采购工作在各级党委、政府的高度重视下，在有关部门的积极支持配合和全省政府采购工作者的共同努力下，紧紧围绕财政部“上规模、建机制、抓规范”的总体要求，加大对政府采购法律法规的宣传力度，进一步建立完善各项规章制度，加强采购队伍素质建设，不断推进从管理型向服务型的政府职能转变，强化服务意识，提高服务质量，迅速推进全省政府采购工作，政府采购规模和范围不断扩大，政府采购管理进一步加强。

一、加大普法力度，进一步深入学习贯彻政府采购法规

为加大对政府采购法律法规的宣传力度，提高各级政府部门、供应商及广大群众对政府采购工作的认识，增强依法实施政府采购的自觉性，云南省结合财政部《政府采

购货物和服务招标投标管理办法》、《政府采购信息公告管理办法》和《政府采购供应商投诉处理办法》的颁布实施，采取专题学习、专家辅导、举办培训、组织知识竞赛等多种形式，充分运用网络、报刊、电视、电台等媒体，积极开展了广泛的、多层次的政府采购普法宣传活动，使政府采购法律法规逐步深入人心。云南省财政厅与云南法制报联合举办了全省《中华人民共和国政府采购法》（以下简称《政府采购法》）知识竞赛，全省各级财政部门、行政事业单位、供应商、采购代理机构和其他社会各界2万余人参加了竞赛，掀起了云南省学习、宣传、贯彻《政府采购法》的新热潮。昆明市把政府采购法律法规列入全市干部教育内容，并向各级机关和事业单位分发了《政府采购法》读本4 000余册。曲靖市在《曲靖日报》开辟《阳光下的交易》专版，宣传政府采购知识和工作开展情况。玉溪市充分运用大众媒体广泛宣传政府采购法规，在全市范围内举办了近万人的《政府采购法》百题知识竞赛活动。其余各州、市也积极采取悬挂标语、张贴图片、发放宣传手册、发布网络信息等多种形式，多层次、多渠道、全方位地加大对政府采购法律法规的宣传力度，营造了人人了解、关心、支持政府采购工作的良好氛围，依法采购的意识普遍增强，采购人参加政府采购的自觉性和供应商参与的积极性不断提高。

二、采取积极措施，进一步扩大政府采购规模和范围

云南省各级政府采购部门紧紧围绕财政部“上规模”的要求，结合实际，采取积极措施，使政府采购范围和规模不断扩大。一是合理制定政府集中采购目录和采购限额标准，明确了纳入政府采购的项目，对目录范围内的采购项目做到应采尽采，使政府采购范围和规模进一步扩大。省本级和部分州、市将公务用车保险、维修和国债资金采购项目纳入了政府采购范围。玉溪等州、市对加油、会议等实行定点采购和国库直接支付。二是加强与建设、交通、公安等有关部门的协调配合，按照《政府采购法》的要求，将采购范围从最初的车辆、办公设备等向工程、服务领域拓展。楚雄州对广播电视发射天线和远程教育卫星接收设备安装工程进行了政府采购，西双版纳州率先将水利防洪工程纳入了政府采购范围，为进一步扩大工程采购规模探索了路子，积累了经验。2004年，全省集中采购已涉及到货物、服务、工程等领域的60多个品种，其中工程采购的比重首次超过了服务采购，达到6.41亿元，占政府采购总规模的17.11%，较2003年同期增长了90.21%。三是有计划地扩大了协议供货采购范围，将限额标准以下的办公设备等产品实行协议供货，逐步将部分通用类项目纳入了协议供货范围。通过各级政府采购部门的共同努力，全省政府采购规模和采购效益都得到了较快的增长。全省2004年政府采购规模达37.48亿元，超过了年初制定的30亿元的总体目标，较上年增长43.16%，占全年财政支出的5.66%；节约资金2.79亿元，资金节约率为6.92%。昆明、曲靖、红河、玉溪、文山、大理、保山7个州（市）采购规模突破了亿元大关。四是公开招标已成为政府采购的主要方式。2004年，全省公开招标采购达19.24亿元，占采购总规模的51.33%。其中，省级公开招标比重占到省本级采购规模的77.91%。

三、加强规范管理，政府采购监管制度体系进一步完善

《政府采购法》正式实施以来，云南省

各级政府采购管理部门对原有的政府采购规章制度进行了进一步的修改、补充和完善，加快预算编制和管、采分离工作步伐，有力地促进了政府采购工作的规范化管理，进一步完善了云南省政府采购工作监管制度体系。一是各级政府采购部门都制订了政府采购工作实施意见，对全年工作进行总体部署，明确本地区年度政府采购工作目标、思路和要点，使政府采购工作计划充分、目标明确、思路清晰、措施有力。二是各州（市）根据省政府印发的《云南省 2004 年度政府集中采购目录及采购限额标准》、《云南省 2005 年度政府集中采购目录及采购限额标准》，结合本地实际对采购目录及采购限额标准作了适当调整，对政府采购的范围、采购形式和适用条件进行了界定，为编制政府采购预算和执行政府采购制度提供了政策依据。三是加强对政府采购项目的预算管理，按照政府采购目录规定的范围和标准，将政府采购预算编制工作纳入各级部门预算，统筹安排，统一部署，提高了政府采购的计划性和监督的有效性。四是管、采分离工作取得了较大进展。目前，除个别州（市）外，全省有 15 个州（市）完成了管、采职能的分离工作，其中昆明市和楚雄州集中采购机构独立设置在本级政府机关事务管理局。管理机构和集中采购机构之间的工作职责日趋合理，初步建立起了职责清晰、分工明确、相互制约、相互协调的监管工作机制。五是评审专家库建设进一步加强，专家队伍进一步扩大。按照“统一条件、随机抽取、分级管理、管用分离”的原则，加强了对采购评审活动的管理，评审专家执业行为逐步得到规范。六是各级政府采购部门联合纪检、监察、审计部门开展政府采购执法检查，发现了问题和不足，采取了整改措施，有力地推进了政府采购工作。

四、强化服务意识，政府采购服务质量进一步提高

云南省各级政府采购部门始终按照服务与管理并重的原则，坚持服务至上，增强服务观念，提高服务质量，有力地推进了政府采购工作的开展。一是加大对采购管理人员的培训力度。各州（市）财政系统采取多种形式，认真组织了政府采购法规、采购业务及相关知识的学习，并将培训对象从财政部门扩大到了采购人和供应商，进一步增强了采购人、供应商依法执行政府采购的自觉性和主动性，提高了采购工作人员的依法行政水平和业务素质，为政府采购工作的深入开展奠定了思想基础和组织基础。二是转变作风，以服务推进工作。一方面，对采购人的委托，不论采购量的大小，各级采购机构都始终坚持认真负责的态度，主动与采购人联系沟通，制定科学合理的采购方案和评标方案，想方设法为采购人购买到质量好、服务优、价格实惠的产品；另一方面，坚持诚信守诺，加强对采购合同执行情况的检查，妥善调解采购过程中的矛盾和纠纷，严肃处理采购活动中的违法违规行为，维护采购人的利益。三是及时公布采购信息。在采购活动中，基本做到将采购预告、招标公告、商品信息、供应商信息、中标结果等信息及时通过政府采购网等媒体向社会公布，实现了采购信息的资源共享，增加了采购活动的透明度，方便了采购当事人，提高了采购效率。

（云南省财政厅供稿，姜滔执笔）

西藏自治区

2004年，西藏自治区政府采购工作在自治区党委、政府的正确领导下，积极贯彻落实《中华人民共和国政府采购法》，抓规范，重实践，不断拓宽政府采购范围，加强政府采购管理，各方面共同努力，使政府采购工作又上了一个新台阶，全区政府采购规模首次突破2亿元。

一、2004年全区政府采购工作的基本情况

2004年，全区政府采购规模为2.3亿元，实际采购金额2.14亿元，共节约资金0.16亿元，资金节约率为6.78%。其中货物采购实际完成2.11亿元，占实际采购总量的98.25%；服务采购49万元，占实际采购总量的0.23%；工程采购325万元，占实际采购总量的1.52%。

二、2004年政府采购工作的主要特点

一是政府采购意识不断增强。各级政府采购部门利用多种形式继续加强对政府采购的宣传，各部门、各单位实行政府集中采购的意识不断增强，主动性和自觉性不断提高，委托采购中心承办的项目明显增加。

二是政府采购范围进一步拓宽。在巩固已有采购成果的基础上，进一步扩大政府采购覆盖面，积极拓展服务类项目的采购，将会议、接待、公务用车定点加油、定点维修等服务类项目和房屋维修等工程类项目增设入《西藏自治区2004年政府采购目录》，并印发了《关于西藏自治区级单位会议、接待实行政府采购（试行）管理的通知》，将自治区本级会议、接待纳入了政府采购范围，取得良好成效。与此同时，全区各级政府采购部门根据采购单位需求，积极尝试新品目的政府采购工作，如自治区政府采购中心成功完成了政府采购目录范围未包括的牲畜疫苗、农牧民用太阳能灶等项目的政府采购工作。

三是政府采购规模继续增长。2004年，全区政府采购规模达到2.3亿元，比去年同期增加0.6亿元，增长35.29%。其中目录外项目682.5万元。从完成采购项目的类别看，货物类项目仍占绝对比例；从完成项目的采购方式来看，公开招标采购金额1.35亿元，占采购总金额的62.82%，说明全区较好地坚持了以公开招标方式为主、其他采购方式为辅的原则。

四是政府采购工作力度不断加强。为进一步深化全区政府采购制度改革，自治区财政厅及时向自治区人民政府上报了《关于批转〈进一步推进我区政府采购制度改革的意见〉的请示》，并得到批转执行。同时，为促进全区政府采购工作的健康、深入发展，结合区内实际，印发了《关于进一步加强我区政府采购工作的通知》，对如何加强全区政府采购工作提出了具体要求。

五是规章制度逐步完善。为进一步规范政府采购从业人员行为，加强内部管理，全区各级政府采购部门注重加强内部制度建设，逐步建立健全内部规章制度。如自治区

政府采购中心制定出台了《政府采购工作人员胜任工作“四要领”》，进一步完善了《政府采购中心内部运作管理办法》。与此同时，为规范政府采购实际操作，制定了《西藏自治区区级单位会议（接待）政府采购管理办法》，草拟了《西藏自治区政府采购资金财政直接拨付管理实施细则》。

六是政府采购管理进一步加强。政府采购部门严格执行政府采购计划，对于纳入政府集中采购目录的项目，因特殊情况不能委托采购中心采购的，坚持从严把关，必须要先征求采购中心意见后报财政部门领导审批，有效避免了预算单位规避政府采购行为的发生。

七是政府采购操作逐步规范。为了规范政府采购操作程序，主要采取了以下做法：采购单位提出项目申请和资金预算安排；财政部门进行审核；财政部门对审核批准的项目编制专项预算并根据项目进度及时将资金拨入政府采购资金专户；采购单位提供采购物品的名称、规格、数量、质量等具体要求；政府采购中心按规定进行汇总；政府采购中心按程序组织集中采购。

八是政府采购工作措施更加完善。在采购活动实施过程中，邀请纪检、公证、物价等部门参与其中，听取他们对政府采购工作的意见和建议，加强监督管理的针对性，并对供应商提出的询问和质疑给予最快的答复，接受他们的监督，有效维护了政府采购工作的“阳光工程”形象。与此同时，随着国库集中支付制度的建立，使政府采购资金也已采用财政直接拨付方式，减少了中间环节，提高了办事效率，增强了透明度，有效防止了腐败现象的发生。

九是政府采购调研工作力度不断加大。为全面了解掌握全区政府采购工作开展情况以及政府采购工作存在的问题，自治区财政厅和监察厅联合组成调研工作组，深入昌都、林芝、山南等地区进行实地调研，并采取考察、听取汇报、要求其他地市上报工作情况等方式加强对政府采购工作的调研力度。根据调研情况，形成了《关于我区政府采购工作的调研报告》及时上报自治区人民政府，为领导了解政府采购工作情况、进行决策提供了依据，也为进一步深化政府采购制度改革收集了第一手材料。在进行调研的同时，为进一步拓宽政府采购范围，自治区政府采购部门又对拉萨市内的加油、维修、保险市场进行了实地调研，并在调研的基础上草拟了《区直单位公务用车定点维修、定点加油、定点保险政府采购方案》，为将区直单位公务用车定点维修、加油等项目纳入政府采购提供了理论依据，奠定了基础。

十是进一步理顺政府采购管理体制。为理顺政府采购管理体制，改变政府采购管理部门既当“运动员”又当“裁判员”的不合理状况，自治区政府采购部门结合实际起草了《关于政府采购管理机构与执行机构分离工作的意见》，对实施管、采分离提出了具体意见和建议，并根据自治区编办《关于对〈区财政厅关于政府采购管理机构与集中采购执行机构分离的请示〉的批复》的有关精神，积极配合有关部门做好政府采购管理与执行机构分离的相关工作，为及早实现管、采分离，建立起“管采分离、职能分设、政事分开、相互制衡”的工作机制做好准备工作。

（西藏自治区财政厅供稿，白珍
黄燕执笔）

陕 西 省

2004年，陕西省认真学习贯彻党的十六届三中全会精神，以“三个代表”重要思想为指导，继续按照“扩大范围、规范运作、提高效率、加强监管”的原则，全面宣传实施《中华人民共和国政府采购法》（以下简称《政府采购法》），加强调查研究，进一步完善各项规章制度，不断扩大政府采购的范围和规模。

一、提高认识，加强学习，把廉政建设责任制落到实处

政府采购是从源头上治理腐败的一项重要工作。2004年，陕西省政府采购工作以廉洁高效、优质服务为目标，利用周三政治学习时间，组织大家认真学习廉政建设的各项规定，学习邓小平理论、“三个代表”重要思想以及胡锦涛总书记在十六届四中全会上的重要讲话，深刻领会精神实质。召开党内民主生活会，深刻剖析自己存在的问题。结合政府采购工作实际，重新制定了工作岗位职责，党员干部对照廉洁自律手册检查自己行为，开展批评与自我批评。每个同志结合自己的工作实际，对容易发生问题的环节认真进行对照检查。对外设立监督举报电话，完善监督机制，做到防范于未然。将党员干部执行党风廉政建设的考核情况与公务员年终评审工作结合在一起，制订了2004年党风廉政建设和反腐败工作目标管理责任一览表，层层分解，使党风廉政建设责任制落到了实处。

二、主要工作

（一）完善了政府采购制度框架

2004年，陕西省及时转发财政部下发的《集中采购机构监督考核管理办法》、《政府采购评审专家管理办法》、《政府采购货物和服务招标投标管理办法》（财政部令第18号）、《政府采购信息公告管理办法》（财政部令第19号）和《政府采购供应商投诉处理办法》（财政部令第20号），并结合本省实际，制订了一系列贯彻意见。针对陕西省评审专家人员少、专业分类不细、年龄偏大的实际情况，放宽了相关领域有突出特长的人员资格认定条件，实行常年申请、分批认定的办法。同时对抽取评标专家的监督环节也做了明确规定，禁止无关人员参与专家的抽取，避免可能出现的泄密情况。按照新的信息发布管理办法，重新统一了陕西省采购信息的发布媒体和范围，对所发布内容的审核程序做出了明确规定。制定了2004年度陕西省政府采购招标代理机构登记办法，并通过媒体向社会公开，经过考察研究，最终认定了13家单位为2004年度政府采购招标代理机构。同时认真贯彻实施《中华人民共和国行政许可法》，清理和废止了与该法不一致的有关文件和制度，结合工作实际，重新制订了加强日常管理的制度办法，对省级部门的政府采购程序进行了简化和完善。这些办法互为制约，互为补充，形成了较为完善的政府采购制度框架，规范了政府采购各个环节的操作。

（二）会同监察厅、审计厅对全省执行《政府采购法》的情况进行了专项检查

2004年初，在各单位、各设区市自查的基础上，省监察厅、财政厅、审计厅抽调

人员组成联合检查组，开展了《政府采购法》执行情况专项检查。检查重点是：各部门是否指定专人负责政府采购工作，是否按照省级集中采购目录的规定实施集中采购，是否出现违规自行采购的现象，有无化整为零规避集中采购和公开招标的行为；各设区市是否开展了《政府采购法》的宣传培训活动，是否按要求对政府采购的监督管理机构和集中采购机构进行了分设，是否根据中央和省的有关文件精神制定了相应的配套制度，集中采购机构的运作做是否规范，监督管理是否到位以及执行中有什么问题 。通过检查，对存在问题较多的卫生系统，专门组织召开其下属单位负责人、财务人员会议，宣传政府采购有关法规和违纪处理规定，有力地推动了政府采购工作的开展。

（三）不断探索新的采购方式，开展了部门集中采购的试点工作

根据《政府采购法》的有关规定，结合工作实际，陕西省制订了专门的文件，对教育厅、公安厅、体育局三部门集中采购工作进行了规范。2004 年三委度，组织了教育厅农村中小学现代远程教育工程试点项目软硬件设备及服务、公安厅交警总队印刷品、农机局政府补贴农机具、畜牧兽医总站疫苗采购等项目的部门集中采购试点工作。通过试点，积累了经验，为下一步扩大部门集中采购奠定了基础。

（四）开展定点采购工作，最大限度提高了采购效率

为使政府采购工作更好地服务于各部门，2004 年上半年，陕西省完成了中华、索纳塔、猎豹、依维柯等几种常用公务用车的定点采购。通过竞争性谈判，统一了价格，并要求各供应商按不同车型在市场价的基础上下浮 0.85%—6%，既节省了采购成本，又大大缩短了采购时间。同时，委托省政府采购中心通过公开招标确定了海尔、美的、格力、海信 4 个品牌空调定点供货商。2004 年底，又通过公开招标完成了计算机、打印机、复印机等办公设备的协议供货工作。从 2005 年起，省级各部门不论采购金额大小，均将在协议供货范围内采购中标机型，极大提高了采购效率。

（五）加强政府采购培训工作，提高政府采购人员的理论和实际操作水平

根据培训计划，2004 年 10 月份，陕西省对各市政府采购管理机构和操作机构的有关人员和省采购中心的工作人员共 100 多人进行了培训，专题讲授了财政部最新颁布的三个办法，并邀请采购代理机构的有关人员从工作实践角度讲了招投标各个环节的技巧和体会。通过培训，提高了政府采购人员的管理和操作水平，促进了全省的政府采购工作健康发展。

（六）认真处理供应商投诉

2004 年，陕西省共收到 3 起供应商投诉：其一是西安天音科技发展有限公司就陕西省地税局农税局计算机设备招标活动中专家评标不公的投拆；其二是西安金图科技有限公司就陕西省高级人民法院办公自动化设备公开招标程序存在严重违规行为的投诉；其三是陕西人卫高教图书发行有限公司就陕西省医学高等专科学校图书采购招标评标不公的投诉。对这三起投诉，陕西省政府采购管理部门及时调查核实相关情况，在摸清基本事实的基础上做出了相应的处理决定。对天音公司和人卫公司的投诉，经调查后认为确实存在有些评审专家没有仔细阅读投标文件，有意偏袒某一投标人的行为，基于此，要求原评审专家重新复议，向专家讲明政府采购评审的原则规定，通过复议，扭转了不公平现象，维护了供应商的合法权益。对西安金图科技有限公司的投诉，调查后认为其反映的有些问题与事实有出入，省政府采购中心在程序操作上没有违背公平、公正原则，据此，维持了

原评标结果，并按财政部20号令的规定格式向投拆供应商发出了投拆处理决定书，保障了采购当事人的合法权益。

（七）开展问卷调查，提高省级政府采购工作效率和服务效率

为切实改进服务态度，2004年8月，陕西省向所有省级部门和单位印发了《政府采购工作意见征求表》，共回收问卷70余份。不少单位提出了中肯的意见，对下一步改进工作起到了积极的作用。

（八）制定了政府采购管理处内部结算制度

为了提高采购效率，完善监管程序，省政府采购管理处制订了《政府采购管理处内部结算制度》，建立了归口负责、分工协作、相互配合、相互监督的资金结算制度，在处内设预算及预算外资金结算岗、自有资金会计岗、自有资金出纳岗，分别负责不同性质资金的审核、支付。

（九）开展调查研究，进一步拓展了工作思路

按照陕西省财政厅的统一安排，政府采购管理处制订了2004年的调研课题：《关于陕西省基层政府采购的现状、存在问题以及改进意见》，《陕西省省级部门实行部门集中采购的可行性调研》。按照这两个调研课题，政府采购管理处组织人员分两个调研组深入基层和有关部门了解情况，掌握了大量基础材料，通过研究分析，形成了调研报告。在此基础上，调研使省财政厅政府采购管理部门摸清了全省各级政府采购机构存在的主要问题，拟定了改进的意见，并提出了扩大部门集中采购的设想。

（陕西省财政厅政府采购管理处供稿，龚宇执笔）

甘肃省

2004年，在财政部的指导和厅领导的高度重视下，全省政府采购工作按照年初制定的全年工作要点和工作计划，围绕“夯实基础、重点突破、依法规范、优化服务”的总体思路，努力工作，狠抓落实，取得了较好的成绩，主要体现在加强了制度建设，扩大了采购规模和范围，提高了监督管理水平等几个方面。

一、采购规模和范围不断扩大

2004年全省政府采购规模达到20.9亿元，较2003年采购金额17.9亿元增加3亿元；节约率达到6.95%。其中货物类采购13.3亿元，占采购总量的63.6%；工程类采购6.1亿元，占采购总量的29.2%；服务类采购1.5亿元，占采购总量的7.2%。由集中采购机构采购10.7亿元，由部门集中采购5.2亿元，采购目录规定项目之外实行分散政府采购5亿元。从以上数据可以看出，货物类采购仍然占采购总额比重较大，工程类和服务类采购项目纳入政府采购范围的较少，按照政府采购法的要求还需进一步规范管理，进一步加大工程类和服务类政府采购，扩大政府采购规模和范围。同时，还需进一步发展采购代理机构，发挥社会中介机构专业力量

强的作用，更好地为采购人服务。从采购方式上看，公开招标金额 9.6 亿元，占采购总额的 46%，体现出政府采购有较高的公开性和透明度。从采购金额上看，金额最高的张掖市达到 1.5 亿元，最少的定西市为 600 万元，可以看出，地区之间政府采购发展极不平衡。

二、不断加强制度建设

根据财政部、监察部下发的《政府采购评审专家管理办法》和《集中采购机构考核管理办法》，结合省里实际情况，2004 年制定了对评审专家的具体管理考核措施，拟订了对集中采购机构考核的具体指标；及时转发了财政部制定的《政府采购货物和服务招标投标管理办法》、《政府采购信息公告管理办法》、《政府采购供应商投诉处理办法》；根据全省政府采购工作开展的实际情况，严格按照关于制定采购目录的有关规定，拟订了 2005 年度甘肃省省级政府集中采购目录和限额标准，明确了政府集中采购、部门集中采购和分散采购的范围和公开招标数额标准；制定了规范的政府采购信息统计报表制度；根据甘肃财政的实际情况，为杜绝老百姓关注的轮子腐败问题，制定详细的公务用车配置管理办法，进一步完善了全省的公务用车管理制度。这些制度的制定和转发对进一步加强政府采购监管力度、规范政府采购运作程序、提高政府采购工作效率起到了积极作用。

三、建立、完善了政府采购专家评审制度

为了确保政府采购评审工作更加科学、更加公正，规范政府采购评审行为，根据财政部、监察部下发的《政府采购评审专家管理办法》，结合甘肃省实际，建立了专家评审制度。2004 年 1 月份，在《甘肃日报》、《西部商报》、中国政府采购网和甘肃省政府采购网发布招聘政府采购评审专家的公告，还印发张贴公告 2 000 多份，积极动员社会各界力量，广泛吸纳各行业专业人才，同时向省直部门印发通知，要求各单位积极推荐本行业本部门专业人才。经过广泛动员，报名人数达到 800 多名。为确保报名的各行业专业人才全面了解政府采购的制度、规定，编印了政府采购培训教材，对资格审查合格的专家分 4 期进行了培训。通过业务培训，使受聘者进一步提高了业务技能，熟悉并掌握了有关政府采购的法律制度和操作程序，并树立了良好的职业道德观念。同时，对经培训考核合格的 670 名专家在政府采购指定媒体上进行了公示，颁发了评审专家资格证书。为了对评审专家进行科学的管理和公正使用，采购办还开发了一套专家库管理系统，对评审专家进行了分类管理，实现了随机抽取专家和自动语音通知，并对评审专家的抽取范围、专家报酬支付渠道和标准等做了明确规定，形成了财政部门管理、采购人抽取、采购代理机构或采购人使用的机制。为了规范管理，针对评审专家设立了具体的考核指标，建立了考核反馈制度，根据采购人和采购代理机构反馈的评审专家业务水平、评审能力、职业道德、出勤情况和其他有关情况对其进行综合评价，并作为采购办支付专家报酬的依据。专家库的建立，规范了评审行为，确保了政府采购评审工作的公正性和科学性。

由于甘肃省政府采购评审专家库建设起步较早，建设较为规范，《中国财经报》以《规范采购，专家护航》和《从“市场失灵”到“市场分权”——政府采购专家评审制度实践的现实意义》为题报道了甘肃省政府采购评审专家培训和专家评审制度建设管理工作；在 2004 年全国政府采购工作会议上，财政部将甘肃省专家库建设作为先进经验进行了介绍，在专家库建设方面，起到了较好的示范作用。

四、加强政府采购信息管理，加大信息披露力度

根据财政部、监察部《政府采购信息公告管理办法》的规定，甘肃省对政府采购法律法规和其他规范性文件、集中采购目录及采购限额标准、公开招标限额标准等信息，在中国政府采购网、甘肃政府采购网等政府采购信息指定发布媒体上及时公告，对政府采购招标业务代理机构名录、财政部门受理政府采购投诉的联系方式也进行了公布，并将2004年处理的两起投诉事件及时在网上进行公示，收到了良好的效果。同时，要求政府采购招标代理机构将招标投标信息，包括公开招标公告、邀请招标资格预审公告、中标公告、成交结果及更正事项在指定媒体做及时公告。甘肃省招标中心、甘肃国际机械招标有限公司以及兰州市政府采购中心等地区组织的政府采购信息均在中国政府采购网和甘肃政府采购网发布公告。同时，为了加强政府采购信息管理，方便采购人和采购执行机构发布采购信息，采购办与财政厅厅信息中心联合，对甘肃政府采购网站的版面进行改版，扩充网站内容，方便了浏览操作；安排专人负责中国政府采购网甘肃分网的管理与维护工作，做到专人专管，确保了政府采购信息的及时加载和政府采购信息保密。为了加强地区采购信息管理，增强地区采购信息发布力度，省财政厅积极与财政部协调，开通了中国政府采购网张掖、庆阳两市分网。一系列加强政府采购信息管理的措施确保了政府采购信息透明公开。

五、积极稳妥地培育采购执行机构

从甘肃省政府采购工作的实际需要出发，通过对资质和专业人员进行严格审查考核，认定甘肃省招标中心、甘肃省国际机械招标有限公司具备了政府采购业务代理资格，向它们颁发了政府采购资格证书，初步形成了甘肃省集中采购机构和采购代理机构并存的多元化的政府采购执行体系。甘肃省2004年政府集中采购目录规定，对部门集中和分散采购的项目，采购人不具备自行采购条件的，应当委托集中采购机构或经省财政厅认定资格的中介代理机构代理采购，部分采购人所需专业设备采购通过委托中介代理机构采购。执行这一规定后产生了积极的效果，一是扩大了采购规模，据统计，两家认定机构实现采购金额1.56亿元；二是提高了采购效率，一定程度上缓解了集中采购机构因工作量大、业务繁忙、效率不高、部门单位有意见等方面的压力；三是促使采购机构之间相互促进，发挥了采购中介机构的专业优势，从而提高了政府采购工作的质量和服务水平。

六、加强对公务用车的配置管理

为认真贯彻落实《甘肃省机关事业单位公务用车配备管理办法》，全面规范公务用车配备行为，2004年2月，省财政厅联合省公安厅、省监察厅下发了《关于严格控制公务用车配备管理的通知》，对公务用车编制管理、标准控制、采购管理、入户过户管理、违规处理以及申报程序等环节进行了明确和细化，改进了公务用车管理方式，遏制了公务用车消费攀比的势头。6、7两月之间，省财政厅与省监察厅联合组成三个检查组，对市、州公务用车配置情况实施了监督检查。为确保检查工作的顺利完成，制定了监督检查方案和监督检查人员工作规则，印发了《公务用车管理手册》。通过检查对发现的问题提出了处理意见，并对进一步加强公务用车管理提出了具体改进措施。2004年6月，召开了部分地区和省直部门参加的公务用车管理座谈会，听取了各地区各部门对公务用车管理的意见和建议。根据各地区各部门反映情况，就公务用车控价格、审批

入户权下放等各单位比较关注的问题进行研究，提出了完善和改进公务用车管理的措施和办法。通过完善制度、实施检查等手段，有效地解决了公务用车配置管理中出现的排气量、价格超标等问题。

七、建立政府采购统计信息报送体系

为了确保政府采购信息统计准确真实，甘肃省按照财政部的要求，建立了由各地区和省直各部门统一报送报表的制度。一是完善对地区政府采购信息统计的管理，督促市、州财政部门按期报送月报和季报，并加强对数据的整理和分析，找出管理中存在的问题和不足，提高报表质量和统计分析水平。2004 年 12 月，召开了市、州政府采购信息统计布置会，对 2004 年的统计工作进行了总结，并安排了 2005 年工作，对 2005 年报表软件进行了操作培训。二是建立了省直单位政府采购信息报送制度。以前省级统计数据由财政部门搜集上报，数据难免不全，很难反映政府采购全貌，特别是《中华人民共和国政府采购法》实施后，采购人自行委托采购代理机构，由财政部门搜集采购数据更为困难，因此必须要理顺政府采购统计信息报送体系。2004 年 8 月，印发了《关于建立省级行政事业单位政府采购信息统计报表制度的通知》，从内容、形式、质量、时间等方面提出了报送要求。同时，举办了省级行政事业单位政府采购信息统计业务培训班，对全国政府采购信息管理系统软件进行了操作培训，推行政府采购信息统计制度。目前，信息统计报送机制已理顺，形成了由主管部门审核汇总报送采购信息的体系，确保了采购信息真实、准确和全面。三是建立政府采购信息统计奖评制度。政府采购信息统计量大面宽，工作十分繁琐，为了使各地重视这项工作，调动积极性，确保统计工作按时完成，甘肃省根据各地上报统计数据的及时性、完整性和编报质量，采取年报与季报相结合的综合评比办法开展评奖活动，2004 年评定张掖、庆阳、平凉等 9 个市、州为先进单位，下发通知予以表扬，达到了鼓励先进、督促后进的目的。

2004 年甘肃省的政府采购工作取得了一些成绩，但是也存在一些问题。一是认识尚未到位，许多部门单位没有从法律的高度认识政府采购制度，规避政府采购的现象依然存在。二是规模小、范围窄，特别是工程和服务项目开展较少，影响了政府采购工作的整体推进。三是制度建设需要进一步加强，许多基础性工作有待于进一步夯实。四是没有编制政府采购预算，计划性欠强，规模效益有待提高。五是采购效率和服务质量还需要进一步提高。六是政府采购机构设置需进一步规范，对地、县的示范性、指导性不够。这些困难和问题，需要在政府采购制度深入推行的过程中逐步加以解决。

（甘肃省财政厅政府采购办公室供稿，李可狄执笔）

青 海 省

2004 年，青海省在政府采购工作中围绕全省财政工作的中心任务，抓住预算执行

这一国库工作的核心，进一步推进政府采购规范管理等工作的开展，认真贯彻落实省纪委有关会议精神，狠抓从源头上治理腐败，使全省政府采购工作规范运作，稳步推进。

一、全省政府采购工作情况

截至2004年12月31日，全省超额完成了全年的采购任务，采购规模达到4.67亿元，较上年同期增长51.7%。其中：集中采购3.14亿元，公开招标2.3亿元，工程采购1.77亿元。

2004年在政府采购方面主要做了以下工作：

第一，认真学习贯彻《中华人民共和国政府采购法》精神，切实提高思想认识。为认真贯彻落实《中华人民共和国政府采购法》，不断促进全省政府采购规模的扩大，规范管理和运作，增进服务意识，省政府办公厅转发了由省财政厅草拟的《关于进一步推进我省政府采购工作的意见》（以下简称《意见》）。这是青海省贯彻党的十六届三中全会精神，建立公共财政模式，从源头上预防和治理腐败的一项重要措施。同时《意见》也是今后一个时期甘肃省政府采购工作的重要的指导性文件。各级政府采购 机构认真学习了《意见》精神，并把学习《意见》与学习《中华人民共和国政府采购法》结合起来，不断提高思想认识和实际操作能力，对政府采购工作加强领导，规范运行，树立了依法行政、依法采购的观念。

第二，建章立制，完善采购制度和规范政府采购行为。省财政厅印发了《青海省部门集中采购暂行办法》，用以指导集中采购活动。各单位积极配合政府采购的各项改革措施，推动了政府采购制度的健全和完善。

第三，深入改革，不断探索，努力扩大采购规模。甘肃省从2004年下半年开始推行服务类定点采购，对省级单位公务用车保险进行招标。基本建设项目的政府集中采购也进行了试点工作，特别是对将省水利厅水利水电基建项目纳入政府采购进行试点，使采购规模有了长足增长。

第四，坚持信息公开，加强政府采购透明度建设。甘肃省无论是对政府集中采购还是对部门集中采购，都要求所有应公开的信息如政策法规、招标中标信息等必须及时在《中国财经报》、《中国政府采购》杂志、中国政府采购网、青海日报等规定的媒体上披露，使潜在供应商和对政府采购感兴趣的人都能获得相关信息，从而达到客观公平、充分有效的竞争。采购结束后，要将采购结果在媒体上公布，以便接受社会监督。

第五，通过调研，参与草拟了《青海省贯彻落实〈政府采购法〉办法》。此办法现已经过省政府常委会报省人大审定。

二、省本级政府采购情况

从信息统计表来看，2004年甘肃省省本级政府采购的情况与2003年相比，有以下几个方面的变化：

第一，采购规模大幅度上升，节资率略有增长。2003年省本级的采购金额为8 352.81万元，节资率3.09%。2004年的采购金额为15 972.02万元，较上年增长91.22%；节资率3.38%。2004年省本级政府采购规模大幅度上升，其中货物类比上年增长6 171.79万元，但节资率较上年增长不大。其原因，一是采购方以以往采购的单价为依据上报预算；二是青海财政困难，预算满足不了实际需要，往往需要单位自筹一点才能完成采购计划；三是目前政府采购利润较低，尤其计算机、交通工具的价格都比较透明，让利空间不大。

第二，计算机采购总量持续上升。2003年计算机采购1 563台，采购金额为1 076.47万元。2004年仅品牌计算机采购就达4 841台，采购金额为2 094.37万元，总额增长94.56%。其中，方正品牌居首位。随着办公自动化的广泛普及，省级单位对计算机的需求量越来越大，采购总量增加也是必然结果，预计今后计算机采购量还会继续上升。

第三，小汽车采购总量增幅较大。2003年小汽车采购131辆，采购金额为2 697.58万元。2004年小汽车采购319辆，采购金额为5 511.01万元，总额增加104.29%。采购的汽车品牌主要集中于桑塔纳、奥迪、丰田、别克、帕拉丁、富康等几种，采购单位多数集中于公、检、法、司系统。另外，省委、省政府今年为基层人大、政协和政法机关办实事，配发公务用车119辆，也是小汽车采购量增加的主要原因。

第四，中央专项逐步纳入政府集中采购范围。往年中央专项纳入政府集中采购的项目不多，2004年由于工作到位，许多单位的中央专项委托政府采购中心完成，如边远地区农村中小学远程教育工程、贫困学生免费教科书发放等项目都纳入了政府集中采购。

第五，加强宣传，做好服务，赢得各方支持。由于加大了对政府采购工作的宣传力度，采购人对政府集中采购“三公”性和信认度明显提高，仅委托采购资金即达1 359.36万元。

第六，采购主体、采购方式变化不大。采购主体中仍然是国家行政机关、公检法司、教育部门占居首位。采购方式以邀请招标、竞争性谈判和询价采购方式为主，三者占总采购量的82.39%。

（青海省财政厅供稿）

宁夏回族自治区

2004年宁夏回族自治区政府采购办公室（以下简称“采购办”）继续深入学习党的十六大精神，以“三个代表”重要思想为指导，认真贯彻《中华人民共和国政府采购法》（以下简称《政府采购法》）的各项规定和全区财政工作会议精神，按照财政部2004年政府采购工作部署和自治区财政厅机关工作计划安排，并配合行风建设活动，狠抓政府采购监督管理，加强政府采购制度改革，注重政府采购工作实效，使采购规模有了进一步的扩大，采购行为得到进一步规范。全年完成的重点工作如下：

一、加强思想理论和业务学习，提高综合素质，促进行风建设

按照自治区财政厅机关党委的安排，组织全体干部职工坚持周五政治学习，以“三个代表”重要思想为指导，一年中认真学习讨论了江泽民关于党风廉政建设和反腐败斗争的重要论述、胡锦涛同志在中央纪委第三次全会上的重要讲话；结合工作实际，学习了《中华人民共和国行政许可法》、《中华人民共和国政府采购法》等有关法律法规；根据自治区党委、政府的部署，学习和讨论了自治区党委、政府《关于进一步加强和改进政府机关作风建设的意见》等重要文件精神。为了达到学习效果，采购办对在行风建设中反映出的问题进行了对照核实，并制定了相应的改进措施。在政府采购活动中，采购办始终把树立行业新风、促进规范服务作为一项重要的工作内容，在政府采购工作中，尽可能

简化程序，争取做到让采购人、供应商、社会都满意，在政务公开工作中也制订了岗位职责，明确了工作流程。通过学习，讨论、思考，使大家进一步明确了党中央、国务院的各项方针政策，提高了围绕自治区党委和政府的中心工作安排政府采购工作的自觉性，改进了工作作风，保证了各项工作任务的完成。

二、加强对政府采购法的宣传，推动政府采购工作的全面开展

2004年是《政府采购法》颁布实施的第二年，为确保了该法的顺利实施，采购办加大了宣传力度。一是张贴了《政府采购法》宣传标语；二是印制、张贴宣传画，深入宣传《政府采购法》；三是与自治区政府采购中心联合召开政府集中采购目录新闻发布会；四是在广播电台制作播出了宣传《政府采购法》的直播节目；五是开展“阳光杯”政府采购有奖征文活动；六是在《宁夏日报》刊载政府采购专版并进行政府采购相关知识连载；七是编印政府采购简报一期。

三、积极采取措施，突出重点，扩大政府采购规模

根据宁夏回族自治区2004年度区级政府采购集中采购目录和限额标准，进一步明确了政府集中采购范围。一是规定凡是涉及政府采购的货物，无论是财政拨款或单位自筹资金都要求纳入政府采购范围。通过举行新闻发布会等一系列的措施和政策宣传，过去一些有抵触情绪的部门和单位都自觉的实行了政府采购。二是编制政府采购预算，加强政府采购的计划性。为了加强计划管理，提高政府采购效率，简化办事程序，根据本区政府采购工作实际，2004年加强了政府采购计划的实施，对自治区级实行部门预算的23个单位下达了2004年度政府采购计划，预算金额达到5 389万元。同时，对政府采购追加项目也进行了及时的统计，保证了政府采购计划的全面落实。三是对全区公务机动车辆实行政府集中采购，并对有关事项做出明确规定。为了提高采购效率，直接和厂家联系，对一些品牌的车辆实行厂价协议供货办法，既提高了采购效率，又节约了大量的采购资金，得到了采购人的好评。四是积极稳妥推进政府采购定点服务项目的开展。2004年是自治区区本级开展政府采购定点服务的第二年，为了保证政府采购定点服务范围的进一步扩大，为下一步开展定点会议、定点印刷等工作积累经验，加大了对车辆定点加油和保险的监管力度，通过日常检查提高了服务质量，堵塞了管理中的漏洞。五是简化了采购的监管程序，将对采购计划的审批制改为备案制，提高了采购效率。

截至目前全区共开展采购活动2 555次，采购预算金额28.2亿元，采购合同金额25.3亿元，节约资金2.9亿元，资金节约率10.43%。其中，政府集中采购规模为6.67亿元。

四、继续抓好制度建设，推进政府采购工作规范化管理

为了加强制度建设，明确政府采购工作程序，采购办广泛征求各方意见，印发了《自治区本级政府采购工作流程》，使政府采购工作流程进一步细化，提高了采购人、供应商对政府采购工作的理解和认识，简化了办事程序。为了加大政府采购监督管理力度，降低供应商参与政府采购的成本，减少供应商的投诉，下发了《关于减免部分政府采购项目收费的通知》，减免了部分政府采购项目的收费，宁夏日报，宁夏电视台、中央电视台都对此作了相关的报道，在社会上产生了良好的效果。为尽快将工程纳入政府采购范围，采购办积极协调各方面关系，并代政府起草了《关于对财政投资工程实行政府采购有关事项的通知》，已由自治区政府办公厅下发。

五、开展监督检查，规范政府采购管理行为

针对政府采购管理中存在的问题，特别是为了解决政府采购监督管理工作中缺位和越位的问题，采购办及时和自治区政府采购中心交换意见，对一些不明确的职责达成了共识。在财政系统行风建设活动中，为了解决采购人对推行政府采购制度认识不到位的问题，采购办走访了有关采购人，征求了各方意见，减少了工作上的误解，通过政策解释，防止了逃避集中采购、化整为零、规避政府采购等行为的发生。为了进一步规范自治区的政府采购活动，采购办在 2004 年配合自治区人大执法检查组对银川市和自治区本级政府采购法执行情况进行了执法检查。此外，为了正确履行政府采购的监督职能，11 月 15 日到 11 月 25 日，联合自治区监察厅、审计厅，通过量化标准，采用评分的方式，对自治区政府采购中心在履行职责、制度建设、从业人员的职业素质和专业技能、基础工作、操作质量和服务质量、机构及人员的廉洁自律情况等方面的 6 大项 15 类内容进行了监督考核。采购中心经过自查、整改，顺利通过此次考核。

六、积极处理政府采购投诉案件，维护政府采购当事人的合法权益

2004 年共收到政府采购投诉案件 11 件，超过了前 3 年的总和。为了解决政府采购投诉方面的问题，采购办本着积极的态度，既不避重就轻，又不扩大问题，根据监管对象的违纪违规事实，准确运用相关法律、法规，及时处理。在投诉处理方面，采购办特别注意了防止了政府采购工作的随意性，避免以情代法、以权代法等不当行为的发生。通过学习《政府采购法》以及《中华人民共和国招标投标法》、《中华人民共和国合同法》和《政府采购工作人员准则》等相关制度，在投诉处理工作中提高了政策能力。凡是收到供应商投诉，采购办都能够认真、仔细地审核，询问、落实，及时调查取证。对卫生厅气质联用仪、血液中心血细胞分离机及耗材、教育厅课桌椅等项招标活动中出现的投诉问题，采购办进行了专项调查并做出处理，尤其对采购中心在教育厅“义教工程”课桌椅采购中违法操作的问题进行了罚款、通报批评并限期整改，维护了政府采购的“三公”原则。

七、做好政府采购专家库日常管理工作并正式启动政府采购特邀监察员制度

随着自治区政府采购规模的进一步扩大，采购品目的增加，现有的专家库人数明显不足，为了解决这一问题，采购办印发了《关于聘请政府采购评审专家的通知》，并对专家库进行重新登记整理，对长期不参加评标活动及不遵守评标纪律的专家予以解聘，整理后的专家库容量达到 600 余人。同时，使用专家随机抽取软件，对评标专家抽取工作实行了开标前由采购办监督随机抽取的办法，防止了政府采购活动中舞弊行为的发生，保证了政府采购专家在业务上的可靠性和专业性，并将政府采购专家库的管理工作纳入采购办日常的管理工作中去，随时进行增补。为了加强对政府采购工作的监督管理，采购办根据《自治区政府采购特邀监察员管理办法》，公布了第一批 18 名政府采购特邀监察员名单。在每次开标活动前，这 18 名监

察员与评标专家一起，以随机抽取的方式产生参与并监督政府采购各项活动的人选。

（宁夏回族自治区政府采购办公室供稿，白建军执笔）

新疆维吾尔自治区

2004年新疆维吾尔自治区（以下简称自治区）政府采购工作紧紧围绕《中华人民共和国政府采购法》（以下简称《政府采购法》）的贯彻落实，以扩大政府采购规模为切入点，狠抓规范化管理，进一步简化和改进政府采购工作程序，使自治区政府采购工作取得了新的进展。

一、政府采购执行情况

2004年自治区行政事业单位政府采购规模为31亿元，比2003年的22亿元增加了9亿元，增长40.91%，实现了年初制定的采购规模30亿元的目标；与采购预算35亿元相比节约资金4亿元，节约率为11.43%。在实际政府采购规模中，集中采购为13亿元，占采购规模的41.94%；财政直接支付7亿元，占采购规模的22.58%。从采购项目三大类分布情况看，货物类采购11亿元，工程类采购18亿元，服务类采购2亿元，在政府采购总规模中所占的比例分别为35.48%、58.07%、6.45%。工程类采购规模增幅较大，其主要因素是引额济乌一期一步水利工程当年完成政府采购11个亿。从行业系统分类情况看，国家机关采购规模8亿元，占采购总规模的25.81%；事业单位采购规模22亿元，占采购总规模的70.97%；团体组织采购规模1亿元，占采购总规模的3.22%。

二、简化工作程序，提高工作效率

为减少行政审批的时间和环节，提高工作效率，自治区财政厅下发了《关于调整2004年政府集中采购项目门槛价的通知》，从2004年1月起对自治区区级政府集中采购目录和分散采购限额标准中的“货物类”部分项目的采购门槛价限额做了调整，将部分一般性设备和个别专用设备的门槛价调高，减少了日常用小额资金项目频繁采购的现象。同时，自治区财政厅印发了《关于改进和加强自治区本级政府采购程序的补充通知》，从8月1日起，对自筹资金申报政府采购计划进行了简化，改为直接上报政府采购管理办公室办理相关采购手续。该程序对政府采购财政内部和单位与财政之间的对账程序进行了明确，采取每笔采购结算清单送相关处室与预算内外计划审批表和自筹资金政府采购计划申请表进行核对的办法，解决了政府采购由于进账频繁难以核对的问题，提高了政府采购的运转速度。

三、实现了管、采分离，政府采购管理体制进一步规范

按照《政府采购法》的要求，政府采购执行机构必须与行政单位实行分离。2004年3月，自治区人民政府印发了《关于进一步推进自治区政府采购制度改革意见的通

知》，对自治区各级政府采购管理机构和执行机构的分离提出了具体要求。2004 年 5 月，自治区财政厅向自治区人民政府上报了《关于自治区政府采购中心与财政厅分离的请示》和《关于增加自治区财政厅政府采购管理办公室对政府采购活动进行监督管理职责的请示》的分离方案。自治区纪检委、审计厅、人事厅和编委积极参与协助，经过多次讨论，自治区人民政府于 2004 年 8 月 26 日批准同意自治区机构编制委员会《关于自治区政府采购中心与自治区财政厅分离的通知》和自治区财政厅《关于自治区政府采购有关工作职责的意见》，完成了管、采分离工作。政府采购管理机构主要负责政府采购的监管事务，不干预具体采购交易活动。集中采购机构主要是接受委托，负责集中采购目录的具体执行，不承担管理职能。至此，政府采购管理体系向规范化管理迈出了实质性的一步。截至 2004 年底，自治区 15 个地、州（市）和 75 个县（市）建立了政府采购管理机构，15 个地、州（市）和 71 个县（市）建立了政府采购执行机构。

四、加强对政府采购活动的监督、管理和培训

为规范政府采购行为、提高政府采购资金使用效果、促进廉政建设，2004 年 3 月，自治区财政厅、监察厅、审计厅联合组成政府采购联合检查组，对自治区政府采购情况进行检查，并将检查结果上报了财政部、监察部、审计署。2004 年 5 月，按照自治区人大常委会财经委的要求，向自治区人大常委会上报了政府采购工作的总体情况。自治区财政厅副厅长谢亚涛、政府采购管理办公室主任包振洋等参加了自治区人大常委会执法检查组关于《中华人民共和国招标投标法》和《政府采购法》执行情况检查。自治区财政厅举办了有各地、州、市政府采购管理办公室和政府采购中心负责人参加的《政府采购法》学习培训班；组织召开了采购单位、政府采购中介代理机构、部分供应商以学习《政府采购法》为主要内容的座谈会。应自治区高级法院、国税局、石河子市财政局邀请，自治区财政厅还派员出席了由各单位办公室主任、财务人员参加的《政府采购法》培训班，就政府采购法和自治区有关政府采购现状进行讲解，收到了较好的效果。同时还向自治区第五次纪检工作会议代表介绍了自治区政府采购工作开展情况，并介绍了新疆政府采购网站的建立、功能开发和使用情况。2004 年新疆政府采购网站发布政府采购信息 799 条次，包括介绍供应商的情况介绍和发布产品信息，网站浏览者已达 40 万人次。自治区本级有关计算机、机动车辆等通用设备的采购基本通过网上实施，大大缩短了采购周期，提高了采购效率。在网站的运行中，乌鲁木齐市已与自治区同步启用网站功能，部分地区的采购信息和中标信息均通过新疆政府采购网站进行了发布。

五、加强对政府采购招标代理机构的管理

2004 年 1 月 17 日，自治区财政厅下发了《关于自治区政府采购招标代理机构资格认定的通知》，对已取得自治区政府采购招标代理机构资格的中介机构和申请政府采购招标代理资格的中介机构，进行了资格复审和认定。经复审取消了一家招标中介机构的政府采购业务代理资格，新增了 4 家政府采购招标代理机构，并对取得政府采购资格的 16 家中介机构颁发了“新疆维吾尔自治区政府采购招标代理资格证书”。

六、认定供应商资格

在供应商进入政府采购市场过程中，自治区政府采购中心建立了供应商准入制

度，对自治区级2300家登记备案的供应商资质进行审验，对经审验合格的供应商，颁发了“政府采购供应商资格认证书”，认定其具备进入自治区本级政府采购市场的资格。

七、注重服务意识和工作质量

服务水平和服务效果取决于工作是否做实、做细、做到位。新疆维吾尔自治区政府采购监管部门在工作中始终坚持经济效益和社会效益并重，不断改进工作方式和方法，努力为采购单位提供优质服务。针对有关部门反映政府采购工作中存在的一些问题，积极进行整改，进一步完善采购项目质量跟踪服务机制。政府采购执行机构通过对采购单位发放“政府采购项目供应商售后服务情况反馈表”等方式，征求采购单位对供应商在售后服务方面的意见，做好采购过程的后续服务工作。

（新疆维吾尔自治区财政厅供稿，朱玫执笔）

六、文　　选

理清思路　明确任务
不断推进和完善政府采购制度改革*

在本次全国政府采购工作会议上，肖捷副部长作了重要讲话（见本书“重要文献”栏目中《求真务实　奋力进取　推动政府采购制度改革深入发展》一篇）。肖副部长在讲话中肯定了政府采购法实施两年来所取得的工作成绩，指出了政府采购制度改革存在的问题和困难，提出了深化政府采购制度改革的目标、原则和任务，尤其是提出的五个目标、四项原则和六大任务，为今后改革指明了方向，清晰了工作思路，鼓舞了斗志，振奋了精神，坚定了我们推进和完善政府采购制度改革的信心和决心，是指导我们深入开展政府采购制度改革的一个重要文件。同时，本次会议还请政府采购监督管理机构和集中采购机构的负责人共同研究讨论改革工作，非常有利于会议精神的贯彻落实和改革的推进。总的来说，这次会议开得非常成功。下面，我就贯彻落实肖副部长讲话精神和大家讨论中提出的问题谈几点意见。

一、会议取得的主要成效

本次会议的主要成效可以概括为三个方面：

（一）理清了思路，明确了方向

建立政府采购制度是一项庞大的系统工程。政府采购法的规定涉及面很广，事项很多，标准很高，在国内改革尚不完善和政府采购市场开放压力与日俱增的形势下，如何全面贯彻实施政府采购法，对我们这支年轻的队伍来说，是一个严峻的考验。政府采购工作千头万绪，从何处着手，向何处去，是当前政府采购工作中急需解决的一个难题。肖副部长在讲话中深刻分析了政府采购工作面临的新形势，按照政府采购法的精神，以科学的发展观，挖掘了政府采购深层次功能，从长远和战略的角度阐述了我国深化政府采购制度改革的五个目标和四项原则。五个目标：一是完善规则程序，提高采购效率；二是公开公正透明，实现公平交易；三是采购结果最佳，确保物有所值；四是发挥政策功能，促进经济发展；五是形成制约机制，防范抑制腐败。四项原则：一是统一政策，分级管理；二是集中采购和分散采购相结合；三是公开招标为主、其他采购方式为辅；四是管采分离、职能分设、政事分开。

* 本文为财政部国库司司长詹静涛在2004年全国政府采购工作会议上的总结讲话，刊登时略有删改，标题为编者所加。

大家认为，这五个目标和四项原则基本描画出我国政府采购制度改革的宏伟蓝图，并将政府采购从单纯的支出管理升华到宏观的政策工具，提升了政府采购制度改革的地位。肖副部长的讲话，指明了政府采购制度改革的方向，澄清了一些模糊认识，消除了顾虑，对今后的政府采购改革工作具有十分重要的指导意义。

（二）确立了重点，明确了目标

建立和完善政府采购制度是一项长期任务，不仅要制定明确的目标和原则，还要有措施、有步骤地推进。为此，肖副部长在明确我国政府采购制度改革目标和原则的前提下，结合我国政府采购制度改革中存在的问题，提出了下一阶段的工作任务，重点是要做好六个方面的工作：一要加快政府采购制度体系建设，使政府采购工作有法可依，有章可循，这是最基础的一项工作；二是要继续扩大政府采购范围，确保政府采购规模持续增长，这是采购制度成效的主要体现所在；三是要做好管理和操作机构分离和职能定位工作，形成相互制衡的工作机制；四是要继续抓好集中采购工作，推进政府采购工作规范化管理；五是要积极研究落实国家产业政策，注重发挥政府采购制度的政策功能；六是要加大监督检查力度，形成有效的监督管理机制。大家在讨论中指出，工作重点的确立，避免了我们工作上的盲目性，有助于提高我们的工作效率，有助于加快政府采购制度改革的进程。

（三）交流了经验，开阔了视野

近两年来，各地在政府采购法的贯彻实施中，摸索出了一套行之有效的办法和措施，国库司根据各地区的经验和做法，印发了各地区的经验交流材料，同时，还将世界上主要国家的政府采购制度管理情况整理成资料作为会议学习材料，供大家学习和参考，对此大家普遍反映比较好。通过学习和相互交流，发现了差距，学到了经验，了解了国外管理做法，对今后改进工作方法、推进当地政府采购制度改革很有启发和借鉴价值。

二、对贯彻落实肖副部长讲话精神的要求

本次工作会议是在我国政府采购工作上台阶的关键时期召开的，会议对近两年来我国政府采购制度改革工作进行了总结，同时，对今后工作的目标、原则和任务进行了部署。各地区应在认真领会肖副部长讲话精神的基础上，提出本地区下一步政府采购工作的任务和要求，取得领导的支持，更好地开展本地区的政府采购工作。

（一）财政部门要进一步强化工作职能，改进工作方法

要落实肖副部长讲话中提出的政府采购制度改革的五个目标、四项原则和六大任务，财政部门的责任很重，必须要进一步强化工作职能，改进工作方法。

1. 要认真履行好监督管理职责。要从原来统管管理和操作的工作方式转为现在只管监督管理的工作方式。要主动推进管采分离工作，在分清职责上率先到位，将原来承担的操作职能全部移交给集中采购机构和采购人，从繁琐的操作事务中解脱出来，集中精力抓监督管理。监督管理不是只对集中采购机构的监督管理，而是对整个政府采购工作进行监督管理，因此，财政部门要把眼界放宽，从整体上全面履行好监管和指导政府采购工作的职责。

2. 要管理、监督两手抓。政府采购法赋予财政部门全方位的监管职责，既包括财政管理（预算和支付）、政府采购信息管理、采购方式管理、采购合同管理等，还包括对采购执行过程和评审专家的监督。在这些监管职责的实施中，既不能缺位也不能越位。按照肖副部长所讲，就是既不能失职不作为，又不能越权乱作为。目前，有些地区的财政部门既存

在着缺位问题又存在越位问题，该做的事情没有做或者做得很不到位，例如制定制度办法、编制政府采购预算、开展监督检查等工作，却花费大量精力搞审批，招标文件要批，招标公告要批，中标结果要批，采购计划要批，合同备案时也要批。必须改变这种管理方式和方法，要严格按照法律规定行使管理职责。在加强管理的同时，要从根本上改变监督弱化的局面。既然法律赋予了我们监督的职责，我们就要认真地履行，把我们应该做的工作做好。所以，政府采购法的贯彻实施，不能局限于定制度、听汇报、批项目这些日常管理，还要加强监督检查。通过专项检查、定期检查等多种形式，了解实际执行情况，及时解决实施中的问题，对出现的违法违规行为予以严肃处理。通过监督检查，促进单位和集中采购机构自觉按照政府采购规定的程序进行采购。

3. 要切实做好服务工作。肖副部长讲了，从某种意义上讲，管理就是服务。所以，财政部门在履行管理职能时一定要树立服务意识。要通过宣传和协调工作，取得社会各界的理解和单位的支持，减少工作阻力，为改革创造一个良好的环境；要通过制定制度和政策，指导改革实践活动，切实解决改革中存在的问题和困难；要建立和完善集中采购工作机制，为集中采购工作提供保障。总之，要通过我们的管理和服务，为集中采购机构、采购人从事采购活动提供支持和保障，促进政府采购工作更好地发展。

（二）集中采购机构要合理定位，努力提高采购工作质量

1. 要合理定位。集中采购机构要按照法律规定和肖副部长讲话精神进行合理定位。一方面，对于财政部门而言，集中采购机构是政府设立的政府集中采购目录操作机构，应该由集中采购机构采购的项目都要委托集中采购机构采购。对于采购人而言，纳入政府集中采购目录的通用采购项目，采购人都要委托集中采购机构进行采购。另一方面，集中采购机构是采购人的代理机构，按照委托代理协议规定的权利，代采购人承办采购事务，既不能推卸责任，也不能超越权限。当然，集中采购机构在工作中也要坚持原则，对采购人的合理要求，即符合法律和制度规定的要求，要尽可能予以满足；对超出法规制度规定的不合理要求，要坚决予以抵制，不能迁就。这也是集中采购机构与社会其他代理机构的区别。

2. 要树立正确的发展观。集中采购机构从建立到成熟要有一个发展完善的过程，采购范围也要与机构的业务能力相适应，并按照“先易后难、先大后小、先本地后系统”的原则逐步扩大。所谓“先易后难”，就是先把一些容易操作实施的采购项目做起来，以快速扩大采购面，而一些采购项目复杂、实施难度大的项目，可以先行试点，逐步实施。“先大后小”，就是先把大的项目做起来，以扩大影响，取得实效，一些小的项目待腾出手来，再一步步去做。“先本地后系统”，就是中央级、省级部门有下属单位并且分布在外地的，先把主管部门所在地的采购项目管起来，在此基础上，研究分散在外地的所属单位如何开展政府采购工作。集中采购机构的采购范围要与机构的业务能力相适应。一般新机构在起步时容易陷入一个认识上的误区，认为只有开始的时候就把自己的工作范围搞得很大，才能确保以后的工作空间和地位，集中采购机构可能也面临着这个问题。集中采购机构是政府依法设立的，基本都是一个地方只有一个，而且法律又规定集中采购目录中通用的项目都要由集中采购机构来做，在一定意义上具有“垄断”地位，没有人抢你的“生意”。如果一开始不顾现实条件和操作能力，就把集中采购项目范围搞得很大，容易出现集中采购项目范围与实际操作能力脱节，造成采购项目

积压，效率降低，质量不高，单位有意见，最终影响集中采购机构的声誉乃至整个政府采购制度改革工作。

3. 要努力提高采购工作质量。近两年来，集中采购机构的规模虽然不断增长，但纳入政府集中采购目录的采购项目完成得并不是很好，有些项目的采购价格、采购质量和服务水平也没有得到单位和社会的充分肯定。因此，目前以至今后几年里，集中采购机构要注意扬长避短，工作目标要从数量向质量转变，按照量力而行的原则，对政府集中采购范围提出建议。财政部门在确定政府采购范围时，既不能把范围定得太大做不完，也不能太小影响改革进度。总的原则是，必须要确保集中采购机构的采购规模持续增长，质量和效率不断提高。集中采购机构要按照肖副部长讲话精神，下大力气加强自身的建设，完善内部管理制度，强化人员培训，不断提高综合素质和业务技能，做出成效，打出品牌。

这里再次强调一下，财政部门和采购中心是政府采购改革工作的两个方面，共同做一件事情。只有加强二者的协调和配合，才能把工作做出成效。

三、对会议讨论的几个问题的说明

在会议讨论期间，大家提出一些当前政府采购工作中的热点、难点问题，我根据会议讨论情况做一些说明。

（一）关于管采分离问题

政府采购管理机构和操作机构的分离，是指设在财政部门的集中采购机构要与财政部门脱钩，改为政府独立设置的机构。管采分离是政府采购法的规定，也是中纪委确定的从源头治理腐败的措施之一，因此，管采分离的改革方向不能变，但分离后集中采购机构的具体设置形式可以探讨。目前，这项工作虽然已经取得了很大进展，但仍然要继续推进，没有分离的地区，要抓紧完成分离工作。集中采购机构从财政部门分离后的具体设置模式较多，有关地区可以学习借鉴，并报当地政府研究决定。已经分离的地区要完善职责，不能机构分开了，职责不分。我国政府采购制度是借鉴国外的做法并结合中国实际情况制定的。但国外做法也不尽相同，管理机构与操作机构有分离的，也有不分离的。我要强调的是，大家对管采分离的形式可以进行理论研究和探讨，但在实际工作中必须按照法律规定、廉政建设规定执行。

（二）关于部门集中采购问题

有些同志不主张实行部门集中采购，担心又回到过去的老路子上，会冲击集中采购机构采购。我们认为，政府采购法规定得非常清楚，政府采购不等于集中采购，集中采购不等于集中采购机构统一采购。集中采购是政府采购的模式之一，其中又分为政府集中机构采购和部门集中采购。二者的业务范围也很清楚，互不冲突，前者主要是通用采购项目，后者则是部门或系统专用采购项目。政府采购是规范政府部门采购行为的一项制度，无论集中采购机构采购、部门采购还是分散采购，只要按照规定执行，都是政府采购。执行哪一种方式主要看能达到什么效果，适合政府集中采购就要交给政府集中采购机构采购，适合部门集中采购就要交给部门集中采购，适合分散采购就要分散采购，这几种形式应该是并用的。财政部门在拟定集中采购目录及采购限额标准时，一定要严格科学区分集中采购机构采购和部门集中采购的范围，不能将应由集中采购机构采购的通用采购项目列入部门集中采购范围。部门、单位、集中采购机构都要按照规定的程序办事，集中采购机构要把纳入目录的通用项目做好。各地区应当根据法律规定，结合当地实际，研究探索省级和地级、发达地区和欠发达地区适用的采购模式，逐步建立健全集中采购机构采购、部门集中采购和分散采购相结合的采购模式，发挥集中采购机构、部门和单位三个积极性，把政府采购工作做深做好。总之，政府采购工作要靠各个方面共同努力，单靠一个部门或一种方式是无法完成改革任务的。

（三）关于工程政府采购问题

工程已经列入了政府采购法实施范围，但在具体执行中问题很多，进展缓慢。为了解决这个问题，有些地方做了一些尝试，逐步进入工程采购范围。主要做法是与有关部门建立工程政府采购的协作机制，在不改变工程建设管理体制和实施方式的前提下，增加财政管理手段，从编制政府采购预算、发布招标信息、报送采购合同备案、落实有关经济和社会政策、工程建设资金实行直接支付等几个环节介入工程采购管理。至于工程招投标、建筑有形市场管理、工程招标中介机构管理、工程监理等管理事务，仍由有关部门负责。但工程到底做到什么程度才算是实行了政府采购，以及如何从根本上解决工程实行政府采购问题，还需要进一步研究。总的指导思想是，工程纳入政府采购不是要取代其他部门，而是要与其他部门的管理形成互补，共同做好。基本分工应是：计划部门立好项，建设部门办好事，财政部门管好钱。各地区可以继续探索，并交流经验，使工程采购既按照招投标法执行，又符合政府采购法的规定，真正地将其纳入政府采购法的实施范围。

（四）关于采购本国货问题

大家都反映，这个政策是好的，但缺乏执行标准。国务院已授权财政部组织起草本国货物、工程和服务的认定标准。由于此事做起来非常复杂，国内缺乏相应的专业人才，因此这项工作到目前进展不够理想。但我们会克服困难，会同有关部门，充分借鉴国际经验，争取尽快制订和颁布国货标准。在此之前，各地区、各部门要尽可能在同等条件下采购有国内知识产权或者在国内生产、组装的产品，工程和服务政府采购合同要优先授予本国供应商，优先采购环保产品、来自经济不发达地区和少数民族地区的产品。还要灵活运用政府采购手段，实现政府有关经济和社会目标，这就是肖副部长讲话强调的，政府采购工作要有个升华，政府采购不单单是节约资金、防治腐败，而且还要通过政府采购实现有关经济目标的调整，起到宏观调控的作用。但要注意一点，不要将采购国货的原则层层套用，规定采购本地产品，形成新的地区封锁。我们要打破不符合规定要求的地方保护和封锁，在全国形成统一的市场。

（五）关于加入 WTO《政府采购协议》谈判预案问题

我国政府在入世时承诺入世后将尽快启动加入《政府采购协议》的谈判。目前，我国入世已经 3 年了，欧美国家对我国履行入世承诺尽快启动谈判的问题非常关注。因此，从维护我国政府信誉看，启动谈判工作不会拖得太久。但是，我们对《政府采购协议》理解不是很深，对自己国内的市场情况底数，包括对产业结构、哪些产品或行业具有国际竞争力也不十分清楚。在既不知己也不知彼的情况下，开展这项工作的难度是很大的，但是我们仍然要积极努力做好这方面的应对工作。由于此事重大，必须加强研究，拿出预案，争取主动。财政部将请地方同志参与这方面研究，同时也要提醒地方同志对这个问题要有紧迫感，尽快把政府采购改革基础工作做好。到时真的“狼”来了，我们有防范“狼”的办法和手段。既要打开我们的大门，又不能让他们一拥而入，把国内市场冲击得七零八落。所以政府采购工作面临着很重的任务，要有危机感，要先把国内政府采购工作做好，然后才能应对外来冲击。

（六）关于电子化政府采购问题

肖副部长在讲话中简要地向大家介绍了电子化政府采购的情况，并提出了要把这项工作作为今后的一个工作重点进行认真研究和探索的要求。据我们了解的情况，电子化政府采购系统通常由信息发布系统、电子招标系统、电子订货系统、电子合同系统、电子支付系统、供应商注册系统等组成。它的主要优势是，在经济效益方面，可以降低价格和管理成本，缩短了招标准备时间，减少了人为因素，增强了采购及时性，提高了采购准确性和质量，健全完善了统计体系；在监督管理方面，实现了全过程的公开透明，减少了纸质文件容易出现的错误和人为因素，方便监督；同时它还可以打破地域限制，特别是为中小企业提供平等竞争机会。考虑到采购政策的统一性、公平性和避免重复建设浪费资金，便于监督等因素，一个国家只设一个电子交易平台。目前，国际上许多国家都已开展了电子化政府采购的实践。国际发展趋势增强了我国建立电子化政府采购系统的紧迫性。按照肖副部长的指示，财政部将加强电子化政府采购的研究，并逐步开发电子化政府采购系统。与此同时，地方也可以作一些尝试和探索，为将来实行全国统一的电子化政府采购平台奠定基础。

（七）关于市、县级集中采购问题

政府采购法对中央和省级职能的规定比较具体，而对市、县级的规定则比较少，特别是县一级管理基本没有涉及。但是，我国许多市、县地域很大，人口众多，政府采购有相当大的范围和规模，因此我们要进一步研究市、县级实施政府采购的政策、做法，要充分考虑市、县数量多、市场发育程度低、竞争不充分、财力差距悬殊等特点，不能搞“一刀切”。省级财政部门要加大对如何做好市、县级的政府采购工作的研究力度，制定切实可行的政策措施。各市、县可以根据本地实际情况积极探索实施政府采购的具体做法，逐步积累经验，扩大实施范围和采购规模。

（八）关于制定制度要注意听取集中采购机构意见的问题

会议讨论中，一些集中采购机构建议，财政部在制定制度办法时应尽量征求集中采购机构的意见。我认为，这个建议是有道理的。集中采购机构人员在采购第一线工作，了解实际情况，有丰富的操作经验，他们的意见、建议对于管理机构制定制度办法是非常需要的。管理机构注意听取操作机构的意见，会使制定的制度办法更具有可操作性。今后我们制定有关制度办法，特别是涉及操作层面的规定，要注意听取集中采购机构方面的意见。

（作者：詹静涛）

中央国家机关政府集中采购工作要发挥示范作用*

一、努力创造条件，积极推进中央国家机关政府集中采购工作

政府采购法规定，我国政府采购实行集中采购与分散采购相结合的模式，并对政府集中采购的范围、执行机构和运行程序作出了原则性规定。为了落实法律有关规定，建立和完善中央国家机关政府集中采购制度，财政部会同有关部门从基础工作做起，着力构建了政府集中采购的框架体系。

（一）拟定政府集中采购目录，确定政府集中采购范围

建立政府集中采购制度，首先要明确政府集中采购的范围，确定工作方向。为将政府采购法的原则规定变为可操作性的目录清单，财政部在2002年第四季度就着手拟定《2003年中央预算单位政府集中采购目录及标准》（以下简称《目录及标准》）。财政部依法在《目录及标准》中分别确定了政府集中采购、部门集中采购和单位分散采购各模式的业务范围，并尽力避免项目交叉重叠问题。其中，政府集中采购以通用采购项目为主，部门集中采购则主要是有关部门有特殊需要并且具有批量的项目，单位分散采购通过采购限额标准予以明确。

财政部在拟定《目录及标准》时，充分考虑了中央国家机关的现实情况，并广泛征求了各中央单位的意见。在《目录及标准》制定期间，财政部和国管局及时交换意见，达成共识后，《目录及标准》才上报国务院。

从实施情况看，2003年的政府集中采购目录的范围基本适度，符合中央国家机关实际。

（二）加强组织建设，理顺管理体制

政府集中采购，是指将跨部门的采购项目交给专门机构，形成批量，由专门机构统一采购。建立政府集中采购制度，必须设立或者明确专门机构组织实施。为此，国务院在政府采购法颁布后，批准设立中央国家机关政府采购中心（以下简称“采购中心”），作为中央国家机关的政府集中采购机构，接受采购人委托，承办纳入政府集中采购目录中项目的采购。

为了尽快组建采购中心，及时开展

* 本文为财政部国库司副司长周成跃在2004年中央国家机关政府集中采购工作会议上的讲话，刊登时略有删改。

2003年政府集中采购工作，国管局会同财政部联合成立了筹建领导小组和工作小组，按照法律及国务院有关规定，就采购中心职责、内外部制度建设、内部机构设置、人员配置、经费预算等事项，共同研究，明确责任，逐项落实。

采购中心组建后，财政部按照政府采购管理与执行机构分离、职责分清的要求，在2003年3月正式将原来承担的执行职能移交给了采购中心和各中央单位，完成了中央单位的政府采购管采分离任务，财政部不再承担执行事务，成为名符其实的监督管理部门。

（三）建章立制，建立政府集中采购工作机制

政府集中采购工作不仅仅是采购中心单方面的活动，它还涉及多类和多个当事人。为便于这项工作顺利开展，需要建立相应的工作机制，使政府集中采购工作制度化、规范化。为此，国务院办公厅颁布了《关于中央国家机关全面推行政府采购制度实施方案的通知》（国办发［2002］53号），转发了财政部《关于全面推进政府采购制度改革的意见》（国办发［2003］74号）。财政部还制定下发了《进一步做好中央单位2003年政府集中采购工作有关问题的通知》（财库［2003］19号）和《关于中央单位政府采购工作中有关执行问题的通知》。在国务院和财政部文件中，对财政部和采购中心的职责作了进一步明确，并对中央单位开展政府集中采购工作提出了要求，包括政府集中采购目录中采购项目要委托采购中心采购，要与采购中心签订采购委托代理协议，要向采购中心报送政府集中采购计划。这些制度规定基本确立了财政部、各中央单位、采购中心在政府集中采购工作中各自的角色，初步形成了协同配合的工作框架。

（四）加强指导，实施监督管理

2003年是政府采购法实施的第一年，也是中央国家机关政府集中采购工作开展的第一年。作为一项新的改革，采购中心和中央单位都有一个熟悉、探索和适应的过程。为了尽快启动并不断深入开展政府集中采购工作，财政部在制定规章制度的同时，组织培训并协助采购中心开展培训活动，帮助中央单位提高认识，明确操作要求；为采购中心自身建设和改进采购方法提出建议，协助采购中心解决工作中遇到的问题；及时在指定媒体上公告协议供货结果和实施要求，为中央单位参加协议供货提供便利。对于中央单位因特殊原因拟将政府集中采购目录中项目提出自行采购的，以及政府集中采购目录中项目变更采购方式的，财政部严格按照法律规定进行审批，促进依法采购，规范操作。

二、制定2004年政府集中采购目录的基本原则

经过半年多时间的准备和协调，国务院办公厅已经颁布了2004年《目录及标准》（国办发［2004］29号）。下面就制定2004年《目录及标准》的有关问题，作一下解释和说明。

（一）基本思路

政府集中采购目录不是一成不变的，趋势是逐步扩大。为了科学制定2004年集中采购目录和标准，财政部在2003年9月份召开了中央预算单位座谈会，11月初又书面征求中央预算单位意见。从反馈的意见看，多数中央单位认为政府集中采购工作刚刚开始一年，建议2004年集中采购目录不作大的调整，再继续执行一年，部分单位提出了一些修改意见，也有一些部门建议作适当调整。

根据部门所提意见以及全面推进政府采购制度改革的需要，同时考虑到今年集中采

购目录执行范围要由中央机关本部门扩大到所属二级预算单位的情况，财政部拟定2004年《目录及标准》的基本思路是，政府集中采购目录项目范围不作大的调整，只作小的增加，确保政府集中采购目录中的采购项目能够依法实施集中采购，维护国务院规定的严肃性和权威性。

（二）基本原则

政府集中采购目录的范围大小，受多方面因素的制约。财政部在拟定2004年《目录及标准》时，主要考虑了以下几个原则：

1. 政府集中采购目录的范围要与管理和执行能力相称。按照法律规定，国务院颁布的集中采购目录不是一个参照标准，而是中央单位都要严格执行的范围，具有强制性。从管理力度看，2003年的目录范围较好地反映了当前中央单位的管理水平和政府采购制度改革循序渐进的原则。从执行规模看，虽然财政部和中央国家机关政府采购中心及中央单位从各自工作角度采取了各种加强管理的措施，但与严格规范执行的要求还有很大差距。因此，2004年政府集中采购工作重点不是扩大范围，而是要强化集中采购目录的管理和执行，建立和完善中央单位集中采购运行机制，为下一步深化改革创造条件。

2. 政府集中采购目录要与建立集中采购机制相结合，并考虑中央预算单位的实际管理水平。开展政府集中采购工作，必须有相应机制作保障。政府集中采购制度作为政府采购制度改革的一项重要组成部分，正在推进之中。对这项新的制度，客观上各部门都存在一个接受、适应和自觉执行的过程，集中采购目录范围要与这项改革的进展基本一致。否则，不仅难以保证集中采购目录在实际工作中的正确实施，而且还可能影响整个政府采购制度的改革进程。

3. 政府集中采购目录要有利于操作执行。集中采购是将一些通用的可以归集起来的项目集中起来实行采购，以获得规模效益。一些无法归集的个性化和特殊性、低值易耗的零配件或者暂时不好操作的项目不宜纳入集中采购目录范围。另外，目前只有国务院系统成立了采购中心，中直系统的集中采购机构正在建设中，集中采购管理体制尚不完善。采购中心是新的机构，新的人员，人手不多，经验有限，在2004年政府集中采购的范围扩大到中央二级预算单位、采购数量成倍增加的情况下，不宜再过多增加项目。因此，2004年政府集中采购范围，要力保不折不扣地得以落实。

（三）主要变化

1. 增加和调整部分项目。在政府集中采购目录货物类中增加“传真机”、“扫描仪”、“摄影摄像器材”、“复印纸”、“监控设备”；在服务类中增加“汽车加油”、“工程监理”；将2003年目录中的“公务用车”改为“汽车”。同时，在部门集中采购项目中增加“地震专用仪器设备”、“水利专用仪器设备（水保、水文专用仪器设备）”。

2. 降低政府采购限额标准。根据2003年国务院规定的政府采购限额标准，货物和服务（单项或批量）项目为80万元，工程为100万元。实践表明，该限额标准偏高，大量采购项目没有纳入政府采购制度管理范围。按照随改革深入逐步降低限额标准的方针，以及逐年扩大政府采购规模和尽快与国际标准接轨的要求，政府采购限额标准调整为：货物、服务50万元，工程60万元。

3. 提高公开招标数额标准。按照2003年国务院规定的公开招标数额标准，一次达到80万元以上的货物或者服务采购项目，必须采用公开招标采购方式。该标准在规范采购行为、促进公开招标采购中发挥了重要作用，但同时也反映出两个问题：一是该标准与提高采购效率、推动政府采购制度改革等目标不相协调。招标数额标准低，扩大了规范的范围，但降低了采购效率，加大了采购成本，实施情况不理想。二是该标准低于国际通行的限额。WTO《政府采购协议》中规定，中央政府达到13万特别提款权的货物、服务项目要公开招标。13万特别提款权相当于120多万元人民币（1特别提款权≈1.2美元），高于我国现行中央单位标准40多万元。虽然我们还没加入该协议，但从与国际管理水平接轨、为今后加入该协议创造条件考虑，有关标准应当与国际规定逐步一致。因此，公开招标数额标准的确定，应当体现规范与效率兼顾的原则，公开招标数额标准由80万元提高到了120万元。

三、2004年中央国家机关政府集中采购工作的重点和措施

中央国家机关政府集中采购工作，就是要对政府集中采购目录的采购项目全部实行依法采购，并做出效果。政府集中采购是一项制度，这个制度的建立和完善需要具备相应的条件，需要有一个过程。2004年是中央国家机关实行政府集中采购的第二年，应当有阶段性目标，有工作重点。根据建立和完善政府采购制度的一般规律，按照2004年政府采购工作计划，今年中央国家机关的政府集中采购工作要着重做好以下几个方面的工作：

（一）从工作机制上确立政府集中采购的运行模式

目前，中央国家机关政府集中采购的工作框架已基本成形，但在具体操作上还有待进一步理顺。对此，财政部正在制定相关制度，对中央单位政府采购运行规程、非公开招标采购程序等从管理上作出规定。采购中心也将发布《政府集中采购操作规程》，具体落实政府采购法、国务院有关文件、财政部有关管理制度的操作方式，请中央单位协助做好有关事项。

按照法律规定和过去一年政府集中采购工作情况，今年完善工作机制需要重点解决的问题，一是财政部与采购中心的工作关系。从总体看，两者在政府采购工作中是相互联系、共同促进的关系。财政部要根据工作需要和采购中心建议，对实施政府集中采购的有关要求从制度上作出规定，采购中心和中央单位具体执行。采购中心主要承担执行事务，组织具体采购活动，并按法律规定在财政部指定媒体上发布招标公告和中标公告。二是中央单位和采购中心的工作关系。中央单位要按照法律和财政部有关规定，与采购中心签订采购委托代理协议，向采购中心报送政府集中采购计划，协助采购中心开展采购活动。采购中心根据委托协议规定的权限，具体实施项目采购。在采购委托代理协议中，除了约定委托项目外，还要明确采购项目委托环节及各环节中双方的权利和义务。采购委托代理协议可以按年度签订一个通用协议书，具体项目有特殊要求的，需要签订补充协议。中央单位向采购中心报送的政府集中采购计划，应同时抄送财政部备案。三是有监督职责的部门与财政部、中央单位和采购中心的工作关系。审计部门根据政府采购法、国务院文件和财政部有关制度，对政府采购管理和执行机构实施审计监督。纪检监察部门依法对政府集中采购工作的管理人员和执行实施监察。

我们计划通过一年的共同努力，建立起权责统一、协调配合的政府集中采购运行模式，使政府集中采购工作程式化、标准化、规范化。

（二）从落实目录范围上为扩大采购规模做贡献

上规模，是今年以及今后一个时期政府采购工作的首要任务。发展是硬道理，规模是体现发展的硬指标，直接反映政府采购制度改革的力度和成效。上规模是指要进一步扩大政府采购的规模，这项任务需要政府集中采购、部门集中采购和单位分散采购共同来完成。在中央国家机关，政府集中采购有专门机构、专门队伍、专门制度，比部门自行采购有优势，在实现上规模这一目标上也要做更多的贡献。因此，采购中心要切实采取行之有效的措施，提高专业水平，改进采购方法，扩大协议供货范围，研究提出中央国家机关二级预算单位实行政府采购的方案，利用好有限的人力，做更多的项目。

当然，政府集中采购要上规模，不能把担子全部压在采购中心身上，中央单位和财政部都有一份责任。中央单位对属于政府采购目录中的采购项目不能有所保留，要编制政府集中采购计划，并全部委托采购中心采购。还要安排专人负责，协调内部关系，与采购中心沟通，全力支持采购中心工作。

财政部要加强指导，协调关系，开展检查，强化管理，促进政府集中采购工作的实施。除了政府采购资金实行财政直接支付外，今年还准备推行政府采购卡制度，对协议供货或者定点项目，财政不再拨付资金，用财政部核发的采购卡划卡结算。采购卡有指标无资金，划卡后，代理银行先垫付，财政部凭划卡记录与代理行结算。此外，财政部还准备推出验收结算制度。实行政府集中采购的项目，在报销或者向财政部申请拨款时必须提交验收结算单据。验收结算单由财政部负责印制、中央单位使用。验收结算单须经采购中心核签，证明由采购中心实施采购，否则采购资金将被拒付。

（三）从实施采购政策上起模范带头作用

我国制定政府采购法的原因是多方面的，促进这一法律迅速出台的主要原因，是我国政府采购市场面临开放，如果不尽快依法保护这个市场，国家利益和社会公共利益将受到严重损害。为此，政府采购法将保护国内企业和产品列为首先政策目标，同时要求兼顾其他经济和社会发展政策目标。

在政府采购制度改革初始阶段，强调节支和反腐是正确的，因为这两方面的效果容易体现。在政府采购法实施后，按照依法行政原则，必须调整政府采购目标的次序，必须将政府采购法的政策规定落到实处。这就要求我们在实际工作中，再不能简单地以价格和性能论成败，必须首先考虑拟采购的产品是否为本国货物、参加工程和服务投标的供应商是否为本国供应商。

为了有效落实政府采购政策目标，财政部计划在今年会同有关部门制定《政府采购本国货物、工程和服务认定标准》，指导实践工作。同时，颁布《软件政府采购管理办法》，从采购本国软件着手，探索落实政府采购政策目标的方法。

中央国家机关是各行业主管部门，工作人员素质高，政策意识强，要以国家利益为重，顾全大局，改变传统需求观念和判别标准，带头落实政策规定。在落实政府采购政策方面，采购中心责任更大，必须坚持原则，做好宣传和解释工作，把好政策关。中央国家机关政府集中采购工作地位特殊，影响力强，要做依法采购的模范，为保护和扶持国内企业尽应有义务。

（四）从提高效率上发挥政府采购的优越性

实行政府集中采购，效益显著，有目共睹。但效率已经成为政府集中采购发展前景的决定因素。关于政府集中采购的效率，要有正确的认识。实行政府集中采购，必须按照法定方式和程序开展采购活动，这必然要有一个过程，采购的效率肯定不如传统的自由采购高。也就是说，实行政府集中采购不是要比以前更快，而是要规范采购行为。当然，规范不能成为解释现在政府采购效率偏低的借口，我们必须尽一切可能切实提高政府采购效率。

提高政府集中采购工作效率，是一项系统工程，必须多方互动，多管齐下。

首先，中央单位要全面、及时编制政府集中采购计划，这是提高采购效率的前提。要及时开展政府集中采购工作，必须提前制定实施方案，明确需求，否则就会拉长采购周期。

第二，采购中心要提高专业水平，增强服务意识，这是提高采购效率的基本保障。采购项目需求明确后，能否及时编写招标文件、组织招标投标活动，取决于采购中心自身的水平，只有“熟”才能“生巧”。

第三，要改进采购方法，推广协议供货制度，这是提高政府集中采购效率的关键。中央国家机关政府集中采购项目多，人手少，必须提高单次招标的效果，通过一次招标为有共同需求的各单位确定中标供应商和中标产品，并在一定时间期限内允许有此需求的单位直接向中标供应商采购。这种采购方法已成为国际潮流，国外称为“长期供货合同”或者“协议合同”，我国叫做“协议供货制度”，从2002年在中央单位试行，目前被地方广泛采用。这些年来的实践表明，实行协议供货制度，实现了效益和效率的有效结合，既规范又灵活，得到了采购单位的高度肯定。2004年中央国家机关的政府集中采购工作，一是要大幅度增加协议供货的品目和执行范围，进一步完善协议供货的制度办法，发挥协议供货制度的优势。二是要建立专业化分工机制。采购中心集中力量招标并公布中标结果，财政部提出执行要求，各单位按财政部要求自行选择中标供应商或中标产品，采购合同分别报财政部和采购中心备案，分别作为拨款审核和政府集中采购统计的依据。这种机制各方面职责清晰，各显专长，有合作，也有制约，方便快捷，能产生事半功倍的效果。三是要把中标价格作为最高限价。为解决协议期内价格变化问题，采购单位要在竞争基础上，就价格进行再谈判，确定具体中标产品。

此外，在当前阶段，提高政府集中采购工作效率，对政府集中采购目录中的特殊情况，还需要采取灵活处理的原则。尤其是金额不大、形不成批量的零散采购项目，如果不能纳入协议供货范围，可以由中央单位商采购中心同意后，经财政部批准，由单位自行采购。但采购合同要报采购中心，统计时纳入政府集中采购范围。

中央国家机关无论是单位数量还是采购资金支出，在中央单位中都是大头。在此，对中央国家政府采购工作提点希望。希望中央国家机关各部门在大力支持政府集中采购工作的同时，要把本部门、本系统的政府采购工作全面抓起来。从过去一年的情况看，中央国家机关在编制政府采购预算、发布政府采购信息、政府采购统计、采购规模等方面，工作很不平衡。主要原因是很多部门缺乏专门的管理队伍和执行队伍，没有固定和足够的人员来抓政府采购工作。希望各部门重视这一问题，加强组织建设、队伍建设、制度建设，积极开展实践工作，切实改变中央单位政府采购工作滞后于地方的局面。

2004年是中央国家机关政府集中采购工作关键的一年。在这一年里，要夯实基础工作，要充分展示贯彻实施政府采购法和实施政府集中采购的成效。财政部将与中央单位一起，发扬成绩，改进不足，克服困难，迎接挑战，共同创造中央国家机关政府集中采购的优良工作环境，开创新的局面。

（作者：周成跃）

规范政府采购活动的基本规章

2004年9月11日财政部发布的三个政府采购规章同时生效，它们分别是《政府采购货物和服务招标投标管理办法》、《政府采购信息公告管理办法》、《政府采购供应商投诉处理办法》。这三个部门规章分别涉及政府采购法规定的公平竞争原则、公开透明原则和权益保护立法宗旨的执行，可以认为是政府采购的基本规章，将对政府采购活动发挥重要规范作用。

一、关于《政府采购货物和服务招标投标管理办法》

公开招标是政府采购的主要方式，也是公平竞争原则的主要实现方式，因此是最重要的基本规章。这一制度的基本结构是招标、投标和开标、评标与定标三部分，《政府采购货物和服务招标投标管理办法》是以这三部分进行布局，本文也以这三部分作为讨论的展开线索。在此首先分析制定《政府采购货物和服务招标投标管理办法》的必要性和总则部分的规定。

（一）制定的必要性和总则规定

制定这一办法的必要性取决于其同现行三个相关立法的关系。第一是1999年8月30日第九届全国人大常委会通过，2000年1月1日生效的《中华人民共和国招标投标法》（以下简称《招标投标法》）。第二是1999年6月24日财政部发布并于同日生效的《政府采购招标投标管理暂行办法》。第三是2002年6月29日第九届全国人大常委会通过2003年1月1日生效的《中华人民共和国政府采购法》（以下简称《政府采购法》）。其中财政部发布的《政府采购招标投标管理暂行办法》在生效时间上最早但是法律效力最低，在《招标投标法》和《政府采购法》公布实施后显然有进行修订完善或者发布新的“办法”替代的必要。《政府采购法》对于招标投标，特别是对货物与服务的招标投标做出了规定，但是由于该法的功能所限和《招标投标法》已经先于其公布，所以它很难容纳大量的细节和操作性内容。

在三个相关立法中，最应当给予关注的是《招标投标法》的作用。第一，先期公布的《招标投标法》限制了政府采购法的立法结构安排。从相关国际规定和各国立法看，招标投标是政府采购立法的重心所在，即《政府采购法》的主要内容应当是招标投标方式和程序。但是由于在我国制定《政府采购法》之前已经公布实施了《招标投标法》，因此《政府采购法》的制定工作不宜重新安排和全面地研究设计招标投标制度，也不宜将招标投标制度作为立法重心占用大量篇幅。第二，也是最重要的，是现行《招标投标法》的固有局限性。这种局限性主要有两个方面。一个是对规范工程项目的偏重。虽然该法第2条规定在中华人民共和国境内进行招标投标活动适用本法，但是在制度设计上它更多地是以规范建设工程为条件和侧重点。例如第3条所规定的必须进行招标的项目范围，只是列举了涉及公益和国际资金的工程建设项目。另外一个局限性是没有将国家和其他公共机构作为专门的规范对象，而是普遍适用于愿意或者必须进行招标的人。对此该法第8条规定，“招标人是依据本法规定提出招标项目、进行招标的法人或其他组织”。这两个方面的局限性致使《招标投标法》的制度设计不能充分鲜明地体现对国家和其他公共机构采购活动的特殊需要，也不便于对法人和组织规定公共义务。《招标投标法》的上述固有缺陷不但使《政府采购法》对货物和服务采购的招标投标问题专门作出原则规定，还使财政部有必要为执行《政府采购法》而以部门规章形式对此作出进一步的规定。

基于上述情况，可以说《政府采购货物和服务招标投标管理办法》既是对政府采购法相关规定的具体化，也是对《招标投标法》之不足的弥补。同时为了保持制度的完整性和立法文件表达的连贯性，《政府采购货物和服务招标投标管理办法》还有选择或者说有针对性地引用了《政府采购法》和《招标投标法》的一部分内容，在规章的结构布局上与《招标投标法》基本一致，但是条款增加至90条，而《招标投标法》只有68条。

比较《招标投标法》,《政府采购货物和服务招标投标管理办法》在总则部分明显增加了以下内容：执行公共政策、回避和财政部门的监管职能。缺乏对投标人特殊公共义务特别是执行公共政策的义务的规定，是《招标投标法》不能适应政府采购需要的重要方面。因为由一般的法人和组织，特别是由营利自由的法人或者其他组织负担的公共义务要比国家机构和其他公共机构轻得多。政府采购是非营利活动，采购人负担更多的公共义务是必要的。因此《政府采购货物和服务招标投标管理办法》根据《政府采购法》第9、10条，对采购人规定了执行社会经济政策和国际贸易政策的公共义务。关于回避，《招标投标法》有类似的规定，例如针对评标委员会成员规定的第37条第4款，但是适用面比较窄。《政府采购货物和服务招标投标管理办法》第7条的适用范围要宽得多，适用于参与货物服务招标投标活动的招标采购单位工作人员、评标委员会成员及其他相关人员。关于监管部门的法定职责等，《招标投标法》规定由国务院规定，主要考虑监管部门比较多和需要协调。《政府采购货物和服务招标投标管理办法》则只是规定了财政部门的法定职责，这也是部门规章的权限所致。

（二）主要制度规定

1. 招标制度。其内容主要有招标主体、信息公告、招标文件制作和招标管理四个方面。

明确招标人是进行货物和服务采购的政府采购单位，这是《政府采购货物和服务招标投标管理办法》区别于《招标投标法》的重要方面。政府采购招标人的性质和地位决定它应当承担一些普通招标人不一定承担的法律义务。招标代理是我国招标立法中非常重视的问题，无论是《招标投标法》还是《政府采购法》都是这样。对此《政府采购货物和服务招标投标管理办法》是在第12条规定采购人自行招标的条件，并将此作为是否进行委托的根据之一。

招标信息公告是执行公开透明原则的重要方面。《政府采购货物和服务招标投标管理办法》的主要特点是在第15条规定了邀请招标资格预审公告及其确定邀请投标人的方式。这一规定是《招标投标法》和《政府采购法》所欠缺的，它对于保证邀请招标活动的公开透明和公平竞争提供了最重要的制度条件。对于公开招标公告的必备内容，《政府采购货物和服务招标投标管理办法》第17条的规定比《招标投标法》有更为详细具体的规定。

招标文件在法律上不仅是招标人正式的要约表示，而且是进行投标和评标、定标活动的主要依据。因此《政府采购货物和服务招标投标管理办法》在第二章以大量条款对招标文件的制作和管理作出规定。关于招标文件制作方面的规定的特点是：在第18条对招标文件的必备内容作出了比《招标投标法》更多和更详细的规定；第19条规定了电子招标文件的法律地位和效力；第20条对备选投标方案问题作出了规定；第22条对征询专家和供应商意见问题作出了规定。关于招标文件管理方面的规定的特点是：第23条规定了出售招标文件的定价标准；第24条规定在发布招标公告、发出投标邀请书或者发出招标文件后，不得擅自终止招标；第28条就投标截止时间和开标时间的延长等作出了规定。

2. 投标制度。其内容主要有投标主体、投标文件制作和投标管理三个方面。

投标主体的制度设计要综合考虑竞争的充分性和执行公共政策的可能性，因此《政府采购货物和服务招标投标管理办法》不同于《招标投标法》相关规定的特点，一个是增加了对自然人的一般性规定，而不限于科研项目，这符合《政府采购法》第21条关于供应商种类的规定；另一个是规定了投标人符合招标文件规定的资格条件。规定投标人资格条件既有保证履行采购合同的能力，更有执行公共政策的考虑。《招标投标法》第26条曾经对资格条件有所规定，但是多限于国家的有关规定。该法难以对当事人合同履行能力直接作出更多规定，主要原因可能是较多地考虑了民事活动的自治原则。

投标文件制作的关键在于是否对招标文件提出的要求和条件作出实质性响应，所以不需要像规定制作招标文件那样写出许多内容。《政府采购货物和服务招标投标管理办法》不同于《招标投标法》的地方，是在第30条明确规定了投标文件由商务部分、技术部分、价格部分和其他部分组成。

投标管理方面，《政府采购货物和服务招标投标管理办法》规定在结构上与《招标投标法》基本相同，包括送达、补充、修改、撤回、分包、投标联合体和不得串通等禁止性投标规则。《政府采购货物和服务招标投标管理办法》不同于《招标投标法》的地方，是第36、37条关于投标保证金的规定，包括数额、交纳形式、联合体的交纳和如何退还保证金。

3. 开标、评标与定标。《政府采购货物和服务招标投标管理办法》规定了对竞争不能达到最低数量的处理办法，它不同于《招标投标法》相关规定的地方，是按照招标文件及其招标程序的瑕疵程度确定处理办法。例如根据第43条，招标文件没有不合理条款、招标公告时间及程序符合规定的，可以经过批准采取招标以外的方式进行采购；否则应当予以废标，依法重新进行招标。

开标在《政府采购货物和服务招标投标管理办法》中有五个条款，分别涉及开标时间地点、开标主持人和参加人、对投标文件的密封检查、拆封和宣读、投标文件表述矛盾的认定。《政府采购货物和服务招标投标管理办法》的上述规定不但在条款数量上比《招标投标法》多出两条，而且在内容上设计了体现政府采购公共性所必备的监督措施和防止不公平竞争的措施，还规定了对投标文件表述矛盾的认定。

关于评标制度，在《政府采购货物和服

务招标投标管理办法》中涉及了评标组织、评标方法、评标程序及其废标等方面的规定，在内容和篇幅上大大超过了《招标投标法》的相关内容。评标组织的规定包括职责、产生办法和相关义务，主要特点是比《招标投标法》更为具体和更多监督。在评标方法方面，《政府采购货物和服务招标投标管理办法》比较系统地规定了最低评标价法、综合评分法和性价比法。在评标程序方面，涉及投标文件初审、澄清有关问题、比较与评价、推荐中标候选供应商名单和编写评标报告等。在废标方面规定了无效标和废标的条件与程序。上述多数内容在《招标投标法》中是没有的。

定标制度包括定标方法、定标公告、定标异议、签订书面合同以及办理备案批准和登记手续。定标是最终确定中标供应商的制度，也是采购人订立合同的承诺行为。政府采购不同于订立普通合同的地方是，采购人应当将中标结果进行社会公告，并且接受投标供应商的质疑。对此《政府采购货物和服务招标投标管理办法》第63条作出了规定，但是《招标投标法》缺乏这方面的制度安排。

二、关于《政府采购信息公告管理办法》

实行公开透明是政府采购公共性的重要体现，其意义不但是创造充分竞争，而且还为社会监督防止腐败提供基本条件。为此财政部早在2000年9月11日就根据当时的条件发布实施了《政府采购信息公告管理办法》，其制定根据是当时财政部发布的《政府采购管理暂行办法》和《政府采购招标投标管理暂行办法》。2003年《政府采购法》生效后，政府采购的制度条件有所变化，显然需要有一个新办法取代旧的规定。现在公布的《政府采购信息公告管理办法》主要是根据《政府采购法》第11条规定，规范在政府采购监督管理部门指定的媒体上及时向社会公开发布政府采购信息的行为。新的《政府采购信息公告管理办法》在结构上包括公告范围与内容、信息公告管理和对指定媒体的管理，不但比原《政府采购信息公告管理办法》充实具体，而且还特别增加了对指定媒体的管理一章。《政府采购信息公告管理办法》第4条规定的信息公告原则比较概括地反映了本办法的制度设计思路，即信息发布及时、内容规范统一、渠道相对集中和便于获得查找。

政府采购信息公告范围与内容，分为必须公告的事项范围和若干公告事项应当包括的内容两大部分。第8条规定了最低限度的必须公告事项；第9条进一步授权省级以上财政部门可以根据管理需要，增加需要公告的政府采购信息。这是一个比较成功的制度设计，最低限度规定体现了原则要求，授权规定则照顾了不断变化的实际管理需要。政府采购信息公告管理，分为公告一致性规则和公告义务人及其公告载体两大部分。公告一致性规则是解决因多种公告载体导致矛盾的依据，《政府采购信息公告管理办法》第17、18条对此作出了规定。不同的信息种类应当有特定的公告义务人和使用特定的公告载体，《政府采购信息公告管理办法》第19、20、21、22条对此作出了规定。政府采购信息指定媒体管理，主要规定了被指定媒体的法律义务及其履行方式。按照《政府采购信息公告管理办法》第24条规定的公益性原则，公告政府采购信息属于被指定媒体的公益性法律义务。履行这些法律义务，应当按照《政府采购信息公告管理办法》第4章的规定确保准确和及时。

三、关于《政府采购供应商投诉处理办法》

投诉是专门保护政府采购供应商合法权益的行政法制度。这种保护是通过政府采购行政监管部门的行政裁决活动实现的，投诉处理裁决是会导致行政复议或者行政诉讼的具体行政行为。行政投诉权是法律赋予参与政府采购订单竞争的供应商的特有救济权利，突出体现了政府采购合同的公共性特征，普通的民事合同当事人难以直接依据法律获得这种权利，《招标投标法》也缺少这类保护制度。供应商投诉制度曾经在1999年财政部发布的《政府采购管理暂行办法》第41条有所规定：政府采购人认为自己的合法权益受到损害，可以向财政部门提出书面投诉。财政部门应当在收到投诉书之日起30日作出处理。这一规定是在我国初建政府采购制度的背景下提出的，本身有创新意义，但是比较原则和简单。《政府采购法》将投诉与质疑联系起来，作为政府采购基本制度之一规定下来。《政府采购供应商投诉处理办法》是为实施《政府采购法》发布的部门规章，比较系统地规定了财政部门处理投诉的权限、程序以及投诉人的权利。

《政府采购供应商投诉处理办法》的主要制度有两个：投诉的提起与受理和投诉的处理与决定。在提起与受理部分，供应商投诉理由和提起投诉条件是主要的，决定着投诉是否会被受理。《政府采购供应商投诉处理办法》第7条规定采购文件、采购过程、中标和成交结果侵权是供应商提起投诉的理由，第10条规定了投诉前已经过质疑程序等七个条件。投诉的处理与决定是行政机关作出裁决决定的具体行政行为，是《政府采购供应商投诉处理办法》的核心部分。它的主要内容是：（1）以书面原则的审查方式；（2）财政部门依职权进行调查的权限和程序；（3）对具有明显倾向性或者歧视性采购文件导致侵权的若干处理；（4）对采购文件、采购过程影响或者可能影响中标、成交结果的，或者中标、成交结果的产生过程存在违法行为的若干处理办法；（5）处理投诉期间采购活动的暂停。《政府采购供应商投诉处理办法》第18条、第19条对上述第3项、第4项的分类和处理办法是具有新意的制度设计。

（作者：清华大学公共管理学院　于安）

政府采购对宏观调控的四大影响

政府采购是政府宏观调控工具箱中最常用的工具之一。它不仅可以提高财政支出效率，而且通过对采购品种、规模、供应商等因素的选择，可以有效实现优化资源配置，调节国内需求总量，优化经济结构，发展民族经济，从而促进国民经济健康发展。目前，随着我国改革进程的加快，逐步健全政府采购制度，对于政府履行其经济职能，丰富其调控经济运行的手段，显得极为重要。而政府采购政策的合理制定与有效执行，必须建立在深入研究政府采购与政府宏观调控关系的基础上。

对经济稳定增长的影响

国民经济保持平稳运行的必要条件是社会总需求与总供给相适应。政府采购是以政府部门为主体，面向市场以一定方式选择供应商，统一购买所需物品或劳务的行为。为此所花费的资金直接形成政府公共部门的成本，所购买的商品和劳务是用来满足政府公共部门执行其职能需要的。在不考虑对外贸易的情况下，社会总需求可分为消费需求（c）、投资需求（i）和政府购买需求（g），即 $y=c+i+g$。由上式可看出政府购买支出的增减对国民收入（y）有着重要的影响。而且由于存在“乘数效应”，政府采购支出的增加，往往引起国民收入的加倍增长；而政府采购支出的减少，又会引起国民收入的多倍减少。利用这一原理，政府就可以根据宏观经济的冷热程度及其发展态势，在可利用的弹性区间内，适量地确定采购规模，适时安排采购行为，以起到经济杠杆的作用。当经济萧条时，可适时增加和提高政府采购规模，拉动内需，刺激消费，使社会总需求成倍增长，以达到抑制衰退的目的；当经济过热时，亦可适当压缩政府采购规模，从而防止经济过度膨胀。这样通过政府采购手段，就实现了社会总供给与总需求的平衡，消除了经济波动。

以我国为例，目前国内市场上总供给大于总需求，已形成买方市场。但由于受到国人传统消费观念等固有因素和国际经济波动等偶然因素的影响，造成需求不旺的现象，这对我国经济实现稳定、高速增长形成了一定的阻碍。对此，我国政府不断扩大政府采购规模，2002年政府采购规模超过1 000亿元，2003年政府采购规模超过1 500亿元，今年将突破2 000亿元，这无疑促进了国内需求的形成，对国民经济产生了强有力的拉动。

对经济结构的影响

当今世界各国已不再单纯地追求经济总量的增长，转而注重经济增量的质量，谋求国民经济内部结构的优化。运用政府采购手段，通过对采购对象、采购地区的选择，可以实现对国民经济各产业的调控和对某些特殊地区发展的支持。

政府采购与产业结构优化 政府作为国内市场上最大的消费者，其对所购买商品和劳务的选择，无疑会对产业结构具有举足轻重的影响。政府可以利用采购支出的这种结构效应，选择不同的产品和行业，体现一定时期的政策倾向，用采购支出对某些重点行业的发展进行直接的刺激和支持。

政府采购与技术结构优化 国家依据符合本国国情的技术经济政策，对于那些需要给予一定扶持的、科技含量高的新兴产业或技术项目，可以考虑在政府采购招标方案中给予适当的倾斜，这样既可以形成政府财力的注入，又可以产生连锁效应，引导资本市场向这些产品与技术流动，促进技术的发展，实现科学技术结构的优化，提高宏观经济效益。

政府采购与区域间结构优化 我国地域辽阔，民族众多，由于历史原因或自然条件限制，造成了地区间经济发展的不平衡。政府采购制度的推行则可以更有效地促进地区经济的平衡发展，如促进西部大开发。首先，政府采购招标时，可适度降低中西部地区企业参与政府采购的门槛；其次，在选择供应商方面，在保证所采购物品或劳务能满足政府需要且成本合理的前提下，给予落后地区企业以适当的倾斜；再次，可以通过加大中西部地区政府采购的规模来推动中西部开发。2002年中西部地区政府采购规模达到240多亿元，约占全国总额的1/4；2003年国家将把85%的新增税收用于中西部地区，在全国1 500亿元政府采购目标中，中西部地区占到了450亿元左右。

对国际收支的影响

在影响国民经济稳定增长的因素中，国际收支平衡与国内经济平衡同等重要。因此，政府要在开放条件下保持经济稳定增长，必须利用相应政策工具对国际收支进行调控，而在可运用的政策工具中，政府采购的作用不可低估。一方面，面对政府抛出的数以亿计的巨额定单，势必会激发国内厂商的竞争意识，进行公平而充分的竞争，在优胜劣汰的过程中造就一批有实力参与国际竞争的企业，使其产品有能力打入国际市场，赚取外汇。另一方面，从政府采购市场开放的对等性来看，政府要在国内国际市场上选择供应商，我国企业可以充分利用双边或多边条约的优惠待遇，参与跨国经营，发挥规模优势，参与国际竞争，在国际市场上得到更多锤炼的机会，提高国际竞争力。例如2000年，美国海尔工业园竣工投产，并在美国政府采购冰箱的竞标中中了头标。2003年，金正电子科技（常州）有限公司在美国政府采购笔记本电脑竞标中，一举中标。

对民族产业的影响

世界各国都有其各具特色的民族产业，而面对经济全球化的挑战，如果完全实行贸易自由化，民族产业必然受到巨大冲击。因此，政府在发展对外贸易的同时，也应给予民族产业一定的扶持。

首先，政府采购制度在向市场注入竞争机制的同时，应实行“国货优先”的原则，以保护国内具有竞争力和发展潜力的民族工业，支持国有企业创造名牌产品，从整体上提高国有企业在国内外市场上的竞争力。其次，加快大宗政府采购项目的立法，完善政府采购制度，从法律层次上促使民族经济开拓进取，提升核心技术，为国民经济走上良性发展的快车道打下坚实基础。2003年国家信息化领导小组会议上，初步拟订了发展民族软件产业的《纲要》，指出国家将通过立法，要求中央和地方政府在采购大部分计算机软件时必须选择国产软件，以加快我国产业集中的步伐，促进民族信息产业的发展。第三，以节约财政资金为政府采购的出发点，应充分利用国产商品的价格优势，提高本国产品在采购商品中所占比重。一般情况下，进口商品价位较高，因为其价格中包含运费、关税等项目，这也同时造成进口商品与国产商品价格上的差异。政府采购过程中，在国内商品质量过关，且能够满足政府职能基本需要的前提下，加大对低价的国产商品的采购量，这样本国民族经济也就能在政府采购的蛋糕中分得较大的一块。第四，制定严格具体的标准，要对某些特殊商品的供应商加以限制。政府采购物品中有些将涉及到国家机密的保存、国家经济的安全等重要方面，因此，政府也就必须对参与竞标的厂商和商品进行严格的评定。

政府采购就其本质来说，是“政治过程”和“市场过程”的融合交叉。在市场经济体制下，政府采购已不再仅仅是加强财政支出管理、延伸财政支出监督职能、规范政府消费行为的手段，而是已成为有效实现宏观调控的重要工具。政府作为国内最大的单一消费者，政府采购的数量、品种和频率对整个国民经济有着直接的影响。其一，通过对大宗采购商品的吞吐，可以有效地调控总需求，并相应控制物价，避免由物价失控引起经济失衡。其二，通过对产品生产区域和品种的限制和选择，可以通畅明晰地向社会传递政府的经济政策，积极发挥政府的导向作用，减小由市场经济盲目性所导致的效率损失。但政府利用政府采购对经济结构进行调整，必须同国家长期经济发展规划保持一致，贯彻“效率优先”的原则。其三，通过对等开放政府采购市场以及对有实力打入外国采购市场的企业给予相应支持，增加企业参与国际竞争的机会，增强企业的出口创汇能力，同时政府应遵守所签订的一系列双边或多边贸易协定，尽量避免贸易摩擦或纠纷。其四，通过加大国产商品的采购规模，可以将国际贸易对民族产业的冲击与破坏减至最小程度，全力地保护本国民族产业的顺利发展。

总之，政府采购是政府进行宏观调控的重要工具，有助于政府向社会传递其政策意图，引导各经济主体采取有效的经济行为，以维持国民经济的快速、健康、持续的发展。

（本文选自2004年6月2日《中国财经报》。作者：中南财经政法大学　王帅）

关注政府采购绩效

绩效评价：采购事业的生命线

政府采购是适应市场经济条件下为强化政府支出管理、提高政府支出绩效而采取的一项措施。因此有人认为，政府采购本身就具有效率，探讨政府采购的绩效是没有意义的。还有人认为节支率是衡量政府采购绩效的惟一重要指标。这些说法是不正确的。政府采购本身绩效的发挥不但需要完善的内部机制，也需要有利的外部条件做保证。探讨政府采购的绩效不能仅仅看节支情况，更重要的是要对其进行全面整体的评价。我国自1998年开始全面推开政府采购制度，并不断地探索与完善。2003年1月1日正式实行的《中华人民共和国政府采购法》是政府采购的制度规范，标志着我国政府采购终于有法可依，也标志着我国政府采购制度改革迈上了一个新的台阶。几年的经验表明，政府采购制度的推行节约了财政资金，提高了政府采购工程、产品或服务的质量，极大地改善了财政支出绩效。但由于我国政府采购还处于起步阶段，很多因素仍制约着政府采购绩效的更好发挥，因此当前研究政府采购绩效具有非常重要的意义。由于绩效不仅仅是对政府采购资金的考察，还包括对政府采购人员效率的考察，因此，探讨政府采购绩效是进一步提高政府行政效率的重要内容，是现代政府执政的要求，也与党的六届四中全会精神相吻合。不仅如此，政府采购绩效实际上也是公众最关心的问题，政府采购使用的是财政性资金，换句话说，政府采购花的是纳税人的钱，因此，政府采购一定要为纳税人负责，即用最少的财政资金采购到更多的货物，为纳税人提供公共产品或服务。提高政府采购绩效的结果，要么是使纳税人缴纳的税收比原来少了，要么纳税人享受到的公共产品或服务更多了。因此，从纳税人的角度看，也必然要求提高政府采购绩效。

评价指标：微观与宏观两个层面

评价政府采购绩效不能笼统地用某一项内容、某一项指标进行衡量，而应尽量将其细化成一些可操作的具体指标。对此，笔者做了一些粗略和不成熟的思考。就大的方面而言，政府采购绩效可以从两个层次上来衡量，即微观绩效和宏观绩效。其中，微观绩效是就具体的采购行为而言的，在确保政府采购产品质量的前提下，采购花费的资金成本越少，时间越短，微观绩效越高。微观绩效可分为资金效率和行政效率。资金效率是指政府采购对资金的节约程度。行政效率一般可通过政府采购周期的长短来决定，当然不同的政府采购对象其采购周期本身就有很大的差别，因此评价行政效率要区别对待。而宏观效率是就政府采购作为一项制度而言的。宏观效率可具体分为规模效率、人员效率、政策效率和管理效率。其中，规模效率是指只有政府采购在整个财政支出或国民生产总值中占有一定比重时，政府采购的节支效率才能很好地发挥出来；人员效率主要是对政府采购人员素质和人均采购额的大小进行衡量，政府采购人员素质越高，人均采购额越大，人员效率也就越高；政策效率主要是看政府采购政策是否科学、是否适用；管理效率主要是用于评价政府采购管理体制及机制是否高效。

微观层面

资金效率主要是用于衡量政府采购的节支情况，可用节支率指标来衡量。政府采购节支率是指政府采购的资金节约额（政府采购预算金额与实际采购金额之差）与政府采购预算金额的比率，它是评价政府采购效率的最基本的指标。其公式可表示为：

政府采购节支率 =（政府采购预算金额 - 实际政府采购金额）÷ 政府采购预算金额 × 100% = 1 - 实际政府采购金额 ÷ 政府采购预算金额 × 100%

节支率与实际政府采购金额成反方向变化，而与政府采购预算金额成正方向变化。对节支率可以从三个层次上进行考察，一是某个具体采购项目的节支率，用于考察某次采购的节支情况；二是某类采购对象的节支率，用于考察不同采购对象的节支情况；三是当年全部政府采购的节支率，用于考察政府采购的年度节支效果以及政府采购对财政管理和经济总量的影响。一般来说，政府采购的节支率越高，表明政府采购的节支效果越明显。但较高的节支率并不是政府采购的惟一目的，而且更重要的是，高节支率并不完全意味着政府采购的高效。

行政效率主要用于衡量政府采购是否能够及时满足需求单位的需要。一般来说，政府采购的行政效率主要是指集中采购的行政效率，具体可通过政府采购周期指标来衡量，即从上报需求计划，政府采购中心接受委托，财政部门进行需求核对及下达任务单，媒体发布政府采购需求信息到签订政府采购合同为止的时间。以公开招标采购方式为例，一个完整的政府采购周期通常由以下几个环节组成：媒体收到信息并刊登所需的时期；采购信息公告期；投标人编制投标书的期间；中标公示期；采购中心运作、审批、流转等所耗费的时间；合同履行期间；合同履行完毕后付款期间。

对于其中某些期间的要求，我国政府采购法及相关法律有明确的规定。如，指定媒体必须在收到公告之日起3个工作日内发布公告；货物和服务项目实行招标方式采购的，自招标文件开始发出之日起至投标人提交投标文件截止之日止，不得少于20日。这里的期间都是指工作日，因此实际上的政府采购周期比这些期间加总起来的时间还要长一些。一般认为，政府采购周期越短，效率越高；政府采购周期越长，效率越低。但也并不总是如此，有些政府采购方式，只有达到一定的周期才能发挥出其优势。

宏观层面

规模效率是指政府采购在具有一定规模基础上所能起到的节约财政支出的效果。政府采购规模是实现经济效率的基础，有规模才能发挥效益，才能节约更多的采购资金。

政府采购规模效率又可从两个方面来进行评价。

一是从全部政府采购占财政支出或国民生产总值的比重来看，这一比重越高，说明政府采购对财政与经济的影响越大，从而能够带动中国财政管理以及经济效率的提高。国际经验表明，政府采购一般占当年财政支出的30%左右，占国内生产总值（GDP）的10%左右。如果政府采购在整个财政支出以及经济总量中的比例太小，政府采购的节支功能就不能很好地发挥出来，这时，政府采购的规模效率就很低。政府采购的规模效率通常可用当年政府采购在整个财政以及经济中所占的比重这一相对规模指标来衡量，因此它是一个相对量。政府采购的（相对）规模的计算公式如下：

政府采购相对规模＝当年实际政府采购金额÷当年财政支出总额（或GDP）

当然，政府采购的规模是受很多因素影响的。一般来说，一个国家实行政府采购制度之初，其政府采购量较小，随着政府采购制度的不断成熟，规模会不断增大，但也不可能无限增大，毕竟政府采购只是财政支出中购买性支出的一部分，财政支出中还有大量的转移性支出。

二是从每次政府采购量来看，若每次政府采购的批量较大，分摊在每一单位政府采购资金上的费用就越低，就能充分发挥政府采购的规模效率。在实际中通常通过集中多家单位的相同需求来达到规模采购的效果。这一指标的具体计算公式为：

平均每次采购量＝政府采购额÷政府采购次数

政府采购平均每次采购批量受采购对象的性质、采购方式的选择以及当时的需求量等多种因素的影响，因此在具体进行评价时可区别对待。不同的采购对象和采购方式的采购规模是不同的，工程类采购和公开招标采购方式的规模通常要大一些，而货物、服务类采购和其他采购方式的采购批量通常小一些。

人员效率主要用于考察参与政府采购的财政监督管理部门及政府采购中心人员的办事效率，即是否以最小的人力成本完成尽可能多的采购量。人员效率具体可通过人员经费和人均采购额等指标来衡量。人员经费是指政府采购过程中所发生的办公经费、工资费用、组织招标活动的费用、学习考察费、培训费等，可用人员经费占政府采购额的比重这一指标来衡量。即：

人员经费比重＝当年人员经费÷当年政府采购额

人员经费比重越低，说明人员经费相对于采购额来说越小，因而效率越高；相反，人员经费比重越高，说明一定量的政府采购额需要财政投入越多的费用，因而效率越低。

人均采购额考察的是每个政府采购人员所分担的采购额的大小，即：

人均采购额＝当年政府采购额÷政府采

购人员数量

人均采购额越大，说明效率越高；相反，人均采购额越小，说明效率越低。人员效率主要受政府采购人员素质的影响，一般地，如果采购人员素质较高、办事效率较高，那么，就能用较少的经费完成较高的人均采购额。

政策效率主要用于评价政府采购政策的制定是否科学、是否适用、是否能促进经济增长。政府采购的初衷是为了节约财政支出，但由于它的规模较大，因此它也是政府宏观调控经济的重要工具，是政府财政政策的重要组成部分。政府采购政策制定得是否科学、是否得当，关系到整个国民经济的发展。一般来说，当我们判断出经济出现衰退迹象时，应采取扩大政府采购规模的政策，以此发挥政府采购的乘数效应，带动国民经济的更快发展；而当判断经济出现过热迹象时，应适时地压缩政府采购的规模，也通过政府采购的乘数效应加快经济降温。一般地，政府采购的政策效率可以通过政府采购对经济增长的贡献来衡量，即通过政府采购拉动经济增长的百分比来衡量。

政府采购对经济增长的贡献 =（国民经济总量变动的百分比 ÷ 政府采购规模变动的百分比）× 100%

这一指标探讨的是政府采购对经济总量的政策效率。政府采购对经济增长的贡献越大，表明政府采购政策效率越高，反之亦然。

另外，政府还可以通过调整政府采购的结构进而对国民经济地区、产业结构等进行调整，从而促进国民经济协调发展。这也是政府采购政策效率的一部分，但这种政策效果很难用某一指标进行衡量。

影响政府采购政策效率的因素主要是从对经济总体形势的判断，政府采购政策的制定以及政策的贯彻落实。如果对经济形势把握很准，政策制定得较科学，并且在执行中没有走样，那么，政府采购的政策效率就会很高。相反，如果对经济形势判断不准，政策制定得不合理，以及政策在落实的过程中受到某些权力的干扰，都将降低政府采购的政策效率。

管理效率是用于衡量政府采购管理体制和机制设计得是否科学、是否能够有效运作的指标。政府采购管理包括预算管理、法律监督、政府采购方式、招投标管理以及投诉质疑管理等多个方面，政府采购管理效率是综合管理的结果。由于这一管理效率无法直接计算，因此对其没有合适的指标进行衡量。但无论如何，管理效率始终是政府采购应该重点考虑的问题之一。管理制度健全与否以及管理水平的高低是影响政府采购管理效率的重要因素。一般来说，预算做得好、法律健全、方式选择得当、招投标严谨、有完善的质疑投诉机制，政府采购的管理效率就较高。

总之，政府采购绩效是一个全面的概念，评价政府采购的绩效高低，必须对整个采购过程，包括采购方案的设计、采购方式的确定、作业的标准化程度等所付出的代价与产生的效益进行对比，发现并控制其中的不合理成本，并综合各种因素来分析采购活动是否达到了最佳效果，包括经济效果和社会效果。相应地，在具体探讨政府采购效率时，我们不能只看重其中的某一方面，而应从资金效率、行政效率、人员效率、规模效率、政策效率以及管理效率多个方面入手，从整体上研究如何提高政府采购绩效。

（本文选自 2004 年 10 月 20 日《中国财经报》。作者：中央财经大学财政与公共管理学院　姜爱华）

细说“三维”采购空间

伴随着政府采购数量的增长，政府采购必将会对我国的政治经济运行产生深远的影响，因此制定科学合理的政府采购政策成为当务之急。确定政府采购政策的关键是对政府采购政策的功能界定，只有明晰政府采购政策的辐射领域与范围，才能发挥政府采购政策的最佳效应。我国及国际政府采购实践的经验表明，政府采购政策的功能运行范围主要包括政治、经济及国际领域。

政治领域

政府采购政策在保障国家安全、治理行政腐败和合理权益配置等政治领域具有较强的功能效应。

国家安全问题在一定程度上取决于保障安全的物质基础，包括安全维护所需的必要物资和技术条件。在市场经济前提下，这些条件的满足主要是通过政府采购渠道获得的，一方面需要通过对外政府采购寻觅高性能产品，提高维护国家利益的安全系数；另一方面国家安全是内部事务，需要保护国内政府采购市场不外溢，使得国家安全的责任和权益高度一致。所以，我们可以通过制定开放与保护相结合的政府采购政策，鼓励采购部门采用公开招标的方式，择优购买维护国家安全的关键技术和高科技产品，而对有关军事设施和一般战略物资等的政府采购，可以采用定点采购与有限招标的政策，以保障国家安全构架的稳固。

行政腐败是制约我国政治体制改革的重大问题，治理行政腐败不仅需要运用党纪国法的严厉制裁，而且需要从经济源头采取措施加以杜绝。大量的案例表明，政府购买过程中的钱权交易是滋生行政腐败的主要形式之一，因此，在实现政府采购市场制度化与公开化的基础上，通过政府采购政策，可以促进政府采购主体的行为规范，有效地、及时地铲除行政腐败的苗头。

权益配置是否合理是我国经济与政治体制改革的核心问题，而政府部门的权益核心又主要取决于对相关的物资及资金的拥有权和处置权，在此，政府采购显然是经济与行政权益配置的物质主体，同时公正合理的权益配置必须置身于全民的监督之中。政府采购的权益大体包括政府采购计划权、政府采购资金使用权、政府采购招投标权、政府采购行政监督与稽查权等。政府采购权限的合理划分，有利于我国政府机构的职能定位和转变；政府采购活动的公开与透明，可以形成有效的社会监督体系，保证我国行政机器的高效率运行。

经济领域

一般而言，由于政府采购的数额十分巨大、品种十分繁杂，所以必然会对经济活动产生一定的影响，从宏观角度而言，这种影响主要涉及经济增长、经济结构和区域均衡等领域。如果我们制定一套合理的政府采购政策，那么对促进良性经济增长、优化经济结构以及调整区域均衡，必将产生积极的作用。

根据国民经济发展的状况，在国家宏观经济政策的指导下，通过政府采购的总量调节，可以直接调升或调减投资规模，同时还可以诱导社会性投资同方向、成比例地变化。由于政府采购的适度分权，因此就各级政府而言，理论和实际上均存在对部门经济增长和区域经济增长的调节空间。在我国经济增长模式仍然是以投资推动为主导的背景下，随着政府采购规模的不断扩大，结合财政政策的导向，制定符合国情的政府采购政策，无疑可以增强政府对经济增长调控的有效性和操作性。

政府采购不仅与经济总量有关联，而且会对经济结构产生影响，包括影响市场供求结构、产业结构以及分配结构等。根据宏观经济的走势，政府采购作为一项政策工具，政府完全可以利用其庞大的采购规模和采购网络，通过政府采购的购买量调整市场供求关系，直接增加或减少社会需求总量，促进市场总供求的平衡。当市场总供给大于总需求时，可以扩大政府采购规模，提高市场总需求水平；反之，当场总供给小于总需求时，政府则可以缩减政府采购规模，增强市场供给能力。由于政府采购决策意志的高度集中性特点，政府自然成为消费市场的最大的买家，因此，与国家产业政策主旨相一致的政府采购流向，必然能够影响国民经济的产业结构和产品结构。政府采购属财政购买性支付，在解决收入分配瓶颈问题方面，虽然不如财政转移性支付所产生的效应来得直观，但可以产生效用集聚的作用，使得财政受益者得到必要的基本援助，能够较好地实现“物有所值”的目标。美国的“食品券”计划，就是政府通过直接采购，向赤贫阶层提供食物，以解决其基本生计问题。中国有些地方实施的“购买就业”和“购买培训”等方案，也是由政府购买工作岗位和培训课程向低收入者免费或低价提供。

树立科学发展观的重要理念之一是实现区域均衡。国内外的实践证明，依靠自由市场机制，不仅不能消除地区发展差异，而且还可能扩大这一差距；凭借行政干预(例如政府直接投资)，则投资效益低下和投资项目重构的制度性障碍不可能消除。将政府行为与市场工具相结合，可以较好地解决区域经济发展不均衡的问题。政府采购即是一项利用市场机制从事财政投资的手段，政府可以通过制定具有一定政策导向的政府采购政策，有意识地增加对经济落后地区的政府采购量，以刺激该地区的生产规模，带动该地区经济的整体攀升，最终达到促进区域经济的均衡健康发展，并保证社会秩序的长久稳定。

国际领域

国际政府采购市场包括国际组织和外国政府等市场，对于我国的供应商而言，这是一个过去基本没有涉及的全新市场，因此在进入该市场的意识、组织以及方法等方面，亟待政府政策的辅导和帮助。树立企业参与国际政府采购市场的意识，一方面要帮助企业了解国内和国际政府采购的政策与制度；另一方面要制定有关配套政策，鼓励企业积极主动地参与国际政府采购市场的竞争。开拓国际政府采购市场，不仅需要供应商的积极参与，而且要通过制定相关的政府采购组织政策，力求形成专业化的分工协作机制，提高开发国际政府采购市场的效率。

对政府采购市场的适度保护是发展中国家在对外开放过程中的必要措施，根据WTO的规则，我国的进口关税水平，在今后若干年内将下降到极限，因此非关税保护将会逐步取而代之，其中政府采购即是重要的非关税壁垒之一。按照国际惯例，我们完全可以以保证国家安全及目前经济欠发达为依据，制定一些具有保护性的政府采购政策及相关的国内配套政策（类似美国的《购买本国产品法》），在国际贸易中，这是保护本国政府采购市场的一个合理、合法的手段。

政府采购政策的国际协调可以从两个角度去考虑，一是围绕国际性政府采购规则的政策协调，二是以国内政府采购规则为中心的政策协调。前者的政策思路是：以既定的国际政府采购制度为核心，制定相应的国内政府采购政策与之相配合，形成良好的国际政府采购关系，当然前提是积极参与有关国际政府采购协议的双边和多边的政策磋商，形成对我有利的国际政策环境。后者的政策思路是：以国内政府采购制度为中心，使得国际政府采购的政策导向与之并轨；或者在相关领域内，形成不受国际政府采购规则制约的、“以我为主”的市场空间。

（本文选自2004年7月21日《中国财经报》。作者：南京大学商学院教授、博士生导师　刘小川）

七、案　　例

阳光照耀“民心工程”

——河南省对农村中小学抗震危房改造工程项目实施政府采购纪实

2003年初，有关部门预告豫北地区和开封、商丘两市有地震征兆。为此，省政府多次开会研究，决定安排专项资金用于7个地市最危险的校舍改造，同时调整了省危改领导小组，组长由副省长贾连朝担任，省政府副秘书长曹国营担任危改领导小组办公室主任，并决定用三年时间解决列入危房库中的中小学危房问题。

为了做好农村中小学抗震危房改造工作，2003年3月，省财政、教育、计委三部门组成考察组，在省财政厅杨玲副厅长的带领下，赴安徽省阜阳市进行了实地考察，提出了具体的工作思路：一是实行政府采购，二是资金国库集中支付，三是落实目标责任制，四是加强监督检查。

2003年6月24日，河南省常务副省长王明义、副省长贾连朝主持召开省教育厅、计委、财政厅负责同志参加的省长办公会，专题研究河南省危改工程问题。会议决定“选择条件成熟的省辖市进行政府采购试点，在此基础上，总结经验，逐步推开”。河南省财政厅、教育厅、监察厅和审计厅等部门根据省长办公会精神，决定对焦作、新乡等7个地方328个农村中小学抗震危改工程项目进行政府采购试点，总投资为7 000万元。

按照河南省财政厅提出的工作思路，河南省焦作、新乡等7个地方对农村中小学抗震危房改造工程政府采购，确定了具体的项目实施方式。

首先，危房改造工程试行政府采购在河南省乃至全国尚属首次，要做好这项工作必须制定具体的操作办法和实施规则。2003年7月，河南省财政厅、教育厅、监察厅和审计厅联合下发了《关于河南省中小学危房改造工程实行政府采购有关问题的通知》，省财政厅制定了《河南省中小学危房改造政府采购实施办法》，并编写了招标文件范本和工作流程，以供各省辖市参考。

其次，由于危房改造工程项目较小，一个项目少则几万元，多则几十万元，建筑企业缺乏投标积极性，因此，在实施公开招标时，按照“方便施工、就近打包”的原则，将每个地市的项目合理划分标段，若干项目组成一个包，每个包的金额控制在100万元左右。这一做法既提高了企业的积极性，也提高了政府采购的规模效益。招标程序严格按照政府采购法有关规定进行。施工单位必须具有房屋建筑工程总承包三级以上施工资质，杜绝了工程质量没有保障的施工队伍进入政府采购市场；评标专家在纪检、监察和审计的现场监督下随机抽取；评标结果在指定媒体上公示三天。公开招标保证了工程质量，节约了资金，取得了较大的经济效益，充分体现了政府采购的公开、公平、公正原则。

第三，规定这次中小学危房改造工程项目政府采购统一实行国库集中支付，加强了对资金的管理。具体操作办法是在财政部门设立“中小学危房改造资金专户”，将所有资金全部纳入专户，统一管理，封闭运行，专款专用。资金按照工程进度，集中支付给施工单位，避免了资金剥皮现象和拖欠施工单位工程款等问题的出现。

第四，危房改造工作涉及各级政府、多个部门，如果在农村危房改造工程项目中没有明确的职责划分，很容易造成推诿扯皮，影响工程进度和工程质量。因此，此次农村中小学抗震危房改造工程政府采购，建立了职责分明的目标责任制。首先，明确财政、教育、监察和审计等部门的职责，建立管理有序、监督有力、职责分明、各司其职的部门责任体系。其次，进一步明确各级政府的责任，要求各省辖市人民政府与县人民政府签订责任书，把危房改造工程试行政府采购工作作为考核县级政府工作目标完成情况的一项重要内容，并制定奖惩措施，奖优罚劣。对认真贯彻上级有关文件精神，严格按规定程序办事，管好建设工程，用好专项资金，努力降低建筑成本，工程优质高效的市（县）予以通报表扬；对工程实施过程中拖拉扯皮、违规操作、挤占克扣、挪用截留专项资金，或工作不力致使建筑质量低劣甚至出现事故的，除暂缓甚至停拨专项资金外，还要追究有关责任人的责任。

第五，对危房改造工程项目实行监理制，监理单位通过公开招标产生。要求监理单位自开工之日起应保证每天在施工现场，按照有关规定切实做好监理工作。同时，项目单位选派一名责任心强的同志担任项目单位监理员，协助监理单位现场监理。为加强对危改工程的监督管理并及时掌握工程进度，还建立了危改工程全过程、日常化的监督管理机制，各市抽调专业人员对工程的进度、质量、安全等进行巡回检查，实施工程项目质量管理责任制以及项目实施情况旬报制度。

截至 2004 年 6 月底，此次实施政府采购的 328 个危改工程项目中已有 297 个项目完工，完工率达到 90% 以上。项目计划投资 7 235.98 万元，通过公开招标，总中标金额 6 490.728 万元，节约资金 736.952 万元，节支率超过了 10%。此次农村中小学抗震危房改造工程试行政府采购工作取得了显著成效，主要体现在：

其一，节约了财政资金。例如，2003 年焦作市农村中小学抗震危房改造项目共 30 所，总计划建筑面积 21 234 平方米，总计划投资 986.6 万元。通过政府采购，实际建筑面积 22 749.97 平方米，总造价 843.38 万元，节约资金 134.9 万元。

濮阳市 2003 年项目学校共 61 所，主体完工的有 59 所，在建 2 所，已投入使用的 2 所。濮阳市此次招标预算金额 800.5 万元，中标金额 698.1 万元，节约资金 102 万元，节约率为 14.67%。

开封市农村中小学危房改造工程项目参加政府采购招标的共有 23 个，预算资金为 574.9 万元。通过公开招标，中标金额为 548.31 万元，节约资金 26.59 万元，节支率为 4.62%。

安阳市列入危改工程的项目学校共有 74 所，总规划建设规模 36 409 平方米，总投资规模 1 529.8 万元；实际投入资金 1 504

万元，实际建设规模 42 104 平方米，中标金额为 1 432.21 万元，节约资金 71.79 万元。

新乡辉县市曾在 2002 年对市辖的后庄乡中心学校、黄水乡朱洼学校、南寨镇大全地学校等 3 所学校的危房进行改造，建设规模 1 560 平方米，投资 69 万元，没有经过公开招标，每平方米造价 442.3 元。2003 年对该市 8 所学校的危房改造项目试行政府采购，建设规模 6 115 平方米，设计抗八级地震，公开招标后每平方米平均造价 338.73 元（不含电、隔热层）。在原有设计规模不变，各种建筑材料普遍涨价的基础上，8 所学校比原计划节约资金 54.42 万元，与上述没有实行政府采购的 3 所学校相比，每平方米造价节约资金 52 元，充分体现了政府采购公开招标的规模优势和良好信誉。

其二，保证了工程质量。危房改造项目由于实行了公开招标，引入了竞争机制，增加了透明度，接受监察、审计和社会各界监督，严格实行监理制度，确保了工程质量。从已完工项目质量鉴定结果看，改造工程全部为优良工程，没有质量低劣现象。

焦作市在农村中小学危房改造工程施工后，市、县两级的危改办、监理部门和项目单位按照省、市有关规定和责任分工，对所有项目工程施工进行了全过程监督，并按照合同约定和工程进度及时向施工单位拨付工程款。在工程施工期间，各有关部门还多次深入施工现场，听取危房改造工程情况汇报，检查工程质量，督促工程进展，对个别进展缓慢的学校，及时找出问题所在，积极协调解决，确保工程按期完工。对已完工学校，由各县、区危改办牵头，各项目单位、监理部门及相关机关共同组织验收组，严格按照有关要求对项目单位进行检查验收，确保全部项目使用期限在 50 年以上。

鹤壁市淇县黄洞乡黄洞中心校是一个典型的例子。该校有两座并排的教室形成了鲜明对比，左边是 1997 年 10 月建好投入使用的教室，1999 年 7 月即被有关部门鉴定为危房，被迫停止使用。究其原因是没有公开招标，建筑队是个别领导推荐的村民建筑队。右边是 2003 年安排该校 13 万元危改专款修建的教室，经有关部门鉴定质量为优，现已投入使用。村民们说："农村学校建这么好的教室还是有史以来第一次，政府采购就是好，这才真正是为老百姓办实事。"

新乡市延津县为加强工程质量的监督管理，派出工程质量检测员，吃住在工地，并聘请县建筑工程质量监督站的工作人员负责质量监督，对各种建筑材料严格把关，不合格的材料一律不准进入施工现场，杜绝了"豆腐渣工程"。县、乡还设立了监督举报电话，接受社会各界监督。该县僧固乡李庄小学曾经在 1999 年合点并校时新建校舍 40 间，约 1 168 平方米。因那次施工期间无专业部门参与工程监理，学校监督不到位，到使校舍在使用中出现房顶漏雨、曲瓦风化脱落、墙壁粉刷脱落、窗户变形现象，造成学校安全隐患。此次危房改造过程中，该校新建 716 平方米的二层教学楼，由于加强了对工程质量的监督管理，施工的每个环节均由监理部门严格把关，确保了工程质量，成为全村有史以来最好的房屋，被群众称为百年不遇的好工程。

其三，避免了资金流失或挪作他用。此次农村中小学危房改造工程政府采购资金纳入"中小学危房改造资金专户"统一管理，实行国库直接支付，有效保证了资金的专款专用，基本上避免了资金流失或挪作他用。按照合同及时支付工程款，也有效解决了拖欠施工单位工程款问题。

新乡市延津县塔铺乡第一初级中学 1999 年危房改造新建校舍 1 358 平方米，总投资额 48.9 万元。由于施工期间学校监督管理不到位，资金不能及时向施工企业支付，造成楼顶不到一年时间就多处漏雨，楼层地面也出现质量问题，乡政府不得不投资2.8万元进行维修，在群众中造成了很坏的影响。该校对此次危房改造项目试行政府采购，建设面积1 000平方米，投资32万元，由于加强了对工程项目的监督管理，危改资金实行财政专户管理，保证了资金的正常运行，工程资金按进度付款，使施工企业感受到了政府采购行为的规范，消除了后顾之忧，将精力一心用在保证工程质量上，工程施工中的各个环节都较以前公开透明，确保了工程按质、按期完成。

商丘市农村中小学危房改造工程总造价1 618万元，其中，省财政资金767万元，市财政配套资金383.5万元，县财政配套资金383.5万元，项目单位自筹84万元。为确保资金及时到位，市里要求先把县财政配套资金及项目单位自筹部分资金全额划转到市危改资金专户，然后再根据工程进度和合同要求由市危改专户把资金分批拨付到县级危改专户，由县危改专户把资金拨付给工程队，保证了资金的专款专用。

其四，增强了项目各方的责任心。农村中小学校舍抗震危改工程试行政府采购，各市人民政府与各县人民政府签订责任书，实行目标责任制；建设、设计、施工和监理等项目各方职责明确，增强了各方的责任心和制约机制。各市上至市委、市政府，下到村干部、项目学校，都是抱着对教育事业高度负责的态度履行职责。市财政局政府采购办、教科文科和教育部门的人员，为了摸清情况，深入农村山区，了解掌握第一手资料，确保了危房改造工程高标准、高质量按期完工。

危房改造工程试行政府采购，使广大师生告别危房，在安全的环境中学习工作，使广大农民真正体会到党和政府为减轻农民负担所做出的努力，卸下了他们心头对孩子上学安全的忧虑，因此，得到了老百姓的好评和拥护，维护了农村社会的稳定。

（本文选自2004年第8期《中国政府采购》。作者：白留杰）

青海省现代远程教育试点项目政府采购的成功之道

青海省现代远程教育试点项目是省信息化的重要组成部分，也是教育部和青海省政府实施的“百亿工程”的一部分。为了更好地完成此项目的政府采购，省教育厅、财政厅、发改委联合发文并成立了领导小组，就农村中小学现代远程教育工程试点项目的设备购置、系统集成及相关服务进行了安排部署，经过有关各方的共同努力，该项目成为青海省采购中心成立以来，采购规模最大(采购预算金额达2 822.29万元)、影响面最广、预算单位和投标供应商反映最好的一次采购活动。

一、采购操作过程

本次采购由青海省政府采购服务中心依据省采管办下达的青采办（2004）10号采购计划，按照确定的邀请招标采购方式进行，整个采购过程依照《青海省政府采购操作流程》实施，全部流程包含核对项目范围、编制招标文件、确定评标办法、发布招标邀请、确定评标小组、组织开标和评价、发出中标通知书、签订合同、组织验收、资料归档等步骤。采购中心于2004年8月12日在《中国财经报》、中华人民共和国政府采购网（青海网）以及《青海日报》等公开媒体上发出邀请公告。邀请发出后共有49家供应商购买了招标文件，截至9月3日共有32家供应商前来投标。9月3日上午9：00时在青海小岛教育发展基地会议厅如期举行了开标仪式。评标委员会依据招标文件和评标办法，以综合打分法确定中标人，中标价为2 567.77万元，与预算价相比节支254.52万元。2004年12月18日，经专家验收小组和使用单位、省电化教育馆共同验收，采购物品全部为合格，至此该项目政府采购圆满完成。

二、经验与不足

（一）经验

1. 该项目采购在实施前期就成立了领导小组，对各有关部门的工作与职责进行了安排，按照政府采购法的有关规定，在各个环节上力求规范。由于前期各项准备工作扎实，加之各部门相互协作、密切配合，招标会议组织严密，程序公开、透明，专家认真负责，工作效率高，主管部门、业主、中标人和未中标人都很满意。此次招标活动的成功对青海省远程教育工程试点项目政府采购工作的进一步开展起到了示范作用。

2. 项目预算价的确定是评标最重要的标准，从严格意义上讲，采购预算价应是招标的底价。为防止使用单位在提出项目具体要求时出现偏差，中心除认真核对技术参数外，又委托专业机构对项目分包和具体要求进行再审核。鉴于以往有些项目存在决算时大大超出概预算的现象，此次要求投标人对项目工作量、变更设计风险及其他不可预见因素予以充分考虑，做到在投标报价时心中有数，所以确定每包底价是项目采购的重要环节，不可省去。项目实施结果证明，采购各分包预算价基本是准确的，节支效果也是客观的，所以项目在计划下达前由专业机构审查具体要求是很有必要的。

3. 该项目招标工作有别于一般的货物、服务类采购，如：招标文件发出之日起到投标截止日不得少于 20 天；项目虽然确定为邀请招标，但是我们仍在公开媒体上发布了邀请公告和直接打电话通知等，以邀请到更多的供应商参与；招标文件中规定合格的投标人的有关条款不得有歧视、排斥他人的要求等。

4. 项目进行样品现场评定和答疑是必需的环节。针对项目招标设备品种多的情况，此次招标要求投标供应商提供设备样品，提供的样品合格后方可进入评标阶段。这一做法一方面可以加快评标速度，提高采购工作效率；另一方面，通过现场评定和演示，可以使项目单位对设备有感性认识和提出针对性问题。

5. 为了对潜在投标人名单的保密和防止投标人之间的互相串通，在发出招标文件进行登记时，采用了中心制定的《招标人登记卡》制度，取得了良好效果。

6. 在评标办法上大胆采用打分法，评标标准科学、量化并在招标文件中公开，真正做到了客观、透明；在具体操作上，评委及相关人员提前封闭，评委独立打分，将七位评委所打分数去掉一个最高分、去掉一个最低分，然后加权平均，得分最高者为中标者。这种方式受到了业主和各投标人的欢迎。

7. 为了做到万无一失，除了请财政厅监察处、教育厅监察处、政府采购管理办公室的同志全程监督外，中心还主动邀请省监察厅、省审计厅的同志全程监督，并制定了监督人员工作制度。由于措施得力，监督到位，招标过程没有出现任何问题，保证了招标结果的客观、公正。

（二）不足

1. 这次招标时要求投标供应商提供所有设备的样品，给投标供应商带来了不便。以后通用设备不必都提供样品，只提供主要设备和关键设备的样品，以提高招标工作效率。

2. 在此类项目的评标原则和方法上，具体分值应进一步细化，分值的项数和要求要符合项目和每一个包的特点，保证评标方法更加科学、客观、公正。

此外，虽然此次项目采购完成得非常好，但对项目验收时间的要求不够严格。建议今后项目批准后，建设单位应尽快确定验收标准和具体要求，以保证项目在规定的期限内圆满完成。

青海省政府采购现代远程教育工程试点项目是在周边省份政府采购流标的情况下率先成功完成的，受到教育部的表扬，周边省份在现代远程教育试点软件项目采购中还专门派人到省观摩学习。以前教育办公设备由省教育厅电教馆采购，此次项目的成功采购，教育厅领导看到了采购中心高效、优质、规范的服务，表示今后所有项目都交由省采购中心实施，使省采购中心在扩大采购规模上迈出了可喜的一步。

（青海省政府采购服务中心供稿）

高效是这样产生的

南京市发生过这样一件事：某采购人打电话询问："我们报送的计划都两个多月了，怎么还没有采购来？"集中采购机构查询后发现根本没收到采购计划，该计划也不在财政部门，最后发现该计划仍停留在其主管部门。这件事让南京市政府采购部门意识到，任何环节出现的延误都会影响采购效率，最后的"账"总是记在政府采购头上。如果解决不好，必将对政府采购制度改革的推进构成阻力。于是南京市将政府采购的运行效率问题作为政府采购工作的重中之重来抓，初见成效。现在，南京市参与政府采购的采购方均对采购效率表示满意，有的表示部分项目的效率比自行采购还要高。南京市是如何实现采购效率快速提升的呢？

从政府采购的运行来看，可以分为两个阶段：一是采购计划流转阶段，二是采购具体执行阶段。因此，要提高政府采购效率，必须从这两个阶段着手，在合法和规范的基础上，对采购过程简化程序，开拓创新。

理清了思路，南京市财政局便从这两个方面入手，并借助互联网的功能，初步探索出一条提高效率的新途径。

采购计划流转阶段：简化程序，限时办理

南京市原来实行的是政府采购计划逐级上报、按月审批的程序。各单位的计划由主管部门汇总后按月集中向财政部门报送，财政部门每月集中审批、下达，这一个周期平均在30天左右，计划流转时间较长。南京市第一步便从缩短采购计划的流转时间入手，打通财政审批环节的"梗阻"。一是对政府采购计划报送方式进行了改进，将各主管部门原来的月度集中报送计划，改为各单位根据工作需要随时向财政部门申报采购计划。二是明确财政部门的审批工作时限，实行随到随批。属于部门预算或自筹资金安排的项目原则上3个工作日内完成审批，紧急情况的采购计划当天办理完成。三是重新修定《南京市财政局政府采购内部职责分工》，明确财政局各业务处室负责归口管理部门、单位政府采购项目资金计划的审批，政府采购处协调计划执行过程出现的问题，避免财政部门内部重复管理。四是把采购方式的审批管理与采购计划的审批管理相分离。采购计划批复下达后，实行由采购中心、采购人按照政府采购法和每年的政府集中采购目录要求确定采购方式的模式。财政部门只负责审批因特殊情况需要变更采购方式的项目，减少了事前的审批环节。

这样政府采购计划的流转时间由原来平均一个月减少为一周之内。同时，在财政部门内部科学界定各职能处室的职责，简化了审批程序，形成“分工明确，管理科学”的政府采购运作机制，保障了采购计划的顺利流转。

采购计划执行阶段：分类实施，创新方式

政府采购计划的随来随批，必然对采购执行阶段提出了更高的要求，为此南京市又通过四大措施，在规范运作程序的基础上提高采购效率，同时兼顾采购效益。

一是实行分类管理。将办公设备、交通工具等第一类跨部门的通用采购项目纳入政府集中采购目录，由政府集中采购机构实施采购；对教育技术装备、广播电视专用设备等第二类专业性较强的采购项目纳入部门集中采购范围，由部门实施集中采购；对政府集中采购目录和部门集中采购范围之外的第三类采购项目，确定一个限额标准，达到限额标准以上的采购项目，由采购人依法实行分散采购，纳入政府采购的监管范围。

二是合理确定采购标准。通过每年的集中采购目录，明确资金量小的项目，如金额在 5 000 元以下的办公设备、10 万元以下的家具等，由采购人自行采购。这样既缩短了采购时间，提高了采购效率，也使集中采购机构有充足的时间和精力组织大型采购。

三是实行定点采购和协议供货。对标准型设备和采购金额不大、重复采购次数多的项目，如空调、办公用纸、印刷、汽车加油、维修、保险实行公开招标确定供应商、单位定点采购的管理方式。今年年初，又对使用量大、更新快的计算机项目实行协议供货，通过公开招标，确定中标品牌及优惠价格或折扣，采购单位可随时在此范围内自主选择。

四是开展网上询价采购和招标采购。除定点采购、协议供货项目外，南京市政府采购中心还对汽车、部分办公自动化设备、摄影摄像器材等规格型号标准统一、市场货源充足且价格变化不大的货物进行网上询价采购，并在此基础上把公开招标引入到网上采购中，省去了招投标文件印制、开标、唱标等环节，不仅提高了采购工作效率，而且使采购评标更加科学、规范。

这些措施的实行，不但保障了采购人的时间需求，解决了周期长、效率低、品牌难统一的问题，而且还改变了集中采购机构重复采购、疲于应付的被动局面。同时，由于客户群体相对稳定，采购量大，供应商也以优惠的价格和高效的服务积极参与竞争，同时实现了“物美价廉”与“快速高效”的目标。

采购的“高速公路”：网络手段，全程透明

对采购计划流转和采购执行两个部分动完手术以后，采用什么方法来保障工作流程的顺利、高效完成呢？毕竟，从政府采购计划申报、审批、执行到资金拨付，整个财政资金运行全过程依靠人工报送、书面传递方式，不但工作量大，效率低，而且采购人、监管部门、集中采购机构也不能随时掌握、监控采购的具体执行情况，不利于快捷高效地完成采购任务和财政部门监督管理。

为了改变这种状况，南京市从今年 1 月 1 日起全面启用政府采购网络管理系统，通过电子信息技术手段，整合相关资源，对采购人、财政部门、采购中心以及供应商有关政府采购的活动进行管理，从而实现政府采购工作科学规范、透明高效运行的目标，同时按照这一思路分别建设了政府采购管理网络系统和网上采购操作系统。

在计划流转阶段，开发并启用了政府采购网络管理系统。此系统分五个子系统。

一是采购人网上报送计划、网上委托采购系统。将原来的纸质传递、手工汇总、人工报送变为无纸化操作、电脑汇总、网络传输。市级400多家基层单位只需通过电话拨号或登录到南京市政务网，就可以实现计划填报与查询，全市100多家主管部门均可通过网络实现审核、汇总、上报、查询采购结果等操作。同时，采购人直接将计划从网上委托给市政府采购中心实施，减轻了采购单位的工作量，提高了计划传输速度。

二是财政部门网上审批、电脑催办系统。财政部门在审批采购计划时自动实现与部门预算系统的对接，直接读取部门预算系统的数据对政府采购计划进行审核，审批后的计划由系统自动汇集形成全市政府采购计划。同时该系统还具有自动提醒功能，如经办人未在规定时限内办理，该计划则自动变为醒目的红色，以提醒经办人迅速办理。

三是集中采购机构网上执行系统。采购中心在网上分解采购计划，同时采购方式变更审批、填报采购执行情况、合同备案等处理流程也一并通过网络进行。

四是采购资金支付管理系统。采购项目验收合格后，由市政府采购中心或采购人填写支付申请，财政部门网上审核、批准后，通过约定的系统接口转到国库集中支付系统，完成资金支付。

五是统计、查询及报表管理系统。采购人、监管部门、集中采购机构可以随时上网查询采购计划的实施状态，包括主管部门审批、财政部门审批、采购执行等状态，以及在某个状态或经办人处停留的时间，彻底解决了推诿、扯皮现象，确保采购计划的流转速度。

在采购执行阶段，开发并实施了网上采购操作系统。此系统的功能，一是网上询价采购。对汽车、部分办公自动化设备、摄影摄像器材等规格型号标准、市场货源充足且价格变化不大的货物进行网上询价采购。二是网上公开招标采购。在此操作系统，供应商可以网上下载标书，远程投标，评委各自独立直接从网上调阅投标文档进行核查、评分，系统自动按照评分确定成交供应商。

（本文选自2004年12月1日《中国财经报》。作者：江苏省南京市财政局 房杰）

供应商该怎样做

付款方式是影响采购价格和最终采购结果的一个重要因素。按《合同法》规定，付款方式作为合同文本的必备条款，应由合同双方协商一致。然而，在大多政府采购实务操作中，付款方式常由采购人“自主设定”，根本“没商量”，供应商只能被动地无条件接受，这一切似乎已约定俗成，显得那么顺理成章。但同时，也会有一些特例存在。

政府采购不完全是“买方市场”

案例一：某县人民医院采购一台锅炉设备，采购预算 55 万元，采购方式是竞争性谈判。谈判文件中规定的付款方式为，全套锅炉设备安装调试完毕，经验收合格后支付合同总金额的 50%，自首付之日起一年后若无重大质量问题，再支付总金额的 30%，自首付之日起两年后仍无重大质量问题，付清余款。

采购代理机构按规定在政府采购信息指定发布媒体上发布了“竞争性谈判资格预审公告”，共有 12 家供应商参加了资格预审，采购当日共有 5 家锅炉制造商参加了竞争性谈判活动。谈判进行得异常艰难，供应商觉得采购方提出的付款方式过于苛刻，均表示无法接受。供应商认为锅炉设备价值较大，但本次采购的数量仅有一台，何况能够获准制造锅炉必须取得质监、环保等权威部门颁发的许可证，制造商的产品质量内控体系还是相当完善的，通过分期付款这种方式来控制锅炉质量就显得有些画蛇添足。而若按上述付款方式，成交供应商未来将承受较大的资金利息成本和机会成本。因此，出现了供应商集体“罢谈”现象。采购人的代表一下子慌了神，医院可是极为特殊的单位，锅炉采购时间不能拖延，否则谁都吃罪不起。该代表赶紧向院领导请示，院领导指示将首付比例提高到 60%，众供应商仍“罢谈”。采购人代表再度请示，首付提高 70%，供应商依然眉头紧锁，经过几番较量，采购人亮出底线：“调试运转正常后首付 80%，无重大质量问题，6 个月后再付 15%，余款 12 个月后付清。”供应商表示可以接受。采购人代表感言“看来政府采购也不是‘买方市场’，供应商也‘不好对付’”。

案例二：某县属中学采购一批硅晶背投电视机，采购方式是公开招标。招标文件中合同条款部分所列付款方式为，货到验收合格后付全部合同金额的 40%，自首付之日起第 24 个月末若无重大质量问题再付总金额的 40%，自首付之日起第 36 个月末若无重大质量问题付清余款。共有 12 家供应商购买了招标文件，开标当日仅有一家供应商在投标截止时间前投标，公开招标活动宣布失败。在此前，就有多家供应商、采购人及采购代理机构就付款方式问题进行沟通，有的还提出了书面质疑，但采购人始终未做任何让步，最终导致废标。

事后，供应商坦言，其实他们很想参与这个项目，在市场竞争日趋白热化的情况下能挣到一笔“大单”很不容易，但电器行业残酷的价格战已使业内供应商望而却步，面对上述付款方式只能无奈放弃。采购人不解：“怎么，政府采购也不灵了？”

“苛刻付款”为哪般

案例一中采购人最终做出让步的情形在采购活动中还是比较少见的，面对采购人提出的苛刻付款方式，通过供应商还是处于劣势地位，要么默认，要么像案例二中的供应选择放弃。

在政府采购活动中为什么会出现这种苛刻的付款方式呢？其“动因”应包括以下几点：

一是部分采购人总是依恃政府采购是买方市场，以“买方”自居，习惯于坐在家里静候供应商上门，一副“姜太公钓鱼，愿者上钩”的姿态。受这种强势的心理影响，采购人一厢情愿地提出不近常理的付款方式，而由于看好政府采购市场，处于弱者地位的供应商只能“屈从”。

二是部分采购人在政府采购活动中“怕光”心理严重，通过设置苛刻的付款方式令众多潜在供应商望而却步，“识趣”而退，以图将采购的目标锁定为少数几个供应商甚至某一个供应商，通过竞争性谈判或单一来源采购方式搞定，然后再和成交供应商就付款方式问题“好好商量”。

三是部分采购人资金实力较为单薄，但苦于行政命令或情势所迫硬着头皮上一些采购项目，分期付款且低首付往往成为他们首选的付款方式。这种情形在工程类政府采购项目中较为普遍。

事实上，苛刻的付款方式并非明智之举。一方面，苛刻的付款方式从表面上看似乎对采购人有利，仿佛在采购活动中可占主导地位，但供应商的经营活动是以赢利为目的，其报价定会考虑资金占用成本的投资机会成本，最终将导致采购价格的普遍上扬，增加采购成本；另一方面，面对苛刻的付款方式，供应商在无力改变的情况下只有选择放弃，实际响应的供应商就可能廖廖无几。案例二就是很典型情形，仅有一户供应商投标，其他供应商只作“壁上观”，大公司不感兴趣，小公司受实力所限又很难“吃下”，直接影响采购活动顺利开展，影响采购项目的质量及售后服务。

“平等互利”走进阳光市场

从采购人来看，采购人在政府采购活动中并无任何“特权”可言。在采购活动中，采购人应摆正心态，摆正位置，以负责的态度做好政府采购工作，防止采购双方权利义务的失衡。案例一中采购人让步一事表明，政府采购合同条款的订立必须遵循“协商一致、平等互利”原则，对付款方式问题要根据不同采购项目的特点进行合理设置，不能拘泥于某一种方式，不能千篇一律地采用“分期付款”。针对案例一的情况，锅炉数量少金额大，因此既要确保采购质量，也要设置相对宽松的付款方式，让供应商有利可图。为保证锅炉设备质量，工作重点应放在资格预审上，选择实力强、信誉优、服务好的供应商作为谈判对手。针对案例二的情况，如付款方式依旧，即便重新组织公开招标或是以其他方式采购，结果注定也不会太好，对于供应商而言也不是非参加投标不可。

从供应商方面看，在采购活动中要学会依法维权，切不可“看轻”自己，要以平等互利的原则参与采购活动，敢于发出自己的声音，敢于主张合理的想法，但必须贯彻

“有理、有利、有节”的原则，不可无理取闹，借故“搅局”。案例一中的供应商面对不合理的付款方式能够“坚持到底”，乃是上策；案例二中的潜在投标供应商提出付款方式质疑后未果便没有采取进一步措施，选择让投标结果与采购人作“无言的抗争”，也达到了一定效果。另外，供应商在政府采购活动中要牢固确立法制意识，要走“阳光大道”，靠自己的实力与采购人及采购代理机构“正面接触”，不可走旁门左道，以免误人害己。

（本文选自 2004 年 12 月 1 日《中国财经报》。作者：泰康）

“弃标”背后的秘密

案　例

某县于8月18日完成了一项概算为400万元的建设工程评标活动，第一中标人A公司以378万元的投标价中标，采购人于8月22日发出了中标通知书。可谁知，在8月28日，A公司却主动向采购人提出报告，以投标“不慎”、无利可图为由，自动放弃了中标资格。对此，采购人只得根据有关规定，在没收了A公司3万元保证金的同时，确认了第二中标人B公司以397万元中标。

A公司由于继续履约将蒙受更大的经济损失，因而只得做出放弃中标资格的决定，初看起来是一件很正常的事情。但采购人认为，由于A公司放弃中标资格，采购价从378万元上升到了397万元，多出的19万元是不合理的。评标专家也认为，A公司的投标价是一个合理的投标价，有一定的利润空间，而A公司却甘心白送3万元保证金而放弃中标资格，肯定另有所图。对此，该县的财政、纪检监察等部门组成了一个调查小组，经过了一个星期的明查暗访，终于发现了“弃标”背后的秘密：原来，B公司给了A公司10万元，作为A公司放弃其中标资格的代价，如此一来，双方各有所得——B公司相当于以387万元中标，而A公司扣除了被没收的3万元保证金外，仍可白得7万元。日前，有关部门已对A、B公司的通谋作弊行为进行了严肃处理。

分　析

对任何一个投标人来说，其投标报价总是经过深思熟虑，结合多种因素，才作出的决策，一般来说，投标人是不会放弃中标机会的。如果投标人一反常态，否定其报价，有关部门就必须予以提防。一般来讲，“弃标”背后的“秘密”大致有三种情况：

第一种情况，第一和第二中标人见利忘法，通谋作弊，共同坑害采购人。在实际工作中，如果在评标结果出来后，当第一中标人的成交价与第二中标人的报价相差较大时，往往就会导致这两个投标人相互串通作弊，共同谋取更多的不法之财，其手段就是本案中所发生的那样，第二中标人向第一中标人支付回扣或好处费，以收买第一中标人放弃其中标资格。这样，第二中标人就可以以较高的成交价中标，从而双方都有利可图。

第二种情况，有少数投标人在“抢”得中标资格后，才深感自己的利润空间太小，面对严格的合同条款，只得主动放弃。政府采购业务对任何供应商来说都是亟欲得到的，从而导致少数投标人为了“抢”得中标资格，就抛出超出其正常承受能力的优惠价，承诺各种周到完善的服务措施，等等。当他们中标后，才醒悟过来——一旦兑现承诺措施，不但无利可图，甚至于还会亏本，因而只有选择“弃标”，才能挽回更大的经济损失。

第三种情况，少数投标商在中标后不久，发现自己在合同履行方面存在着冲突和交叉的现象，无法调剂或组织到足够的生产和技术能力履行该合同，因而也只得放弃其中标资格。在实际工作中，投标人一般都是一边在履行着一个或几个合同的同时，一边积极寻找下一个业务，以保持其生产设备和技术能力不出现闲置浪费的情况。这就容易产生一些弊端，如，尽管有的标是以理想的价格中的，但难以抽出足够的设备和技术人员去履行合约，如果冒然地签了合同而无法履行，今后将会遭受更大的经济损失，因而只好选择“弃标”。

措　施

其实，放弃中标资格的因素较多，无论其中是否存在违法乱纪行为，都会严重地干扰招标采购的秩序，因而必须注意防范，加以遏制。

第一，要严厉打击各种放弃中标资格的行为，使违法行为得不偿失。对一般性质的因事前考虑不周，中标后才清醒过来的中标人，要严格按规定没收其投标保证金，决不能姑息迁就。对涉嫌违法乱纪、通谋作弊等行为而放弃中标资格的行为，则更要加大处罚力度，使其违法行为的后果得不偿失，只有这样才能有效遏制轻意放弃中标资格行为的发生。

第二，在招标通知书中，要加入善意提醒投标人要慎重作出投标决策的内容。在实际工作中，往往有些投标人在投标时，考虑得较多的是如何能够中标，而很少考虑能否组织足够的技术和设备力量去履行合同等等问题。因此，在发出的招标通知书中，必须要加入一些提醒投标人要慎重决策等方面的条款，以防患于未然，避免各种不必要的经济损失和浪费。

（本文选自 2004 年 10 月 27 日《中国财经报》。作者：江苏省东台市财政局　崔建才）

动态电视，打动我！
www.tclking.com
蓝晶彩屏动态色彩鲜亮
令我“动”容
4毫秒极速响应
■蓝晶彩屏5000:1动态对比度，178°超广视角 ■DDHDII动态全高清芯片，4毫秒极速响应 ■DDAS数字动态声谷，专业级音响震撼 ■配备HDMI、4路USB接口、互动多媒体 ■法式灵动设计，倍显时尚 欢迎访问 www.tclking.com
炫舞B68全系列
PDP50/42B68 LCD47/42B68 LCD37B68 LCD32B68
动态电视
Dynamic TV
DDHD II
数字动态全高清
TCL电器销售有限公司 地址：广东省惠州市仲恺高新技术开发区19号小区王牌第二生产基地 电话：0752-2636000 传真：0752-2636162 邮编：516006

Latitude™
领先者的态度
“一本杂志的背后，有我17502公里的旅程。”
张波：《DEEP中国科学探险》出版人，中国科学探险协会副秘书长。
17502公里，北京到南极长城站的距离。为了打造中国最好的探索发现杂志，张波走过数倍于此的距离，他坚信中国人的原创杂志也能达到世界级水准。专注的态度，让张波的杂志成为一本具有独特视野和科学精神的国际化人文地理刊物。相信不远的将来，全世界都会关注这本来自中国的科学文化杂志。
专注使人领先，这就是Dell Latitude™的天生态度。Leader's attitude 就是 Latitude™
专注的态度，是领先者的专有态度。Dell Latitude™商用笔记本专注于对先进技术的追求，坚持为顾客提供具有优秀使用体验的高品质笔记本电脑。天生的专注态度，帮助你成为自己领域中的领先者。
Latitude™就是Leader's attitude。
Dell Latitude™ D620
创新设计
可随环境光线调节亮度的16:9宽屏LCD
采用英特尔®迅驰®双核移动计算技术
电池电量显示灯无需开机即可快速检测电量
超连接性
集成3G宽带*、蓝牙、WiFi、Ethernet、Modem、红外等多种连接方式
创新Dell™ WiFi Catcher技术无需开机即可快速检测无线网络
集成国际通行3G*无线宽带技术
智能安全性
UPEK-指纹识别系统
集成智能卡安全识别
TPM1.2硬盘加密技术
独有 Dell™ Embassy-信任套件简化安全管理
RoadReady™ 专业品质
独有整体镁铝合金结构
StrikeZone™技术提供全天候硬盘抗撞击保护
Dell™ CompleteCover™服务和支持提供全面用户保障
体验正版 Microsoft® Windows® XP
带给您的安全、稳定和服务
请致电800-858-0531 或登录www.dell.com.cn/lat
Dell | Latitude 专注商用
DELL
*戴尔的常规条款和条件在此适用，并可网上获得或致函索取。戴尔会尽力找出排版和图像中的错误，但是对于不可避免的错误戴尔不负任何责任。以上图片仅供参考。Centrino、Intel 是英特尔或英特尔所属公司在美国或其他国家的商标/注册商标。上门服务和高级更换服务：在通过电话提供技术支持后，如有必要，戴尔将派遣技术人员，更换零部件或整机（取决于服务合同）。该服务提供取决于零部件供货情况、地理限制（上门和/或下一工作日服务在某些地区不提供）以及服务合同的条款。服务时间取决于客户致电戴尔的时间。故障零部件或整机必须返还给戴尔或付费购买。用于更换的零部件或整机可能是经修复过的。戴尔投影仪的灯泡享受为期6个月的有限保修(2300MP 投影仪除外，其享受为期3个月的有限保修)。戴尔打印机的碳盒与墨盒不提供保修。全面保护服务：全面保护服务适用于个人计算机和Axim掌上电脑。它不覆盖系统被盗、丢失或因火灾或故意行为造成的损坏。客户可能被要求把整机退还给戴尔。欲了解完整细节，请参考全面保护服务协议(www.dell.com/ap/services)。此项服务仅在指定国家提供。3G:WCDMA和CDMA2000。2006戴尔公司(Dell Inc.)版权所有。

Panasonic
ideas for life

投影机

「在通电的情况下仍可以清楚读取的强光感应技术*
(对应商品上附有*)为顾客提供了配备强光感应技术」

网络摄像机

「通过使用因特网，在任何地方都可以掌握家庭、办公室和销售
店的情况，有助于提高家庭和办公室的安全性，令您更加放心」

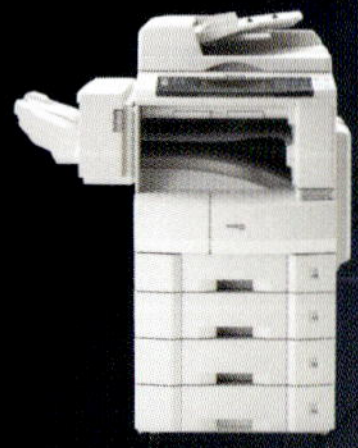

复印机

「具有复印、打印、扫描、传真、网络通信等多项
功能，根据客户的不同需求，我们提供多种配置
的设备，可以为您提高工作效率，节约办公成本」

笔记本电脑

「对于工作繁忙、经常出差的商务人士而言，笔记本电脑
一定要轻便、稳定、待机时间长，要适合提案演示的需
要。松下TOUGHBOOK笔记本电脑无疑是最佳的选择」

星罗棋布

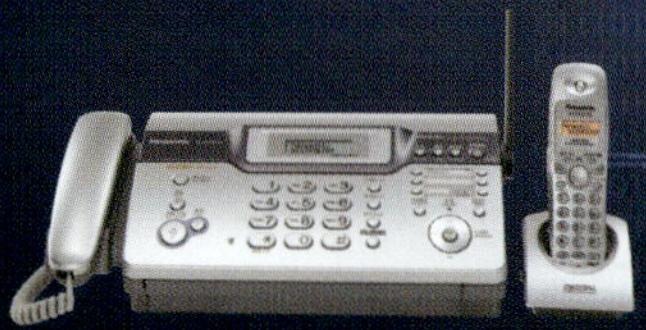

传真机

「在办公室、SOHO、以及许多场所使用的无绳电话。在
遇到仅靠电话无法沟通的情况时，可以通过FAX来通信」

等离子显示器

「可灵活应用于公司信息板、通知板、大画面超薄TV
和发送信息等多种用途最大可提供65英寸显示屏」

Panasonic Digital Office World

松下电器通过提供一系列的数字化、网络化的产品为顾客提供解决办公环境的课题的方案。有助于营造快速、低成本、高效率的办公环境。通过提供省空间、低耗能、无铅的环保型产品为建设繁荣的社会做出重要的贡献。

汉王科技®
HANWANG TECHNOLOGY
传承五千年灿烂的中国文化
树立民营高科技典范
坚持走自主创新之路
以产业报国为己任
保证了中国人与世界
信息文明的共同进步
成为民族高科技产业
奋发图强的一面旗帜！
专注 成就精彩
汉王手写电脑 中国人的办公至尊之选
自由手写，轻松办公
只需一支笔就可在液晶屏幕上书写操作。具有99%以上的识别率，随手记录，都能轻松"写"进电脑，挥洒自如、保留真笔迹，另外还配有设计巧妙的键盘给你两种不同选择！
无限自由，移动便携
英特尔迅驰技术，可方便你在任何时候浏览Internet网络，收发邮件、处理公务……真正实现随身移动办公、高效畅通无阻！
指纹加密，万无一失
内嵌国际领先的指纹识别系统，可指纹开机以保证机主本人使用电脑的安全性，为领导们提供数据材料最高级保护！
自主产权
领航时代
汉王手写技术获
国家科技进步 一等奖
汉王文本王 文件资料可以"复印"进电脑了！
文本王可以将书刊、报纸、合同、公文、表格等各种印刷资料及数码相机、手机拍摄的电子图片，一键OK，录入电脑，变成word、excel的电子文档，还可编辑与修改，极大地提高了办公效率！
批量输入，快速高效
大批量的文件扫描、识别，速度快、效率高
表格录入，轻松实现
精确的表格录入还原，瞬间即可转化成为可任意编辑的电子表格
版面还原，重现原文
精确保留了原版面格式，准确恢复文本原貌
资料进电脑
一键OK
地 址：北京市海淀区东北旺西路8号中关村软件园5号楼汉王大厦3层 ｜ 邮 编：100094
电 话：010-82786523 82786624 ｜ 传 真：010-82786862 ｜ 汉王网址：www.hw99.com

珠海格力电器股份有限公司

GREE ELECTRIC APPLIANCES,INC.OF ZHUHAI

珠海格力电器股份有限公司是目前中国乃至全球最大的集研发、生产、销售、服务于一体的专业化空调企业之一。

十多年的迅猛发展，格力电器业绩斐然：从一个当初年产不到2万台的不知名的空调小厂，一跃成为今天拥有珠海、丹阳、重庆、巴西四大生产基地，员工人数18000多人，家用空调年产能力超过1300万台，商用空调年产值达30亿元的知名跨国企业；净资产从1990年的不足1000万元，增长到目前的20多亿元，增长了200多倍；1995年以来累计销售空调4000多万台（套），销售收入近700亿元，纳税超过了30亿元；自1996年在深圳证券交易所上市以来共募集资金7.2亿元，而历年来向股东分红则超过14亿元；2005年实现销售收入180亿元，家用空调销量突破1000万台（套）；1995年至今，格力空调连续11年产销量、市场占有率均居行业前列。

同时，格力电器在技术、营销、服务和管理等创新领域硕果累累，深情演绎了一个中国企业肩负的历史使命和社会责任，让业界为之动容。

技术创新：至今已开发出包括家用空调、商用空调在内的20大类、400个系列、7000多个品种规格的产品，申请注册国家专利700多项，成功研发出GMV数码多联一拖多、离心式中央空调等高端技术，并全球首创国际领先的超低温热泵中央空调，填补了国内空白，打破了美、日等制冷巨头的技术垄断，在国际制冷界赢得了广泛的知名度和影响力。

服务创新：2005年1月1日，格力电器率先在业内推出“整机6年免费包修”政策，彻底根除了消费者的后顾之忧，肃清了游离在行业边缘的“螺丝刀加工厂”，保护了消费者的利益，使空调行业摆脱了“价格战”等恶性竞争，走向了新的发展方向。

多年来，格力空调已经奠定了国内空调市场的领跑者地位，格力电器已经在全球100多个国家和地区建立了销售和服务网络，并将“格力”牌产品成功打入英国、法国、巴西、俄罗斯、澳大利亚、菲律宾、沙特、印度等40多个国家和地区的家电市场。在巴西，“格力”牌空调自1998年进入当地市场以来，仅用了不到三年的时间，就一跃成为当地市场占有率第二的空调品牌。据海关统计，格力空调出口量、出口增幅连续多年均位居全国同行前列。

■ 格力挂壁式空调

■ 格力柜式空调

■ 格力中央式空调

■ 规模宏大的格力空调城

G&G®
格之格
激光系列 喷墨系列 针式系列
存储介质 打印介质 填充系列
打印耗材格之格
NE-0T058 C.M.Y
此墨盒适用于：
EPSON ME 1 / ME 100
格之格形象代言人 林心如
完美打印科技 创造精彩生活
珠海纳思达数码科技有限公司 电话：0756-8539188
http://www.ggimage.com E-mail:sales@ggimage.com
ISO 9001
UKAS
Certificate No.QHK01032

TCL空调
与众不同·好空调
Digital·Delights
数字家园·快乐无限
钛金银离子系列
钛金时尚系列
钛金典雅系列
钛金高能效系列
钛金高效双鲜风系列
全系列钛金空调 开创新空调时代
钛金高能效系列
钛金双鲜风系列
钛金彩屏系列
追求卓越，不断超越。自成立以来，中山TCL空调器有限公司发展迅速，现已建成中山、武汉两大生产基地、产品线涵盖家用空调、商用空调、中央空调等各类空调器，产能超越500万套，现已成为国内领军空调品牌之一。
全系列升级，全阵容出击，2006年度更具魅力，包括钛金空调、中央空调、商用空调等产品在内的TCL空调全明星阵容轰动推出，刷新技术标准，创建空调行业新高度。钛金系列空调更开创性使用钛金材料制作蒸发器、冷凝器，使空调制冷（热）、健康、节能效果长时间不衰减，持久保持上佳工作状态，而且各类突破性设计带来创新时尚外观，令TCL空调外美内慧。TCL空调——品质之选，风范一派。
钛金高能效系列
钛金高效双鲜风系列
TCL除湿机
U系列单元式中央空调
钛金空调
Long-lasting and healthy
Long-lasting and energy saving
长久健康—长久节能
政府采购联系人:宋婷 0760-3989135

中招国际招标公司

寻招标 找中招

服务、效率、公正、权威

企业简介

中招国际招标公司1993年被批准组建、1994年在国家工商管理局注册成立，经过数年开拓创业和精心经营，目前已成为中国最具实力的专职招标代理机构之一。

中招国际招标公司的经营范围是：主营货物、工程、服务的招标代理；从事利用国外贷款和国内资金采购机电产品的国际招标和其它国际招标采购业务，招标合同项下的进出口经营业务。兼营国际、国内经济技术交流与合作的咨询服务；经济技术的开发；与招标代理相关的咨询服务。中招国际招标公司在经营范围内开展的相关业务，均首批获得相关主管部门的资质认定或备案许可。公司还通过ISO9001：2000质量管理体系认证，获得“招标工作先进集体”称号，以及全国市场诚信建设组织委员会授予的“质量、服务诚信示范单位”称号等。

中招国际招标公司本着“服务、效率、公正、权威”的宗旨，依靠高素质的专业服务人才、多年积累的运作经验及现代化的办公条件，形成了较强的招标代理能力，得到社会各界认可，为国家经济建设和社会发展做出了贡献。

政府采购领域项目

- 国家大剧院、戏剧场、音乐厅项目
- 十多家政府单位管理信息网络政府采购项目
- 全国公安系统99式警服、服饰等政府采购项目
- 近六年各年度国家救灾专用帐篷政府采购项目
- 中央电视台等单位专业设备政府采购项目
- 中国工商银行、中国农业银行等单位卫星通信网设备招标项目

1. 奥运水环境治理项目开标会场
2. 国家大剧院、戏剧场、音乐厅扩声系统及歌剧院灯光系统签约仪式
3. 中招公司鼎力赞助2005年珠峰攀登和科考测量活动
4. 2004年、2005年全国国际招标中标金额排行榜

中招国际招标公司 | 地　址：北京市海淀区皂君庙14号院9号楼(北京8128信箱) | 邮　编：100081
电　话：010-62108068 | 传　真：010-62108073 | http://www.cntcitc.com.cn

深圳市国信招标有限公司

公 司 简 介

国信招标公司经工商部门注册登记，具有政府采购招标代理业务资格，接受中央与地方政府、企事业单位和社会各界委托，从事各类货物、工程和服务等方面的招标代理。同时，具有信息工程招标代理资格，专业从事信息工程招标代理和咨询服务。

国信招标公司由一批有多年经验的技术、法律、经济等资深专业人员组成，他们在项目的开发和管理、标书编制和组织招标等方面都有丰富的经验。为保证招标工作的质量，公司特聘请北京等地的权威人士担任常务顾问。同时还聘请信息工程及各行业专家逾千人组成评标专家队伍，并建立了供应商库和招标信息网，为做好招标工作提供了可靠的人才和技术保障。

国信招标公司严格遵守《中华人民共和国招标投标法》、《中华人民共和国政府采购法》、《深圳经济特区政府采购条例》、《深圳市政府采购招标代理机构管理暂行办法》的有关规定，坚持“公开、公平、公正和诚实信用”的原则，本着服务第一、信誉至上、开拓创新、和谐高效的经营方针。国信招标公司愿与各界朋友携手并进，共同发展。

公司办公大厦

公司评标会议室

深圳市国信招标有限公司

电话:0755—83883378 传真:0755—82904418 邮编:518026 Email:gxzb@sihc.com.cn

地址:深圳市福田中心区深南大道4009号投资大厦10层

WWW.SZGXZB.COM

陕西省采购招标有限责任公司

企业介绍

陕西省采购招标有限责任公司是陕西省机械设备成套局实行政企分开后在陕西省工商行政管理局注册登记的法人实体，是从事货物采购，基本建设工程、室内外装修工程、机电设备、各类服务性招标的专业招标机构，已具备政府采购、机电设备、建设工程、室内外装修工程的招标代理资质，是以招标、监理、咨询和工程代建为主要经营业务的工程技术服务机构。

为了有效地做好各种招标项目的工作，我公司根据招标人的要求郑重做出以下承诺：恪守“公开、公平、公正、合法、合规、诚实信用”的招标原则。做到四个坚持，一是坚持一个宗旨，就是通过招标使工程提高质量、降低费用、缩短工期、产生最佳的经济效益和投资效益；二是坚持三个规范，即规范文件、规范程序、规范管理；三是坚持全过程主动的全方位服务；四是坚持一个原则，就是恪守诚实信义，确保服务质量。把好“四个关”，一是产品、工程质量关；二是价格关；三是工期关；四是售后服务关。干一个优质工程，交一方朋友。

近几年我公司组织的招标工作600多项，招标项目质量合格率达到99%以上，招标人满意程度达到99%，节资率达到10%以上。由于我公司的全程服务和售后服务做得细致周到，最大限度地确保了工程质量的优质可靠。领导带头、责任到人、层层把关、件件落实，确保每一个招标项目的圆满完成，从而赢得招标人的一致好评。

董事长刘雪茹（左）与总经理崔建武共谋公司发展大计

通过招标改造后的人民大会堂陕西厅受到有关领导的高度评价和人民大会堂管理部门的充分肯定

2001年——2005年上半年招标业务汇总表

	2001年	2002年	2003年	2004年	2005年上半年
招标总额（万元）	40353.12	54769.22	55752.96	60020.42	60134.59
项目总数（万元）	83	98	124	180	111
平均节资率（万元）	15.48	13.07	14.68	12.7	13.9

诚实　信誉　科学

公开　公平　公正

公司联系方式

地址：西安市朱雀广场陕西省政务大厅　　电话：029—85256853

传真：029—85235014　　Email：sxscgzb@yahoo.com.cn

北京中昌工程咨询有限公司

地址：北京市崇文区广渠门南小街领行国际 3-2-9 层／电话：010-67169871／传真：010-67120656-805

服务打造品质　品质塑造企业

公司简介

北京中昌工程咨询有限公司成立于 1997 年，是国家相关部门批准的甲级工程招标代理机构、甲级工程造价咨询单位、甲级政府采购代理机构；同时也是北京市工程造价司法鉴定单位、工程造价鉴定机构。

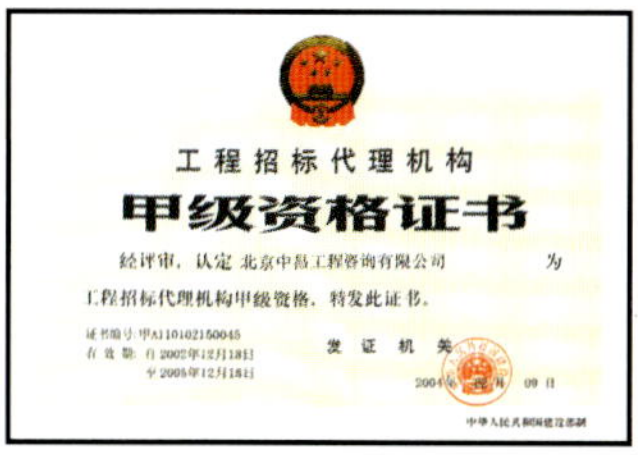

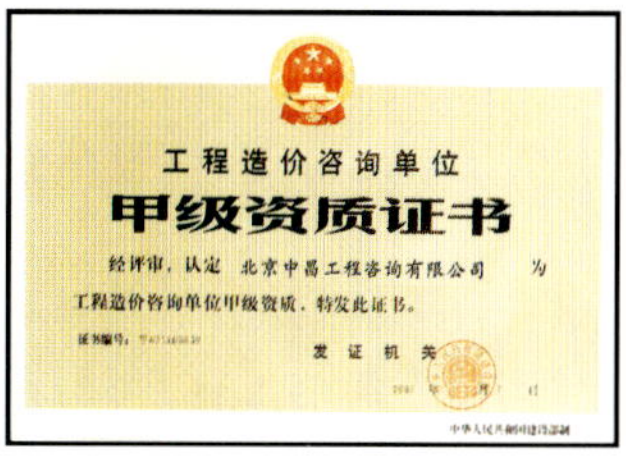

多年来，中昌广泛汲取来自行业的资深技术和服务理念，辅之近十年对大型城市基础设施和房建工程咨询的熟练操作，积淀了丰厚的工程咨询经验，成为目前北京建筑市场最具影响力的工程咨询机构之一。

公司部分代表性工程

工　程　名　称	服　务　内　容	工　程　规　模
北京轨道交通首都机场线工程	全线设计、施工、监理招标	工程造价 15.4 亿元
北京地铁五号线钢结构工程	施工、监理招标	工程造价 5012 万元
北京地铁八通线工程结算	结算审核	送审额 6.9 亿元
北京地铁十号线一期及奥运支线系统设备安装	施工、监理招标	
北京地铁四号线、十号线、奥运支线装饰工程	设计招标	
通州区北苑立交改造工程	施工、监理招标	工程造价 1.35 亿元
定福庄、五里沱、垡头等污水处理厂配套工程	勘察、设计、施工监理招标	工程造价 1.3 亿元
远洋山水住宅小区	造价控制	工程造价 2.8 亿元
远洋自然 A05 区总包工程	造价控制	工程造价 2.9 亿元
北京海天中心公建、A 座铝质工程	司法鉴定	鉴定金额 2600 万元
北京市农业干部培训中心大院维修改造工程	政府采购	工程造价 580 万元
万寿寺中路二期修缮工程	政府采购	工程造价 180 万元
北京市海淀区文化艺术中心主体结构工程	司法鉴定	鉴定金额 5200 万元

公司主要工程

八、法规选编

（一）全国性法规文件

国务院办公厅
关于印发中央预算单位2004年政府集中采购目录及标准的通知

（2004年4月3日　国务院办公厅　国办发［2004］29号）

国务院各部委、各直属机构：

《中央预算单位2004年政府集中采购目录及标准》已经国务院同意，现印发给你们，请遵照执行。

2004年政府采购制度实施范围扩大到中央国家机关所有二级预算单位。为了执行好中央预算单位2004年政府集中采购目录及标准，财政部、集中采购机构和各部门要按照各自的职责，抓紧完善相关制度和工作程序，并加强协调配合，认真落实好各项规定。凡列入政府集中采购目录的项目，必须严格按照有关规定委托集中采购机构代理采购，切实维护法律和政策的严肃性。审计、监察部门要加大监督和检查力度，确保政府采购活动公开、公平、公正。

中央预算单位2004年
政府集中采购目录及标准

一、政府集中采购目录

以下项目必须按规定委托集中采购机构代理采购：

1. 货物类。空调机、计算机、打印机、复印机、印刷设备、PC服务器、网络设备、程控交换机（国务院系统）、电话机（国务院系统）、投影仪（国务院系统）、炊事设备（国务院系统）、建筑装饰材料（国务院系统）、电梯、起重机、锅炉、办公家具、汽车（轿车、越野汽车、面包车、大客车）、摩托车、传真机（国务院系统）、扫描仪（国务院系统）、摄影摄像器材（国务院系统）、复印纸（国务院系统）、监控设备（不含交通管理监控设备，国务院系统）。

2. 工程类。统一组织的房屋修缮、装修（在京单位）。

3. 服务类。汽车维修（在京单位）、汽车保险（在京单位）、规定的印刷项目（在京单位）、计算机通用软件、规定的会议服务、汽车加油（国务院系统）、工程监理（国务院系统）。

二、部门集中采购项目

以下项目原则上应当实行部门集中采购。部门集中采购由部门自行组织，可以委托集中采购机构或社会招标代理机构采购。

1. 货物类。救灾物资、防汛物资、抗旱物资、农用物资、储蓄物资、网络专用设备、医疗设备和器械、计划生育设备、交通管理监控设备、港口设备、农用机械设备、气象专用仪器设备、人工影响天气作业设备、航测设备、消防设备、警察设备和用品、专用教学设备、广播电视和影像设备、文艺设备、体育设备、海关专用物资装备、税务专用物资装备、救助船舶和直升机、港务监督巡逻艇、检察诉讼设备、法庭内部装备、救护车、缉私船、地震专用仪器设备、水利专用仪器设备（水保、水文专用仪器设备）。

2. 工程类。部门确定的本系统单位公用房和宿舍的修缮和装修工程。

3. 服务类。本部门或本系统信息管理系统开发及维护、部门确定的其他有特殊要求的专用服务项目。

三、部门采购限额标准

除政府集中采购目录和部门集中采购项目外，各部门自行采购（单项或批量）达到50万元以上的货物和服务的项目、60万元以上的工程项目应执行《中华人民共和国政府采购法》和《中华人民共和国招标投标法》有关规定。其中，200万元以上工程应采用公开招标方式。

四、政府采购货物和服务公开招标数额标准

政府采购货物或服务的项目，单项或批量采购金额一次性达到120万元以上的，必须采用公开招标采购方式。政府采购工程公开招标数额标准按照国务院有关规定执行。

政府采购货物和服务招标投标管理办法

中华人民共和国财政部令

第 18 号

《政府采购货物和服务招标投标管理办法》已经部务会议讨论通过，现予公布，自2004年9月11日起施行。

部长　金人庆

二〇〇四年八月十一日

第一章　总　　则

第一条　为了规范政府采购当事人的采购行为，加强对政府采购货物和服务招标投标活动的监督管理，维护社会公共利益和政府采购招标投标活动当事人的合法权益，依据《中华人民共和国政府采购法》（以下简称政府采购法）和其他有关法律规定，制定本办法。

第二条　采购人及采购代理机构（以下统称“招标采购单位”）进行政府采购货物或者服务（以下简称“货物服务”）招标投标活动，适用本办法。

前款所称采购代理机构，是指集中采购机构和依法经认定资格的其他采购代理机构。

第三条　货物服务招标分为公开招标和邀请招标。

公开招标，是指招标采购单位依法以招标公告的方式邀请不特定的供应商参加投标。

邀请招标，是指招标采购单位依法从符合相应资格条件的供应商中随机邀请三家以上供应商，并以投标邀请书的方式，邀请其参加投标。

第四条　货物服务采购项目达到公开招标数额标准的，必须采用公开招标方式。因特殊情况需要采用公开招标以外方式的，应当在采购活动开始前获得设区的市、自治州以上人民政府财政部门的批准。

第五条　招标采购单位不得将应当以公开招标方式采购的货物服务化整为零或者以其他方式规避公开招标采购。

第六条　任何单位和个人不得阻挠和限制供应商自由参加货物服务招标投标活动，不得指定货物的品牌、服务的供应商和采购代理机构，以及采用其他方式非法干涉货物服务招标投标活动。

第七条　在货物服务招标投标活动中，招标采购单位工作人员、评标委员会成员及其他相关人员与供应商有利害关系的，必须回避。供应商认为上述人员与其他供应商有利害关系的，可以申请其回避。

第八条　参加政府采购货物服务投标活动的供应商（以下简称“投标人”），应当是提供本国货物服务的本国供应商，但法律、行政法规规定外国供应商可以参加货物服务招标投标活动的除外。

外国供应商依法参加货物服务招标投标活动的，应当按照本办法的规定执行。

第九条　货物服务招标投标活动，应当有助于实现国家经济和社会发展政策目标，包括保护环境，扶持不发达地区和少数民族地区，促进中小企业发展等。

第十条　县级以上各级人民政府财政部门应当依法履行对货物服务招标投标活动的监督管理职责。

第二章　招　　标

第十一条　招标采购单位应当按照本办法规定组织开展货物服务招标投标活动。

采购人可以依法委托采购代理机构办理货物服务招标事宜，也可以自行组织开展货物服务招标活动，但必须符合本办法第十二条规定的条件。

集中采购机构应当依法独立开展货物服务招标活动。其他采购代理机构应当根据采购人的委托办理货物服务招标事宜。

第十二条　采购人符合下列条件的，可以自行组织招标：

（一）具有独立承担民事责任的能力；

（二）具有编制招标文件和组织招标能力，有与采购招标项目规模和复杂程度相适应的技术、经济等方面的采购和管理人员；

（三）采购人员经过省级以上人民政府财政部门组织的政府采购培训。

采购人不符合前款规定条件的，必须委托采购代理机构代理招标。

第十三条　采购人委托采购代理机构招标的，应当与采购代理机构签订委托协议，确定委托代理的事项，约定双方的权利和义务。

第十四条　采用公开招标方式采购的，招标采购单位必须在财政部门指定的政府采购信息发布媒体上发布招标公告。

第十五条　采用邀请招标方式采购的，招标采购单位应当在省级以上人民政府财政部门指定的政府采购信息媒体发布资格预审公告，公布投标人资格条件，资格预审公告的期限不得少于七个工作日。

投标人应当在资格预审公告期结束之日起三个工作日前，按公告要求提交资格证明文件。招标采购单位从评审合格投标人中通过随机方式选择三家以上的投标人，并向其发出投标邀请书。

第十六条　采用招标方式采购的，自招标文件开始发出之日起至投标人提交投标文件截止之日止，不得少于二十日。

第十七条　公开招标公告应当包括以下主要内容：

（一）招标采购单位的名称、地址和联系方法；

（二）招标项目的名称、数量或者招标项目的性质；

（三）投标人的资格要求；

（四）获取招标文件的时间、地点、方式及招标文件售价；

（五）投标截止时间、开标时间及地点。

第十八条　招标采购单位应当根据招标项目的特点和需求编制招标文件。招标文件包括以下内容：

（一）投标邀请；

（二）投标人须知（包括密封、签署、盖章要求等）；

（三）投标人应当提交的资格、资信证明文件；

（四）投标报价要求、投标文件编制要求和投标保证金交纳方式；

（五）招标项目的技术规格、要求和数量，包括附件、图纸等；

（六）合同主要条款及合同签订方式；

（七）交货和提供服务的时间；

（八）评标方法、评标标准和废标条款；

（九）投标截止时间、开标时间及地点；

（十）省级以上财政部门规定的其他事项。

招标人应当在招标文件中规定并标明实质性要求和条件。

第十九条　招标采购单位应当制作纸质招标文件，也可以在财政部门指定的网络媒体上发布电子招标文件，并应当保持两者的一致。电子招标文件与纸质招标文件具有同等法律效力。

第二十条　招标采购单位可以要求投标人提交符合招标文件规定要求的备选投标方案，但应当在招标文件中说明，并明确相应的评审标准和处理办法。

第二十一条　招标文件规定的各项技术标准应当符合国家强制性标准。

招标文件不得要求或者标明特定的投标人或者产品，以及含有倾向性或者排斥潜在投标人的其他内容。

第二十二条　招标采购单位可以根据需要，就招标文件征询有关专家或者供应商的意见。

第二十三条　招标文件售价应当按照弥补招标文件印制成本费用的原则确定，不得以营利为目的，不得以招标采购金额作为确定招标文件售价依据。

第二十四条　招标采购单位在发布招标公告、发出投标邀请书或者发出招标文件后，不得擅自终止招标。

第二十五条　招标采购单位根据招标采购项目的具体情况，可以组织潜在投标人现场考察或者召开开标前答疑会，但不得单独或者分别组织只有一个投标人参加的现场考察。

第二十六条　开标前，招标采购单位和有关工作人员不得向他人透露已获取招标文件的潜在投标人的名称、数量以及可能影响公平竞争的有关招标投标的其他情况。

第二十七条　招标采购单位对已发出的招标文件进行必要澄清或者修改的，应当在招标文件要求提交投标文件截止时间十五日前，在财政部门指定的政府采购信息发布媒体上发布更正公告，并以书面形式通知所有招标文件收受人。该澄清或者修改的内容为招标文件的组成部分。

第二十八条　招标采购单位可以视采购具体情况，延长投标截止时间和开标时间，但至少应当在招标文件要求提交投标文件的截止时间三日前，将变更时间书面通知所有招标文件收受人，并在财政部门指定的政府采购信息发布媒体上发布变更公告。

第三章　投　　标

第二十九条　投标人是响应招标并且符合招标文件规定资格条件和参加投标竞争的法人、其他组织或者自然人。

第三十条　投标人应当按照招标文件的要求编制投标文件。投标文件应对招标文件提出的要求和条件作出实质性响应。

投标文件由商务部分、技术部分、价格部分和其他部分组成。

第三十一条　投标人应当在招标文件要求提交投标文件的截止时间前，将投标文件密封送达投标地点。招标采购单位收到投标文件后，应当签收保存，任何单位和个人不得在开标前开启投标文件。

在招标文件要求提交投标文件的截止时间之后送达的投标文件，为无效投标文件，招标采购单位应当拒收。

第三十二条　投标人在投标截止时间前，可以对所递交的投标文件进行补充、修改或者撤回，并书面通知招标采购单位。补充、修改的内容应当按招标文件要求签署、盖章，并作为投标文件的组成部分。

第三十三条　投标人根据招标文件载明的标的采购项目实际情况，拟在中标后将中标项目的非主体、非关键性工作交由他人完成的，应当在投标文件中载明。

第三十四条　两个以上供应商可以组成一个投标联合体，以一个投标人的身份投标。

以联合体形式参加投标的，联合体各方均应当符合政府采购法第二十二条第一款规定的条件。采购人根据采购项目的特殊要求规定投标人特定条件的，联合体各方中至少应当有一方符合采购人规定的特定条件。

联合体各方之间应当签订共同投标协议，明确约定联合体各方承担的工作和相应的责任，并将共同投标协议连同投标文件一并提交招标采购单位。联合体各方签订共同投标协议后，不得再以自己名义单独在同一项目中投标，也不得组成新的联合体参加同一项目投标。

招标采购单位不得强制投标人组成联合体共同投标，不得限制投标人之间的竞争。

第三十五条　投标人之间不得相互串通投标报价，不得妨碍其他投标人的公平竞争，不得损害招标采购单位或者其他投标人的合法权益。

投标人不得以向招标采购单位、评标委员会成员行贿或者采取其他不正当手段谋取中标。

第三十六条　招标采购单位应当在招标文件中明确投标保证金的数额及交纳办法。招标采购单位规定的投标保证金数额，不得超过采购项目概算的百分之一。

投标人投标时，应当按招标文件要求交纳投标保证金。投标保证金可以采用现金支票、银行汇票、银行保函等形式交纳。投标人未按招标文件要求交纳投标保证金的，招标采购单位应当拒绝接收投标人的投标文件。

联合体投标的，可以由联合体中的一方或者共同提交投标保证金，以一方名义提交投标保证金的，对联合体各方均具有约束力。

第三十七条　招标采购单位应当在中标通知书发出后五个工作日内退还未中标供应商的投标保证金，在采购合同签订后五个工作日内退还中标供应商的投标保证金。招标采购单位逾期退还投标保证金的，除应当退还投标保证金本金外，还应当按商业银行同期贷款利率上浮20%后的利率支付资金占用费。

第四章　开标、评标与定标

第三十八条　开标应当在招标文件确定的提交投标文件截止时间的同一时间公开进行；开标地点应当为招标文件中预先确定的地点。

招标采购单位在开标前，应当通知同级人民政府财政部门及有关部门。财政部门及有关部门可以视情况到现场监督开标活动。

第三十九条　开标由招标采购单位主持，采购人、投标人和有关方面代表参加。

第四十条　开标时，应当由投标人或者其推选的代表检查投标文件的密封情况，也可以由招标人委托的公证机构检查并公证；经确认无误后，由招标工作人员当众拆封，宣读投标人名称、投标价格、价格折扣、招标文件允许提供的备选投标方案和投标文件的其他主要内容。

未宣读的投标价格、价格折扣和招标文

件允许提供的备选投标方案等实质内容，评标时不予承认。

第四十一条　开标时，投标文件中开标一览表（报价表）内容与投标文件中明细表内容不一致的，以开标一览表（报价表）为准。

投标文件的大写金额和小写金额不一致的，以大写金额为准；总价金额与按单价汇总金额不一致的，以单价金额计算结果为准；单价金额小数点有明显错位的，应以总价为准，并修改单价；对不同文字文本投标文件的解释发生异议的，以中文文本为准。

第四十二条　开标过程应当由招标采购单位指定专人负责记录，并存档备查。

第四十三条　投标截止时间结束后参加投标的供应商不足三家的，除采购任务取消情形外，招标采购单位应当报告设区的市、自治州以上人民政府财政部门，由财政部门按照以下原则处理：

（一）招标文件没有不合理条款、招标公告时间及程序符合规定的，同意采取竞争性谈判、询价或者单一来源方式采购；

（二）招标文件存在不合理条款的，招标公告时间及程序不符合规定的，应予废标，并责成招标采购单位依法重新招标。

在评标期间，出现符合专业条件的供应商或者对招标文件作出实质响应的供应商不足三家情形的，可以比照前款规定执行。

第四十四条　评标工作由招标采购单位负责组织，具体评标事务由招标采购单位依法组建的评标委员会负责，并独立履行下列职责：

（一）审查投标文件是否符合招标文件要求，并作出评价；

（二）要求投标供应商对投标文件有关事项作出解释或者澄清；

（三）推荐中标候选供应商名单，或者受采购人委托按照事先确定的办法直接确定中标供应商；

（四）向招标采购单位或者有关部门报告非法干预评标工作的行为。

第四十五条　评标委员会由采购人代表和有关技术、经济等方面的专家组成，成员人数应当为五人以上单数。其中，技术、经济等方面的专家不得少于成员总数的三分之二。采购数额在300万元以上、技术复杂的项目，评标委员会中技术、经济方面的专家人数应当为五人以上单数。

招标采购单位就招标文件征询过意见的专家，不得再作为评标专家参加评标。采购人不得以专家身份参与本部门或者本单位采购项目的评标。采购代理机构工作人员不得参加由本机构代理的政府采购项目的评标。

评标委员会成员名单原则上应在开标前确定，并在招标结果确定前保密。

第四十六条　评标专家应当熟悉政府采购、招标投标的相关政策法规，熟悉市场行情，有良好的职业道德，遵守招标纪律，从事相关领域工作满八年并具有高级职称或者具有同等专业水平。

第四十七条　各级人民政府财政部门应当对专家实行动态管理。

第四十八条　招标采购单位应当从同级或上一级财政部门设立的政府采购评审专家库中，通过随机方式抽取评标专家。

招标采购机构对技术复杂、专业性极强的采购项目，通过随机方式难以确定合适评标专家的，经设区的市、自治州以上人民政府财政部门同意，可以采取选择性方式确定评标专家。

第四十九条　评标委员会成员应当履行下列义务：

（一）遵纪守法，客观、公正、廉洁地

履行职责；

（二）按照招标文件规定的评标方法和评标标准进行评标，对评审意见承担个人责任；

（三）对评标过程和结果，以及供应商的商业秘密保密；

（四）参与评标报告的起草；

（五）配合财政部门的投诉处理工作；

（六）配合招标采购单位答复投标供应商提出的质疑。

第五十条　货物服务招标采购的评标方法分为最低评标价法、综合评分法和性价比法。

第五十一条　最低评标价法，是指以价格为主要因素确定中标候选供应商的评标方法，即在全部满足招标文件实质性要求前提下，依据统一的价格要素评定最低报价，以提出最低报价的投标人作为中标候选供应商或者中标供应商的评标方法。

最低评标价法适用于标准定制商品及通用服务项目。

第五十二条　综合评分法，是指在最大限度地满足招标文件实质性要求前提下，按照招标文件中规定的各项因素进行综合评审后，以评标总得分最高的投标人作为中标候选供应商或者中标供应商的评标方法。

综合评分的主要因素是：价格、技术、财务状况、信誉、业绩、服务、对招标文件的响应程度，以及相应的比重或者权值等。上述因素应当在招标文件中事先规定。

评标时，评标委员会各成员应当独立对每个有效投标人的标书进行评价、打分，然后汇总每个投标人每项评分因素的得分。

采用综合评分法的，货物项目的价格分值占总分值的比重（即权值）为百分之三十至百分之六十；服务项目的价格分值占总分值的比重（即权值）为百分之十至百分之三十。执行统一价格标准的服务项目，其价格不列为评分因素。有特殊情况需要调整的，应当经同级人民政府财政部门批准。

评标总得分 $= F_1 \times A_1 + F_2 \times A_2 + \cdots\cdots + F_n \times A_n$

F_1、F_2……Fn 分别为各项评分因素的汇总得分；

A_1、A_2、……A_n分别为各项评分因素所占的权重（$A_1 + A_2 + \cdots\cdots + A_n = 1$）。

第五十三条　性价比法，是指按照要求对投标文件进行评审后，计算出每个有效投标人除价格因素以外的其他各项评分因素（包括技术、财务状况、信誉、业绩、服务、对招标文件的响应程度等）的汇总得分，并除以该投标人的投标报价，以商数（评标总得分）最高的投标人为中标候选供应商或者中标供应商的评标方法。

评标总得分 = B /N

B 为投标人的综合得分，$B = F_1 \times A_1 + F_2 \times A_2 + \cdots\cdots + F_n \times A_n$，其中：$F_1$、$F_2$……Fn 分别为除价格因素以外的其他各项评分因素的汇总得分；A_1、A_2、……A_n分别为除价格因素以外的其他各项评分因素所占的权重（$A_1 + A_2 + \cdots\cdots + A_n = 1$）。

N 为投标人的投标报价。

第五十四条　评标应当遵循下列工作程序：

（一）投标文件初审。初审分为资格性检查和符合性检查。

1. 资格性检查。依据法律法规和招标文件的规定，对投标文件中的资格证明、投标保证金等进行审查，以确定投标供应商是否具备投标资格。

2. 符合性检查。依据招标文件的规定，从投标文件的有效性、完整性和对招标文件的响应程度进行审查，以确定是否对招标文件的实质性要求作出响应。

（二）澄清有关问题。对投标文件中含义不明确、同类问题表述不一致或者有明显文字和计算错误的内容，评标委员会可以书面形式（应当由评标委员会专家签字）要求投标人作出必要的澄清、说明或者纠正。投标人的澄清、说明或者补正应当采用书面形式，由其授权的代表签字，并不得超出投标文件的范围或者改变投标文件的实质性内容。

（三）比较与评价。按招标文件中规定的评标方法和标准，对资格性检查和符合性检查合格的投标文件进行商务和技术评估，综合比较与评价。

（四）推荐中标候选供应商名单。中标候选供应商数量应当根据采购需要确定，但必须按顺序排列中标候选供应商。

1. 采用最低评标价法的，按投标报价由低到高顺序排列。投标报价相同的，按技术指标优劣顺序排列。评标委员会认为，排在前面的中标候选供应商的最低投标价或者某些分项报价明显不合理或者低于成本，有可能影响商品质量和不能诚信履约的，应当要求其在规定的期限内提供书面文件予以解释说明，并提交相关证明材料；否则，评标委员会可以取消该投标人的中标候选资格，按顺序由排在后面的中标候选供应商递补，以此类推。

2. 采用综合评分法的，按评审后得分由高到低顺序排列。得分相同的，按投标报价由低到高顺序排列。得分且投标报价相同的，按技术指标优劣顺序排列。

3. 采用性价比法的，按商数得分由高到低顺序排列。商数得分相同的，按投标报价由低到高顺序排列。商数得分且投标报价相同的，按技术指标优劣顺序排列。

（五）编写评标报告。评标报告是评标委员会根据全体评标成员签字的原始评标记录和评标结果编写的报告，其主要内容包括：

1. 招标公告刊登的媒体名称、开标日期和地点；

2. 购买招标文件的投标人名单和评标委员会成员名单；

3. 评标方法和标准；

4. 开标记录和评标情况及说明，包括投标无效投标人名单及原因；

5. 评标结果和中标候选供应商排序表；

6. 评标委员会的授标建议。

第五十五条　在评标中，不得改变招标文件中规定的评标标准、方法和中标条件。

第五十六条　投标文件属下列情况之一的，应当在资格性、符合性检查时按照无效投标处理：

（一）应交未交投标保证金的；

（二）未按照招标文件规定要求密封、签署、盖章的；

（三）不具备招标文件中规定资格要求的；

（四）不符合法律、法规和招标文件中规定的其他实质性要求的。

第五十七条　在招标采购中，有政府采购法第三十六条第一款第（二）至第（四）项规定情形之一的，招标采购单位应当予以废标，并将废标理由通知所有投标供应商。

废标后，除采购任务取消情形外，招标采购单位应当重新组织招标。需要采取其他采购方式的，应当在采购活动开始前获得设区的市、自治州以上人民政府财政部门的批准。

第五十八条　招标采购单位应当采取必要措施，保证评标在严格保密的情况下进行。

任何单位和个人不得非法干预、影响评

标办法的确定，以及评标过程和结果。

第五十九条　采购代理机构应当在评标结束后五个工作日内将评标报告送采购人。

采购人应当在收到评标报告后五个工作日内，按照评标报告中推荐的中标候选供应商顺序确定中标供应商；也可以事先授权评标委员会直接确定中标供应商。

采购人自行组织招标的，应当在评标结束后五个工作日内确定中标供应商。

第六十条　中标供应商因不可抗力或者自身原因不能履行政府采购合同的，采购人可以与排位在中标供应商之后第一位的中标候选供应商签订政府采购合同，以此类推。

第六十一条　在确定中标供应商前，招标采购单位不得与投标供应商就投标价格、投标方案等实质性内容进行谈判。

第六十二条　中标供应商确定后，中标结果应当在财政部门指定的政府采购信息发布媒体上公告。公告内容应当包括招标项目名称、中标供应商名单、评标委员会成员名单、招标采购单位的名称和电话。

在发布公告的同时，招标采购单位应当向中标供应商发出中标通知书，中标通知书对采购人和中标供应商具有同等法律效力。

中标通知书发出后，采购人改变中标结果，或者中标供应商放弃中标，应当承担相应的法律责任。

第六十三条　投标供应商对中标公告有异议的，应当在中标公告发布之日起七个工作日内，以书面形式向招标采购单位提出质疑。招标采购单位应当在收到投标供应商书面质疑后七个工作日内，对质疑内容作出答复。

质疑供应商对招标采购单位的答复不满意或者招标采购单位未在规定时间内答复的，可以在答复期满后十五个工作日内按有关规定，向同级人民政府财政部门投诉。财政部门应当在收到投诉后三十个工作日内，对投诉事项作出处理决定。

处理投诉事项期间，财政部门可以视具体情况书面通知招标采购单位暂停签订合同等活动，但暂停时间最长不得超过三十日。

第六十四条　采购人或者采购代理机构应当自中标通知书发出之日起三十日内，按照招标文件和中标供应商投标文件的约定，与中标供应商签订书面合同。所签订的合同不得对招标文件和中标供应商投标文件作实质性修改。

招标采购单位不得向中标供应商提出任何不合理的要求，作为签订合同的条件，不得与中标供应商私下订立背离合同实质性内容的协议。

第六十五条　采购人或者采购代理机构应当自采购合同签订之日起七个工作日内，按照有关规定将采购合同副本报同级人民政府财政部门备案。

第六十六条　法律、行政法规规定应当办理批准、登记等手续后生效的合同，依照其规定。

第六十七条　招标采购单位应当建立真实完整的招标采购档案，妥善保管每项采购活动的采购文件，并不得伪造、变造、隐匿或者销毁。采购文件的保存期限为从采购结束之日起至少保存十五年。

第五章　法律责任

第六十八条　招标采购单位有下列情形之一的，责令限期改正，给予警告，可以按照有关法律规定并处罚款，对直接负责的主管人员和其他直接责任人员，由其行政主管部门或者有关机关依法给予处分，并予通报：

（一）应当采用公开招标方式而擅自采

用其他方式采购的；

（二）应当在财政部门指定的政府采购信息发布媒体上公告信息而未公告的；

（三）将必须进行招标的项目化整为零或者以其他任何方式规避招标的；

（四）以不合理的要求限制或者排斥潜在投标供应商，对潜在投标供应商实行差别待遇或者歧视待遇，或者招标文件指定特定的供应商、含有倾向性或者排斥潜在投标供应商的其他内容的；

（五）评标委员会组成不符合本办法规定的；

（六）无正当理由不按照依法推荐的中标候选供应商顺序确定中标供应商，或者在评标委员会依法推荐的中标候选供应商以外确定中标供应商的；

（七）在招标过程中与投标人进行协商谈判，或者不按照招标文件和中标供应商的投标文件确定的事项签订政府采购合同，或者与中标供应商另行订立背离合同实质性内容的协议的；

（八）中标通知书发出后无正当理由不与中标供应商签订采购合同的；

（九）未按本办法规定将应当备案的委托招标协议、招标文件、评标报告、采购合同等文件资料提交同级人民政府财政部门备案的；

（十）拒绝有关部门依法实施监督检查的。

第六十九条　招标采购单位及其工作人员有下列情形之一，构成犯罪的，依法追究刑事责任；尚不构成犯罪的，按照有关法律规定处以罚款，有违法所得的，并处没收违法所得，由其行政主管部门或者有关机关依法给予处分，并予通报：

（一）与投标人恶意串通的；

（二）在采购过程中接受贿赂或者获取其他不正当利益的；

（三）在有关部门依法实施的监督检查中提供虚假情况的；

（四）开标前泄露已获取招标文件的潜在投标人的名称、数量、标底或者其他可能影响公平竞争的有关招标投标情况的。

第七十条　采购代理机构有本办法第六十八条、第六十九条违法行为之一，情节严重的，可以取消其政府采购代理资格，并予以公告。

第七十一条　有本办法第六十八条、第六十九条违法行为之一，并且影响或者可能影响中标结果的，应当按照下列情况分别处理：

（一）未确定中标候选供应商的，终止招标活动，依法重新招标；

（二）中标候选供应商已经确定但采购合同尚未履行的，撤销合同，从中标候选供应商中按顺序另行确定中标供应商；

（三）采购合同已经履行的，给采购人、投标人造成损失的，由责任人承担赔偿责任。

第七十二条　采购人对应当实行集中采购的政府采购项目不委托集中采购机构进行招标的，或者委托不具备政府采购代理资格的中介机构办理政府采购招标事务的，责令改正；拒不改正的，停止按预算向其支付资金，由其上级行政主管部门或者有关机关依法给予其直接负责的主管人员和其他直接责任人员处分。

第七十三条　招标采购单位违反有关规定隐匿、销毁应当保存的招标、投标过程中的有关文件或者伪造、变造招标、投标过程中的有关文件的，处以二万元以上十万元以下的罚款，对其直接负责的主管人员和其他直接责任人员，由其行政主管部门或者有关机关依法给予处分，并予通报；构成犯罪的，依法追究刑事责任。

第七十四条　投标人有下列情形之一

的，处以政府采购项目中标金额千分之五以上千分之十以下的罚款，列入不良行为记录名单，在一至三年内禁止参加政府采购活动，并予以公告，有违法所得的，并处没收违法所得，情节严重的，由工商行政管理机关吊销营业执照；构成犯罪的，依法追究刑事责任：

（一）提供虚假材料谋取中标的；

（二）采取不正当手段诋毁、排挤其他投标人的；

（三）与招标采购单位、其他投标人恶意串通的；

（四）向招标采购单位行贿或者提供其他不正当利益的；

（五）在招标过程中与招标采购单位进行协商谈判、不按照招标文件和中标供应商的投标文件订立合同，或者与采购人另行订立背离合同实质性内容的协议的；

（六）拒绝有关部门监督检查或者提供虚假情况的。

投标人有前款第（一）至（五）项情形之一的，中标无效。

第七十五条　中标供应商有下列情形之一的，招标采购单位不予退还其交纳的投标保证金；情节严重的，由财政部门将其列入不良行为记录名单，在一至三年内禁止参加政府采购活动，并予以通报：

（一）中标后无正当理由不与采购人或者采购代理机构签订合同的；

（二）将中标项目转让给他人，或者在投标文件中未说明，且未经采购招标机构同意，将中标项目分包给他人的；

（三）拒绝履行合同义务的。

第七十六条　政府采购当事人有本办法第六十八条、第六十九条、第七十四条、第七十五条违法行为之一，给他人造成损失的，应当依照有关民事法律规定承担民事责任。

第七十七条　评标委员会成员有下列行为之一的，责令改正，给予警告，可以并处一千元以下的罚款：

（一）明知应当回避而未主动回避的；

（二）在知道自己为评标委员会成员身份后至评标结束前的时段内私下接触投标供应商的；

（三）在评标过程中擅离职守，影响评标程序正常进行的；

（四）在评标过程中有明显不合理或者不正当倾向性的；

（五）未按招标文件规定的评标方法和标准进行评标的。

上述行为影响中标结果的，中标结果无效。

第七十八条　评标委员会成员或者与评标活动有关的工作人员有下列行为之一的，给予警告，没收违法所得，可以并处三千元以上五万元以下的罚款；对评标委员会成员取消评标委员会成员资格，不得再参加任何政府采购招标项目的评标，并在财政部门指定的政府采购信息发布媒体上予以公告；构成犯罪的，依法追究刑事责任：

（一）收受投标人、其他利害关系人的财物或者其他不正当利益的；

（二）泄露有关投标文件的评审和比较、中标候选人的推荐以及与评标有关的其他情况的。

第七十九条　任何单位或者个人非法干预、影响评标的过程或者结果的，责令改正；由该单位、个人的上级行政主管部门或者有关机关给予单位责任人或者个人处分。

第八十条　财政部门工作人员在实施政府采购监督检查中违反规定滥用职权、玩忽职守、徇私舞弊的，依法给予行政处分；构成犯罪的，依法追究刑事责任。

第八十一条　财政部门对投标人的投诉无故逾期未作处理的，依法给予直接负责的主管人员和其他直接责任人员行政处分。

第八十二条 有本办法规定的中标无效情形的，由同级或其上级财政部门认定中标无效。中标无效的，应当依照本办法规定从其他中标人或者中标候选人中重新确定，或者依照本办法重新进行招标。

第八十三条 本办法所规定的行政处罚，由县级以上人民政府财政部门负责实施。

第八十四条 政府采购当事人对行政处罚不服的，可以依法申请行政复议，或者直接向人民法院提起行政诉讼。逾期未申请复议，也未向人民法院起诉，又不履行行政处罚决定的，由作出行政处罚决定的机关申请人民法院强制执行。

第六章 附 则

第八十五条 政府采购货物服务可以实行协议供货采购和定点采购，但协议供货采购和定点供应商必须通过公开招标方式确定；因特殊情况需要采用公开招标以外方式确定的，应当获得省级以上人民政府财政部门批准。

协议供货采购和定点采购的管理办法，由财政部另行规定。

第八十六条 政府采购货物中的进口机电产品进行招标投标的，按照国家有关办法执行。

第八十七条 使用国际组织和外国政府贷款进行的政府采购货物和服务招标，贷款方或者资金提供方与中方达成的协议对采购的具体条件另有规定的，可以适用其规定，但不得损害国家利益和社会公共利益。

第八十八条 对因严重自然灾害和其他不可抗力事件所实施的紧急采购和涉及国家安全和秘密的采购，不适用本办法。

第八十九条 本办法由财政部负责解释。

各省、自治区、直辖市人民政府财政部门可以根据本办法制定具体实施办法。

第九十条 本办法自 2004 年 9 月 11 日起施行。财政部 1999 年 6 月 24 日颁布实施的《政府采购招标投标管理暂行办法》（财预字［1999］363 号）同时废止。

中华人民共和国财政部令

第 19 号

《政府采购信息公告管理办法》已经部务会议讨论通过，现予公布，自 2004 年 9 月 11 日起施行。

部长 金人庆

二〇〇四年八月十一日

政府采购信息公告管理办法

第一章 总　　则

第一条　为了规范政府采购信息公告行为，提高政府采购活动透明度，促进公平竞争，根据《中华人民共和国政府采购法》（以下简称政府采购法），制定本办法。

第二条　政府采购信息，是指规范政府采购活动的法律、法规、规章和其他规范性文件，以及反映政府采购活动状况的数据和资料的总称。

政府采购信息公告，是指将本办法规定应当公开的政府采购信息在财政部门指定的政府采购信息发布媒体上向社会公开发布。

第三条　采购人、采购代理机构应当按照有关政府采购的法律、行政法规和本办法规定，公告政府采购信息。

前款所称采购代理机构，是指集中采购机构和依法经认定资格的其他采购代理机构。

第四条　政府采购信息公告应当遵循信息发布及时、内容规范统一、渠道相对集中、便于获得查找的原则。

第五条　县级以上各级财政部门负责对政府采购信息公告活动进行监督、检查和管理。但是，下列职责由省级以上财政部门履行：

（一）确定应当公告的政府采购信息的范围和内容；

（二）指定并监督检查公告政府采购信息的媒体。

第六条　财政部负责确定政府采购信息公告的基本范围和内容，指定全国政府采购信息发布媒体。

省级（含计划单列市，下同）财政部门负责确定本地区政府采购信息公告的范围和内容，可以指定本地区政府采购信息发布媒体。

除财政部和省级财政部门以外，其他任何单位和个人不得指定政府采购信息的发布媒体。

第七条　政府采购信息应当首先在财政部指定的政府采购信息发布媒体上公告。

地方的政府采购信息可以同时在其省级财政部门指定的政府采购信息发布媒体上公告。

第二章　政府采购信息公告范围与内容

第八条　除涉及国家秘密、供应商的商业秘密，以及法律、行政法规规定应予保密的政府采购信息以外，下列政府采购信息必须公告：

（一）有关政府采购的法律、法规、规章和其他规范性文件；

（二）省级以上人民政府公布的集中采购目录、政府采购限额标准和公开招标数额标准；

（三）政府采购招标业务代理机构名录；

（四）招标投标信息，包括公开招标公告、邀请招标资格预审公告、中标公告、成交结果及其更正事项等；

（五）财政部门受理政府采购投诉的联系方式及投诉处理决定；

（六）财政部门对集中采购机构的考核结果；

（七）采购代理机构、供应商不良行为记录名单；

（八）法律、法规和规章规定应当公告的其他政府采购信息。

第九条　除本办法第八条规定内容外，省级以上财政部门可以根据管理需要，增加需要公告的政府采购信息内容。

第十条　公开招标公告应当包括下列内容：

（一）采购人、采购代理机构的名称、地址和联系方式；

（二）招标项目的名称、用途、数量、简要技术要求或者招标项目的性质；

（三）供应商资格要求；

（四）获取招标文件的时间、地点、方式及招标文件售价；

（五）投标截止时间、开标时间及地点；

（六）采购项目联系人姓名和电话。

第十一条　邀请招标资格预审公告应当包括下列内容：

（一）采购人、采购代理机构的名称、地址和联系方式；

（二）招标项目的名称、用途、数量、简要技术要求或招标项目的性质；

（三）供应商资格要求；

（四）提交资格申请及证明材料的截止时间及资格审查日期；

（五）采购项目联系人姓名和电话。

第十二条　中标公告应当包括下列内容：

（一）采购人、采购代理机构的名称、地址和联系方式；

（二）采购项目名称、用途、数量、简要技术要求及合同履行日期；

（三）定标日期（注明招标文件编号）；

（四）本项目招标公告日期；

（五）中标供应商名称、地址和中标金额；

（六）评标委员会成员名单；

（七）采购项目联系人姓名和电话。

第十三条　采购信息更正公告应当包括下列内容：

（一）采购人、采购代理机构名称、地址和联系方式；

（二）原公告的采购项目名称及首次公告日期；

（三）更正事项、内容及日期；

（四）采购项目联系人和电话。

第十四条　采购代理机构、供应商不良行为记录名单公告，应当包括当事人名称、事由、处理机关和处理结果等内容。

第十五条　投诉处理决定公告应当包括下列内容：

（一）采购人、采购代理机构名称；

（二）采购项目名称及采购日期；

（三）投诉人名称及投诉事项；

（四）投诉处理机关名称；

（五）处理决定的主要内容。

第三章　政府采购信息公告管理

第十六条　公告政府采购信息必须做到内容真实、准确可靠，不得有虚假和误导性陈述，不得遗漏依法必须公告的事项。

第十七条　在各政府采购信息指定发布媒体上分别公告同一政府采购信息的，内容必须保持一致。内容不一致的，以在财政部指定的政府采购信息发布媒体上公告的信息为准，但法律、行政法规另有规定的除外。

第十八条　在各政府采购信息指定发布媒体上公告同一政府采购信息的时间不一致的，以在财政部指定的政府采购信息发布媒体上最早公告信息的时间为公告时间和政府采购当事人对有关事项应当知道的时间。

第十九条　政府采购法律、法规、规章和其他规范性文件，集中采购目录、政府采购限额标准，公开招标限额标准等信息，由省级以上人民政府财政部门负责在政府采购信息指定发布媒体上公告。

第二十条　招标投标信息由采购人或者其委托的采购代理机构负责在政府采购信息指定发布媒体上公告。

第二十一条　对集中采购机构的考核结果以及采购代理机构、供应商不良行为记录名单等信息，由同级人民政府财政部门按照有关规定在政府采购信息指定媒体上公告。

第二十二条　本办法第十九条、第二十条和第二十一条规定以外的其他信息，属于政府采购监督管理方面的，由同级人民政府财政部门进行公告；属于采购业务方面的，由采购人或者其委托的采购代理机构进行公告。

第二十三条　采购人、采购代理机构需要公告政府采购信息的，应当以传真、电子邮件等快捷方式将信息提供给政府采购信息指定发布媒体，也可经同级人民政府财政部门提供给政府采购信息指定发布媒体。

第四章　政府采购信息指定媒体管理

第二十四条　政府采购信息指定发布媒体负责承办本办法规定的政府采购信息发布的具体事宜。

政府采购信息指定发布媒体发布政府采购信息，应当体现公益性原则。

第二十五条　政府采购信息指定发布媒体应当按照信息提供者提供的信息内容发布信息。但是，对信息篇幅过大的，政府采购信息指定发布媒体可以按照统一的技术要求进行适当的压缩和调整；进行压缩和调整的，不得改变提供信息的实质性内容。

第二十六条　政府采购信息指定发布媒体发现信息提供者提供的信息违反法律、法规、规章和本办法规定的，应当及时建议信息提供者修改；信息提供者拒不修改的，应当向信息提供者同级的人民政府财政部门报告。

第二十七条　财政部门指定的政府采购信息发布媒体中的网络媒体，应当在收到公告信息之日起1个工作日内上网发布；指定的报纸，应当在收到公告信息之日起3个工作日内发布；指定的杂志，应当及时刊登有关公告信息。

第二十八条　政府采购信息指定发布媒体应当对其发布的政府采购信息进行分类统计，并将统计结果按期报送同级人民政府财政部门。

第二十九条　政府采购信息指定发布媒体应当向社会公告本媒体的名称和联系方式。名称和联系方式发生变更的，应当及时向社会公告，并向负责指定其发布政府采购信息的财政部门备案。

第五章　法律责任

第三十条　采购人或者采购代理机构有下列情形之一的，由同级人民政府财政部门责令限期改正，给予警告；对直接负责的主管人员和其他直接责任人员，由其行政主管部门或者有关机关给予处分，并予通报：

（一）应当公告政府采购信息而未公告的；

（二）不首先在财政部指定的政府采购信息发布媒体上公告信息，或者不在财政部门指定的政府采购信息发布媒体上公告信息的；

（三）政府采购信息内容明显违反本办法规定的；

（四）在两个以上政府采购信息指定发布媒体上公告同一信息的实质内容明显不一致的；

（五）未按规定期限公告信息的。

第三十一条　采购人或者采购代理机构有下列情形之一的，采购无效，并由县级人民政府财政部门给予警告或者通报批评；属于政府采购代理机构责任且情节严重的，依法取消其进行相关业务资格：

（一）招标投标信息中以不合理条件限制或者排斥潜在投标人的；

（二）公告的信息不真实，有虚假或者欺诈内容的。

第三十二条　政府采购信息指定发布媒体有下列情形之一的，由省级以上人民政府财政部门给予警告；情节严重的，依法取消其政府采购信息指定发布媒体资格；造成经济损失的，依法承担相应的赔偿责任：

（一）违反事先约定收取或者变相收取信息发布费用的；

（二）无正当理由拒绝发布信息提供者提供信息的；

（三）无正当理由延误政府采购信息发布时间的；

（四）发布政府采购信息改变信息提供者提供信息实质性内容的；

（五）其他违反政府采购信息管理的行为。

第三十三条　任何单位和个人非法干预政府采购信息公告活动的，由省级以上人民政府财政部门责令限期改正，予以警告；拒不改正的，转送有关机关依法处理。

第三十四条　任何单位或者个人发现政府采购信息发布活动不符合本办法规定的，有权向同级人民政府财政部门控告和检举，有关财政部门应当依法予以处理。

第六章　附　　则

第三十五条　省级财政部门可以根据本办法，制定具体实施办法。

第三十六条　本办法自2004年9月11日起施行。财政部2000年9月11日颁布实施的《政府采购信息公告管理办法》（财库［2000］7号）同时废止。

中华人民共和国财政部令

第 20 号

《政府采购供应商投诉处理办法》已经部务会议讨论通过，现予公布，自2004年9月11日起施行。

部长　金人庆

二〇〇四年八月十一日

政府采购供应商投诉处理办法

第一章　总　　则

第一条　为了防止和纠正违法的或者不当的政府采购行为，保护参加政府采购活动供应商的合法权益，维护国家利益和社会公共利益，建立规范高效的政府采购投诉处理机制，根据《中华人民共和国政府采购法》（以下简称政府采购法），制定本办法。

第二条　供应商依法向财政部门提起投诉，财政部门受理投诉、作出处理决定，适用本办法。

第三条　县级以上各级人民政府财政部门负责依法受理和处理供应商投诉。

财政部负责中央预算项目政府采购活动中的供应商投诉事宜。

县级以上地方各级人民政府财政部门负责本级预算项目政府采购活动中的供应商投诉事宜。

第四条　各级财政部门应当在省级以上财政部门指定的政府采购信息发布媒体上公告受理投诉的电话、传真等方便供应商投诉的事项。

第五条　财政部门处理投诉，应当坚持公平、公正和简便、高效的原则，维护国家利益和社会公共利益。

第六条　供应商投诉实行实名制，其投诉应当有具体的投诉事项及事实根据，不得进行虚假、恶意投诉。

第二章　投诉提起与受理

第七条　供应商认为采购文件、采购过程、中标和成交结果使自己的合法权益受到损害的，应当首先依法向采购人、采购代理机构提出质疑。对采购人、采购代理机构的质疑答复不满意，或者采购人、采购代理机构未在规定期限内作出答复的，供应商可以在答复期满后 15 个工作日内向同级财政部门提起投诉。

第八条　投诉人投诉时，应当提交投诉书，并按照被投诉采购人、采购代理机构（以下简称被投诉人）和与投诉事项有关的供应商数量提供投诉书的副本。

投诉书应当包括下列主要内容：

（一）投诉人和被投诉人的名称、地址、电话等；

（二）具体的投诉事项及事实依据；

（三）质疑和质疑答复情况及相关证明材料；

（四）提起投诉的日期。

投诉书应当署名。投诉人为自然人的，应当由本人签字；投诉人为法人或者其他组织的，应当由法定代表人或者主要负责人签字盖章并加盖公章。

第九条　投诉人可以委托代理人办理投诉事务。代理人办理投诉事务时，除提交投诉书外，还应当向同级财政部门提交投诉人的授权委托书，授权委托书应当载明委托代理的具体权限和事项。

第十条　投诉人提起投诉应当符合下列条件：

（一）投诉人是参与所投诉政府采购活动的供应商；

（二）提起投诉前已依法进行质疑；

（三）投诉书内容符合本办法的规定；

（四）在投诉有效期限内提起投诉；

（五）属于本财政部门管辖；

（六）同一投诉事项未经财政部门投诉处理；

（七）国务院财政部门规定的其他条件。

第十一条　财政部门收到投诉书后，应当在5个工作日内进行审查，对不符合投诉条件的，分别按下列规定予以处理：

（一）投诉书内容不符合规定的，告知投诉人修改后重新投诉；

（二）投诉不属于本部门管辖的，转送有管辖权的部门，并通知投诉人；

（三）投诉不符合其他条件的，书面告知投诉人不予受理，并应当说明理由。对符合投诉条件的投诉，自财政部门收到投诉书之日起即为受理。

第十二条　财政部门应当在受理投诉后3个工作日内向被投诉人和与投诉事项有关的供应商发送投诉书副本。

第十三条　被投诉人和与投诉事项有关的供应商应当在收到投诉书副本之日起5个工作日内，以书面形式向财政部门作出说明，并提交相关证据、依据和其他有关材料。

第三章　投诉处理与决定

第十四条　财政部门处理投诉事项原则上采取书面审查的办法。财政部门认为有必要时，可以进行调查取证，也可以组织投诉人和被投诉人当面进行质证。

第十五条　对财政部门依法进行调查的，投诉人、被投诉人以及与投诉事项有关的单位及人员等应当如实反映情况，并提供财政部门所需要的相关材料。

第十六条　投诉人拒绝配合财政部门依法进行调查的，按自动撤回投诉处理；被投诉人不提交相关证据、依据和其他有关材料的，视同放弃说明权利，认可投诉事项。

第十七条　财政部门经审查，对投诉事项分别作出下列处理决定：

（一）投诉人撤回投诉的，终止投诉处理；

（二）投诉缺乏事实依据的，驳回投诉；

（三）投诉事项经查证属实的，分别按照本办法有关规定处理。

第十八条　财政部门经审查，认定采购文件具有明显倾向性或者歧视性等问题，给投诉人或者其他供应商合法权益造成或者可能造成损害的，按下列情况分别处理：

（一）采购活动尚未完成的，责令修改采购文件，并按修改后的采购文件开展采购活动；

（二）采购活动已经完成，但尚未签订政府采购合同的，决定采购活动违法，责令重新开展采购活动；

（三）采购活动已经完成，并且已经签订政府采购合同的，决定采购活动违法，由被投诉人按照有关法律规定承担相应的赔偿责任。

第十九条　财政部门经审查，认定采购文件、采购过程影响或者可能影响中标、成交结果的，或者中标、成交结果的产生过程存在违法行为的，按下列情况分别处理：

（一）政府采购合同尚未签订的，分别根据不同情况决定全部或者部分采购行为违法，责令重新开展采购活动；

（二）政府采购合同已经签订但尚未履行的，决定撤销合同，责令重新开展采购活动；

（三）政府采购合同已经履行的，决定采购活动违法，给采购人、投诉人造成损失的，由相关责任人承担赔偿责任。

第二十条　财政部门应当自受理投诉之日起30个工作日内，对投诉事项作出处理决定，并以书面形式通知投诉人、被投诉人及其他与投诉处理结果有利害关系的政府采购当事人。

第二十一条　财政部门作出处理决定，应当制作投诉处理决定书，并加盖印章。投诉处理决定书应当包括下列主要内容：

（一）投诉人和被投诉人的姓名或者名称、住所等；

（二）委托代理人办理的，代理人的姓名、职业、住址、联系方式等；

（三）处理决定的具体内容及事实根据和法律依据；

（四）告知投诉人行政复议申请权和诉讼权利；

（五）作出处理决定的日期。

投诉处理决定书的送达，依照民事诉讼法关于送达的规定执行。

第二十二条　财政部门在处理投诉事项期间，可以视具体情况书面通知被投诉人暂停采购活动，但暂停时间最长不得超过30日。

被投诉人收到通知后应当立即暂停采购活动，在法定的暂停期限结束前或者财政部门发出恢复采购活动通知前，不得进行该项采购活动。

第二十三条　财政部门应当将投诉处理结果在省级以上财政部门指定的政府采购信息发布媒体上公告。

第二十四条　投诉人对财政部门的投诉处理决定不服或者财政部门逾期未作处理的，可以依法申请行政复议或者向人民法院提起行政诉讼。

第四章　法 律 责 任

第二十五条　财政部门在处理投诉过程中，发现被投诉人及其工作人员、评标委员会成员、供应商有违法行为，本机关有权处理、处罚的，应当依法予以处理、处罚；本机关无权处理的，应当转送有权处理的机关依法处理。

第二十六条　投诉人有下列情形之一的，属于虚假、恶意投诉，财政部门应当驳回投诉，将其列入不良行为记录名单，并依法予以处罚：

（一）一年内三次以上投诉均查无实据的；

（二）捏造事实或者提供虚假投诉材料的。

第二十七条　被投诉人的违法行为给他人造成损失的，应当依照有关民事法律规定承担民事责任。

第二十八条　财政部门工作人员在投诉处理过程中滥用职权、玩忽职守、徇私舞弊的，依法给予行政处分；构成犯罪的，依法追究刑事责任。

第五章　附　　则

第二十九条　财政部门处理投诉不得向投诉人和被投诉人收取任何费用。但因处理投诉发生的鉴定费用，应当按照“谁过错谁负担”的原则由过错方负担；双方都有过错的，由双方合理分担。

第三十条　财政部门应当建立投诉处理档案管理制度，并自觉接受有关部门依法进行的监督检查。

第三十一条　对在投诉处理过程中知悉的商业秘密及个人隐私，财政部门及知情人应当负保密责任。

第三十二条　本办法自2004年9月11日起施行。

财政部　国家发展改革委
关于印发《节能产品政府采购实施意见》的通知

（2004年12月17日　财政部　国家发展和改革委员会　财库［2004］185号）

各省、自治区、直辖市、计划单列市财政厅（局）、发展改革委（计委）、经贸委（经委），新疆生产建设兵团财务局、发展改革委，党中央有关部门，国务院各部委、各直属机构，全国人大常委会办公厅，全国政协办公厅，高法院，高检院，有关人民团体：

为贯彻落实《国务院办公厅关于开展资源节约活动的通知》（国办发［2004］30号），发挥政府机构节能（含节水）的表率作用，根据《中华人民共和国节约能源法》和《中华人民共和国政府采购法》，财政部、国家发展和改革委员会制定了《节能产品政府采购实施意见》。现印发给你们，请遵照执行。

附件：节能产品政府采购实施意见

附件：

节能产品政府采购实施意见

为贯彻落实《国务院办公厅关于开展资源节约活动的通知》（国办发［2004］30号），发挥政府机构节能（含节水，下同）的表率作用，根据《中华人民共和国节约能源法》和《中华人民共和国政府采购法》，现就推行节能产品政府采购提出如下意见。

一、采购节能产品对于降低政府机构能源费用开支，节省财政资金，推动企业节能技术进步，扩大节能产品市场，提高全社会的资源忧患意识，节约能源，保护环境，实现经济社会可持续发展，具有十分重要的意义。各地区、各部门要高度重视，加强组织管理和监督，确保节能产品政府采购工作落到实处。

二、各级国家机关、事业单位和团体组织（以下统称“采购人”）用财政性资金进行采购的，应当优先采购节能产品，逐步淘汰低能效产品。

三、财政部、国家发展和改革委员会综合考虑政府采购改革进展和节能产品技术及市场成熟等情况，从国家认可的节能产品认证机构认证的节能产品中按类别确定实行政府采购的范围，并以“节能产品政府采购清单”（以下简称“节能清单”）的形式公布。

节能清单中新增节能认证产品，将由财政部、国家发展和改革委员会以文件形式确定、公布并适时调整。

四、 中国政府采购网（http：//www.ccgp.

gov.cn/)、中国环境资源信息网（http：//www.cern.gov.cn/)、中国节能节水认证网（http：//www.cecp.org. cn/）为节能清单公告媒体。为确保上述信息的准确性，未经财政部、国家发展和改革委员会允许，不得转载。

五、节能清单中的产品有效时间以国家节能产品认证证书有效截止日期为准，超过认证证书有效截止日期的自动失效。

六、政府采购属于节能清单中产品时，在技术、服务等指标同等条件下，应当优先采购节能清单所列的节能产品。

七、在政府采购活动中，采购人应当在政府采购招标文件（含谈判文件、询价文件）中载明对产品的节能要求、合格产品的条件和节能产品优先采购的评审标准。

八、采购人或其委托的采购代理机构未按上述要求采购的，有关部门要按照有关法律、法规和规章予以处理，财政部门视情况可以拒付采购资金。

九、本意见采取积极稳妥、分步实施的办法，逐步扩大到全国范围。2005 年在中央一级预算单位和省级（含计划单列市）预算单位实行，2006 年扩大到中央二级预算单位和地市一级预算单位实行，2007 年全面实行。在实施中，各级政府和预算单位可以根据实际情况，提前执行本意见相关要求。

附：节能产品政府采购清单

附：

节能产品政府采购清单

一、节能产品类

1. 空调机

制造商	产品型号	节字标志认证证书号	国家节能产品认证证书有效截止日期
青岛海尔空调器有限总公司	KFRd-27GW/V（ZXF）	JD02-0581-2004	2008-8-19
	KFR-27GW/V	JD02-0582-2004	
	KFR-32GW/V（ZXF）	JD02-0583-2004	
	KFR-32GW/V	JD02-0584-2004	
	KFRd-35GW/V（ZXF）	JD02-0585-2004	
	KFR-35GW/V	JD02-0586-2004	
	KFRd-50LW/V（ZXF）	JD02-0587-2004	
	KFRd-50LW/V	JD02-0588-2004	
	KFRd-60LW/V（ZXF）	JD02-0589-2004	
	KFRd-60LW/V	JD02-0590-2004	
	KFRd-71LW/V（ZXF）	JD02-0591-2004	
	KFRd-71LW/V	JD02-0592-2004	

注：《节能产品政府采购清单》中有关产品认证资料由中标认证中心提供。

续表

制造商	产品型号	节字标志认证证书号	国家节能产品认证证书有效截止日期
上海三菱电机·上菱空调机电器有限公司	KFR－27GW/E	JD02－0598－2004	2008－10－8
	KF－35GW/E	JD02－0599－2004	
	KFR－36GW/C	JD02－0600－2004	
	KF－27GW/A	JD02－0601－2004	
	KFR－32GW/C	JD02－0602－2004	
	KF－25GW/E	JD02－0603－2004	
	KFR－65LW/DA	JD02－0561－2004	2008－2－15
	KF－53LW/A	JD02－0562－2004	
	KFR－53LW/DB	JD02－0563－2004	
	KF－62LW/A	JD02－0564－2004	
	KF－27GW	JD02－0555－2004	2008－1－12
	KF－55GW	JD02－0556－2004	
	KFR－55GW	JD02－0557－2004	
	KF－23GW/B	JD02－0539－2003	2007－10－22
	KF－25GW/D	JD02－0540－2003	
	KF－31GW/A	JD02－0541－2003	
	KF－35GW/D	JD02－0542－2003	
	KFR－23GW/B	JD02－0543－2003	
	KFR－27GW/C	JD02－0544－2003	
	KFR－32GW/B	JD02－0545－2003	
	KFR－36GW/B	JD02－0546－2003	
	KF－120LW/S	JD02－0547－2003	
	LF120W/MS	JD02－0548－2003	
	KF－120QW/S	JD02－0549－2003	
	LF73W/M	JD02－0532－2003	2007－9－27
	LF73W/MS	JD02－0533－2003	
	KF－72LW/S	JD02－0534－2003	
	KF－72LW	JD02－0535－2003	
	KF－53QW	JD02－0536－2003	
	KF－72QW	JD02－0537－2003	
	KF－72QW/S	JD02－0538－2003	
	RF74W/MD	JD02－0509－2003	2007－5－5
	RF74W/MDS	JD02－0510－2003	

续表

制　造　商	产　品　型　号	节字标志认证证书号	国家节能产品认证证书有效截止日期
	RF－120W/MDS	JD02－0467－2003	2007－1－15
	KF－31GW	JD02－0468－2003	
	KFR－23GW	JD02－0469－2003	
	KFR－65LW/D	JD02－0470－2003	
	KF－53LW	JD02－0471－2003	
	KF－62LW	JD02－0472－2003	
	KF－54GW/A	JD02－0473－2003	
	KFR－54GW/A	JD02－0474－2003	
	KF－23GW/A	JD02－0475－2003	
	KFR－23GW/A	JD02－0476－2003	
	KFR－32GW/A	JD02－0477－2003	
	KFR－27GW/B	JD02－0478－2003	
	KFR－36GW/A	JD02－0479－2003	
	KF－35GW/C	JD02－0480－2003	
	KF－25GW/C	JD02－0481－2003	
江苏春兰制冷设备股份有限公司	KFR－50LW/Td	JD02－0392－2002	2006－8－13
	KFR－27GW/T	JD02－0393－2002	
上海日立家用电器有限公司	KFR－36GW/C	JD02－0593－2004	2008－9－16
	KF－50LW/C	JD02－0578－2004	2008－6－14
	KFR－50LW/F	JD02－0575－2004	2008－5－10
	KFR－35GW/J	JD02－0559－2004	2008－2－15
	KF－35GW/J	JD02－0560－2004	
	KF－35GW/H	JD02－0465－2003	2007－1－8
	KFR－35GW/H	JD02－0466－2003	
三菱重工海尔（青岛）空调机有限公司	RFD75WD/RFC75WD	JD02/0196－2001	2005－6－24
	RF67WER/RFC67WE	JD02/0197－2001	
	LF73WDT/LFC73WDT	JD02/0198－2001	
	RF73WDT/RFC73WDT	JD02/0199－2001	
	RFD73WDT/RFC73WDT	JD02/0200－2001	
	RFD13WD/RFC13WD	JD02/0201－2001	
	LF13WD/LFC13WD	JD02/0202－2001	
	RFT13WDR/RFTC13WD	JD02/0203－2001	
	LFT13WDR/LFTC13WD	JD02/0204－2001	
	RFT67WDR/RFTC67WD	JD02/0205－2001	
	LFT75WDR/LFTC75WD	JD02/0206－2001	
	RFT75WDR/RFTC75WD	JD02/0207－2001	

续表

制造商	产品型号	节字标志认证证书号	国家节能产品认证证书有效截止日期
广东志高空调股份有限公司	KC-25/J	JD02-0367-2002	2006-7-15
	KF-25GW/J	JD02-0368-2002	
	KF-36GW/J	JD02-0369-2002	
	KFR-46LW/J	JD02-0370-2002	
	KFR-51LW/J	JD02-0371-2002	
广东科龙电器股份有限公司	KFR-27GW/S3F	JD02-0527-2003	2007-7-27
	KFR-45GW/S3F	JD02-0528-2003	
	KFR-110LW/SF	JD02-0529-2003	
	KFR-35GW/S3F	JD02-0495-2003	2007-1-26
	KFR-73LW/SYF	JD02-0496-2003	
	KFR-26GW/S2F	JD02-0497-2003	
	KFR-35GW/S2F	JD02-0498-2003	
	KFR-62LW/SYF	JD02-0402-2002	2006-11-17
	KFR-75LW/SYF	JD02-0403-2002	
	KFR-26GW/S1F	JD02-0332-2002	2006-5-23
	KFR-35GW/S1F	JD02-0333-2002	
	KFR-26GW/SF	JD02-0297-2002	2006-4-28
	KFR-35GW/SF	JD02-0298-2002	
	KFR-25GW/RF	JD02/0224-2002	2006-2-8
	KFR-25GW/M1F	JD02/0225-2002	
	KF-25GW/R	JD02/0226-2002	
	KF-25GW/M1	JD02/0227-2002	
	KFR-32GW/RF	JD02/0228-2002	
	KFR-32GW/M1F	JD02/0229-2002	
	KF-32GW/R	JD02/0230-2002	
	KF-32GW/M1	JD02/0231-2002	
	KFR-35GW/RF	JD02/0232-2002	
	KFR-35GW/M1F	JD02/0233-2002	
	KF-35GW/R	JD02/0234-2002	
	KF-35GW/M1	JD02/0235-2002	
广东美的制冷设备有限公司	KFR-32W/DUYP-Q2、KF-23GW/UYP-Q2、KF-36GW/UYP-Q2、KF-35GW/UYPQ2、KFR-23W/DUYP-Q2、KFR-26GW/DUYP-Q2、KFR-35W/DUYP-Q2、KF-32GW/UYP-Q2	JD02/0604-2004	2008-11-1

续表

制　造　商	产　品　型　号	节字标志认证证书号	国家节能产品认证证书有效截止日期
广东美的制冷设备有限公司	KF－23GW/UY－V、KFR－23GW/DUY－V、KF－26GW/UY－V、KFR－26GW/DUY－V、KF－33GW/UY－V、KFR－33GW/DUY－V、KF－36GW/UY－V、KFR－36GW/DUY－V	JD02－0595－2004	2008－9－28
	KF－51LW/UY－V、KFR－51LW/DUY－V、KF－61LW/UY－V、KFR－61LW/DUY－V	JD02－0596－2004	
	KF－72LW/UY－V、KFR－72LW/DUY－V、KF－72LW/SUY－V、KFR－72LW/SDUY－V	JD02－0597－2004	
乐金电子（天津）电器有限公司	KFR－23GW/J5T	JD02－0327－2002	2006－5－23
	KFR－32GW/L5T	JD02－0328－2002	
	KF－32GW/L5T	JD02－0329－2002	
	KFR－36GW/L8T	JD02－0330－2002	
	KFR－60LW/P1（A）	JD02－0331－2002	
四川长虹电器股份有限公司	KFR－35GW/P	JD02－0570－2004	2008－4－12
广州松下空调器有限公司	CS－HW4515D3W/CU－HA4505BWY、CS－HW4515D3W/CU－HC4505BWY	JD02－0579－2004	2008－6－20
	CS－A4516D3W/CU－A4506BWY、CS－C4516D3W/CU－C4506BWY	JD02－0580－2004	
	CS/CU－A1815KW、CS/CU－C1815KW	JD02－0577－2004	2008－6－2
	CS/CU－HC9B15KN、CS/CU－HC12B15KN	JD02－0569－2004	2008－4－8
	CS/CU－HC1215KW、CS/CU－HC3415KB	JD02－0568－2004	2008－3－16
	CS/CU－HA1215KW、CS/CU－HA15P15KS、CS/CU－HA3415KGM、CS/CU－HA3415KB、CS/CU－HA12B15KY	JD02－0565－2004	2008－3－17
	CS/CU－HA915KW、CS/CU－HA10P15KS、CS/CU－HA2515KGM、CS/CU－HA2515KB、CS/CU－HA9B15KY	JD02－0566－2004	
	CS/CU－HC915KW、CS/CU－HC2515KB	JD02－0567－2004	
	CS/CU－XC915KW	JD02－0551－2004	2008－1－17
	CS－HW4525D2W/CU－HA4505BWY CS－HW4525D2W/CU－HC4505BWY CS－HW4505BW/CU－HA4505BWY CS－HW4505BW/CU－HC4505BWY	JD02－0550－2003	2007－12－29

续表

制 造 商	产 品 型 号	节字标志认证证书号	国家节能产品认证证书有效截止日期
	CS－HW1815D3W/CU－HA1805BW CS－HW1815D3W/CU－HC1805BW CS－HW1805D3W/CU－HA1805BW CS－HW1805D3W/CU－HC1805BW CS－HW1805BW/CU－HA1805BW CS－HW1805BW/CU－HC1805BW	JD02－0551－2003	
	CS－HW2725D2W/CU－HA2705BWY CS－HW2725D2W/CU－HC2705BWY CS－HW2725D2W/CU－HA2705BW CS－HW2725D2W/CU－HC2705BW	JD02－0552－2003	
	CS－HW2715D3W/CU－HA2705BWY CS－HW2715D3W/CU－HC2705BWY CS－HW2715D3W/CU－HA2705BW CS－HW2715D3W/CU－HC2705BW	JD02－0553－2003	
	CS－HW2705D3W/CU－HA2705BWY CS－HW2705D3W/CU－HC2705BWY CS－HW2705D3W/CU－HA2705BW CS－HW2705D3W/CU－HC2705BW CS－HW2705BW/CU－HA2705BWY CS－HW2705BW/CU－HC2705BWY CS－HW2705BW/CU－HA2705BW CS－HW2705BW/CU－HC2705BW	JD02－0554－2003	
	CS/CU－HC1403FW	JD02－0499－2003	2007－3－25
	CS/CU－HA1403FW	JD02－0500－2003	
	CS/CU－A15P13KT	JD02－0489－2003	2007－1－27
	CS/CU－A703KW	JD02－0490－2003	
	CS/CU－C703KW	JD02－0491－2003	
	CS/CU－C8P03KS	JD02－0492－2003	
	CS/CU－C2203KGM	JD02－0493－2003	
	CS/CU－C2203KB	JD02－0494－2003	
	CS/CU－HA2753FWY	JD02－0482－2003	2007－1－26
	CS/CU－HA2703FWY	JD02－0483－2003	
	CS/CU－HC2703FWY	JD02－0484－2003	
	CS/CU－HA18B53FY	JD02－0485－2003	
	CS/CU－HA18B03FY	JD02－0486－2003	
	CS/CU－HA23B53FY	JD02－0487－2003	
	CS/CU－HA23B03FY	JD02－0488－2003	

续表

制　造　商	产　品　型　号	节字标志认证证书号	国家节能产品认证证书有效截止日期
	CS/CU - A913KW	JD02 - 0432 - 2003	2007 - 1 - 8
	CS/CU - A10P13KS	JD02 - 0433 - 2003	
	CS/CU - A2513KGM	JD02 - 0434 - 2003	
	CS/CU - A2513KB	JD02 - 0435 - 2003	
	CS/CU - A9B13KY	JD02 - 0436 - 2003	
	CS - W1802BW/CU - A1802BW	JD02 - 0437 - 2003	
	CS - W1802BW/CU - C1802BW	JD02 - 0438 - 2003	
	CS - W1803D3W/CU - A1802BW	JD02 - 0439 - 2003	
	CS - W1803D3W/CU - A1802BW	JD02 - 0440 - 2003	
	CS/CU - HA1213KW	JD02 - 0441 - 2003	
	CS/CU - HA15P13KS	JD02 - 0442 - 2003	
	CS/CU - HA3413KGM	JD02 - 0443 - 2003	
	CS/CU - HA3413KB	JD02 - 0444 - 2003	
	CS/CU - HA12B13KY	JD02 - 0445 - 2003	
	CS/CU - HC1213KW	JD02 - 0446 - 2003	
	CS/CU - HC3413KB	JD02 - 0447 - 2003	
	CS/CU - HA913KW	JD02 - 0448 - 2003	
	CS/CU - HA10P13KS	JD02 - 0449 - 2003	
	CS/CU - HA2513KGM	JD02 - 0450 - 2003	
	CS/CU - HA2513KB	JD02 - 0451 - 2003	
	CS/CU - HA9B13KY	JD02 - 0452 - 2003	
	CS/CU - HC913KW	JD02 - 0453 - 2003	
	CS/CU - HC2513KB	JD02 - 0454 - 2003	
	CS/CU - C1413KW	JD02 - 0455 - 2003	
	CS/CU - A1213KW	JD02 - 0456 - 2003	
	CS/CU - A15P13KS	JD02 - 0457 - 2003	
	CS/CU - A3413KGM	JD02 - 0458 - 2003	
	CS/CU - A3413KB	JD02 - 0459 - 2003	
	CS/CU - A12B13KY	JD02 - 0460 - 2003	
	CS/CU - C913KW	JD02 - 0461 - 2003	
	CS/CU - C10P13KS	JD02 - 0462 - 2003	
	CS/CU - C2513KGM	JD02 - 0463 - 2003	
	CS/CU - C2513KB	JD02 - 0464 - 2003	

续表

制 造 商	产 品 型 号	节字标志认证证书号	国家节能产品认证证书有效截止日期
宁波奥克斯空调有限公司	KFR－33GW/M	JD02/0097－2001	2005－2－22
	KF－33GW/M	JD02/0098－2001	
广州华凌空调设备有限公司	KF－25GW/CXA	JD02/0108－2001	2005－3－5
	KF－20GW/CXA	JD02/0110－2001	
	KF－25/CX	JD02/0111－2001	
三菱重工金羚空调器有限公司	SRKM22H/SRCM22H（KFR－22GW） SRKM22C/SRCM22C（KF－22GW）	JD02－0576－2004	2005－5－12
	SRKAB26CD/SRCAB26CD（KF－23GW）	JD02－0504－2003	2007－4－14
	SRKAB28HD/SRCAB28HD（KFR－26GW）	JD02－0505－2003	
	SRKAB36HD/SRCAB36HD（KFR－33GW）	JD02－0506－2003	
	SRKAB38HD/SRCAB38HD（KFR－35GW）	JD02－0507－2003	
	SRKAB40HD/SRCAB40HD（KFR－36GW）	JD02－0508－2003	
河南新飞家电有限公司	KFR－50LW/DK	JD02－0374－2002	2006－7－18
	KFR－50LW/DT	JD02－0375－2002	
	KFR－50LW/DX	JD02－0376－2002	
	KF－36GW	JD02－0377－2002	
	KFR－36GW	JD02－0378－2002	
	KFR－33GW	JD02－0379－2002	
	KF－33GW	JD02－0380－2002	
	KFR－33GW/X	JD02－0381－2002	
	KF－33GW/X	JD02－0382－2002	
	KFR－36GW/X	JD02－0383－2002	
	KF－36GW/X	JD02－0384－2002	
	KFR－50LW/D	JD02－0385－2002	
上海双鹿空调器制造有限公司	KFR－34GW	JD02－0501－2003	2007－4－3
	KFRd－45LW	JD02－0502－2003	
	KFR－45LW	JD02－0503－2003	
TCL 空调器（中山）有限公司	KFRd－52LW/E、KFRd－52LW/H、KFRd－52LW/G、KFR－52LW/E、KFR－52LW/H、KFR－52LW/G、KF－52LW/E、KF－52LW/H、KF－52LW/G	JD02－0571－2004	2008－4－28
	KFRd－32GW/E、KFRd－32GW/F、KFRd－32GW/G、KFRd－32GW/H、KFRd－32GW/J、KFRd－32GW/K、KFR－32GW/E、KFR－32GW/F、KFR－32GW/G、KFR－32GW/H、KFR－32GW/J、KFR－32GW/K、KF－32GW/E、KF－32GW/F、KF－32GW/G、KF－32GW/H、KF－32GW/J、KF－32GW/K	JD02－0572－2004	

续表

制造商	产品型号	节字标志认证证书号	国家节能产品认证证书有效截止日期
	KFRd - 25GW/E、KFRd - 25GW/F、KFRd - 25GW/G、KFRd - 25GW/H、KFRd - 25GW/J、KFRd - 25GW/K、KF - 25GW/E、KF - 25GW/F、KF - 25GW/G、KF - 25GW/H、KF - 25GW/J、KF - 25GW/K、KFR - 25GW/E、KFR - 25GW/F、KFR - 25GW/G、KFR - 25GW/H、KFR - 25GW/J、KFR - 25GW/K	JD02 - 0573 - 2004	
	KFRd - 35GW/E、KFRd - 35GW/F、KFRd - 35GW/G、KFRd - 35GW/H、KFRd - 35GW/J、KFRd - 35GW/K、KFR - 35GW/E、KFR - 35GW/F、KFR - 35GW/G、KFR - 35GW/H、KFR - 35GW/J、KFR - 35GW/K、KF - 35GW/E、KF - 35GW/F、KF - 35GW/G、KF - 35GW/H、KF - 35GW/J、KF - 35GW/K	JD02 - 0574 - 2004	
苏州三星电子有限公司	KFRD - 50LW/LSA	JD02 - 0594 - 2004	2008 - 9 - 26
	KF - 60LW/KFA	JD02 - 0595 - 2004	
	KFRD - 50LW/WSA	JD02 - 0596 - 2004	
	KFRD - 50LW/KFA	JD02 - 0597 - 2004	
	KF - 60LW/LSA	JD02 - 0598 - 2004	
	KF - 60LW/WSA	JD02 - 0599 - 2004	

2. 冰箱

制造商	产品型号	节字标志认证证书号	证书失效期
青岛海尔股份有限公司	BCD - 222BBF	JB0664 - 2004	2008 - 11 - 7
	BCD - 242BBF	JB0665 - 2004	
	BCD - 188BSV、BCD - 208BSV、BCD - 219BSV、BCD - 229BSV、BCD - 259BSV	JB0663 - 2004	2008 - 6 - 2
	BCD - 168K/A、BCD - 208K/A、BCD - 188K/A	JB0606 - 2004	2008 - 3 - 10
	BCD - 190G/C、BCD - 210G/C、BCD - 240G/C	JB0607 - 2004	
	BCD - 289BSW、BCD - 259BSW、BCD - 239BSW	JB0608 - 2004	
	BCD - 198KS、BCD - 208KS	JB0609 - 2004	
	BCD - 186ZMD、BCD - 206ZMD、BCD - 216ZMD	JB0610 - 2004	
	BCD - 218K、BCD - 238K、BCD - 258K	JB0611 - 2004	
	BCD - 258SY、BCD - 238SY、BCD - 218SY	JB0612 - 2004	
	BCD - 518WS、BCD - 569WS	JB0613 - 2004	
	BCD - 217BSC、BCD - 237BSC	JB0614 - 2004	
	BCD - 236B、BCD - 509WF、BCD - 189BS、BCD - 238K/F、BCD - 238SY/F、BCD - 163E/C	JB0615 - 2004	

续表

制造商	产品型号	节字标志认证证书号	证书失效期
	BCD－209BS	JB0605－2004	2008－2－15
	BCD－175E/Y	JB0563－2004	2008－1－12
	BCD－185E/B	JB0564－2004	
	BCD－205E/B	JB0565－2004	
	BCD－235E/B	JB0566－2004	
	BCD－239K/A	JB0567－2004	
	BCD－259K/A	JB0568－2004	
	BCD－289K/A	JB0569－2004	
	BCD－175E/C	JB0570－2004	
	BCD－175E/B	JB0571－2004	
	BCD－185E/C	JB0572－2004	
	BCD－185E/Y	JB0573－2004	
	BCD－205E/C	JB0574－2004	
	BCD－205E/Y	JB0575－2004	
	BCD－235E/C	JB0576－2004	
	BCD－235E/Y	JB0577－2004	
广东科龙电器股份有限公司	BCD－181D/B	JB0653－2004	2008－8－15
	BCD－181D/G	JB0654－2004	
	BCD－201D/G	JB0655－2004	
	BCD－201D/B	JB0656－2004	
	BCD－209S/E	JB0657－2004	
	BCD－209S/A	JB0658－2004	
	BCD－161D/B	JB0659－2004	
	BCD－161D/G	JB0660－2004	
	BCD－171D/B	JB0661－2004	
	BCD－171D/G	JB0662－2004	
	BCD－272AY	JB0621－2004	2008－3－28
	BCD－181D、BCD－201D	JB0622－2004	
	BCD－161D、BCD－171D、BCD－209S/E、BCD－209S/A	JB0623－2004	
	BCD－276AK4、BCD－219WAK、BCD－199WAK	JB0624－2004	
青岛海尔特种电冰柜有限公司	BC/BD－166B	JB0616－2004	2008－3－10
合肥美菱股份有限公司	BCD－180N、BCD－220N、BCD－240N、BCD－200N	JB0619－2004	2008－3－8
	BCD－240AN、BCD－220AN、BCD－200AN、BCD－180AN	JB0620－2004	

续表

制造商	产品型号	节字标志认证证书号	证书失效期
博西华家用电器有限公司	BCD－213［KG21V41TI］ BCD－213［KK21V16TI］ BCD－226［KK23V71TI］	JB0640－2004	2008－6－15
	BCD－213［KG21E66TI］ BCD－213［KG21V53TI］ BCD－213［KG21V61TI］ BCD－213［KG21V75TI］	JB0641－2004	
	BCD－226［KK23V65TI］ BCD－226［KK23E66TI］	JB0642－2004	
	BCD－198［KG20V61TI］ BCD－198［KG20V65TI］	JB0643－2004	
	BCD－254［KK24V55TI］ BCD－254［KK24V41TI］	JB0644－2004	
	BCD－227［KG23E66TI］ BCD－207［KG21E76TI］ BCD－247［KK24E76TI］ BCD－220［KK23E76TI］	JB0645－2004	
伊莱克斯（中国）电器有限公司	BCD－218EI	JB0598－2004	2008－2－15
	BCD－290EI	JB0599－2004	
	BCD－247EI	JB0600－2004	
	BCD－219ULTRA SAVING	JB0601－2004	
	BCD－219ULTRA SAVING/HC	JB0602－2004	
	BCD－251EI	JB0603－2004	
	BCD－291EI	JB0604－2004	
河南新飞电器有限公司	BCD－172CH	JB0553－2004	2008－1－6
	BCD－202CH	JB0554－2004	
	BCD－182CH	JB0555－2004	
	BCD－212CH	JB0556－2004	
长岭（集团）股份有限公司	BCD－172C	JB0557－2004	2008－1－15
	BCD－182C	JB0558－2004	
	BCD－202C	JB0559－2004	

续表

制造商	产品型号	节字标志认证证书号	证书失效期
无锡松下冷机有限公司	NR－C28WF1（BCD－283WF） NR－C26WF1（BCD－257WF）	JB0646－2004	2008－6－28
无锡松下冷机有限公司	NR－B16SG（BCD－160SG） NR－B17SN（BCD－170SN） NR－B18SG（BCD－180SG） NR－B19SN（BCD－190SN）	JB0637－2004	2008－6－16
无锡松下冷机有限公司	NR－B19DG（BCD－190DG） NR－B19DY（BCD－190DY） NR－B22SN（BCD－220SN） NR－B21DY（BCD－205DY） NR－B21DSN（BCD－205DSN）	JB0638－2004	2008－6－16
无锡松下冷机有限公司	NR－B22DY（BCD－220DY）	JB0639－2004	2008－6－16
无锡松下冷机有限公司	NR－B16S1（BCD－160S/HC） NR－B17S1（BCD－170S/HC） NR－B18S1（BCD－180S/HC）	JB0635－2004	2008－6－2
无锡松下冷机有限公司	BCD－220S	JB0630－2004	2008－4－21
无锡松下冷机有限公司	NR－B19S1（BCD－190S/HC）	JB0631－2004	2008－4－21
无锡松下冷机有限公司	NR－B21S1（BCD－205S/HC）	JB0632－2004	2008－4－21
无锡松下冷机有限公司	NR－C28WD1（BCD－283WD）	JB0633－2004	2008－4－21
无锡松下冷机有限公司	NR－C26WD1（BCD－257WD）	JB0634－2004	2008－4－21
无锡松下冷机有限公司	NR－B19D1（BCD－190D） NR－B21D1（BCD－205D） NR－B22S1（BCD－220S/HC）	JB0627－2004	2008－4－14
无锡松下冷机有限公司	NR－C25WU1（BCD－253WU） NR－C28WU1（BCD－280WU）	JB0628－2004	2008－4－14
无锡松下冷机有限公司	BCD－160S	JB0625－2004	2008－3－30
无锡松下冷机有限公司	BCD－220U	JB0489－2003	2007－7－31
无锡松下冷机有限公司	BCD－219N	JB0485－2003	2007－6－29
无锡松下冷机有限公司	BCD－219S	JB0486－2003	2007－6－29
无锡松下冷机有限公司	BCD－220Z	JB0487－2003	2007－6－29
无锡松下冷机有限公司	BCD－220S	JB0488－2003	2007－6－29
无锡松下冷机有限公司	BCD－168G	JB0473－2003	2007－6－23
无锡松下冷机有限公司	BCD－169S	JB0474－2003	2007－6－23
无锡松下冷机有限公司	BCD－179N	JB0475－2003	2007－6－23
无锡松下冷机有限公司	BCD－179Y	JB0476－2003	2007－6－23
无锡松下冷机有限公司	BCD－189G	JB0477－2003	2007－6－23

续表

制造商	产品型号	节字标志认证证书号	证书失效期
	BCD－188S	JB0478－2003	
	BCD－205S	JB0479－2003	
	BCD－203Y	JB0480－2003	
	BCD－202G	JB0481－2003	
	BCD－190S	JB0482－2003	
	BCD－180S	JB0483－2003	
	BCD－170S	JB0484－2003	
合肥荣事达电冰箱有限公司	BCD－171	JB0525－2003	2007－12－29
	BCD－181	JB0526－2003	
	BCD－187	JB0527－2003	
	BCD－189	JB0528－2003	
	BCD－193	JB0529－2003	
	BCD－197	JB0530－2003	
	BCD－200	JB0531－2003	
	BCD－212	JB0532－2003	
	BCD－218	JB0533－2003	
	BCD－227	JB0534－2003	
	BCD－235	JB0535－2003	
	BCD－245	JB0536－2003	
	BCD－265	JB0537－2003	
	BCD－172A	JB0538－2003	
	BCD－180A	JB0539－2003	
	BCD－188A	JB0540－2003	
	BCD－192A	JB0541－2003	
	BCD－205	JB0542－2003	
	BCD－206	JB0451－2003	2007－3－13
	BCD－220	JB0452－2003	
	BCD－216B	JB0455－2003	
	BCD－241	JB0261－2001	2005－1－17
合肥华凌电器有限公司	BCD－112、BC－128	JB0626－2004	2008－4－6
贵州海尔电器有限公司	BCD－168K/A、BCD－188K/A、BCD－208K/A	JB0647－2004	2004－6－1
青岛澳柯玛股份有限公司	BCD－196K、BCD－216K、BCD－236K、BCD－197KD、BCD－217KD、BCD－237KD	JB0636－2004	2008－6－2

续表

制造商	产品型号	节字标志认证证书号	证书失效期
上海夏普电器有限公司	BCD－171D、BCD－171DY（B）、BCD－171DY（R）	JB0649－2004	2008－7－27
	BCD－186D、BCD－186DY（B）、BCD－186DY（R）	JB0650－2004	
	BCD－210D、BCD－201DY（B）、BCD－201DY（R）	JB0651－2004	
	BCD－216D、BCD－216DY（B）、BCD－216DY（R）	JB0652－2004	
	BCD－172B	JB0501－2003	2007－12－22
	BCD－172BYL	JB0502－2003	
	BCD－172BGM	JB0503－2003	
	BCD－187B	JB0504－2003	
	BCD－187BYL	JB0505－2003	
	BCD－187BGM	JB0506－2003	
	BCD－202B	JB0507－2003	
	BCD－202BYL	JB0508－2003	
	BCD－202BGM	JB0509－2003	
	BCD－217B	JB0510－2003	
	BCD－217BYL	JB0511－2003	
	BCD－217BGM	JB0512－2003	
	BCD－170BP	JB0513－2003	
	BCD－170BPYL	JB0514－2003	
	BCD－170BPGM	JB0515－2003	
	BCD－185BP	JB0516－2003	
	BCD－185BPYL	JB0517－2003	
	BCD－185BPGM	JB0518－2003	
	BCD－200BP	JB0519－2003	
	BCD－200BPYL	JB0520－2003	
	BCD－200BPGM	JB0521－2003	
	BCD－215BP	JB0522－2003	
	BCD－215BPYL	JB0523－2003	
	BCD－215BPGM	JB0524－2003	
	BCD－192WNP	JB0338－2001	2005－8－27
苏州三星电子有限公司	BCD－230GTN *	JB0578－2004	2008－2－3
	BCD－251GTN *	JB0579－2004	
	BCD－270GBN *	JB0580－2004	
	BCD－251GBN *	JB0581－2004	
	BCD－230GBN *	JB0582－2004	

续表

制造商	产品型号	节字标志认证证书号	证书失效期
	BCD－210GBNSS（E）	JB0583－2004	
	BCD－210GBNS（E）	JB0584－2004	
	BCD－190GBNSS（E）	JB0585－2004	
	BCD－190GBNS（E）	JB0586－2004	
	BCD－200GBNSS（E）	JB0587－2004	
	BCD－200GBNS（E）	JB0588－2004	
	BCD－202GNS（E）	JB0589－2004	
	BCD－191GNS（E）	JB0590－2004	
	BCD－290WGBN	JB0591－2004	
	BCD－246GN	JB0592－2004	
	BCD－170GN	JB0593－2004	
	BCD－182GN	JB0594－2004	
	BCD－191GN	JB0595－2004	
	BCD－201GN	JB0596－2004	
	BCD－270GTN *	JB0597－2004	
	BCD－179GBN	JB0560－2004	2008－1－18
	BCD－189GBN	JB0561－2004	
	BCD－203GBN	JB0562－2004	
	BCD－190FBNS（E）	JB0464－2003	2007－3－25
	BCD－210FBNS（E）	JB0465－2003	
	BCD－200FBNS（E）	JB0466－2003	
	BCD－191FNS（E）	JB0467－2003	
	BCD－182FN	JB0468－2003	
	BCD－191FN	JB0438－2003	2007－2－16
	BCD－170FN	JB0439－2003	
	BCD－201FN	JB0440－2003	
	BCD－230FBN *	JB0441－2003	
	BCD－251FBN *	JB0442－2003	
	BCD－270FBN *	JB0443－2003	
	BCD－230FTN *	JB0444－2003	
	BCD－251FTN *	JB0445－2003	
	BCD－270FTN *	JB0446－2003	
	BCD－202FNS	JB0431－2002	2007－1－1

续表

制　造　商	产　品　型　号	节字标志认证证书号	证书失效期
海信（北京）电器有限公司	BCD－195	JB0471－2003	2007－5－22
	BCD－195e	JB0472－2003	
	BCD－207G	JB0500－2003	2007－12－17
杭州华日电冰箱有限公司	JB0490－2003	JB0490－2003	2007－11－3
	JB0491－2003	JB0491－2003	
	JB0492－2003	JB0492－2003	
	JB0493－2003	JB0493－2003	
	JB0494－2003	JB0494－2003	
	JB0495－2003	JB0495－2003	
	JB0496－2003	JB0496－2003	
	JB0497－2003	JB0497－2003	
	JB0498－2003	JB0498－2003	
	JB0499－2003	JB0499－2003	
	BCD－203C、BCD－207C、BCD－212C、BCD－212KC、BCD－233C	JB0648－2004	2008－7－13

3．荧光灯

（1）普通照明用双端荧光灯

制　造　商	产　品　型　号	节字标志认证证书号	证书失效期
浙江阳光集团股份有限公司	YZ14RR	ZM03－0007－2003	2007－9－15
	YZ28RR	ZM03－0008－2003	
	YZ21RR	ZM03－0009－2003	
北京松下照明光源有限公司	YZ18RR	ZM03－0018－2004	2008－3－24
	YZ30RR	ZM03－0019－2004	
	YZ36RR	ZM03－0020－2004	
	YZ36RR、YZ36RZ、YZ36RL、YZ36RN	ZM03－0001－2003	2007－7－17
	YZ30RR、YZ30RZ、YZ30RN	ZM03－0002－2003	
	YZ18RR、YZ18RZ、YZ18RL、YZ18RN	ZM03－0003－2003	
南京华东电子信息科技股份有限公司	YZ18RR25	ZM03－0004－2003	2007－8－11
	YZ30RR25	ZM03－0005－2003	
	YZ36RR25	ZM03－0006－2003	

续表

制造商	产品型号	节字标志认证证书号	证书失效期
佛山电器照明股份有限公司	F14 T5/865、F14 T5/850、F14 T5/840、F14 T5/835、F14 T5/830、F14 T5/827	ZM03 - 0014 - 2004	2008 - 6 - 9
	F21 T5/865、F21 T5/850、F21 T5/840、F21 T5/835、F21 T5/830、F21 T5/827	ZM03 - 0015 - 2004	
	F28 T5/865、F28 T5/850、F28 T5/840、F28 T5/835、F28 T5/830、F28 T5/827	ZM03 - 0016 - 2004	
	F15 T8/865、F15 T8/850、F15 T8/840、F15 T8/835、F15 T8/830、F15 T8/827	ZM03 - 0010 - 2003	2007 - 11 - 24
	F18 T8/865、F18 T8/850、F18 T8/840、F18 T8/835、F18 T8/830、F18 T8/827	ZM03 - 0011 - 2003	
	F30 T8/865、F30 T8/850、F30 T8/840、F30 T8/835、F30 T8/830、F30 T8/827	ZM03 - 0012 - 2003	
	F36 T8/865、F36 T8/850、F36 T8/840、F36 T8/835、F36 T8/830、F36 T8/827	ZM03 - 0013 - 2003	
广东东松三雄照明有限公司	PAK - TLW28W（YZ28RR15）	ZM03 - 0017 - 2004	2008 - 8 - 21

（2）普通照明用自镇流荧光灯

制造商	产品型号	节字标志认证证书号	证书失效期
浙江阳光集团股份有限公司	YPZ220/18 - 3U.D15、YPZ220/18 - 3U.D20、YPZ220/18 - 3U.D23、YPZ220/18 - 3U.D63、YPZ220/18 - 3U.D72、YPZ220/18 - 3U.D77、YPZ220/18 - 3U.D76	ZM04 - 0047 - 2004	2008 - 4 - 6
	YPZ220/20 - 3U.D15、YPZ220/20 - 3U.D20、YPZ220/20 - 3U.D23、YPZ220/20 - 3U.D63、YPZ220/20 - 3U.D72、YPZ220/20 - 3U.D77、YPZ220/20 - 3U.D76	ZM04 - 0048 - 2004	
	YPZ220/25 - 3U.D15、YPZ220/25 - 3U.D20、YPZ220/25 - 3U.D23、YPZ220/25 - 3U.D63、YPZ220/25 - 3U.D72、YPZ220/25 - 3U.D77、YPZ220/25 - 3U.D76	ZM04 - 0049 - 2004	
	YPZ220/5 - 2U.D26、YPZ220/5 - 2U.D78、YPZ220/5 - 2U.D84、YPZ220/5 - 2U.D112、YPZ220/7 - 2U.D26、YPZ220/7 - 2U.D78、YPZ220/7 - 2U.D84、YPZ220/7 - 2U.D112、YPZ220/8 - 3U.D108	ZM04 - 0001 - 2003	2007 - 9 - 14

续表

制　造　商	产　品　型　号	节字标志认证证书号	证书失效期
	YPZ220/9 – 2U.D26、YPZ220/9 – 2U.D78、YPZ220/9 – 2U.D84、YPZ220/9 – 2U.D112、YPZ220/11 – 2U.D26、YPZ220/11 – 2U.D78、YPZ220/11 – 2U.D84、YPZ220/11 – 2U.D112、YPZ220/13 – S.D84、YPZ220/13 – S.D101、YPZ220/14 – 2U.D26、YPZ220/14 – 2U.D78、YPZ220/14 – 2U.D84、YPZ220/14 – 2U.D112	ZM04 – 0002 – 2003	
	YPZ220/15 – 3U.D15、YPZ220/15 – 3U.D20、YPZ220/15 – 3U.D23、YPZ220/15 – 3U.D63、YPZ220/15 – 3U.D72、YPZ220/15 – 3U.D76、YPZ220/15 – 3U.D77	ZM04 – 0003 – 2003	
北京松下照明光源有限公司	YPZ220/5 – 2U（6700K）、YPZ220/5 – 2U（2800K）、YPZ220/8 – 3U（6700K）、YPZ220/8 – 3U（2800K）、	ZM04 – 0039 – 2004	2008 – 2 – 3
	YPZ220/9 – 2U（6700K）、YPZ220/9 – 2U（2800K）、YPZ220/11 – 3U（6700K）、YPZ220/11 – 3U（2800K）、YPZ220/13 – 2U（6700K）、YPZ220/13 – 2U（2800K）、YPZ220/14 – 3U（6700K）、YPZ220/14 – 3U（2800K）	ZM04 – 0040 – 2004	
	YPZ220/18 – 3U（2800K）	ZM04 – 0041 – 2004	
北京北星光电仪器厂	YPZ220/5 – 2U.RR、YPZ220/5 – 2U.RD、YPZ220/7 – 2U.RD	ZM04 – 0013 – 2003	2007 – 11 – 17
	YPZ220/9 – 2U.RR、YPZ220/9 – 2U.RD、YPZ220/11 – 2U.RR、YPZ220/11 – 2U.RD	ZM04 – 0014 – 2003	
	YPZ220/15 – 3U.RR、YPZ220/15 – 3U.RD、YPZ220/20 – 3U.RD	ZM04 – 0015 – 2003	
广东省欧普照明有限公司	YPZ220/5 – 2US 6400K、YPZ220/5 – 2US 2700K、YPZ220/7 – 2US 6400K、YPZ220/7 – 2US 2700K、YPZ220/7 – 2U 6400K、YPZ220/7 – 2U 2700K、YPZ220/8 – 2U 6400K、YPZ220/8 – 2U 2700K	ZM04 – 0020 – 2003	2007 – 11 – 23
	YPZ220/9 – 3US 6400K、YPZ220/9 – 3US 2700K、YPZ220/11 – 3US 6400K、YPZ220/11 – 3US 2700K、YPZ220/13 – 3US 6400K、YPZ220/13 – 3US 2700K	ZM04 – 0021 – 2003	
	YPZ220/15 – 3US 6400K、YPZ220/15 – 3US 2700K、YPZ220/15 – 3U 6400K、YPZ220/15 – 3U 2700K、YPZ220/20 – 3U 6400K、YPZ220/20 – 3U 2700K、YPZ220/23 – 3US 6400K、YPZ220/20 – 2S 6400K、YPZ220/20 – 2S 2700K	ZM04 – 0022 – 2003	

续表

制 造 商	产 品 型 号	节字标志认证证书号	证书失效期
横店得邦电子有限公司	TP230 - 5UL RD	ZM04 - 0058 - 2004	2008 - 6 - 15
	TP230 - 11SL RD、TP230 - 11SL RR、TP230 - 13LS RD、TP230 - 13SL RR、TP230 - 14UL RD、TP230 - 14UL RR	ZM04 - 0059 - 2004	
	TP230 - 15MSL RD、TP230 - 15SL RD、TP230 - 18UL/3 RD、TP230 - 20SL RD	ZM04 - 0060 - 2004	
	TP230 - 25SL RD	ZM04 - 0061 - 2004	
	TP230 - 5UL RR、TP230 - 7SL RR	ZM04 - 0023 - 2003	2007 - 11 - 23
	TP230 - 9UL RR、TP230 - 9SL RR	ZM04 - 0024 - 2003	
	TP230 - 15MSL RR、TP230 - 15UL/3 RR、TP230 - 23UL/3 RR	ZM04 - 0025 - 2003	
	TP230 - 25SL RR	ZM04 - 0026 - 2003	
鹤山市明可达实业有限公司	YPZ220/5W - 2U（RR）、YPZ220/5W - 2U（RL）、YPZ220/7W - 2U（RR）、YPZ220/7W - 2U（RL）	ZM04 - 0027 - 2003	2007 - 11 - 23
	YPZ220/9W - 3U（RR）、YPZ220/9W - 3U（RL）、YPZ220/11W - 3U（RR）、YPZ220/11W - 3U（RL）、YPZ220/13W - 3U（RR）	ZM04 - 0028 - 2003	
	YPZ220/15W - 3U（RR）、YPZ220/20W - 3U（RR）	ZM04 - 0029 - 2003	
惠州雷士工业发展有限公司	YPZ220/5 - 2U（6400K）、YPZ220/5 - 2U（2700K）、YPZ220/7 - 2U（6400K）、YPZ220/7 - 2U（2700K）	ZM04 - 0050 - 2004	2008 - 4 - 7
	YPZ220/9 - 3U（6400K）、YPZ220/9 - 3U（2700K）、YPZ220/11 - 3U（6400K）、YPZ220/11 - 3U（2700K）、YPZ220/13 - 3U（6400K）、YPZ220/13 - 3U（2700K）	ZM04 - 0051 - 2004	
	YPZ220/15 - 4U（6400K）、YPZ220/15 - 4U（2700K）、YPZ220/18 - 4U（6400K）、YPZ220/18 - 4U（2700K）、YPZ220/20 - 4U（6400K）、YPZ220/23 - 4U（6400K）、YPZ220/23 - 4U（2700K）	ZM04 - 0052 - 2004	
惠州 TCL 照明电器有限公司	YPZ220/5 - 2JIRR、YPZ220/5 - 2JIRD	ZM04 - 0068 - 2004	2008 - 4 - 19
	YPZ220/9 - 2JIRR	ZM04 - 0069 - 2004	
	YPZ220/15 - 3JIRR、YPZ220/15 - 3JIRD	ZM04 - 0070 - 2004	
南海市华星光电实业有限公司	YPZ220/9 - 2U.RR、YPZ220/9 - 2U.RD、YPZ220/11 - 2U.RR、YPZ220/11 - 2U.RD	ZM04 - 0004 - 2003	2007 - 9 - 14
旭城电子（苏州）有限公司	YPZ5 - 2U（6500K）、YPZ5 - 2U（2800K）、YPZ7 - 2U（6500K）、YPZ7 - 2U（2800K）	ZM04 - 0033 - 2003	2007 - 12 - 8
	YPZ9 - 2U（6500K）、YPZ9 - 2U（2800K）、YPZ11 - 3U（6500K）、YPZ11 - 3U（2800K）、YPZ13 - 3U（2800K）、YPZ13 - 3U（2800K）	ZM04 - 0034 - 2003	
	YPZ15 - S（6500K）、YPZ15 - S（2800K）、YPZ20 - S（6500K）、YPZ20 - S（2800K）	ZM04 - 0035 - 2003	

续表

制造商	产品型号	节字标志认证证书号	证书失效期
中山市欧帝尔电器照明有限公司	YPZ220/25－0DAM 25W（3U.RR） YPZ220/25－0DBF 25W（3U.RR） YPZ220/40－0DBG 40W（4U.RR） YPZ220/40－0DBG 40W（4U.RD） YPZ220/45－0DBK 45W（螺旋 RD） YPZ220/55－0DBE 55W（4U.RR） YPZ220/55－0DBE 55W（4U.RD） YPZ220/55－0DAH 55W（螺旋 RR）	ZM04－0011－2003	2007－10－27
中山市欧帝尔电器照明有限公司	YPZ220/5－0DAA 5W（2U.RR） YPZ220/5－0DAA 5W（2U.RD） YPZ220/5－0DBA 5W（2U.RR） YPZ220/5－0DBA 5W（2U.RD） YPZ220/5－0DBB 5W（2U.RR） YPZ220/5－0DBN 5W（螺旋 RR）	ZM04－0005－2003	2007－10－19
中山市欧帝尔电器照明有限公司	YPZ220/7－0DAA 7W（2U.RR） YPZ220/7－0DAA 7W（2U.RD） YPZ220/7－0DBB 7W（2U.RR） YPZ220/7－0DBB 7W（2U.RD） YPZ220/7－0DAB 7W（3U.RR） YPZ220/7－0DAB 7W（3U.RD） YPZ220/7－0DBC 7W（3U.RR）	ZM04－0006－2003	2007－10－19
中山市欧帝尔电器照明有限公司	YPZ220/9－0DAA 9W（2U.RR） YPZ220/9－0DAA 9W（2U.RD） YPZ220/9－0DBB 9W（2U.RR） YPZ220/9－0DBB 9W（2U.RD） YPZ220/9－0DAB 9W（2U.RD） YPZ220/9－0DBC 9W（3U.RR） YPZ220/9－0DBN 9W（螺旋 RR）	ZM04－0007－2003	2007－10－19
中山市欧帝尔电器照明有限公司	YPZ220/11－0DAA 11W（2U.RD） YPZ220/11－0DBB 11W（2U.RR） YPZ220/11－0DBB 11W（2U.RD） YPZ220/11－0DBC 11W（3U.RR） YPZ220/11－0DAB 11W（3U.RR） YPZ220/11－0DAB 11W（3U.RD） YPZ220/11－0DBI 11W（螺旋 RR）	ZM04－0008－2003	2007－10－19

续表

制　造　商	产　品　型　号	节字标志认证证书号	证书失效期
	YPZ220/13－0DAA 13W（2U.RD）、 YPZ220/13－0DBB 13W（2U.RD）、 YPZ220/13－0DAB 13W（3U.RR）、 YPZ220/13－0DBC 13W（3U.RR）、 YPZ220/13－0DBC 13W（3U.RD）、 YPZ220/13－0DAF 13W（螺旋 RR）、 YPZ220/13－0DAF 13W（螺旋 RD）、 YPZ220/13－0DBN 13W（螺旋 RR）、 YPZ220/13－0DBN 13W（螺旋 RD）	ZM04－0009－2003	
	YPZ220/20－0DAM 20W（3U.RD）、 YPZ220/20－0DAC 20W（4U.RR）、 YPZ220/20－0DAG 20W（螺旋 RR）、 YPZ220/20－0DBG 20W（螺旋 RD）	ZM04－0010－2003	
	YPZ220/25－0DAM 25W（3U.RR）、 YPZ220/25－0DBF 25W（3U.RR）、 YPZ220/40－0DBG 40W（4U.RR）、 YPZ220/40－0DBG 40W（4U.RD）、 YPZ220/45－0DBK 45W（螺旋 RD）、 YPZ220/55－0DBE 55W（4U.RR）、 YPZ220/55－0DBE 55W（4U.RD）、 YPZ220/55－0DAH 55W（螺旋 RR）	ZM04－0011－2003	
厦门通士达照明有限公司	YPZ220/9－2U（T32U）RR、 YPZ220/9－2U（T32U）RD、 YPZ220/9－2U（T42U）RR、 YPZ220/9－2U（T42U）RD、 YPZ220/11－3U（T33U）RR、 YPZ220/11－3U（T33U）RD、 YPZ220/11－2U（T42U）RR、 YPZ220/11－2U（T42U）RD	ZM04－0016－2003	2007－11－20
	YPZ220/15－3U（T33U）RR、 YPZ220/15－3U（T33U）RD、 YPZ220/15－3U（T43U）RR、 YPZ220/15－3U（T43U）RD、 YPZ220/20－3U（T33U）RR、 YPZ220/20－3U（T33U）RD、 YPZ220/20－3U（T43U）RR、 YPZ220/20－3U（T43U）RD	ZM04－0017－2003	

续表

制造商	产品型号	节字标志认证证书号	证书失效期
通用电气照明有限公司	YPZ230/9 - 2U（T32U）RR、YPZ230/9 - 2U（T32U）RD、YPZ230/9 - 2U（T42U）RR、YPZ230/9 - 2U（T42U）RD、YPZ230/11 - 2U（T42U）RR、YPZ230/11 - 2U（T42U）RD	ZM04 - 0018 - 2003	2007 - 11 - 20
	YPZ230/15 - 3U（T33U）RR、YPZ230/15 - 3U（T33U）RD、YPZ230/15 - 3U（T43U）RR、YPZ230/15 - 3U（T43U）RD、YPZ230/18 - 3U（T33U）RR、YPZ230/18 - 3U（T33U）RD、YPZ230/20 - 3U（T43U）RR、YPZ230/20 - 3U（T43U）RD	ZM04 - 0019 - 2003	
中山市耐得照明有限公司	YPZ220/7 - 2U.D	ZM04 - 0042 - 2004	2008 - 2 - 26
	YPZ220/11 - 2U.D	ZM04 - 0043 - 2004	
	YPZ220/45 - 4U.D	ZM04 - 0044 - 2004	
佛山电器照明股份有限公司	YPZ220/5 - 2U.RR、YPZ220/5 - 2U.RL、YPZ220/5 - 2U.RZ、YPZ220/5 - 2U.RB、YPZ220/5 - 2U.RN、YPZ220/5 - 2U.RD	ZM04 - 0062 - 2004	2008 - 6 - 9
	YPZ220/7 - 2U.RL、YPZ220/7 - 2U.RB、YPZ220/7 - 2U.RN、YPZ220/7 - 2U.RD	ZM04 - 0063 - 2004	
	YPZ220/11 - 2U.RL、YPZ220/11 - 2U.RB、YPZ220/11 - 2U.RN、YPZ220/11 - 2U.RD	ZM04 - 0064 - 2004	
	YPZ220/13 - 2U.RL、YPZ220/13 - 2U.RB、YPZ220/13 - 2U.RN、YPZ220/13 - 2U.RD	ZM04 - 0065 - 2004	
	YPZ220/18 - 3U.RL、YPZ220/18 - 3U.RB、YPZ220/18 - 3U.RN、YPZ220/18 - 3U.RD	ZM04 - 0066 - 2004	
	YPZ220/24 - 3U.RL、YPZ220/24 - 3U.RB、YPZ220/24 - 3U.RN、YPZ220/24 - 3U.RD	ZM04 - 0067 - 2004	
	YPZ220/7 - 2U.RR、YPZ220/7 - 2U.RZ	ZM04 - 0030 - 2003	2007 - 11 - 24
	YPZ220/9 - 2U.RR、YPZ220/9 - 2U.RZ、YPZ220/9 - 2U.RL、YPZ220/9 - 2U.RB、YPZ220/9 - 2U.RN、YPZ220/9 - 2U.RD、YPZ220/11 - 2U.RR、YPZ220/11 - 2U.RZ、YPZ220/13 - 2U.RR、YPZ220/13 - 2U.RZ	ZM04 - 0031 - 2003	

续表

制造商	产品型号	节字标志认证证书号	证书失效期
	YPZ220/15－3U.RR、YPZ220/15－3U.RZ、YPZ220/15－3U.RL、YPZ220/15－3U.RB、YPZ220/15－3U.RN、YPZ220/15－3U.RD、YPZ220/18－3U.RR、YPZ220/18－3U.RZ、YPZ220/24－3U.RR、YPZ220/24－3U.RZ	ZM04－0032－2003	
常州红日电器制造有限公司	YPZ220/15－3U 15W 2700K、YPZ220/20－3U 20W 2700K、YPZ220/24－3U 24W 2700K	ZM04－0046－2004	2008－6－10
	YPZ220/9－2U 9W 2700K、YPZ220/11－2U 11W 2700K、YPZ220/13－2U 13W 2700K	ZM04－0045－2004	2008－4－20
飞利浦亚明照明有限公司	YPZ220/23－3U RR（PLEU 3U 23W CDL）YPZ220/23－3U RD（PLEU 3U 23W WW）YPZ220/11－Z RR（SLE 11W CDL）YPZ220/11－Z RD（SLE 11W WW）	ZM04－0012－2003	2007－10－27
上海绿翔照明有限公司	XS－14W 50Hz220V E27	ZM04－0057－2004	2008－6－14
上海振欣电子工程有限公司	YPZ－220/11－S.RR、YPZ－220/11－S.RD、YPZ－220/14－S.RR、YPZ－220/14－S.RD	ZM04－0055－2004	2008－6－8
	YPZ－220/18－S.RR、YPZ－220/18－S.RD、YPZ－220/22－S.RR、YPZ－220/22－S.RD	ZM04－0056－2004	
镇江强凌电子有限公司	YPZ－220/11－S.RR、YPZ－220/11－S.RD、YPZ－220/14－S.RR、YPZ－220/14－S.RD	ZM04－0053－2004	2008－6－8
	YPZ－220/18－S.RR、YPZ－220/18－S.RD、YPZ－220/22－S.RR、YPZ－220/22－S.RD	ZM04－0054－2004	
贵溪星光照明电器有限公司	YPZ220/5－2U 6400K、YPZ220/8－2U 6400K、YPZ220/11－2U 6400K、YPZ220/14－2U 6400K、YPZ220/15－3U 6400K、YPZ220/20－3U 6400K、YPZ220/24－3U 6400K	ZM04－0071－2004	2008－11－9

4．电视机

制造商	产品型号	节字标志认证证书号	证书失效期
TCL集团股份有限公司	HiD43P6、HiD52P6、HiD52P9B	JD06/0030－2004	2008－8－24
	HiD25181H、HiD29189H、HiD29276H、HiD29206H、HiD34189H、HiD34276H	JD06/0031－2004	

续表

制造商	产品型号	节字标志认证证书号	证书失效期
	HiD29A71H、HiD29A81H、HiD29158HR、HiD29A61H、HiD34A71H、HiD34A81H、HiD34A61H、HiD34158HR、HiD28A91H、HiD32A90H、HiD32A01H、HiD32A91H、HiD36A91H	JD06/0032 - 2004	
	NT25A41、NT25281C、AT25228、AT25266B、NT25A71、NT25A61、AT25211、AT29281、AT29228、AT29266B、NT29A51、AT34266B	JD06/0033 - 2004	
	HiD43P2、HiD29181R、HiD52P2、HiD43P5、HiD52P5、HiD42P1H、HiD522、HiD29181HR、HiD29158H、HiD29158R、HiD29A61、HiD34158H	JD06/0029 - 2004	2008 - 5 - 10
	HiD29158SP、HiD29181SP、HiD29181PE、HiD29181PB、HiD29276PB、HiD29181H、HiD34181H、HiD34189PB、HiD34158SP、HiD34181SP、HiD34181PB	JD06/0025 - 2003	2007 - 12 - 29
	HiD42P1、HiD55P8H、HiD432、HiD43P9、HiD52P9	JD06/0026 - 2003	
	PDP4226、PDP4228PD	JD06/0027 - 2003	
	PDP4226MFB	JD06/0028 - 2003	
	HiD4321H	JD06/0023 - 2003	2007 - 11 - 17
	HiD5221H	JD06/0024 - 2003	
	HiD29189PB	JD06/0020 - 2003	2007 - 9 - 29
	HiD29206P	JD06/0021 - 2003	
	HiD4326、HiD5226、HiD4328G、HiD5228G、HiD4328S、HiD5228S、HiD4329E、HiD5229E、HiD4332H、HiD5232H、HiD435、HiD525	JD06/0019 - 2003	2007 - 9 - 8
	AT21189	JD06/0017 - 2002	2006 - 12 - 4
	HiD432B.r	JD06/0008 - 2002	2006 - 11 - 20
	HiD435B.r	JD06/0009 - 2002	
	HiD436B.r	JD06/0010 - 2002	
	HiD438SB.r	JD06/0011 - 2002	
	HiD522B.r	JD06/0012 - 2002	
	HiD525B.r	JD06/0013 - 2002	
	HiD526B.r	JD06/0014 - 2002	
	HiD528SB.r	JD06/0015 - 2002	
	2916D	JD06/0001 - 2002	2006 - 4 - 21
	2975D	JD06/0002 - 2002	

续表

制造商	产品型号	节字标志认证证书号	证书失效期
青岛海尔电子有限公司	32F3A－N	JD06/0004－2002	2006－8－15
	37T88	JD06/0005－2002	
	34F9B－T	JD06/0003－2002	2006－4－21
四川长虹电器股份有限公司	PF2999D	JD06/0018－2003	2007－3－24
广州数码乐华科技有限公司	RPT43A8、RPT52A8	JD06/0034－2004	2008－11－01
	29A1、N25K3、N25B2、25A1、N25K1、N25K2、S29B2、S29K1、S34A1、34V1、29A1P、29V1P、34A1P、34V1P	JD06/0022－2003	2007－9－29

5. 计算机

制造商	产品型号	节字标志认证证书号	证书失效期
海成（上海）信息技术有限公司	海尔风影 H160	BG04－0001－2004	2008－10－16
	海尔风境 H101C	BG04－0002－2004	
戴尔计算机公司	OptiPlexGx270，Gx280	BG04－0003－2004	2008－10－18
	OptiPlex270，SX280	BG04－0004－2004	
	Precision360，370，450	BG04－0005－2004	
清华同方股份有限公司	超越 E200	BG04－0006－2004	2008－10－19
	超越 E350	BG04－0007－2004	
	超翔 C3500	BG04－0008－2004	

6. 打印机

制造商	产品型号	节字标志认证证书号	证书失效期
联想（北京）有限公司	LJ2500	BG01－0011－2004	2008－1－15
	LJ5500	BG01－0001－2003	2007－9－24
	LJ1700	BG01－0002－2003	
南京富士通计算机设备有限公司	DPK7600E	BG01－0003－2003	2007－9－24
	FL2200	BG01－0004－2003	
爱普生（中国）有限公司	C7000	BG01－0018－2004	2008－8－20
	LQ－1600KIIIH	BG01－0017－2004	2008－7－27
	Stylus C65	BG01－0016－2004	2008－6－6
	EPSON STYLUS PHOTO R800	BG01－0013－2004	2008－5－17

续表

制 造 商	产 品 型 号	节字标志认证证书号	证书失效期
爱普生（中国）有限公司	LQ - 305K	BG01 - 0006 - 2003	2007 - 12 - 18
	EPSON Stylus C63	BG01 - 0007 - 2003	
	LQ - 670K + T	BG01 - 0008 - 2003	
	Stylus Photo EX3	BG01 - 0009 - 2003	
	Stylus Photo 1290	BG01 - 0010 - 2003	
	LQ - 300K +	BG01 - 0005 - 2003	2007 - 9 - 26
福建实达电脑设备有限公司	BP - 690Kpro、IP - 690K、BP - 690K + 、LQ - 690K	BG01 - 0019 - 2004	2008 - 8 - 30
	BP - 650K、LQ650K、BP - 660K、IP - 660K	BG01 - 0020 - 2004	
	BP - 3000 + 、LQ - 1900K + 、LQ - 1900Kpro、BP - 690K	BG01 - 0012 - 2004	2008 - 3 - 15

二、节水产品类

1. 便器

制 造 商	产 品 型 号	节字标志认证证书号	证书失效期
佛山石湾鹰牌陶瓷有限公司	ERA = 011、ERA = 191、ERA = 151、ERA = 201、GRA = 121、GRC = 121、GRB = 301、GBD = 301	JS02 - 0001 - 2002	2006 - 11 - 25
唐山华丽陶瓷有限公司	HL16 # 、HL23 # 、HL28 # 、HL3 #	JS02 - 0004 - 2003	2007 - 5 - 26
东陶机器（北京）有限公司	CW864B、CW854RB、CW844RB、CW866B、CW867B、CW745B/SW784B、CW744B/SW784B、CW744B/SW743B	JS02 - 0002 - 2003	2007 - 3 - 27
	CW924B、CW764B/SW764B、CW794B/SW794B、CW744RB/SW743B、CW744RB/SW784B	JS02 - 0005 - 2003	
	CW836B、CW837B、CW886B、CW716B/SW716B、CW744RB/SW744B、CW745B/SW744B、CW704B/SW706RB、CW704B/SWX706RB、CW703NB/SW706RB	JS02 - 0013 - 2004	
北京东陶有限公司	CW904B、CW894B、CW804B/SW804B、	JS02 - 0003 - 2003	2007 - 3 - 27
	CW988B、CW851B/SWN851B	JS02 - 0006 - 2003	
	CW310B、CW51B/SWN851HB	JS02 - 0012 - 2004	
潮州市亚陶瓷业有限公司	YA - 3302	JS02 - 0009 - 2004	2008 - 9 - 1
潮州市澳丽泰陶瓷实业有限公司	TA - 998、TA - 2002、TA - 2081、TA - 2031、TA - 2021	JS02 - 0008 - 2004	2008 - 7 - 14
佛山市恒洁陶瓷有限公司	H - 097、H - 098	JS02 - 0007 - 2004	2008 - 6 - 29

2. 水龙头

制 造 商	产 品 型 号	节字标志认证证书号	证书失效期
深圳成霖洁具股份有限公司	GB－9835、GB－9855、GB－9858、GB－9889	JS01－0001－2002	2006－9－8
福建中宇集团有限公司	JY2002、JY2353（ZY1205）、JY0101、JY2003、JY4100	JS01－0002－2003	2007－6－17
	JY02354、JY02352、JY02352、JY02360	JS01－0009－2004	
	JY06106、JY06101、JY06102、JY06105、JY06107	JS01－0010－2004	
	JY02004	JS01－0011－2004	
	JY00702、JY00202、JY00602、JY00802、JY02001、JY01201、JY00601、JY00701、JY00801	JS01－0012－2004	
	JY00603、JY00103、JY00703、JY00803、JY01203	JS01－0013－2004	
	JY07001、JY07002	JS01－0014－2004	
福建省泉州申鹭达集团有限公司	LD－2932、LD－4829、LD－3783、LD－1761、LD－9921	JS01－0003－2003	2007－6－24
	SLD－4703、4705、4856、4857、4860、4870	JS01－0021－2004	
	SLD－4842、4830、4831、4832、4833、4834、4837、4838、4866、4867、4883、4884、4885	JS01－0022－2004	
	SLD－3966、3732、3751、3778、3779、3780、3840、3842、3955、3967、3982、3984、3985	JS01－0023－2004	
	SLD－2866、2808、2848、2849、2878、2879、2942、2955、2966、2967、2982、2984、2985、2823、2830、2838、2839、2850、2855、2867、2868、2869、2882、2883、2884、2885	JS01－0024－2004	
	SLD－3766、3738、3739、3755、3767、3768、3769、3782、3784、3785、3830、3832、3821、3822	JS01－0025－2004	
	SLD－9922、9960、9961、9970	JS01－0026－2004	
	SLD－2906、2907	JS01－0027－2004	
	SLD－5721、1531、1731、1741、1742、1751、1752、1753、1756、1757、1758、1763、1773、1774、1777、1786、1788、1711、1712、1713、1787、5711、5723	JS01－0028－2004	
	SLD－2893、2891、2892、4816、4818、4743、4741	JS01－0029－2004	
	SLD－2872、2817、2818、2844、2873	JS01－0030－2004	
	SLD－3743、3744	JS01－0031－2004	

续表

制造商	产品型号	节字标志认证证书号	证书失效期
福建辉煌水暖有限公司	1205、9952、3301	JS01－0004－2003	2007－6－29
	11101、11102、11103、11104、11105、11106	JS01－0015－2004	
	11702、11703、11704、11705、11706、11707、11708、11709	JS01－0016－2004	
	12403、12408、12409、12410、12423、12426、12428、12431、12432、12433、12434、12435	JS01－0017－2004	
	12201、12202、12203、12205、12206、12207、12208、12209、12210、12221、12222、12223、12224、12226、12227、12228、12228、12231、12231、12232、12233、12234、12235、12236	JS01－0018－2004	
	12501、12502、12512、12521、12523、12525、12526	JS01－0019－2004	
	12301、12302、12303、12305、12306、12307、12308、12309、12310、12321、12322、12323、12324、12325、12326、12327、12328、12329、12331、12332	JS01－0020－2004	
福建省九牧轻工集团有限公司	5103	JS01－0005－2004	2008－9－2
	7301－220	JS01－0006－2004	
	3225－004	JS01－0007－2004	
	529－004	JS01－0008－2004	

关于对中央国家机关政府采购中心进行监督考核的通知

（2004年1月20日　财政部　财办库［2004］15号）

中央国家机关政府采购中心：

为了搞好年度集中采购机构考核工作，提高集中采购管理水平，依据《政府采购法》和《集中采购监督考核管理办法》的有关规定，现将我司对你中心2003年工作进行监督考核的有关事项通知如下：

一、考核内容

今年是第一次考核，考核主要以总结工作、查找问题、制定措施、推动今年工作为目的，重点考核政府集中采购工作执行情况，工作中存在的问题及措施建议。执行情况包括：

1. 采购目录执行情况，包括具体采购的项目、数额及单位；

2. 采购集中采购目录以外的情况，包括具体采购项目、数额及单位；

3. 招标文件、采购方式、信息管理按规定执行情况。

二、考核方式

请你中心按照要求，先在内部总结的基础上，写出自查报告。国库司组成考核小组，以听取汇报和交流情况的方式进行考核。

三、考核时间

本次考核定于 2004 年 2 月 6 日（星期五）上午进行。

请依照“客观严谨、实事求是”的原则，按通知要求作好总结工作，并整理好有关文件、资料备查。

特此通知。

关于印发《2004 年政府采购工作要点》的通知

（2004 年 3 月 1 日　财政部　财办库［2004］22 号）

各省、自治区、直辖市、计划单列市财政厅（局）、新疆生产建设兵团财务局；国务院各部委、各直属机构办公厅（室），党中央有关部门办公厅（室）：

为了深入贯彻《政府采购法》，认真落实 2003 年全国财政工作会议精神，现将《2004 年政府采购工作要点》印发给你们，请结合本地区、本部门具体情况，积极开展政府采购工作。

附件：2004 年政府采购工作要点

附件：

2004 年政府采购工作要点

2004 年要继续深入学习党的十六大精神，以“三个代表”重要思想为指针，认真贯彻《政府采购法》的各项规定和全国财政工作会议精神，巩固和发展已取得的改革成果，全面推进政府采购制度改革工作。

一、工作思路

今年要按照“突出重点、循序渐进、协调发展”的思路，切实解决改革中面临的主要问题，夯实改革基础，稳步实现政府采购制度改革目标。在此基础上，着重做好“上规模、建机制、抓规范”，要创新采购形式，促进规模的扩大；要完善工作职责与机制，推进管理体制的建设；要通过信息公开透明，逐步促进规范化管理；要加大处罚力度，健全监督管理体制。

二、采取有效措施全面推进政府采购制度改革

（一）努力扩大政府采购规模。2004 年全国政府采购规模目标为 2 000 亿元。为完成这一目标，要抓好以下工作：一是在方式上要积极实行既规范又有利于操作的采购形式，在大力推行政府采购协议供货办法的基础上，探索和创新其他有利于采购规模扩大的措施办法。二是在范围上要加强与工程管理部门的协调配合，努力扩大工程实行政府采购的范围。要从不实行招标的工程项目入手，对实行招标的工程项目，在不改变现行工程招标管理方式和程序的基础上，从落实政府采购管理要求出发，制定便于操作的管理模式和办法。三是在深度上，要把已纳入政府采购管理范围的项目全部实现依法采购。四是要加强对分散采购的管理，制定相关措施和办法。

（二）完善管理与执行职责，建立相互协调的管理体制。建立管理职责与执行职责分离的政府采购管理体制是法律规定，也是政府采购改革需要。为此，2004 年要进一步督促推进省级、地级的政府采购管理机构与执行机构完成分离工作。要按照法律规定和有关要求科学合理地界定监督管理机构、集中采购机构和采购人三者之间的职责，建立职责定位准确、分工细致明确、程序清晰合理和协调配合有序的管理体制。

（三）以采购信息公开透明为突破口，促进规范化管理。采购信息公开透明是政府采购规范化管理的基础和起点，今年要把信息化管理作为重点抓好：一是监督管理机构要加强指定媒体的管理，明确责任，处理好与其他非指定媒体的合作关系；二是要制定具体的信息管理实施办法，明确信息公开的范围和层次；三是要加大通过指定媒体披露信息的数量，同时对违反各项规定的行为进行处理。

（四）继续做好整章建制工作，完善政府采购规章制度体系。根据政府采购制度改革工作的需要，按照政府采购法规定，2004 年要进一步完善政府采购规章制度。认真做好政府采购法实施条例起草工作，力争在上半年报国务院。研究制定政府采购非招标采购方式管理办法、政府采购管理与执行协调工作机制规定、政府采购供应商处罚管理办法、政府采购行为规则、分散采购管理办法和政府采购协议供货管理办法等制度规定，同时要做好政府采购合同范本编制工作。

（五）以落实政策规定为契机，逐步发挥政府采购制度政策功能。要充分发挥政府采购政策在社会经济中的作用。2004 年拟出台《软件政府采购办法》，以软件行业为突破口，实施购买国产品的政策功能。同时，会同有关部门开展制定政府采购货物、工程和服务的国货认定标准，为采购活动提供依据。各地区可以此为契机，根据地方实际制定措施，以发挥政府采购在社会经济中的政策功能。

三、认真做好各项工作，继续实施规范化管理

（一）完善政府采购程序，提高采购效率。要进一步强化政府采购规则意识，采购程序既要科学、详细、严密，又要使操作便捷有效。要扩大采购资金直接支付的范围和规模，促进政府采购制度改革。

（二）做好政府采购评审专家管理工作。按照财政部和监察部下发的《政府采购评审

专家管理办法》规定，建立政府采购评审专家库，为各个使用方面提供好服务平台，为建立科学的政府采购评审专家管理机制创造条件。

（三）加大处罚力度，健全监督检查机制。一是要把处理违规行为的工作贯彻到日常管理工作中，通过对违规行为的处罚，促进规范化管理。二是组织一次政府采购法贯彻实施情况专项检查，重点检查采购机构设置及采购方式执行情况。

（四）逐步建立集中采购机构考核体制。要按照财政部和监察部下发的《集中采购机构监督考核管理办法》规定，从计划上、内容上、程序上做好对集中采购机构的工作考核，确保集中采购工作规范有序。

（五）加强业务培训，努力建设高素质的政府采购干部队伍。要将培训重点由中央各部门和省级扩大到地县和所属单位一级。培训对象要从财政系统扩展到政府采购当事人，尤其是采购部门和政府集中采购机构。要通过培训增加各部门和社会对政府采购制度改革的理解和支持，提高管理机构人员政策水平和集中采购执行人员的专业能力。

（六）加强对政府采购的宣传力度。要加强对指定媒体的管理，明确宣传政策和工作规程，扎实做好基础工作。要通过各种途径和形式宣传政府采购法和政策规定。

（七）组织召开全国政府采购工作会议。总结政府采购法实施一年来的经验、问题，确定深化改革的思路和方向，提出近期工作任务。

四、加强调查研究，解决改革中的实际问题

（一）加强有关政府采购政策制度的研究。要认真研究发挥政府采购政策功能调控经济的作用及措施，以及如何通过政府采购制度支持中小企业发展等问题，促进政府采购政策的落实。

（二）加大对 WTO 规则的研究力度，为加入《政府采购协议》作好准备。我们将充分研究国际规则和国内实际情况，提出我国加入 WTO《政府采购协议》对策，为谈判工作做好充分准备。

（三）开展国货认定标准研究制定工作。制定国货认定标准政策性强，技术复杂。根据国务院指示，今年要组织有关部门启动国货认定标准研究工作，并初步提出方案报告。

（四）继续加强对县一级采购管理模式的调查研究，提出县一级政府采购管理模式。

五、工作要求

（一）转变职能，树立政府采购管理部门和执行机构的新形象。各级财政部门要在制定规章制度、建立采购规程、监督处罚上下功夫，并注意通过制度和机制管理政府采购制度改革。集中采购机构要重点抓好集中采购目录的执行、采购具体操作程序的完善和内部监督管理制度，提高职业素质和专业技术。各采购人要认真执行各项规章制度，提高依法采购的自觉性。

（二）毫不动摇地树立服务意识、全局意识，为改革大局服务。在政府采购工作中，既要坚持原则，又要有良好的服务意识和工作态度。管理部门、集中采购机构和采购人要相互配合、协调工作，形成一种好的作风和氛围，确保政府采购制度改革工作健康发展。

（三）树立效率意识。工作中，要处理好管理和效率的关系，简化审批程序，提高办事效率，减少不必要的采购时间。在保证采购效率的同时，逐步提高管理水平。

（四）加强调查研究，积极探索新模式。各级财政部门要深入实际，了解情况，听取意见和建议，为制定政策和加强管理提供依据。要及时发现各种新情况、新问题、新经验和新办法，积极探索政府采购改革的新模式，并着力解决当前政府采购工作中存在的一些突出矛盾和问题。

关于征集中央单位政府采购评审专家资料的通知

（2004 年 3 月 24 日　财政部　财办库［2004］35 号）

中央国家机关政府采购中心，中直机关集中采购办公室，各政府采购业务代理机构：

为了建立中央单位政府采购评审专家库，加强专家聘用管理，规范中央单位抽取评审专家的行为，根据《政府采购法》和《政府采购评审专家管理办法》的有关规定，财政部将统一建立中央单位政府采购评审专家库。为此，请按以下要求将在本机构登记的专家资料报送财政部国库司。

一、所报专家必须具备《政府采购评审专家管理办法》第八、第九条的规定。

二、通知现有专家填写《中央单位政府采购评审专家注册表》（附件一）一份，并提供毕业证书、学位证书、身份证、工作证复印件各一份。

三、于 2004 年 4 月 30 日前将符合条件的专家资料报送财政部国库司，并统一在中国政府采购网（www.ccgp.gov.cn）上登记注册本机构专家，登录该网进行专家注册的用户名口令，国库司将另行告知。

联系人：财政部国库司　薛　冰　010—68552266

中国政府采购网　刘晓东　010—63819309

张　涛　010—63819298

010—63819289（Fax）

附件：1. 中央单位政府采购评审专家注册表

2.《中央单位政府采购评审专家注册表》填报说明

3. 政府采购品目分类表

4. 专业分类表

附件 1：

中央单位政府采购评审专家注册表

<table>
<tr><td>姓名</td><td></td><td colspan="2">性别</td><td></td><td>出生日期</td><td colspan="2"></td><td rowspan="4">照片</td></tr>
<tr><td>身份证号</td><td colspan="4"></td><td>政治面貌</td><td colspan="2"></td></tr>
<tr><td>手机号码</td><td colspan="4"></td><td>最高学历</td><td colspan="2"></td></tr>
<tr><td>毕业院校</td><td colspan="4"></td><td>毕业时间</td><td colspan="2"></td></tr>
<tr><td>工作单位</td><td colspan="2"></td><td colspan="2">现任职务</td><td></td><td colspan="2">职称</td><td></td></tr>
<tr><td>办公电话</td><td colspan="2"></td><td colspan="2">电子邮箱</td><td colspan="4"></td></tr>
<tr><td>所学专业</td><td colspan="8"></td></tr>
<tr><td>现从事专业</td><td colspan="8"></td></tr>
<tr><td>主要评标专业</td><td colspan="8"></td></tr>
<tr><td>其他评标专业</td><td colspan="8"></td></tr>
<tr><td>所在地区</td><td colspan="8">省　　　市　　　县</td></tr>
<tr><td>通信地址</td><td colspan="5"></td><td>邮编</td><td colspan="2"></td></tr>
<tr><td>拟评标区域</td><td colspan="8"></td></tr>
<tr><td>专家类别</td><td colspan="8">（　）经济类　　（　）技术类　　（　）法律类</td></tr>
<tr><td>专业工作经历</td><td colspan="8"></td></tr>
<tr><td>负责或评审过的重大项目</td><td colspan="8"></td></tr>
<tr><td>本人签名</td><td colspan="8">年　月　日</td></tr>
</table>

附件 2：

《中央单位政府采购评审专家注册表》填报说明

一、填报要求：

1. 申请表各项内容，均要如实填写，表达要明确，字迹要清晰。

2. 请用蓝、黑钢笔或签字笔详细、准确地逐项填写。请勿空项，没有填“无”。

二、填报事项：

1. 专家姓名、性别、出生日期、政治面貌、最高学历、身份证号码、工作单位、现任职务、职称、办公电话、电子邮箱、手机号码、所在地区、通信地址、邮政编码等个人基本信息必须如实填写。

2. 毕业院校：是指最高学历毕业院校。

3. 毕业时间：是指最高学历毕业时间。

4. 所学专业：是指最高学历毕业院校主修专业。

在具体填写时，要依据“专业分类表”，查找所属专业及相对应的专业编号，从专业大类开始填写，中间以分号隔开。例如：国际政治专业，根据“专业分类表”，其编号应为“030402”，则具体填报方式为：法学（03）；政治学类（0304）；国际政治（030402）。

5. 现从事专业：是指现在所从事的专业，填报方式同“所学专业”。

6. 评标区域：是指除在北京外能参加评标的其他区域。该栏不同于“所在地区”一栏，“所在地区”要求填写的是工作所在地。

7. 主要评标专业：是指有能力承担的评标领域。要根据“政府采购品目表，按照“所学专业”的填报方式填写。

8. 其他评标专业：是指除所从事的主要评标专业以外的其他专业（可填多个）。填报方法同“主要评标专业”。

9. 专家类别：有三个选项可供选择，请在选择的类别前的括号内打“√”，只能选择一项。

根据“主要评标专业”来划分。

对该评标专业的市场行情、使用情况等非常了解的，请选择经济类；

对该评标专业的技术知识等非常精通的，请选择技术类；

对该评标专业的相关法律法规等熟悉的，请选择法律类。

10. 专业工作经历：工作经历简介。

11. 负责或评审过的重大项目：列举出过去参与的重大评标项目。

三、其他要求：

1. 一张一寸彩色免冠照片贴于表中“照片”处。
2. 确认报表各项内容填写准确无误后，申请人本人在右下角签字。

附件3:

政府采购品目分类表

序号	品目名称	备注
A	**货　物　类**	
A01	土地	
A02	建筑物	
A0201	办公用房	
A0202	宿舍用房	
A0299	其他建筑物	
A03	一般设备	
A0301	电器设备	
A030101	电视机	
A030102	电冰箱	
A030103	洗衣机	
A030104	吸尘器	
A030105	摄影、摄像器材	
A030106	空气调节设备	包括除湿设备
A030199	其他电器设备	
A0302	办公自动化设备	
A030201	计算机	

续表

序号	品目名称	备注
A030202	打印机	
A030203	电话机	
A030204	传真机	
A030205	复印机	
A030206	速印机	
A030207	碎纸机	
A030208	投影仪	
A030209	扫描仪	
A030299	其他办公自动化设备	
A0303	家具	
A030301	办公家具	
A030302	宿舍家具	
A030399	其他家具	
A04	办公消耗用品	
A0401	纸张	
A0402	信封	
A0403	档案夹	
A0404	软盘	
A0405	可写光盘	
A0406	硒鼓	
A0407	墨盒、墨粉	
A0408	色带	
A0499	其他消耗用品	
A05	建筑、装饰材料	
A0501	水泥	
A0502	木材	
A0503	板材	
A0504	金属材料	
A0505	瓷砖	
A0506	清洁用具	
A0507	玻璃	
A0508	油漆	
A0599	其他建筑、装饰材料	
A06	物资	
A0601	救灾物资	

续表

序号	品目名称	备注
A0602	防汛物资	
A0603	抗旱物资	
A0604	农用物资	
A0605	储备物资	包括粮食、糖、棉花等
A0606	燃料	
A0699	其他物资	
A07	专用材料	
A0701	药品及医疗耗材	
A0702	兽医用品	
A0703	图书资料	
A0704	实验室用品及小型设备	
A0705	胶片胶卷、录音录像带	
A0706	工具和仪器	指仪表、乐器等
A0707	艺术部门用材料和用品	放映演出用服装、道具等
A0708	军装、制服及劳保用品	
A0799	其他专用材料	
A10	专用设备	
A1001	通信设备	
A100101	移动通信设备	
A100102	电话通信设备	
A100199	其他通信设备	
A1002	印刷设备	
A1003	照排设备	
A1004	网络设备	
A100401	服务器	
A100402	路由器	
A100403	交换机	
A100404	调制解调器	
A100499	其他网络设备	
A1005	发电设备	
A1006	医疗设备、器械	
A1007	计划生育设备	
A1008	交通管理监控设备	
A1009	港口设备	
A1010	农用机械设备	

续表

序号	品目名称	备注
A1011	工程机械	
A1012	园艺机械	
A1013	消防设备	
A1014	道路清扫设备	
A1015	警用设备和用品	
A1016	保安设备	
A1017	军用设备和用品	
A1018	档案、保密设备	
A1019	教学设备	
A1020	实验室设备	
A1021	广播电视、影像设备	
A1022	灯光、音响设备	
A1023	文艺设备	
A1024	体育设备	
A1025	地震设备	
A1026	殡仪火化设备	
A1027	电梯和起重机	
A1028	炊事设备	
A1029	锅炉	
A1099	其他专用设备	
A11	交通工具	
A1101	汽车	
A110101	轿车	
A11010101	普通轿车	
A11010102	高级轿车	
A110102	越野汽车（吉普车）	
A110103	卡车	
A110104	载客汽车	
A11010402	旅行面包车	
A11010403	公共汽车	
A11010404	微型客车	
A11010499	其他载客汽车	
A110105	专用汽车	
A11010501	工程汽车	
A11010502	工具汽车	

续表

序号	品目名称	备注
A11010503	消防车	
A11010504	警车	
A11010505	救护车	
A11010506	通讯和广播用车	
A11010507	皮卡	
A11010508	洒水车	
A11010509	道路清扫车	
A11010510	垃圾车	
A11010599	其他专用汽车	
A110106	摩托车	
A110107	电车	
A1102	船只	
A1103	飞机	
A1199	其他交通工具	
A99	其他货物	
B	工　程　类	
B01	建筑物	
B0101	公用房建设	
B0102	住房建设	
B0103	其他用房建设	
B0104	文教、卫生、音乐、体育等公益设施建设	
B0105	纪念性建筑设施建设	
B0199	其他建筑设施建设	
B02	市政建设工程	
B0201	市政道路建设	
B0202	市政公用设施建设	
B0203	自来水输水工程	
B0204	集中供暖、供热、供气工程	
B03	环保、绿化工程	
B0301	污水处理	
B0302	市政垃圾处理	
B0303	园林绿化工程	
B0304	荒山绿化	
B0305	天然林保护	
B0306	防沙工程	

续表

序号	品目名称	备注
B04	水利、防洪工程	
B0401	河道疏浚工程	
B0402	大坝、水库、闸门、泄洪工程	
B0403	农田水利工程	
B0404	江河、湖泊治理工程	
B05	交通运输工程	
B0501	机场、航空工程	
B0502	港口工程	
B0503	铁路工程	
B0504	公路、桥梁、涵洞	
B06	油气工程	
B07	电力工程	
B08	电信工程	
B09	修缮、装饰工程	
B10	系统集成、网络工程	
B99	其他种类工程	
C	服　务　类	
C01	印刷、出版	
C02	专业咨询、工程监理、工程设计	
C03	信息技术、信息管理软件的开发设计	
C04	维修	
C0401	一般设备	
C0402	专用设备	
C0403	建筑物	
C0499	其他维修	
C05	保险	
C06	租赁	
C0601	办公用房	
C0602	宿舍用房	
C0603	仓库	
C0604	设备和机械	
C0699	其他租赁	
C0703	交通工具的维护保障	
C070301	车辆保险	

续表

序号	品目名称	备注
C070302	车辆加油	
C070303	车辆维修	
C08	会议	
C0801	大型会议	包括全国或区域党代会、人代会、政协会等大型会议
C0802	一般会议	包括各种会议，如研讨会、表彰会等
C09	培训	
C0901	国内培训	
C0902	国外培训	
C10	物业管理	
C99	其他服务	

附件4:

专业分类表

编　号	名　　称
01	哲学
0101	**哲　学　类**
010101	哲学
010102	逻辑学
010103	宗教学
02	经济学
0201	经济学类
020101	经济学
020102	国际经济与贸易
020103	财政学
020104	金融学
03	法学
0301	**法　学　类**
030101	法学
0302	马克思主义理论类
030201	科学社会主义与国际共产主义运动
030202	中国革命史与中国共产党党史
0303	社会学类

续表

编　号	名　称
030301	社会学
030302	社会工作
0304	政治学类
030401	政治学与行政学
030402	国际政治
030403	外交学
030404	思想政治教育
0305	公安学类
030501	治安学
030502	侦查学
030503	边防管理
04	教育学
0401	**教育学类**
040101	教育学
040102	学前教育
040103	特殊教育
040104	教育技术学
0402	**体育学类**
040201	体育教育
040202	运动训练
040203	社会体育
040204	运动人体科学
040205	民族传统体育
05	文学
0501	**中国语言文学类**
050101	汉语言文学
050102	汉语言
050103	对外汉语
050104	中国少数民族语言文学
050105	古典文献
0502	**外国语言文学类**
050201	英语
050202	俄语
050203	德语
050204	法语

续表

编　　号	名　　称
050205	西班牙语
050206	阿拉伯语
050207	日语
050208	波斯语
050209	朝鲜语
050210	菲律宾语
050211	梵语巴利语
050212	印度尼西亚语
050213	印地语
050214	柬埔寨语
050215	老挝语
050216	缅甸语
050217	马来语
050218	蒙古语
050219	僧加罗语
050220	泰语
050221	乌尔都语
050222	希伯莱语
050223	越南语
050224	豪萨语
050225	斯瓦希里语
050226	阿尔巴尼亚语
050227	保加利亚语
050228	波兰语
050229	捷克语
050230	罗马尼亚语
050231	葡萄牙语
050232	瑞典语
050233	塞尔维亚—克罗地亚语
050234	土耳其语
050235	希腊语
050236	匈牙利语
050237	意大利语
0503	**新闻传播学类**
050301	新闻学

续表

编号	名称
050302	广播电视新闻学
050303	广告学
050304	编辑出版学
0504	艺术类
050401	音乐学
050402	作曲与作曲技术理论
050403	音乐表演
050404	绘画
050405	雕塑
050406	美术学
050407	艺术设计学
050408	艺术设计
050409	舞蹈学
050410	舞蹈编导
050411	戏剧学
050412	表演
050413	导演
050414	戏剧影视文学
050415	戏剧影视美术设计
050416	摄影
050417	录音艺术
050418	动画
050419	播音与主持艺术
050420	广播电视编导
06	历史学
0601	历史学类
060101	历史学
060102	世界历史
060103	考古学
060104	博物馆学
060105	民族学
07	理学
0701	数学类
070101	数学与应用数学
070102	信息与计算科学

续表

编　　号	名　　称
0702	物理学类
070201	物理学
070202	应用物理学
0703	**化　学　类**
070301	化学
070302	应用化学
0704	生物科学类
070401	生物科学
070402	生物技术
0705	**天文学类**
070501	天文学
0706	**地质学类**
070601	地质学
070602	地球化学
0707	地理科学类
070701	地理科学
070702	资源环境与城乡规划管理
070703	地理信息系统
0708	**地球物理学类**
070801	地球物理学
0709	**大气科学类**
070901	大气科学
070902	应用气象学
0710	**海洋科学类**
071001	海洋科学
071002	海洋技术
0711	**力　学　类**
071101	理论与应用力学
0712	电子信息科学类
071201	电子信息科学与技术
071202	微电子学
071203	光信息科学与技术
0713	**材料科学类**
071301	材料物理
071302	材料化学

续表

编　号	名　称
0714	环境科学类
071401	环境科学
071402	生态学
0715	心理学类
071501	心理学
071502	应用心理学
0716	统计学类
071601	统计学
08	工学
0801	地矿类
080101	采矿工程
080102	石油工程
080103	矿物加工工程
080104	勘查技术与工程
080105	资源勘查工程
0802	材料类
080201	冶金工程
080202	金属材料工程
080203	无机非金属材料工程
080204	高分子材料与工程
0803	机械类
080301	机械设计制造及其自动化
080302	材料成型及控制工程
080303	工业设计
080304	过程装备与控制工程
0804	仪器仪表类
080401	测控技术与仪器
0805	能源动力类
080501	热能与动力工程
080502	核工程与核技术
0806	电气信息类
080601	电气工程及其自动化
080602	自动化
080603	电子信息工程
080604	通信工程

续表

编　　号	名　　称
080605	计算机科学与技术
080606	电子科学与技术
080607	生物医学工程
0807	土　建　类
080701	建筑学
080702	城市规划
080703	土木工程
080704	建筑环境与设备工程
080705	给水排水工程
0808	水　利　类
080801	水利水电工程
080802	水文与水资源工程
080803	港口航道与海岸工程
0809	测　绘　类
080901	测绘工程
0810	环境与安全类
081001	环境工程
081002	安全工程
0811	化工与制药类
081101	化学工程与工艺
081102	制药工程
0812	交通运输类
081201	交通运输
081202	交通工程
081203	油气储运工程
081204	飞行技术
081205	航海技术
081206	轮机工程
0813	海洋工程类
081301	船舶与海洋工程
0814	轻工纺织食品类
081401	食品科学与工程
081402	轻化工程
081403	包装工程
081404	印刷工程

续表

编　　号	名　　称
081405	纺织工程
081406	服装设计与工程
0815	航空航天类
081501	飞行器设计与工程
081502	飞行器动力工程
081503	飞行器制造工程
081504	飞行器环境与生命保障工程
0816	武　器　类
081601	武器系统与发射工程
081602	探测制导与控制技术
081603	弹药工程与爆炸技术
081604	特种能源工程与烟火技术
081605	地面武器机动工程
081606	信息对抗技术
0817	工程力学类
081701	工程力学
0818	生物工程类
081801	生物工程
0819	农业工程类
081901	农业机械化及其自动化
081902	农业电气化与自动化
081903	农业建筑环境与能源工程
081904	农业水利工程
0820	林业工程类
082001	森林工程
082002	木材科学与工程
082003	林产化工
0821	公安技术类
082101	刑事科学技术
082102	消防工程
09	农学
0901	植物生产类
090101	农学
090102	园艺
090103	植物保护

续表

编　号	名　称
090104	茶学
0902	**草业科学类**
090201	草业科学
0903	**森林资源类**
090301	林学
090302	森林资源保护与游憩
090303	野生动物与自然保护区管理
0904	**环境生态类**
090401	园林
090402	水土保持与荒漠化防治
090403	农业资源与环境
0905	**动物生产类**
090501	动物科学
090502	蚕学
0906	**动物医学类**
090601	动物医学
0907	**水　产　类**
090701	水产养殖学
090702	海洋渔业科学与技术
10	医学
1001	**基础医学类**
100101	基础医学
1002	**预防医学类**
100201	预防医学
1003	**临床医学与医学技术类**
100301	临床医学
100302	麻醉学
100303	医学影像学
100304	医学检验
1004	**口腔医学类**
100401	口腔医学
1005	**中医学类**
100501	中医学
100502	针灸推拿学
100503	蒙医学

续表

编　号	名　称
100504	藏医学
1006	法医学类
100601	法医学
1007	护理学类
100701	护理学
1008	药　学　类
100801	药学
100802	中药学
100803	药物制剂
11	管理学
1101	管理科学与工程类
110101	管理科学
110102	信息管理与信息系统
110103	工业工程
110104	工程管理
1102	工商管理类
110201	工商管理
110202	市场营销
110203	会计学
110204	财务管理
110205	人力资源管理
110206	旅游管理
1103	公共管理类
110301	行政管理
110302	公共事业管理
110303	劳动与社会保障
110304	土地资源管理
1104	农业经济管理类
110401	农林经济管理
110402	农村区域发展
1105	图书档案学类
110501	图书馆学
110502	档案学

关于2003年地方政府采购信息统计工作情况的通报

（2004年8月30日　财政部　财办库［2004］69号）

各省、自治区、直辖市、计划单列市财政厅（局）：

2003年全国政府采购信息统计工作已经完成。根据各地区上报的2003年政府采购信息统计报表及分析报告，综合考虑统计基础工作、报送时间、报表质量、分析报告质量等因素，经考评，对以下地区进行表扬：

天津市、河北省、内蒙古自治区、黑龙江省、上海市、浙江省、宁波市、安徽省、河南省、湖北省、湖南省、广东省、深圳市、广西壮族自治区、重庆市、陕西省、新疆维吾尔自治区。

关于2003年中央单位政府采购信息统计工作情况的通报

（2004年8月30日　财政部　财办库［2004］70号）

党中央有关部门办公厅（室），国务院各部委、各直属机构办公厅（室），中央国家机关采购中心，全国人大常委会办公厅机关事务管理局，全国政协办公厅秘书局，高法院、高检院、各人民团体办公厅（室），新疆生产建设兵团财务局：

2003年全国政府采购信息统计工作已经完成。根据各中央单位上报的2003年政府采购信息统计报表及分析报告，综合考虑统计基础工作、报送时间、报表质量、分析报告质量等因素，经考评，对以下单位进行表扬：

国务院办公厅行政司、外交部财务司、国土资源部财务司、国家税务总局办公厅、国家广播电影电视总局计划财务司、中央国家机关政府采购中心、新华通讯社计划财务管理局、中国科学院综合计划局、国家测绘局财务司、全国人大常委会办公厅机关事务管理局、新疆生产建设兵团财务局。

关于召开 2004 年政府采购工作会议的通知

（2004 年 10 月 18 日　财政部　财办库［2004］78 号）

各省、自治区、直辖市、计划单列市财政厅（局）：

为了进一步推动政府采购制度改革工作，明确工作思路和改革目标，经研究，定于 12 月初召开 2004 年政府采购工作会议。现将有关事项通知如下：

一、会议内容

总结交流《政府采购法》实施以来政府采购改革工作经验；研究下一阶段政府采购制度改革目标；讨论 2005 年政府采购工作思路目标和有关改革问题；提出下一步工作要求；现场观摩政府采购成果。

二、参加人员

各省、自治区、直辖市及计划单列市财政厅（局）的政府采购处（办）负责人 1 人，集中采购机构负责人 1 人（注：各地区集中采购机构负责人参会事宜由各地区政府采购处负责通知）。

三、会议时间为 2 天，会议地点为河南省郑州市。

会议日程另行通知。

关于中央单位政府采购评审专家库管理使用有关问题的通知

（2004 年 10 月 27 日　财政部　财办库［2004］80 号）

党中央有关部门办公厅（室），国务院各部委、各直属机构办公厅（室），全国政协办公厅秘书局，全国人大常委会办公厅联络局，高法院、高检院、有关人民团体办公厅（室），新疆生产建设兵团财务局，中央国家机关政府采购中心，中直机关集中采购办公室：

根据财政部、监察部印发的《政府采购

评审专家管理办法》（财库［2003］119号）和财政部印发的《中央单位政府采购管理实施办法》（财库［2004］104号）有关规定，财政部建立了“中央单位政府采购评审专家库”（以下简称专家库），并定于2004年12月1日正式启用。现将有关事项通知如下：

一、专家库采用管用分离的原则。财政部负责专家库的建设和管理，为各采购单位、政府集中采购机构和其他采购代理机构提供专家资源平台。各采购单位、政府集中采购机构和其他采购代理机构负责专家的具体抽取工作。财政部国库司委托中国政府采购网站（www.ccgp.gov.cn）对专家库进行建设维护。

二、中央单位（包括一级预算单位、二级预算单位和基层预算单位）的政府采购项目（含政府集中采购、部门集中采购和分散采购）所需评审专家，都应当从专家库抽取。中央一级预算单位、中央政府集中采购机构从2004年开始执行本通知规定。中央二级预算单位和基层预算单位从2006年开始执行本通知规定。

三、评审专家原则上由各采购单位负责抽取。经各采购单位委托，由政府集中采购机构或者其他采购代理机构组织的采购项目，分别由政府集中采购机构和其他采购代理机构负责抽取评审专家。

四、评审专家必须在开标前或竞争性谈判、询价开始前两个工作日内抽取。

五、评审专家抽取采用网上远端抽取方式，需要抽取评审专家的单位，直接登录中国政府采购网“评审专家库”专栏进行专家抽取工作。抽取流程参照“中央单位政府采购评审专家抽取流程”（见附件）。

六、每个采购项目有三次专家抽取机会，第三次抽取后仍不能确认足够数量的专家参加评审活动的，应当报财政部国库司核实后，增加一次抽取机会。在联系确认专家时，采购单位、政府集中采购机构和其他代理机构不得故意向待确认专家抬高评标难度，造成无人能评的情况。如果出现以上情况，经查实，财政部将对责任单位给予处罚。

七、专家库中没有采购单位所需专家时，或者专家数量达不到采购人所需数量时，经财政部国库司核实后，所需专家或者不足部分可以由采购单位、政府集中采购机构或者其他采购代理机构按照《政府采购评审专家管理办法》和《中央单位政府采购管理实施办法》的要求自行选择专家，但应当将参加该项目评审活动的专家名单报财政部国库司。财政部国库司审核后将合格的专家添入专家库。

八、采购单位、政府集中采购机构和其他采购代理机构应当按要求从专家库中抽取专家。

采购单位、政府集中采购机构未按本通知规定从专家库抽取专家，被发现3次以上，给予警告或通报批评，并在政府采购指定媒体予以公告。

其他采购代理机构未按本通知规定从专家库中抽取专家，被发现3次以上，停止政府采购业务代理资格。

九、采购单位、政府集中采购机构和其他采购代理机构应当建立评审专家抽取监督机制，做好保密工作。负责抽取专家的有关人员对被抽取专家的姓名和联系方式等内容负责。专家抽取过程中，如果出现专家信息泄露等问题由抽取单位自行负责。

十、如果所抽取专家在评标过程中有违规行为，采购当事人可以向财政部国库司举报，财政部国库司将根据《政府采购评审专家管理办法》对违规专家进行处罚。

十一、2004年12月1日到2005年6月1日为专家库试运行期，期间遇到的问题可以向财政部国库司和中国政府采购网反映。

联系人：财政部国库司　李承双　010—68552269

薛　冰　010—68552235

中国政府采购网　张涛　010—63819308

010—63819289（Fax）

附件：中央单位政府采购评审专家抽取流程

附件：

中央单位政府采购评审专家抽取流程

一、流程图

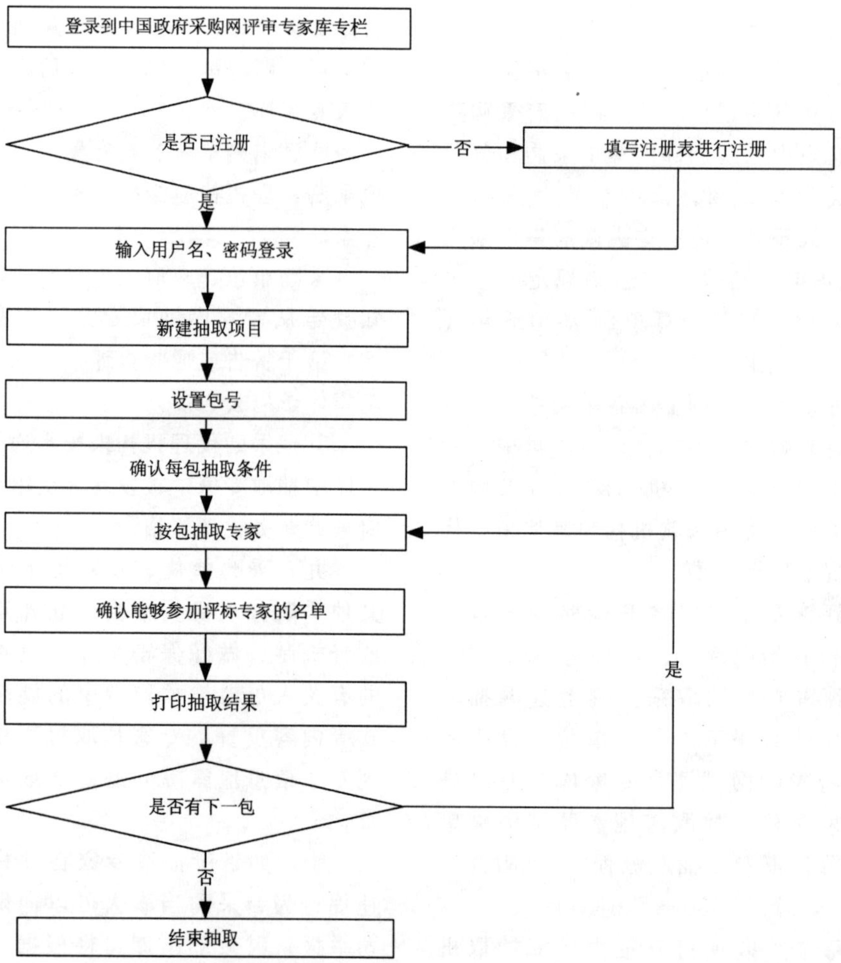

二、流程说明

1. 登录到中国政府采购网（www.ccgp.gov.cn）评审专家库专栏。

2. 首次登录抽取系统，应填写注册表，确定用户名和密码（6—20英文字母或数字组合），注册成为中央单位政府采购评审专家库会员。同时打印注册表，盖章后传真至中国政府采购网以备注册审查，并将盖章原件报财政部国库司备案。

3. 输入用户名、密码进入专家抽取系统。

4. 录入采购项目信息，包括项目名称、项目预算、采购文件编号、项目主管部门、项目所属地区、采购组织形式、评标包数、采购方式、开标时间、项目联系人、联系电话等。

（1）项目名称，填写该采购项目的全称。

（2）项目预算，指财政部门批准采购单位用于该采购项目的预算金额或采购单位计划用于该采购项目的金额。

（3）采购文件编号，指标书编号、竞争性谈判文件编号或询价文件编号。

（4）项目主管部门，指项目使用单位的中央一级预算单位。

（5）项目所属地区，指项目建设或使用单位所在省市。

（6）采购组织形式，是指政府集中采购、部门集中采购或单位自行采购。

（7）评标包数，采购项目包含的评标包数，按包抽取专家，每一包抽取专家不得超过3次。

（8）采购方式，是指公开招标、邀请招标、竞争性谈判和询价，要按照实际采用的方式填写。

5. 设置包号。包号不能重复编制。

6. 确认每一包的专家抽取条件，包括评标品目和用户评委、经济类专家、技术类专家以及法律类专家各自人数。

（1）评标品目。根据财政部《关于印发〈政府采购品目分类表〉的通知》（财库［2000］10号）制定，共分货物、工程、服务三大类。要根据情况选定具体品目。

（2）用户评委人数，参加评标小组的用户代表人数。

（3）评审专家由经济类专家、技术类专家和法律类专家组成，评审专家总数不能少于评审小组成员总数的三分之二，评审专家可以全为技术类专家。

经济类专家人数，指熟悉评审项目市场行情和使用情况的专家数量。

技术类专家人数，指熟悉评审项目专业技术知识的专家数量。

法律类专家人数，指熟悉评审项目相关法律的专业人员数量。

（4）评审专家小组构成：

公开招标、邀请招标：用户评委+经济类+法律类+技术类≥5人（单数）。

竞争性谈判、询价：用户评委+经济类+法律类+技术类≥3人（单数）。

7. 每次抽取专家，系统会随机生成所需专家数量三倍的候选名单供选择。

8. 与专家电话联系，在能够参加评审活动的专家前打“√”，可多选两名专家作为候补。

9. 打印最终专家名单，抽取操作人员签字存档。

财政部关于认真贯彻落实《中央预算单位2004年政府集中采购目录及标准》的通知

（2004年6月7日　财政部　财库［2004］34号）

党中央有关部委，国务院各部委、各直属机构，全国人大常委会办公厅、全国政协办公厅、高法院、高检院、有关人民团体，新疆生产建设兵团：

国务院办公厅颁布的《中央预算单位2004年政府集中采购目录及标准》（国办发［2004］29号，以下简称《目录及标准》），明确规定了2004年中央单位实施政府采购法的范围和有关要求。各中央单位和集中采购机构要提高认识，加强领导，认真落实，努力开创中央单位政府采购工作新局面。现将贯彻执行《目录及标准》的有关事项通知如下：

一、关于政府集中采购目录

政府集中采购目录规定了政府集中采购的范围。根据2004年政府采购制度改革计划和中央国家机关政府集中采购工作会议精神，政府集中采购目录要做全做深。中央国家机关各部门及所属在京二级预算单位，都要将政府集中采购目录中的项目依法委托中央国家机关政府采购中心（以下简称“采购中心”）代理采购，不得以项目特殊的名义实行部门集中采购或自行采购，也不得采取其他任何形式规避政府集中采购。京外二级预算单位属于协议供货的政府集中采购项目，都要执行采购中心的中标结果，其他政府集中采购项目，除另有规定外，由各单位部门预算主管部门明确实施要求，但要纳入采购中心统计范围。其他机关系统二级预算单位的政府集中采购，由各机关预算单位主管部门作出规定。

中央单位对实行政府集中采购的项目，要依法与集中采购机构签订委托代理协议，委托集中采购机构实施采购，并协助集中采购机构开展采购活动。同时，要根据政府集中采购的工作要求，及时向集中采购机构提供政府集中采购计划。

集中采购机构要认真研究落实各项集中采购项目的实施方案，根据委托代理协议约定的权利和义务，依法开展招标投标活动。集中采购机构要提高采购效率，凡是适合协议供货的货物项目，都要采用协议供货采购形式，凡是服务项目都要采取定点形式。尚未纳入协议供货和定点范围的采购项目，集中采购机构要尽快完成采购活动。为了扩大协议供货和定点采购范围，集中采购机构要集中力量做好采购项目的招标、定标工作。协议供货和定点采购事项确定后，中央单位要认真执行，未经财政部批准，不能采购非中标产品，不能向非定点供应商采购。

二、关于部门集中采购项目

部门集中采购项目规定了部门实行集中采购的范围。凡属于部门集中采购的项目，中央单位原则上都要实行部门集中采购。部门集中采购项目中涉及政府集中采购品目的，要委托政府集中采购机构采购。各部门要认真做好部门集中采购工作。部门集中采购机构或项目使用单位要依法开展集中采购活动，具体采购事务也可以委托集中采购机构或者在财政部登记的政府采购业务代理机构承办。

三、关于部门采购限额标准

部门采购限额标准规定了中央单位自行采购（分散采购）的范围。2004 年中央单位除政府集中采购目录和部门集中采购项目外，单项或批量达到 50 万元以上的货物和服务项目、60 万元以上的工程项目，项目使用单位都要依法实施采购，也可以委托集中采购机构或者在财政部登记的政府采购业务代理机构进行采购。50 万元以下的货物和服务项目、60 万元以下的工程项目，中央单位可以参照政府采购法有关规定执行。

四、关于公开招标数额标准

公开招标数额标准规定了公开招标的最低金额。无论是政府集中采购、部门集中采购还是单位分散采购，单项或批量采购金额达到 120 万元以上的货物或服务项目、200 万元以上的工程项目，都要采用公开招标采购方式。对于因特殊情况需要采用公开招标以外采购方式的，属于集中采购机构和部门预算主管部门（含部门集中采购机构）组织的采购项目，应当在采购活动开始前报财政部批准，其他采购项目报部门预算主管部门批准。50 万元以上 120 万元以下的货物和服务项目、60 万元以上 200 万元以下的工程项目，可以实行公开招标，也可以依据政府采购法规定情形选择相应的采购方式，但采用单一来源采购方式的采购项目要报财政部备案。

五、关于其他事项

2004 年中央单位都要实行政府采购制度。政府采购项目必须编制政府采购预算。中央单位在部门预算编制期间没有编报政府采购预算的项目，要在政府采购活动开始前按照政府采购预算表格式向财政部补报。

中央单位和集中采购机构有关政府采购的招标、中标或成交结果，要在财政部指定媒体上公告。实行协议供货的采购项目，中央单位要执行财政部指定媒体公告的中标结果和实施要求。协议供货采购项目的中标价格是协议有效期内的最高限价，中央单位在选购时，可以就价格与供应商进行协商，并与价格合理的供应商签订采购合同。

政府采购合同副本要及时上报备案。2004 年政府采购合同备案范围是，150 万元以上的货物项目，300 万元以上的工程项目，100 万元以上的服务项目。其中，属于集中采购机构和部门预算主管部门（含部门集中采购机构）组织的采购项目，以及国库改革非试点部门政府采购资金直接拨付项目，采购合同副本应报财政部备案，其他采购项目报部门预算主管部门备案。属于政府集中采购目录的采购项目，采购合同副本要同时送集中采购机构。政府采购合同履行期间，中央单位与供应商的履约纠纷，经双方协商仍有异议的，可以向财政部投诉，也可以依据合同法有关规定申请仲裁或者通过司法途径解决。中央单位要监督供应商的履约行为，对违约供应商要及时上报财政部。

中央单位和政府集中采购机构要妥善保管政府采购文件，做好政府采购统计工作。

2004 年中央单位要深入贯彻政府采购

法，认真执行《目录及标准》，落实上规模、建机制、抓规范等项工作。在《目录及标准》执行中遇到的问题，要及时向财政部反映。

财政部关于印发《中央单位政府采购管理实施办法》的通知

（2004 年 7 月 23 日　财政部　财库［2004］104 号）

党中央有关部门，国务院各部委、各直属机构，有关人民团体，全国人大办公厅，全国政协办公厅，高法院，高检院，新疆生产建设兵团：

为了推进和深化中央单位政府采购制度改革，建立和规范中央单位政府采购运行机制，财政部依据《中华人民共和国政府采购法》，制定了《中央单位政府采购管理实施办法》，现印发给你们，请认真执行。

附件：中央单位政府采购管理实施办法

附件：

中央单位政府采购管理实施办法

第一章　总　　则

第一条　为了加强中央单位政府采购管理，建立和规范中央单位政府采购运行机制，根据《中华人民共和国政府采购法》，制定本办法。

第二条　中央单位政府采购适用本办法。

本办法所称中央单位，是指与财政部发生预算缴款、拨款关系的国家机关、事业单位和社会团体。

中央单位按预算管理权限和经费领报关系，分为主管预算单位（主管部门）、二级预算单位和基层预算单位。

第三条　中央单位政府采购是指中央单位按照政府采购法律、行政法规和制度规定的方式和程序，使用财政性资金（预算资金、政府性基金和预算外资金）和与之配套的单位自筹资金，采购国务院公布的政府集中采购目录内或者采购限额标准以上的货物、工程和服务的行为。

第四条　中央单位政府采购组织形式分为政府集中采购、部门集中采购和单位自行采购。

政府集中采购，是指中央单位将属于政府集中采购目录中的政府采购项目委托集中采购机构代理的采购活动。

部门集中采购，是指主管部门统一组织实施部门集中采购项目的采购活动。

单位自行采购，也称分散采购，是指中

央单位实施政府集中采购和部门集中采购范围以外、采购限额标准以上政府采购项目的采购活动。

第五条　财政部是中央单位政府采购的监督管理部门，履行全面的监督管理职责。国务院其他有关部门依法履行与政府采购活动有关的监督管理职责。

中央单位（含部门集中采购机构）是采购人，负责本部门、本系统政府采购的组织和实施工作。集中采购机构（不包括部门集中采购机构，下同）是政府集中采购的代理机构，负责承办中央单位政府集中采购操作事务。

第六条　财政部的主要职责是：依法制定中央单位政府采购政策及管理制度；编制审核政府采购预算和计划；拟定中央单位政府集中采购目录、部门集中采购项目、采购限额标准和公开招标数额标准，报国务院批准；审批政府采购方式；建立和管理中央单位政府采购评审专家库；协调处理各中央单位以及中央单位与集中采购机构之间的工作关系；监督检查中央单位、集中采购机构和经财政部确认或审批资格的其他政府采购代理机构的政府采购活动；考核集中采购机构业绩；处理供应商对中央单位政府采购活动的投诉事宜。

第七条　主管部门的主要职责是：制定本部门、本系统政府采购实施办法；编制本部门政府采购预算和政府采购实施计划；协助实施政府集中采购；统一组织实施部门集中采购项目；按规定权限对所属单位的政府采购活动实施管理；推动和监督所属单位政府采购工作；统一向财政部报送本部门、本系统有关政府采购的审批或备案文件、执行情况和统计报表。

第八条　二级预算单位和基层预算单位的主要职责是：严格执行各项政府采购规定；完整编制政府采购预算并逐级报送主管部门审核汇总；向上级主管部门提供政府采购的实施计划及有关资料；组织实施单位自行采购工作；依法签订和履行政府采购合同；编报本单位政府采购信息统计报表。

第九条　集中采购机构的主要职责是：接受中央单位委托，组织实施政府集中采购目录中的项目采购；直接组织招标活动；负责集中采购业务人员培训；接受委托代理其他政府采购项目的采购。

第十条　中央单位政府采购工作应当实行内部统一管理，建立和完善内部监督制约机制。主管部门的财务（资金）管理机构具体负责本部门、本系统政府采购的执行性管理。

第十一条　中央单位政府采购管理的主要内容是：政府集中采购目录和部门集中采购项目及采购限额标准的确定；政府采购预算的编制；政府采购实施计划的制定；采购组织形式和采购方式的确定；采购活动的实施；中标或成交供应商的确定；采购合同的签订和履约验收；采购资金的支付与结算；采购文件的保存以及采购统计的编报等。

第十二条　中央单位达到公开招标数额标准的采购项目，应当采用公开招标采购方式。因特殊情况需要采取公开招标以外的邀请招标、竞争性谈判、询价和单一来源等采购方式的，应当在采购活动开始前报财政部批准。

第十三条　中央单位政府采购信息应当按照法律、行政法规和财政部有关规定，首先在财政部指定的政府采购信息发布媒体上公告。必须公告的政府采购信息包括：招标公告、中标或成交结果，主管部门制定的政府采购实施办法，集中采购机构承办的招标公告、中标或成交结果和有关操作性文件。

第十四条　政府采购的评审专家的确定，应当按照《政府采购评审专家管理办法》规定，从财政部建立的中央单位政府采购评审专家库中抽取。

第二章　备案和审批管理

第十五条　政府采购备案和审批管理，是指财政部对中央单位、集中采购机构及其他采购代理机构按规定以文件形式报送备案、审批的有关政府采购文件或采购活动事项，依法予以备案或审批的管理行为。

财政部负责政府采购工作的机构具体办理政府采购备案和审批事宜。

第十六条　除财政部另有规定外，备案事项不需要财政部回复意见。

下列事项应当报财政部备案：

（一）主管部门制定的本部门、本系统有关政府采购的实施办法；

（二）部门预算追加应当补报的政府采购预算、已经批复政府采购预算的变更；

（三）政府采购实施计划、主管部门增加的部门集中采购项目；

（四）经财政部批准，采用公开招标以外采购方式的执行情况；

（五）集中采购招标公告、集中采购机构制定的采购项目操作方案，以及集中采购机构组织的协议供货、定点采购协议书副本；

（六）政府采购项目的合同副本；

（七）法律、行政法规规定其他需要备案的事项。

第十七条　审批事项应当经财政部依法批准后才能组织实施。

下列事项应当报财政部审批：

（一）因特殊情况对达到公开招标数额标准的采购项目需要采用公开招标以外的采购方式的；

（二）因特殊情况需要采购非本国货物、工程或服务的；

（三）集中采购机构组织实施协议供货采购、定点采购，其实施方案、招标文件、操作文件、中标结果、协议内容需要变更的；

（四）集中采购机构制定的操作规程；

（五）政府集中采购的协议供货协议书、定点采购协议书和财政直接支付项目采购合同的变更，涉及支付金额的；

（六）法律、行政法规规定其他需要审批的事项。

第十八条　备案和审批事项由主管部门、集中采购机构或其他政府采购代理机构依照有关规定向财政部报送。

第十九条　在备案和审批管理中，财政部可以根据管理需要，将对二级预算单位和基层预算单位的备案或审批管理权限授予其主管部门办理，但法律、行政法规规定应当由财政部负责备案和审批的事项除外。

第三章　政府采购预算和计划管理

第二十条　中央单位在编制下一财政年度部门预算时，应当将该财政年度政府采购项目及资金预算在政府采购预算表中单列，按程序逐级上报主管部门。主管部门审核汇总后报财政部。

年度政府采购项目按国务院颁发的年度中央预算单位政府集中采购目录及采购限额标准执行。

第二十一条　财政部对部门预算中的政府采购预算进行审核，并随部门预算批复各主管部门执行。

第二十二条　主管部门应当按照财政部批复的部门预算，分别制定政府集中采购、部门集中采购实施计划。

政府集中采购实施计划，是指主管部门将本部门、本系统属于政府集中采购目录中的采购项目，按照项目构成、使用单位、采购数量、技术规格、使用时间等内容编制的具体采购计划。

部门集中采购实施计划，是指主管部门根据部门集中采购项目和本部门实际，依法制定的部门集中采购项目的具体采购计划。

第二十三条　主管部门应当自接到财政部下达的部门预算之日起40个工作日内，将政府集中采购实施计划和部门集中采购实施计划报财政部备案，并将政府集中采购实施计划抄送集中采购机构组织采购。

第二十四条　中央单位按照预算管理程序调整或补报政府采购预算的，应当及时调整政府集中采购实施计划或部门集中采购实施计划。

第二十五条　未列入政府采购预算、未办理预算调整或补报手续的政府采购项目，不得实施采购。

第四章　政府集中采购管理

第二十六条　中央单位应当将属于政府集中采购目录内的项目，委托集中采购机构代理采购。

第二十七条　中央单位与集中采购机构应当在集中采购开始前签订委托代理协议，明确委托的事项、双方的权利与义务。委托代理协议应当具体确定双方在编制采购文件、确定评标办法与中标标准、组建评标委员会、评标、定标等方面的权利和义务。

中央单位按照自愿原则，可就确定中标人、签订合同、验收等事项委托集中采购机构办理。

集中采购委托代理协议可以按项目签订，也可以按年度签订一揽子协议，具体项目有特殊要求的，再另行签订补充协议。

第二十八条　在政府集中采购实施过程中，集中采购机构应当按照有关规定和委托代理协议约定开展采购活动。

第二十九条　集中采购机构应当坚持规范与效率相结合原则，做好代理采购项目的具体采购工作。其工作人员不得参与、干预或影响具体评标、谈判和询价工作。

第三十条　集中采购机构应当自接到中央单位项目委托后40日内确定中标、成交供应商。经财政部批准采用非招标采购方式进行的紧急采购，应当在15日内确定中标、成交供应商。

第三十一条　协议供货采购、定点采购的采购结果（包括中标产品、配置及价格等），应当在财政部指定的政府采购信息发布媒体上公告，同时以文件形式印发各委托采购的中央单位。

协议供货采购、定点采购应当在投标截止日期后10个工作日内完成中标结果公告和文件印发工作。

第三十二条　中央单位采购协议供货或定点采购项目，一次性采购批量较大的，应当与中标供应商就价格再次谈判或询价。

第三十三条　政府集中采购应当遵循以下工作程序：

（一）编制计划。主管部门接到财政部下达的部门预算后在规定时间内，编制集中采购实施计划并委托负责本部门、本系统政府集中采购的集中采购机构实施采购。

（二）签订委托协议。主管部门与集中采购机构签订委托代理协议，确定委托代理事项，约定双方的权利与义务。

（三）制定操作方案。集中采购机构汇总各中央单位政府集中采购实施计划，并与委托方协商后，制定具体操作方案，包括协议供货采购、定点采购方案。

（四）组织采购。集中采购机构采用公开招标方式或财政部批准的其他采购方式，按照经备案或审批的操作方案开展采购活动。

（五）确定中标、成交结果。集中采购

机构被授权确定中标或成交结果的，应当在集中采购工作完成后 3 个工作日内，将中标结果通知委托方，并发出中标或成交通知书，同时发布中标或成交公告。

集中采购机构不承办确定中标或成交结果事项的，应当在评标、谈判或询价工作完成后，将采购结果报委托方，由委托方确定中标或成交供应商，并发中标或成交通知书和公告。

（六）中央单位应当自中标、成交通知书发出 30 日内，与中标、成交供应商签订采购合同。

第五章　部门集中采购管理

第三十四条　中央单位的部门集中采购项目，应当实行部门集中采购。主管部门负责部门集中采购的组织实施，部门集中采购事务可以由财务（资金）管理机构具体负责办理，也可以另行明确一个机构具体负责办理。部门集中采购项目的招投标事务，可以委托集中采购机构或其他政府采购代理机构承办。

第三十五条　部门集中采购的评审专家应当从财政部建立的中央单位政府采购评审专家库中抽取，本部门的工作人员不得以评审专家身份参加本部门政府采购项目的评标、谈判或询价工作。

第三十六条　部门集中采购应当遵循以下工作程序：

（一）细化部门集中采购项目。主管部门接到财政部下达的部门预算后，应当进一步明确本部门、本系统实行部门集中采购的项目范围，逐级下达到二级预算单位和基层预算单位。

（二）编制计划。二级预算单位和基层预算单位根据主管部门要求，编制部门集中采购实施计划报主管部门。

（三）制定方案。主管部门汇总所属单位上报的部门集中采购实施计划后，制定具体操作方案。

（四）实施采购。主管部门依法采用相应的采购方式组织采购活动。委托集中采购机构或其他政府采购代理机构代理采购的，应当签订委托代理协议。

（五）采购活动完成后，应当及时确定中标、成交供应商，向其发出中标或成交通知书，同时发布中标、成交公告。

（六）主管部门及其所属单位要在中标、成交通知书发出 30 日内，与中标、成交供应商签订采购合同。主管部门应当组织采购合同履行及验收工作。

第六章　单位自行采购与其他事项管理

第三十七条　单位自行采购可以由项目使用单位自行组织采购，也可以委托集中采购机构或其他政府采购代理机构代理采购。

第三十八条　单位自行采购应当依据法定的采购方式和程序开展采购活动，完整保存采购文件。

第三十九条　单位自行采购应当按照本办法规定实行备案和审批管理。

第四十条　政府采购应当签订书面合同。采购合同应当由项目使用单位与中标、成交供应商签订，也可以根据具体组织形式委托主管部门、集中采购机构或其他政府采购代理机构与中标、成交供应商签订。

由主管部门、集中采购机构和其他政府采购代理机构与中标、成交供应商签订合同的，应当在合同条款中明确各自的权利和义务。

第四十一条　政府采购合同应当自签订之日起 7 个工作日内，将合同副本报财政部备案。

第四十二条　中标、成交通知书发出时间超过 30 日，中央单位或中标、成交供应商任何一方拒绝签订合同的，违约一方应当向对方支付采购文件中规定的违约金。

第四十三条 中央单位、集中采购机构和其他政府采购代理机构应当按照合同约定，对履约情况进行验收。重大采购项目应当委托国家专业检测机构办理验收事务。

履约验收应当依据事先规定的标准和要求，不得增加新的验收内容或标准。凡符合事先确定标准的，即为验收合格。当事人对验收结论有异议的，应当请国家有关专业检测机构进行检测。

第四十四条 政府采购合同订立后，不得擅自变更、中止或者终止。经合同双方当事人协商一致的，可以依法变更合同。

第四十五条 中央单位应当按合同约定及时支付采购资金。实行国库集中支付试点改革的部门，按国库集中支付规定程序办理资金支付；未实行国库集中支付改革试点的部门，按现行办法由中央单位负责支付。

第四十六条 中央单位应当加强政府采购基础管理工作，建立采购文件档案管理制度。

第七章 监督检查

第四十七条 财政部对中央单位政府采购活动实行经常性监督检查制度，依法对中央单位、集中采购机构、其他政府采购代理机构执行政府采购法律、行政法规和规章制度情况进行监督检查。

第四十八条 财政部对中央单位政府采购活动进行经常性监督检查的主要内容是：

（一）政府采购预算和政府采购实施计划的编制和执行情况；

（二）政府集中采购目录和部门集中采购项目的执行情况；

（三）政府采购备案或审批事项的落实情况；

（四）政府采购信息在财政部指定媒体上的发布情况；

（五）政府采购有关法规、制度和政策的执行情况；

（六）内部政府采购制度建设情况；

（七）政府采购合同的订立、履行、验收和资金支付情况；

（八）对供应商询问和质疑的处理情况；

（九）财政部授权事项落实情况；

（十）法律、行政法规和制度规定的其他事项。

第四十九条 财政部对集中采购机构政府采购活动进行经常性监督检查的主要内容是：

（一）内部制度建设和监督制约机制落实情况；

（二）政府集中采购目录执行情况；

（三）政府采购备案审批事项落实情况；

（四）政府采购评审专家抽取和使用情况；

（五）政府采购信息在财政部指定发布媒体上的公告情况；

（六）政府采购工作效率、采购价格和资金节约率情况；

（七）服务质量和信誉状况；

（八）对供应商询问、质疑处理情况；

（九）有关政府集中采购规定和政策执行情况；

（十）法律、行政法规和制度规定的其他事项。

第五十条 主管部门应当对本部门、本系统政府采购工作情况实施监督检查。

第五十一条 集中采购机构应当加强内部管理，建立内部监督制约机制，全面、规范地做好中央单位委托的集中采购事务。

第五十二条 供应商应当依法参加政府采购活动。

财政部对中标供应商履约实施监督管

理，对协议供货或定点采购的中标供应商进行监督检查。

第五十三条 供应商对中央单位政府采购活动事项的询问、质疑和投诉，以及对询问、质疑和投诉的答复、处理，按照有关政府采购的法律、行政法规和规章的规定进行。

第五十四条 财政部、监察部和审计署等部门对中央单位政府采购活动中的违法行为，应当按照各自职责依法予以处理。

第八章 附 则

第五十五条 主管部门应当按照本规定制定具体实施办法。

第五十六条 军队武警系统政府采购管理实施办法由其另行制定。

第五十七条 本办法自 2004 年 9 月 1 日起施行。财政部 2001 年 4 月 9 日颁布的《中央单位政府采购管理实施办法》（财库［2001］30 号）同时废止。

财政部关于做好 2004 年全国政府采购信息统计工作的通知

（2004 年 11 月 4 日 财政部 财库函［2004］12 号）

党中央有关部门，国务院各部委、各直属机构，全国人大常委会办公厅，全国政协办公厅，高法院，高检院，有关人民团体，中央国家机关政府采购中心，中直机关集中采购办公室，各省、自治区、直辖市、计划单列市财政厅（局），新疆生产建设兵团财务局：

为了全面、准确反映全国政府采购工作情况，现将编报 2004 年全国政府采购信息统计报表的有关要求和事项通知如下：

一、做好政府采购信息统计的组织工作

建立统一、科学、规范的政府采购信息统计管理体系，是今后政府采购工作一项长期而重要的任务，也是国家制定宏观经济政策的需要。各地区、各中央单位负责和从事这项工作的同志要高度重视 2004 年度政府采购信息统计汇总的组织落实工作，明确职责分工，注意相互协调，确保本地区、本单位政府采购信息统计的完整性和真实性。

二、不断提高政府采购信息统计工作的质量

为了保证政府采购信息统计工作的连续性和有效性，2004 年政府采购信息统计报表格式不作变动，只对部分统计指标内容进行了细化。请各地区财政部门和各中央单位认真阅读《2004 年全国政府采购信息统计报表编报说明》，准确理解和掌握各项统计指标的内涵、填报方法和口径，保证政府采购信息统计汇总工作不重不漏、内容完整、真实可靠。要重视对政府采购分散采购活动的统计，凡是按照《政府采购法》规定程序进行的政府采购活动，都应当统计汇总。

三、进一步加强政府采购信息统计报告的分析

政府采购信息统计报告是全面反映政府采购管理监督与执行情况的数据信息和文字分析资料的总称。做好这项工作，对于促进本地区、本单位政府采购的发展有着重要意义。各地区、各中央单位要充分认识政府采购信息统计资料分析工作的重要性，认真对统计数据进行加工整理和分析，准确揭示出政府采购活动的当前状况、存在的问题及未来发展趋势，为政府采购制度改革和国家制定宏观经济政策提供科学的数字依据。

四、其他有关事项

1. 各地区、各中央单位2004年政府采购信息的统计汇总请继续使用财政部下发的“全国政府采购信息管理系统（2003版）”软件。针对2003年使用中存在的问题，财政部对“全国政府采购信息管理系统（2003版）”做了适当修订，各地区、各中央单位可直接登录到中国政府采购网（www.ccgp.gov.cn）“统计专栏”下载该软件的升级版。

2. 请于2005年2月28日前，将统计报表及软盘一式两份及分析报告，报至财政部国库司。报表地区应当加盖财政厅（局）公章，中央单位应当加盖财务司（局）公章。

3. 财政部国库司将对各地区、各中央单位2004年度政府采购信息统计工作（统计基础工作、报表报送情况、报表质量、分析报告质量等因素）评比考核，对统计工作做得较好的地区和中央单位将给予通报表扬。

在报表编报过程中，如遇编报口径、软件操作等问题，请及时与财政部国库司政府采购处联系。

国库司政府采购管理处联系电话：010—68552235（Tel&Fax）010—68552269

附件：1. 2004年全国政府采购信息统计报表（汇总报表格式）

2. 2004年全国政府采购信息统计报表编报说明

附件1：

全国政府采购信息统计报表（汇总报表格式）

2004年全国政府采购信息统计报表

（单位公章）

单位名称：____________________

单位统一代码：□□□□□□□□ □

单位地址：____________________ 邮政编码：__________

单位负责人：____________________（盖章）

联系电话(区号)：__________ 传　　真：__________

填　表　人：__________ 报送日期：200　年　　月　　日

政府采购资金和采购规模统计表（2004 年）

采购统 01 表

金额单位：万元

项 目	行	采购预算				采购金额				节约资金				节约率%	财政直接支付
		总计	预算内	预算外	自筹	总计	预算内	预算外	自筹	总计	预算内	预算外	自筹		
		1	2	3	4	5	6	7	8	9	10	11	12	13	14
合计	1														
货物	2														
工程	3														
服务	4														

联系人：　　　　　　　　联系电话（区号）：

政府采购组织形式统计表（2004 年）

采购统 02 表

金额单位：万元

项目	行	采购次数	采购组织形式										
			总计	集中采购							分散采购		
				合计	集中采购机构采购			部门集中采购			合计	自行采购	委托采购
					小计	自行采购	委托采购	小计	自行采购	委托采购			
		1	2	3	4	5	6	7	8	9	10	11	12
合计	1												
货物	2												
工程	3												
服务	4												

政府采购市场分配情况及采购方式统计表（2004 年）

采购统 03 表

金额单位：万元

项目	行	政府采购合同授予情况						采购方式						
		国内外			省内外			合计	公开招标	邀请招标	竞争性谈判	询价	单一来源	其他
		合计	国内	进口	合计	省内	省外							
		1	2	3	4	5	6	7	8	9	10	11	12	13
合计	1													
货物	2													
工程	3													
服务	4													

注：中央单位及其直属机构不填 4—6 栏。

政府采购主体分类统计表（2004 年）

采购统 04 表

金额单位：万元

行业系统	行	采购方式						
		合计	公开招标	邀请招标	竞争性谈判	询价	单一来源	其他
		1	2	3	4	5	6	7
合　　计	1							
国家机关	2							
其中：货物	3							
工程	4							
服务	5							
事业单位	6							
其中：货物	7							
工程	8							
服务	9							
团体组织	10							
其中：货物	11							
工程	12							
服务	13							

政府采购行业部门分类统计表（2004 年）

采购统 05 表

金额单位：万元

行　业　系　统	行	采购金额			
		合计	货物	工程	服务
		1	2	3	4
合　　计	1				
行政管理部门	2				
公检法司部门	3				
农林水气象部门	4				
工业交通等部门	5				
文体广播部门	6				
教育部门	7				
卫生部门	8				
科学部门	9				
抚恤社保部门	10				
其他	11				

政府采购重要品目统计表（2004 年）

采购统 06 表

金额单位：万元

采　购　项　目	行	计量单位	数　　量	采购金额	备　　注
		1	2	3	4
合　　计	1				
一、货物类	2				
土地	3	平方米			
建筑物	4	平方米			
一般设备	5				
办公消耗用品	6				
建筑、装饰材料	7				
专用设备	8				
系统集成、网络设备	9				
交通工具	10				
其他货物	11				
二、工程类	12				
建筑物	13	平方米			
市政建设工程	14	平方米			
环保、绿化工程	15	个			
水利、防洪工程	16	个			
交通运输工程	17	个			
修缮、装饰工程	18				
其他各类工程	19				
三、服务类	20				
印刷、出版	21				
系统集成、网络工程	22				
信息技术、信息管理软件的开发设计	23				
维修	24				
租赁	25				
会议	26				
培训	27				
其他服务	28				

计算机、小汽车政府采购统计表（2004 年）

采购统 07 表

单位：万元、台、辆

项　　目	行	采购数量	采购金额	项　　目	行	采购数量	采购金额
		1	2			3	4
计算机总量	1			小汽车总量	1		
其中：联想	2			其中：桑塔纳	2		
方正	3			捷达	3		
IBM	4			奥迪	4		
TCL	5			别克	5		
长城	6			广州本田	6		
清华同方	7			帕萨特	7		
华硕	8			长安奥托	8		
海信	9			宝来	9		
海尔	10			福特（长安）	10		
七喜	11			奇瑞	11		
恒生	12			丰田	12		
实达	13			神龙富康	13		
宏基	14			海南马自达	14		
神舟	15			红旗	15		
DELL	16			波罗	16		
新蓝	17			赛欧	17		
八亿时空	18			亚阁	18		
蓝星	19			夏利	19		
易纬	20			帕拉丁	20		
BenQ	21			中华	21		
惠普	22			其他国产品牌	22		
其他	23			进口品牌	23		

政府采购机构设置情况表（2004 年）

采购统 08 表

填报日期：　　　　单位：个、万元

地　区	行	政府采购管理机构设置情况		集中采购机构设置情况						中介机构数量	本地区本年 GDP	本地区本年财政支出
		已设立数量	其中：独立设置	已设立数量					未设立数量			
				合计	独立设置	设在财政部门						
						小计	管采分设	管采一家				
		1	2	3	4	5	6	7	8	9	10	11
本地区合计	1											
省级	2											
地（市）	3											
县（区）	4											

注：中央单位及其直属机构不填此表。

附件 2：

2004 年全国政府采购信息统计报表编报说明

为便于填报政府采购信息统计报表，现将报表编报范围、方法、统计口径和指标关系简要说明如下：

一、报表编制范围

本报表统计范围为各级国家机关、事业单位和团体组织，使用财政性资金采购纳入集中采购目录以内的或者采购限额标准以上的货物、工程、服务项目。具体范围如下：

1. 编报单位

编报单位包括国家机关、事业单位和团体组织，具体指国家权力机关、国家党政机关、人民政协机关、检察机关、审判机关及其直属机构、民主党派、社会团体等（以下统称“采购单位”）。其中，纳入中央财政预算管理的为中央预算单位（以下统称“中央单位”），纳入地方财政预算管理的为地方预算单位（以下统称“地方单位”）。

2. 编报对象

采购单位按照法律规定、国务院、财政部、本级人民政府及所属财政部门规定应当进行的政府采购活动都属于编报范围。包括集中采购活动和分散采购活动。

拼盘采购项目也属于编报范围。

二、编报方法

1. 以政府采购预算（或部门预算）、政府集中采购目录（或财政部规定的政府采购品目表）和政府采购合同为依据计算、填报各项数据。

2. 集中采购机构和采购单位填报相结合。以采购单位填报为主，各级集中采购机构填报所组织的采购项目。

3. 中央单位与地方单位分开编报。中央单位报主管部门汇总后报财政部。地方单位按行政管理体制分别由本级财政部门汇总后逐级上报省级财政部门。

4. 涉及地方的统计指标，中央单位不填报。

5. 编报方法分三种：一是按合同进行填报；二是通过基本数据录入表填报；三是分别填报每张统计表。为保证统计数据的一致性，原则上应使用一种方式统计。

三、编报口径

1. 对实际发生而又没有编报采购预算的，应当按该项目开展采购前计划金额填报采购预算。

2. 按采购合同签订时间进行统计，跨年度采购项目只在签订合同年度反映。

3. 政府采购协议、定点的采购方式填报按确定协议范围和定点时所采用的采购方式填报。

4. 对满足政府采购预算或部门预算编制要求，采购程序符合招标投标法和财政部门有关规定，财政部门参与有关采购过程、合同文件报财政部门备案、或者资金实行财政直接支付的工程采购项目，应当纳入编报范围。

5. 没有设立集中采购机构的部门或地区，由财政部门或采购单位委托在财政部门备案的政府采购业务代理机构代理集中采购目录内的采购活动，视同政府集中采购，在02表6列的“委托采购”中统计。

6. 对于卫生、医药、教育等特殊部门经财政部门同意实行归口统一采购的情况，在“部门集中采购”项目中统计。

7. 填报省内省外栏目时，货物要以产品的生产地或制造地为标准，不能以产品代理商为标准。

8. 采购方式中“其他”是指经财政部认定的采购方式。鉴于目前财政部还没有认定其他采购方式的情况，填报时不填此项。

9. 涉及系统集成和网络工程中货物、服务项目填报时，如果此项工程中硬件采购超过采购金额50%的项目，应当填报在货物类中的“系统集成、网络设备”栏。如果此项工程中服务采购超过采购金额50%的项目，应当填报在服务类中“系统集成、网络服务”栏。

四、指标解释

1. 单位统一代码，是指各级技术监督局核发给各单位的标识代码，由9位数字组成。单位填报时应当填报本单位代码。该代码与财政决算报表所要求填列的单位统一代码相一致，请务必填写准确。

2. 采购预算，是指财政部门批准采购单位用于采购的预算金额或采购单位在采购活动开始前计划用于采购的金额（01表1—4列）。

3. 预算内资金，是指财政在年初预算中安排的政府采购资金和年度执行中通过预算追加安排给采购单位的用于政府采购的资金，包括国债安排的项目资金（01表2列）。

4. 预算外资金，是指用于政府采购的未纳入财政预算管理的行政事业性收费、政府基金、捐赠资金、上级部门下拨的专项资金等（01表3列）。

5. 自筹资金，是指采购单位安排预算内和预算外资金以外的收入进行采购的资金（01表4列）。

6. 采购金额，是指采购单位根据合同支付的成交金额，或者按照政府采购规定采购时实际发生的金额。采购金额按资金来源分别填报（01表5—8列）。

7. 财政直接支付，是指财政部门按照政府采购合同确定的采购金额，将采购资金由国库直接支付给中标供应商的资金数额，按合同数填列（01表14列）。

8. 节约资金，是指采购预算资金与采购金额之间的差额。包括预算内资金节支额、预算外资金节支额和自筹资金节支额。填报节约资金时，按预算资金、预算外资金和自筹资金口径分别计算（01表9—12列）。

9. 资金节约率，是指政府采购活动的节支效果，以百分率表示（01表13列）。

10. 集中采购，分为集中采购机构采购和部门集中采购（02表3—9列）。

集中采购机构采购，是指各采购单位列入政府集中采购目录中通用商品的采购项目情况（02表4—6列）。

部门集中采购，是指中央各部门或者地方各厅局经政府或财政部门批准采购本地集中采购目录中有特殊要求采购项目的情况（02表7—9列）。

11. 分散采购，是指政府集中采购目录及部门集中采购项目范围之外，由各采购单位组织采购的有关情况（02表10—12列）。

12. 自行采购，是指集中采购机构和各采购单位按照政府采购制度规定自己直接+组织的采购活动（02表5列、8列、11列）。

13. 委托采购，是指集中采购机构和各采购单位将应当由本机构独立开展的采购项目通过委托方式由政府采购业务代理机构代理采购的情况（02表6列、9列、12列）。

14. 政府采购合同授予情况，主要指获得政府采购合同的供应商或制造商在地区上的分布情况（03表1—6列）。

国内，是指履行工程和服务合同的供应商是国内企业（在中华人民共和国境内注册的法人），或者所采购的货物为非进口产品（03表2列）。

进口，是指履行工程和服务合同的供应商是国外企业，或者所采购的货物为进口产品（03表3列）。

省内，是指供应商履约时提供的货物在省内生产，或者工程和服务合同由省内注册的供应商履行（03表5列）。

省外，是指供应商履约时提供的货物在省外生产，或者工程和服务合同由外省注册的供应商履行（03表6列）。

15. 采购方式，是指集中采购机构和各采购单位或其委托的政府采购业务代理机构在具体采购项目进行时采用的方式。法定的采购方式有公开招标、邀请招标、竞争性谈判、询价、单一来源采购五种。

公开招标，是指集中采购机构和各采购单位或其委托的政府采购业务代理机构，以招标公告邀请不特定的供应商投标的一种采购方式（03表8列）。

邀请招标，是指集中采购机构和各采购单位或其委托的政府采购业务代理机构，以投标邀请书的方式随机邀请三个以上特定的供应商投标的采购方式（03表9列）。

竞争性谈判采购，是指集中采购机构和各采购单位或其委托的政府采购业务代理机构，直接邀请三家以上的供应商就采购事宜进行谈判的采购方式（03表10列）。

询价采购，是指集中采购机构和各采购单位或其委托的政府采购业务代理机构，对三家以上的供应商提供的一次不得更改的报价进行比较，以确保价格具有竞争性的采购方式（03表11列）。

单一来源采购，是指集中采购机构和各采购单位或其委托的政府采购业务代理机构，向一个惟一的或者特定的供应商直接购买的采购方式（03表12列）。

16. 05表2—11行按照财政决算报表的分类标准填列。

17. 货物，是指各种形态和各种类型的物品，包括有形或无形物品（如专利），固体、液体或气体物体，动产和不动产。其中：

（1）土地，是指因公共设施建设而购置的土地使用权（06表3行）。

（2）建筑物，是指购买在建或已建成的作为商品出售的房屋（包括办公用房和宿舍用房等）（06表4行）。

（3）一般设备，是指普遍使用的电器、办公自动化设备（包括计算机、复印机等）、家具、空调等类设备（06表5行）。

（4）办公消耗用品，是指办公耗用的纸张、信封、笔类、软盘、硒鼓等（06表6行）。

（5）专用设备，是指除通用设备外的其他设备，如医疗设备、通信设备、发电设备、农用机械等（06表8行）。

（6）系统集成、网络设备，指系统集成和网络工程采购中硬件采购超过采购金额50%的项目（06表9行）。

18. 工程，是指建设工程，包括建筑物和构筑物的新建、改建、扩建、装修、拆除、修缮等，不包括网络工程、信息工程等与土建无关的工程项目。其中，建筑物是指适合人类居住的工程项目，如公用房建设、住房建设、其他用房建设等。构筑物指非人类居住需要而建造的公共工程项目。

19. 服务，是指除货物和工程以外的采购项目。包括专业服务、技术服务、信息服务、系统集成、网络服务、课题研究、运输、维修、会议、培训等。

其中：系统集成、网络服务指此项工程

中服务采购超过采购金额50%的项目（06表22行）。

五、指标关系

01表：

1列=2列+3列+4列；

5列=6列+7列+8列；

9列=10列+11列+12列；

13列=9列/1列*100%；

1行=2行+3行+4行。

02表：

2列=3列+10列；

3列=4列+7列；

4列=5列+6列；

7列=8列+9列；

10列=11列+12列；

1行=2行+3行+4行。

03表：

1列=2列+3列；

2列=4列+5列+6列；

7列=8列+9列+……+13列；

1行=2行+3行+4行。

04表：

1列=2列+3列+4列+5列+6列+7列

1行=2行+6行+10行；

2行=3行+4行+5行；

6行=7行+8行+9行；

10行=11行+12行+13行。

05表：

1列=2列+3列+4列；

1行=2行+3行+4行+……+11行。

06表：

1行=2行+12行+20行；

2行=3行+4行+……+11行；

12行=13行+14行+……+19行；

20行=21行+22行+……+28行。

六、表间关系

01表5列=02表2列=03表1列=03表7列；

01表1行5列=02表1行2列=03表1行1列=03表1行7列=04表1行

1列=05表1行1列=06表1行3列；

01表1列>=01表5列；

01表5列>=01表14列；

03表1行7列=04表1行1列；

03表1行8列=04表1行2列；

03表1行9列=04表1行3列；

03表1行10列=04表1行4列；

03表1行11列=04表1行5列；

03表1行12列=04表1行6列；

03表1行13列=04表1行7列。

财政部关于印发修订后的《外国政府贷款项目采购公司招标办法》的通知

（2004年3月30日　财政部　财金［2004］22号）

各省、自治区、直辖市、计划单列市财政厅（局），新疆生产建设兵团财务局，各采购公司：

为进一步完善外国政府贷款项目采购公司招标制度，规范采购公司招标的工作程序，提高招标工作效率，我部对现行的《外国政府贷款项目采购公司招标办法》（以下简称《办法》）再次进行了修订。现将修订后的《办法》印发给你们，请遵照执行。财政部《关于印发修订后的〈外国政府贷款项目采购公司招标办法〉的通知》（财金［2001］221号）同时废止。

附件：外国政府贷款项目采购公司招标办法

附件：

外国政府贷款项目采购公司招标办法

第一章 总 则

第一条 为加强外国政府贷款项目采购公司招标工作的管理，规范采购公司招标制度，增强招标工作透明度，提高招标工作效率，确保招标工作公平、公正、公开和有效地进行，制定本办法。

第二条 本办法中的“外国政府贷款项目”（以下简称“贷款项目”），是指利用外国政府贷款（含日本国际协力银行不附带条件贷款和北欧投资银行贷款）和经国务院批准的其他国外优惠贷款的项目。

第三条 本办法中的“采购公司”，是指具有商务部颁发的《国际招标资格甲级证书》的公司（贷款国另有要求的除外）。

第四条 本办法中的“借款人”，是指与转贷银行签署转贷协议的机构或法人实体。

第二章 招标程序

第五条 财政部定期就符合条件的贷款项目通知有关部门、省（自治区、直辖市、计划单列市）财政厅（局）（以下简称地方财政部门）进行选定采购公司的招标工作。

第六条 地方财政部门收到财政部通知后，组织或指导、监督借款人进行采购公司招标工作。为提高工作效率，所有贷款项目的采购公司招标工作必须在财政部发出通知之日起40个工作日内完成。对逾期未完成招标工作的项目，财政部将根据上一年度采购公司承担委托代理的贷款项目累计金额统计情况，对排名前10位的采购公司进行随机抽取，确定采购公司。

第七条 借款人应向3家以上（含3家）采购公司同时发出投标邀请书（格式见附1）。涉及2个以上子项目的打捆项目作为一个项目发出投标邀请书。

投标邀请书中关于采购公司提交代理申请书的截止时间，应为自投标邀请书发出之日起至代理申请书送达借款人之日（以邮戳或借款人单位签收为准）止不少于10个工作日。

第八条 收到投标邀请书的采购公司应按要求填写代理申请书（格式见附2）。代理申请书密封后按投标邀请书中规定的时间和地址提交。代理申请书须由采购公司总经理或副总经理签字，并加盖公司公章。

在截止时间内收到代理申请书的采购公司少于3家，借款人应在已发出投标邀请书的采购公司外，另行邀请新的采购公司参加投标。如第二次招标后收到代理申请书的采购公司累计仍少于3家，则不必重新发出邀请，可在已收到代理申请书的采购公司范围内进行评标。

采购公司可按自愿协商的原则合作投标，但须明确一家牵头单位，评标时的打分以牵头单位得分为准。

第九条　借款人应负责组织成立由5至7名评审委员（以下简称“评委”）组成的评审委员会（以下简称“评委会”），由借款人单位代表任评委会负责人，全面负责评定工作。

对于二类项目，地方财政部门可派代表参加评委会并履行评委职责；对于三类项目，地方财政部门原则上不参加评委会工作。

第十条　采购公司的代理申请书应密封提交借款人。评委会负责人主持评标会议，将所有代理申请书同时启封，各评委按照本办法第三章规定的评委会评分标准当场独立打分。

各评委打分后，去掉其中的最高分和最低分，其余评委的打分相加，得分最高的采购公司中标。

如两家以上采购公司得分相同且高于其他公司，由评委对这些公司当场投票表决（不需打分），得票最多者中标。

第十一条　评委会应对采购公司提交的代理申请书内容保密，各评委在评标结果公布前不得泄露。严禁参加投标的采购公司采用不正当手段对评委施加影响，严禁任何单位和个人干预评标工作。

第十二条　评委会应在评标工作完成后5个工作日内，向地方财政部门报送评委组成情况、评标过程、对各采购公司打分的详细情况及评标结果。地方财政部门收到评标结果报告后，根据本办法的有关规定进行审核。地方财政部门不得更改评委会的评标结果，如对评标结果有不同意见，可将意见和评标结果在5个工作日内一并报送财政部。财政部在10个工作日内向地方财政部门发出确认函，并抄送中标的采购公司。

借款人与中标的采购公司应在收到财政部门确认函后15个工作日内签订《委托协议书》（格式见附3）。

采购公司招标工作结束后，所有招投标原始文件和打分记录应由借款人存档两年备查。

第十三条　对下列特殊情况，财政部将通知地方财政部门采用不同方法对采购公司进行招标：

（一）对两个以上部门或省（自治区、直辖市、计划单列市）的项目进行打捆实施；

（二）贷款国有特殊要求；

（三）项目实施紧迫，无法按正常时间完成采购公司招标工作；

（四）其他情况。

第三章　评委会评分标准

第十四条　对500万美元以上（含500万美元）贷款项目：

（一）3年承担委托代理的贷款项目累计金额3 000万美元以上（含3 000万美元）25分；3 000万美元以下、2 000万美元以上（含2 000万美元）20分；2 000万美元以下、1 000万美元以上（含1 000万美元）15分；1 000万美元以下、500万美元以上（含500万美元）10分；500万美元以下5分。须附财政部有关确认函。

（二）近3年累计进口非贷款项目成套设备到货金额3 000万美元以上（含3 000万美元）20分；3 000万美元以下，1 000万美元以上（含1 000万美元）15分；1 000万美元以下，500万美元以上（含500万美元）10分；500万美元以下5分。

（三）承担同类行业项目招标业务的业绩，0～10分。

（四）负责采购业务人员的自身资格、能力和业绩，0～15 分。

（五）工作计划和拟投入工作量，0～15 分。

（六）根据项目特点，其他需要考虑的技术因素，0～10 分。

第十五条　对 500 万美元以下贷款项目：

（一）3 年承担委托代理的贷款项目累计金额 2 000 万美元以上（含 2 000 万美元）25 分；2 000 万美元以下、1 000 万美元以上（含 1 000 万美元）20 分；1 000 万美元以下、500 万美元以上（含 500 万美元）15 分；500 万美元以下、300 万美元以上（含 300 万美元）10 分；300 万美元以下 5 分。须附财政部有关确认函。

（二）近 3 年累计进口非贷款项目成套设备到货金额 2 000 万美元以上（含 2 000 万美元）20 分；2 000 万美元以下、1 000 万美元以上（含 1 000 万美元）15 分；1 000 万美元以下、500 万美元以上（含 500 万美元）10 分；500 万美元以下 5 分。

（三）承担同类行业项目招标业务的业绩，0～10 分。

（四）负责采购业务人员的自身资格、能力和业绩，0～15 分。

（五）工作计划和拟投入工作量，0～15 分。

（六）根据项目特点，其他需要考虑的技术因素，0～10 分。

第十六条　采购公司未按照《外国政府贷款项下采购工作管理暂行规定》（财债字［1999］34 号）收取手续费的，按废标处理。

采购公司因工作优异得到财政部通报表扬的，可增加 0～5 分；因工作出现问题曾被财政部通报批评的，可减少 0～5 分。

第四章　防止过度集中

第十七条　在选择采购公司的过程中，应防止由于各种形式的部门和地方保护主义而导致的过度集中现象。

在一个日历年度内，任何一家采购公司中标的贷款项目金额超过当年所有招标贷款项目总额 40%，或一家地方公司中标的当地贷款项目金额超过当年该公司所在省、自治区、直辖市、计划单列市招标贷款项目总额 50%的，即可视为有过度集中倾向。

财政部将定期对贷款项目的招投标情况进行统计，并根据统计结果对有过度集中倾向的采购公司适当采取限制措施。

第五章　招标的监督、检查和管理

第十八条　各级财政部门应加强对招标过程和委托协议的执行情况的监督、检查和管理，并及时将有关情况通报财政部。

各有关单位应遵守国内的有关法律和规定，以及贷款国的有关规定。对发生违规问题的，财政部将采取公开通报批评或建议废除投标资格等措施。

第六章　附　　则

第十九条　地方财政部门应根据本办法及财政部关于外国政府贷款采购工作有关规定制定实施细则，实施细则不得与本办法相抵触。

第二十条　中央直属企业或单位贷款项目采购公司的招标工作，参照本办法办理。

第二十一条　现行外国政府贷款管理的有关规定与本办法不符的，以本办法为准。

第二十二条　本办法自发布之日起实施。

附：1. 投标邀请书（格式）

2. 代理申请书（格式）

3. 委托协议书（格式）

附 1:

投标邀请书（格式）

____________________公司：

我单位拟利用___________等值美元的外国政府贷款用于___________项目的建设，项目预计___________年开始采购。为完成上述采购任务，根据有关规定，现对采购代理公司进行招标选定。

为便于公司参加投标，现就有关事宜函告如下：

一、项目简况（由借款人负责填写）。

二、采购内容简介（由借款人负责填写）。

三、请你公司按照后附“代理申请书”格式的要求提交代理申请书。

四、代理申请书的提交截止时间为__________________年___________月___________日___________时（以邮戳或我单位签收为准）。

五、代理申请书按下述地址提交：

地　址：____________________

联系人：____________________

电　话：____________________

传　真：____________________

________（借款人名称）

________（公章）

________（日期）

附 2:

代理申请书（格式）

____________________（借款人名称）：

贵单位关于____________________项目的招标邀请书收悉，我公司愿意参加此项目代理机构的投标。根据财政部制定的《外国政府贷款项目采购公司招标办法》的规定，现将我公司的代理申请书提交给贵单位，供评审。

一、公司简况

二、本项目收费种类、金额等情况

三、近 3 年承担委托代理的外国政府贷款项目的累计金额情况（附财政部有关确认函）

四、近 3 年承担非外国政府贷款项目成套设备到货情况

五、公司承担同类行业项目招标业务的业绩情况

六、负责此项目采购业务人员自身资格、能力和业绩

七、工作计划及拟投人的工作量

八、根据项目特点，其他需要考虑的技术因素

采购公司地址：____________________

电　　话：____________________

传　　真：____________________

________（采购公司名称）

________（总经理或副总经理签字）

________（公司公章）

________（日期）

附 3：

委托协议书（格式）

合同编号：

甲方（借款人）；

乙方（采购公司）：

甲乙双方授权代表经过友好协商，根据《中华人民共和国合同法》等有关规定，就利用政府贷款____________________项目的采购工作达成如下协议：

第一条　总则

1. 甲方授权乙方在本协议第三条规定的授权范围内办理有关采购商务事宜，乙方代理甲方签订和执行采购合同，甲方同意承担乙方实施代理行为产生的结果，其中包括采购合同项下的各项权利、义务和商业风险、收益。

2. 乙方应本着诚实信用的原则认真履行本协议项下的各项义务并保证其商务工作符合中国法律、国际条约和惯例。乙方应承担和自身过错相适应的违反本协议的责任，但乙方不承担外商不履行采购合同项下的义务给甲方造成的损失和有关的损害赔偿责任。

3. 甲乙双方同意按照财政部和贷款国的有关规定进行采购。

4. 乙方应在执行采购合同中以其专业知识和商务经验做好商务工作，切实维护甲方的合法权益；甲方应依据其自身的技术实力或专业技术设计单位做好技术方面的工作，并积极配合乙方的商务工作，且需遵守采购合同的规定和有关商业惯例。甲乙双方应密切配合，以确保采购合同的顺利执行。

第二条　项目名称和采购金额

第三条　甲方的工作范围和义务

第四条　乙方的工作范围和义务

第五条　收费种类和金额（其中代理手续费甲方应在采购合同签订前支付20%预付款，采购合同执行过程中支付75%进度款，采购合同支付完毕后15天内支付5%尾款）

第六条　争议的解决

在执行本协议过程中甲乙双方之间所发生的纠纷应通过友好协商解决；协商不成的，任何一方均可诉诸人民法院解决，与本协议有关的争议均由乙方所在地的人民法院管辖。

第七条　本协议项下重要事项的联络应以书面方式进行。如需对本协议进行修改或补充时，需经双方授权代表协商一致并签署书面补充协议，该补充协议作为本协议不可分割的一部分。

第八条　本协议一式两份，甲乙双方各持一份。本协议由甲乙双方授权代表签字和加盖双方法人公章后生效，至采购货物的质量保证期满后30天或者本协议生效后＿＿＿＿＿年终止，以先到的时间为准。本协议的终止不影响甲乙双方之间对未了债务的追偿、清算和双方依照协议的规定对仍然持续性的义务如知识产权的保护等条款的继续遵守和责任履行。

第九条　本委托协议未尽事宜，按照《中华人民共和国合同法》等有关规定办理。

第十条　甲乙双方中的任何一方如更改其名称、地址、开户银行、银行账号时均应及时通知对方。甲乙双方的通信地址、联系人和开户情况如下：

甲方：	乙方：
法定地址：	法定地址：
邮编：	邮编：
电话：　　　　传真：	电话：　　　　传真：
联系人：	联系人：
开户银行：	开户银行：
户名：	户名：
账号：	账号：
银行地址：	银行地址：
银行邮编：	银行邮编：
甲方：	乙方：
授权代表：	授权代表：
签字时间：	签字时间：
签字地点：	签字地点：
（加盖法人公章）	（加盖法人公章）

关于做好中央国家机关2004年政府集中采购工作有关问题的通知

（2004年6月28日　国务院机关事务管理局
财政部　国管采［2004］139号）

国务院各部委、各直属机构：　　　　为贯彻落实《中华人民共和国政府采购法》和中央国家机关政府集中采购工作会议精神，按照《国务院办公厅关于印发中央预算单位2004年政府集中采购目录及标准的通知》（国办发［2004］29号）、《国务院办公厅关于印发中央国家机关全面推行政府采购制度实施方案的通知》（国办发［2002］53号）以及《国务院办公厅转发财政部关于全面推进政府采购制度改革意见的通知》（国办发［2003］74号）的有关规定，进一步做好2004年中央国家机关政府集中采购工作，现将有关问题通知如下：

一、要认真贯彻落实中央国家机关政府集中采购工作会议精神

2004年中央国家机关政府集中采购工作的总体要求是：坚持以邓小平理论和“三个代表”重要思想为指导，深入贯彻十六大和十六届三中全会精神，求真务实，牢固树立科学的发展观，认真执行《政府采购法》，规范程序，提高效率，扩大规模，完善机制，协调一致，不断开创中央国家机关政府集中采购工作的新局面。各部门要认真学习贯彻国务委员兼国务院秘书长华建敏在中央国家机关政府集中采购工作会议上的讲话精神，把思想统一到国务院对全面推行政府采购制度的工作部署和要求上来，保证中央国家机关政府集中采购工作的顺利推进。

各部门要切实加强对政府采购工作的组织领导，明确政府采购的工作机构和人员，做到组织领导到位、政策落实到位、监督检查到位。要认真编报政府集中采购计划，严格执行《中央预算单位2004年政府集中采购目录及标准》，切实维护法律和政策的严肃性。各部门凡使用财政性资金采购纳入政府集中采购目录中的项目，都要依法委托中央国家机关政府采购中心（以下简称采购中心）统一采购，不能以项目特殊或实行部门集中采购为名，自行采购或委托社会中介机构代理采购。即便是设置了专门机构的部门，以及部门集中采购项目中涉及政府集中采购目录中项目的，也应按法律要求将政府集中采购目录中的项目委托采购中心统一采购。

采购完成后，由采购中心出具《中央国家机关政府采购中心货物验收单》、采购结果（中标、成交）通知书等相关证明，作为实施政府集中采购的有效凭证。其中《中央国家机关政府采购中心货物验收单》应连同发票一起入账，作为财务付款和国有资产登记入账凭证以及审计检查的依据。

二、要认真做好政府集中采购计划的编报工作

各部门政府集中采购计划是政府采购预算的具体实施方案，反映部门政府集中采购预算的具体支出内容，也是政府集中采购执行的重要依据。加强政府集中采购工作的计划性，对于提高财政资金的使用效益和政府集中采购工作效率，发挥政府集中采购的规模效应具有重要意义。

（一）各部门应按照国务院办公厅印发的2004年政府集中采购目录及标准，认真编制政府集中采购计划，计划内容要具体，资金保障要到位，并将汇总编制好的全年政府集中采购计划于七月底之前报送采购中心，内容包括《中央国家机关政府集中采购项目汇总表》（格式见附件1）和《中央国家机关政府集中采购项目明细表》（格式见附件2）。为适应实际情况的变化，各部门可于十月底之前将需调整或增加的下半年和下一年初的政府集中采购计划报送采购中心。

（二）协议供货、定点采购范围之外的，未列入政府集中采购计划的临时急需性采购以及追加预算的项目采购，各部门可直接填写《中央国家机关政府集中采购项目明细表》并附情况说明，报采购中心组织采购。

（三）政府集中采购计划具有严肃性，一经上报原则上不得随意撤销或改变计划所列各项内容。确因特殊情况，需要调整项目技术指标或需求数量的，各部门应于该项目实施前向采购中心提出变更要求。若该项目已实施，原则上不得变更。

（四）为提高编报政府集中采购计划的科学性和可操作性，采购中心将逐步开发建设商品信息库，列明政府集中采购目录中各类货物的基本技术指标和配置，各部门可上网从中选择（具体办法另行通知）。

三、要严格执行协议供货和定点采购制度

为提高采购效率，采购中心根据列入政府集中采购目录的项目特点及各部门提供的政府集中采购计划，确定实行协议供货和定点采购的项目、范围、要求和期限，并通过公开招标方式确定并公告中标供应商名单，各部门可从中选择，并按公告中的联系方式直接进行采购。

（一）2004年第一期实行协议供货的货物主要有：计算机、PC服务器、打印机（含桌面多功能一体机）、传真机、扫描仪、电话机、投影仪、复印机、显示器等。各部门采购协议供货范围内的货物时，可直接登陆“中国政府采购网（www.ccgp.gov.cn）”或“中央国家机关政府采购网（www.zyzfcg.ggj.gov.cn）”政府采购协议供货专栏，上网查询所需货物，并直接与有关供应商联系供货。协议供货确定的中标价格和价格折扣率为最高上限，各中央单位可在此基础上与中标供应商协商以争取获得更优惠的采购价格。中标价格中已经包含了配套服务和有关配件的费用，采购单位无需再另外付费。

（二）2004年实行定点采购的范围主要包括汽车维修、汽车保险、汽车加油、规定的印刷项目、规定的会议服务和复印纸等日常办公用品。各部门应在采购中心公开招标确定的定点供应商范围内进行采购，具体办法和程序可上网查询。

（三）各部门确因特殊原因需在协议供货和定点采购范围之外进行采购的，应经采购中心审核同意后报财政部国库司批准。

（四）未进入定点范围的部门所属汽车维修、印刷及会议服务单位，可继续承接本部门内部的相应服务项目，并每半年向采购中心报送一次采购信息。

（五）对于汽车和计算机通用软件的采购，各部门应向采购中心编报政府集中采购计划，由采购中心负责按长期供货合同进行采购。

四、要切实做好二级预算单位政府集中采购的组织实施工作

按照国办发［2002］53号和［2004］29号文件规定，2004年实行政府采购制度的单位范围扩大到中央国家机关所有二级预算单位。为做好二级预算单位政府集中采购的组织实施工作，各部门应明确政府采购的主管机构，负责本部门、本系统政府采购预算和计划编制、内部协调组织、采购资金管理等工作。其中，京内二级预算单位的年度政府集中采购计划，由各部门政府采购主管机构审核并汇总编制后，报采购中心统一组织实施。

鉴于京外单位的情况比较复杂，从实际情况出发，2004年京外二级预算单位政府集中采购的组织实施工作，按以下办法执行：

（一）协议供货范围内的货物以及汽车、计算机通用软件等项目采购，按本通知的有关规定执行。

（二）政府集中采购目录以内的，单项

或批量采购金额一次性达到500万元以上的货物采购，应按要求编报政府集中采购计划，委托采购中心统一组织采购。

（三）以上范围以外的采购项目，暂由各部门政府采购主管机构按有关规定提出意见实施采购，并将政府采购合同报采购中心备案。

附件：1. 中央国家机关政府集中采购项目汇总表

2. 中央国家机关政府集中采购项目明细表

附件1：

中央国家机关政府集中采购项目汇总表

采购单位（章）　　编制日期：　　年　月　日

联系人			联系电话		
项目名称	单　位	数　量	采购预算（元）		交货（工）时间
			单价（元）	总价（元）	
总　　计					

备注：项目名称按国务院办公厅印发的政府集中采购目录及标准（国办发［2004］29号）填写。

附件 2：

中央国家机关政府集中采购项目明细表

采购单位（章）　　　　　　　　　　　　　　　　　　　　　　　　编制日期：　　年　月　日

产品名称			
数　　量		交货（工）时间	
联　系　人		联系电话	
采购预算总额（元）			
资金构成：预算内　　　　预算外　　　　自筹			
技术指标和服务要求			

备注：1. 技术指标包括性能、规格、型号、款式、颜色、材质等，但原则上不能指定品牌；服务要求包括售前、售中和售后服务，如安装、调试、培训、维护等。

2. 采购预算总额 = 预算内 + 预算外 + 自筹。

（二）地方性法规、文件目录

北　京　市

1. 北京市财政局、北京市监察局关于加强党政机关公务用车管理的通知（京财采购［2004］82 号）

2. 北京市财政局关于 2004 年市本级政府采购预算执行中有关事项的通知（京财采购［2004］331 号）

3. 北京市财政局关于我市财政国库管理制度改革试点政府采购资金支付相关工作管理补充规定的通知（京财国库［2004］479 号）

4. 北京市财政局、北京市监察局、北京市审计局关于转发《财政部、监察部关于印发〈集中采购机构监督考核管理办法〉的通知》的通知（京财采购［2004］575 号）

5. 北京市财政局关于规范北京市政府采购信息公告有关事项的通知（京财采购［2004］668 号）

6. 北京市财政局关于在政府采购活动中禁止指定品牌有关问题的通知（京财采购［2004］1146 号）

7. 北京市财政局关于印发北京市 2005 年政府采购集中采购目录及标准的通知（京财采购［2004］1360 号）

8. 北京市财政局关于进一步规范北京市政府采购信息公告有关事项的补充通知（京财采购［2004］1391 号）

9. 北京市财政局关于北京市政府采购中标、成交结果确定有关问题的通知（京财采购［2004］1664 号）

10. 北京市财政局关于印发《北京市财政局政府采购供应商投诉处理工作规程（试行）》的通知（京财采购［2004］1679 号）

11. 北京市财政局、北京市建设委员会关于北京市政府采购工程项目招投标有关问题的通知（京财采购［2004］1723 号）

12. 北京市财政局关于转发《财政部、监察部关于印发〈政府采购评审专家管理办法〉的通知》的通知（京财采购［2004］2091 号）

天 津 市

1. 关于组建天津市政府采购办公室的通知（津财人［2004］75号）

2. 关于印发《天津市政府采购评审专家抽取暂行办法》的通知（津财采［2004］3号）

3. 关于财政局业务处室监督政府采购预算执行有关问题的通知（津财采［2004］8号）

河 北 省

1. 河北省人民政府办公厅转发省财政厅关于全面推进政府采购制度改革意见的通知（冀政办［2004］8号）

2. 河北省财政厅关于落实《国务院办公厅转发财政部关于全面推进政府采购制度改革意见的通知》的意见（冀财［2004］14号）

3. 河北省财政厅关于呈请省政府转发《河北省财政厅关于全面推进政府采购制度改革的意见》的报告（冀财［2004］36号）

4. 河北省财政厅关于呈批《河北省2004—2005年集中采购目录及采购限额标准》的报告（冀财［2004］74号）

5. 河北省财政厅关于印发《河北省2004—2005年集中采购目录及采购限额标准》的通知（冀财［2004］101号）

6. 河北省财政厅关于由财政部门认证政府采购评审专家管理政府采购评审专家库的报告（冀财［2004］107号）

7. 河北省财政厅关于批量购置专用车有关事宜的通知（冀财［2004］111号）

8. 河北省财政厅关于上报2003年以来我省政府采购工作情况的报告（冀财［2004］375号）

9. 河北省财政厅关于表彰2003年度政府采购工作先进单位的通报（冀财采［2004］1号）

10. 河北省财政厅关于2004年度政府采购业务代理机构认定结果的通知（冀财采［2004］2号）

11. 河北省财政厅关于报送2003年政府采购信息统计报表的报告（冀财采［2004］3号）

12. 河北省财政厅关于完善和细化2004年省直部门政府采购预算的通知（冀财采［2004］4号）

13. 河北省财政厅关于表彰2003年度政府采购机构信息统计工作先进单位的通知（冀财采［2004］5号）

14. 河北省财政厅关于对承揽采购业务

的招标代理机构登记备案的通知（冀财采［2004］6号）

15. 河北省财政厅、河北省监察厅关于印发《河北省政府采购评审专家管理办法》的通知（冀财采［2004］7号）

16. 河北省财政厅关于河北省2004年省级政府采购计划（第一期）的通知（冀财采［2004］8号）

17. 河北省财政厅关于对《河北省2004年省级政府采购招标计划（第1期）》的批复（冀财采［2004］9号）

18. 河北省财政厅关于启用《河北省省级政府采购委托代理协议书》和《河北省省级行政事业党委政府采购计划表》的通知（冀财采［2004］10号）

19. 河北省财政厅关于印发2004年省级部门属地政府采购计划的通知（冀财采［2004］11号）

20. 河北省财政厅关于对部分政府采购货物服务项目评标标准（办法）征求意见的通知（冀财采［2004］12号）

21. 河北省财政厅关于印发《河北省省级行政事业单位部门集中采购管理办法》的通知（冀财采［2004］13号）

22. 河北省财政厅关于上报《中国政府采购年鉴（2004）》资料的通知（冀财采［2004］14号）

23. 河北省财政厅、河北省监察厅关于公开聘请政府采购评审专家的通知（冀财采［2004］15号）

24. 河北省财政厅关于2004年7月协议供货购买上海大众系列小汽车有关事宜的紧急通知（冀财采［2004］16号）

25. 河北省财政厅关于认真做好政府采购预算编制工作的通知（冀财采［2004］17号）

26. 河北省财政厅关于报送政府采购有关资料的报告（冀财采［2004］18号）

27. 河北省财政厅关于对《政府采购非招标采购方式管理办法（征求意见稿）》等6个办法的修改意见（冀财采［2004］19号）

28. 河北省财政厅、河北省监察厅关于印发《河北省集中采购机构监督考核管理实施办法（试行）》的通知（冀财采［2004］20号）

29. 河北省财政厅关于贯彻落实《政府采购货物和服务招标投标管理办法》有关事项的通知（冀财采［2004］21号）

30. 河北省财政厅关于印发《河北省政府采购供应商投诉处理实施办法》的通知（冀财采［2004］22号）

31. 河北省财政厅关于对2005年度省级政府采购业务代理机构资格进行备案登记的通知（冀财采［2004］23号）

32. 河北省财政厅关于征求《河北省2006年集中采购目录及政府采购限额标准》意见的函（冀财采［2004］24号）

33. 河北省财政厅关于做好2004年全省政府采购信息统计工作的通知（冀财采［2004］25号）

34. 河北省财政厅关于对《河北省政府采购货物和服务招标文件》范本征求意见的通知（冀财采［2004］26号）

35. 河北省财政厅关于2003年以来我省政府采购工作情况的报告（冀财采［2004］27号）

36. 河北省财政厅关于2005年部门政府采购预算编审有关工作的紧急通知（冀财采［2004］28号）

吉林省

1. 关于印发《2004年政府采购办工作要点》的通知（吉财采购函［2004］151号）

2. 2003年全省专控小汽车审批情况（吉财采购［2004］9号）

3. 关于编制2004年度省直单位政府采购计划的通知（吉财采购［2004］273号）

4. 关于省民族助学协会台式计算机采购项目重新招标的决定（吉财采购［2004］427号）

5. 关于举办全省政府采购信息统计及信息公告培训班的通知（吉财采购函［2004］300号）

6. 关于考核省级政府集中采购机构的通知（吉财采购［2004］581号）

7. 关于印发《2004年吉林省省级政府采购计划》的通知（吉财采购［2004］902号）

8. 关于政府采购控购管理工作先进单位表彰决定（吉财采购［2004］900号）

9. 关于印发《吉林省政府采购控购管理工作先进单位评比暂行办法》的通知（吉财采购［2004］899号）

10. 关于召开全省政府采购控购工作会议的通知（吉财采购函［2004］665号）

11. 关于对省直机关事务管理局申请代理冬储煤的复函（吉财采购［2004］676号）

12. 关于对吉林农业大学冬季供暖试行对外托管的复函（吉财采购［2004］698号）

13. 关于对吉林建筑工程学院供暖实行对外托管的复函（吉财采购函［2004］772号）

14. 关于省公安厅提出设立政府采购中心的复函（吉财采购［2004］781号）

15. 关于对吉林省省直机关事务管理局当前煤炭市场情况的复函（吉财采购［2004］815号）

16. 关于省级政府集中采购机构考核情况的通报（吉财采购［2004］1470号）

17. 关于报送政府采购工作情况和对政府采购工作开展调研检查的通知（吉财采购［2004］1439号）

18. 关于报送政府采购相关资料的函（吉财采购函［2004］871号）

19. 关于政府采购供应商反映评标问题的处理决定（吉财采购［2004］1664号）

20. 关于印发《2004年吉林省政府集中采购目录》的请示（吉财采购［2004］1837号）

21. 关于对我省现行专控商品品目和审批范围进行调整的请示（吉财采购［2004］2402号）

22. 关于政府采购供应商反映评标问题的处理决定（吉财采购［2004］2412号）

23. 关于政府采购供应商反映评标问题的处理决定（吉财采购［2004］1471号）

黑龙江省

1. 省政府关于印发《2004 年黑龙江省政府采购工作要点》的通知（黑财采［2004］1 号）

2. 省财政厅转发《黑龙江省人民政府关于授权确定并公布集中采购目录和限额标准的批复》的通知（黑财采［2004］2 号）

3. 关于印发《中共黑龙江省纪检委黑龙江省财政厅关于超标准公务用车纠正处理的具体意见》的通知（黑财采［2004］3 号）

4. 省财政厅转发财政部《关于印发〈2004 年政府采购工作要点〉的通知》的通知（黑财采［2004］4 号）

5. 关于对 2004 年省直行政事业单位煤炭采购暂实行部门集中采购办法的通知（黑财采［2004］5 号）

6. 省财政厅关于政府采购省直单位公务车辆保险有关问题的补充通知（黑财采［2004］6 号）

7. 省财政厅关于进一步加强国家机关和事业单位配备公务用车审查工作的通知（黑财采［2004］7 号）

8. 省财政厅关于印发《黑龙江省 2005 年省级集中采购目录和采购资金限额标准》的通知（黑财采［2004］8 号）

9. 省财政厅转发财政部《政府采购供应商投诉处理办法》的通知（黑财采［2004］9 号）

10. 省财政厅转发财政部《政府采购货物和服务招标投标管理办法》的通知（黑财采［2004］10 号）

11. 省财政厅关于使用自筹资金采用国际招标方式采购进口货物和使用银行贷款采购货物（工程）资金结算办法的通知（黑财采［2004］11 号）

12. 省财政厅转发财政部《关于做好 2004 年全国政府采购信息统计工作的通知》的通知（黑财采［2004］12 号）

13. 关于开展 2004 年度政府采购制度执行情况专项检查的通知（黑财采［2004］13 号）

14. 省财政厅关于对省级政府集中采购机构进行监督考核的通知（黑财采［2004］14 号）

15. 省财政厅关于驻庆高校及省直单位实施政府采购属地化管理问题的批复（黑财函［2004］36 号）

16. 关于推荐政府采购项目评审专家的函（黑财函［2004］54 号）

17. 省财政厅关于提前做好市（地）政府采购工作座谈会参会准备的通知（黑财函［2004］74 号）

18. 省财政厅关于开展政府集中采购机构监督考核工作的通知（黑财函［2004］99 号）

江 苏 省

1. 江苏省财政厅、江苏省监察厅、江苏省审计厅关于对全省国家机关、事业单位和团体组织政府采购检查的通报（苏财购［2004］1号）

2. 江苏省财政厅关于2004年省级国家机关、事业单位和团体组织公务用车维修等五项定点采购的通知（苏财购［2004］2号）

3. 江苏省财政厅、江苏省监察厅关于转发《财政部监察部关于印发〈政府采购评审专家管理办法〉的通知》的通知（苏财购［2004］3号）

4. 江苏省财政厅关于印发《江苏省政府采购货物和服务公开招标监督管理规范》和《江苏省政府采购货物和服务公开招标操作规程》的通知（苏财购［2004］4号）

5. 江苏省财政厅关于对江苏省政府采购评审专家资格认定、登记等问题的通知（苏财购［2004］5号）

6. 江苏省财政厅关于对企业购买小汽车取消控购审批的请示（苏财购［2004）6号）

7. 江苏省财政厅、江苏省监察厅关于转发《财政部监察部关于印发〈集中采购机构监督考核办法〉的通知》的通知（苏财购［2004］7号）

8. 江苏省财政厅关于2004—2005年度省级机关、事业单位和团体组织公务用车保险有关事项的通知（苏财购［2004］8号）

9. 江苏省财政厅关于开展江苏省2004—2005年度政府采购招标业务代理机构登记备案工作的通知（苏财购［2004］9号）

10. 江苏省财政厅、江苏省公安厅关于取消小汽车控购审批的通知（苏财购［2004］10号）

11. 江苏省财政厅关于2004年度省级国家机关、事业单位和团体组织计算机及部分外设定点采购的有关事项的通知（苏财购［2004］11号）

12. 江苏省财政厅关于全省消防部队车辆器材装备实施部门集中采购的复函（苏财购［2004］12号）

13. 江苏省财政厅关于印发《江苏省省级政府分散采购管理规定》的通知（苏财购［2004］13号）

14. 江苏省财政厅关于2004年度办公用纸定点采购部分品牌纸张调价的通知（苏财购［2004］14号）

15. 江苏省财政厅关于明确省级集中采购项目计划申报及委托有关问题的通知（苏财购［2004］15号）

16. 江苏省财政厅关于公布获准江苏省2004—2005年度政府采购招标业务代理机构登记备案名单（第一批）的通知（苏财购［2004］16号）

17. 江苏省财政厅关于印发《2005年省级政府集中采购目录及政府采购限额标准和公开招标数额标准》的通知（苏财购［2004］17号）

18. 江苏省财政厅关于对省级政府集中采购机构考核情况的报告（苏财购［2004］

18号）

19. 江苏省财政厅关于上报“江苏省2004年1至3季度政府采购执行情况简析”的函（苏财购［2004］19号）

20. 江苏省财政厅关于贯彻落实财政部第18、19、20号令的通知（苏财购［2004］20号）

21. 江苏省财政厅关于公布获准江苏省2004—2005年度政府采购招标业务代理机构登记备案名单（第二批）的通知（苏财购［2004］21号）

22. 江苏省财政厅关于2004年度省级定点采购合同改造情况检查的通报（苏财购［2004］22号）

23. 江苏省财政厅关于江苏工商信息系统继续使用原软、硬件服务商的复函（苏财购［2004］23号）

24. 江苏省财政厅关于确定询价采购成交供应商办法的请示（苏财购［2004］24号）

25. 江苏省财政厅关于明确我省公检法司系统车辆政府采购有关事项的通知（苏财购［2004］25号）

26. 对省级机关政府采购中心“关于确定询价采购成交供应商办法的请示”的答复（苏财购［2004］26号）

27. 江苏省财政厅、江苏省发展改革委员会、江苏省建设厅关于印发《江苏省省级工程类政府采购项目管理暂行办法》的通知（苏财购［2004］27号）

28. 江苏省财政厅关于对省体育局《关于申请将体育类项目采购实行部门集中采购的函》的答复（苏财购［2004］28号）

29. 关于SJC200411242现代办公设备询价采购有关问题的复函（苏财购［2004］29号）

安　徽　省

1. 关于印发《2004年全省政府采购工作要点》的通知（财购［2004］82号）

2. 安徽省财政厅、监察厅转发财政部、监察部关于印发《政府采购评审专家管理办法》的通知（财购［2004］90号）

3.《关于2004年省直行政事业单位复印纸定点采购的通知》（财购［2004］161号）

4.《关于进一步加强省级政府采购预算执行工作的通知》（财购［2004］306号）

5.《关于省级政府采购有关问题的请示》（财购［2004］605号）

6.《关于省政府部门使用正版软件定点采购的通知》（财购［2004］771号）

7.《关于公开征集省级政府采购评审专家的通知》（财购［2004］809号）

8. 关于印发《安徽省省级政府采购2005年集中采购目录》的通知（财购［2004］838号）

9. 安徽省教育厅、安徽省财政厅关于印发《安徽省省属院校政府采购管理暂行办法》的通知（教计［2004］8号）

福　建　省

1. 关于转发《财政部、监察部关于印发〈政府采购评审专家管理办法〉的通知》的通知（闽财购［2004］1号）

2. 关于全省血站联合招标采购血液进口试剂有关问题的复函（闽财购［2004］2号）

3. 关于一次性使用医疗用品集中招标有关问题的复函（闽财购［2004］3号）

4. 关于省直单位办公用纸供货价格调整的通知（闽财购［2004］4号）

5. 关于报送《关于加强和改进省级政府采购工作的若干意见》（送审稿）的函（闽财购［2004］5号）

6. 关于福建医科大学对附属医院一次性使用医疗用品实行集中招标采购的复函（闽财购［2004］6号）

7. 关于省直机关公务车辆实行定点加油的采购计划和实施意见的复函（闽财购［2004］7号）

8. 关于省直单位定点协议采购空调价格调整的通知（闽财购［2004］8号）

9. 关于印发《福建省省级政府集中采购目录》的通知（闽财购［2004］9号）

10. 关于编报政府采购计划的通知（闽财购［2004］10号）

11. 关于高等院校、科研机构自行组织实施属于政府采购集中采购目录范围的科研、实验设备采购有关事项的通知（闽财购［2004］11号）

12. 关于省检察院信息化建设项目设备采购有关事项的复函（闽财购［2004］12号）

13. 关于省直单位办公用纸继续实行公开招标定点协议供货的通知（闽财购［2004］13号）

14. 关于省直单位复印机、一体机定点协议供货有关事项的通知（闽财购［2004］14号）

15. 关于省直单位投影仪（机）定点协议供货有关事项的通知（闽财购［2004］15号）

16. 关于省直单位扫描仪、传真机、刻录机、打印机定点协议供货有关事项的通知（闽财购［2004］16号）

17. 关于省直单位摄像机、照相机定点协议供货有关事项的通知（闽财购［2004］17号）

18. 关于省直单位办公用纸定点供应的通知（闽财购［2004］18号）

19. 关于《福州一中新校区网络设备招标问题的报告》的复函（闽财购［2004］20号）

20. 关于华森信息工程有限公司投诉福大语音设备招标问题的复函（闽财购［2004］21号）

21. 关于转发财政部《政府采购货物和服务招标投标管理办法》的通知（闽财购［2004］22号）

22. 关于转发财政部《政府采购供应商投诉处理办法》的通知（闽财购［2004］23号）

23. 关于转发财政部《政府采购信息公

告管理办法》的通知（闽财购［2004］24号）

24. 关于报送《福建省省级政府采购工作调研报告》的函（闽财购［2004］25号）

25. 关于要求召开省政府采购工作领导小组会议的请示（闽财购［2004］26号）

26. 福建省财政厅关于福建省万年青运动器材制造有限公司对《福建省全民健身器材采购及安装项目》采购活动提出投诉的处理决定（闽财购［2004］27号）

27. 关于同意延长打印机等九类货品定点协议供货期限的函（闽财购［2004］28号）

28. 关于延长省直单位打印机等九类货品定点协议供货期限的通知（闽财购［2004］29号）

29. 关于建议召开省政府采购工作领导小组会议的请示（闽财购［2004］30号）

30. 福建省财政厅关于2005年度省直单位公务车辆统一保险有关问题的函（闽财购［2004］31号）

31. 关于信息产业厅软件测评项目采购审批方式整改问题的汇报（闽财购［2004］32号）

32. 关于取消政府采购供应商资格登记备案制度的通知（闽财购［2004］33号）

33. 关于研究政府采购工作的会议纪要（福建省政府专题会议纪要［2004］139号）

厦　门　市

1. 关于印发《厦门市政府采购评审专家管理办法》的通知（厦财［2004］3号）

2. 关于印发《厦门市政府采购代理机构监督考核管理办法》的通知（厦财［2004］19号）

3. 厦门市2003年政府采购制度专项检查工作报告（厦财购［2004］1号）

4. 关于2004年第一批城市维护建设项目有关政府采购事项的通知（厦财购［2004］2号）

5. 关于2004年空调、计算机、部分计算机外部设备及办公辅助设备第一期协议供货有关事项的通知（厦财购［2004］3号）

6. 关于厦门市公务人员因公出国机票定点采购有关事项的通知（厦财购［2004］4号）

7. 关于以联合体形式参加政府采购有关法律事项的请示（厦财购［2004］5号）

8. 关于厦门森宝集团有限公司违规供货的处罚决定（厦财购［2004］6号）

9. 关于厦门讯怡教学设备有限公司违反协议供货规定的处罚决定（厦财购［2004］7号）

10. 关于2004年第二批城市维护建设项目有关政府采购事项的通知（厦财购［2004］8号）

11. 关于转发福建省财政厅《关于转发财政部〈政府采购货物和服务招标投标管理办法〉的通知》的通知（厦财购［2004］9号）

12. 关于转发财政部《政府采购信息公告管理办法》的通知（厦财购［2004］10号）

13. 关于2005年厦门市集中采购目录及

政府采购限额标准的通知（厦财购［2004］11号）

14.关于公布政府采购规范性文件清理结果的通知（厦财购［2004］12号）

15.关于2005年计算机、部分计算机外部设备及办公辅助设备协议供货有关事项的通知（厦财购［2004］13号）

16.关于开展2004年度政府采购代理机构监督考核工作的通知（厦财购［2004］14号）

17.关于做好2004年度厦门市政府采购信息统计工作的通知（厦财购［2004］15号）

18.关于印发厦门市政府采购投诉处理有关文书格式的通知（厦财购［2004］16号）

19.关于进一步加强政府采购操作工作的紧急通知（厦财购业［2004］1号）

20.关于财政部三个令实施后我市现行政府采购有关制度规定如何适用问题的通知（厦财购业［2004］2号）

山 东 省

1.关于省级政府采购工作有关问题的通知（鲁财库［2004］9号）

2.关于印发《山东省政府采购评审专家管理实施办法》的通知（鲁财库［2004］20号）

青 岛 市

1.关于公布政府采购招标代理机构名单的通知（青财采［2004］0001）

2.关于转发财政部、监察部关于印发《集中采购机构监督考核管理办法》的通知（青财采［2004］0002）

3.关于转发财政部、监察部关于印发《政府采购评审专家管理办法》的通知（青财采［2004］0003）

4.关于印发《青岛市政府采购工作考核暂行办法》的通知（青财采［2004］0005）

5.关于公布政府采购招标代理机构名单的通知（青财采［2004］0007）

6.关于进一步加强政府采购监督工作的意见（青财采［2004］0008）

7.关于印发《市级2005年政府集中采购目录》的通知（青财采［2004］0014）

河 南 省

1. 关于转发财办库［2003］82号《关于做好2003年地方政府采购信息统计工作的通知》的通知（豫财购［2004］1号）

2. 关于转发《财政部、监察部关于印发〈政府采购评审专家管理办法〉的通知》的通知（豫财购［2004］2号）

3. 关于转发《财政部、监察部关于印发〈集中采购机构监督考核管理办法〉的通知》的通知（豫财购［2004］3号）

4. 关于印发《2004年河南省政府采购工作要点》的通知（豫财购［2004］4号）

5. 关于河南省2003年度政府采购信息统计有关情况的报告（豫财购［2004］5号）

6. 关于印发《2004年政府采购工作考核办法》的通知（豫财购［2004］6号）

7. 关于印发《河南省消防技术装备集中采购品目的通知》（豫财购［2004］7号）

8. 关于报送政府采购年检备案资料有关事项的通知（豫财购［2004］8号）

9. 关于河南省省级政府采购有关报表填写适宜的通知（豫财购［2004］9号）

10. 关于对2003年度空调、汽车、计算机协议供货单位进行核查的通知（豫财购［2004］10号）

11. 关于申请建立河南省政府采购信息管理系统的报告（豫财购［2004］11号）

12. 关于印发《2004年度河南省省直行政事业单位政府采购五项服务定点企业名单及管理办法》的通知（豫财购［2004］13号）

13. 关于举行2004年度河南省省级五项服务定点单位集中授牌仪式的通知（豫财购［2004］14号）

14. 关于印发《2004年度河南省省直行政事业单位政府采购空调协议供货单位名单及管理办法》的通知（豫财购［2004］15号）

15. 关于网上发布省级政府采购应委托项目信息有关事项的通知（豫财购［2004］16号）

16. 河南省财政厅、河南省监察厅、河南省审计厅《关于财政投资工程实行政府采购有关事项的通知》（豫财购［2004］17号）

17. 河南省财政厅、河南省建设厅关于印发《河南省中小学危房改造工程项目政府采购实施办法》的通知（豫财购［2004］18号）

18. 关于印发《杨玲副厅长在危改工程试行政府采购工作总结座谈会上的讲话》的通知（豫财购［2004］20号）

19. 关于进一步明确河南省省级政府采购有关业务流程的通知（豫财购［2004］21号）

20. 关于不同意在河南省成套局（招标局）设置政府采购中心的函（豫财购［2004］22号）

21. 关于转发财政部《政府采购货物和服务招标投标管理办法》、《政府采购信息公告管理办法》、《政府采购供应商投诉处理办法》的通知（豫财购［2004］23号）

22. 关于发布《河南省省级2005年政府

采购目录及限额标准》的请示（豫财购［2004］24号）

23. 关于征集政府采购评审专家的通知（豫财购［2004］25号）

24. 关于印发《河南省省级2005年政府采购目录及限额标准》的通知（豫财购［2004］26号）

25. 关于召开省级政府采购业务培训会议的通知（豫财购［2004］27号）

26. 关于召开全省政府采购业务培训会议的通知（豫财购［2004］28号）

27. 关于省直单位2004年度公务用车协议供货有关事宜的通知（豫财购［2004］29号）

28. 关于省直单位2004年度计算机及办公机具协议供货有关事宜的通知（豫财购［2004］30号）

湖北省

1. 关于加快推进全省政府采购制度改革的通知（鄂政办发［2004］16号）

2. 省财政厅、省审计厅、省监察厅关于做好政府采购监督检查工作的通知（鄂财采发［2004］2号）

3. 关于重申政府采购监管工作要求的通知（鄂财采发［2004］3号）

4. 关于政府采购评审专家抽取使用管理的通知（鄂财采发［2004］5号）

5. 政府采购代理机构资格认定办法（鄂财采发［2004］6号）

6. 关于规范政府采购统计范围的通知（鄂财采发［2004］7号）

7. 政府采购供应商诚信档案管理暂行办法（鄂财采发［2004］9号）

8. 关于加强政府采购履约验收监督管理工作的通知（鄂财采发［2004］10号）

9. 湖北省省级政府采购预算执行程序暂行规定（鄂财采发［2004］11号）

10. 部门集中采购管理暂行办法（鄂财采发［2004］12号）

湖南省

1. 关于加强政府采购合同监管的通知（湘财购［2004］2号）

2. 转发财政部、监察部关于印发《政府采购评审专家管理办法》的通知（湘财购［2004］3号）

3. 转发财政部监察部关于印发《集中采购机构监督考核管理办法》的通知（湘财购［2004］4号）

4. 关于印发《湖南省集中采购机构监督考核管理实施办法》的通知（湘财购［2004］5号）

5. 关于印发《湖南省2005年集中采购目录及政府采购限额标准和公开招标数额标准》的通知（湘财购［2004］6号）

6. 关于省直单位2004—2005年度办公设备协议供货有关事宜的通知（湘财购［2004］7号）

7. 关于湖南省省本级政府部门正版软件政府采购有关事项的通知（湘财购［2004］8号）

深　圳　市

1. 关于印发《深圳市政府采购评标委员会专家库管理暂行办法》的通知（深财购［2004］2号）

2.《关于建立政府采购信息反馈机制的通知》(深财购［2004］8号)

3. 关于发布《深圳市政府采购信息公告管理办法》的通知（深财购［2004］13号）

4.《关于规范确认申报金额是否包括设计费及监理费的通知》（深财购［2004］18号）

5.《关于重申政府投资项目所需的设备应当实行政府集中采购的通知》（深财购［2004］21号）

海　南　省

1. 关于召开政府采购信息统计布置工作会议的通知（琼财采［2004］2号］

2. 关于省直单位2004年复印机采购有关事宜的通知（琼财采［2004］58号）

3. 关于省直行政事业单位公务用车实行定点保险的通知（琼财采［2004］103号）

4. 转发财政部监察部《关于印发集中采购机构监督考核管理办法》的通知（琼财采［2004］111号）

5. 转发财政部监察部《关于印发政府采购评审专家管理办法》的通知（琼财采［2004］112号）

6. 关于报送2004年政府集中采购项目委托表的通知（琼财采［2004］212号）

7. 关于省直单位2004年第二期政府采购协议供货工作有关事宜的通知（琼财采［2004］1005号）

8. 关于2005年省直单位政府采购工作有关事项的通知（琼财采［2004］1535号）

重　庆　市

1. 重庆市财政局关于市级机关事业单位实行政府集中采购会计处理的有关问题的通知（渝财采购［2004］9号）

2. 重庆市财政局、重庆市监察局关于印发《政府采购评审专家管理实施办法》的通知（渝财采购［2004］20号）

3. 重庆市财政局、重庆市监察局关于印发《重庆市集中采购机构监督考核管理实施办法》的通知（渝财采购［2004］35号）

4. 重庆市财政局关于转发《财政部政府采购供应商投诉处理办法》的通知（渝财采购［2004］61号）

5. 重庆市财政局关于印发《重庆市市级部门集中采购运行规程（暂行）》的通知（渝财采购［2004］62号）

6. 重庆市财政局、重庆市监察局关于进一步规范政府采购工作的通知（渝财采购［2004］65号）

四　川　省

1. 关于四川省财政厅国库处增挂“政府采购监督管理处”牌子的通知（川财采［2004］1号）

2. 关于印发《四川省政府采购代理机构管理办法（暂行）》的通知（川财采［2004］2号）

3. 关于四川省省级机关事业单位和团体组织公务用车办公设备实行定点采购有关事项的通知（川财采［2004］3号）

4. 关于印发《四川省政府采购评审专家管理实施细则（试行）》的通知（川财采［2004］7号）

5. 关于四川省省级单位2004年定点协议采购有关事项的通知（川财采［2004］8号）

6. 关于印发《四川省政府采购代理机构名单》（第一批）的通知（川财采［2004］9号）

7. 关于开通四川政府采购网有关事项的通知（川财采［2004］15号）

云　南　省

1. 关于开展《政府采购法》知识竞赛活动的通知（云财采［2004］1号）

2. 关于印发《2004年云南省政府采购工作要点》的通知（云财采［2004］2号）

3. 关于批准下发《云南省2004年度政府采购目录及采购限额标准》的请示（云财采［2004］3号）

4. 关于国土资源信息档案资料楼在执行政府采购招投标工作有关问题的函（云财采［2004］4号）

5. 关于采购2003年新增公安民警服装及其标志的复函（云财采［2004］5号）

6. 对“远程可视医疗县县通”项目政府采购问题的意见（云财采［2004］6号）

7. 转发财政部《关于印发〈2004年政府采购工作要点〉的通知》的通知（云财采［2004］7号）

8. 关于2004年全省司法行政系统警服采购的复函（云财采［2004］8号）

9. 关于征求对《云南省2005年度政府集中采购目录及采购限额标准》意见的函（云财采［2004］9号）

10. 关于停止省级行政事业单位公务用车统一定点维修业务的通知（云财采［2004］10号）

11. 关于对省级单位计算机等办公自动化设备实行政府采购协议供货制度的通知（云财采［2004］11号）

12. 关于下达政府采购业务补助经费的通知（云财采［2004］12号）

13. 关于停止省级行政事业单位公务用车统一定点承保业务的通知（云财采［2004］13号）

14. 关于对财政部《政府采购代理机构资格认定办法（征求意见稿）》修改意见的函（云财采［2004］14号）

15. 关于进一步明确省级政府采购项目有关管理事项的通知（云财采［2004］15号）

16. 关于2004年全省公安民警到期换发被装物资及其标志采购的复函（云财采［2004］16号）

17. 关于下发《云南省2005年度政府采购集中采购目录及采购限额标准》的请示（云财采［2004］17号）

18. 关于对《政府采购非招标采购方式管理办法（征求意见稿）》等6个办法修改意见的函（云财采［2004］18号）

19. 关于云南省政府采购信息统计工作表彰的通报（云财采［2004］19号）

20. 云南省财政厅关于省级行政事业单位公务用车实行统一定点维修的通知（云财采［2004］20号）

21. 关于举办省级行政事业单位政府采购培训班的通知（云财采［2004］21号）

22. 云南省财政厅关于省级行政事业单位公务用车实行统一定点保险的通知（云财采［2004］22号）

23. 关于省级单位2005年第一期政府采购协议供货有关事宜的通知（云财采［2004］23号）

24. 转发《财政部关于做好2004年全国政府采购信息统计工作的通知》的通知（云

财采［2004］24号）

西藏自治区

1. 西藏自治区人民政府办公厅转发自治区财政厅关于进一步推进我区政府采购制度改革意见的通知（藏政办发［2004］8号）

2. 关于报送《关于我区政府采购工作的调研报告》的报告（藏监字［2004］2号）

3. 关于对《区财政厅关于政府采购管理机构与集中采购执行机构分离的请示》的批复（藏机编发［2004］24号）

4. 关于批转《进一步推进我区政府采购制度改革的意见》的请示（藏财库［2004］2号）

5. 关于西藏自治区级单位会议、接待实行政府采购（试行）管理的通知（藏财库字［2004］12号）

6. 关于转发财政部《关于印发〈2004年政府采购工作要点〉的通知》的通知（藏财库字［2004］13号）

7. 关于转发财政部、监察部《关于印发〈政府采购评审专家管理办法〉的通知》和《关于印发〈集中采购机构监督考核管理办法〉的通知》的通知（藏财库字［2004］14号）

8. 关于印发《西藏自治区区直单位2004年政府集中采购目录》的通知（藏财库字［2004］15号）

9. 关于收取政府采购中标单位中标服务费的请示（藏财库字［2004］19号）

10. 关于进一步加强我区政府采购工作的通知（藏财库字［2004］26号）

11. 关于2003年度政府统一采购公务用车资金结算情况的通知（藏财库字［2004］27号）

甘肃省

1. 转发财政部监察部关于印发《政府采购评审专家管理办法》的通知（甘财采［2004］1号）

2. 转发财政部监察部关于印发《集中采购机构监督考核管理办法》的通知（甘财采［2004］2号）

3. 关于征集省级政府采购评审专家的通知（甘财采［2004］3号）

4. 转发财政部监察部关于印发《政府采购评审专家管理办法》的通知（甘财采［2004］4号）

5. 关于严格控制公务用车配备管理的

通知（甘财采［2004］5 号）

6. 关于印发 2004 年甘肃政府采购工作要点的通知（甘财采［2004］6 号）

7. 关于印发《甘肃省政府采购供应商投诉处理暂行办法》的通知（甘财采［2004］7 号）

8. 关于举办政府采购评审专家培训班的通知（甘财采［2004］8 号）

9. 关于举办政府采购业务培训班暨公务用车管理座谈会的通知（甘财采［2004］9 号）

10. 关于对全省各地机关事业单位公务用车配置管理情况进行监督检查的通知（甘财采［2004］10 号）

11. 关于建立省级行政事业单位政府采购信息统计报表制度的通知（甘财采［2004］11 号）

12. 关于举办省级行政事业单位政府采购统计业务培训班的通知（甘财采［2004］12 号）

13. 关于召开有关政府采购管理办法征求意见座谈会的通知（甘财采［2004］13 号）

14. 关于启用省级政府采购评审专家库有关问题的通知（甘财采［2004］14 号）

15. 关于召开 2004 年政府采购信息统计报表工作会的通知（甘财采［2004］15 号）

16. 关于对 2003 年度政府采购信息统计工作先进地区进行表彰的通知（甘财采［2004］16 号）

17. 甘肃省财政厅关于同意甘肃省金盾工程项目采购部门集中采购的批复（甘财采［2004］17 号］

18. 关于公布甘肃省 2005 年政府集中采购目录限额标准和货物服务项目公开招标数额标准的请示（甘财采［2004］18 号）

青　海　省

1. 青海省人民政府办公厅转发省财政厅关于进一步推进我省政府采购工作意见的通知（青政办［2004］103 号）

2. 关于印发《省级单位部门集中采购暂行办法》的通知（青财库字［2004］631 号）

宁夏回族自治区

1. 自治区政府办公厅关于进一步落实自治区政府集中采购目录的通知（宁政办发［2004］19 号）

2. 自治区人民政府办公厅关于进一步贯彻实施《政府采购法》的通知（宁政办发［2004］257 号）

3. 关于印发《自治区本级政府采购工作流程》的通知（宁财（办）发［2004］169号）

4. 关于减免部分政府采购项目收费的通知（宁财（办）发［2004］175号）

新疆维吾尔自治区

1. 关于转发《财政部监察部关于印发〈政府采购评审专家管理办法〉的通知》的通知（新财购［2004］1号）

2. 关于印发《关于做好2004年自治区政府采购工作的意见》的通知（新财购［2004］2号）

3. 关于调整2004年政府集中采购项目门槛价的通知（新财购［2004］3号）

4. 关于自治区政府采购招标代理机构资格认定的通知（新财购［2004］4号）

5. 关于上报我区2003年政府采购信息统计表和政府采购执行情况分析的报告（新财购［2004］5号）

6. 关于新疆维吾尔自治区政府采购工作检查情况的报告（新财购［2004］6号）

7. 转发财政部《2004年政府采购工作要点》的通知（新财购［2004］7号）

8. 关于自治区本级行政事业单位2004—2005年机动车辆保险政府采购有关问题的通知（新财购［2004］8号）

9. 关于上报新疆维吾尔自治区2004年第一季度政府采购信息统计报表的报告（新财购［2004］9号）

10. 关于印发《新疆维吾尔自治区区级2005年度政府集中采购目录和分散采购限额标准》的通知（新财购［2004］10号）

11. 关于改进和加强自治区本级政府采购程序的补充通知（新财购［2004］11号）

12. 关于2004年自治区本级行政事业单位二类会议政府采购有关问题的通知（新财购［2004］12号）

13. 关于上报新疆维吾尔自治区2004年第二季度政府采购信息统计报表的报告（新财购［2004］13号）

14. 新疆维吾尔自治区财政厅行政处罚事项告知书（新财购［2004］14号）

15. 关于北京天财圣峰软件有限公司有关投诉事项的处理决定（新财购［2004］15号）

16. 关于对《新疆维吾尔自治区政府采购招标代理机构资格认定管理（暂行）办法》进行补充修正的通知（新财购［2004］16号）

17. 关于自治区本级单位2004年锅炉用煤政府采购有关事宜的通知（新财购［2004］17号）

18. 关于批准“新疆维吾尔自治区人大干部培训中心”为2004年自治区二类会议服务定点宾馆的通知（新财购［2004］18号）

19. 关于转发财政部《政府采购货物和服务招标投标管理办法》的通知（新财购［2004］19号）

20. 关于转发财政部《政府采购信息公告管理办法》的通知（新财购［2004］20号）

21. 关于转发财政部《政府采购供应商投诉处理办法》的通知（新财购［2004］21号）

22. 关于上报我区2004年1—3季度政府采购信息统计表的报告（新财购［2004］22号）

23. 关于加强自治区本级行政事业单位机动车辆保险政府采购管理的通知（新财购［2004］23号）

24. 新疆维吾尔自治区财政厅行政处罚事项告知书（新财购［2004］24号）

25. 关于报送和执行2005年政府采购计划有关问题的通知（新财购［2004］25号）

26. 关于对新疆维信德通讯工程有限公司进行行政处罚的决定（新财购［2004］26号）

27. 关于编撰《中国政府采购年鉴》的通知（新财办购［2004］1号）

28. 关于自治区“国家贫困地区义务教育工程”教学仪器项目政府采购有关事宜的通知（新财办购［2004］2号）

29. 关于对《关于征求〈政府采购非招标采购方式管理办法（征求意见稿）〉等6个办法意见的函》的反馈意见（新财办购［2004］4号）

30. 关于召开政府采购招标代理机构工作会议的通知（新财办购［2004］5号）

31. 关于举办自治区政府采购制度培训班的通知（新财办购［2004］6号）

32. 关于做好2004年地方政府采购信息统计工作的通知（新财办购［2004］7号）

33. 关于做好2004年自治区本级单位政府采购信息统计工作的通知（新财办购［2004］8号）

（三）地方2004年政府集中采购目录

天津市2004年政府集中采购目录和限额标准

（2003年11月27日天津市财政局津财库［2003］44号发布）

一、编制依据

本目录严格依据《政府采购法》的有关规定，在财政部印发的《政府采购品目分类表》基础上，结合我市实际情况编制。在2003年政府采购目录的基础上，进一步明确了政府采购的范围、集中采购与分散采购的管理方式和组织形式。

二、适用范围

各级各国家机关、事业单位和团体组织（以下统称采购单位）使用财政性资金采购集中采购目录以内或者采购限额标准以上的货物、工程和服务，必须按照《政府采购法》规定的采购方式和采购程序依法进行。

三、组织形式

政府采购实行集中采购和分散采购相结合。其中，纳入集中采购目录的项目必须实行集中采购；对集中采购目录以外、限额标准以上的项目，经市财政局批准后，可实行分散采购。

四、集中采购目录

纳入集中采购目录属于通用项目的，必须委托集中采购机构代理采购；纳入集中采购目录属于部门和系统具有特殊要求的专用项目，经市财政局批准后，由采购单位委托经政府采购管理部门认定资格的政府采购业务代理机构或者集中采购机构实施采购。

（一）通用采购项目

1. 货物类

（1）电器设备：电视机、电冰箱、吸尘器、空调、摄影和摄像器材等；

（2）办公自动化设备：计算机、打印机、传真机、复印机、速印机、投影仪、扫描仪等；

（3）办公家具；

（4）交通工具：公务用车；

（5）经批准的其他通用采购项目。

2. 工程类

（1）统一建设的公用房和住房；

（2）统一组织的房屋修缮、装修。

3. 服务类

（1）车辆维修、加油、保险；

（2）经批准的其他服务类项目。

（二）有特殊要求的专用采购项目

1. 货物类

（1）物资：救灾物资、防汛物资、抗旱物资、农用物资、储备物资、燃料等；

（2）中央空调机组；

（3）医疗设备及器械、器材；

（4）消防设备；

（5）警用设备和用品；

（6）体育设备及器材；

（7）交通管理设备；

（8）专用教学设备及器械；

（9）广播电视、影像专用设备及器材；

（10）文艺设备及器械；

（11）专用科研设备及器械；

（12）农用设备；

（13）计划生育设备及器械；

（14）网络设备；

（15）环保设备及器械；

（16）公务服装；

（17）专用汽车：工程汽车、消防车、警车、救护车、通讯和广播用车、道路清扫车、其他专用汽车；

（18）部门确定的其他有特殊要求的专用采购项目。

2. 工程类（计划部门已经批准立项的项目）

（1）公用房建设和宿舍建设；

（2）机关单位公用房建设和宿舍修缮、装饰工程；

（3）部门确定的其他有特殊要求的专用采购项目。

3. 服务类

（1）本部门或本系统信息管理系统开发及维护；

（2）新建工程项目的设计、监理等项服务；

（3）部门确定的其他有特殊要求的专用采购项目。

五、政府采购限额标准

采购单位采购集中采购目录以外、限额标准以上的项目，应委托经市级政府采购管理部门认定资格的政府采购业务代理机构或者集中采购机构实施采购。具体限额标准为：

（一）货物类

单项金额在5万元以上或者单项金额低于5万元但批量金额在10万元以上的货物。

（二）工程类

20万元以上的工程项目。

（三）服务类

单项金额在1万元以上或者单项金额在1万元以下但批量金额在5万元以上的服务。

以上单项采购项目是指单个采购品目或预算专项，由财政安排的专项采购，以预算资金为准；配套资金项目以项目总投资为准。批量采购项目按本年度本部门、本系统的采购总量为准。

六、招标数额标准

采购单位采购集中采购目录以内或者限额标准以上的项目，凡达到公开招标数额标准的，应采用公开招标方式（法律规定的特殊情形除外），委托经市级政府采购管理部门资格认定的政府采购业务代理机构或集中采购机构实施采购。具体数额标准为：50万元以上的单项或者批量货物；30万元以上的单项或者批量服务；100万元以上的工程项目。

七、相关说明

（一）集中采购目录以内的品目不受金额限制，必须按规定实行政府采购。

（二）招标数额标准以下的政府采购项目，可选择公开招标以外的其他方式采购，但事前应获政府采购管理部门批准。

（三）采购限额标准以下的项目，可实行定点采购或协议采购，但定点供应商或协议采购供应商必须通过公开招标方式确定。

（四）复合采购项目，即一个采购项目中含货物、工程、服务中两个以上的采购项目，按照采购资金比重最大的项目确定其属性。

（五）本目录及限额、数额标准发布后，因特殊情况需要调整的，由市财政局另行公布。

（六）本目录及有关标准由市财政局负责解释。各区县可根据当地实际对集中采购目录和限额标准作适当调整。

河北省2004—2005年集中采购目录及采购限额标准

（2004年5月18日河北省财政厅冀财［2004］101号发布）

省　本　级

一、政府集中采购部分				
序号	目 录 名 称	省　级		备　注
		2004年	2005年	
A	货　物　类			
A03	一般设备			
A0301	电器设备			
A030101	电视机	单价在0.5万元以上（含0.5万元），或批量采购金额在2万元以上（含2万元）	单价在0.5万元以上（含0.5万元），或批量采购金额在5万元以上（含5万元）	
A030102	电冰箱	同上	同上	包括冰柜
A030103	洗衣机	同上	同上	
A030104	吸尘器	同上	同上	
A030105	摄影、摄像器材	同上	摄影器材单价在2万元以上（含），摄像器材单价在10万元以上（含）	包括照相机、摄像机、摄录一体机、数码一体机
A030106	空气调节设备	同上	单价在0.5万元以上（含0.5万元），或批量采购金额在5万元以上（含5万元）	

续表

序号	目 录 名 称	省 级		备 注
		2004 年	2005 年	
A030199	其他电器设备	同上	同上	包括 VCD、DVD、音像
A0302	办公自动化设备			商用台式微机、笔记本电脑、激光打印机、针式打印机、制版印刷一体化速印机、喷墨打印机、桌面多功能一体机、复印机、扫描仪、传真机实行协议供货
A030201	计算机			包括小型机、微机、数据工作站、显示终端设备、刻录机
A030202	打印机			
A030203	电话机	批量采购金额在 2 万元以上（含 2 万元）	批量采购金额在 5 万元以上（含 5 万元）	
A030204	传真机	批量采购金额在 2 万元以上（含 2 万元）		
A030205	复印机			
A030206	速印机			
A030207	碎纸机	批量采购金额在 2 万元以上（含 2 万元）	批量采购金额在 5 万元以上（含 5 万元）	
A030208	投影仪			
A030209	扫描仪			
A030210	视频展示台			
A030299	其他办公自动化设备	单价在 0.5 万元以上（含 0.5 万元），或批量采购金额在 2 万元以上（含 2 万元）	单价在 0.5 万元以上（含 0.5 万元），或批量采购金额在 5 万元以上（含 5 万元）	
A0303	家具			
A030301	办公家具	批量采购金额在 5 万元（含 5 万元）	批量采购金额在 20 万元（含 20 万元）	
A04	办公消耗用品			
A0401	纸张	定点采购	定点采购	
A0402	信封	定点采购	定点采购	
A0410	笔墨	定点采购	定点采购	
A0411	资料夹	定点采购	定点采购	
A0412	计算器	定点采购	定点采购	

续表

序号	目 录 名 称	省 级		备 注
		2004 年	2005 年	
A0413	电脑打印耗材	定点采购	定点采购	包括 UPS、硒鼓、墨粉
A0499	其他消耗用品	定点采购	定点采购	
A05	建筑、装饰材料	批量采购金额在 10 万元（含 10 万元）	单项合同估算价在 50 万元以上（含 50 万元）	不包括木板、木线
A06	物资	批量采购金额在 20 万元（含 20 万元）	批量采购金额在 20 万元（含 20 万元）	
A0606	燃料			冬季取暖用煤
A07	专用材料			
A0704	实验室用品及小型设备	单价 5 万元以上（含）或批量采购 10 万元以上（含）	单价 5 万元以上（含）或批量采购 20 万元以上（含）	
A0706	工具和仪器（指仪表、乐器等）	单价 5 万元以上（含）或批量采购 10 万元以上（含）	单价 5 万元以上（含）或批量采购 20 万元以上（含）	
A0708	制服及劳保用品	批量采购金额在 10 万元以上（含）	批量采购金额在 20 万元以上（含）	包括大中专院校统一为学生代购床上、生活用品和学生公寓内的各种货物
A10	专用设备			
A1001	通信设备			
A100102	电话通信设备			
A1004	网络设备			
A100401	服务器			包括不间断电源
A100402	路由器			
A100403	交换机			
A100404	调制解调器			
A100499	其他网络设备			
A1011	工程机械			
A1012	园艺机械			
A1014	道路清扫设备			
A1018	档案、保密设备	单价 0.5 万元以上(含)或批量采购 2 万元以上(含)	单价 0.5 万元以上(含)或批量采购 2 万元以上(含)	
A1020	实验室设备	单价 5 万元以上（含）或批量采购 10 万元以上（含）	单价 5 万元以上（含）或批量采购 20 万元以上（含）	

续表

序号	目 录 名 称	省级 2004年	省级 2005年	备 注
A1022	灯光、音响设备	同上	同上	
A1027	电梯和起重机			
A1028	炊事设备	单价5万元以上（含）或批量采购金额10万元以上（含）	单价5万元以上（含）或批量采购金额20万元以上（含）	
A1029	锅炉及除尘设备			
A1030	殡仪火化设备			
A11	交通工具			
A1101	汽车			
A110101	轿车			
A11010101	普通轿车			
A11010102	高级轿车			
A110102	越野汽车（吉普车）			
A110103	卡车			
A110104	载客汽车			
A11010402	旅行面包车			
A11010403	公共汽车			
A11010404	微型客车			
A11010499	其他载客汽车			
A110105	专用汽车			
A11010501	工程汽车			
A11010502	工具汽车			
A11010503	消防车			
A11010504	警车			
A11010506	通讯和广播用车			
A11010507	皮卡			
A11010508	洒水车			
A11010509	道路清扫车			
A11010510	垃圾车			
A11010511	殡仪车			
A11010599	其他专用汽车			
A110106	摩托车			
A110107	电车			
A1199	其他交通工具			

续表

序号	目 录 名 称	省 级		备 注
		2004年	2005年	
B	**工 程 类**			
B10	系统集成、网络工程	单项金额达到10万元以上（含）	单项金额达到20万元以上（含）	
C	**服 务 类**			
C01	印刷、出版	定点采购	定点采购	省级30万元以上(含)公开招投标，市级以下标准由同级财政部门制定
C03	信息技术、信息管理软件开发设计	单项金额达到10万元以上（含）	单项金额达到30万元以上（含）	包括办公、教学、科研、医疗等系统软件的开发、设计、安装
C04	维修			
C0401	一般设备			
C0402	专用设备			
C0499	其他维修			
C0703	交通工具的维护保障			
C070301	车辆保险	定点采购	定点采购	
C070302	车辆加油	定点采购	定点采购	
C070303	车辆维修	定点采购	定点采购	
C08	会议	定点采购	定点采购	
C0801	大型会议	定点采购	定点采购	包括党代会、人代会、政协会等大型会议
C0802	一般会议	定点采购	定点采购	包括各种研讨会、表彰会及专业会议等
二、部门集中采购部分				
A	**货 物 类**			
A06	物资			
A0601	救灾物资			
A0602	防汛物资			
A0603	抗旱物资			
A0604	农用物资			
A0605	储备物资			包括财政拨款购买的粮食
A10	专用设备			
A100405	网络专用设备			

续表

序号	目 录 名 称	省 级		备 注
		2004 年	2005 年	
A1006	医疗设备和器械	单价5万元以上(含)或批量采购10万元以上(含)	单价5万元以上(含)或批量采购20万元以上(含)	
A1007	计划生育设备	单价5万元以上(含)或批量采购10万元以上(含)	单价5万元以上(含)或批量采购20万元以上(含)	
A1008	交通管理监控设备			
A1009	港口设备			
A1010	农用机械设备			
A1013	消防设备			
A1015	警察设备和用品	单价在0.5万元以上(含)，或批量采购金额在2万元以上（含）	单价在0.5万元以上(含)，或批量采购金额在2万元以上（含）	
A1019	专用教学设备	单价5万元以上（含）或批量采购金额10万元以上（含）	单价5万元以上（含）或批量采购金额20万元以上（含）	
A1021	广播电视和影像设备	单价5万元以上（含）或批量采购金额10万元以上（含）	单价5万元以上（含）或批量采购金额20万元以上（含）	
A1024	体育设备			
A1031	气象专用仪器设备			
A1032	人工影响天气作业设备			
A1033	航测设备			
A1034	海关专用物资装备			
A1035	税务专用物资装备			
A1036	检察诉讼设备			
A1037	法庭内部装备			
A11	交通工具			
A11010505	救护车			
A110201	救助船舶和直升机			
A110202	港务监督巡逻艇			
A110203	缉私船			
B	工 程 类	总投资在20万元以上(含)的项目、单项金额达到10万元以上（含）的货物、批量采购达到10万元以上（含）的建筑材料	施工单项合同估算价在50万元以上（含）的项目、单项合同估算价在20万元以上的重要设备、材料等货物	使用财政性资金以及与财政性资金配套的各类建筑物和构筑物的新建、改建、扩建、装修、拆除、修缮等工程，上述工程的货物、主要建筑材料

续表

序号	目录名称	省级		备注
		2004年	2005年	
B01	建筑物			
B0101	公用房建设			
B0102	住宅建设			
B0103	其他用房建设			
B0104	文教、卫生、音乐、体育等公益设施建设			
B0105	纪念性建筑设施建设			
B0199	其他建筑设施建设			
B02	市政建设工程			
B0201	市政道路建设			
B0202	市政公用设施建设			
B0203	自来水输水工程			
B0204	集中供暖、供热供气工程			
B0205	城市道路隔离带			
B03	环保、绿化工程			
B0301	污水处理			
B0302	市政垃圾处理			
B0303	园林绿化工程			
B0304	荒山绿化			
B0305	天然林保护			
B0306	防沙工程			
B04	水利、防洪工程			
B0401	河道疏浚工程			
B0402	大坝、水库、闸门、泻洪工程			
B0403	农田水利工程			
B0404	江河、湖泊治理工程			
B05	交通运输工程			
B0501	机场、航空工程			
B0502	港口工程			
B0503	铁路工程			
B0504	公路、桥梁、涵洞			
B0505	各种公路标志、标杆、标线			
B09	修缮、装饰工程			
B99	其他各类工程			
C	服务类			
C02	专业咨询、工程监理、工程设计、勘察	单项金额达到10万元以上（含）	单项合同估算价达到30万元以上（含）	
C0403	建筑物维修			

市、县 级

序号	目 录 名 称	市 级	县、区级		备 注
			一般县、区级	其中：贫困县、区	
A	货 物 类				
A03	一般设备				
A0301	电器设备				
A030101	电视机	单价在 0.5 万元以上（含 0.5 万元），或批量采购金额在 1 万元以上（含 1 万元）	单价在 0.3 万元以上（含 0.3 万元），或批量采购金额在 0.5 万元以上（含 0.5 万元）	单价在 0.2 万元以上（含 0.2 万元），或批量采购金额在 0.5 万元以上（含 0.5 万元）	
A030102	电冰箱	同上	同上	同上	包括冰柜
A030103	洗衣机	同上	同上	同上	
A030104	吸尘器	同上	同上	同上	
A030105	摄影、摄像器材	同上	同上	同上	包括照相机、摄像机、摄录一体机、数码一体机
A030106	空气调节设备	同上	同上	同上	
A030199	其他电器设备	同上	同上	同上	包括 VCD、DVD、音像
A0302	办公自动化设备				
A030201	计算机				包括小型机、微机、数据工作站、显示终端设备、刻录机
A030202	打印机				
A030203	电话机	批量采购金额在 0.5 万元以上（含 0.5 万元）	批量采购金额在 0.3 万元以上（含 0.3 万元）	批量采购金额在 0.2 万元以上（含 0.2 万元）	
A030204	传真机				

续表

序号	目录名称	市级	县、区级		备注
			一般县、区级	其中：贫困县、区	
A030205	复印机				
A030206	速印机				
A030207	碎纸机	批量采购金额在0.5万元以上（含0.5万元）	批量采购金额在0.3万元以上（含0.3万元）	批量采购金额在0.3万元以上（含0.3万元）	
A030208	投影仪				
A030209	扫描仪				
A030210	视频展示台				
A030299	其他办公自动化设备	单价在0.5万元以上（含0.5万元），或批量采购金额在1万元以上（含1万元）	单价在0.3万元以上（含0.3万元），或批量采购金额在0.5万元以上（含0.5万元）	单价在0.2万元以上（含0.2万元），或批量采购金额在0.5万元以上（含0.5万元）	
A0303	家具				
A030301	办公家具	批量采购金额在2万元（含2万元）	批量采购金额在1万元（含1万元）	张家口市县级批量在0.2万元以上（含）	
A04	办公消耗用品				
A0401	纸张	定点采购	定点采购	定点采购	
A0402	信封	定点采购	定点采购	定点采购	
A0410	笔墨	定点采购	定点采购	定点采购	
A0411	资料夹	定点采购	定点采购	定点采购	
A0412	计算器	定点采购	定点采购	定点采购	
A0413	电脑打印耗材	定点采购	定点采购	定点采购	包括UPS、硒鼓、墨粉
A0499	其他消耗用品	定点采购	定点采购	定点采购	
A05	建筑、装饰材料	批量采购金额在7万元（含7万元）	批量采购金额在4万元（含4万元）		不包括木板、木线

续表

序号	目 录 名 称	市 级	县、区级		备 注
			一般县、区级	其中：贫困县、区	
A06	物资	批量采购金额在5万元（含5万元）			
A0601	救灾物资		批量采购金额在2万元（含2万元）	批量采购金额在2万元（含2万元）	
A0603	抗旱物资		批量采购金额在2万元（含2万元）	批量采购金额在2万元（含2万元）	
A0606	燃料		批量采购金额在2万元（含2万元）	批量采购金额在2万元（含2万元）	冬季取暖用煤
A07	专用材料				
A0704	实验室用品及小型设备	单价3万元以上（含）或批量采购7万元以上（含）	单价2万元以上（含）或批量采购5万元以上（含）	单价2万元以上（含）或批量采购5万元以上（含）	
A0706	工具和仪器（指仪表、乐器等）	单价2万元以上（含）或批量采购5万元以上（含）	单价1万元以上（含）或批量采购3万元以上（含）	单价1万元以上（含）或批量采购2万元以上（含）	
A0708	制服及劳保用品	批量采购金额在5万元以上（含）	批量采购金额在3万元以上（含）	批量采购金额在2万元以上（含）	包括执法部门统一制装；中、小学代学生统一制作校服；大中专院校统一为学生代购床上、生活用品
A08	粮食				财政拨款购买的粮食
A10	专用设备				
A1001	通信设备				
A100102	电话通信设备				
A1004	网络设备				
A100401	服务器				包括不间断电源
A100402	路由器				

续表

序号	目录名称	市级	县、区级		备注
			一般县、区级	其中：贫困县、区	
A100403	交换机				
A100404	调制解调器				
A100499	其他网络设备				
A1006	医疗设备、器械	单价3万元以上（含）或批量采购5万元以上（含）	单价2万元以上（含）或批量采购3万元以上（含）	单价1万元以上（含）或批量采购3万元以上（含）	
A1007	计划生育设备	单价3万元以上（含）或批量采购5万元以上（含）	单价2万元以上（含）或批量采购3万元以上（含）	单价1万元以上（含）或批量采购3万元以上（含）	
A1008	交通管理监控设备				
A1010	农用机械设备				
A1011	工程机械				
A1012	园艺机械				
A1013	消防设备				
A1014	道路清扫设备				
A1015	警用设备和用品	单价0.5万元以上(含)或批量采购1万元以上(含)	单价0.5万元以上(含)或批量采购1万元以上(含)	单价0.3万元以上(含)或批量采购1万元以上(含)	
A1018	档案、保密设备	单价0.5万元以上(含)或批量采购1万元以上(含)	单价0.5万元以上(含)或批量采购1万元以上(含)	单价0.3万元以上(含)或批量采购1万元以上(含)	
A1019	教学设备	单价2万元以上（含）或批量采购5万元以上（含）	单价1万元以上（含）或批量采购3万元以上（含）	单价0.5万元以上(含)或批量采购3万元以上(含)	不包括办公设备
A1020	实验室设备	同上	同上	同上	
A1021	广播电视、影像设备	同上	同上	同上	
A1022	灯光、音响设备	同上	同上	同上	
A1027	电梯和起重机				

续表

序号	目 录 名 称	市 级	县、区级		备 注
			一般县、区级	其中：贫困县、区	
A1028	炊事设备	单价2万元以上（含）或批量采购金额5万元以上（含）	单价1万元以上（含）或批量采购金额3万元以上（含）	单价0.5万元以上（含）或批量采购金额3万元以上（含）	
A1029	锅炉及除尘设备				
A1030	殡仪火化设备				
A11	交通工具				
A1101	汽车				
A110101	轿车				
A11010101	普通轿车				
A11010102	高级轿车				
A110102	越野汽车(吉普车)				
A110103	卡车				
A110104	载客汽车				
A11010402	旅行面包车				
A11010403	公共汽车				
A11010404	微型客车				
A11010499	其他载客汽车				
A110105	专用汽车				
A11010501	工程汽车				
A11010502	工具汽车				
A11010503	消防车				
A11010504	警车				
A11010505	救护车				

续表

序号	目录名称	市级	县、区级		备注
			一般县、区级	其中：贫困县、区	
A11010506	通讯和广播用车				
A11010507	皮卡				
A11010508	洒水车				
A11010509	道路清扫车				
A11010510	垃圾车				
A11010511	殡仪车				
A11010599	其他专用汽车				
A110106	摩托车				
A110107	电车				
A1199	其他交通工具				
B	工程类	总投资在5万元以上（含）的项目、单项金额达到3万元以上（含）的货物、批量采购达到3万元以上（含）的建筑材料	总投资在3万元以上（含）的项目、单项金额达到2万元以上（含）的货物、批量采购达到2万元以上（含）的建筑材料	总投资在2万元以上（含）的项目、单项金额达到1万元以上（含）的货物、批量采购达到1万元以上（含）的建筑材料	使用财政性资金以及与财政性资金配套的各类建筑物和构筑物的新建、改建、扩建、装修、拆除、修缮等工程，上述工程的货物、主要建筑材料
B01	建筑物				
B0101	公用房建设				
B0102	住宅建设				
B0103	其他用房建设				
B0104	文教、卫生、音乐、体育等公益设施建设				
B0105	纪念性建筑设施建设				
B0199	其他建筑设施建设				
B02	市政建设工程				

续表

序号	目录名称	市级	县、区级		备注
			一般县、区级	其中：贫困县、区	
B0201	市政道路建设				
B0202	市政公用设施建设				
B0203	自来水输水工程				
B0204	集中供暖、供热供气工程				
B0205	城市道路隔离带				
B03	环保、绿化工程				
B0301	污水处理				
B0302	市政垃圾处理				
B0303	园林绿化工程				
B0304	荒山绿化				
B0305	天然林保护				
B0306	防沙工程				
B04	水利、防洪工程				
B0401	河道疏浚工程				
B0402	大坝、水库、闸门、泻洪工程				
B0403	农田水利工程				
B0404	江河、湖泊治理工程				
B05	交通运输工程				
B0501	机场、航空工程				
B0502	港口工程				
B0503	铁路工程				
B0504	公路、桥梁、涵洞				
B0505	各种公路标志、标杆、标线				

续表

序号	目 录 名 称	市　　级	县、区级		备　　注
			一般县、区级	其中：贫困县、区	
B09	修缮、装饰工程				
B10	系统集成、网络工程	单项金额达到5万元以上（含）	单项金额达到3万元以上（含）	单项金额达到2万元以上（含）	
B99	其他各类工程				
C	服　务　类				
C01	印刷、出版	定点采购	定点采购	定点采购	省级30万元以上（含）公开招投标，市级以下标准由同级财政部门制定
C02	专业咨询、工程监理、工程设计、勘察	单项金额达到5万元以上（含）	单项金额达到3万元以上（含）	单项金额达到2万元以上（含）	
C03	信息技术、信息管理软件开发设计	单项金额达到5万元以上（含）	单项金额达到3万元以上（含）	单项金额达到2万元以上（含）	包括办公、教学、科研、医疗等系统软件的开发、设计、安装
C04	维修				
C0401	一般设备				
C0402	专用设备				
C0403	建筑物				
C0499	其他维修				
C0703	交通工具的维护保障				
C070301	车辆保险	定点采购	定点采购	定点采购	
C070302	车辆加油	定点采购	定点采购	定点采购	
C070303	车辆维修	定点采购	定点采购	定点采购	
C08	会议	定点采购	定点采购	定点采购	
C0801	大型会议	定点采购	定点采购	定点采购	包括党代会、人代会、政协会等大型会议
C0802	一般会议	定点采购	定点采购	定点采购	包括各种研讨会、表彰会及专业会议等

山西省2004年省级政府集中采购目录

（2003年9月2日山西省财政厅晋财库［2003］21号发布）

一、货物类：

1. 一般电器设备（包括电视机、电冰箱、工业洗衣机、吸尘器、摄影摄像器材、空气调节设备、其他电器设备等）

2. 办公自动化设备（包括计算机、打印机、传真机、复印机、速印机、扫描仪、投影仪、其他办公自动化设备等）

3. 各类家具

4. 通讯设备（总机、集团电话、网络电话）

5. 印刷设备、照排设备、网络设备（服务器、路由器、交换机、调制解调器、其他网络设备）

6. 医疗设备器械、计划生育设备、交通管理监控设备、工程机械、消防设备、道路清扫设备、警用设备及用品、保安设备、档案保密设备、教学设备、实验室设备、广播电视、影像设备、灯光音响设备、文艺设备、体育设备、地震设备、电梯和起重设备、锅炉等（单件采购金额超过1万元或批量采购金额10万元以上部分）

7. 大宗救灾物资、防汛物资、农用物资

8. 通用交通工具（包括轿车、越野汽车、卡车、载客汽车、摩托车及其他通用交通工具）

9. 专用汽车（包括工程汽车、工具汽车、消防车、警车、救护车、通讯和广播用车、皮卡、洒水车、道路清扫车、垃圾车及其他专用汽车）

10. 其他财政部门认定须实行集中采购的货物

二、工程类

1. 房屋及建筑物维修、改造工程（单项或累计维修金额30万元以上）

2. 房屋装饰、装潢工程（工程价值30万元以上）

3. 水暖管网维修更新（工程价值30万元以上）

4. 绿化、美化工程（工程价值10万元以上）

三、服务类

1. 汽车定点保险

2. 会议、接待定点场所

内蒙古自治区2004年自治区本级政府集中采购目录、限额标准和公开招标数额标准

（2003年11月18日内蒙古自治区人民政府办公厅内政办字［2003］414号发布）

一、政府集中采购目录

采购类别	通用采购项目	专用采购项目
货物类	一般设备	专用设备
	电视机	医疗设备、器械
	电冰箱	计划生育设备
	空调机	交通管理监控设备
	摄影摄像器材	地震设备
	计算机及外部设备	消防设备
	打印机	执法部门专用设备和用品
	传真机	教学、科研设备
	复印机	广播电视、影像设备
	速印机	文艺设备
	碎纸机	体育设备
	投影仪	农牧业机械设备
	扫描仪	林业、水利机械设备
	通信设备	渔业机械设备
	网络设备	无线电设备
	印刷设备	气象专用仪器设备
	办公家具（批量10万元以上）	工程机械设备
	电梯	实验室设备
	锅炉	灯光、音响设备
	交通工具	园艺机械设备
	公务用机动车辆	道路清扫设备
	物资	专用材料
	救灾物资	执法部门制服
	防汛物资	农牧林防灾防疫药品和材料
	抗旱物资	工具和仪器
	农用物资	图书资料（批量10万元以上）
	储备物资	

续表

采购类别	通用采购项目	专用采购项目
工程类	基本建设工程 列入自治区基本建设投资计划的新建、改建、扩建等基本建设项目，续建项目中的设备、材料购置和信息网络建设 使用财政性资金的环保绿化工程和市政建设工程 改造维修装饰工程 使用财政性资金、施工预算在100万元以上的大型维修改造装饰工程	改造维修装饰工程 使用财政性资金、施工预算在20万元以上的部门维修改造装饰工程
服务类	网络建设 计算机通用软件的开发设计和维护 印刷 车辆保险加油维修 车辆保险 车辆加油 车辆维修 会议 一类会议 二类会议 三类会议	网络建设 本部门或本系统专业信息系统管理软件的开发设计和维护

二、政府采购限额标准

除政府集中采购目录外，各单位采购（单项或批量）10万元以上（含10万元）的货物和服务类项目、20万元以上（含20万元）的工程类项目，均属政府采购范围，应列入政府采购预算，按照政府采购程序和采购方式进行采购。

三、政府采购公开招标数额标准

政府采购货物和服务类项目，单项或批量采购预算金额一次达到50万元以上（含50万元），必须采用公开招标采购方式。政府采购工程类项目公开招标数额标准，按照《内蒙古自治区实施〈中华人民共和国招标投标法〉办法》（自治区人民代表大会常务委员会公告57号）第十条有关规定执行。

吉林省2004年政府集中采购目录

（2004年3月1日吉林省人民政府办公厅吉政办函［2004］25号发布）

单位：万元

目录编号及项目名称	门槛价	目录编号及项目名称	门槛价	目录编号及项目名称	门槛价	目录编号及项目名称	门槛价
A：货物类		A0510 门窗	5	A1023 文艺设备	5	B02 市政建设工程	
A02 建筑物		A06 物资		A1024 体育设备	3	B0201 市政道路建设	20
A0201 办公用房	30	A0601 救灾物资	10	A1027 电梯和起重机	3	B0202 市政公用设施建设	
A0202 宿舍用房	30	A0602 防汛物资	10	A1028 炊事设备	3	B020201 文教设施建设	20
A03 一般设备		A0603 抗旱物资	10	A1029 锅炉	5	B020202 卫生设施建设	20
A0301 电器设备		A0604 农用物资	10	A1030 科研仪器及设备	5	B020203 文艺设施建设	20
A030101 电视机	2	A0605 储备物资	10	A1031 消防器材	3	B020202 体育设施建设	20
A030102 电冰箱	2	BA0606 燃料（取暖用煤、用油）		A11 交通工具		B020202 其他公用设施建设	20
A030103 洗衣机	2	A07 专用材料		A1101 汽车		B03 环保绿化工程	
A030104 吸尘器	2	A0708 服装	5	A110101 轿车		B0301 污水处理	
A030105 摄影、摄像器材	2	A10 专用设备		A11010101 普通轿车		B0302 市政垃圾处理	30
A030106 空气调节设备	2	A1001 通信设备		A11010102 高级轿车		B0303 园林绿化工程	30
A0302 办公自动化设备		A100101 移动通信设备	1	A110102 越野汽车（吉普车）		B04 水利、防洪工程	30
A030201 计算机（含网络计算机）	定点采购	A100102 电话通讯设备	2	A110103 卡车		B05 交通运输工程	30
A030202 打印机	定点采购	A1002 印刷设备	2	A110104 载客汽车		B09 修缮、装饰工程	10

续表

目录编号及项目名称	门槛价	目录编号及项目名称	门槛价	目录编号及项目名称	门槛价	目录编号及项目名称	门槛价
A030204　传真机	2	A1003　照排设备	2	A11010402　旅行面包车		B10　系统集成、网络工程	5
A030205　复印机	定点采购	A1004　网络设备		A11010403　公共汽车		B11　消防工程	10
A030206　速印机	2	A100401　服务器	2	A11010404　微型客车		C：服务类	
A030207　碎纸机	2	A100402　路由器	2	A110105　专用汽车		C01　印刷	
A030208　投影仪	2	A100403　交换机	2	A11010501　工程汽车		C02　办公用纸张	
A030209　扫描仪	2	A100404　调制解调器	2	A11010502　工具汽车		C03　信息技术、软件开发设计	定点采购
A0303　家具		A1006　医疗设备、器械	10	A11010503　消防车		C07　交通工具的维护保障	
A030301　办公家具	2	A1007　计划生育设备	3	A11010504　警车		C0701　车辆保险	
A030302　宿舍家具	2	A1008　交通管理监控设备	3	A11010505　救护车		C0702　车辆加油	
A030309　其他家具	2	A1009　其他监控设备	3	A11010506　通讯和广播用车		C0703　车辆维修	
A05建筑、装饰材料		A1010　农用机械设备	5	A11010507　皮卡		C08　会议	
A0501　水泥	5	A1011　工程机械	3	A110106　摩托车		C09　公务出国国际机票	
A0502　木材	5	A1015　警用设备和用品	5	A1102　船只		C10　国内公务机票	
A0504　金属材料	10	A1016　保安设备	3	B：工　程　类		C11　社会中介服务（会计、审计服务）	5
A0505　瓷砖	5	A1019　教学设备	3	B01　建筑物			
A0506　清洁用具	5	A1021　广播电视、影像设备	3	B0101　公用房建设	20		
A0509　石材	5	A1022　灯光、音响设备	5	B0102　住房建设	20		

说明：1. 省本级车辆加油、维修、印刷、办公用纸张、会议、国内公务机票、社会中介服务等项目的集中采购实施办法另行发布，并从发布之日起实施。

2. 表中凡没有设定一次性采购额度（门槛价）的采购项目无论金额多少，都必须参加政府集中采购。

3. 门槛价是指同一种货物、工程或服务单项一次性采购额度。

4. 目录内的同一种商品，不能化整为零采购，原则上一年内不能采购两次。

黑龙江省2004年省级政府采购目录和限额标准

（2003年8月28日黑龙江省财政厅黑财采［2003］8号发布）

编　　码	品　目　名　称	集中采购资金限额标准
A	**货　物　类**	
A03	**一般设备**	
A0301	电器设备	
A030101	电视机	5 000元以上
A030105	摄影、摄像器材	5 000元以上
A030106	空气调节设备	
A0302	办公自动化设备	
A030201	计算机	
A030202	打印机	
A030204	传真机	
A030205	复印机	
A030206	速印机	
A030208	投影仪	
A030209	扫描仪	
A0303	家具	5 000元以上
A06	**物资**	
A0601	救灾物资	20万元以上
A0602	防汛物资	20万元以上
A0603	抗旱物资	10万元以上
A0606	燃料（煤炭）	执行黑财函［2003］23号文件
A07	**专用材料**	
A0706	工具和仪器	单台（件）1万元以上
A0708	服装及劳保用品	2万元以上
A10	**专用设备**	
A1001	通信设备	1万元以上
A1002	印刷设备	1万元以上
A1003	照排设备	1万元以上
A1004	网络设备	1万元以上
A100401	服务器	
A100402	路由器	

续表

编　　码	品　目　名　称	集中采购资金限额标准
A100403	交换机	5 000 元以上
A100404	调制解调器	5 000 元以上
A100499	其他网络设备	1 万元以上
A1006	医疗设备	执行黑财采［2002］2 号文件
A1008	交通管理监控设备	
A1010	农用机械设备	
A1011	工程机械	1 万元以上
A1013	消防设备	1 万元以上
A1015	警用设备和用品	1 万元以上
A1016	保安设备	1 万元以上
A1018	档案设备	5 000 元以上
A1019	教学设备	执行黑财采［2002］2 号文件
A1020	实验室设备	执行黑财采［2002］2 号文件
A1021	广播电视、影像设备	1 万元以上
A1022	灯光、音响设备	1 万元以上
A1024	体育设备	1 万元以上
A1029	锅炉	
A1030	电梯设备	
A1099	其他专用设备	1 万元以上
A11	**交通工具**	
A1101	汽车	
A110101	轿车	
A110102	越野汽车	
A110104	载客汽车	
A110105	专用汽车	
A99	**其他货物**	批量 2 万元以上
B	**工　程　类**	
B01	**建筑物**	
B0101	公用房建设	
B0103	其他用房建设	
B0104	文教、卫生、音乐、体育等公益设施建设	
B0105	纪念性建筑设施建设	
B0199	其他建筑设施建设	
B09	**修缮、装饰工程**	20 万元以上
B10	**系统集成、网络工程**	
B99	**其他各类工程**	10 万元以上
C	**服　务　类**	
C01	**印刷**	2 万元以上
C02	**工程监理、工程设计**	
C03	**信息技术、信息管理软件的开发设备**	
C070301	车辆保险	另行通知
C08	**会议**	执行黑财行［2001］47 号文件
C99	**其他服务**	

上海市2004年政府采购集中采购目录

(2003年7月30日上海市政府采购管理办公室2003年第1号公告发布)

一、采购目录

(一) 货物

1. 公务用机动车辆;

2. 计算机及附件;

3. 网络设备:服务器、工作站、磁盘阵列、不间断电源(UPS)、路由器、交换机、打印服务器、硬件防火墙、加密设备;

4. 商业软件:防病毒软件(定点自行采购)等信息安全软件、单价超过10万元的其他各类系统、应用软件;

5. 办公自动化设备:打印机、传真机、复印机、一体化速印机、投影机、视频展示台、绘图机;

6. 摄影、摄像器材:单价超过2万元的高档相机及附件、摄像机及附件、编辑设备;

7. 空气调节设备:空调器、中央空调设备;

8. 电梯;

9. 锅炉;

10. 家具:批量采购金额超过30万元的办公、宿舍和其他家具;

11. 司法及行政执法部门制装;

12. 复印纸(定点自行采购);

13. 药品;

14. 其他单项(个、件、套)采购金额超过5万元或年批量采购金额超过50万元的各类货物。

(二) 工程

1. 预算金额超过100万元的各类建筑物、构筑物及其附属设施的新建、改建、扩建工程;

2. 预算金额超过100万元的市政工程;

3. 预算金额超过50万元的环保、园林绿化工程;

4. 预算金额超过50万元的河道整治疏浚、水利工程;

5. 预算金额超过50万元的信息管理及智能化系统(包括:设备、办公、通信、消防、保安自动化)工程;

6. 预算金额超过50万元的房屋装修、拆除、修缮和其他各类工程。

(三) 服务

1. 预算金额超过50万元的票据、证照、报表的定点印刷、制作;

2. 预算金额超过50万元的信息系统的维护和技术软件的设计、开发;

3. 预算金额超过50万元的物业管理;

4. 单次预算金额超过50万元的大型会议、会展;

5. 公务车辆的维修、加油、保险(定点自行采购);

6. 其他单项金额超过50万元的各类服务。

二、说明

（一）根据《中华人民共和国政府采购法》、《上海市政府采购管理办法》的规定，各级国家机关、事业单位和团体组织（以下统称采购人）使用财政性资金（包括预算内资金和预算外资金）采购依法制定的集中采购目录以内的货物、工程和服务，均属于政府采购范围，必须按照有关法律、法规规定的采购方式和程序进行采购。

集中采购目录是政府采购重点管理的货物、工程和服务项目的归集，是采购人编制年度政府采购预算的依据，也是政府采购监督管理部门进行监督和检查的内容。

（二）凡纳入集中采购目录属于通用的政府采购项目，采购人应当委托集中采购机构代理采购；属于有特殊要求的项目，经政府采购监督管理部门批准，由采购人自行采购。

（三）2004 年政府采购采用公开招标方式的具体数额标准为：货物项目为 100 万元；服务项目为 50 万元；工程项目为 200 万元。因特殊情况需要采用公开招标以外的采购方式的，应当在采购活动开始前获得政府采购监督管理部门的批准。

对达到公开招标数额标准的项目，采购人不具备自行招标条件的，应当委托具有政府采购代理业务的中介机构代理招标。

（四）政府采购除特殊情况外应当采购本国货物、工程和服务。经有关部门批准采用外汇结算的政府采购进口项目，由采购人直接委托具有相应资格的政府采购中介机构代理采购。

（五）本目录发布后，因特殊情况需要修改、补充的，由上海市政府采购管理办公室另行公布。区、县人民政府可根据本地区实际情况，在本目录的基础上作适当补充。

（六）《解放日报》、上海政府采购网（www.sh－procurement.gov.cn）为本市指定的政府采购信息的公布媒体。市级政府采购工程项目公开招标的信息同时在上海“建设工程信息热线”（www.construction.online.sh.cn）上发布。

江苏省 2004 年省级政府集中采购目录

（2003 年 8 月 22 日江苏省财政厅苏财购［2003］14 号发布）

编码	项目	备注
A	货物类	
A03	一般设备	
A0301	电器设备	
A030101	电视机，单个或批量采购预算 1 万元以上	
A030102	电冰箱，包括冰柜单个或批量采购预算 1 万元以上	
A030105	摄影、摄像器材，包括照相机、摄像机等光学成像设备（均含传统及数码）	

A030106	空调，包括中央空调、单个或批量采购预算1万元以上的除湿设备
A0302	办公自动化设备
A030201	计算机，含PC服务器
A030202	打印机（含硒鼓）
A030204	传真机
A030205	复印机
A030206	印刷设备，包括一体机、分页机、装订机、切纸机、速印机
A030208	投影仪
A030209	扫描仪
A030210	计算机配件，包括显示终端设备、刻录机、闪存盘等移动存储设备等
A030211	UPS
A0303	家具，批量采购10万元以上
A030301	办公家具
A030302	宿舍家具
A0304	会议系统，采购预算5万元以上，含视频系统、音响、灯光系统等
A0305	网络设备，单价3 000元以上，低于3 000元的属计算机配件
A030501	路由器
A030502	交换机
A0306	档案保密设备
A030601	密集架
A030602	保险箱（柜），单个或批量采购预算1万元以上
A04	办公消耗用品（办公用纸，包括复印纸、打印纸、速印纸、传真纸）
A07	专用材料
A0708	制装，工作用制装，批量采购10万元以上，不含学生校服
A0709	软件，市场上出售的成套操作系统软件、办公自动化软件等应用软件
A070901	操作系统软件，含WINDOWS、UNIX等
A070902	办公自动化软件，含WPS、OFFICE、LOTUS等
A070999	其他成套应用软件，单价或批量市场价格超过1万元
A10	专用设备
A1002	印刷设备，大型专业印刷设备
A1006	医疗设备及器械，单价1万元以上或批量采购10万元以上
A1007	计划生育设备，单价1万元以上或批量采购10万元以上
A1019	教学、科研仪器，单价10万元以上或批量采购20万元以上
A1021	广播电视、影像专用设备，单价10万元以上或批量采购20万元以上
A1024	体育设备，单价10万元以上或批量采购20万元以上
A1027	电梯
A1029	锅炉
A11	交通工具
A1101	汽车，包括小汽车、大客车、工程车、卡车等
A12	网络建设及系统集成，预算金额5万元以上
B	工程类
B01	建筑工程，使用财政性资金的新建、扩建、改建、装修、修缮房屋建筑物
C	服务类
C01	印刷，包括文件资料、内部书刊、信封等印刷
C03	软件开发设计，含方案设计，预算金额在20万元以上
C0703	交通工具的维护保障
C070301	汽车保险
C070302	汽车加油

C070303　汽车维修
C11　　　国际机票

说明：

1. 复合采购项目，即一个采购项目中含货物、工程、服务中两个以上采购项目，按照采购资金比重最大的项目确定其属性。

2. 目录中所称“批量”是指同批购置，同类物品，规格型号相同或近似。

浙江省2004年政府采购目录

（2003年9月5日浙江省政府采购管理办公室浙政采办字［2003］10号发布）

代　码	目录名称	备　注
A	**货　物　类**	
A01	**土地**	
A02	**建筑物**	
A0201	办公用房	
A0202	宿舍用房	
A0299	其他建筑物	
A03	**一般设备**	
A0301	电器设备	
A030101	电视机*	包括大屏幕彩电
A030102	电冰箱*	
A030103	洗衣机	
A030104	吸尘器	
A030105	摄影、录像设备*	包括摄像机、录音机、VCD、DVD、数码相机等
A030106	空气调节设备*	包括分体或柜式空调、除湿设备等
A030199	其他电器设备	
A0302	办公自动化设备	
A030201	计算机*^	包括台式、便携式电脑等
A030202	打印机*^	
A030203	电话机	包括无线移动电话
A030204	传真机*	
A030205	复印机*	

续表

代　　码	目 录 名 称	备　　注
A030206	速印机*	包括高速油印机、一体化速印机等
A030207	碎纸机	
A030208	投影仪*	
A030209	扫描仪*	
A030299	其他办公自动化设备	
A0303	家具	
A030301	办公家具*	
A030302	宿舍家具	
A030399	其他家具	包括学生课桌椅
A04	**办公消耗用品**	包括文具用品
A0401	办公用纸*^	
A0499	其他消耗用品	包括信封、档案夹、软盘、可写光盘、硒鼓、墨盒、墨粉、色带等办公易耗品
A05	**建筑、装饰材料**	包括水泥、木材、板材、金属材料、瓷砖、清洁用具、玻璃等建筑装饰材料
A06	**物资**	
A0601	救灾物资	
A0602	防汛物资	
A0603	抗旱物资	
A0604	农用物资	
A0605	储备物资	包括粮食、糖、棉花等
A0606	燃料	
A0699	其他物资	
A07	**专用材料**	
A0701	药品及医疗耗材	
A0703	图书资料	
A0708	工作制服*	包括执法制装
A0799	其他专用材料	包括兽医用品、实验室用品及小型设备、胶片胶卷、录音录像带、工具和仪器、艺术部门用材料及劳保用品等
A10	**专用设备**	
A1001	通信设备	包括移动通信、电话通信设备等
A1002	印刷设备	
A1003	照排设备	
A1004	网络设备*	

续表

代码	目录名称	备注
A100401	服务器	
A100402	路由器	
A100403	交换机	
A100404	调制解调器	
A100405	集线器	
A100499	其他网络设备	包括网络安装工具、测试工具、网卡、网线、ATM 设备、FDDI 设备等
A1006	医疗设备、器械*	
A1008	交通管理监控设备	
A1013	消防设备	
A1015	警用设备和用品	
A1018	档案、保密设备*	
A1019	教学设备	
A1020	科研仪器设备	包括仪器仪表及实验室设备等
A1021	广播电视、影像设备	
A1022	灯光、音响设备*	
A1027	电梯*	包括起重机
A1028	炊事设备	
A1029	锅炉*	
A1030	中央空调*	
A1031	环境监测设备	
A1032	质量检测、监测设备	
A1099	其他专用设备	包括发电、计划生育、体育、港口、农用机械、工程机械、园艺机械、道路清扫、保安、文艺、地震、殡仪火化设备等
A11	**交通工具**	
A1101	汽车*	
A110101	轿车	
A110102	越野汽车（吉普车）	
A110104	旅行面包汽车	包括微型客车
A110105	专用汽车	包括工程车、工具车、消防车、警车、囚车、救护车、通讯广播车、洒水车、道路清扫车、垃圾车及卡车、电车、公共汽车等
A1104	摩托车*	
A1199	其他交通工具	包括船只、飞机等

续表

代　　码	目 录 名 称	备　　注
A12	**商业软件***	
A1201	操作系统软件	
A1202	数据库软件	
A1203	工具软件	
A120301	安全管理软件	包括杀毒软件
A120302	备份软件	
A120304	网络管理软件	
A120305	中间件软件	
A120399	其他工具软件	
A1204	应用软件	
A120301	通用应用软件	包括办公软件（桌面）
A120302	行业应用软件	
A1299	其他商业软件	
A99	**其他货物**	
B	**工　程　类**	
B01	**建筑物**	
B0101	办公用房建设	包括机关基建工程
B0102	住房建设	
B0103	其他用房建设	
B0104	文教、卫生、音乐、体育等公益设施建设	
B0199	其他建筑设施建设	包括纪念性建筑设施建设等
B02	**市政建设工程**	包括市政道路、市政公用设施、自来水输水工程、集中供暖热气工程等
B03	**环保、绿化工程**	包括污水处理工程、市政垃圾处理工程、园林绿化工程、荒山绿化工程等
B04	**水利、防洪工程**	包括河道疏浚、大坝、水库、闸门、泄洪工程、农田水利、江河、湖泊治理工程等
B05	**交通运输工程**	
B09	**修缮、装饰工程**	
B0901	办公用房修缮、装饰	
B0902	宿舍用房修缮、装饰	
B10	**系统集成、网络工程***	包括办公智能化和通信、消防、保安（监控）自动化工程、门户网站、电子政务工程等
B99	**其他工程**	包括油气、电力、电信工程等

续表

代　码	目录名称	备　注
C	**服　务　类**	
C01	**印刷、出版**	
C02	**工程监理、设计**	
C03	**软件开发设计***	包括系统、应用、技术、管理等软件
C04	**维修**	包括一般或专用设备、房屋建筑物维修等
C05	**保险**	
C06	**租赁**	
C0601	办公用房	
C0699	其他租赁	包括宿舍用房、仓库、机械设备租赁等
C0703	交通工具维护保障*	
C070301	车辆保险^	
C070302	车辆加油^	
C070303	车辆维修^	
C08	**会议**	
C0801	大型会议	包括党代会、人代会、政协会、团代会、妇代会等大型会议
C0802	一般会议	包括部门或单位年度工作会议、研讨会等一般会议
C09	**培训**	
C0901	国内培训	
C0902	国外培训	
C10	**物业管理**	
C99	**其他服务**	包括审计、评估、咨询、代理等

注：带 * 号的为 2004 年省本级集中采购目录，带^为实行协议供货制和定点采购的目录。

安徽省 2004 年省级政府采购集中采购目录及标准

（2003 年 8 月 1 日安徽省人民政府办公厅皖政办［2003］65 号发布）

一、集中采购目录及限额标准

（一）货物类

1. 建筑物：办公、宿舍用房和其他建筑物。

2. 一般设备

（1）电器设备：摄影、摄像器材、空气调节设备以及年采购批量在 2 万元以上（含 2 万元，下同）的电视机、电冰箱、洗衣机、吸尘器等其他电器设备。

(2) 办公自动化设备：计算机、打印机、复印机、传真机、速印机、投影仪、扫描仪以及年采购批量在 2 万元以上的电话机、碎纸机等其他办公自动化设备。

(3) 家具：年批量采购金额在 5 万元以上的办公家具。

3. 办公消耗用品：复印纸。

4. 物资：年批量采购金额在 10 万元以上的救灾物资、防汛物资、抗旱物资、农用物资、储备物资、燃料等。

5. 专用材料：年批量采购金额在 10 万元以上的药品及医疗耗材、图书资料、实验室用品及小型设备、胶片胶卷、录音录像带、工具和仪器、专业制服及劳保用品、应用软件等。

6. 专用设备：通讯设备、印刷设备、照排设备、网络设备、发电设备、医疗设备、器械、计划生育设备、交通管理设备、消防设备、道路清扫设备、档案、保密设备、教学设备、实验室设备、广播电视、影像设备、灯光、音响设备、文艺设备、体育设备、电梯、炊事设备、锅炉等。

7. 交通工具：

(1) 汽车：轿车、越野汽车（吉普车）、卡车、载客汽车、专用汽车（含工程汽车、工具汽车、消防车、警车、救护车、通讯和广播用车及其他专用汽车）。

(2) 船只及其他交通工具。

（二）工程类

1. 单项在 20 万元以上、使用财政性资金或需财政配套资金新建、改建、扩建、装修、拆除、修缮等各类建筑物和构筑物的工程。

2. 单项在 10 万元以上的系统集成、网络工程。

（三）服务类

1. 印刷、工程监理、工程设计、信息技术、信息管理软件开发、租赁、培训等。

2. 会议、车辆保险及维修。

二、公开招标数额标准

（一）货物类

采购金额在 30 万元以上的项目（汽车采购根据实际情况确定）。

（二）工程类

单项在 50 万元以上的工程项目，单项在 30 万元以上的系统集成、网络工程项目。

（三）服务类

采购金额在 30 万元以上的项目（通过公开招标方式确定一定期限内供应商的项目除外）。

三、有关说明及要求

（一）根据《中华人民共和国政府采购法》，省级国家机关、事业单位和社会团体使用财政性资金（包括预算内和预算外资金），以购买、租赁、雇用等行为进行货物、工程、服务的采购，达到限额和规定标准的，必须实行政府采购制度。

（二）凡列入上述集中采购目录或达到限额标准的货物、工程和服务项目，均应实行集中采购。省级预算单位应根据集中采购目录规定，在编制 2004 年度部门预算时，单独编制政府采购预算，并经财政部门批复后按月报送政府采购清单，经政府采购监管部门审核后，由集中采购机构实行集中采购。工程项目的采购，按照《中华人民共和国招标投标法》的规定进行。未列入集中采购目录或未达到限额标准的项目，可由单位按规定的程序自行组织采购，也可以自行委托集中采购机构或已获财政部登记备案的政府采购业务代理机构采购。

（三）凡是达到公开招标数额标准的项目，一律实行公开招标方式。因特殊情况需要采用公开招标以外采购方式的，应在政府采购活动开始前报财政部门批准。

（四）市、县级人民政府可根据以上集

中采购目录及限额标准以及公开招标数额标准，制定本级政府集中采购目录及限额标准以及公开招标的数额标准。

（五）财政部门是政府采购的监督管理部门，按照规定程序实施对政府采购活动进行全过程的监管。政府采购活动同时接受纪检、监察、审计等部门和社会各界的监督。各级政府采购监督管理部门受理有关政府采购的举报与投诉。

（六）本目录公布后，因特殊情况需要修改、补充的，按照规定的程序另行公布。

福建省 2004 年省级政府集中采购目录

（2004 年 4 月 15 日福建省财政厅闽财购［2004］9 号发布）

通用的政府采购项目

序号	品目名称	备注
A	货物类	
A03	一般设备	
A0301	电器设备	
A030105	摄影、摄像机	
A030106	空气调节设备	包括除湿设备
A0302	办公自动化设备	
A030201	计算机	
A030202	打印机	
A030203	电话机	30 部以上
A030204	传真机	
A030205	复印机	
A030206	速印机	
A030207	碎纸机	
A030208	投影仪	
A030209	扫描仪	
A030210	刻录机	
A030299	其他办公自动化设备	采购预算金额超过 10 万元
A0303	家具	采购预算金额超过 5 万元
A030301	办公家具	
A030399	其他家具	

续表

序　　号	品　目　名　称	备　　注
A04	办公消耗用品	
A0401	复印纸，打印纸	
A10	专用设备	单项（个、件、套）采购金额超过5万元或批量采购金额超过20万元
A1001	通信设备	
A100101	移动通信设备	
A100102	电话通信设备	
A100199	其他通信设备	
A1004	网络设备	
A100401	服务器	
A100402	路由器	
A100403	交换机	
A100404	调制解调器	
A100499	其他网络设备	
A1008	监控设备	
A1016	保安设备	
A1018	档案，保密设备	
A1022	灯光，音响设备	
A1023	文艺设备	
A1027	电梯	
A1029	锅炉	
A1031	彩票销售设备	
A11	交通工具	
A1101	汽车	
A110101	轿车	
A11010101	普通轿车	
A11010102	高级轿车	
A110102	越野汽车（吉普车）	
A110103	卡车	
A110104	载客汽车	
A11010402	旅行面包车	
A11010404	微型客车	
A11010499	其他载客汽车	
A110105	专用汽车	
A11010502	工具汽车	

续表

序　　号	品　目　名　称	备　　注
A11010503	消防车	
A11010504	警车	
A11010505	救护车	
A11010506	通讯和广播用车	
A11010508	皮卡	
A11010599	其他专用汽车	
A110106	摩托车	
C	**服　务　类**	
C01	印制品	预算金额超过10万元
C03	信息技术，信息管理软件的开发设计	预算金额超过50万元
C0703	交通工具的维护保障	
C070301	车辆保险	
C070302	车辆加油	
C070303	车辆维修	

本部门、本系统有特殊要求的项目

序　　号	品　目　名　称	备　　注
A	**货　物　类**	
A06	物资	
A0601	救灾物资	
A0602	防汛物资	
A0603	抗旱物资	
A0605	储备物资	
A07	专用材料	
A0701	药品	
A0702	医疗耗材	
A0708	制服及相关用品	
A10	专用设备	单项（个，件，套）采购金额超过5万元或批量采购金额超过20万元
A1005	发电设备	

续表

序号	品目名称	备注
A1006	医疗设备，器械	
A1007	计划生育设备	
A1013	消防设备	
A1015	警用设备和用品	
A1019	教学设备	
A1020	实验室设备	
A1021	广播电视，影像设备	
A1024	体育设备	
A1025	地震设备	
A1030	防疫设备	
A1099	其他专用设备	
A11	交通工具	
A1102	船只	
B	工程类	
B01	建筑物	项目金额超过100万元
B0101	公用房建设	
B0102	住房建设	
B0103	其他用房建设	
B0104	文教，卫生，音乐，体育等公益设施建设	
B0105	纪念性建筑设施建设	
B09	修缮，装饰工程	预算金额超过30万元（含改建、扩建工程）
B10	系统集成、网络工程	预算金额超过30万元（含所有设备）

厦门市2004年集中采购目录及政府采购限额标准

（2003年11月20日厦门市财政局厦财购［2003］25号发布）

（一）集中采购目录：须采用集中采购形式

A：货物类					
项目编码			品目名称	限额	备注
一级	二级	三级			
A03			一般设备		
	A0301		电器设备		

续表

A：货　物　类					
项目编码			品目名称	限　额	备　注
一级	二级	三级			
		A030101	电视机	单价或批量5万元以上	
		A030102	电冰箱	单价或批量5万元以上	
		A030103	洗衣机	单价或批量5万元以上	
		A030105	摄影、摄像器材	非协议供货范围的，按单价或批量5 000元以上	
		A030106	空调		
		A030107	影碟机（指VCD、DVD、超级VCD等）	单价或批量5万元以上	
	A0302		办公自动化设备		
		A030201	计算机		
		A030202	打印机		
		A030204	传真机		
		A030205	复印机（含数码印刷一体机、速印机）		
		A030207	碎纸机		
		A030208	投影机		
		A030209	扫描仪		
		A030210	不间断电源（UPS）		
		A030211	刻录机（含硬盘录像机）	单价或批量5万元以上	
	A0303		家具	单价或批量10万元以上	
A06			物资	批量20万元以上	
	A0601		救灾物资		
	A0602		防汛物资		
	A0605		储备物资（包括粮食、棉花、糖等）		
A07			专用材料	批量20万元以上	
	A0704		实验室用品及小型设备		
	A0706		工具和仪器		
A10			专用设备		
	A1001		通讯设备	单价或批量10万元以上	
	A1002		印刷、照排设备	单价或批量10万元以上	
	A1004		网络设备	单价或批量3万元以上	
		A100401	服务器	单价或批量3万元以上	

续表

A：货物类					
品目编码			品目名称	限额	备注
一级	二级	三级			
		A100402	路由器	单价或批量3万元以上	
		A100403	交换机	单价或批量3万元以上	
		A100404	调制解调器 MODEM	单价或批量3万元以上	
		A100405	防火墙	单价或批量3万元以上	
		A100406	软件	单价或批量3万元以上	
		A100499	其他网络设备	单价或批量3万元以上	
	A1006		医疗设备	单价或批量10万元以上	
	A1007		计划生育设备	单价或批量10万元以上	
	A1008		监控报警设备	单价或批量10万元以上	
	A1010		农用机械设备	单价或批量10万元以上	
	A1011		工程机械	单价或批量10万元以上	
	A1012		园艺设备	单价或批量10万元以上	
	A1013		消防设备	单价或批量10万元以上	
	A1014		道路清扫设备	单价或批量10万元以上	
	A1015		警用设备	单价或批量10万元以上	
	A1018		档案、保密设备	单价或批量10万元以上	
	A1019		教学设备（含设施）	单价或批量10万元以上	
	A1020		实验室设备	单价或批量10万元以上	
	A1021		广播电视、影像设备	单价或批量10万元以上	
	A1022		灯光、音响设备	单价或批量10万元以上	
	A1023		文艺设备	单价或批量10万元以上	
	A1024		体育设备	单价或批量10万元以上	
	A1025		地震设备	单价或批量10万元以上	
	A1026		殡仪火化设备	单价或批量10万元以上	
	A1027		电梯和起重机	单价或批量10万元以上	
A11			交通工具		
	A1101		汽车		
		A110101	轿车		
		A110104	载客汽车（旅行面包车、公共汽车、微型客车、越野汽车、吉普车、其他载客汽车）		
		A110105	专用汽车（工程车、工具车、卡车、消防车、警车、救护车、通讯和广播用车、皮卡、洒水车、道路清扫车、垃圾车、其他专用汽车）		

续表

A：货 物 类					
品目编码			品目名称	限 额	备 注
一级	二级	三级			
		A110106	摩托车		
	A1102		船只		
B：工 程 类					
B03			环保、绿化工程		
	B0301		污水处理工程（含设备）	20 万元以上	
B07			电力工程、电网改造（含电力设备、器材）	20 万元以上	
B10			系统集成、网络工程	20 万元以上	
B11			弱电工程	20 万元以上	
C：服 务 类					
C01			印刷、出版	20 万元以上	
C03			信息技术、信息管理软件的开发设计	20 万元以上	
C11			布展（含气氛布置、节日摆花）	20 万元以上	

（二）政府采购限额标准

未列入以上集中采购目录的项目，单项或批量采购预算金额达到 20 万元以上（含 20 万元）的应实行政府采购，采购组织形式为分散采购，采购人可自行委托具备资质的政府采购代理机构代理招标采购。

江西省 2004 年省本级政府采购目录

（2003 年 7 月 30 日江西省财政厅赣财库［2003］17 号发布）

一、政府集中采购目录

（一）货物类

1. 一般设备

（1）电器设备

摄影、摄像器材、空气调节设备，其他批量采购金额 2 万元（含 2 万元，下同）以上的电器设备。

（2）办公自动化设备

计算机、打印机、传真机、复印机、速印机、投影仪、扫描仪，其他批量采购金额 2 万元以上的办公自动化设备。

(3) 办公家具

批量采购金额5万元以上的办公家具。

2. 办公消耗用品

批量采购金额5万元以上的办公消耗用品。

3. 专用材料

批量采购金额5万元以上的计算机通用软件、制服、标志及劳保用品。

4. 专用设备

网络设备（服务器、路由器、交换机、调制解调器、其他网络设备）、医疗设备、计划生育设备、交通管理监控设备、农用机械设备、工程机械、园艺机械、消防设备、档案保密设备、教学设备、实验室设备、电梯和锅炉。

5. 交通工具

(1) 公务用车：包括轿车、越野汽车、面包车、大客车。

(2) 摩托车。

(二) 工程类

1. 单个项目20万元以上的园林绿化工程、装饰修缮工程。

2. 系统集成、网络工程。

(三) 服务类

信息管理系统开发及维护。

二、部门集中采购项目

1. 批量采购金额20万元以上的救灾物资、防汛物资、抗旱物资、农用物资、储备物资、农药。

2. 批量采购金额10万元以上的药品及医疗耗材，实验室用品、图书资料。

3. 通讯设备、印刷设备、照排设备、发电设备、电力设备、道路清扫设备、警用设备和用品、保安设备、广播电视影像设备、灯光音响设备、文艺设备、体育设备、地震设备、环保监测设备、渔政船舶及设备。

4. 卡车和专用汽车（工程汽车、工具汽车、消防车、警车、救护车、通讯和广播用车、道路清扫车、垃圾车、其他专用汽车）等其他交通工具。

5. 单个项目20万元以上的建筑物和构筑物的新建、改建、扩建等工程。

三、政府采购限额标准

除政府集中采购目录和部门集中采购项目外，各部门自行采购（单项或批量采购）30万元以上的货物和服务项目、50万元以上的工程项目应执行《中华人民共和国政府采购法》有关规定，并实行分散采购。

四、公开招标的数额标准

(一) 货物和服务类

批量采购金额达到30万元以上。

(二) 工程类

暂按国家发展计划委员会令2000年第3号《工程建设项目招标范围和规模标准规定》执行。

五、说明

(一)《政府采购法》规定，各级国家机关、事业单位和团体组织（以下统称采购人），使用财政性资金采购依法制定的集中采购目录以内的或者采购限额标准以上的货物、工程和服务的行为，均属于政府采购范畴，必须按照《政府采购法》规定的采购方式和采购程序进行。

(二) 凡列入江西省省本级政府采购目录的货物、工程和服务项目，采购人均应按规定编制政府采购预算，并按照批复的政府采购预算及时编报政府采购计划。

(三) 采购人对列入政府集中采购目录的项目必须按规定委托集中采购代理机构代理采购。列入部门集中采购项目，应当实行部门集中采购；部门集中采购由部门自行组织，可以委托集中采购机构或委托具备政府采购业务代理资格的社会招投标机构代理采购。

（四）采购规模达到公开招标数额标准的，必须采用公开招标方式，因特殊情况需要采用公开招标以外采购方式的，应在政府采购活动开始前按规定获得同级财政部门的批准。不得将应当公开招标的采购项目化整为零或者以其他任何方式规避公开招标采购。同一采购项目不能采用非公开招标方式采购两次以上。

山东省 2004 年省级政府集中采购目录

（2003 年 8 月 19 日山东省财政厅鲁财库［2003］14 号发布）

品目编码	品 目 名 称	备 注
A	货 物 类	
A01	家具	
A0101	办公家具	
A0102	校舍、宿舍家具	
A02	公务服装	
A0201	标志服装	
A0202	非标志服装	
A0203	劳保服装	
A0204	其他公务服装	
A03	计算机、外设、网络设备及软件	
A0301	大、中型计算机	
A0302	台式微型计算机	
A0303	便携式计算机	
A0304	服务器	
A0305	工作站	
A0306	激光打印机	
A0307	喷墨打印机	
A0308	针式打印机	
A0309	扫描仪	
A0310	光盘刻录机	
A0311	投影机	

续表

品目编码	品　目　名　称	备　　注
A0312	视频展示台	
A0313	数码相机	
A0314	数码摄像机	
A0315	磁盘阵列	
A0316	磁带机	
A0317	中控设备	
A0318	不间断电源（UPS）	
A0319	路由器	
A0320	交换机	
A0321	集线器	
A0322	网卡	
A0323	调制解调器	
A0324	硬件防火墙	
A0325	计算机软件	
A032501	系统软件	
A032502	工具软件	
A032503	应用软件	用于财务、管理、教学等
A04	办公自动化设备	
A0401	传真机	
A0402	复印机	
A0403	速印机	
A0404	一体机	
A0405	碎纸机	
A0406	电话机	
A05	视听及采编设备	
A0501	电视机	
A0502	录（放）像机	
A0503	录音机	
A0504	功放机	
A0505	激光视盘机	
A0506	组合音响	
A0507	音箱	
A0508	线性编辑机	
A0509	非线性编辑机	
A0510	摄像机及附属设备	

续表

品目编码	品 目 名 称	备 注
A0511	采访机	
A0512	其他视听及采编设备	
A06	摄影器材	照相机及配套器材
A07	乐器	
A08	空气调节设备	
A0801	中央空调设备	
A080101	中央空调主机	
A080102	热交换器	
A080103	末端设备	
A080104	冷却塔	
A080105	水处理设备	
A080106	自控元件	
A0802	多联空调机	
A0803	分体式空调机	
A0804	窗式空调机	
A0805	恒温恒湿机	
A09	锅炉	
A0901	锅炉本体	
A090101	燃煤锅炉	
A090102	燃气锅炉	
A090103	燃油锅炉	
A090104	电热锅炉	
A0902	锅炉辅助设备	
A090201	燃煤锅炉炉排调速器	
A090202	燃油（气）锅炉燃烧器	
A090203	送风机，引风机及其控制设备	
A090204	锅炉上煤设备	
A090205	除尘脱硫设备	
A090206	烟囱（钢制、砖砌等）	
A090207	给水泵、放水泵、凝结水泵、循环水泵	
A090208	水处理设备	
A090209	锅炉给水除氧设备	
A090210	锅炉仪表阀门	
A090211	锅炉控制柜及其自控装置	
A090212	换热器（汽—水，水—水）	

续表

品目编码	品 目 名 称	备 注
A090213	省煤器、空气预热器	
A090214	燃油锅炉用油系统及其设备	
A090215	锅炉房内分汽包，分水包及管道	
A090216	锅炉备品、备件及工具	
A10	电梯	
A11	机动车辆	
A1101	轿车	
A1102	越野汽车（吉普车）	
A1103	载货汽车	
A1104	载客汽车	
A110401	旅行面包车	
A110402	大客车	
A110403	微型客车	
A1105	客货两用车	
A1106	专用汽车	
A110601	救护车	
A110602	警车	
A110603	囚车	
A110604	消防车	
A110605	道路清障车	
A110606	道路设施维修车	
A110607	通讯广播车	
A110608	勘察勘探车	
A110609	清扫车	
A110610	洒水车	
A110611	机场专用车	
A110612	叉车	
A110613	工程汽车	
A110614	工具汽车	
A110615	垃圾车	
A110616	粪便车	
A1107	摩托车	
A12	机动车辆检测设备	
A1201	机动车辆检测线	
A1202	机动车辆检测车	

续表

品目编码	品 目 名 称	备 注
A1203	车辆检测诊断设备	
A1204	车辆维修设备	
A13	无线电监测设备	
A14	实验室仪器、设备	
A1401	波谱分析仪	
A1402	核磁共振波谱分析仪	
A1403	电泳仪	
A1404	质谱仪	
A1405	液相色谱仪	
A1406	衍射仪	
A1407	原子吸收光度计	
A1408	示波器	
A1409	红外分光光度计	
A1410	紫外分光光度计	
A1411	酸度计	
A1412	偏振仪	
A1413	折光仪	
A1414	激光器	
A1415	电子显微镜	
A1416	偏光显微镜	
A1417	立体显微镜	
A1418	其他实验室仪器、设备	
A15	医疗仪器设备	
A1501	诊断设备	
A150101	磁共振诊断仪	
A150102	CT 诊断仪	
A150103	ECT 诊断仪	
A150104	X 光机	
A150105	数字影仪（DSR）	
A150106	黑白超声诊断仪	
A150107	彩色超声诊断仪	
A150108	动态心电图机	
A150109	颅脑多普勒诊断仪	
A150110	电子动态喉镜	
A150111	电子胃镜	

续表

品目编码	品 目 名 称	备 注
A150112	支气管镜	
A150113	电脑验光仪	
A150114	胎心监护仪	
A150115	中央多参数监护仪	
A150116	C型臂X光治疗系统	
A150117	脑电图机	
A150118	肺功能诊断仪	
A150119	心电图分析系统	
A150120	其他诊断设备	
A1502	治疗设备	
A150201	放疗设备	
A150202	机器人导航手术系统	
A150203	眼科准分子激光仪	
A150204	美容激光仪	
A150205	CO_2激光仪	
A150206	超声碎石机	
A150207	前列腺治疗机	
A150208	牙科综合治疗机	
A150209	耳鼻喉治疗台	
A150210	呼吸机	
A150211	除颤器	
A150212	关节镜	
A150213	理疗设备	
A150214	麻醉机	
A150215	腹腔镜	
A150216	高频电刀	
A150217	氩气刀	
A150218	其他治疗设备	
A1503	检验及实验室设备	
A150301	大型生化分析仪	
A150302	流支细胞仪	
A150303	血流变检测仪	
A150304	电子显微镜	
A150305	尿液分析仪	
A150306	台式显微镜	

续表

品目编码	品 目 名 称	备 注
A150307	r 计数器	
A150308	放射免疫诊断仪	
A150309	病理切片机	
A150310	脱水机	
A150311	包埋机	
A150312	其他检验及实验室设备	
A16	大、中型农用机械	
A1601	动力机械	
A160101	拖拉机	
A160102	柴油机	
A160103	汽油机	
A160104	电动机	
A1602	田间作业机械	
A160201	收获机械	
A160202	耕整机械	
A160203	播种机械	
A160204	施肥机械	
A160205	植保机械	
A160206	秸秆还田机械	
A160207	排灌机械	
A1603	场上作业机械	
A160301	脱粒机	
A160302	清选机	
A160303	烘干机	
A160304	脱壳机	
A160305	摘果机	
A1604	农产品加工机械	
A160401	粮食加工机械	
A160402	油料加工机械	
A160403	棉花加工机械	
A160404	果蔬加工机械	
A1605	农田基本建设机械	
A160501	推土机械	
A160502	挖掘机械	
A160503	装载机械	

续表

品目编码	品　目　名　称	备　　注
A160504	铲运机械	
A160505	平地机械	
A1606	农用运输机械	
A160601	三轮农用车	
A160602	四轮农用车	
A1607	林牧渔机械	
A160701	林业机械	
A160702	牧业机械	
A160703	渔业机械	
A17	建筑、装饰材料	
A1701	水泥	
A1702	木材	
A1703	板材	
A1704	金属材料	
A1705	瓷砖	
A1706	卫生洁具	
A1707	玻璃	
A1708	油漆	
A1709	其他建筑、装饰材料	
A18	建筑物	
A1801	办公用房	
A1802	其他建筑物	包括办公附属建筑物、公益设施建筑、纪念性建筑、公寓、宿舍用房
A19	土地	
A20	燃料	煤炭、汽油、柴油
A21	专用物资	
A2101	救灾物资	
A2102	防汛物资	
A2103	抗旱物资	
A2104	农用物资	化肥、农药、塑料薄膜
A2105	储备物资	包括粮、棉、糖
B	工　程　类	
B01	建筑工程	
B0101	土建工程	

续表

品目编码	品 目 名 称	备 注
B0102	装饰工程	
B0103	安装工程	
B010301	给排水工程	
B010302	采暖工程	
B010303	空调工程	
B010304	强电工程	
B010305	弱电工程	
B010306	电梯工程	
B0104	智能大厦弱电系统集成	
B0105	消防工程	
B010501	火灾自动报警设备及安装	
B010502	水系统消防设备及安装	
B010503	气体灭火系统设备及安装	
B0106	修缮工程	
B02	环保、绿化工程	
B0201	污水处理	
B0202	市政垃圾处理	
B0203	园林绿化工程	
B0204	防沙工程	
B03	市政建设工程	
B0301	市政道路建设、改造、整修工程	
B0302	市政公用设施建设	
B0303	自来水输水工程	
B0304	集中供暖、供热、供气工程	
B04	交通运输工程	
B0401	铁路工程（包括地铁工程）	
B0402	公路、桥梁、涵洞	
B05	水利、防洪工程	
B0501	河道疏浚工程	
B0502	大坝、水库、闸门、泻洪工程	
B0503	农田水利工程	
B0504	江河、湖泊治理工程	
B06	计算机局域网、广域网建设工程	
C	服 务 类	
C01	信息系统开发	

续表

品目编码	品目名称	备注
C02	物业管理	
C03	国际机票	
C04	工程设计	
C05	工程监理	
C06	印刷	书刊、票据、证照、报表等
C07	专业咨询、工程结算审核	
C08	租赁	
C0801	办公用房	
C0802	宿舍用房	
C0803	仓库	
C0804	设备和机械	
C09	交通工具的维修保障	
C0901	车辆保险	
C0902	车辆加油	
C0903	车辆维修	
C10	培训	
C1001	国内培训	
C1002	国外培训	
C11	会议	
C1101	大型会议、会展	
C1102	一般会议	

部门、系统有特殊要求的项目，经政府采购管理部门批准，可以实行部门集中采购。

青岛市2004年政府采购集中采购目录

（2003年7月31日青岛市财政局青财采［2003］0009号发布）

序号	品目名称	备注
H	货物类	
H01	一般设备	
H0101	电器设备	

续表

序号	品目名称	备注
H010101	摄影、摄像器材（批量价值在5万元以上）	
H010102	空气调节设备（包括空调器、中央空调）	批量价值5万元以上
H010103	5万元以上的其他电器设备	
H0102	办公自动化设备（年采购量价值在10万元以上）	10万元以下定点采购
H010201	计算机	
H010202	打印机	
H010203	传真机	
H010204	复印机	
H010205	一体化速印机	
H010206	碎纸机	
H010207	投影仪	
H010208	扫描仪	
H010209	其他办公自动化设备	
H0103	家具（批量价值10万元以上）	
H02	办公消耗用品	
H0201	纸张（复印纸、传真纸）	定点采购
H0202	硒鼓	定点采购
H03	建筑、装饰材料（批量价值10万元以上）	
H04	物资（批量价值10万元以上）	
H0401	救灾物资	
H0402	防汛物资	
H0403	抗旱物资	
H0404	农用物资	
H0405	储备物资	
H0406	燃料	
H0407	其他物资	
H05	图书资料（批量10万元以上）	
H06	实验室用品及小型设备（批量10万元以上）	
H07	工具和仪器（批量10万元以上）	
H08	艺术部门用材料和用品（批量10万元以上）	
H09	专用设备（批量10万元以上）	
H0901	通信设备	
H0902	印刷设备	
H0903	照排设备	
H0904	网络设备	

续表

序　号	品　目　名　称	备　　注
H090401	服务器	
H090402	路由器	
H090403	交换机	
H090404	调制解调器	
H090405	其他网络设备	
H0906	医疗设备、器械	
H0907	计划生育设备	
H0908	交通管理监控设备	
H0909	消防设备	
H0910	道路清扫设备	
H0911	警用设备和用品	
H0912	保安设备	
H0913	档案、保密设备	
H0914	教学设备	
H0915	实验室设备	
H0916	广播电视、影像设备	
H0917	灯光、音响设备	
H0918	文艺设备	
H0919	体育设备	
H0920	电梯	
H0921	炊事设备	
H0922	锅炉	
H0923	其他专用设备	
H10	交通工具	
H1001	汽车	
H100101	轿车	
H100102	越野汽车（吉普车）	
H100103	卡车	
H100104	载客汽车	
H100105	专用汽车	
H100106	工程汽车	
H100107	工具汽车	
H100108	消防车	
H100109	警车	
H100110	救护车	

续表

序　号	品 目 名 称	备　注
H100111	皮卡	
H100112	洒水车	
H100113	道路清扫车	
H100114	垃圾车	
H100115	其他专用汽车	
H11	批量总价在 20 万元以上的大宗、大型购置	
G	工　程　类	
G01	建筑物（30 万元以上）	
G02	市政建设工程（30 万元以上）	
G03	园林绿化工程（30 万元以上）	
G04	修缮、装饰工程（30 万元以上）	
G05	系统集成、网络工程（10 万元以上）	
G06	其他各类工程	
F	服　务　类	
F01	印刷、出版（10 万元以上）	
F02	专业咨询、工程监理、工程设计（10 万元以上）	
F03	信息技术、信息管理软件的开发设计（10 万元以上）	
F04	维修	
F0401	一般设备（10 万元以上）	
F0402	专用设备（10 万元以上）	
F0403	建筑物（30 万元以上）	
F0405	其他修缮	
F05	保险	定点采购
F0501	车辆保险	定点采购
F06	租赁	
F07	车辆加油	定点采购
F08	车辆维修	定点采购
F09	会议	定点采购
F10	物业管理	
F11	其他劳务及服务	

关于执行《2004年政府采购集中采购目录》的说明

一、根据《中华人民共和国政府采购法》的规定：国家机关、事业单位和团体组织（统称采购人）使用财政性资金（包括预算内资金和预算外资金）采购依法制定的集中采购目录以内的或者采购限额标准以上的货物、工程和服务，均应纳入集中采购范围。

集中采购目录是采购人编制政府采购预算的基础，而政府采购预算是部门预算的重要组成部分和编制政府采购计划的依据，也是财政、监察、审计部门进行监督、检查的重要内容。

二、政府采购分为集中采购和分散采购。凡纳入集中采购目录范围内，集中限额标准以上的采购项目，采购人必须将其报送给市财政部门进行集中采购。集中采购限额标准以下或未列入集中采购目录内的采购项目，实行分散采购，采购人可以自行组织采购，也可以委托具有政府采购业务代理资格的社会招标机构组织采购。分散采购的具体管理办法将由财政部门另行制定。列入定点采购的项目，应按照定点采购的有关规定执行。

三、公务用车经市政府批准可以随时采购；专用车辆随时发生随时采购。

四、工程类项目按工程进度随时采购。

五、《青岛财经日报》、青岛政府采购网站（http//zfcg.qingdao.gov.cn）为我市指定政府采购信息发布媒体，采购公告、中标（成交）信息将在报纸和网站上公布。

六、集中采购目录发布后，因特殊情况需要修改、补充的，由市财政局另行公布。

河南省2004年省级政府采购目录及限额标准

（2003年9月4日河南省财政厅豫财购［2003］18号发布）

序　号	品　目　名　称	备　注
A	货　物　类	
A03	一般设备	
A0301	电器设备	
A030101	电视机	
A030105	摄影、摄像器材	

续表

序号	品目名称	备注
A030106	空气调节设备	协议供货
A030199	其他电器设备	批量采购 1 万元以上
A0302	办公自动化设备	
A030201	计算机	协议供货
A030202	打印机	协议供货
A030204	传真机	协议供货
A030205	复印机	协议供货
A030206	速印记	协议供货
A030207	碎纸机	
A030208	投影仪	
A030209	扫描仪	
A030299	其他办公自动化设备	批量采购 1 万元以上
A0303	家具	
A030301	办公家具	
A030302	宿舍家具	
A030399	其他家具	批量采购 1 万元以上
A04	办公消耗用品	
A0401	纸张	定点采购
A0499	其他消耗用品	批量采购 1 万元以上。包括磁盘、UPS、硒鼓、墨粉
A05	建筑、装饰材料	合同价值在 100 万元以上政府投资的公共工程所需的水泥、木材、金属材料、玻璃及其他建筑、装饰材料
A0501	水泥	
A0502	木材	
A0504	金属材料	
A0507	玻璃	
A0599	其他建筑、装饰材料	
A06	物资	
A0601	救灾物资	
A0602	防汛物资	
A0603	抗旱物资	
A0604	农用物资	
A0605	储备物资	包括粮食、糖、棉花等
A0606	燃料	冬季取暖用煤、油
A0699	其他物资	批量采购 1 万元以上
A07	专用材料	

续表

序号	品目名称	备注
A0701	药品及医疗耗材	
A0706	工具和仪器	指仪表、仪器等
A0707	艺术部门用材料和用品	
A0708	军装、制服及劳保用品	包括执法部门统一制装；学生统一校服；
A0799	其他专用材料	批量采购1万元以上
A10	专用设备	
A1001	通信设备	
A100101	移动通信设备	
A100102	电话通信设备	
A100199	其他通信设备	批量采购1万元以上
A1002	印刷设备	
A1003	照排设备	
A1004	网络设备	
A100401	服务器	
A100402	路由器	
A100403	交换机	
A100404	调制解调器	
A100499	其他网络设备	批量采购1万元以上
A1005	发电设备	
A1006	医疗设备、器械	
A1007	计划生育设备	
A1008	交通管理监控设备	
A1009	港口设备	
A1010	农用机械设备	
A1011	工程机械	
A1013	消防设备	
A1015	警用设备和用品	
A1018	档案、保密设备	
A1019	教学设备	
A1020	实验室设备	
A1021	广播电视、影像设备	
A1022	灯光、音响设备	
A1023	文艺设备	
A1024	体育设备	
A1025	地震设备	

续表

序　　号	品　目　名　称	备　　注
A1027	电梯和起重机	
A1028	炊事设备	
A1029	锅炉	
A1099	其他专用设备	批量采购 1 万元以上
A11	交通工具	
A1101	汽车	
A110101	轿车	
A11010101	普通轿车	协议供货
A11010102	高级轿车	协议供货
A110102	越野汽车（吉普车）	协议供货
A110103	卡车	
A110104	载客汽车	
A11010402	旅行面包车	协议供货
A11010403	公共汽车	协议供货
A11010404	微型客车	协议供货
A11010499	其他载客汽车	协议供货
A110105	专用汽车	
A11010501	工程汽车	
A11010502	工具汽车	
A11010503	消防车	
A11010504	警车	
A11010505	救护车	
A11010506	通讯和广播用车	
A11010507	皮卡	
A11010599	其他专用汽车	
A1199	其他交通工具	批量采购 1 万元以上
A99	其他货物	单项金额超过 5 万元
B	工　程　类	
B01	建筑物	
B0101	公用房建设	
B0102	住房建设	
B0103	其他用房建设	
B0104	文教、卫生、音乐、体育等公益设施建设	
B0105	纪念性建筑设施建设	
B0199	其他建筑设施建设	

续表

序　　号	品　目　名　称	备　　注
B03	环保、绿化工程	
B0301	污水处理	
B0303	园林绿化工程	
B0304	荒山绿化	
B0305	天然林保护	
B0306	防沙工程	
B04	水利、防洪工程	
B0401	河道疏浚工程	
B0402	大坝、水库、闸门、泄洪工程	
B0403	农田水利工程	
B0404	江河、湖泊治理工程	
B05	交通运输工程	
B0501	机场、航空工程	
B0502	港口工程	
B0503	铁路工程	
B0504	公路、桥梁、涵洞	
B09	修缮、装饰工程	投资额在30万元以上的非生产性修缮工程
B10	系统集成、网络工程	单次采购30万元以上
B99	其他政府投资工程	单次采购10万元以上
C	服　务　类	
C01	印刷、出版	含各种票据印刷、宣传品印刷及形象设计
C02	专业咨询、工程监理、工程设计	
C03	信息技术、信息管理软件的开发设计	
C04	维修	单次采购30万元以上
C0401	一般设备	
C0402	专用设备	
C0403	建筑物	
C0499	其他维修	
C0703	交通工具的维护保障	
C070301	车辆保险	定点采购
C070302	车辆加油	
C070303	车辆维修	定点采购
C08	会议	定点采购
C99	其他服务	批量采购1万元以上

湖南省2004年集中采购目录及政府采购限额标准和公开招标数额标准

（2003年7月22日湖南省财政厅湘财库［2003］26号发布）

一、集中采购目录

纳入集中采购目录的项目必须实行集中采购，其中，通用采购项目应当委托集中采购代理机构采购，有特殊要求的专用采购项目由采购人委托经省级以上政府采购监督管理部门认定资格的政府采购业务代理机构或者集中采购机构实施采购。

（一）通用采购项目

1. 货物类

（1）交通工具：公务用车、面包车、救护车、工程车、道路清扫车

（2）电器设备：电视机，电冰箱，空调（不含中央空调），吸尘器，摄影、摄像器材

（3）办公自动化设备：计算机、复印机、打印机、速印机、投影仪、多功能一体机

（4）电梯

（5）办公家具

（6）办公消耗用品：纸张、硒鼓、碳粉

2. 工程类

（1）统一建设的公用房和住房

（2）统一组织的房屋修缮、装修

3. 服务类

（1）会议定点

（2）车辆保险

（3）印刷

（4）车辆维修

（二）有特殊要求的专用采购项目

1. 货物类

（1）物资：救灾物资、防汛物资、抗旱物资、农用物资、储备物资、燃料

（2）中央空调机组（含末端）

（3）医疗设备及器械、器材

（4）消防设备

（5）警用设备和用品

（6）体育设备及器材

（7）交通管理设备

（8）专用教学设备及器械

（9）广播电视、影像专用设备及器材

（10）文艺设备及器械

（11）专用科研设备及器械

（12）计划生育设备及器械

（13）网络设备

（14）环保设备及器械

（15）公务服装

（16）专用汽车：消防车、警车、通讯和广播用车、其他专用汽车

（17）部门确定的其他有特殊要求的专用采购项目

2. 工程类

（1）公用房建设和宿舍建设（计划部门已经批准立项的项目）

（2）机关单位公用房和宿舍修缮、装饰工程

(3) 部门确定的其他有特殊要求的采购项目

3. 服务类

(1) 本部门或本系统信息管理系统开发及维护

(2) 新建工程项目的设计、监理等项服务

(3) 部门确定的其他有特殊要求的专用服务项目

二、政府采购限额标准

预算管理单位使用财政性资金采购货物、工程和服务达到限额标准的，应当实行政府采购。具体限额标准为：

(一) 货物类

省级：单项金额在5千元以上或者单项金额低于5千元但批量金额在5万元以上的货物。

市州级：单项金额在3千元以上或者单项金额低于3千元但批量金额在3万元以上的货物。

县级：单项金额在1千元以上或者单项金额低于1千元但批量金额在1万元以上的货物。

(二) 工程类（包括建筑物和构筑物的新建、改建、扩建、装修、拆除、修缮）

省级：20万元以上的工程项目。

市州级：10万元以上的工程项目。

县级：5万元以上的工程项目。

(三) 服务类

省级：单项金额在1万元以上或者单项金额在1万元以下但批量金额在5万元以上的服务。

市州级：单项金额在1万元以上或者单项金额在1万元以下但批量金额在3万元以上的服务。

县级：单项金额在1万元以上或者单项金额在1万元以下但批量金额在2万元以上的服务。

以上单项采购项目是指单个采购品目或预算专项，由财政安排的专项采购，以预算资金为准；配套资金项目以项目总投资为准。批量采购项目按本年度本部门、本系统的采购总量为准。

复合采购项目，即一个采购项目中既含有货物又含有工程或服务的采购项目，按照采购资金比重最大的项目确定其属性。

三、公开招标数额标准

各级预算管理单位采购集中采购目录以内或者限额标准以上的项目，凡达到公开招标数额标准的，应当采用公开招标方式（法律规定的特殊情形除外），委托经省级以上政府采购监督管理部门资格认定的政府采购业务代理机构或集中采购机构实施采购。具体数额标准为：50万元以上的单项或者批量货物；30万元以上的单项或者批量服务；100万元以上的工程项目。

四、相关说明

(一) 集中采购目录以外达到限额标准的品目，也应当委托经省级以上政府采购监督管理部门认定资格的政府采购业务代理机构或者集中采购机构实施政府采购。

(二) 采购限额标准以下的项目，凡是实行协议供货的，各单位必须严格执行协议供货制度；没有实行协议供货的，可以自行采购。

(三) 达到公开招标数额标准确需使用公开招标以外方式采购的，事前应获市州以上政府采购监督管理部门的批准。

(四) 本目录及限额、数额标准发布后，因特殊情况需要调整的，由省财政厅另行公布。

(五) 本目录及有关标准由省财政厅负责解释。各地可根据当地实际对集中采购目录和限额标准作适当调整。

广东省 2004 年省级单位政府集中采购目录及标准

（2003 年 12 月 12 日广东省财政厅粤财采购［2003］34 号发布）

一、根据《政府采购法》规定，采购人使用财政性资金采购依法制定的集中采购目录以内的或者采购限额标准以上的货物、工程和服务，都属于政府采购管理范围，必须按照法律、法规规定的采购方式和程序进行采购。

二、纳入政府集中采购目录和部门集中采购目录以及政府采购限额标准以上的项目，采购人应当按照有关规定编制政府采购预算，并按照批复的采购预算及时编报政府采购计划。

三、根据《政府采购法》规定，政府采购实行集中采购和分散采购相结合。采购人采购纳入政府集中采购目录的项目（不含部门集中采购）必须委托集中采购机构代理采购；采购人采购纳入部门集中采购目录的项目，应当实行部门集中采购，由主管部门按照《政府采购法》规定的采购方式和程序组织集中采购，各主管部门可以自行依法采购，也可以委托集中采购机构代理采购或委托具有政府采购代理资质的社会招标代理机构代理招标采购。除政府集中采购目录和部门集中采购目录以外，采购人采购达到政府采购限额标准以上的其他项目，由采购人按照《政府采购法》规定的采购方式和程序自行分散采购，也可以委托集中采购机构代理采购或委托具有政府采购代理资质的社会招标代理机构代理招标采购。

四、政府采购限额标准：除政府集中采购目录和部门集中采购项目外，其他货物和服务项目单项价值或同类批量价值 10 万元以上（含 10 万元），工程项目单项价值 50 万元以上（含 50 万元），应执行《政府采购法》的有关规定。

五、政府采购公开招标的数额标准：货物类或服务类项目单项价值或同类批量价值 50 万元以上，应当采取公开招标采购方式。政府采购工程类项目公开招标数额标准，按照国家和省有关规定执行。

对达到公开招标数额标准的采购项目，采购人不具备自行招标条件的，应当委托具有政府采购代理业务资格的机构代理招标采购。

六、本目录发布后，需要修改补充的，由省财政厅另行公布。

2004年政府集中采购目录

编　　号	品 目 名 称	备　　注
A	**货　　物　　类**	
A03	一般设备	
A030101	电视机	
A030102	电冰箱	
A030103	洗衣机	
A030104	吸尘器	
A030105	摄影摄像器材	
A030106	空气调节设备	（包括除湿设备）
A030199	其他电器设备	
A0302	办公自动化设备	
A030201	计算机	
A030202	打印机	
A030203	电话机	
A030204	传真机	
A030205	复印机	
A030206	速印机	
A030207	碎纸机	
A030208	投影仪	
A030209	扫描仪	
A030299	其他办公自动化设备	
A0303	家具	
A030301	办公家具	
A030302	宿舍家具	
A04	办公消耗用品	
A0401	纸张	含复印纸、打印纸
A0404	软盘	

续表

编　号	品 目 名 称	备　注
A0405	可写光盘	
A0406	硒鼓	
A0407	墨盒、墨粉	
A0499	其他消耗用品	含硬盘、移动硬盘、内存、U 盘
A0708	制服及劳动用品	
A10	专用设备	
A1002	印刷设备	
A1004	网络设备	含存储器、防火墙、加密机、隔离卡、网卡、各类软件等
A100401	服务器	
A100402	路由器	
A100403	交换机	含程控交换机
A100404	调制解调器	
A1027	电梯和起重设备	
A1028	炊事设备	
A1029	锅炉	
A11	交通工具	
A110101	轿车	
A110102	越野汽车（吉普车）	
A110103	皮卡两用车	
A110104	载客汽车（大客车）	
A11010402	旅行面包车	
B	**工　程　类**	
B0101	公用房建设	
B09	修缮、装饰工程	
B10	系统集成、网络工程	
C	**服　务　类**	
C01	印刷、出版	
C03	信息技术、信息管理软件的开发设计	含计算机通用软件、信息工程监理
C0703	交通工具的维护保障	
C070301	车辆保险	
C070302	车辆加油	
C070303	车辆维修	

部门集中采购目录

编　　号	品目名称	备　　注
A	货　物　类	
A030399	其他家具	指学校、科研、医疗专用家具
A06	物资	
A0601	救灾物资	
A0602	防汛物资	
A0603	抗旱物资	
A0604	农用物资	
A0605	储备物资	
A10	专用设备	
A1006	医疗设备、器械	
A1007	计划生育设备	
A1008	交通管理监控设备	
A1010	农用机械设备	
A1013	消防设备	
A1019	教学设备	指专用教学设备
A1020	实验室设备	
A1021	广播电视设备	
A1024	体育设备	
A1099	其他专用设备	包括：气象专用仪器设备、人工影响天气作业设备、航测设备、警察设备和用品、海关专用物资装备、税务专用物资装备、检察诉讼设备、法庭内部装备
A11	交通工具	
A110105	专用汽车	
A11010505	救护车	
A110106	摩托车	
A1102	船只	指救助船舶、缉私船、港务监督巡逻艇
A1103	飞机	指直升飞机
A99	其他货物	
B	工　程　类	
B0102	住房建设	
B0103	其他用房建设	指文教、卫生、音乐、体育等公益性设施建设
B03	环保、绿化工程	
C	服　务　类	
C99	其他服务	指本部门信息管理系统开发及维护、部门确定的其他有特殊要求的专用服务项目

深圳市 2004 年市级政府集中采购目录及集中采购限额标准

（2003 年 9 月 12 日深圳市财政局深财购［2003］14 号发布）

一、货物类：

1. 交通运输设备：公务机动车辆、专用机动车辆；

2. 办公通用设备：台式电脑、笔记本电脑、服务器、打印机、不间断电源、路由器、交换机、多功能一体机、硬件防火墙、复印机、速印机、扫描仪、碎纸机；

3. 空气调节设备；

4. 单项预算金额在 5 万元以上（含 5 万元，下同）的摄影摄像器材；

5. 单项预算金额在 5 万元以上的家具；

6. 单项预算资金在 10 万元以上的其他货物。

二、工程类

单项预算金额在 20 万元以上的工程。

三、服务类

1. 公务用车辆加油、维修、保险；

2. 预算金额在 10 万元以上的其他服务。

海南省 2004 年政府集中采购目录

（2003 年 10 月 29 日海南省财政厅琼财采［2003］1199 号发布）

一、政府集中采购目录

（一）货物类

1. 电器设备：摄影摄像器材、空气调节设备，其他单项或批量采购金额 1 万元（含 1 万元，下同）以上的电器设备。

2. 办公自动化设备：计算机、打印机、传真机、复印机、速印机、投影仪、扫描仪，其他单项或批量采购金额 1 万元以上的办公自动化设备。

3. 家具：单项或批量采购金额 5 万元以上的家具。

4. 物资：单项或批量采购金额 10 万元以上的救灾物资、防汛物资、抗旱物资、农用物资、储备物资、农药等。

5. 专用材料：单项或批量采购金额5万元以上的药品、制服、标志、劳保用品等。

6. 网络设备：服务器、工作站、磁盘阵列、不间断电源、路由器、交换机、打印服务器、硬件防火墙、加密设备、其他网络设备。

7. 商业软件：单项或批量采购金额1万元以上的各类系统及应用软件。

8. 专用设备：单项或批量采购金额1万元以上的各类专用设备（通讯设备、印刷设备、照排设备、发电设备、电力设备、医疗设备、计划生育设备、交通管理监控设备、农用机械设备、工程机械、园艺机械、消防设备、道路清扫设备、警用设备和用品、保安设备、档案保密设备、教学设备、实验室设备、广播电视影像设备、灯光音响设备、文艺设备、体育设备、地震设备、电梯和起重机、炊事设备、锅炉等）。

9. 各种机动车辆、船只。

（二）工程类

1. 单个项目10万元以上的建筑物和构筑物的新建、改建、扩建、装修、拆除、修缮工程。

2. 单个项目10万元以上的市政建设工程、园林绿化工程、水利防洪工程。

3. 系统集成、网络工程、信息管理及智能化系统工程、消防工程。

（三）服务类

1. 5万元以上的批量印刷。

2. 10万元以上的信息系统维护、信息管理软件开发。

3. 公务车辆加油、维修、保险定点采购。

4. 国际机票定点采购。

二、公开招标的数额标准

单项或批量采购货物和服务项目为30万元，单项工程项目为50万元。

采购规模达到上述公开招标数额标准的，必须采用公开招标方式，因特殊情况需要采用公开招标以外采购方式的，应当在政府采购活动开始前按规定获得政府采购监督管理部门批准。

重庆市2004年政府采购集中采购目录及限额标准

政府采购集中采购目录

（2003年9月23日重庆市财政局渝财库［2003］55号发布）

一、货物类

（一）交通工具

1. 各类机动车辆

2. 船只

（二）办公设备

1. 计算机及其附属设备
2. 打印机
3. 复印机
4. 速印机
5. 传真机
6. 扫描仪
7. 空气调节器
8. 电视、冰箱等电器设备
9. 通讯设备
10. 网络设备
11. 其他办公设备

（三）专用设备、器材

1. 投影设备、器材
2. 摄影、摄像设备、器材
3. 灯光、音响设备
4. 教学设备
5. 试验室设备
6. 电梯
7. 锅炉
8. 图书、档案存储设备
9. 消防设备、器材
10. 医疗、医药设备、器械
11. 其他专用设备

（四）家具

1. 办公家具
2. 招待所（宾馆）活动中心等家具、卧具

（五）办公消耗用品

（六）其他物资、器材

1. 司法、执法部门服装的制作
2. 防洪、防汛、救灾物资、器材
3. 其他单项（个、件、套）采购金额超过 3 万元或以一级预算单位汇总统计年批量采购金额超过 50 万元的货物。

二、工程类

（一）通讯及计算机网络工程

（二）办公用房装饰、维修工程金额在 5 万元以上的

（三）生态环境建设项目中退耕还林工程的树苗采购

（四）公益性基本建设项目

（五）防洪防汛及其他灾害防治工程

（六）机关、事业单位组织的展览会、博览会布展工程

（七）其他

三、服务类

（一）行政事业单位公务用车定点维修

（二）行政事业单位公务用车定点加油

（三）行政事业单位公务用车统一定点保险

（四）市级 5 万元、区县 2 万元以上的政务会议

（五）办公等用房的租赁

（六）3 万元以上的批量印刷业务

（七）金融服务

（八）办公、业务软件的开发

（九）因公出差航空机票的定点和统一乘机保险

（十）因特网接入租赁服务

（十一）其他

限额标准

《中华人民共和国政府采购法》规定，公开招标应作为政府采购的主要采购方式，凡一次性采购金额在 50 万元以上的，或影响较大的采购项目，原则上都应实行公开招标。

四川省2004年政府集中采购目录和采购限额标准

（2003年11月7日四川省人民政府办公厅川办函［2003］152号发布）

一、四川省2004年政府集中采购目录和采购限额标准

（一）政府集中采购目录。

序号	品目名称	备注
	货物类	
通用采购项目		
A030101	电视机*	
A030105	摄影、摄像器材	包括照相机、摄像机、摄录一体机、数码一体机
A030106	空调	包括中央空调、除湿设备
A030201	计算机	包括台式电脑、笔记本电脑、显示屏
A030202	打印机	
A030204	传真机	
A030205	复印机	
A030206	速印机	
A030208	投影仪	
A030209	扫描仪	
A0708	制服*	
A030301	办公家具*	
A0401	纸张	包括复印纸、打印纸、速印纸、传真纸
A100401	服务器	
A100402	路由器	
A100403	交换机	
A1027	电梯	
A1029	锅炉	
A1101	汽车	各类轿车、越野车、客车、卡车、专用汽车
专用采购项目		
A1001	通信设备*	电话通信设备、其他通信设备

续表

序　号	品 目 名 称	备　注
A1002	印刷设备*	
A1003	照排设备*	
A1006	医疗设备、器械*	
A1007	计划生育设备*	
A1013	消防设备*	
A1018	档案保密设备*	
A1019	教学设备*	
A1020	实验室设备*	包括检测仪器和设备
A1021	广播电视、影像设备*	
A1022	灯光及音响设备*	
A1024	体育设备*	
	工　程　类	
B09	修缮、装饰工程	50 万元以上
	服　务　类	
C03	信息技术、信息管理软件的开发设计	20 万元以上
C070301	车辆保险	定点保险
C070302	车辆加油	定点加油
C070303	车辆维修	定点维修
C0801	会议	20 万元以上的会议

注：集中采购目录中的 * 表示省级单位单项预算 5 万元或批量 10 万元的采购项目。

（二）政府采购限额标准。集中采购目录以外的货物类和服务类采购项目，凡预算金额在 20 万元以上，工程类采购项目预算金额在 50 万元以上的，均应纳入政府采购管理范围，实行分散采购。

（三）政府采购公开招标数额标准。纳入政府采购管理范围的货物类和服务类项目预算金额在 50 万元以上，工程类项目预算金额在 100 万元以上的必须实行公开招标。

二、说明

（一）政府采购预算的编制。我省各级机关、事业单位和团体组织（即采购人）使用财政性资金采购集中采购目录以内或采购限额标准以上的货物、工程和服务项目必须纳入政府采购管理范围并按部门预算编制要求细化采购项目，单独编制年度政府采购预算。

（二）政府采购预算的实施。政府采购实行集中采购与分散采购相结合。列入集中采购目录以内的货物、工程和服务项目实行集中采购，其中：通用采购项目必须委托同级政府集中采购机构采购；有特殊要求的专用采购项目，经省政府授权财政部门批准，采购人可以委托政府采购代理机构组织采购，也可由采购人组织采购。集中采购目录以外，采购限额标准以上的货物、工程和服务项目实行分散采购，采购人可自行组织采购，也可以委托政府采购代理机构组织采购。

（三）公告媒体。《中国财经报》、《中国政府采购》杂志和“中国政府采购网四川分网”（http//www.ccgp - sichuan.gov.cn）为我省指定政府采购的公告媒体。凡达到公开招标数额标准以上的招投标信息，采购人、集中采购机构或政府采购代理机构必须在指定媒体上予以公告，文字媒体和网络媒体的公告内容必须一致。

（四）政府采购中工程的招标投标事项，适用《中华人民共和国招标投标法》，采购人和各级财政部门要按照《政府采购法》的规定，加强对工程政府采购的管理与监督。

（五）本目录发布后，如因特殊情况需要修改与补充的，由省财政厅另行通知。各市、州人民政府或其授权的同级财政部门根据本地政府采购工作的开展情况，可适当调整集中采购目录和采购限额标准。

贵州省2004年政府采购集中采购目录及限额标准

（2003年12月29日贵州省财政厅黔财采［2003］8号发布）

一、货物类

1.摄影及摄像器材、空气调节器、电视机；批量采购10万元以上的其他电器设备；

2.计算机、打印机、复印机、传真机、速印机、扫描仪、投影仪；

3.各类家具批量采购10万元以上；

4.办公消耗用品批量采购10万元以上；

5.救灾物资、防洪抗旱物资、农用物资、储备物资批量采购10万元以上；

6.行政执法部门制服和劳保用品批量采购10万元以上；

7.通信设备、印刷设备、照排设备、网络设备（服务器、路由器、交换机、调制解调器、其他网络设备）、医疗设备及器械、计划生育设备、交通管理监控设备、农用机械设备、消防设备、警用设备及用品、保安设备、图书及档案管理、教学设备、实验室设备、广播电视及影像设备、灯光及音响设备、文艺设备、体育设备、电梯、锅炉等批量采购10万元以上；

8.轿车、载客汽车（包括旅行面包车、公共汽车、微型客车）、越野车、卡车及其他通用交通工具；

9. 工程车、消防车、警车、救护车、通讯和广播用车、洒水车、道路清扫车、垃圾车及其他专用汽车；

10. 财政部门认定须实行集中采购的其他货物。

二、工程类

1. 建筑物的新建、扩建、改建分项工程30万元以上；

2. 市政道路和市政公用设施建设、水暖管网维修更新分项工程10万元以上；

3. 绿化、美化、市政垃圾处理、天然林保护、污水处理分项工程10万元以上；

4. 大坝、水库、闸门、泄洪、农田水利分项工程30万元以上；

5. 公路工程30万元以上；

6. 修缮、装饰工程10万元以上；

7. 系统集成、网络工程10万元以上。

三、服务类

1. 批量印刷、出版10万元以上；

2. 信息技术、信息管理软件开发设计10万元以上；

3. 保险10万元以上；

4. 10万元以上的其他服务。

云南省2004年政府集中采购目录及采购限额标准

（2004年4月29日云南省人民政府办公厅云政办发［2004］104号发布）

为了规范政府采购行为，提高政府采购资金的使用效益，促进我省经济和社会各项事业的发展，根据《中华人民共和国政府采购法》和《云南省政府采购条例》的规定，结合我省实际，特制定本目录。

一、采购目录的编制依据

本目录是依据财政部《政府采购品目分类表》（财库［2000］10号）和我省政府采购工作的实际，在2003年度采购目录的基础上，对采购项目进行了细化和金额限定。

二、采购目录适用范围

根据《中华人民共和国政府采购法》和《云南省政府采购条例》的规定，本省行政区域内纳入预算管理的国家机关、事业单位、社会团体、学校和中央驻滇单位，使用财政性资金（预算内、外资金）进行的政府采购活动，均属于政府采购范围，实行政府集中采购。

三、政府采购形式

政府采购采取集中采购和分散采购两种形式。政府集中采购目录以内的品目不受金额限制，必须委托集中采购机构代理采购；对因特殊情况需采用分散采购金额在5万元以下的单项采购项目，在采购活动开始前需报经同级政府采购管理部门审核后方可进行。采购人不得将应当纳入集中采购的项目化整为零或者以其他任何方式规避集中采购。

政府集中采购目录以外的品目，符合下列条件之一的，必须委托集中采购机构或者由政府采购监督管理部门认定资格的采购代理机构实行集中采购：

（一）单项采购项目金额在5万元以上的项目；

（二）单项采购项目金额虽然不足5万元，但批量金额在5万元以上的项目。

单项采购项目金额指单个采购品目，由预算资金安排的专项采购，以预算资金为准；配套资金项目以项目总投资为准；批量以本年度本部门、本系统的采购总量为准。一个采购项目中包含货物、工程、服务两个以上采购项目的，按照采购资金比重最大的项目确定其属性。

四、特殊项目采购

（一）属突发事件急需的或特殊的专用设备、物资，经政府采购监督管理部门审批后，可实行部门政府采购；

（二）属于本部门、本系统有特殊要求的专用设备，应当实行部门集中采购，属于本单位有特殊要求的项目，经省人民政府或省人民政府授权的财政监督管理部门批准，可以分散采购。

五、公开招标的限额

货物类10万元以上、服务类30万元以上、工程类50万元以上。

达到限额标准以上的采购项目必须采用公开招标方式进行采购，因特殊情况需要采用公开招标以外的采购方式，应当在采购活动开始前报经同级政府采购管理部门批准。

六、本目录的修订

本目录在执行过程中，因特殊情况需要调整、修订，由省财政厅另行公布。各地州市可根据本地区的实际情况，对本目录采购限额标准作适当调整。

七、本目录及相关标准由云南省财政厅负责解释

八、集中采购目录及限额标准

纳入目录的项目必须实行集中采购。

1.货物类

11　交通运输设备：

1101　公务用机动车辆。

1102　专用机动车辆。

12　办公自动化设备：

1201　计算机及附属设备、配件、耗材。

1202　打印机及附属设备、配件、耗材。

1203　复印机及附属设备、配件、耗材。

1204　速印机及附属设备、配件、耗材。

1205　投影设备、器材。

1206　传真机。

1207　扫描仪。

1208　碎纸机。

1209　计算机应用软件。

13　电器设备：

1301　电视机。

1302　电冰箱。

1303　吸尘器。

1304　空气调节设备。

14　摄影、摄像设备（包括胶片、磁带、数码类）：

1401　照像机及附属设备。

1402　摄像机及附属设备。

1403　摄录一体机及附属设备。

15　办公家具：包括学生课桌椅及金属、木料、塑料制品。

16　专用设备：

1601　计算机网络设备及附属设备、配

件、耗材。

1602 通讯及监测设备及附属设备、配件、耗材。

1603 医疗器械、设备。

1604 计划生育器械、设备。

1605 消防设备。

1606 道路交通管理监控设备。

1607 警用器械、设备。

1608 道路清扫及环卫设备。

1609 环保设施、设备。

1610 教学及科研设备。

1611 实验室用品及设备。

1612 体育器材及设备。

1613 地震监测设备。

1614 水利勘察及监测设备。

1615 农用机械、设施、设备。

1616 文艺设备。

1617 广播电视设备。

1618 印刷及照排设备。

1619 灯光及音响设备。

1620 视频会议系统。

1621 远程教学、教育系统。

1622 锅炉设备。

1623 电梯及起重设备。

1624 中央空调机组及除湿设备。

1625 档案及保密设备。

1626 抗旱防汛救灾物资设备。

1627 图书资料（含影像、信息）。

1628 发电机组及设备。

17 服装和用品：

1701 公务制服及相关用品。

1702 专用服装及劳保用品。

18 其他有要求的采购项目。

2. 工程类：省级 20 万元（含 20 万元）以上

21 建筑物的新建、扩建、改建、修缮、安装和装饰项目。

22 非生产经营性的绿化项目。

23 社会公益性的建设项目。

24 环保、绿化工程：

2401 污水处理。

2402 园林绿化工程。

2403 荒山绿化工程。

2404 天然林保护工程。

2405 防沙工程。

3. 服务类

31 机动车辆的维修。

32 机动车辆的保险。

33 国库集中支付代理。

34 信息技术、信息管理软件的开发、推广：省级 20 万元（含 20 万元）以上。

35 办公管理软件或网络集成项目的开发、推广：省级 20 万元（含 20 万元）以上。

36 印刷、出版：省级 10 万元（含 10 万元）以上。

3601 各种票据印刷。

3602 各种宣传品印刷。

3603 各种政府书刊、资料出版。

37 专业咨询、工程监理、工程设计。

38 会议。

39 其他有要求的采购项目。

西藏自治区2004年政府采购目录

（2004年5月8日西藏自治区财政厅藏财库字［2004］15号发布）

一、集中采购目录

序　　号	品　目　名　称	备　　注
	货　物　类	
A0301	电器设备	电视机、电冰箱、吸尘器、摄影、摄像器材，空调设备等
A0302	办公自动化设备	包括计算机、打印机、电话机、传真机、复印机、速印机、碎纸机、投影仪、扫描仪等
A0303	家具	包括办公家具、宿舍家具等
A04	办公消耗用品	纸张、信封、档案夹、软盘、可写光盘、硒鼓、墨盒、墨粉、色带等
A06	物资	
A0601	救灾物资	
A0602	防汛物资	
A0603	抗旱物资	
A0604	农用物资	
A0605	储备物资	包括粮食、糖等
A0606	燃料	
A0699	其他物资	
A07	专用材料	
A0701	药品及医疗耗材	
A0703	图书资料	
A0704	实验室用品及小型设备	
A0705	胶片胶卷、录音录像带	
A0706	工具和仪器	
A0707	艺术部门用材料和用品	
A0708	制服及劳保用品	
A0709	软件	市场上出售的成套操作系统、办公自动化软件、财务软件等应用软件

续表

序号	品目名称	备注
A10	专用设备	
A1001	通信设备	包括移动通信设备、电话通信设备等
A1002	印刷设备	
A1003	照排设备	
A1004	网络设备	包括服务器、路由器、交换机等
A1005	发电设备	
A1006	医疗设备、器械	
A1007	计划生育设备	
A1008	交通管理监控设备	
A1010	农用机械设备	
A1011	工程机械	
A1012	园艺机械	
A1013	消防设备	
A1014	道路清扫设备	
A1015	警用设备和用品	
A1016	保安设备	
A1018	档案、保密设备	
A1019	教学设备	
A1020	实验室设备	
A1021	广播电视、影像设备	
A1022	灯光、音响设备	
A1023	文艺设备	
A1024	体育设备	
A1025	地震设备	
A1027	电梯和起重机	
A1029	锅炉	
A1101	汽车	各类轿车、越野车、客车、卡车、专用汽车等
A12	网络建设及系统集成	
	工程类	
B09	修缮、装饰工程	
	服务类	
C01	印刷、出版	包括文件资料、内部刊物、信封等印刷
C03	信息技术、信息管理软件开发设计	
C04	维修	
C0401	一般设备	

续表

序　号	品目名称	备　注
C0402	专用设备	
C0403	建筑物	
C0499	其他维修	
C0703	交通工具的维护保障	
C070301	车辆保险	定点保险
C070302	车辆加油	定点加油
C070303	车辆维修	定点维修
C08	会议	包括大型会议、一般会议

二、说明

（一）本目录严格按照政府采购法的有关规定，在财政部印发的《政府采购品目分类表》的基础上，结合我区实际情况编制。

（二）本目录适用于区直各党政机关、事业单位和团体组织使用财政性资金采购采购目录以内或其他有特殊要求的货物、工程和服务，必须依照政府采购法规定的采购方式和采购程序依法进行。

（三）纳入集中采购目录属于通用项目的，必须委托采购机构代理采购；纳入集中采购目录属于部门和系统具有特殊要求的专用项目，经自治区财政厅批准后，由采购单位委托经政府采购管理部门认定资格的采购机构实施采购。

（四）目录以内品目不受金额限制，采购部门将按照政府采购法的规定实行集中采购或分散采购。

（五）复合采购项目，即一个采购项目中含货物、工程、服务两个以上的采购项目，按照采购资金比重最大的项目确定其属性。

（六）本目录因特殊情况需要调整的，由自治区财政厅另行公布。

（七）各地（市）在编制政府采购预算时可参照执行。

（八）本目录由自治区财政厅负责解释。

陕西省2004年省级单位政府集中采购目录及采购限额

（2003年10月20日陕西省财政厅陕财办采管［2004］03号发布）

品目名称	集中采购限额标准	分散采购限额标准
货物类		
电器设备（包括工业洗衣机、吸尘器、摄影、摄像器材、其他电器设备等）	单项或批量采购金额在3万元以上（含3万元）	单项采购或批量采购金额在0.5万元以上（含0.5万元）、3万元以下

续表

品 目 名 称	集中采购限额标准	分散采购限额标准
电视机	同上	同上
电冰箱	同上	同上
空气调节器	*	
办公自动化设备（包括传真机、速印机、碎纸机、投影仪、扫描仪、其他办公自动化设备）	单项或批量采购金额在3万元以上（含3万元）	单项采购或批量采购金额在0.5万元以上（含0.5万元）、3万元以下
计算机	*	
打印机	*	
复印机	*	
各类家具（包括办公家具、宿舍家具、床上用品等）	单项或批量采购金额在3万元以上（含3万元）	单项采购或批量采购金额在0.5万元以上（含0.5万元）、3万元以下
专用设备	同上	同上
通信设备（总机、集团电话、网络电话）	同上	同上
印刷设备	同上	同上
照排设备	同上	同上
网络设备（服务器、路由器、交换机、调制解调器、其他网络设备）	*	
医疗器械	单价或批量采购金额在3万元以上（含3万元）	单价或批量采购金额在0.5万元以上（含0.5万元）、3万元以下
计划生育设备	同上	同上
交通管理监控设备	同上	同上
农用机械设备	同上	同上
消防设备	同上	同上
道路清扫设备	同上	同上
警用设备和用品	同上	同上
保安设备	同上	同上
图书及档案管理	同上	同上
教学设备	同上	同上
实验室设备	同上	同上
广播电视、影像设备	同上	同上
灯光、音响设备	同上	同上
文艺设备	同上	同上
体育设备	同上	同上
电梯	*	

续表

品　目　名　称	集中采购限额标准	分散采购限额标准
锅炉	*	
环保监测设备	单价或批量采购金额在3万元以上（含3万元）	单价或批量采购金额在0.5万元以上（含0.5万元）、3万元以下
其他专用设备	同上	同上
救灾物资、防汛物资、农用物资	同上	同上
交通工具		
轿车	*	
越野汽车（吉普车）	*	
卡车	*	
载客汽车	*	
旅行面包车	*	
微型客车	*	
其他载客汽车	*	
专用汽车（工程汽车、工具汽车、消防车、警车、救护车、通讯和广播用车、皮卡、洒水车、道路清扫车、垃圾车、其他专用汽车）	*	
摩托车	*	
其他		
工　程　类		
新建工程、基本建设工程	各市人民政府根据情况自行确定	
房屋及建筑物维修、改造工程	单项或累计维修金额20万以上（含20万元）	单项或累计维修金额在5万元以上（含5万元）、20万元以下
房屋装饰、装潢工程	同上	同上
水暖管网维修更新	同上	同上
绿化、美化工程	工程预算在10万元以上（含10万元）	工程预算在5万元以上（含5万元）、10万元以下
系统集成及网络工程	工程预算在10万元以上（含10万元）	工程预算在5万元以上（含5万元）、10万元以下
其他工程	工程预算在20万元以上（含20万元）	工程预算在5万元以上（含5万元）、20万元以下
服　务　类		
机动车辆统一保险	*	
大型会议统一结算	*	
各种专用票据、材料的印刷	年印刷量3万元以上	
政府采购项目的设计费、工程监理费及招标代理费		1万元以上
其他		

注：带*为集中采购品目

甘肃省2004年政府集中采购目录限额标准和货物服务项目公开招标数额标准

（2004年2月10日甘肃省人民政府办公厅甘政办发［2004］13号发布）

一、政府集中采购目录

A. 通用采购项目

（一）货物类

1. 电器设备。包括电视机、电冰箱、摄影摄像器材、空气调节设备。

2. 办公自动化设备。包括计算机、打印机、传真机、复印机、速印机、投影仪、碎纸机、扫描仪。

3. 家具。单项或批量采购金额在3万元以上（含3万元）的办公家具。

4. 网络设备。单项或批量采购金额在5万元以上（含5万元）的设备，包括服务器、路由器、交换机、调制解调器、其他网络设备。

5. 电梯。

6. 锅炉。

7. 制装。单项或批量采购金额在5万元以上（含5万元）的制装。

8. 公务用车。包括小轿车、大轿车、旅行车、越野车、皮卡车、摩托车。

（二）服务类

车辆维修、加油、保险，会议定点服务、计算机通用软件。

B. 有特殊要求的专用采购项目

对本部门单位有特殊要求的采购项目，并且具有批量的，原则上都应当实行部门集中采购。

（一）货物类。救灾物资、防汛物资、抗旱物资、农用物资、储备物资、燃料、药品、计划生育设备、消防设备、警察设备和用品、文艺设备、体育设备、医疗设备和器械、教学设备、广播电视设备、专用汽车，部门拟定由政府采购监管部门认定的其他有特殊要求的专用采购项目。

（二）工程类。10万元以上（含10万元）的公用房建设和宿舍建设、装饰、维修工程，部门拟定由政府采购监管部门认定的其他有特殊要求的工程项目。

（三）服务类。3万元以上（含3万元）的本部门单位信息管理系统开发及维护、印刷、出版，部门拟定由政府采购监管部门认定的其他有特殊要求的专用服务项目。

二、政府采购限额标准

各部门单位实行分散采购的项目（集中采购目录以外的但达到限额标准以上的项目），应当按照《政府采购法》有关规定执行。具体限额标准为：20万元以上单项或批量采购货物和服务的项目，30万元以上的工程项目。

限额标准的计算方式为：由财政预算安排的专项采购，以财政预算资金为准；

配套资金项目以项目总金额为标准；多次采购项目按照本年度本部门单位的采购总量为准。

复合采购项目，即一个采购项目含货物、工程或服务两个以上的采购项目，按照占采购资金比重最大的项目确定其属性。

三、政府采购货物服务公开招标数额标准

政府采购货物或者服务项目，单项或批量采购金额一次性达到20万元以上的，必须采用公开招标采购方式。政府采购工程公开招标数额标准按照国家有关规定执行。

宁夏回族自治区2004年政府集中采购目录

（2003年9月17日宁夏回族自治区财政厅财（办）发［2003］1078号发布）

序　号	品目名称	备　注
A	货　物　类	
A01	土地	
A02	建筑物	
A0201	办公用房	
A0202	宿舍用房	
A0299	其他建筑物	
A03	一般设备	
A0301	电器设备	
A030101	电视机	
A030102	电冰箱	
A030103	洗衣机	
A030104	吸尘器	
A030105	摄影、摄像器材	
A030106	空气调节设备	包括除湿设备
A030199	其他电器设备	
A0302	办公自动化设备	
A030201	计算机	
A030202	打印机	
A030203	电话机	
A030204	传真机	

续表

序号	品目名称	备注
A030205	复印机	
A030206	速印机	
A030207	碎纸机	
A030208	投影仪	
A030209	扫描仪	
A030299	其他办公自动化设备	
A0303	家具	
A030301	办公家具	
A030302	宿舍家具	
A030399	其他家具	
A04	办公消耗用品	
A0401	纸张	
A0402	信封	
A0403	档案夹	
A0404	软盘	
A0405	可写光盘	
A0406	硒鼓	
A0407	墨盒、墨粉	
A0408	色带	
A0409	其他消耗用品	
A05	建筑、装饰材料	
A0501	水泥	
A0502	木材	
A0503	板材	
A0504	金属材料	
A0505	瓷砖	
A0506	清洁用具	
A0507	玻璃	
A0508	油漆	
A0599	其他建筑、装饰材料	
A06	物资	
A0601	救灾物资	
A0602	防汛物资	
A0603	抗旱物资	
A0604	农用物资	

续表

序　　号	品　目　名　称	备　　注
A0605	储备物资	包括粮食、糖、棉花等
A0606	燃料	
A0699	其他物资	
A07	专用材料	
A0701	药品及医疗材料	
A0702	兽医用品	
A0703	图书资料	
A0704	实验室用品及小型设备	
A0705	胶片胶卷、录音录像带	
A0706	工具和仪器	
A0707	艺术部门用材料和用品	乐器、演出用服装、道具等
A0708	军装、制服及劳保用品	
A0799	其他专用材料	
A10	专用设备	
A1001	通信设备	
A100101	移动通信设备	
A100102	电话通信设备	
A100199	其他通信设备	
A1002	印刷设备	
A1003	照排设备	
A1004	网络设备	
A100401	服务器	
A100402	路由器	
A100403	交换机	
A100404	调制解调器	
A100499	其他网络设备	
A1005	发电设备	
A1006	医疗设备、器械	
A1007	计划生育设备	
A1008	交通管理监控设备	
A1009	港口设备	
A1010	农用机械设备	
A1011	工程机械	
A1012	园艺机械	
A1013	消防设备	

续表

序　号	品目名称	备　注
A1014	道路清扫设备	
A1015	警用设备和用品	
A1016	保安设备	
A1017	军用设备和用品	
A1018	档案、保密设备	
A1019	教学设备	
A1020	实验设备	
A1021	广播电视、影像设备	
A1022	灯光、音响设备	
A1023	文艺设备	
A1024	体育设备	
A1025	地震设备	
A1026	殡仪火化设备	
A1027	电梯和起重机	
A1028	炊事设备	
A1029	锅炉	
A1099	其他专用设备	
A11	交通工具	
A1101	汽车	
A110101	轿车	
A11010101	普通轿车	
A11010102	高级轿车	
A110102	越野汽车（吉普车）	
A110103	卡车	
A110104	载客汽车	
A11010402	旅行面包车	
A11010403	公共汽车	
A11010404	微型客车	
A11010499	其他载客汽车	
A110105	专用汽车	
A11010501	工程汽车	
A11010502	工具汽车	
A11010503	消防车	
A11010504	警车	
A11010505	救护车	

续表

序　　号	品　目　名　称	备　　注
A11010506	通讯和广播用车	
A11010507	皮卡	
A11010508	洒水车	
A11010509	道路清扫车	
A110105010	垃圾车	
A11010599	其他专用汽车	
A110106	摩托车	
A110107	电车	
A0002	船只	
A1103	飞机	
A1199	其他交通工具	
A99	其他货物	
B	**工　程　类**	
B01	建筑物	
B0101	公用建设	
B0102	住房建设	
B0103	其他用房建设	
B0104	文教、卫生、音乐、体育公益设施建设	
B0105	纪念性建筑设施建设	
B0100	其他建筑设施建设	
B02	市政建设工程	
B0201	市政道路建设	
B0202	市政公用设施建设	
B0203	自来水输水工程	
B0204	集中供暖、供热、供气工程	
B03	环保、绿化工程	
B0301	污水处理	
B0302	市政垃圾处理	
B0303	园林绿化工程	
B0304	荒山绿化	
B0305	天然林保护	
B0306	防沙工程	
B04	水利、防洪工程	
B0401	河道疏浚工程	
B0402	大坝、水库、闸门、泄洪工程	

续表

序　号	品　目　名　称	备　注
B0403	农田水利工程	
B0404	江河、湖泊治理工程	
B05	交通运输工程	
B0501	机场、航空工程	
B0502	港口工程	
B0503	铁路工程	
B0504	公路、桥梁、涵洞	
B06	油气工程	
B07	电力工程	
B08	电信工程	
B09	修缮、装饰工程	
B10	系统集成、网络工程	
B99	其他各类工程	
C	服　务　类	
C01	印刷、出版	
C02	专业咨询、工程监理、工程设计	
C03	信息技术、信息管理软件的开发设计	
C04	维修	
C0401	一般设备	
C0402	专用设备	
C0403	建筑物	
C0499	其他维修	
C05	保险	
C06	租赁	
C0601	办公用房	
C0602	宿舍用房	
C0603	仓库	
C0604	设备和机械	
C0699	其他租赁	
C0703	交通工具的维护保障	
C070301	车辆保险	
C070302	车辆加油	
C070303	车辆维修	
C08	会议	
C00801	大型会议	包括全国或区域党代会、人代会、政协会等

续表

序　号	品目名称	备　注
C0802	一般会议	
C09	培训	
C0901	国内培训	
C0902	国外培训	
C10	物业管理	
C11	生产	
C1101	车辆牌照生产	
C99	其他服务	

宁夏回族自治区政府集中采购限额标准：

1. 货物类：采购预算金额单价在5 000元以上，批量采购预算金额在10 000元以上的货物。

2. 工程类：预算金额10万元以上的各类建筑物和构筑物的新建、改建、扩建、装修、拆除、修缮等工程。

3. 市、县政府集中采购限额标准可由同级政府采购监督管理部门根据实际情况制定，报自治区政府采购办公室备案，但限额标准不得高于自治区限额标准。

新疆维吾尔自治区2004年区级政府集中采购目录及政府分散采购限额标准

（2003年5月7日新疆维吾尔自治区财政厅新财购［2003］10号发布）

一、政府集中采购目录

序　号	品目名称	备　注
A	货　物	
A03	一般设备	
A0301	电器设备	
A030101	电视机	
A030105	摄影、摄像器材	
A030106	空气调节设备	包括除湿设备

续表

序号	品目名称	备注
A0302	办公自动化设备	
A030201	计算机	
A030202	打印机	
A030204	传真机	
A030205	复印机	
A030206	速印机	
A030208	投影仪	
A0303	家具	
A030301	办公家具	单次批量累计 5 万元以上
A030302	宿舍家具	单次批量累计 5 万元以上
A06	物　资	
A0601	救灾物资	
A0604	农用物资	
A0605	储备物资	
A0606	燃料（锅炉用煤）	
A07	专用材料	
A0708	制服及中小学校服	
	劳保用品	单次批量累计 3 万元以上
A10	专用设备	
A1001	通信设备	
A100102	电话通信设备	
A100103	其他通信设备	
A1004	网络设备	
A100401	服务器	
A100402	路由器	
A100403	交换机	
A100404	调制解调器	
A1005	发电设备	
A1006	医疗设备、器械	
A1007	计划生育设备	单价 5 万元以上
A1008	交通管理监控设备	
A1010	农用机械设备	
A1011	工程机械	
A1012	园艺机械	
A1013	消防设备	

续表

序　　号	品　目　名　称	备　　注
A1014	道路清扫设备	
A1019	教学设备	单价5万元以上
A1020	实验室设备	单价5万元以上
A1021	广播电视、摄影设备	
A1022	灯光、音响设备	单价5万元以上
A1024	体育设备	单价5万元以上
A1027	电梯	
A1029	锅炉	
A11	交通工具	
A11010101	普通轿车	
A11010102	高级轿车	
A110102	越野车	
A11010402	旅行面包车	
A110105	专用汽车	
A11010501	工程汽车	
A11010502	工具汽车	
A11010503	消防车	
A11010504	警车	
A11010505	救护车	
A11010506	摩托车	
A11010508	洒水车	
A11010509	道路清扫车	
A11010510	垃圾车	
A11010599	其他专用汽车	
A99	其他货物	
B	工　程　类	
B01	建筑物类	
B0101	公用房建筑	
B0102	住房建设	
B0104	公益设备建设	
B0105	纪念性建筑设施建设	
B02	市政建设工程	
B0202	市政公用设施建设	
B0203	自来水输水工程	
B0204	集中供暖、供热、供气工程	

续表

序　　号	品　目　名　称	备　　注
B03	环保、绿化工程	
B0301	污水处理	
B0302	市政垃圾处理	
B0303	园林绿化工程	
B09	修缮、装饰工程	
B10	系统集成、网络工程	
B99	其他工程	

采购上述工程类项目，单项造价总额达到20万元以上的项目纳入政府集中采购。

序　　号	品　目　名　称	备　　注
C	服　务　类	
C01	印刷、出版	
C02	工程监理、工程设计	
C05	保险	
C0703	交通工具的维护保障	
C070301	车辆保险	
C070302	车辆加油	
C070303	车辆维修	
C08	会议	
C0801	大型会议（二类会议）	
C99	其他服务	

二、政府分散采购限额标准

采购人采购集中采购目录以外、限额标准以上的项目，应当委托由自治区财政厅认定资格的政府采购代理机构或者政府集中采购机构实施采购；采用自行采购方式的，必须按照政府采购的要求进行采购；对达到公开招标限额标准的采购项目必须采用公开招标方式进行，确需采取其他采购方式的，须经自治区财政监管部门批准。

（一）货物类

单项金额在1万元以上或单项金额低于1万元但一次批量购买金额在5万元以上的货物。对采购总额超过50万元以上（含50万元）的货物按照公开招标方式进行。

（二）工程类

20万元以上的工程项目。对100万元以上（含100万元）的工程项目按照公开招标方式进行。

（三）服务类

单项金额在0.5万元或单项金额低于0.5万元但一次批量购买金额在2万元以上的服务项目。

九、统计资料

2004年全国政府采购信息分析表

单位：万元

项目	行	采购预算		采购金额		节约资金		节约率%	政府直接支付	货物类比重%	工程类比重%	服务类比重%	集中采购比重%	公开招标比重%
		总计	预算内	总计	预算内	总计	预算内							
		1	2	3	4	5	6	7	8	9	10	11	12	13
合计	1	24 068 555.04	13 260 260.08	21 357 187.97	11 824 404.59	2 711 367.09	1 435 855.49	11.00	8 538 660.66	49.10	44.41	6.49	80.89	59.55
中央合计	2	3 306 004.28	2 472 277.52	2 934 084.31	2 222 496.75	371 919.97	249 780.77	11.00	406 141.60	50.87	43.20	5.93	55.94	57.75
地方合计	3	20 762 550.8	10 787 982.56	18 423 103.66	9 601 907.84	2 339 447.12	1 186 074.72	11.27	8 132 519.06	48.82	44.60	6.58	84.86	59.84
北京	4	795 581.33	703 860.06	763 375.20	678 998.09	32 206.12	24 861.97	4.05	217 913.09	38.94	53.64	7.42	44.80	73.08
天津	5	365 702.88	178 004.12	308 273.12	148 097.55	57 429.76	29 906.57	15.70	114 659.61	47.28	50.62	2.10	98.58	70.65
河北	6	827 369.84	513 172.27	724 547.31	447 508.80	102 822.53	65 663.47	12.43	458 753.87	38.95	52.45	8.60	93.23	69.97
山西	7	262 317.73	162 414.10	240 011.77	149 533.85	22 305.96	12 880.25	8.50	68 041.43	65.43	26.85	7.72	82.21	52.47
内蒙	8	377 200.00	298 812.00	338 212.95	269 684.95	38 987.05	29 127.05	10.34	199 295.04	52.80	39.76	7.44	92.13	59.90
辽宁	9	813 192.01	459 572.27	718 867.61	407 270.01	94 324.42	52 302.26	11.60	400 271.09	43.94	50.46	5.60	93.06	49.08
其中:大连	10	275 327.92	186 220.51	227 233.56	158 680.51	48 094.36	27 540.00	17.47	92 412.54	29.26	67.64	3.10	89.58	62.64
吉林	11	395 015.18	155 311.25	355 118.65	139 148.61	39 896.53	16 162.64	10.10	154 014.96	63.24	30.17	6.59	93.88	52.37
黑龙江	12	413 247.08	250 783.03	363 274.46	218 871.79	49 972.62	31 911.24	12.09	243 496.32	62.31	34.77	2.93	94.20	43.21
上海	13	1 293 988.96	776 338.82	1 173 857.63	702 259.82	120 131.33	74 079.00	9.28	443 520.91	41.73	54.77	3.49	83.43	46.59
江苏	14	2 052 324.71	647 113.93	1 816 339.59	583 403.07	235 985.09	63 710.86	11.50	943 937.44	49.48	44.97	5.55	85.81	67.93
浙江	15	1 459 440.57	555 762.70	1 266 134.77	479 744.73	193 305.80	76 017.97	13.25	276 022.09	65.64	30.04	4.32	86.10	68.90
其中:宁波	16	310 895.03	107 768.50	270 488.31	93 112.48	40 406.72	14 656.02	13.00	26 629.52	40.33	56.22	3.45	95.20	76.39
安徽	17	523 685.26	217 679.18	450 631.30	190 638.35	73 053.97	27 040.83	13.95	215 797.20	45.41	49.11	5.49	75.86	60.96
福建	18	1 109 631.73	557 934.48	954 209.99	474 901.74	155 421.71	83 032.74	14.01	204 768.03	40.28	58.10	1.62	98.21	75.34

续表

项目	行	采购预算		采购金额		节约资金		节约率%	政府直接支付	货物类比重%	工程类比重%	服务类比重%	集中采购比重%	公开招标比重%
		总计	预算内	总计	预算内	总计	预算内							
		1	2	3	4	5	6	7	8	9	10	11	12	13
其中：厦门	19	108 838.18	83 578.45	94 665.58	72 665.96	14 172.60	10 912.49	13.02	61 244.93	90.34	6.28	3.38	95.77	75.92
江西	20	451 942.36	153 675.26	405 708.93	124 023.37	46 233.43	29 651.89	10.23	50 696.08	74.43	19.22	6.35	89.41	58.49
山东	21	1 529 942.85	734 334.48	1 300 287.03	618 414.63	229 655.77	115 919.85	15.01	674 164.43	40.60	52.91	6.49	96.08	52.46
其中：青岛	22	134 146.38	94 231.68	113 165.16	78 686.40	20 981.21	15 545.28	15.64	36 793.40	67.00	27.04	5.96	97.14	47.27
河南	23	827 525.08	558 564.32	728 652.60	490 109.47	98 872.48	68 454.85	11.95	528 995.64	47.83	44.79	7.38	69.81	58.33
湖北	24	621 301.10	335 382.40	555 273.24	300 592.14	66 027.87	34 790.26	10.63	354 274.86	48.76	41.24	10.00	94.50	57.85
湖南	25	737 648.39	328 819.95	641 233.75	285 624.90	96 414.66	43 195.05	13.07	376 186.30	48.04	40.89	11.07	80.85	48.65
广东	26	2 517 012.04	1 587 360.96	2 260 390.03	1 420 569.17	256 622.01	166 791.79	10.20	1 093 347.11	44.67	47.23	8.11	89.95	68.23
其中：深圳	27	323 269.01	241 593.11	282 868.97	210 456.94	40 400.04	31 136.17	12.50	107 421.29	66.14	15.86	18.01	99.29	70.26
广西	28	478 118.84	175 672.81	424 700.05	160 027.35	53 418.79	15 645.46	11.17	336 040.89	50.76	43.68	5.56	97.39	53.65
海南	29	49 845.71	36 701.39	47 310.94	34 420.88	2 534.77	2 280.51	5.09	41 535.85	80.56	10.71	8.73	89.29	58.24
重庆	30	290 075.12	181 320.07	268 188.74	170 180.55	21 886.36	11 139.52	7.55	123 046.83	48.26	37.18	14.56	95.62	47.11
四川	31	820 835.00	457 915.00	734 005.00	416 343.00	86 830.00	41 572.00	10.58	253 487.00	45.06	47.49	7.45	50.15	45.58
贵州	32	206 480.82	133 234.54	183 178.72	117 311.94	23 302.10	15 922.60	11.29	38 691.28	74.25	23.42	2.33	92.53	45.57
云南	33	402 727.91	199 488.42	374 841.77	188 078.20	27 886.16	11 410.22	6.92	83 434.45	66.67	17.11	16.22	88.61	51.33
西藏	34	23 000.00	19 930.00	21 440.00	18 470.00	1 560.00	1 460.00	6.78	—	98.26	1.52	0.23	95.30	62.85
陕西	35	209 565.55	114 109.74	190 478.96	104 243.29	19 086.62	9 866.45	9.11	90 315.35	66.46	21.35	12.19	88.49	30.19
甘肃	36	224 872.01	132 463.00	209 241.58	120 897.53	15 630.47	11 565.47	6.95	42 147.54	63.90	28.99	7.12	75.88	46.10
青海	37	46 651.47	35 654.54	41 418.56	31 145.24	5 232.92	4 509.30	11.22	8 036.70	65.15	25.40	9.45	92.94	15.82
宁夏	38	282 433.23	49 151.47	252 983.41	42 011.82	29 449.82	7 139.65	10.43	28 531.67	32.48	66.27	1.24	99.44	77.28
新疆	39	353 876.00	77 446.00	310 916.00	69 383.00	42 960.00	8 063.00	12.14	69 096.00	32.48	59.13	8.38	43.30	60.57

2004年全国政府采购资金和采购规模统计表

金额单位：万元

项目	行	采购预算				采购金额				节约资金				节约率%	财政直接支付
		总计	预算内	预算外	自筹	总计	预算内	预算外	自筹	总计	预算内	预算外	自筹		
		1	2	3	4	5	6	7	8	9	10	11	12	13	14
合计	1	24 068 555.04	13 260 260.08	4 291 441.97	6 516 853.28	21 357 187.97	11 824 404.59	3 803 306.68	5 729 476.98	2 711 367.09	1 435 855.49	488 135.29	787 376.3	11.27	8 538 660.66
货物	2	11 796 794	6 339 811.95	2 027 828.29	3 429 154.04	10 486 996.77	5 639 285.04	1 818 209.69	3 029 502.31	1 309 797.25	700 526.91	209 618.6	399 651.73	11.1	4 308 085.29
工程	3	10 680 229.96	5 799 036.52	2 045 029.68	2 836 163.78	9 484 320.12	5 199 803.74	1 798 401.58	2 486 114.84	1 195 909.82	599 232.78	246 628.1	350 048.94	11.2	3 632 998.09
服务	4	1 591 531.08	1 121 411.61	218 584	251 535.46	1 385 871.08	985 315.81	186 695.41	213 859.83	205 660.02	136 095.8	31 888.59	37 675.63	12.92	597 577.28

2004年全国政府采购组织形式统计表

金额单位：万元

项目	行	采购次数	采购组织形式									
			合计	集中采购							分散采购		
				小计	集中采购机构采购			部门集中采购			小计	自行采购	委托采购
					小计	自行组织	委托中介	小计	自行组织	委托中介			
		1	2	3	4	5	6	7	8	9	10	11	12
合计	1	805 603	21 357 187.97	17 274 796.12	12 702 729.4	8 409 738.08	4 292 991.32	4 572 066.72	2 930 241.73	1 641 824.99	4 082 391.85	2 594 783.21	1 487 608.64
货物	2	615 934	10 486 996.77	8 988 904.96	6 789 549.8	5 101 344.67	1 688 205.13	2 199 355.16	1 679 682.27	519 672.89	1 498 091.81	1 118 463	379 628.81
工程	3	49 740	9 484 320.12	7 128 214.81	4 906 540.98	2 472 184.19	2 434 356.79	2 221 673.83	1 144 532.4	1 077 141.43	2 356 105.31	1 288 467.57	1 067 637.74
服务	4	139 929	1 385 871.08	1 157 676.35	1 006 638.62	836 209.22	170 429.4	151 037.73	106 027.06	45 010.67	228 194.73	187 852.64	40 342.09

2004 年全国政府采购合同授予情况及采购方式统计表

金额单位：万元

项目	行	政府采购合同授予情况						采购方式						
		国内外			省内外			合计	公开招标	邀请招标	竞争性谈判	询价	单一来源	其他
		合计	国内	进口	合计	省内	省外							
		1	2	3	4	5	6	7	8	9	10	11	12	13
合计	1	21 357 187.97	20 562 319.31	794 868.66	20 562 319.31	14 140 030.66	6 422 288.65	21 357 187.97	12 717 972.76	2 343 047.67	2 256 413.99	2 812 223.98	1 227 529.57	
货物	2	10 486 996.77	9 761 417.66	725 579.11	9 761 417.66	6 081 162.64	3 680 255.02	10 486 996.77	4 622 795.76	1 153 931.5	1 499 576.26	2 367 969.87	842 723.38	
工程	3	9 484 320.12	9 427 090.31	57 229.81	9 427 090.31	6 969 244.1	2 457 846.21	9 484 320.12	7 389 024.18	1 063 100.79	554 923.34	281 458.73	195 813.08	
服务	4	1 385 871.08	1 373 811.34	12 059.74	1 373 811.34	1 089 623.92	284 187.42	1 385 871.08	706 152.82	126 015.38	201 914.39	162 795.38	188 993.11	

2004 年全国政府采购资金节约情况

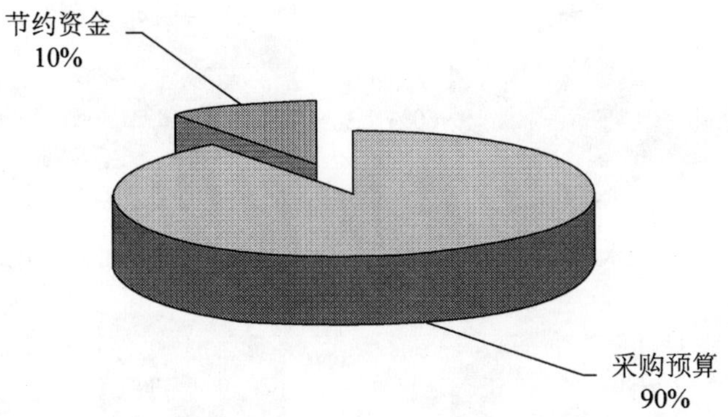

2004 年全国政府采购集中采购比重

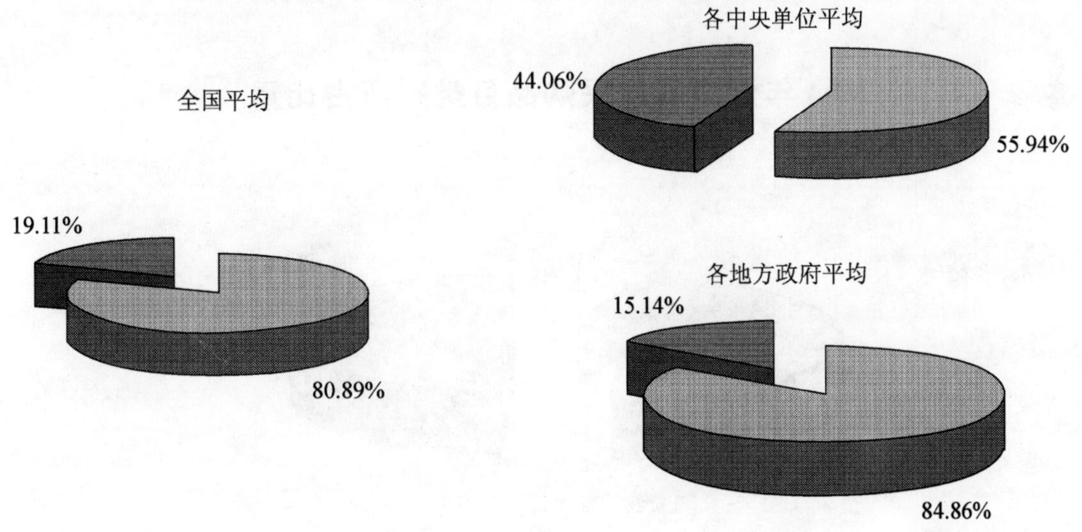

2004 年全国政府采购公开招标比重

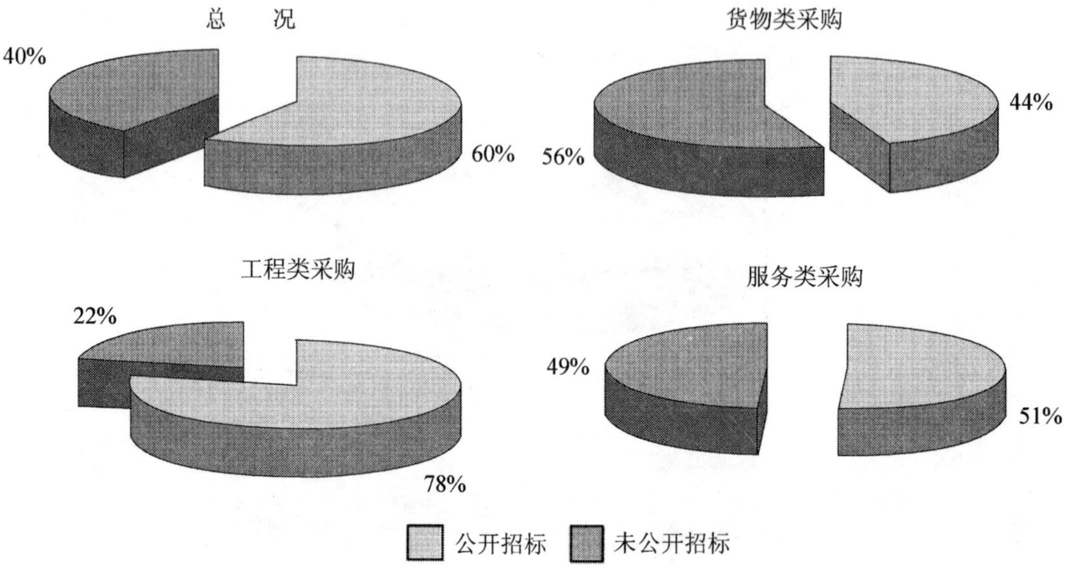

2004 年全国政府采购品目类别所占比重

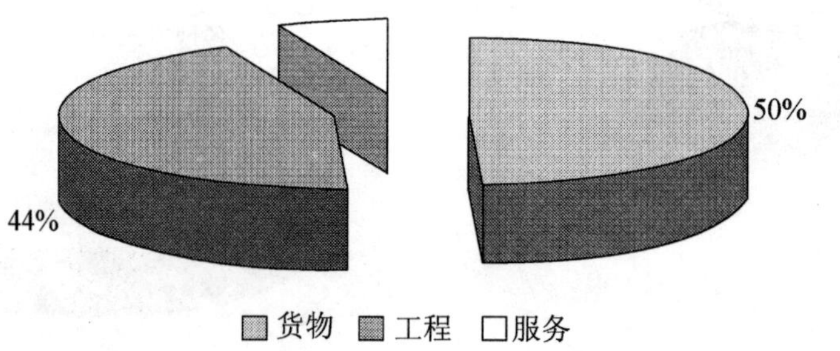

2004年全国各地区政府采购规模

单位：万元

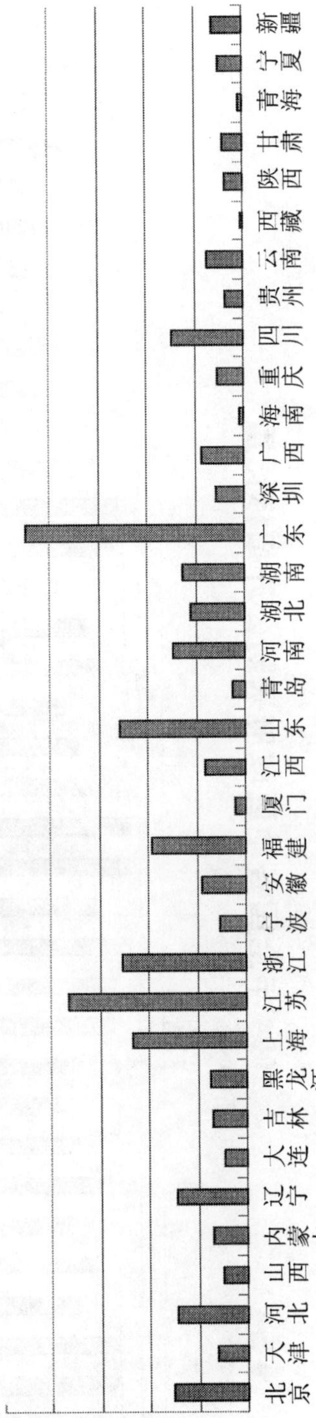

2004年全国各地区政府采购集中采购比重

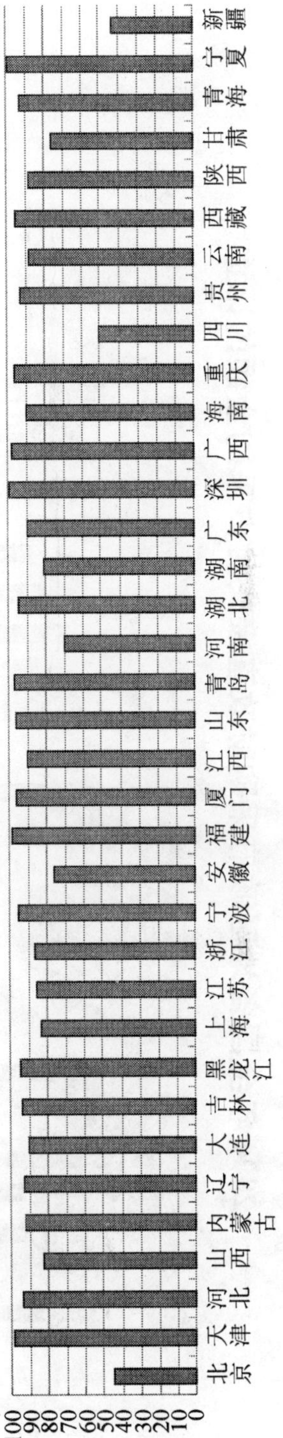

2004 年全国各地区政府采购财政直接支付占采购金额的比重

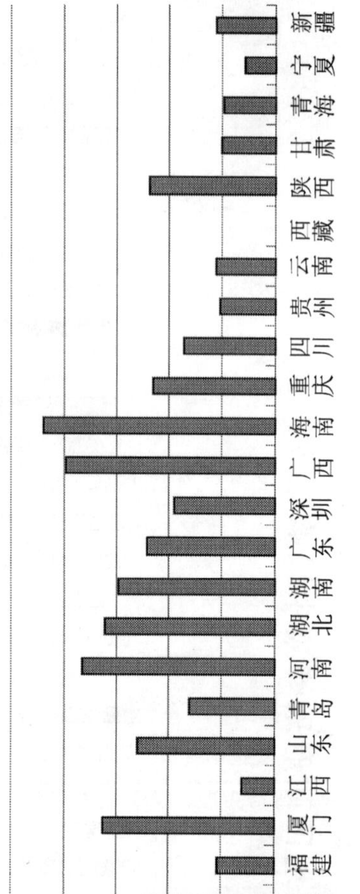

2004 年全国各地区政府采购公开招标比重

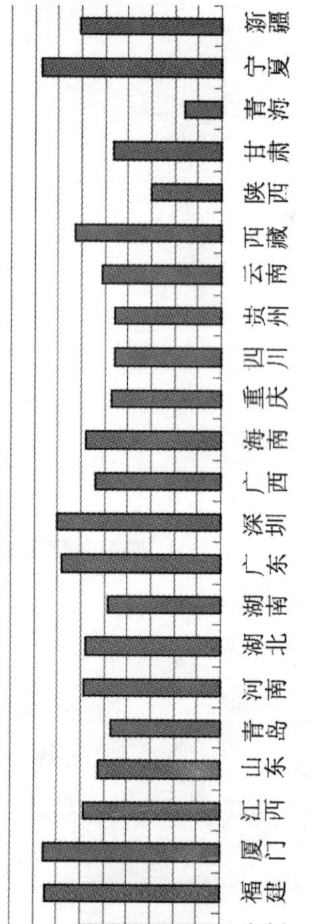

2004年全国政府采购信息统计分析

2004年政府采购改革在拓宽范围、扩大规模、规范操作、信息化建设等方面取得显著成绩，全年全国实施政府采购预算2 406.9亿元，实际支付（采购规模）2 135.7亿元，节约资金271.2亿元，采购规模比上年增长29%。

一、全国政府采购基本情况

（一）采购规模

2004年全国政府采购规模达到2 135.7亿元，占当年财政支出的8%，比上年同比增长1.3个百分点；占当年GDP的2%，比上年同比增长0.6个百分点；6年来采购规模平均增长率达到88.8%。

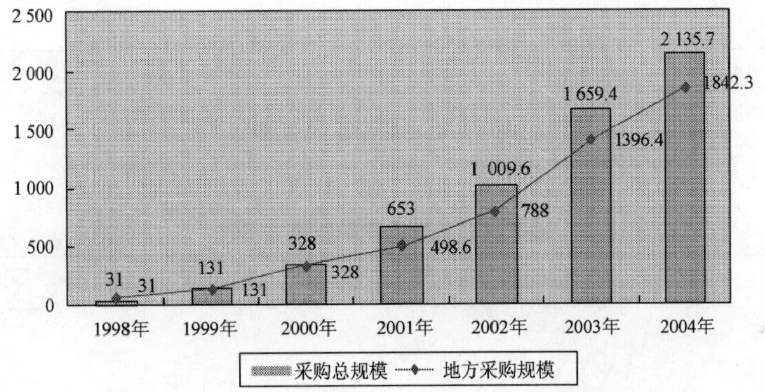

图1　1998年—2004年全国政府采购总规模和地方采购规模图

2004年地方采购规模为1 842.3亿元，比上年增长32%；6年平均增长率达到124%。地方36个地区中，采购规模在100亿以上的地区有5个，采购规模占地方采购总规模的42%；采购规模在100亿和50亿之间的地区有8个，采购规模占地方采购总规模的32%；50亿元到30亿元之间的地区有9个，采购规模占地方采购总规模的18%；30亿元以下的地区有14个，采购规模占地方采购总规模的8%。

2004年中央单位的采购规模为293亿元，比上年增长了11%。采购规模在10亿元以上的单位有6个，分别为教育部（67.9亿元）、国家税务总局（41.6亿元）、水利部（27.7亿元）、中国科学院（25.8亿元）、国防科工委（18.3亿元）和中国人民银行（15.5亿元）。采购规模在10亿元和1亿元之间的单位有24个，1亿元以下的有38个。

（二）采购范围及构成

2004年全国政府采购货物类规模为1 048.7亿元，占采购总规模的49%，比上年增长了17%。工程类采购规模为948.3亿元，占采购总规模的 44%，比上年增长了 44%。服务类采购规模为 138.4 亿元，占采购总规模的 7%，比上年增长了 33%。

货物类采购 占货物类采购规模前三位的是一般设备、专用设备和交通工具，采购金额分别为 263.5 亿元、257.9 亿元和 203.8 亿元。这三类项目的采购总额占到了货物类采购规模的 69%。

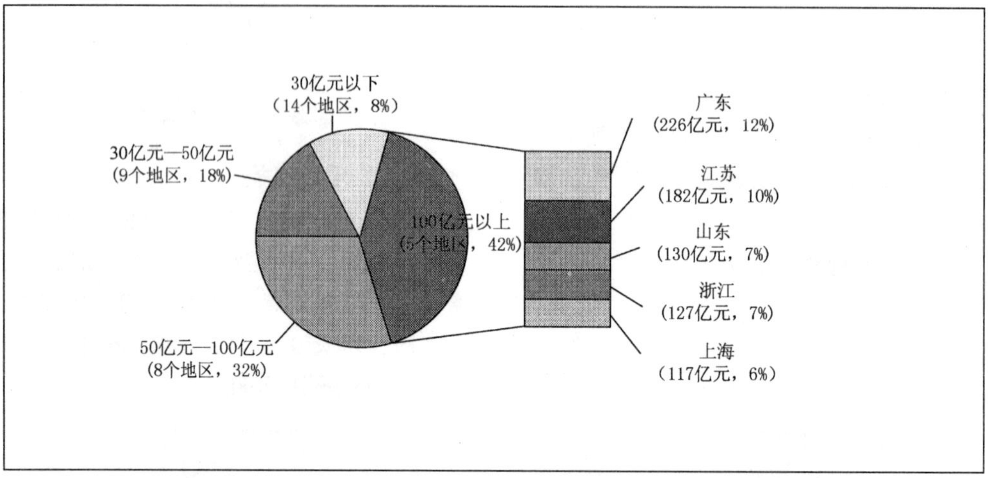

图 2　2004 年地方政府采购规模分布图

表 1　**全国政府采购货物类采购明细表**　单位：亿元

项　目	2003 年	2004 年	增长率（%）
土地	6.4	7.1	11%
建筑物	6.4	12.1	89%
一般设备	232.0	263.5	14%
办公消耗用品	20.0	23.2	16%
建筑、装饰材料	9.9	45.6	361%
专用设备	217.0	257.9	19%
系统集成、网络设备	44.3	67.2	52%
交通工具	196.4	203.8	4%
其他货物	164.8	168.3	2%
货物类合计	897.2	1 048.7	17%

工程类采购 占工程类采购规模前三位的是建筑物（指新建、改建、扩建、装修、拆除、修缮等）、市政建设工程和交通运输工程，采购金额分别为 291.2 亿元、200.3 亿元和 95.3 亿元。这三类项目的采购总额占到了工程类采购规模的 61.9%。

表 2　　全国政府采购工程类采购明细表　　单位：亿元

项　　目	2003 年	2004 年	增长率（%）
建筑物	198.8	291.2	46%
市政建设工程	133.0	200.3	51%
环保、绿化工程	25.3	52.5	108%
水利、防洪工程	46.6	86.1	84%
交通运输工程	54.5	95.3	75%
修缮、装饰工程	67.5	87.0	29%
其他各类工程	133.0	135.9	2%
工程类合计	658.7	948.3	44%

服务类采购　占服务类采购规模前三位的是维修、系统集成网络工程（服务采购超过50%的系统集成网络工程项目）和信息技术及管理软件开发设计，采购金额分别为21.5亿元、18.3亿元和10.2亿元。这三类项目的采购总额占服务类采购规模的36.1%。

表 3　　全国政府采购服务类采购明细表　　单位：亿元

项　　目	2003 年	2004 年	增长率（%）
印刷、出版	6.6	9.5	44%
系统集成、网络工程	10.7	18.3	71%
信息技术、信息管理软件的开发设计	6.3	10.2	62%
维修	20.9	21.5	3%
租赁	0.7	1.7	143%
会议	8.2	9.7	18%
培训	0.7	4.1	486%
其他服务	49.6	63.4	28%
服务类合计	103.7	138.4	33%

（三）采购模式

2004年全国集中采购机构采购规模为1 270.3亿元，占采购总规模的59.5%；部门集中采购规模为457.2亿元，占采购总规模的21.4%；分散采购规模为408.2亿元，占采购总规模的19%。其中，中央集中采购机构采购规模为29.5亿元。

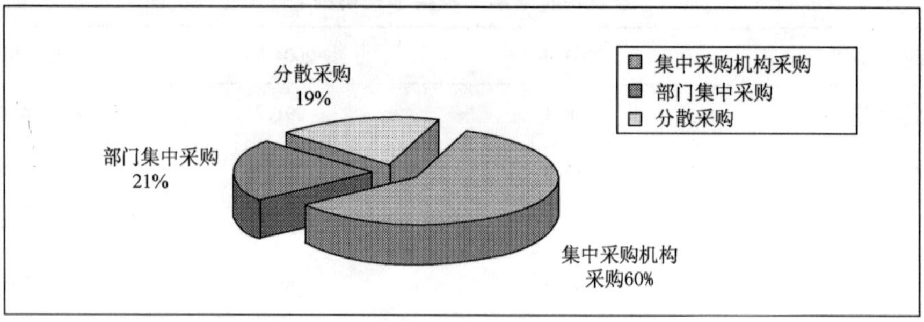

图 3　2004 年全国政府采购规模图

（四）采购方式

2004 年采用公开招标的采购规模为 1 271.8亿元，占采购总规模的 59.5%；采用邀请招标、竞争性谈判、询价和单一来源采购方式进行采购的规模分别为 234.3 亿元、225.6 亿元、281.2 亿元和 122.8 亿元，分别占采购总规模的 11%、10.6%、13.2% 和 5.7%。

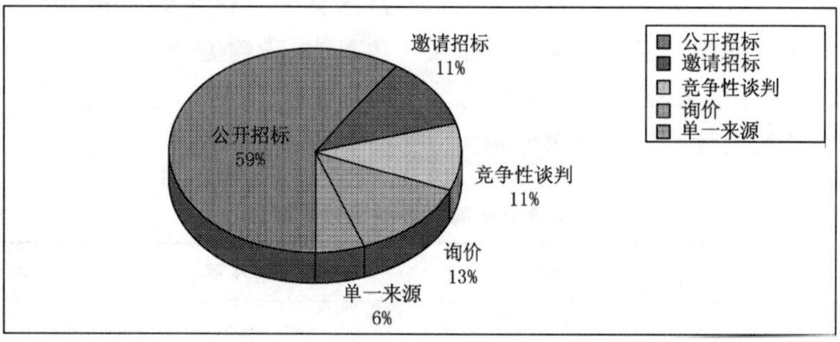

图 4　2004 年全国政府采购方式比重图

（五）合同授予情况

2004 年在 2 135.7 亿元的全国政府采购规模中，国内合同额为 2 056.2 亿元，国外合同额为 79.5 亿元。

（六）小汽车、计算机采购情况

2004 年全国政府采购计算机总规模为 92.3 亿元，具体情况见图五。

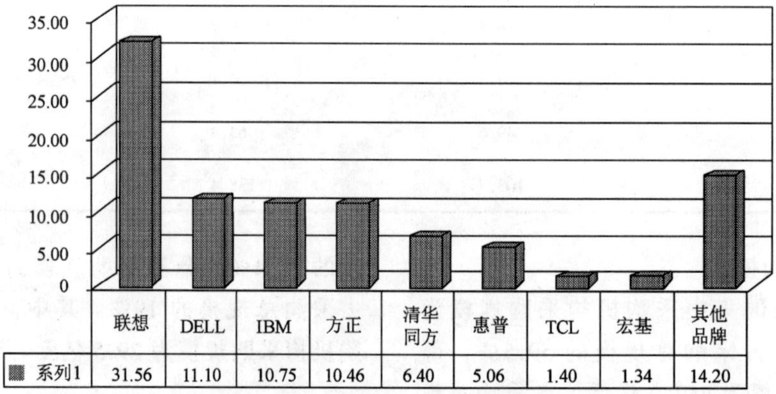

图 5　2004 年全国政府采购计算机品牌分布图

2004 年全国政府采购小汽车总规模为 154.7 亿元，具体情况见图六。

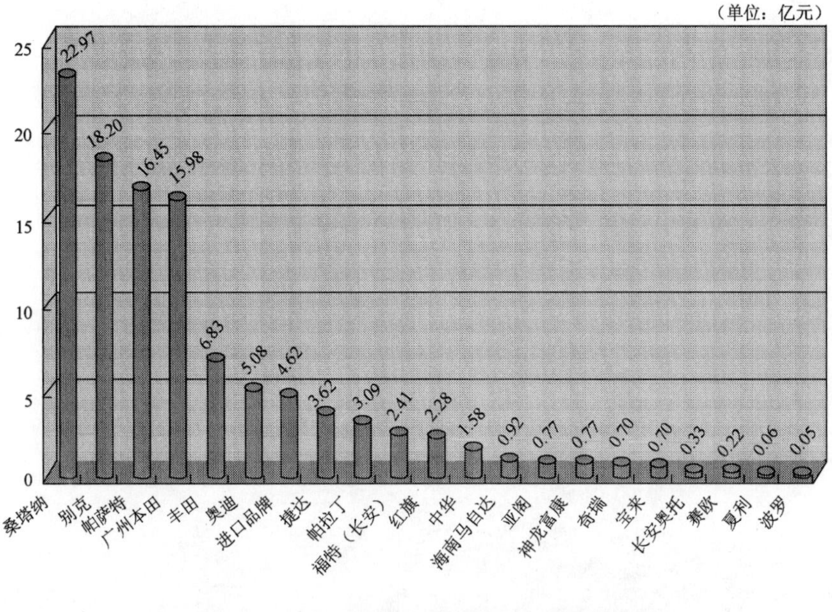

图 6　2004 年全国政府采购小汽车品牌分布图

二、存在的主要问题及拟采取的措施

（一）存在的主要问题

从 2004 年汇总的政府采购信息看，2004 年全国政府采购工作也存在不少问题，主要是：

1. 中央单位政府采购规模增长速度低于地方。具体为：中央级政府采购活动没有和政府采购预算编制、政府采购资金支付衔接；监督检查不到位；部门政府采购机构、人员不到位；统计中少报漏报。

2. 地区间存在一定的市场封锁现象，影响了充分公平竞争。从合同授予情况看，多数地区政府采购偏重于购买省内产品，采购外省产品比率相对较低。

3. 县级政府采购工作开展存在诸多难点，需进一步探索。

4. 政府采购项目实行财政直接支付的比重不高。

（二）下一步工作拟采取的措施

1. 确立全国政府采购工作阶段性目标、实施步骤和具体要求。明确并制定中央单位和地方达到阶段性目标的进度表，推动中央单位政府采购和预算编制、资金支付相结合。

2. 进一步加强规范化管理，继续推进并规范部门集中采购工作，制定非公开招标采购方式的操作规程，指导规范非公开招标采购方式；加强对政府采购专家库的管理，细化专家分类、加强对专家的培训、监督、考核工作。

3. 加强政府采购管理的信息化建设，提高政府采购效率，提高政府采购行为的透明度，为基础工作创造更便利的条件。

4. 加大监督检查力度，确保各项规定贯彻落实。

5. 进一步发挥政府采购的政策功能，继续加强对县级采购的调查研究，提出县级政府采购管理模式。

6. 改善统计报表体系，提高统计数据有效性。

（财政部国库司供稿）

十、省级政府采购机构及信息发布媒体

省级政府采购管理机构、执行机构名录

地区	机构全称	负责人	办公地址	邮政编码	电话	传真	电子信箱
北京市	北京市政府采购办公室	吴路岩	北京市海淀区阜成路15号	100037	68430032	68430035	admin@cgb.bjcz.gov.cn
	北京市政府采购中心（处级，挂靠北京市国有资产管理委员会）	许大卫	北京市海淀区西四环北路9号鑫泰大厦	100091	88488617	88488605	
天津市	天津市政府采购办公室	张季良	天津市和平区曲阜道4号	300042	022－23303767	022－23311740	togp@sina.com
	天津市政府采购中心（隶属于市财政局）	陈燕平	天津市河东区红星路和卫国道交口，天津市行政许可服务中心二楼	300161	022－24538177	022－24538174	
河北省	河北省政府采购办公室	赵宝贵	河北省石家庄市华安街14号	050051	0311－87010252	0311－87028290	lisn@hebcz.gov.cn
	河北省省直政府采购服务中心（处级，隶属河北省省直机关事务管理局）	侯俊山	河北省石家庄市师范街98号	050051	0311－87908680	0311－87908679	
山西省	山西省财政厅国库处	高　晔	山西省太原市迎泽大街345号	030001	0351－2028490	0351－4189465	
	山西政府采购中心（处级，隶属山西省财政厅）	桑国平	山西省太原市文源巷18号	030001	0351－4191892	0351－4191891	
内蒙古自治区	内蒙古自治区财政厅政府采购管理处	王扎拉	呼和浩特市新华大街1号7号楼	010055	0471－6945261	0471－6945026	
	内蒙古自治区政府采购中心	刘恒斌	呼和浩特市新华大街1号8号楼	010055	0471－6946550	0471－6946563	
辽宁省	辽宁省政府采购管理办公室	孙中才	沈阳市和平区南京北街103号	110002	024－22821482	024－22823174	
	辽宁省政府采购中心	段君明	沈阳市和平区南京北街103号	110002	024－23256631	024－23256631	
吉林省	吉林省财政厅政府采购管理工作办公室	李　铮	长春市建设街199号	130051	0431－2790555	0431－8904753	
	吉林省政府采购中心	王　琦	长春市文化街158号	130061	0431－8905168	0431－8904812	

续表

地区	机构全称	负责人	办公地址	邮政编码	电话	传真	电子信箱
黑龙江省	黑龙江省政府采购管理办公室	王凯峰	哈尔滨市南岗区建设街146号	150001	0451－53650829	0451－53650829	hljcg@126.com
	黑龙江省政府采购中心（副厅级，隶属于省政府）	陈佩钢	哈尔滨市南岗区果戈里大街301号	150001	0451－82833458	0451－82833489	
上海市	上海市政府采购管理办公室	刘红薇	上海市肇嘉浜路800号	200030	021－54679568转		
	上海市政府采购中心（隶属于上海市政府采购委员会）	朱　伦	陆家浜路1060号1号楼4楼	200011	021－63185500转	021－63186104	
江苏省	江苏省财政厅政府采购管理处	王卫星	南京市北京西路63号	210024	025－83633052	025－83633054	zfcg@china.com
	江苏省政府采购中心（隶属于省财政厅）	顾岳良	南京市北京西路63号	210024	025－83633053	025－83633063	
	江苏省省级行政机关政府采购中心（隶属于省机关事务管理局）	顾永恒	南京市西康路47号	210024	025－83398501	025－83398504	
浙江省	浙江省政府采购管理办公室	俞建玉	杭州市环城西路37号	310006	0571－85055739	0571－87057615	chenzhiren@czt.zj.cn
	浙江省政府采购中心（正处级，隶属于省财政厅）	毛激翔	杭州市马塍路31号	310012	0571－88907712	0571－88907704	
安徽省	安徽省财政厅政府采购处	孙学鹏	合肥市阜南西路238号	230061	0551－5100290	0551－5100141	
	安徽省政府采购中心	姜　毅	合肥市阜南西路238号	230061	0551－2637806	0551－2637803	
福建省	福建省人民政府采购工作领导小组办公室	王仁渠	福州市中山路5号	350003	0591－87097833	0591－87097176	
	福建省政府采购中心（隶属于省机关事务管理局）	薛寿堂	福州市华林路128号	350003	0591－87819286	0591－87819301	

续表

地区	机构全称	负责人	办公地址	邮政编码	电话	传真	电子信箱
厦门市	厦门市政府采购管理办公室	黄金炳	厦门市湖滨北路61号	361012	0592－5398218	0592－5398247	huangjb@xm.gov.cn
江西省	江西省政府采购管理办公室	曹银发	南昌市孺子路47号	330003	0791－7287861	0791－7287865	
	江西省政府采购中心（隶属于省财政厅）	刘志国	南昌市省政府大院	330046	0491－6216532	0791－6263149	
青岛市	青岛市财政局政府采购办公室	于全发	青岛市宁夏路208号	266071	0532－85855850	0532－85855850	
河南省	河南省财政厅政府采购处	汤保全	郑州市经三路25号	450008	0371－65808509	0371－65808514	henna@ccgp.gov.cn
湖北省	湖北省财政厅政府采购管理处	黄　明	武汉市武昌区中北路8号	430071	027－67818722	027－67818728	
	湖北省政府采购中心（副厅级，隶属于省政府）	饶建国	武汉市武昌区中北路28号	430071	027－87238042	027－87302472	
湖南省	湖南省政府采购管理办公室	黄　卫	湖南省长沙市城南西路1号湖南省财政厅办公楼1812房	410015	0731－5165245	0731－5165200	hnszfcgb@vip.sina.com
	湖南省省直机关政府采购中心（隶属于湖南省机关事务管理局）	曹令昌	湖南省长沙市人民中路66号省机关事务管理局7楼	410011	0731－5166499	0731－5166560	
广东省	广东省政府采购管理办公室	张穗汉	广东省广州市仓边路26号8楼	510030	020－83341709	020－83357559	
深圳市	深圳市财政局政府采购办公室	荣光新	深圳市景田东路9号	518034	0755－83938536	0755－83938675	RGX@szfb.gov.cn
	深圳市政府采购中心（副局级，隶属于市政府）	李健成	深圳市景田东路9号附楼	518034	0755－83938808	0755－83938753	

续表

地区	机构全称	负责人	办公地址	邮政编码	电话	传真	电子信箱
广西壮族自治区	广西壮族自治区财政厅国库处	黄典伟	广西南宁市桃源路69号	530021	0771－5331600	0771－5307093	
	广西壮族自治区政府采购中心	梁戈敏	南宁市纬武路165号	530022	0771－2816992	0771－2821953	
海南省	海南省财政厅政府采购管理处	刘　芬	海口市滨海大道109号	570105	0898－68531659	0898－68546705	
	海南政府采购中心（正处级事业单位，隶属于海南省商务厅）	黄克克	海口市蓝天路46号	570206	0898－65357181	0898－65353338	
重庆市	重庆市财政局政府采购处	杜香序	重庆市渝中区人和街15号	400015	023－63899358	023－63897130	lsj@cqgp.gov.cn
	重庆招标采购集团（隶属于重庆市国资委）	杜成荣	江北区洋河一村78号国际商会大厦	401147	023－67707855	023－67703698	
四川省	四川省财政厅国库处	张蜀钊	成都市南新街37号	610016	028－86662797	028－86650292	党政网
	四川省政府采购中心（隶属于省机关事务管理局）	向　东	成都市福德酒店2楼	610000	028－86961792	028－86961792	
贵州省	贵州省财政厅政府采购管理处	张羽振	贵阳市中华北路242号	550004	0851－6892917	0851－6893267	
云南省	云南省财政厅政府采购管理处	刘鸿芳	昆明市五华山	650021	0871－3647969	0871－3637530	cgc@yngp.com
	云南省政府采购中心（正处级，隶属于省财政厅）	陈　钢	昆明市五华山	650021	0871－3619404	0871－3619404	
西藏自治区	西藏自治区财政厅国库处	白　珍	西藏自治区财政厅	850001	0891－6835562	0891－6835562	
	西藏自治区政府采购中心（隶属于自治区财政厅国库处）	白　珍	西藏自治区财政厅	850001	0891－6833519	0891－6833519	

续表

地区	机构全称	负责人	办公地址	邮政编码	电话	传真	电子信箱
陕西省	陕西省财政厅政府采购管理处	刘生远	西安市冰窖巷13号	710002	029-87611726	029-87611725	gongyu@sf.gov.cn
	陕西省政府采购中心（处级）	王晓强	西安市冰窖巷13号	710002	029-87611092	029-87611073	wangbo@sf.gov.cn
甘肃省	甘肃省财政厅政府采购办公室	张　奇	兰州市东岗西路696号	730030	0931-8899991	0931-8899922	
	甘肃省政府采购中心（隶属于省财政厅）	张　健	兰州市东岗西路696号	730030	0931-8899935	0931-8899935	
青海省	青海省政府采购管理办公室（国库处）	魏新芳	青海省西宁市黄河路30号	810000	0971-6142178	0971-6105299	
	青海省政府采购服务中心（处级，隶属于省财政厅）	史生德	青海省西宁市黄河路30号	810000	0971-6142620	0971-6136730	
宁夏回族自治区	宁夏回族自治区政府采购办公室	孟　虎	银川市解放西街416号	750001	0951-5069345	0951-5069347	
	宁夏回族自治区政府采购中心	王德林	银川市进宁北街86号	750001	0951-5055998	0951-5055998	
新疆维吾尔自治区	新疆维吾尔自治区财政厅政府采购管理办公室	包振洋	乌鲁木齐市明德路16号	830002	0991-2819763	0991-2815783	zhumeiczt@163.com
	新疆维吾尔自治区政府采购中心（处级；自治区人民政府直属事业单位，委托自治区财政厅暂时代管）	齐新梅	乌鲁木齐市解放北路39号银盛大厦12楼	830002	0991-2815071	0991-2815071	

部分省（自治区、直辖市）政府采购公告媒体

地区	媒体类型	媒体全称	信息发布量（次）	信息发布周期
北京	报纸	《中国财经报》	850	
	网络（网址）	中国政府采购网（www.ccgp.gov.cn）	851	
		北京政府采购网（www.bj－procurement.gov.cn）	851	
河北	报纸	《中国财经报》	444	
	杂志	《中国政府采购》	4	
		《公共支出与采购》	95	
	网络（网址）	中国政府采购网（www.ccgp.gov.cn）	94	
		河北政府采购网（www.hbgp.gov.cn）	1 012	
内蒙古	网络（网址）	内蒙古政府采购网（www.nmgp.gov.cn）		
辽宁	报纸	《辽宁日报》		不定期
	网络（网址）	中国辽宁政府采购网（www.ccgp－liaoning.gov.cn）		每日
		东北新闻网（www.nen.com.cn）		每日
吉林	报纸	《吉林日报》		
	网络（网址）	吉林省政府网（www.jl.gov.cn）		
黑龙江	网络（网址）	黑龙江政府采购网（www.hljcg.gov.cn）	452	
		黑龙江省招标公司网站（www.hljtendering.com.cn）	264	
上海	报纸	《解放日报》	1	
	网络（网址）	上海政府采购网（www.shzfcg.gov.cn）	1 824	
浙江	报纸	《浙江日报》		
	网络（网址）	浙江政府采购网（www.zjzfcg.gov.cn）		
福建	报纸	《中国财经报》、《政府采购信息报》	220	
	杂志	《中国政府采购》	130	
	网络（网址）	中国政府采购网（www.ccgp.gov.cn）	1 350	
		福建政府采购（中国政府采购网福建专区）（www.ccgp－fujian.gov.cn）	450	
		福建政府采购网（www.fjzfcg.gov.cn）	210	
		政府采购—中国 e 财网（www.fj.chinaecai.com）	2 530	
		福建省财政厅网首页（www.fjcz.gov.cn）	200	
厦门	网络（网址）	厦门市政府采购网（www.xmzfcg.gov.cn）		1个工作日
青岛	报纸	《中国财经报》		每周三
		《青岛财经日报》		每周二、五
	网络（网址）	中国政府采购网（www.ccgp.gov.cn）		每日
		中国青岛政府采购网（www.ccgp－qingdao.gov.cn）		每日
		青岛市政府采购网（www.sunp.gov.cn）		每日

续表

地区	媒体类型	媒体全称	信息发布量（次）	信息发布周期
河南	报纸	《河南日报》		
	网络（网址）	中国河南政府采购网（www.ccgp－henan.gov.cn）	628	
深圳	报纸	《深圳商报》		每周一、三、五
	网络（网址）	深圳政府采购网（www.szzfcg.cn）		
重庆	报纸	《重庆商报》		
	网络（网址）	重庆市政府采购招投标网（www.cqgp.gov.cn）		
四川	报纸	《四川日报——政府采购专刊》		
	网络（网址）	中国政府采购网四川分网（www.ccgp－sichuan.gov.cn）	278	
贵州	报纸	《贵州商报》、《中国财经报》	230	
	网络（网址）	中国贵州政府采购网（www.ccgp－guizhou.gov.cn）	230	
云南	网络（网址）	云南政府采购网（www.yngp.com）		即时
西藏	报纸	《西藏日报》	19	
		《西藏商报》	19	
		《拉萨晚报》	19	
	网络（网址）	中国政府采购网（www.ccgp.gov.cn）	19	
陕西	报纸	《陕西日报》、《陕西信息报》		
	网络（网址）	陕西政府采购网（www.ccgp－shaanxi.gov.cn）		
甘肃	报纸	《甘肃经济日报》		
	网络（网址）	甘肃政府采购网（www.gszfcg.gansu.gov.cn）		
宁夏	网络（网址）	中国政府采购网（www.ccgp.gov.cn）		
		宁夏政府采购网（www.ccgp－ningxia.gov.cn）		
新疆	网络（网址）	新疆政府采购网（www.xjzfcg.gov.cn）	799	

十一、附　　录

法国政府采购制度

一、概况

法国的政府采购制度由来已久。由于法国政府采购所采取的公开、公平、竞争、择优的机制，制约了政府及其部门的权力，保障了公共资金的使用成效，深受社会的认同和国民的信任，因此，政府采购的范围越来越广，采购规模也日益扩大。法国全年政府采购资金约1万亿法郎，相当于年度国家总预算的50%左右。法国政府采购制度的基本内容包括：

1. 政府提前编制政府采购计划，重要项目的重要内容要与议会达成一致意见，并得到议会的批准。

2. 政府采购管理为部门集中采购，由招投标委员会负责组织。

3. 政府采购执行采取负责人制，采购负责人负责对外发布公告、决定中标供应商、签署采购合同。

4. 政府采购规则由财政部法律事务司制定，政府采购委员会负责监督政府采购规则的执行，行政法院负责政府采购案件的投诉，法官行使判决权和处罚权。

5. 政府采购必须遵循法定程序。

6. 因政府采购案件造成损失的，要追究采购负责人的个人责任，视损失大小对其处以罚款或追究刑事责任。

二、法律法规

法国是世贸组织和欧盟组织的成员国。法国的政府采购法律、法规体系由世贸组织的《政府采购协议》、欧盟协议和本国的法律法规三级组成。

1. 《政府采购协议》。《政府采购协议》是适应实现和扩大国际贸易自由化的要求而产生的，其宗旨是消除针对外国货物、服务和供应商的歧视，增强透明度，将国际竞争引入传统上属于国内公共财政管理的政府采购领域，实现全球贸易一体化。世贸组织的《政府采购协议》对采购对象（货物和服务）、招标方式、招标方式的运用和招标程序等内容，都作出详细规定，签署国必须遵守有关规定。

2. 欧盟的有关规定。欧盟是世界上最早、最完善，也是最紧密的区域性组织。欧盟于1993年颁布了关于政府采购的四部实体性法律，即《关于协调授予公共服务合同程序的指令》、《关于协调授予公共供应品合同程序的指令》、《关于协调授予公共工程合同程序的指令》、《关于协调水、能源、交通运输和电信部门采购程序的指令》。1989—1992年颁布了程序性法律。

与《政府采购协议》相比，欧盟的法律在招标程序方面更强调透明的原则。成员国在规定的限额以上的政府采购项目，要在欧盟各成员国的官方媒体上公告；如果采购项目是世贸组织的《政府采购协议》规定的项目，在公告中必须注明，要广泛告知供应商，让竞争机制充分体现。这在欧盟的法律规定中要求非常严格，如果成员国不遵守规定，这项采购行为将被视为无效。欧盟组织对成员国的政府采购行使管理权。成员国进入欧盟政府采购市场执行统一的规则标准，对欧盟以外的国家规则则有所不同。

3. 法国本国的法律是欧盟指令的直接体现。欧盟成员国对政府采购规则的制定已没有了自主权，有政府采购自主权的国家是一些采购规模较小的国家。法国的政府采购市场是完全开放的，允许世界各国的企业参与法国政府采购的市场竞争，不存在国籍问题。法国的法律规定，任何一个国家、企业或个人，如果认为法国的政府采购存在不公平的行为，都可以向法国的法院起诉，要求撤销政府采购事项。但招标公告只在欧盟成员国中发布，而不是面向全世界。

法国政府采购在一些特殊的领域对欧盟企业有一些优惠的待遇，如能源、交通等领域。非欧盟企业与欧盟企业的竞争差价小于3%时，非欧盟企业的竞标将可能被拒绝，这条法律在军备方面有特殊的规定。

完善的法律体系保障了法国政府采购制度的有效执行。

三、部门采购

法国政府采购的管理方式为部门集中采购。法国财政部的法律事务司负责政府采购规则的制定，政府采购的具体执行则是由中央各部委或地方政府自行组织的。中央部门在部委内部设立专门的机构负责采购，采购部门指定一名采购负责人负责采购的全套程序。这个采购负责人必须是官方认可的，他的名字要对外公布。采购负责人的级别是很高的，往往是副司、局级，承担不可替代的责任，包括对外发布公告、决定中标供应商、签署采购合同。招标过程中的一些组织机构，如招标委员会、专家评审委员会是咨询机构，只负责向采购负责人提供中标参考意见，最终确定中标结果、签署采购合同都由采购负责人直接负责。地方政府的采购由国家派出的大区区长或省长负责，只有省长签字，采购行为方能生效。

在一些特殊的领域，如工程采购领域，招标活动则委托外部中介服务部门组织。目前，法国正在进行政府采购制度改革，将部门采购改为集中采购，财政部着手组建集中采购机构，统一采购标准，实施无纸化操作，但这项改革需要经历一个曲折、复杂的过程。

四、采购方式

遵循世贸组织的《政府采购协议》和欧盟法律规定，法国的政府采购方式分为公开招标、邀请招标、竞争性谈判、单一来源谈判等几种方式。公开招标和邀请招标是优先采用的采购方式。

1. 公开招标。采购实体在规定的媒体上发布招标公告，所有有兴趣的供应商均可参加投标。对公开招标的开标家数没有限制，即使只有两家供应商报名，也可开标。

2. 邀请招标。又称选择性招标，是对潜在供应商的预先选择。法律规定，采购实体应拥有符合资格的供应商名单，该名单至少每年公布一次，并说明其有效性和条件。采用邀请招标方式时，采购单位必须邀请5家以上供应商，招标方为有效。

五、政府采购范围

法国的政府采购范围十分广泛，不仅包

括政府部门所需的物品，还包括了公共工程、公共服务等，所有公共机构发生的公共合同都列入公共采购的范围。纳入政府采购管理的部门，不仅是政府部门，还包括所有的公共部门，如公共交通、公共医疗、公共教育等，同时国有制的工商企业，如铁路运输、供水、电力、邮电等，也要执行政府采购制度。

六、采购程序

1. 提前编制政府采购计划，报经议会批准。

2. 发布招标公告。政府采购部门按计划定期发布采购公告，进行招标。招标公告必须体现公平竞争的原则，公布采购项目的技术标准、时间要求、公共目的等，公告期为 52 天。

3. 编制标准的招标文件。

4. 评标。组成招投标委员会，委员会成员包括技术专家、政府官员、议会议员、法律专家和市民代表等。委员会负责投标供应商的标书收集、评估，提出中标建议。

5. 中标合同授予。政府采购部门的采购负责人签署中标结果和采购合同。政府采购合同包括即效合同，规定时效性条款，明确双方责任和违约处理的有关条款。

6. 履约付款。采购组织者与采购需求者共同验收采购项目，将验收凭证（发票）提供给公共支出决策者（财政部长、省长或大区区长），决策者签署支付令，交公共会计付款。公共会计按规定将款项直接支付供应商。

七、政策功能

政府采购政策的提出是近几年才开始的，在过去，相关内容被认为是歧视性条款。政府采购政策的运用是为了维护社会公共利益，而不能成为采购人用来作弊的手段，政策标准必须事前通知企业。目前法国运用的政策有：环境保护政策、保护中小企业政策、社会性政策、无纸化操作进程等。

法国的法律对引用环境保护政策有着严格的规定，按市政管理要求，对企业生产、汽车尾气排放、空气、水的质量等制定严格的标准，便于出现纠纷后法院判决有明确的法律依据。

法国的法典中对保护中小企业政策没有具体的规定，这是因为法国政府采购市场60%的份额被中小企业占据。在全国 36000个市镇中，政府采购项目很小，中小企业以外包商的形式进入政府采购市场履行合同，致使比例高达 60%以上。目前在合同签署上对中小企业有两个优惠措施，一是不要求中小企业像大企业一样有合同担保，二是不收预付款。

社会性政策是一个比较复杂的体系，包括要求投标企业有残疾人的比例、中标后带动就业、负责相关知识的培训、雇佣失业者的比例等内容。社会性政策带有更大的歧视性，在引用方面比较薄弱，一般招标中不作规定，但在履约中采购人可以提出相应的要求。

政府采购允许无纸化操作。招标公告和招标文件在互联网上刊登，供应商的投标文件也可以加密后通过互联网传递。对网上投标，法国实行第三者企业认证的机制，由第三者递交认定书，确认投标商投标的真实性。无纸化操作，缩短了企业递交投标书的期限，网上发布公告更广泛地鼓励竞争，网上电子拍卖大大降低了竞争成本，因此无纸化操作使政府采购更趋公平。

八、监督体系

法国的政府采购涉及公共支出领域的各个方面，与预算管理、公共会计管理构成有机的整体。法国的政府采购监督包括：

1. 政治监督。即议会监督。政府从编制政府采购计划，审定政府采购项目，确定采购标准起就接受议会监督。对关系国家利益的公共工程或公共服务项目，政府在立项前要广泛地征求意见，与议会等国家机构共同论证，确保政府采购计划的严肃性和公共性。公共支出的事后监督也是由议会完成的，通过投票方式，负责决算的审定。

2. 部级委员会监督。部级委员会监督政府采购制度的执行，对政府采购执行过程的合法性、合规性行使监督权。

3. 司法监督。法国政府采购的法庭作用很重要。财政部作为行政监管部门，只有法规制定权，违法惩处权由行政法院执行。审计法院审定采购事项支出账目和决策者的决策行为的合法性，对政府采购事项有判决权，对违纪者有处罚权（不包括决策者、部长），决策审计要向社会公开公布。

4. 公共会计监督。公共会计监督贯穿公共支出的各个领域和各个环节，这与法国的财政管理制度紧密相关。共有 8 万名公共会计遍布法国各地，掌握着国家财会，担负着国家公共收入和公共支出的核算任务。支出决策和支付执行分离的会计管理规则在政府采购中得到应用。

（财政部国库司供稿）

西班牙政府采购制度

西班牙实行政府采购制度已有100多年的历史。政府各部门已牢固树立了按照国家规定开展政府采购的观念。近几年来，政府采购制度作为国家宏观调控的一个重要工具和政府介入经济运行的最直接方式，已成为实现国家某些宏观调控目标的有效调控手段之一。

一、机构及职责

西班牙政府采购主管部门为财政部。财政部内设政府采购司，统一管理全国的政府采购管理事务。该机构下设监督管理委员会、政府采购法律咨询委员会、供应商认证委员会和集中采购机构四个部门。四个部门的主要职责分别是：

监督管理委员会：负责审批各部门报来的政府采购需求（计划）、采购方式，审查采购过程和中标结果是否透明合理，合同是否执行完毕，支付资金是否超过预算等事务。该委员会在各地区设有分部。

法律咨询委员会：负责研究制定政府采购政策法规，向社会各个方面提供政策咨询服务及培训等。

供应商认证委员会：负责政府采购供应商的资格认证。西班牙法律规定，参加政府采购的供应商必须经过政府资格认定，认证资格两年审核一次。该机构共有工作人员20人。

集中采购机构：负责中央政府部门所有低值易耗品和通用商品的集中采购事宜。该机构现有工作人员40人。

各地区政府也设立了相应的政府采购管理机构，如巴塞罗那市在经济贸易委员会下设立政府采购办公室，该办公室的主要职能是制定当地政府采购政策，确定政府采购项目，审批采购方式，确定合格供应商名单。办公室还承办了一份杂志，作为指定媒体，用于信息披露。

二、法律法规

西班牙法律规定所有采购活动都必须遵守国家制定的法律，为此，西班牙制定并颁发了国家公共采购法，同时，还制定了一系列配套法规。西班牙地方政府可以根据国家采购大法，结合当地实际制定本地区的采购法规和政策，对国家法律进行细化和可操作化。因此，西班牙政府采购法规是由两级组成，一级是国家公共采购法，二级是根据国家法规制定的实施细则和地方政府制定的采购法规，它们共同构成了西班牙的政府采购法规体系。目前全国颁布实施的采购法规大约有70个，对政府采购范围、政府采购预算、政府采购管理行为、政府采购组织形式、政府采购信息管理、采购方式等进行了详尽的规定。

三、政府采购范围

西班牙政府采购范围非常广泛，凡是属于政府事权范围内的采购事项，都要实行政府采购，包括纳入政府公共部门预算的物品服务采购项目和国家管理的基础设施项目(铁路、市政工程、街道项目、电力、机场、地下停车场等)。对由私人企业（公司）投资建设但交由国家管理且公民受用的体育设施等也要实行政府采购。

四、管理模式

西班牙政府采购管理模式体现了管理与执行分离以及分级管理的原则，即所有管理及审批事项由政府采购管理部门负责，具体采购由集中采购机构或各单位负责。在采购组织形式上，中央政府以集中采购为主，通用商品采购由集中采购机构负责，工程项目采购由各承担部门负责。地方政府以分散采购为主，由地方政府各部门按照国家采购法规和地方政策法规自行组织采购。

五、采购程序

西班牙政府采购管理是由编制政府采购预算、确定采购需求计划和开展具体采购两大环节组成。基本程序是：

1. 编制部门预算，并根据部门预算编制单位的采购需求和采购计划，采购需求和计划不得超过预算。

2. 将采购需求和采购计划报监督管理委员会批准。

3. 按照批准的政府采购需求和计划，选定合适的采购方式（公开招标或其他方式）。其中公开招标要在财政部政府采购司指定的政府采购媒体上公告采购信息。

4. 组织采购。

5. 签订合同。合同草案须送监督管理委员会审核通过后方可签署，否则，即使该项目合同已经本单位首长签署也无效。

6. 根据签订的合同支付政府采购资金。西班牙政府采购项目都是采取财政直接支付方式。

六、采购方式

西班牙政府采购目前有四种方式，分别是公开招标、限制程序采购、平等谈判、内部决定。凡是超过 6 万欧元的货物、超过 3 万欧元的服务项目都必须进行公开招标采购。在西班牙，政府采购多实行公开招标方式。限制程序采购相当于我国的邀请招标，平等谈判方式相当于我国的竞争性谈判采购，内部决定相当于我国单一来源采购。西班牙规定，内部决定采购方式只适用于只有一个供应商的状况。除公开招标采购方式外，中央政府部门凡采取其他采购方式，都要报财政部政府采购管理部门审批。

七、集中采购管理

1. 集中采购机构职责。集中采购由政府设立的集中采购机构负责。集中采购机构的职责非常明确，就是按照确定的集中采购目录，采购中央政府部门所需的低值易耗品和通用办公物品，它不负责工程采购。中央政府各部门必须从该机构的招标结果中选购所需物品。目前采购的项目主要包括办公家具、打印机、复印机、计算机、碎纸机、空调、电器设备、纸张、视频系统、通信设备、监控系统、公务车、安全系统、消防系统、电子安全系统等。

2. 集中采购目录管理与执行。集中采购目录范围和特殊产品范围由财政部制定，报政府批准。集中采购目录交集中采购机构执行，特殊产品由单位自己组织采购。在组织形式上，集中采购全部采用了协议供货采购办法，即集中采购机构将公开招标采购的中标产品（产品名称、产品图片、规格、价格等）全部上网公开，由单位根据需求自由选择。这种办法有三个优点：一是公开招标采购，完全体现公平和竞争要求；二是可以满足单位一定的特殊采购需求；三是采购效率高。协议供货采购一般每3—4个月招标一次。在执行中，单位必须执行集中采购目录，不论价格高低都要从协议供货范围中采购，并且可以就价格问题与供应商再次进行谈判，谈判降价结果适用于所有单位。

3.集中采购的监督管理。一是集中采购机构负责对中标产品的价格进行跟踪管理，凡是发现供应商没有按照合同承诺执行，或者价格高于中标结果等问题时，可提出停止其投标资格的建议，并报政府采购管理部门批准。二是质疑投诉。采购中出现问题，采购单位要先找供应商，供应商解决不了或有分歧时，由集中采购机构协调解决。

八、分散采购

地方的政府采购，如巴塞罗那市实行集中决策、分散采购的管理方式，即管理政策和采购决策统一由市政府采购管理办公室负责，具体采购由市政府所属40个部门负责。在具体采购合同类型上，分为工程、货物和服务采购。工程采购由各部门负责实施。货物和服务采购由各部门从合格供应商中选择采购，促使供应商通过竞争提高服务质量。如，Helios Cerebella办公用品服务公司就是一家获得政府采购资格认证的供应商，该公司按照政府采购要求组织货源，虽然价格一般比生产厂商高一点，但该公司商品品种齐全，并能提供送货、商品维护和赔偿等服务项目，这是生产厂商做不到的。

九、电子化

西班牙电子采购刚开始起步，目前已经形成的电子网络，也只是用于传递信息、文件、下载采购文件等，真正的网上交易等功能尚未实施，原因是电子采购涉及的安全、公开、电子签名等技术问题还未完全解决西班牙政府非常重视政府采购电子化，2003年12月西班牙批准颁布了《电子签名法》，但目前在国内存在多家电子认证部门，如何将管理统一起来，以及如果与欧盟建立交易联系等是今后西班牙政府需要解决的问题。

十、资金支付

西班牙目前有两种法定的政府采购资金支付方式，一是标准支付方式，二是信用卡支付方式。标准支付是财政部门按照部门的申请和合同约定将采购资金直接支付给供应商；信用卡支付方式主要用于小额零星支付，这种支付方式既便捷又有利于监控。为了保证支付的准确和时效，西班牙还建立了发票查询系统（供应商只能看到自己的发票）。政府可以通过查询系统了解采购的真实性，供应商也可以通过查询系统了解政府支付的时间。

（财政部国库司供稿）

俄罗斯政府采购制度

俄罗斯政府采购制度在1722年就已经存在了，至今已有200多年的历史。俄罗斯每年政府预算（除用于支付工资、医疗保险等项目外）的近70%都要进行政府采购。2003年全国政府采购规模达到3 050亿卢布，占全年GDP的12%—13%，采购资金节约率为10%。

一、机构及职责

俄罗斯政府采购管理部门为国家各级经贸部门，联邦政府经贸部为最高管理机构。经贸部下设政府采购司，分设三个处室，分别负责政府采购的政策研究制定（研究处），各部门采购需求、具体计划的汇总统计（综合计划处），审批采购方式、审查合同是否合法、受理投诉等事务（救助审查处）。同时，联邦政府的90个部门作为具体采购执行部门都设有部门采购机构或招标委员会和专职工作人员，负责执行本部门具体采购业务。

地方政府的政府采购管理机构为经济贸易委员会。圣彼得堡市政府采购通过三个管理层次完成。第一个层次是经济贸易委员会下设的采购局，属于市级管理机构，主要负责制定地区性采购制度、竞标（招标）采购规则和程序，以及竞标委员会的组织协调管理（相当于竞标委员会的秘书处）。第二个层次是竞标委员会，主要由政府官员和专家组成，负责审批单一来源采购、紧急采购，实施公开招标，以及审核合同是否有效等工作。竞标委员会分三级：500万卢布以下的政府采购由单位竞标委员会负责，500万卢布—5 000万卢布的政府采购由专业竞标委员会负责，5 000万卢布以上的政府采购由市政府竞标委员会负责。第三个层次是68个市属部门，主要实施具体采购。

二、法律法规

1994年俄罗斯颁发了《政府采购法》，将政府采购规章制度上升为法律。与此同时，还制定了一系列分领域的专项采购法，联邦政府也根据法律规定制定了一些决议。这些构成了中央级政府采购法律制度体系。

地方联邦政府可以制定自己的法律和实施细则，但必须按照国家法律规定制定。

俄罗斯政府采购法律制度规定：中央和地方政府都要执行国家法律；政府采购都必须要有预算；政府采购要以公开招标方式为主，凡是达到国家或地方法律规定公开招标标准的采购，都必须公开招标；采取公开招标以外采购方式的，要经过管理部门批准。

三、管理模式、范围和采购方式

俄罗斯政府采购实行的是统一政策、分散采购的管理模式。政府采购范围包括所有政府所需的货物、服务和工程，小到办公用的笔、纸，大到铁路、奥运会项目，都要实施政府采购。采购方式以公开招标为主。中央联邦政府规定，25 万卢布（约 8 000 美元）以上的项目必须采用招标方式进行采购，低于此标准的，至少要找三家供应商询价谈判。

四、基本程序及合同管理

政府采购由政府各部门自行开展。具体程序如下：采购人在每年的六、七月份将下一年度的政府采购预算报财政部审核，经审核列入政府采购预算的项目不论金额大小必须进行政府采购。政府采购预算批复后，采购人向政府采购管理部门上报采购需求和计划。需要采取公开招标以外其他采购方式的，也要经政府采购管理部门批准。然后，各部门按照法律规定的政府采购程序自行开展采购。采购信息必须在国家指定的媒体上公告。采购完成后，中央部门要将采购合同草案报政府采购管理部门审核，地方部门要根据采购合同金额分别送单位竞标委员会、专业竞标委员会、市政府竞标委员会审核。审核通过后，进入资金拨付程序。

为了保证采购合法性和资金支付准确性，《政府采购法》规定，各单位提交支付资金申请时，除了提供采购合同等中标文件外，还必须提供已公开发布的采购信息和供应商符合国家规定标准的证明资料，否则不予支付。

五、其他有关情况

1. 政府采购必须编制政府采购预算，超出预算和没有预算的项目都不得采购。零星采购和经常性采购主要在事后通过支出报表来体现。

2. 对采购结余资金管理比较严格。俄罗斯法律规定，部门采购节约的资金，只能在原科目下继续专项用于采购，年底没有用完部分收回国家财政。

3. 政府采购必须购买取得国家颁发的合格产品标准代码的产品。俄罗斯不实行供应商资格认证制度，但重视产品质量，只有取得国家合格产品代码的，才可以参加竞争，实际上这也是供应商资格认证管理的另一种形式。

4. 所有政府采购合同必须由采购人签订。采购人可以自己招标，也可委托第三者代为招标，但合同必须自己签。

5. 采购管理、执行与监督必须分离。管理机构没有处罚权，只有解释和知情权。监督主要靠社会、供应商来实施。政府采购中供应商出现问题的，通过企业“黑名单”制度来处罚，重大投诉通过法院来解决。在投诉中，管理部门只能以专家身份提供政策解释，具体裁决由法院负责。

（财政部国库司供稿）

日本政府采购制度

日本是世贸组织《政府采购协议》(GPA)的发起方和最早签字方之一，开展政府采购活动的时间也较早，其政府采购的特点、法律规范和对国内供应商的保护政策有很多值得我们学习和借鉴之处。

一、概况

1. 采取分散采购的形式。和美国不同，日本并没有一个统一的采购主管机构（美国的联邦服务总署 GSA 负责全美政府采购的统一管理工作），而是由各部或委员会依照自身需要自订采购计划并执行采购工作，由总理府官房外政审议室专门负责制定采购政策和采购法规，属于使用分散采购方式的典型国家。由于日本政府采购市场主要的海外供应商来自美国和欧盟，因此在过去几年，美、欧对日本政府采购市场的透明度以及非歧视性待遇方面给予了很大的压力，通过美日、日欧长期的双边磋商，日本的政府采购规模逐步扩大，政府采购市场已逐步调整成一个较为开放的市场，在制度上强调非歧视、公正、透明化等原则。

2. 从总体上看，政府采购（不包括国防采购）呈逐年增长之势，建筑工程采购数额通常大于货物和服务采购数额。但总体采购规模还较小，在 GDP 中所占比例偏低。1998—2000 年政府采购金额年均增长 10%—15%，1998 年日本政府采购货物与服务的总额为 10 920 亿日元，建筑工程采购金额为 16 000 亿日元，采购总额在当年 GDP 中所占比例不及 1%。

3. 无论以采购数量还是以数额来计算，公开招标采购都占绝对优势地位。如 1998 年公开招标采购的数量占总数的 78.6%，选择性招标和限制性招标分别占 1.6% 及 19.7%；以采购金额计算，三者所占比例各为 67%、3.4%、29.6%。

4. 对国外供应商仍存在很大歧视（尤其是建筑工程采购），外商采购一般不超过采购总金额的 20%。以 1998 年为例，货物和服务采购中，由国外中标的金额为 1 472 亿日元，约占 13.5%；建筑工程采购中，外商中标 64 亿日元，仅占 0.4%。其中，美国和欧盟为国外供应商前两名，如在 1998 年外商获得的货物服务采购总金额中，美、欧分别为 971 亿日元（66%）与 307 亿日元（21%）；从外商获得的采购项目数量来看，总共 3 401 项采购，美、欧分别占 53% 和 18%。

5. 从采购项目来看，货物采购中列入前三位的是办公用品和自动化数据处理设备、科学仪器与控制仪器设备、电信通讯和音响录音设备。服务采购中以计算机及其相关服务（包括程序设计和数据处理）所占比例最大。外商获得的采购项目中最多的是电信通讯服务。

6. 依据最近五年的统计资料，日本中央政府的主要采购单位为邮政省、文部省、厚生省及运输省等。

二、法律法规

日本除遵守世贸组织《政府采购协议》外，还以自愿性措施进一步规范其政府采购法规与实践，其适用范围和采购规定细则与GPA和其本国原有政府采购法规相比均有所扩大和明晰：

1. 采购起点金额由GPA规定的13万SDR降至10万SDR（关于政府采购金额所使用的货币单位特别提款权SDR，因其属于每日变动之国际汇率，日本目前实践中的做法为每两年修正一次日元兑换SDR比率）。

2. 公告投标期间由40天延长至50天。

3. 每年4月将公开三个项目的信息，大型采购超过80万SDR（1.3亿日元）以上者必须在官报公告，电器电信或医疗产品超过10万SDR者必须公告，超过10万SDR者必须在各个政府采购机构窗口进行记录。

4. 若采用限制性招标，则必须在签约前20天进行公告；属于超级计算机、电信通讯及医疗科技产品的，至少必须在40天前公告。

5. 对超过一定金额的采购（一般产品的采购超过80万SDR的必须在30天前，电信通讯与医疗产品超过38.5万SDR的必须分别于30天前及45天前），采购机构必须向供应商征询意见，而GPA对此并无规定。

6. 达到上述第5项起点金额的采购可以采用综合评估方式决标。（综合评估适用的情况：①采购以最低价决标的方式不可行，即经评估中标的厂商可能无法履约；②计算机产品超过80万SDR合1.3亿日元，或电信通讯、医疗产品超过38.5万SDR合6 300万日元的采购，超过标底价者。）

7. 适用自愿性措施的采购机构有：32个中央采购实体及70个特殊法人实体（特殊法人指由政府出资的法人机构，属于“政府相关机构”），但不包括在GPA规范内的地方采购实体（共59个单位）；日本电信电话公司因有其专门适用的采购法规，也被排除在电信通讯产品政府采购规范名单之外；医疗产品则因其专业性与复杂性，适用的特殊法人实体仅有19个。

上述自愿措施由日本行动计划推动委员会制定。该委员会于1985年成立，主席为内阁秘书长，成员包括各部副职。委员会最初为改善美日贸易逆差而设，但基本能贯彻非歧视待遇原则。

日本有关政府采购的国内一般性法规有：《会计法》（1947年）、《预算决算与账目公开条例》（1947年）、《合同式商业交易法规》（1962年）等；中央采购机构符合GPA所适用的法规为1980年由内阁及大藏省分别制定的《有关政府采购货物或特定服务特别程序的命令》和《实施细则》；各部及机构依据上述法规另行制定更为详细的规范。上述行动委员会还负责制定超越GPA标准的自愿性措施。地方政府则以《地方自治法》（1947年）为基本法，制定了地方政府采购相关的法律和规范。为了适用1996年的世贸组织《政府采购协议》，日本还于1995年11月制定了《地方自治法施行令》的特例实施细则，并于1996年1月1日生效，用来规范地方政府签订的采购合同，使其符合《政府采购协议》的要求。

这样，以第二次世界大战后的《会计法》、《地方自治法》和1996年《政府采购协议》为基本法，综合政府各部门以及地方政府采购的相关法律规范细则，日本形成了独具特色的政府采购法律体系。

三、采购方式

1. 公开招标，即竞争性招标，又称一般公开招标（日文为“一般竞争契约”）。政府通过在官报上发表招标公告的方式公开邀请具有竞争资格的所有供应商参加投标竞争，价格最低者中标。

2. 邀请招标，即选择性招标（日文为“指名竞争契约”）。可实施选择性招标的情况主要有两种，一是因仅有少数供应商有能力参与投标而不适合采用公开招标的（近年来该因素已逐渐降低），二是使用公开招标不利于采购单位的（近年已成为主要原因）。

3. 限制性招标（日文为“随意契约”），符合 GPA 第 15 条规定采用这一方式的前提是采购项目必须具有特殊性、专业性和复杂性（如火箭研发），或者仅有少数特定供应商可以提供所需产品或服务，或经多轮招标后仅有部分有能力的供应商参与投标。此外，如果某一供应商的投标价格虽然最低，但经评审发现其在未来履约能力方面可能有问题，也可以采用限制性招标。可实施限制性招标的情况主要有以下几种，一是没有供应商参与公开招标或选择性招标；二是如果改变供应商可能会影响现有产品或设备的兼容性；三是基于保护专利与著作权等因素仅有单一特定供应商。

四、供应商资格管理

原则上，采购机构必须在官报上公告其采购需求，凡具有履约能力、愿意参加投标的供应商，不论国内外企业（外国公司可通过其在日分公司或子公司）均可提出资格审查申请，每年 12 月至次年 2 月为定期审查期间。

采购机构必须公告下列资料信息：①采购机关名称及联络单位电话；②采购项目的品种和数量；③供应商投标期限（除非紧急采购，一般产品至少公告 30 天时间，电信通讯、医疗产品应有 45 天时间）；④招标会议召开的时间、地点。

经审查符合资格的供应商，采购机构即将其列入名册。其后对各项采购除资格审查外，原则上以价格竞标为决标方式。为了避免低价竞标并确保中标供应商有履约能力，少数案件也可采用综合评估方式，使最有利标中标。

目前各采购机构给予上述资格合格的供应商适用的有效期限为 2—3 年（今后将统一为 3 年）。期限内除供应商有违法行为外，原则上不再审查其资格。

供应商申请资格审查要提交的文件包括：申请书、身份证明、营业登记与财务报表、纳税证明等相关的资料。

采购机构的资格审查方式是：各采购机构依据申请者的资本额、营业额、员工人数等基本资料，以量化方式判断其履约能力并区分等级。以邮部省为例，得分在 70 点以上者为 A 级，50—70 点者为 B 级，50 点以下者为 C 级（采购 3 000 万日元以上者，可以在官报上说明只接受 A 级供应商参与投标）。

五、信息公布

获得日本政府采购的信息有四个途径：参加说明会、查询招标公告、查阅官报及上网查询。

1. 说明会。每年年初由日本外务省集中召开一次，国内外供应商自由参加。在说明会上，各采购机构依次通报有关采购信息及金额 80 万 SDR 以上的采购项目。此外，各采购机构也可根据自身需要自行办理说明会。有关政府采购说明会事宜可在官报查阅。

2. 招标公告。凡适用上述自愿性措施

的采购单位，最晚必须在采购前50天公告招标信息。要获得该信息除可查阅官报外，还可以与各采购机构的外联部门接洽。公告项目必须包含：采购内容、投标商资格、取得招标说明书与投标的地点、决标方式及开标日期、地点、合同使用语言（一般为日文）与货币种类（一般为日元）。

3. 官报。日本官报有关政府采购版每日刊行，用日语和英语摘要的方式刊登各类采购信息，并自1999年11月起上网（每周更换一次内容）供外界查询，该网址为：www.pb-mof.go.jp。官报除公告招标信息外，也刊登决标结果。

4. 政府采购相关的网址。日本贸易振兴会和日本政府采购白皮书，网址分别为：

http：//www.jetro.go.jp/cgi - bin/gov/govinte.cgi

http：//www.sorifu.go.jp/english/whitepaper/procurem-ment

六、争端解决程序

1. 日本政府采购的申诉制度。申诉制度由下列三个单位负责执行：

（1）日本官房长官政府采购办公室。由内阁秘书长担任主席，成员来自各部委机构副职或高层主管，主要任务是决定申诉的审议程序。

（2）政府采购审议委员会。委员会是独立运作的公正单位，负责审议各项申诉，若发现已执行的采购中有不符合GPA规定或其他适用规则的，则拟定建议书送政府采购机构查处。委员会由政府采购方面学者、专家和退休官员等组成，目前有25名成员。

（3）秘书处。由经济企划厅协调局负责，是受理申诉的联系部门。

2. 日本政府采购的争端解决程序，原则上适用世贸组织关于“争端谅解”的有关要求和《政府采购协议》的相关规定，并明确了如下处理细则：

（1）磋商解决。原则上，日本希望所有的政府采购争端案件均能通过磋商解决，秘书处负责安排双方磋商事宜。

（2）提出申诉。曾经参与某项个别或特定政府采购的当事人均可以该采购之瑕疵为理由（如认为采购规格书内容有偏袒或招标过程与决标方式不妥等）提出申诉，但必须在案情缘由发生后10天之内向秘书处提出。

（3）受理申诉。申诉一经受理，审议委员会将通过官报、互联网等其他渠道予以公告，并邀集与该采购有利害关系的各方参与审议过程。

（4）采购单位的说明。采购单位应向委员会提出报告，将其副本抄送申诉当事人及与该案有关的对象；若后者对该说明报告满意，则审议结束，否则进入下一程序。

（5）委员会审议。原则上，委员会须在申诉提出的90天内审议议决，如果属于采购单位违反《政府采购协议》等规定的情况，则发送建议书及审议结果至涉案采购单位查处。

由于近年来绝大多数争端案件均在提出申诉前即予磋商解决，至今仅有美国摩托罗拉公司申诉一案提送到审议委员会，因此有人曾怀疑日本争端解决制度与运作不完备。实际情况是，其基本架构比较完整，也发挥了比较好的作用。日本尤其鼓励通过磋商解决争端。

七、电子化

日本前首相小渊惠三在其任内就曾推动政府采购的电子化程序方案，计划在2001年年底前完成采购手续电子化及资格审查统一化两项目标。新的审查制度有三项优点：一是将目前采购机构各自为政的资格审查标准予以统一；二是日本虽不准备成立事权统一的采购厅（如美国的GSA），但将筹建一个专门的审查单位统筹办理相关事宜，以简化手续；三是建立定期审查制度。

日本政府在推动资格审查电子化过程中面临的主要问题，一是如何与商业登记数据联网，二是财务报表等文件真伪（是否为正本）如何确认。推动电子招标的困难之处在于日本企业使用互联网不如美国普遍，且出于对网络安全的担心，采购机关也不主张使用 E-mail 传递招标信息及接受网上投标。1999 年，日本政府曾计划在 2005 年前引进电子招标系统，经由互联网提出标单并在网络上开标，有关合同签订书及所需文件也可通过电子邮件传递。目前这一研究仍在进行之中并进行了若干试验，其难点在于如何保证供应商的商业机密不致泄露（对于电子采购，WTO 虽积极推动但并不予以强制规范。美、欧则一向鼓励各国采用，但其他国家普遍持反对立场。主要原因是各国的电子商务发展程度不一，尤其若普通采用对发展中国家恐有不公）。

八、保护本国产业

日本在充分利用其国内和世贸组织政府采购法规的各种例外条款，保护本国产业发展和供应商利益方面的作为堪称典范，非常值得我们学习和借鉴。

日本国内的政府采购法规中的例外条款主要有三项：一是以有偿转让为目的取得的货物或为转让该货物所必须直接确定的服务合同；二是以防卫厅经费采购的货物合同；三是涉及国家秘密的货物采购合同或者特定服务采购合同。以上例外性合同不适用日本政府采购的有关法律法规。

另外，对《政府采购协议》中所明确的例外，日本采取的方法是通过谈判将相关机构列为例外，明确纳入《政府采购协议》第 23 条，成为《政府采购协议》成员方共同适用的例外。这些机构实施的所有采购，都可以不履行《政府采购协议》规定的公开招标义务。在审批的特殊法人中，日本将以下机构排除在“协议适用对象”之外：一是主要事业以盈利为目的、在法律和实体上不属于垄断的、未得到国家全资支持和补贴的机构；二是主要事业以盈利为目的、对民间出资人负有分红义务的机构；三是在实体上已经实现民间法人化的机构；四是根据日本《广播电视法》不受政府监督权力限制的机构。此外，日本还将其国内一些固有的“例外”放到《政府采购协议》的附件中以注释形式表示，从而为“例外”获取法律地位。

此外，日本还擅长利用“第三种机构”完成政府负有责任的物品和服务的采购。所谓“第三种机构”，就是政府机构与民间企业联合兴办的，性质接近于政府机构的机构。根据日本 1993 年的统计资料，仅地方政府出资 25% 以上的“第三种机构”就有 6 659家，加上中央一级的机构，其数目十分巨大。这些机构每年承担着巨额采购任务，但并没有纳入《政府采购协议》和日本国内政府采购法规的适用范围。这些对《政府采购协议》中未明确的“例外”的运用实质上是对于国外产品服务和供应商的一种歧视待遇，构成了日本政府采购贸易的非关税壁垒，使日本可以充分利用它们回避国内产业和产品面临的竞争，对于其内倾性的财政支出政策也是有力的支持。这种做法是值得我们认真研究借鉴的。

（财政部国库司供稿）

新加坡政府采购制度

一、政府采购结构

新加坡是个城市国家，没有地方政府，政府采购政策由财政部的预算署制定，其权限来自于《财务程序法案》授权以及内阁授予的权力，这些权力适用于所有的政府采购机关。

政府采购活动由以下政府采购机关执行：

1．政府部门。

2．法定机构。它们类似于我国的事业单位，根据特别设立的法案成立，执行特定的政府政策，向个别部长负责。法定政府采购机构与政府部门相比有较多的自主权，例如经济发展局（由贸易与工业部监督）等。法定机关有别于政府公司，后者不需要遵守政府采购条例。

3．审计总长。职责是对政府采购进行审计，确保采购政策的有效实行。如发现违规行为，则向公共账目委员会报告，违规部门和机构需有合理的解释。

二、历史演变

1995年5月以前，新加坡财政部实行集中采购，主要由原中央采购处负责采购，而法定机构则自行采购。

1995年5月，政府关闭了中央采购处，除了少数项目外，其他物品皆实行分散采购，由个别政府采购机构自行采购。只有少数项目由于经济效率的原因仍由财政部采购，如大米、纸张、微型电脑等。

1997年新加坡加入关贸总协定以后，政府采购实行《政府采购协议》。

1997年9月，新加坡加入国际贸易组织的《政府采购协议》，该协议适用于新加坡所有的政府部门和25个法定机构。

为了更好地履行《政府采购协议》的义务，新加坡制定了《政府采购法案》，该法案采用了《政府采购协议》的规定。在制定政府采购政策时，财政部也尽量采用《政府采购协议》的规定于非《政府采购协议》的采购项目上，以减少行政上的负担。

三、基本原则和目的

1．政府采购的基本原则为：

（1）透明；

（2）物有所值；

（3）公平和公开竞争。

2．政府采购的目的为：

（1）确保政府采购招投标合同是公平、公开的；

（2）合同授予完全符合或在很大程度上

符合规格的最低价投标商；

(3) 若不能完全消除则尽量减少采购官员的贪污机会。

四、采购过程

新加坡的政府采购的基本过程包括以下几个方面：

1. 确定购买要求的过程。在这一过程中，政府采购机关根据其内部所规定的程序来确定所要购买项目的要求和数量。

2. 取得批准的过程。在这一过程中，政府采购机关根据所规定的程序来取得所需要的批准。

3. 计算采购价值的过程。计算采购价值的目的是要确定采购是否实行《政府采购协议》，同时这一过程也用于决定适当的政府采购程序。在这个过程中，采购价值通常采用《政府采购协议》规定的计算方法估算，即包括所有的选购权以及不能故意把采购项目拆细（分解）。

4. 确定采购项目的性质。在这一过程中要明确地确定采购项目的性质是货物、服务还是建筑工程。确定项目性质的目的是用于确定采购实施是否符合《政府采购协议》的条件（《政府采购协议》允许在不同性质的基础上采用不同的门槛价）。

5. 确定《政府采购协议》的实施过程。如果符合以下任何一个条件，采购项目则不受《政府采购协议》的限制：

(1) 该政府采购机关并不列在新加坡的《政府采购协议》承诺里面。

(2) 该采购项目的估计采购值少于新加坡对《政府采购协议》承诺的门槛价。

(3)《政府采购协议》允许的特殊情况。

(4) 在新加坡对《政府采购协议》承诺下允许的特殊情况。

6. 确定采购程序过程。在这一过程中，采购部门根据采购项目的估计值选择适当的采购程序。采购程序包括：

(1) 小额采购，1 000 新元以下的采购；

(2) 报价，30 000 新元以下的采购；

(3) 招标，30 000 新元及 30 000 新元以上的采购。

招标程序的选择可以根据不同情况决定，包括公开招标、选择招标和有限招标几种形式。

7. 执行采购过程。政府采购机关根据各采购程序的规定进行采购。

8. 重复订货过程。为了避免不公开的竞争和防止滥用职权，一般不鼓励重复订货。重复订货必须符合以下条件：合同规定中必须有该条文；要在首次采购之后的 3 个月内进行；重复订货的总值不超过原合同总值的 10%。

9. 合同的延长过程。这个过程主要是用于解决需购买附加项目可延长合同时间的问题。如果要延长合同，必须向有关部门的常务秘书或法定机构的执行总裁证明确有经济效率才行。

10. 应急订购过程。在出现以下情况时，可允许进行应急订购：工地情况有预想不到的变动；实际项目需要做过去预想不到的增减。但是，所有变动都必须得到有关投标批准当局的批准。此外，对这些变动，针对不同项目还有以下的数量限制：

(1) 对于设备合同，其变动的幅度不超过原合同值的 5%；

(2) 对于建筑工程合同，其变动不超过原合同值的 10%；

(3) 土木工程合同，其变动值不超过原合同值的 20%。

五、采购程序——小额采购

小额采购是指 1 000 新元以下的采购。进行小额采购，如果采购部门通过合约或广告等形式已经了解商品或服务的价格，则可以直接向单一的供应商采购；如果不了解价格情况，则鼓励采用口头报价进行采购。

六、采购程序——报价

3 000 新元以上、30 000 新元以下的采购项目要通过报价的形式采购。这种采购由两位官员负责，官员 A 负责邀请、接收、评估和推荐报价，官员 B 负责批准报价。在这种采购过程中，官员 A 至少要邀请三个供应商报告，即所谓“货比三家”。

七、采购程序——公开招标

除非符合选择招标或有限招标的条件，否则 30 000 新元以上（包括 30 000 新元）的政府采购项目都必须公开招标。公开招标对供应商没有限制，任何供应商都有资格参加。进行公开招标要发表招标通告。首先，必须要在报刊上刊登广告，根据《政府采购协议》的规定在报刊上公布《政府采购协议》采购项目；其次，也可以通过电子资讯如国际互联网公布招标通告。

1. 关于招标的邀请期有如下规定：

(1)《政府采购协议》采购项目的期限不应少于 40 天。

(2) 非《政府采购协议》项目分以下几种情况区别对待：①常规招标：不少于 21 天；②设计建造招标，不少于 40 天；③在本地与外地通过广告公布的合同：不少于 40 天。

2. 邀请招标文件的内容应该包括：

(1) 说明信。列出购买要求的简要介绍；邀请招标文件所应包括的所有文件；《政府采购协议》采购项目（它要与刊登在政府宪报上的招标通告上的内容相同）。

(2) 投标者指南。列出招标者须遵守的所有规定，如呈交招标文件的规格和程序，投标的有效期限，所用语言和法律，退出投标的程序等等。

(3) 合同条件。列出适用于该采购项目的合同条款，如付款方式、赔款损失、专利权、订货权、订货程序、担保押金等。

(4) 规格要求。列出采购项目的具体要求，包括技术性规格、遵守条件、设计图、工程指示等。

(5) 评估标准。评估标准用于投标裁决，包括采购价格以及其他因素，如财务偿还能力、先前的经验设计、交货能力、性能测验等等。评估标准须注明只有获得政府注册部门注册的供应商才能获得投标裁决。

政府注册部门包括：建筑业发展局、卫生部药剂组和财政部的支出及采购政策处。

政府注册部门的目的是：①提供一批可靠的供应商来承办公共部门工程；②使用单一和标准的鉴定准则；③减少供应商的麻烦；④监测供应商的表现；⑤通过禁止投标或降低程序来惩罚表现卑劣的供应商。

政府注册部门按照供应商能满足注册要求的能力，对它们进行分级。供应商必须能承办注册项目及相关级别所规定的性质与大小的合同。政府注册部门处理的时间为从收到申请书起 7 个工作日之内。注册的有效期限为从核准之日算起 3 年。

(6) 投标表格。它用来确保投标者的投标在法律下可以强制执行。投标者如果没有呈交或妥善填写投标表格，其投标将被拒绝。

3. 公开招标在完成以上手续之后，再按照以下程序进行：

(1) 开启投票箱程序：投票箱和投标文件只能由特别设立的开启投票委员会打开，该委员会由两个官员组成。委员会负责检查和记录投标文件的完整性。同时，委员会准备一份“已收投标文件表”，内容包括每位投票者的姓名，所报价格，交货时间等等。在填制完“已收投标文件表”后，委员会必须立即将其刊登于政府采购机关的布告栏和

GITIS 网址上。在有特别理由的情况下，允许在 3 个工作日内完成。

（2）评估投标的程序：政府机关先检查投标文件，确保“投标者指南”，“合同条件”没有被篡改，也确保“投标表格”填写正确。然后，政府采购机关把合格的投标文件交给投标评估委员会评估。委员会由资历合宜的官员组成，至少两人，可包括最终用户、技术专家和采购人员。全部合格的投标文件须使用邀请投票文件列出的“评估标准”评估。

委员会须准备一份投标评估报告，向政府采购机关建议是否接受或拒绝投标。政府采购机关则研究投标评估报告，然后准备一份投标推荐报告，向有关投标批准当局推荐是否接受或拒绝接受。

（3）投标裁决程序：投标裁决由投标批准当局执行。根据投标价值，批准当局可以由个人或投标委员会组成。如有利益冲突，批准当局的成员须宣布其利益，然后不参加裁决。

投标批准当局成员批准投标的权限有大有小，具体的权限规定如下：部常务秘书和由其授权的官员的权限为不超过 3 万元；投标委员“A”的权限为不超过 100 万元；投标委员“B”的权限为不超过 1 000 万元；投标委员“C”的权限为超过 1 000 万元。但是，如果采购项目是经过公开招标而其投标裁决是给绝对最低价格的投标，则适用以下权限：投标委员“A”的权限为不超过 1 000万元；投标委员“B”的权限为超过 1 000万元。

投标委员会的成员组成情况是：委员“A”是有关部的常务秘书或其授权官员，以及部中另外两名高级官员；委员“B”是有关部的常务秘书以及部中另外两名高级官员；委员“C”是有关部的部长，部常务秘书以及部中另外一位高级官员。

法定机构的投标批准当局的资格必须与投标当局资格和政府部门的相似。这些机关在裁决时的裁决基础为以下两条：

第一，绝对最低标价。

第二，完全符合规格或在最大程度上符合规格的最低标价。

裁决做出以后，要以裁决通告的形式公布。裁决通告必须适用于所有非机密性采购项目，同时要立刻刊登于布告栏和 GITIS 网址上。对于《政府采购协议》采购项目，则必须于 72 天内刊登在政府宪报上，其内容根据《政府采购协议》第 18 条规定，也需通知所有投标者。

八、采购程序——选择招标

选择招标可用于复杂和高技术需求的采购项目。进行选择招标，首先要对供应商进行资格审定，然后再向合格的供应商进行招标。这样做的目的是为了减少不必要的评估投标。

为了符合《政府采购协议》的规定，选择招标包括两个过程：投标前的资格审定阶段；投标兼资格审定阶段。

1. 投标前的资格审定阶段的程序为：

（1）在报刊上刊登一份资格审定通告，邀请自认为合格的供应商参加资格审定。邀请期限至少 2 周，同时必须将所需资格列在资格审定文件中。

（2）邀请期过后，由政府采购机关进行资格审定。审定官员必须不同于批准官员。政府采购机关必须确保公平地审定，审定时只能根据审定资格文件中规定的资格要求进行审定，同时考虑供应商在当地以及全球的能力。

2. 投标兼资格审定阶段的程序为：

（1）对于非《政府采购协议》项目，只向被审定的供应商招标，其程序与公开招标的程序大体相同。

(2) 对于《政府采购协议》项目，在向被审定的供应商招标时，也必须刊登招标通告，让那些先前没有参加资格审定的供应商参加招标。

(3) 后者需在25日内参加资格审定。当政府采购机关把资格审定文件寄送给申请者时，该机关也需延长招标邀请期限，以便让申请者至少有40日呈交投标。

(4) 采用公开投标的，采取开启投标箱、评估投标和裁决投标的程序。

九、采购程序——有限招标

有限招标可分成两种形式：有限非公开招标和取消竞标。

1. 有限非公开招标。有限非公开招标只向数位供应商招标。要进行有限招标，必须经过常务秘书或法定的执行总裁批准。另外，在以下情况下允许进行有限招标：

(1) 先前进行的公开或选择招标没有收到适当的投标。

(2) 项目属于公共利益。

2. 取消竞标。取消竞标是指采购不通过竞标的形式而直接向单一的供应商购买。

(1) 取消竞标需经过四个阶段：

①确定取消竞标的理由；

②获得批准；

③邀请提议；

④评估投标或裁决投标。

(2) 取消竞标一般有如下理由：

①商品或劳务是由独家代理或供应的；

②须确保能和先前购买的项目兼容；

③极度急需；

④符合公共利益。

要取得取消竞标必须获得有关部常务秘书或法定机构的执行总裁的亲自批准。

为了避免让供应商事先知道该投标是取消竞标，在进行采购时采用与有限非公开招标相同的程序进行邀请。

在评估投标和裁决投标时，一般也采用与公开招标相同的程序。少数事例不需经过上述四个阶段，如：订购杂志和报章；向法律规定下的单一供应商进行采购，如水电供应、邮政服务等。

十、禁止供应商投标

禁止供应商投标是政府对以下情况做出惩罚的行政措施：

第一，不负责任的供应商。

第二，表现比预期差的供应商。

被施禁的供应商将不准在一个特定的期限内获得投标裁决或参与将来的政府投标。

禁止投标应以禁止投标委员会决定是否施禁和期限。该委员会的成员由不同的政府部门的高级官员组成，其主席是财政部的预算署的常务秘书。施禁期为1—5年。政府机关实行施禁必须有一定的根据，政府采购机关不可单方面禁止供应商投标。

1. 施禁的根据是：

(1) 放弃合同。

(2) 终止合同。

(3) 撤销投标。

(4) 使用法定标准以下的材料。

(5) 贪污。

(6) 提供虚假资料。

(7) 累积10个或以上的违约点。

(8) 故意供给不足。

(9) 卑劣的表现报告。

(10) 擅自把工程分包。

2. 施禁的程序为：

(1) 由政府采购机关向禁止投标委员会呈上建议书，除那些累积10个或以上的违约点、贪污与卑劣表现报告之事例外。政府采购机关应在呈交建议书给委员会之前以书面形式向违约供应商提出警告。

(2) 一旦被施禁，委员会将就其决定发出通告通知所有政府采购机关。政府注册部门将采取行动撤销被施禁的供应商的注册资格。有关政府采购机关将施禁决定书通知被施禁的供应商。

（3）被施禁的公司可于两周内向委员会提出上诉。有关政府采购机关将对上诉进行考虑并将其建议提交给委员会，上诉将由委员会主席决定。

十一、投标争议处理

在《政府采购法案》下设立一个政府采购裁决法庭，负责对违反法案规定的投标争议的裁决。裁决时，由裁决法庭专员负责听审和裁决，为了确保公平，专员不能和被审听的采购项目有利益关系。

投标争议处理的程序为：

1. 不满的供应商必须在违反法案规定的事端发生后的 15 日内向仲裁法庭投诉。仲裁法庭可以进行预审，决定是否要进行正式听审。

2. 仲裁法庭根据以下情况决定正式听审：

（1）该有争议的采购项目是否在法案规定内；

（2）申请者是否为法案允许的供应商；

（3）申请是否符合规定。

3. 申请者可以要求仲裁法庭暂时中止有争议的采购项目的执行，除非该项目涉及公共利益或已经裁决。进行申诉时，申请者必须证明政府采购机关切实违反法案的规定。

4. 在听审时，双方可以由律师代表；仲裁法庭拥有相当于高等法庭的权力，可以传召专家或其他证人供证。在听审后，仲裁法庭通常须在 45 日内完成裁决，然后在 7 日以内通知申请者和政府采购机关。

5. 仲裁法庭的裁决可以包括：命令政府采购机关采取补救措施，修改文件，赔偿申请者的损失和仲裁法庭的费用；命令申请者赔偿仲裁法庭的费用等。

6. 任何一方如果不满仲裁法庭的裁决，可上诉要求法庭进行司法复审。

（财政部国库司供稿）

北京凯达桑泰电热设备有限责任公司

公司简介

凯达桑泰
KAIDASANGTAI

北京凯达桑泰电热设备有限责任公司是北京市劳动局批准的设计、制造、安装、调试电锅炉的专业化公司，也是专业生产电锅炉厂家中最早具有设计、制造、安装 C 级锅炉资质的企业之一。

几年来，公司严格执行ISO9001质量管理标准和ISO14001环境管理标准，并坚持“以市场需要为己任，以顾客满意为宗旨”的服务理念，使“桑泰”牌电锅炉畅销全国二十多个省、市、自治区，近百个地区、县市，产品辐射范围达500多万平方公里，信誉卓著，用户遍及全国。

公司本着“环保、节能”的原则，定型生产的电锅炉有三大系列（采暖型、蒸汽型、茶浴型）一百多个品种。经过一千多个蓄热工程的设计、制作、安装实践，更是积累了丰富的经验，在同行业中处于领先水平，先后承建了国家博物馆、北京古玩城、北京轻工集团、沈阳地税、天津一商集团、宁夏电力公司等一批国家机关及大型企、事业单位的蓄热式采暖工程。公司荣获国家质量、信誉双保障示范单位称号。

过硬的产品、良好的信誉，来自于科学的管理和全体员工的团结拼搏。今后我们还将更加努力，将优质的产品、真诚的服务贡献给您及祖国的环保事业，我们的服务会让您有进入“平安保险”般的感觉，让您用得踏实、放心、省心。

公司联系方式

地址：北京经济技术开发区
（东区）环星西路021号
电话：010-67378516
传真：010-67378524
售后服务专线：010-67386366

全自动电热水锅炉

锅炉房系统控制柜

高温蓄热系统一瞥

管道外用铝材包装

高温蓄热工程

天津友谊商厦蓄热工程

宁夏电力调度大楼蓄热工程

桑泰
SANG TAI

公司部分工程

北京中融安全印务公司

Beijing Zhongrong Security Printing Co.

企业简介

总经理　周天华

北京中融安全印务公司创立于1993年，隶属于北京印钞厂，是北钞厂唯一面向社会独立经营的集体企业。中融公司常年承接社会各种证书、证件、存单、支票、存折、票据、不干胶制品及印章、特种油墨、印刷号码机等业务。

公司现有员工900余人，高级工艺美术师、工程师及其他各类专业技术人员人才济济，各级操作工人均通过中国印钞造币总公司行业技术培训和技能鉴定，专业技术娴熟。

公司拥有一整套具有国际水准的、先进的防伪票证及其它产品设计、制版、印刷及装订设备，其中部分设备为国内独家拥有。为适应社会活件印制需要，公司先后购置了一批具有国际一流水平的生产设备，包括：比利时防伪设计系统，赛天使喷码系统，日本宫腰四卷、三卷纸票据机，日本太阳票据机，意大利七联配页机，日本太阳配页撕裂机，德国海德堡印刷机，日本樱井印刷印码机，北人M81专用印码机，德国波拉裁纸机，德国海德堡烫金机，德国证书自动装订机，存折装订机，日本自动证书装订机，大张检测机，台湾全自动覆膜机，热缩机，分切机，数数机，自动打包机等，形成了强大的证书、票据生产能力。

公司在管理上严格按照国家印钞厂“特殊企业、特殊产品、特殊管理”的“三特”模式组织生产。全公司各个生产环节及库房都具有完善的电视监控系统和防盗报警系统，各生产制作部出入口均配备武警守卫，并有完备的感应卡门禁系统，配合严格的出入登记制度，在产品生产过程中执行“经手必数、经手负责”、“双管制”等工作制度，确保产品安全和数字准确。

公司1999年11月通过了ISO9002国际质量保证体系认证，2005年8月通过了ISO9001：2000/ISO14001：1996/GB/T28001-2001“三合一”管理体系第二轮认证，使公司的质量、环境、职业安全卫生管理的各项活动更加规范化、系统化、科学化。

“我们所做的每一件事都应是最好的”——这是我们的企业精神，最能体现中融员工对产品质量精益求精的精品意识。安全意识和精品意识，经过多年的宣传和贯彻已成为全体员工的自觉行为，成为公司特有企业文化的重要组成部分。

多年来我们依靠自身的设备生产能力、生产管理能力、质量控制能力以及星级的售后服务，赢得了众多客户，建立了良好的信誉。通过努力我们的业务范围不断扩大，不断延伸，取得了较好的经济效益。我们真诚希望与国内各界人士合作，并为您提供一流的服务。

地址：北京市宣武区白广路24号　　邮编：100053　　电话：010-63543596　传真：010-63579145

北京印刷集团有限责任公司

京华印刷厂

INTRODUCTION 企业介绍

经营理念：用质量、效率求生存
以科技、管理谋发展
我们与您共赢！

企业精神：勤奋　拼搏　创新　贡献

企业资质：2000 年通过 ISO9001 质量体系认证
2004 年通过 HACCP 体系认证
2004 年通过 SA8000 社会责任体系认证
被北京市工商局命名为“守信企业”
内部管理使用“印刷企业资源计划管理系统”

主要产品：票据类印品（刮开式有奖发票、出租车票、普通发票、门票、各行业使用的各种商业票据、单、证、卡等）
彩色印品类（高档精美包装盒、提梁袋、期刊、说明书、包装物、彩色宣传品等）
商标印品类（不干胶卷标　不干胶平标）
防伪印品类（票据防伪、商标包装防伪、防伪技术应用等）

主要工艺：胶版印刷　胶版、柔版、喷印组合印刷　柔版印刷　不干胶印刷

主要设备：

印　　前　美国苹果电脑、日本扫描仪、德国爱克发激光照排数码打样系统等

票据印刷　日本宫腰商业表格印刷机、日本太阳表格印刷机、北人富士商用表格印刷机、新闵太阳商业表格印刷机、美国赛天使数字印刷机、加拿大创世喷墨印刷系统、德国妙莎磁条生产线等

胶印印刷　德国罗兰胶印机 300 型、德国罗兰胶印机 700 型、日本三菱胶印机等

印后加工　糊盒机、折页机、配页机、分切机等

地址：北京市西城区西皇城根北街十号　**邮政编码**：100034　**电话**：66175682　66175728　66171178　**邮箱**：jhsck@jhpg.com.cn

北京印刷集团有限责任公司印刷二厂

北京印刷集团有限责任公司印刷二厂位于北京市朝阳区建外郎家园10号，CBD国际商务中心区内，是一家国有独资综合性印刷企业。1949年5月建厂，企业占地面积22000平方米，建筑面积38000平方米，员工人数600余人，资产总额1.2亿元。1994年以来连续十年被评为“重合同、守信用”单位；1996年被评为“北京市双十佳企业”；2002年取得ISO9001：2000质量管理体系认证证书，并被评为北京市质量管理先进单位；2003年、2004年、2005年被评为北京市质量管理十佳企业、守信企业。

印刷二厂具有先进精良的装备和较强的技术力量，主要设备有罗兰700五色胶印机一台，日本三菱对开四色、对开五色胶印机各一台，日本樱井全自动丝网印刷机三台，以色列赛天使喷墨机两台，美国五色票据印刷机一台及书刊印刷设备四台和裱贴机、模切机、烫金机等包装机械设备，形成了票证卡、出版物两大系列产品。

印刷二厂是中国福利彩票发行管理中心定点生产彩票的国有企业，是定点承印全国新版土地证的厂家。可印制不同品种、不同规格的彩票、证书、储值卡、网卡、有价证券、票据、商业促销券，还可生产高档画册、挂历、商标、精品纸袋、无碳复写表格，可承制二维条码喷印及UV整版、局部上光等各类社会印件。彩票年生产能力12亿张，土地证年生产能力1000万册，各种卡类产品年生产能力400万套，单色书刊印刷年生产能力15万令，彩色胶印印刷年生产能力20万对开色令，商业票据印刷年生产能力5000千米。

近年来，北京印刷二厂本着“诚信至上、顾客为本、精心制作、奉献精品”的质量方针，以“团结奋进，求实求精求发展”的企业精神，开拓市场，形成了良好的发展态势。诚、信、实、严是我们追求的企业团队精神。

地址：北京市朝阳区建外郎家园10号　邮编：100022　电话：85891631　85897613　传真：85893400

网址：www.printing2nd.com.cn　企业信箱：printing2nd@yahoo.com.cn　厂长：张惠昌

罗兰700型五色胶印机

樱井全自动丝网机

赛天使六座喷墨数字印刷系统

三菱对开五色胶印机

株洲市康利设备制造厂

专/业/品/质 • 完/美/服/务

公司简介

▲YPX 半自动喷气式摇奖机

株洲市康利设备制造厂系国内最早从事摇奖机研发的专业厂家之一，自1994年首台摇奖机问世以来，已研制成功多种款式的摇奖机；现已形成喷气式、旋气式和机械搅拌式三大类多种规格的产品以供选择。我厂注重技术创新、新品研制，已获国家专利三项(1995年获ZL94237261.1；2001年获ZL00225659.2；2003年获ZL02277634.6)，并于2001年3月制订了摇奖机方面的企业标准。本厂是中国福利彩票发行管理中心指定专用摇奖机生产厂商，在彩票相关管理部门备案。本厂产品以稳定的性能、时尚的外观、良好的售后服务，赢得广大客户的信赖，现已行销20多省、市、自治区，并出口东南亚。

株洲市康利设备制造厂各款式摇奖机在国内其它领域也被广泛应用，目前已有深圳、浙江、江苏、广东、广西、北京、四川、湖南、湖北、河南、河北、山东、山西、西藏、内蒙古等省、市和地区的高、中级人民法院，工程招投标管理部门，政府采购，行业听证，证券上市，电视台节目现场抽奖，企事业单位抽签等配备了由我厂生产的摇奖设备。

株洲市康利设备制造厂致力于摇奖形式多样化的研究，使摇奖活动在公平、公开、公正的基础上做得更新奇、更直观、更有趣。本厂将不断推出新产品，以满足日益丰富的市场需求。

YPX型、YPX－50型广泛用于招投标、拍卖、听证等。

▲YPS 摇奖机

公司联系方式

地　　址：株洲市红港路14号

邮政编码：412000　　电　　话：0733－8453225

传　　真：0733－8452590　　手　　机：13307339229

网　　址：www.klyjj.com　　E－mail：longzhw@klyjj.com

▲YPQD－3　喷气式3D全自动摇奖机

▲YPX－50半自动摇奖机

▲YJQL/P－70 机械搅拌式

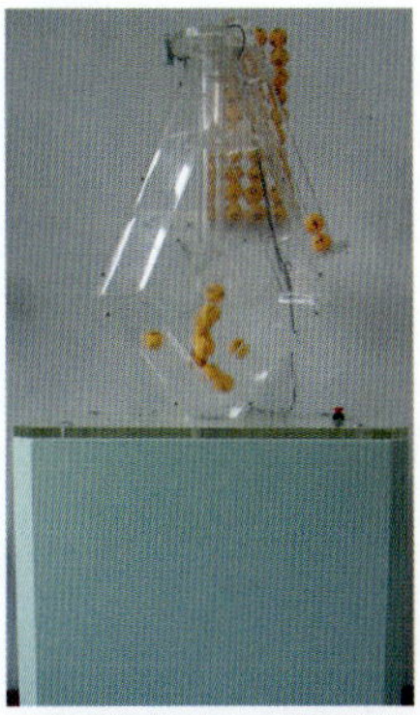

▲YPQP/L－70　钻石型喷气式全自动摇奖机

▲YPQL－80 喷气式

▲YXQL－50 旋气式

北京建智达建筑咨询有限公司

企业简介

E-mail:jianzhida@vip.sina.com　E-mai:jianzhida@126.com

建智达属服务中介机构，专门提供工程招标及政府采购代理、造价咨询等业务。公司1998年成立，设有四川分公司，具有招标代理及造价咨询甲级资质，是政府采购招标代理机构、代建单位以及政府投资项目招标代理机构。

公司在长期招标采购实践工作中积累了大量的工作经验和业务知识，为保证工作质量的提升，在业务管理上施行项目负责制，规范业务操作程序，阶段工作实施监督与控制机制，力图结合项目具体情况，设身处地地理解业主的需求，利用自身专业经验和资源，为业主做出决策提供依据。

我们曾完成了诸多重点工程、市政工程以及奥运项目的招标与采购代理工作。公司多年来秉承诚实守信规范工作的原则，严守职业道德，在业主中赢得了良好的信誉与认可，同时我们也在不断地学习和进步。我们愿以丰富的业务经验、严谨的工作态度为业主服务。

公司联系方式

地　址：北京市西城区北三环中路甲29号华尊大厦A座701/702/705室

邮　编：100029　电　话：010—82023582/83/84　传　真：62021041

浙江国际招（投）标公司

§企业简介§

浙江国际招（投）标公司1992年经批准成为全国试点单位，是浙江省内最早从事项目设备（工程）招（投）标业务的专业机构。公司创办十四年间，坚持“公开、公平、公正、独立、科学、诚信”的原则，先后组织实施招投标项目1500余项，招标金额达人民币120多亿元；组织、指导浙江企业参与世行投标项目若干个。涉及的行业有机械、电子、冶金、纺织、轻工、包装、食品、交通、化工、医药、建材、能源电力、建筑工程、楼宇设备及医疗卫生等。

特别是2003年公司作为政府采购业务代理机构在政府管理部门备案以来，完成各类招标项目869个，中标金额46.8亿人民币，其中完成政府采购招标项目267个，中标金额6.64亿人民币，并与一批市、县地方政府采购办公室建立了长期合作服务关系。注册资本从500万人民币增加到1000万人民币，并通过了ISO9001:2000质量管理体系认证。公司具备政府采购代理机构甲级资格、技术改造项目设备甲级招标代理机构资格、机电产品国际招标机构乙级资质和工程招标乙级代理资质，是浙江省招标行业中的龙头企业。

§企业联系方式§

政府采购业务联系人：汪帆　地　址：浙江省杭州市文三路90号东部软件园2号楼6楼

联系电话：0571—88473436/6111　邮　编：310012　E-mail:wf@zmeetb.com

广东省机电设备招标公司

GUANGDONG PROVINCIAL MACHINERY &ELECTRIC EQUIPMENT TENDERING CO.

◎国际招标甲级资格
◎工程招标甲级资格
◎技术改造项目设备招标甲级资格
◎政府采购招标代理资格
◎药品和医疗器械招标代理资格
◎进出口经营权

精干、高效的领导班子

左起：
副总经理黄广东，副总经理关则桥，总经理蒋主浮，法定代表人王继成，副总经理冯耀庭，纪委书记张海法，总工程师游铭堂

企业简介

广东省机电设备招标公司（原广东省机电设备招标局）是1985年9月14日成立的全国最早的八个以中心城市命名的区域性专职招标机构之一。公司注册资本1000万元。

作为全国最具影响的专职招标机构之一，公司先后多次参与了《中华人民共和国招标投标法》和《中华人民共和国政府采购法》的立法调研；参加了《机电产品国际招标投标实施办法》、《工商领域企业固定资产投资项目招标投标管理办法》等法规制定和修改的研讨工作。

公司拥有一支经验丰富、力量雄厚的经济技术专业队伍，各类专业人员占职工总数的90%以上，具有高、中级职称者占70%以上。公司建立了由选自大专院校、科研设计单位、大型企业、行业管理等各方面专家组成的专家委员会，并与全国招标系统专家库联网。同时公司也取得了ISO9001：2000质量管理体系认证。

经过多年的开拓经营，至2005年10月，共完成国内外招标项目3000多项，总金额达380多亿元，平均节资（节汇）率10%以上，取得了良好的社会效益和经济效益。近年来，政府采购招标项目在逐年上升，去年完成的政府采购招标项目约占公司全年招标总金额的25%。我公司将一如既往地致力于提供专业水平的优质服务，努力成为国际化的大型综合招标机构。

公司联系方式

地 址：广州市环市中路316号金鹰大厦10楼11楼　　邮　编：510060
电 话：020－83541772、020－83347137、020－83568596
传 真：020－83347137
http://www.chinaguangdongbidding.com
E_mail：zgb@chinaguangdongbidding.com

北京双新宇工贸有限责任公司

MNS 低压抽出式开关柜

◎ 产品概述

本装置是一种用标准模件工厂组装（FBA）的组合式低压开关柜，适用于交流50－60Hz、额定工作电压660V及以下的供电系统，用于发电、输电、配电、电能转换和电能消耗设备的控制。

本柜符合IEC439、VDE660第5部分和GB7251.1－1997《低压成套开关设备》国家标准，专业标准。

北京双新宇工贸有限责任公司下设销售部、质检部、生产部、技术部、财务部、总工办六个部门，于2004年2月份转为“ISO9001”2000版认证企业。本公司专业生产KYN28N－12高压中置手车柜、10千伏金属封闭式单元组合型SF6开关柜、HXGN19－12型真空高压环网柜，以及GZS2系列数控直流电源柜和节能型箱式变电站，还有额定电流达4000A的GCS3和GCK2000系列抽屉低压柜、JYD2000系列和GCD系列交流低压配电柜、P（G）JD2、3系列无功功率动态补偿柜以及标准防窃电电表箱，还生产高低压母线槽、电缆桥架、防火型母线槽及其它非标电控设备。本公司产品是北京质量监督总站推荐可在北京市的建设工程中安装使用的产品，是国家经贸委生产高、低压成套设备的定点厂家，是北京电力公司各小区配电设备的主要生产厂家。

公司技术力量雄厚，生产设备配套齐全，引进日本村田公司生产的数控冲床以及上海生产的数控剪板机、数控折弯机和铜、铝排数显冲、剪、折、压花机以及超声波喷射塘锡机，并引进美国技术的先进涂装生产线。新近推出的防火线母线槽、耐火电缆桥架，耐火性能稳定可靠。各型母线槽体积小、容量大、动热稳定性好、跨距大、受力均匀。产品均获得了“CCC”证书，并免费为用户提供有关电力方面的咨询。我公司产品获得广泛的认同和社会各界高度评价，

KYN28A－12（GZS1）户内金属铠装抽出式开关设备

◎ 产品概述

KYN28A－12（GZS1）型户内金属铠装抽出式开关设备（以下简称开关设备），系3～10千伏三相交流50Hz单母线及单母线分段系统的成套配电装置，主要用于发电厂、中小型发电机送电、工矿企事业配电以及电业系统的二次变电所的受电，送电及大型高压电动机起动等。实行控制保护、监测之用，本开关设备满足DL/T404－97、IEC298、GB3906等标准要求，具有防止带负荷推拉断路器手车，防止误分合断路器，防止误入带电隔室、防止在带电时误合接地开关的联锁功能，可配用ABB公司的VD4真空断路器，实为一种性能优越的配电装置。

地址：北京市通州区永乐店镇小务村／邮编：101105／电话：010－80553433／传真：010－80552709／联系人：吴琼／手机：13311315310

中化建国际招标有限责任公司

公司简介

中化建国际招标有限责任公司（简称中化建国际招标公司或CNCCCITC）是中国化工建设总公司的二级公司，经由工商行政管理部门核准登记注册，具有独立的法人地位，享有直接对外贸易权，主要从事世界银行、亚洲开发银行等国际金融组织和外国政府贷款及赠款项下的国际招标采购业务。2003年，原中国化工建设总公司从事技术设备引进的所有业务部门，整体并入中化建国际招标公司，其业务范围又扩展到各种资金来源项目的国际国内招标采购和技术设备进出口代理，并且涉及工业、农业、能源、环保及咨询服务等国民经济的众多领域。

中化建国际招标公司的前身是中国化工建设总公司国际招标部，是我国最早得到政府批准和被中国人民银行以及世界银行、亚洲开发银行认可的具有国际招标采购资格的四家公司之一，同时也是全国首批具有这种资格并获得跨行业经营权的工贸公司之一。

今后，中化建国际招标公司将以新的面貌，继续坚持“全心全意为用户服务”的经营思想，充分发挥自身的优势，认真负责，优质高效地为每一个项目、每一个用户提供最好的服务，为我国的技术进步和国民经济发展做出自己的贡献。

地 址：北京市朝阳区安贞西里三区十五号凯康大厦17层　电 话：010-64412163　010-64419463
传 真：010-64416484　010-64416711　E-mail: qyj@cnccc.com.cn　http://www.cnccc.com.cn

临沂市财信招标有限责任公司

公司董事长　张爱民

临沂市财信招标有限责任公司是政府采购招标代理机构，专门从事招标、政府采购业务代理，并与中招国际招标公司合作成立了鲁南办事处，可从事机电设备国内国际招标、建筑工程招标等业务代理。

公司拥有一支精通招标业务、专业门类齐全、实践经验丰富、综合素质较高的人才队伍，各部门人员均熟练掌握相关法律法规和专业知识，并具备丰富的实际操作经验，充分保证了业务工作的质量。

公司具有采用现代化科学手段进行招标的能力，管理严格、运作规范、机构设置科学合理、制度完善。通过对《招标投标法》等相关法律、法规的深入学习研究，公司建立了一整套科学、严谨的招标业务操作流程，其规范的程序和优良的服务，取得了良好的业绩和社会信誉，赢得了政府、企事业单位和社会各界的信任与支持。

公司联系方式

地址：山东省临沂市沂蒙路
161-1中银大厦
邮编：276001
电话：0539-8113121
传真：0539-8052260
E-mail:caixinzb@163.com

公司以科学的管理　优质的服务竭诚与您合作

宝旺集团
BAOWANG GROUP

北京宝旺印务有限公司

公司董事长 陈定旺

公司总经理 苏清瑞

企业介绍

北京宝旺印务有限公司是印制国家秘密载体定点企业。主要承接中国工商银行、中国建设银行等部门的各种票据、存折、存单、汇票等印制业务，以及各类期刊、杂志、书籍、证书、包装等产品印制业务，并于2003年5月26日获得定点印制国家统一考试试卷资格，2001年12月30日通过ISO9001:2000质量管理体系认证，2005年11月17日通过ISO14001环境管理体系认证。

北京宝旺印务有限公司质量方针："至诚服务，精益求精"。经营理念："一流品质，一流管理，一流服务。"为客户提供从设计、制版到印刷、装订等一站式服务。为了确保符合密级印制标准，公司建立、健全了保密印制工作领导小组及各项保密管理制度，同时采用先进的数字监控系统、电视监控系统和手机屏蔽系统。对生产过程进行全方位24小时监控，确保万无一失。

公司联系方式

地　址：北京市大兴区生物工程与医药产业基地天和西路20号 邮　编：102600
电　话：010-61251255-8089　　传　真：010-61251177
http://www.baowang-group.com.cn　　E-mail:ZT757@163.com

至诚服务，精益求精

西安西正印制有限公司

企业简介

西安西正印制有限公司前身为西安印钞厂证券分厂，成立于1989年。是中国印钞造币总公司的多元经营企业，主要从事防伪技术开发和防伪产品印刷，承接票据、证书、证券、商标、考试卷、彩色印刷品、包装装潢印刷品、出版物等产品的设计和印制，被确定为各类空白重要凭证的定点印制企业，售后服务网点遍及全国各省市。

伍燕总经理（中）陪同印钞造币总公司贺林总经理（左一）、陈义清主任

公司注册资金8925万元，总资产3.3亿元，主厂房建筑面积26000平方米，生产场地驻武警保安封闭管理。拥有海德堡四色胶印机、宫腰、太阳多色商务表格机、赛天使喷印系统、日本证照生产联动线等先进印刷装订设备20余台，以及10余名专业印前设计人才，年生产能力达60万色令以上。

西安西正印制有限公司主厂房

地　址：西安市高新六路39号　邮　编：710075　电　话：029-87660388　传　真：029-87660358
驻京办事处　地　址：北京市宣武区广安门内大街菜市口枫桦豪景B座2-102室　邮　编：100053
电　话：010-83546928　传真：010-83546926

北京市平谷区印刷厂

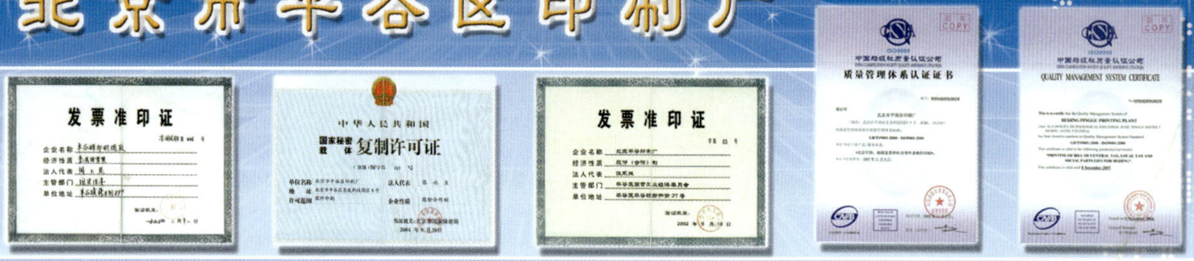

北京市平谷区印刷厂始建于1958年，2001年9月正式转为股份（合作）制企业。北京市平谷区印刷厂于1983年开始从事发票印刷，是中国印刷协会票证专业委员会会员厂，是北京市税务发票印刷定点专业生产厂家之一。拥有国家秘密载体复制许可证书，印刷经营许可证，特种行业许可证，发票准印证，并于2001年12月取得中国船级社质量认证公司颁发的ISO9001－2000版认证证书。

为保证票据的生产、储存安全，我厂加大安保设施的投入。2001年10月在全厂范围内安装了闭路电脑电视监控系统，对全厂各个不同位置、不同角度进行全方位监视并昼夜录像；对所有车间的大门安装了门禁系统，任何人无卡均不能进入；警卫电话与110联网，并配备13名保安员昼夜值班；生产车间内外装有消防栓18个，配备各类灭火器52个，并成立15人组成的义务消防队，确保防火、防盗万无一失。

北京市平谷区印刷厂以“诚”“和”“信”“义”为企业精神，全体干部职工将以精良的技术、设备和优良的服务体系、全新的价格理念、优质的产品质量，竭诚服务于各界朋友。

公司联系方式

地 址：北京市平谷区东发科技园区8号　邮政编码：101200　电 话：010－69931863
传 真：010－69931577　E－mai：printpinggu@126.com

北京宏平印务有限公司 BEIJING HONGPING PRINTING CO.,LTD

北京宏平印务有限公司成立于1999年11月，系投资500万美元的中港合资企业，隶属于伊诺尔集团本公司是北京市税务机构定点印刷企业及北京市信封定点印刷企业。公司主要从事各类票据印刷、码防伪印刷、信封印刷等业务，是国内商业票据印刷行业的重点企业。

自2000年起，公司相继引进世界领先的日本宫腰十一色、十色、六色商业电脑票据轮转机，且套流水线都配备了美国赛天使数码印刷设备，成为北京地区首家承印出租汽车卷式打印发票的定点企业；2002年购入丝网印刷机组配合宫腰设备，成为全国首批制作刮开式定额发票的定点企业；公司拥有德国W+D信封机、意大利斑马配页机等国际先进设备，承接国、地两税各类票据印制。年销售超过5000万元，创利近600万元。

近期，公司又追加投资了1000万美元，先后引进了太阳七色机、太阳十色机、宫腰MVF18B型色轮转机（两台）以及博斯3000包封机、科恩2500套封机、奥西PS500高速打印机等一系列世界先进的设备，在巩固基础产业的同时为能着力发展邮政商函方面的业务在设备上做好了充足的准备。

一流的设备还需要一流的人才，为此，公司从全国著名印刷高等学府引进一批专业人才，集中大量培养各个岗位的技术骨干，并将关键岗位员工送到国外接受专门技术培训。公司现有员工近二百人其中拥有大专以上学历者占30%。面对市场发展的激烈竞争，本着“先一步、高一格”的精神，公司派出干进行打印、包封、套封技术培训，为拓展票据行业延伸服务项目奠定人才基础。

公司的宗旨是科技领先、品质至上、高效管理、信守承诺。公司始终将质量放在第一位，实行以质量为中心的岗位责任制，严格操作、严格考核，保证人人行为有规范，做到外观质量让顾客满意，在质量让顾客放心，服务质量让客户高兴。2001年8月份，公司顺利通过ISO9001 ISO14000 ISO180 2000版的质量体系认证。

2005年，公司迁入了座落于北京经济技术开发区（亦庄）的现代化厂房，建筑面积26000平方米厂房投资超过5000万人民币，将更有效、稳定、快速地为客户提供一流的产品和服务。

地址：北京经济技术开发区康定街3号 电话：01067856633 传真：01067856209

清华阳光
TSINGHUA SOLAR
中国名牌 国家免检
早上就洗热水澡
清华阳光相当好
——冠中冠太阳能热水器
启动快 水温高 水量大
北京清华阳光公司
地址：北京市海淀区上地东路1号盈创动力园E-9 100085
电话：010—58858863 传真：010—58858870 网址：www.thsolar.com
清华阳光太阳能
核心技术由我创

九华山庄
JIUHUA SPA & RESORT
选九华山庄 开成功会议
宏大会议空间 ●40000m² 会议面积，上百间装饰豪华、设施完善的会议室！
专业会议服务 ●训练有素的专职会议经理人全程跟踪，确保会议圆满成功！
一流住宿环境 ●2400间客房设施豪华；园林式酒店，环境幽雅！
丰富美食佳肴 ●6000个餐位，10余个不同风味餐厅，佳肴纷呈，美食荟萃！
精彩休闲生活 ●上百种温泉、运动、休闲、娱乐项目，让您的会议生活快乐无限！
特别服务：
豪华车队接送，方便快捷，交通无忧
九华山庄
欢迎您！
地 址：亚北小汤山（有984路公交车直达） 咨询电话：61782288—6666 主 页：http://www.jiuhua.com.cn

浙江茉织华印刷有限公司

名　　称：浙江茉织华印刷有限公司
地　　址：浙江省平湖市新仓工业区
法人姓名：管政明
企业性质：中外合资
地　　址：浙江省平湖市新仓工业区
业务电话：0573-5700396
传　　真：0573-5700122　5700911
网　　址：www.matsuoka.com.cn
企业简介：

茉织华印刷公司创建于1992年9月，至2005年底投资总额1800万美元。目前拥有一体化全封闭厂房27000平方米，设有独立保密车间、试卷车间。自1993年开始，公司就陆续被国内各大机构、各大银行、各保险公司等单位作为涉密防伪票据、证书的定点印刷企业。从1996年起先后通过了ISO9001国际质量体系认证、ISO14000环境认证。

上海统领印刷发展有限公司

企业简介

上海统领印刷发展有限公司（以下简称统领印刷公司）成立于2000年3月17日，注册资金1580万元。2003年被评为“重合同守信用”单位，并颁发了“合同信用等级证书”。

近年来陆续取得中央国家机关政府采购中心、中国印钞造币总公司及多家政府机构定点印刷企业的资格。目前，统领印刷公司具备承担中央及地方性涉密防伪票证印刷任务的资质，并以优质成品和售后服务满足了客户要求。

地址：上海市松江区九亭镇九泾路1111号（松江高科技园区内）
电话：021-67697130　021-67697110　传真：021-67697113

北京金辰西科尼安全印务有限公司

Beijing Jinchen Ciccone Security Printing Co., Ltd

北京金辰西科尼安全印务有限公司(Beijing Jinchen Ciccone Security Printing Co., Ltd)成立于1995年12月，是一家专业从事国际旅行证件、电子证件和有价票据等高安全防伪票证印刷的企业，兼营出版物、包装装潢印刷品印刷及票证信息系统的研究、开发和集成。

公司地处于北京经济技术开发区，占地面积10000平方米，投资总额为1200万美元，年证件生产能力2000万本。公司规模、产品质量和生产能力均处于国内同行业领先地位，国家多个部委和知名企业成为公司的重要客户。

公司拥有世界防伪印刷的最高技术手段，并引进了国际最先进的安全生产和制版系统，包括日本干胶印晒版机、美国苹果机设计系统、匈牙利JURA公司的电脑防伪专用设计软件、德国Linotype-Hell照排机、德国高宝六色胶印机、凹印机、德国KUGLER装订线、美国EHEX烫金机等等。

公司把产品质量和产品安全视为企业的生命，建立了严格的质量控制、数字控制体系和先进的技术防范措施，并通过了ISO9001：2000质量体系认证，取得了印刷复制国家秘密载体定点单位和政府采购定点单位的资格。

“安全防伪、诚信服务、优质高效、精益求精”是我们的工作方针；为客户提供满意的服务，让每位与我公司合作的客户感到安全、可靠、放心是我公司生产和经营的一贯宗旨！

电话：010-67805655　67805657　传真：67805658
地址：北京经济技术开发区荣昌东街甲一号　邮编：100176